Début d'une série de documents en couleur

ÉTUDES ROMANES

DÉDIÉES

A

GASTON PARIS

LE 29 DÉCEMBRE 1890

(25ᵉ ANNIVERSAIRE DE SON DOCTORAT ÈS LETTRES)

PAR SES ÉLÈVES FRANÇAIS

ET SES

ÉLÈVES ÉTRANGERS DES PAYS DE LANGUE FRANÇAISE

PARIS
ÉMILE BOUILLON, LIBRAIRE-ÉDITEUR
67, RUE RICHELIEU, 67
1891

EN VENTE A LA MÊME LIBRAIRIE

BIBLIOTHÈQUE DE L'ÉCOLE PRATIQUE DES HAUTES ÉTUDES, publiée sous les auspices du Ministère de l'Instruction publique par les professeurs et les élèves de l'école.

NOTA. — Pour le détail des 25 premiers fascicules, voir notre catalogue général.

26. Les Tables Eugubines. Texte, traduction et commentaire, avec une grammaire et une introduction historique, par M. Bréal. Accompagné d'un album de 13 pl. photogravées. 30 fr.
27. Questions homériques par P. Robiou. Avec trois cartes. 6 fr.
28. Matériaux pour servir à l'histoire de la philosophie de l'Inde, par P. Regnaud, 1ʳᵉ partie. 9 fr.
29. Ormazd et Ahriman, leurs origines et leur histoire par J. Darmesteter. 12 fr.
30. Les métaux dans les inscriptions égyptiennes, par C. R. Lepsius, trad. par W. Berend, avec des additions de l'auteur et accompagné de 2 pl. 12 fr.
31. Histoire de la ville de St-Omer et de ses institutions jusqu'au XIVᵉ siècle, par A. Giry. 20 fr.
32. Essai sur le règne de Trajan, par C. de la Berge. 12 fr.
33. Études sur l'industrie et la classe industrielle à Paris, au XIIIᵉ et au XIVᵉ siècle, par G. Fagniez. 12 fr.
34. Matériaux pour servir à l'histoire de la philosophie de l'Inde, par P. Regnaud, 2ᵉ partie. 10 fr.
35. Mélanges publiés par la section historique et philologique de l'école des Hautes Études pour le dixième anniversaire de sa fondation. Avec 10 planches gravées. 15 fr.
36. La religion védique d'après les hymnes du Rig-Veda, par A. Bergaigne, tome 1ᵉʳ. 12 fr.
37. Histoire critique des règnes de Childerich et de Chlodovech, par M. Junghans. Traduit par G. Monod, et augmenté d'une introduction et de notes nouvelles. 6 fr.
38. Les monuments égyptiens de la Bibliothèque nationale (cabinet des médailles et antiques) par E. Ledrain, 1ʳᵉ livraison. 12 fr.
39. L'Inscription de Bavian, texte, traduction et commentaire philologique, avec trois appendices et un glossaire, par H. Pognon, 1ʳᵉ partie. 6 fr.
40. Patois de la commune de Vionnaz (Bas-Valais), par J. Gilliéron. Avec une carte. 7 fr. 50
41. Le Querolus, comédie latine anonyme, par L. Havet. 12 fr.
42. L'Inscription de Bavian, texte, traduction et commentaire philologique, avec trois appendices et un glossaire, par H. Pognon, 2ᵉ partie. 6 fr.
43. De Saturnio latinorum versu. Inest reliquiarum quotquot supersunt sylloge, scripsit L. Havet. 15 fr.
44. Études d'archéologie orientale, par Ch. Clermont-Ganneau, tome premier, 1ʳᵉ livraison. Avec nombreuses gravures dans le texte. 10 fr.
45. Histoire des institutions municipales de Senlis, par J. Flammermont. 8 fr.
46. Essai sur les origines du fonds grec de l'Escurial, par C. Graux. 15 fr.
47. Les monuments égyptiens de la Bibliothèque nationale, par E. Ledrain. 2ᵉ et 3ᵉ liv. 15 fr.
48. Étude critique sur le texte de la vie latine de Ste Geneviève de Paris, par Ch. Kohler. 6 fr.
49. Deux versions hébraïques du livre de Kalîlâh et Dimnâh, par J. Derenbourg. 20 fr.
50. Recherches critiques sur les relations politiques de la France avec l'Allemagne, de 1292 à 1378, par A. Leroux. 7 fr. 50
51. Les principaux monuments du Musée égyptien de Florence, par W.-B. Berend, 1ʳᵉ partie. Stèles, bas-reliefs et fresques. Avec 10 pl. photogravées. 30 fr.
52. Les lapidaires français du moyen âge des XIIᵉ, XIIIᵉ et XIVᵉ siècles, par L. Pannier. Avec une notice préliminaire par G. Paris. 10 fr.
53 et 54. La religion védique d'après les hymnes du Rig-Veda, par A. Bergaigne. Vol. II et III. 27 fr.
55. Les établissements de Rouen, par Giry, tome premier. 15 fr.
56. La métrique naturelle du langage, par P. Pierson. 10 fr.
57. Vocabulaire vieux-breton avec commentaire contenant toutes les Gloses en vieux-breton, gallois, cornique, armoricain connues, précédé d'une introduction sur la phonétique du vieux-breton et sur l'âge et la provenance des gloses, par J. Loth. 10 fr.
58. Hincmari de ordine palatii epistola. Texte latin traduit et annoté par M. Prou. 4 fr.
59. Les établissements de Rouen, par A. Giry, tome second. 10 fr.
60. Essai sur les formes et les effets de l'affranchissement dans le droit gallo-franc, par M. Fournier. 5 fr.
61 et 62. Li Romans de Carité et Miserere du Renclus de Moiliens. Poème de la fin du XIIᵉ siècle. Édition critique accompagnée d'une introduction, de notes, d'un glossaire et d'une liste de rimes, par A.-G. Van Hamel. 2 vol. 20 fr.
63. Études critiques sur les sources de l'histoire mérovingienne. 2ᵉ partie. Compilation dite de « Frédégaire », par G. Monod. 6 fr.

64. Études sur le règne de Robert-le-Pieux 996-1031, par G. Pfister. — 11 fr.
65. Nonius Marcellus, collation de plusieurs manuscrits de Paris, de Genève et de Berne, par H. Meylan, suivi d'une notice sur les principaux manuscrits de Nonius pour les livres I, II et III, par L. Havet. — 5 fr.
66. Le livre des parterres fleuris. Grammaire hébraïque en arabe d'Abou'l-Walid Merwan Ibn Djanah de Cordoue, publié par J. Derenbourg. — 25 fr.
67. Du parfait en grec et en latin, par E. Ernault. — 6 fr.
68. Stèles de la XII° dynastie du Musée égyptien du Louvre, publiées par A.-J. Gayet. Avec 60 planches. — 17 fr.
69. Gujastak-Abalish. Relation d'une conférence théologique présidée par le Calife Mâmoun. Texte pehlvi publié pour la première fois avec traduction, commentaire et lexique, par A. Barthélemy. — 3 fr. 50
70. Études sur le papyrus Prisse. — Le livre de Kaqimna et les leçons de Ptah-Hotep, par Philippe Virey. — 8 fr.
71. Les inscriptions babyloniennes du Wadi Brissa, par H. Pognon. Ouvrage accompagné de 14 planches. — 10 fr.
72. Johannis de Capua directorium vitae humanae, alias parabola antiquorum sapientum. Version latine du livre de Kalilâh et Dimnâh, publiée et annotée par J. Derenbourg. 2 fascicules. — 16 fr.
73. Mélanges Renier, Recueil de travaux publiés par l'École (section des sciences historiques et philologiques) en mémoire de son président Léon Renier. Avec portrait. — 35 fr.
74. La bibliothèque de Fulvio Orsini. Contributions à l'histoire des collections d'Italie et à l'étude de la Renaissance, par P. de Nolhac. — 15 fr.
75. Histoire de la ville de Noyon et de ses institutions jusqu'à la fin du XIII° siècle, par A. Lefranc. — 6 fr.
76. Étude sur les relations politiques du pape Urbain V avec les rois de France Jean II et Charles V d'après les registres de la chancellerie d'Urbain V conservés aux archives du Vatican, par M. Prou. — 6 fr.
77. Lettres de Servat Loup, abbé de Ferrières. Texte, notes et introduction, par G. Desdevises du Dezert. — 5 fr.
78. Gramatica linguae graecae vulgaris auctore S. Portio. Reproduction de l'édition de 1638, suivie d'un commentaire grammatical et historique, par W. Meyer, avec une introduction de J. Psichari. — 13 fr. 50
79. La légende syriaque de saint Alexis, l'homme de Dieu, par Amiaud. — 7 fr. 50
80. Les inscriptions antiques de la Côte-d'Or, par P. Lejay. — 9 fr.
81. Le livre des parterres fleuris d'Abou'l-Walid Merwan Ibn Djanah. Traduit en français sur les manuscrits arabes, par M. Metzger. — 15 fr.
84. Documents des archives de la chambre des comptes de Navarre, publiés par J.-A. Brutails. — 6 fr.

BIBLIOTHÈQUE FRANÇAISE DU MOYEN-AGE publiée sous la direction de MM. G. Paris et P. Meyer, membres de l'Institut. Format petit in-8°.
   I, II : Recueil de motets français des XII° et XIII° siècles, publiés d'après les manuscrits avec introduction, notes, variantes, etc., par G. Raynaud, suivis d'une étude sur la musique au siècle de saint Louis, par H. Lavoix, fils. — 18 fr.
   III : Le Psautier de Metz. Tome Ier, texte et variantes, publié d'après quatre manuscrits par F. Bonnardot. — 9 fr.
   IV, V : Alexandre le Grand dans la littérature française du moyen âge, par P. Meyer. 18 fr.
   VI : Œuvres de Gautier d'Arras, publiées par E. Löseth. Tome Ier, Eracle. — 9 fr.
   VII : — Les mêmes. Tome II, Ille et Galeron. — 9 fr.
BREKKE (K.). Étude sur la flexion dans le voyage de saint Brandan, poème anglo-normand du XII° siècle. In-8°. — 1 fr. 50
CHRESTOMATHIE de l'ancien français (IX-XV° siècles), précédé d'un tableau sommaire de la littérature française au moyen âge et suivie d'un glossaire étymologique détaillé. Nouvelle édition soigneusement revue et notablement augmentée, avec le supplément refondu par L. Constans. In-8°. — 7 fr.
CONTES POPULAIRES DE LORRAINE, comparés avec les contes des autres provinces de France et des pays étrangers, et précédés d'un essai sur l'origine et la propagation des Contes populaires européens par E. Cosquin. Ouvrage couronné par l'Institut de France. 2° tirage. 2 vol. gr. in-8°. — 12 fr.
DARMESTETER (A.). De la création actuelle de mots nouveaux dans la langue française et des lois qui la régissent. — 10 fr.
ÉTIENNE (E.). La langue française depuis les origines jusqu'à la fin du XI° siècle. Tome Ier. Phonétique. — Déclinaison. — Conjugaison. Gr. in-8°. — 10 fr.

FLAMENCA (Le roman de), publié d'après le manuscrit unique de Carcassonne, avec Introduction, sommaire, notes et glossaire, par P. Meyer. Gr. in-8°. 8 fr.
GODEFROY (F.). Dictionnaire de l'ancienne langue française et de tous ses dialectes du IX⁰ au XV⁰ siècle, composé d'après le dépouillement de tous les plus importants documents manuscrits ou imprimés, qui se trouvent dans les grandes bibliothèques de la France et de l'Europe, et dans les principales archives départementales, municipales, hospitalières ou privées.
Paraît par livraisons de 10 feuilles gr. in-4° à trois colonnes au prix de 5 fr. la livraison. L'ouvrage complet se composera de 100 livraisons.
KAWCZYNSKI (M). Essai comparatif sur l'origine et l'histoire des rythmes. In-8°. 5 fr.
LOTH (J.). Chrestomathie bretonne (armoricain, gallois, cornique), première partie. Breton-Armoricain. Gr. in-8°. 15 fr.
MÉMOIRES de la Société de linguistique de Paris, tome I à VI et VII, 1ᵉʳ et 2ᵉ fascicules. 156 fr.
MEYER (P.). Documents manuscrits de l'ancienne littérature de la France, conservés dans les bibliothèques de la Grande-Bretagne. Première partie. Londres (Musée britannique), Durham, Édimbourg, Glascow, Oxford (Bodléienne), 1 vol. in-8°. 6 fr.
MOREL-FATIO (A.). La Comedia espagnole du XVII⁰ siècle. Cours de langues et littératures de l'Europe méridionale au Collège de France. Leçon d'ouverture. In-8°. 1 fr. 50.
— Études sur l'Espagne, 2ᵉ série : Grands d'Espagne et petits princes allemands, d'après la correspondance inédite du comte Fernand de Nuñez avec le prince Emmanuel de Salm Salm et la duchesse de Béjar. 1 vol. pet. in-8°. 5 fr.
MYSTÈRE (le) de la Passion d'Arnoul Greban, publié d'après les mss. de Paris avec une introduction et un glossaire par G. Paris et G. Raynaud. 1 fort vol. gr. in-8° à 2 col. 12 fr.
PARIS (G.). Étude sur le rôle de l'accent latin dans la langue française. In-8°. 4 fr.
— Dissertation critique sur le Poème latin du Rigorious attribué à Gunther. In-8°. 2 fr.
— Les contes orientaux dans la littérature française du moyen âge. In-8°. 1 fr.
— Grammaire historique de la langue française. Cours professé à la Sorbonne en 1868. Leçon d'ouverture. 1 fr.
— Les Chants populaires du Piémont. In-4°. 1 fr. 50
PARMENTIER. Les substantifs et les adjectifs en IEΣ dans la langue d'Homère et d'Hésiode. Gr. in-8°. 5 fr.
RECUEIL d'anciens textes bas-latins, provençaux et français, accompagnés de deux glossaires et publiés par P. Meyer. 1ʳᵉ partie (ancien provençal). Gr. in-8°. 6 fr.
— 2ᵉ partie : vieux français. Gr. in-8°. 6 fr.
RICHTER. Les jeux des Grecs et des Romains. Traduit par A. Bréal et M. Schwob. In-18 Jésus, orné de 39 gravures. 3 fr.
SCHELER (A.). Dictionnaire d'étymologie française d'après les résultats de la science moderne. 3ᵉ édit. revue et augmentée. In-4°. 18 fr.
SCHWOB (M.) et GUIEYSSE (G.). Étude sur l'argot français. Gr. in-8°. 1 fr. 50
SONIOU BREIZ-IZEL. Chansons populaires de la Basse-Bretagne recueillies et traduites par F.-M. Luzel, avec la collaboration de A. Le Braz. Soniou (poésies lyriques). 2 vol. in-8°. 16 fr.
TIMMERMANS (A.). Traité de l'onomatopée, ou clef étymologique pour les racines irréductibles. In-8°. 4 fr.
VIE (la) de saint Alexis, poème du XI⁰ siècle. Texte critique par G. Paris. Petit in-8°. 1 fr. 50
WILMOTTE (M.). Études de dialectologie wallonne. Gr. in-8°. 5 fr.

REVUE CELTIQUE fondée par M. H. Gaidoz et publiée sous la direction de M. H. d'Arbois de Jubainville, membre de l'Institut, avec le concours de MM. Loth, E. Ernault, et de plusieurs savants des Îles Britanniques et du Continent. — Prix d'abonnement : Paris, 20 fr. ; départements et Union postale, 22 fr. ; édition sur papier de Hollande : Paris : 40 fr. ; départements et Union postale, 44 fr.
REVUE DE PHILOLOGIE FRANÇAISE ET PROVENÇALE (ancienne Revue des patois). Recueil trimestriel publié par L. Clédat. — Prix d'abonnement : France, 15 fr. ; Union postale, 18 fr.
ROMANIA, recueil trimestriel consacré à l'étude des langues et des littératures romanes, publié par MM. Paul Meyer et Gaston Paris. — Prix d'abonnement : Paris, 20 fr. ; départements et Union postale, 22 fr.
LE MOYEN AGE, Bulletin mensuel d'histoire et de philologie, dirigé par MM. A. Marignan et M. Wilmotte. — Prix d'abonnement : France, 8 fr. ; étranger (Union postale), 9 fr.

Aucune livraison de ces recueils n'est vendue séparément.

MACON, PROTAT FRÈRES, IMPRIMEURS

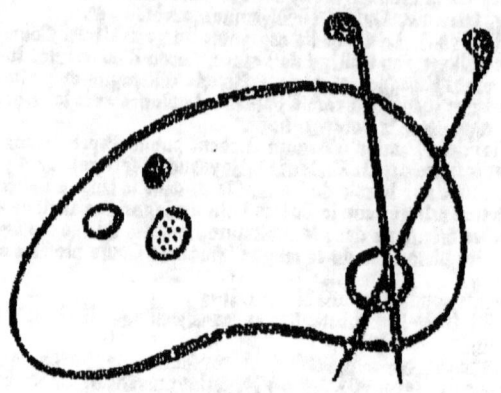

Fin d'une série de documents en couleur

ÉTUDES ROMANES

MACON, PROTAT FRÈRES, IMPRIMEURS

ÉTUDES ROMANES

DÉDIÉES

A

GASTON PARIS

LE 29 DÉCEMBRE 1890

(24ᵉ ANNIVERSAIRE DE SON DOCTORAT ÈS LETTRES)

PAR SES ÉLÈVES FRANÇAIS

ET SES

ÉLÈVES ÉTRANGERS DES PAYS DE LANGUE FRANÇAISE

PARIS
ÉMILE BOUILLON, LIBRAIRE-ÉDITEUR
67, RUE RICHELIEU, 67
1891

A

Monsieur GASTON PARIS

MEMBRE DE L'INSTITUT, PROFESSEUR AU COLLÈGE DE FRANCE
PRÉSIDENT DE LA SECTION HISTORIQUE ET PHILOLOGIQUE
DE L'ÉCOLE DES HAUTES ÉTUDES

EN TÉMOIGNAGE DE RECONNAISSANCE

ET DE

RESPECTUEUSE AFFECTION

SES ÉLÈVES

Barbeau	Funck-Brentano	Omont
Bédier	Gerbaux	Pagès
Beljame	Gilliéron	Piaget
Bémont	Giry	Psichari
Bonnard	Gœlzer	Rabiet
Bonnardot	Grand	Raynaud
Brunot	Havet (L.)	Reinach (S.)
Constans	Huet	Rolland
Cornu	Jeanroy	Rousselot
Couraye du Parc	Joret	Salmon
Demaison	Langlois (E.)	Sepet
Duvau	Lelong	Sudre
Fagniez	Monod	Taverney
Fécamp	Morel-Fatio	Thomas (A.)
Flach	Muret	Wilmotte

LES
MANUSCRITS FRANÇAIS
DES ROIS D'ANGLETERRE
AU CHATEAU DE RICHMOND
Par HENRI OMONT

L'une des principales manifestations du grand mouvement littéraire et artistique de la Renaissance a été le zèle que déployèrent à l'envi les souverains et les grands seigneurs du xve et du xvie siècle pour réunir dans leurs châteaux des collections de livres manuscrits et imprimés, aussi merveilleux par la richesse de leur exécution que par le luxe des miniatures et des reliures dont ils étaient ornés. Les bibliothèques royales et princières formées ainsi en Italie et en France sont célèbres : il suffit de rappeler les noms des Médicis, des Visconti, des rois aragonais de Naples, en Italie; en France, ceux des ducs de Berry, de Bourbon, de Bourgogne, de Nemours, d'Orléans[1]. L'histoire des collections anglaises est moins connue[2], ce n'est point cependant que celles-ci aient joui d'une moindre célébrité ou leur aient été inférieures. On en peut donner comme preuve la liste, publiée plus loin, des livres conservés au château de Richmond, au commencement du xvie siècle.

La partie la plus précieuse de cette collection avait été réunie par les soins du roi Edouard IV (1461-1483), et c'est à l'un des plus célèbres bibliophiles de la fin du xve siècle, Louis de Bruges, seigneur de la Gruthuyse, qu'il faut rapporter le mérite

---

1. Voy. L. Delisle, *Cabinet des manuscrits*, t. I, *passim*.
2. Voy. Edward Edwards, *Libraries and Founders of Libraries* (London, 1865, in-8), p. 147-154.

d'avoir inspiré, par son propre exemple, l'amour des beaux livres au souverain anglais. Renversé un moment de son trône par la faction de Warwick, Edouard IV avait dû passer le détroit et venir demander au duc de Bourgogne, son beau-frère, des secours contre ses ennemis. Gruthuyse le reçut à son arrivée et l'accompagna durant son séjour en Flandre, du mois d'octobre 1470 au mois de février 1471. Pendant plus d'un mois, Edouard fut l'hôte de Louis de Bruges, et put à loisir admirer les splendides manuscrits qui faisaient l'ornement de l'hôtel de la Gruthuyse [1].

Les manuscrits réunis par Edouard IV appartiennent en effet à cette série de livres magnifiques, exécutés dans les Flandres, pendant toute la seconde moitié du xve siècle, et qui nous ont conservé les chefs-d'œuvre des peintres et des miniaturistes flamands [2] en même temps qu'ils contribuaient à entretenir et à répandre dans les cours étrangères le goût de la langue française. Ces volumes, dont la provenance n'a pas toujours été reconnue et que le catalogue imprimé plus loin permettra de déterminer le plus souvent d'une façon certaine, font aujourd'hui l'ornement de l'ancien fonds royal du Musée Britannique. Mais, moins favorisés que les manuscrits de même genre conservés à Paris, ils n'ont encore été, pour la plupart, l'objet d'aucune description, d'aucune étude que l'on puisse rapprocher de celle que Paulin Paris a consacrée, il y a plus de cinquante ans, aux *Manuscrits françois de la Bibliothèque du roi* [3].

Le roi Henri VII (1485-1509) continua les traditions que lui avait léguées Edouard IV. Il augmenta la collection royale

---

1 Voy. Van Praet, *Recherches sur Louis de Bruges, seigneur de la Gruthuyse* (Paris, 1831, in-8), p. 9-11, et le *Cabinet des mss.*, I, 140-146. — Une quarantaine de mss. semblables à ceux de la Gruthuyse se retrouvent dans la collection de Richmond.

2. Voy. W. de Gray Birch, *Early Drawings and Illuminations... in the British Museum* (London, 1879, in-8), p. LIV-LVII.

3. Paris, 1836-1848, 7 vol. in-8. — M. Ward, dans son *Catalogue of romances in the Department of mss. in the British Museum* (1883), n'a étudié que quelques-uns des plus anciens manuscrits français de Londres.

installée dans le château de Richmond d'une série de ces belles éditions gothiques d'Antoine Vérard, chroniques, romans de chevalerie, etc., qui forment l'un des titres de gloire de la typographie parisienne de la fin du xv⁰ et du commencement du xvi⁰ siècle.

Ces exemplaires de choix, manuscrits et imprimés, étaient revêtus de riches reliures en velours; et, tandis que pour les reliures des manuscrits, réunis un peu plus tard dans la librairie de François I⁰ et de Henri II à Fontainebleau, nous manquons de renseignements [1], pour celles des livres du château de Richmond, au contraire, plusieurs documents ont été conservés, entre autres le compte, daté de 1480, d'un relieur, Pierre Baudouin, dont le nom semble indiquer l'origine française. Nous devons à la gracieuse obligeance du directeur du Musée Britannique, M. E.-M. Thompson, de pouvoir donner ici le texte de ce compte [2]:

Expenses necessarye.

Piers Bauduyn, stacioner, for bynding, gilding and dressing of a booke called *Titus Livius* [3] . . . . xx s.
For binding, gilding and dressing of a booke of the *Holy Trinitee* . . . . xvj s.
For binding, gilding and dressing of a booke called *Frossard* . . . . xvj s.
For binding, gilding and dressing of a booke called the *Bible* . . . . xvj s.
For binding, gilding and dressing of a booke called *le Gouvernement of Kinges and Princes* [4] . . . . xvj s.
For binding and dressing of thre small bookes of Franche, price in grete . . . . vj s., viij d.

---

1. La reliure du manuscrit de la Bibliothèque nationale (lat. 257), qu'on sait être l'œuvre d'Etienne Roffet, dit le Faulcheur (L. Delisle, *Cabinet des mss.*, I, 182), est d'un genre tout différent de celui des autres reliures de François I⁰.
2. British Museum, ms. Harley 4780, *An Account of the King's great Wardrobe*, 20 Ed. 4, fol. 21 v⁰ et 40 v⁰; la vingtième année du règne d'Edouard IV correspond à mars 1480-1481.
3. Voy. plus loin le n⁰ 54 de la liste des livres du château de Richmond.
4. Voy. plus loin le n⁰ 83 de la même liste.

For the dressing of ij bookes wherof oon is called *la Forteresse de foy*, and the other called the booke of *Josephus*[1] ....iij s., iiij d.

And for binding, gilding and dressing of a booke called the *Bible Historial* .... xx s.

Delyvered for the coveryng and garnysshing vj of the bookes of our saide Souverain Lorde the Kynge, that is to say oon of the *Holy Trinite*, oon of *Titus Lyvius*, oon of the *Gouvernal of Kinges and Princes*, a *Bible*, a *Bible historiale*, and the vj^{the} called *Frossard* :

> *Velvet*. — vj yerdes cremysy figured.
> *Corse of silk*. — ij yerdes di[midium] and a naill blue silk, weying an unces, iij drachm dim[idium].
> iiij yerdes dim[idium], dim[idium] quarters blac silk, weying iij unces.
> *Laces and tassels of silk*. — xvj laces, xvj tassels, weying togider vj unces and iij drachmes.
> *Botons*. — xvj of blue silk and gold.
> *Claspes off coper and gilt*. — iij pair smalle with Roses uppon them. A pair myddell. ij pair grete, with the Kinges Armes uppon them.
> Bolions coper and gilt. — LXX.
> Nayles gilt. — CCC.

Une liste des livres manuscrits et imprimés des rois d'Angleterre qui se trouvaient en 1535 au château de Richmond nous a été conservée parmi les papiers de Philibert de La Mare et de Fevret de Fontette, dans le volume 849 (fol. 166-167) de la collection Moreau, à la Bibliothèque nationale[2]. Bien que très sommaire, cette liste permet toutefois de reconnaître la plupart des manuscrits dont elle donne les titres, et on trouvera en notes l'indication des cotes que ces volumes portent aujourd'hui dans l'ancien fonds royal du Musée Britannique[3].

---

1. Voy. plus loin les n°s 22 et 5 de la même liste.
2. Voy. D. Casley, *A Catalogue of the Mss. of the King's Library* (London, 1734, in-4); les manuscrits français sont à la fin, p. 285-306.
3. Au dos de cette liste (fol. 167 v°), on lit, de même main : « Inventaire des livres de la librairie du Roy d'Angleterre à Richemont, avec une epistre en latin de Mandeville. — Avec autres choses recouvertes oudit royaume durant que je y estoye en feuvrier 1534. » (1535, n. st.)

INVENTAIRE DES LIVRES
ESTANS OU CHASTEAU DE RICHEMONT

EN ANGLETERRE

1. Premierement, l'Istoire tripartie.
2. Valere le grant.
3. Cronicques de Bourges.
4. Lucan, Suetone.
5. Josephus.
6. Cronicles of England.
7. Le premier et ij^e livre du premier volume Froissard.
8. Le iij^e et iiij^e livre du premier volume Froissard.
9. Le second volume Froissard.
10. Le tiers volume Froissard.
11. Le quart volume Froissard.
12. Le premier volume des Croniques d'Angleterre.
13. Textus Biblie.

1. *Histoire tripartite* de Socrate, Sozomène et Theodoret, réunie en douze livres par Epiphane le Scholastique; Royal ms. 18. E. v, copié en 1473. (Casley, p. 285.)

2. Valère Maxime, *Dits et faits mémorables*; Royal ms. 17. F. iv.

3. Royal ms. 19. E. vi. Cf. [C. de Villiers], *Bibliotheca Carmelitana*, I, 856.

4. *Faits des Romains*; Royal ms. 20. C. i. Cf. P. Meyer, *Les premières compilations françaises d'histoire ancienne*, dans la *Romania* (1885), t. XIV, p. 2.

5. Royal ms. 14. C. viii.

6. *The Cronicles of Englonde*, édition de W. Caxton, Westminster, 1480, in-fol.

7-11. *Chroniques* de Froissart. Les art. 7-8 répondent aux mss. 14. D. ii et iii du fonds royal. Cf. *Œuvres de Froissart*, Chroniques (ed. Kervyn de Lettenhove), t. I; introduction, 2e et 3e parties, p. 221-223; l'art. 9, au ms. 18. E. i (Kervyn, p. 319) et l'art. 11 au ms. 18. E. ii (Kervyn, p. 329), tous deux aux armes d'Edouard IV. Cf. n°s 39 et 58.

12. Jean Wawrin, *Anciennes et nouvelles croniques d'Angleterre*; Royal ms. 15. E. iv, exécuté pour Edouard IV, probablement à Bruges, et à ses armes. Cf. Fr. Michel, *Rapports*, etc. (1838), p. 140-142. (Voy. n° 45).

14. Le role des pappe, empereurs, roys de France et d'Angleterre.
15. Le role des roys d'Angleterre.
16. Le role des conte de Warwil.
17. Rotulus regum Anglie.
18. La Vye des Peres.
19. The Bible, in englissh.
20. Plinius.

21. Biblia magna.
22. La Forteresse de la foy.
23. Le Tresor des histoires.
24. La grant Bible.
25. La Fleur des histoires.
26. Le Mirouer historial.
27. Rustican.
28. Le premier volume de Valere.
29. Le second volume de Valere.
30. Le grant histoire Cesar.
31. L'Istoire scolasticque.

13 et 14. Probablement 14. B. VIII et 14. B. V ou VI.

17. Royalms. 14. B. V ou VI.

18. S. Jérôme, *Vie des Pères*, Paris, 1486, in-fol.

22. Royal ms. 17. F. VI. « Aveque belles peinctures. Faite a Lisle en Flandres per Jehan du Quesne. XV. s. » (Casley, p. 287.) Il y a un autre exemplaire de la *Forteresse de la foy* sous le n° 19. E. IV du fonds royal.

23. Brunetto Latini, *Livre du Trésor*; Royal ms. 17. E. I (éd. Chabaille, p. XXIX).

24. Sans doute la *Bible historiale*, Royal ms. 15. D. III. Cf. S. Berger, *La Bible française au Moyen-Age*, p. 387.

25. Cf. Royal mss. 16. F. VI-VII, 16. G. VII et 18. E. VI.

26. Royal ms. 14. E. I.

27. Royal ms. 14. E. VI.

28-29. Valère Maxime; Royal mss. 18. E. III et IV.

30. *Faits des Romains*; Royal ms. 17. F. II, exécuté à Bruges, pour le roi d'Angleterre Edouard IV, en 1479. Cf. P. Meyer, *Les premières compilations françaises d'histoire ancienne*, dans la *Romania* (1885), t. XIV, p. 2.

31. Quatrième volume d'une *Bible historiale*, Royal ms. 15. D, I, exécuté à Bruges, en 1470, pour le roi d'Angleterre Edouard IV. Cf. S. Berger, *La Bible française au Moyen-Age*, p. 389-390. (Voy. plus loin, n°s 47-48 et n° 125.)

32. Romuleon.
33. Bocace le grant.
34. La Cité de Dieu, premier volume.
35. Le Chemyn de vaillance.
36-38 Lancelot, en troys volumes.
39. Le tiers volume Froissard.
40. La Quinte Course d'Alexandre.
41. Cronicques de Pise.
42. Methamorfoze.
43. Bocace le petit.
44. Gordeffroy de Billon.
45. Croniques d'Engleterre, le tiers volume.
46. Hercules.
47. Le premier volume de la Bible.
48. Le second volume de la Bible.

32. Royal ms. 19. E. VI.
33. Boccace, *Cas des nobles hommes et femmes*; Royal ms. 18. D. VII ou 14. E. V.? Cf. les art. 77 et 43.
34. S. Augustin, *Cité de Dieu*, livres I-X; Royal ms. 17. F. III. Cf. n° 70.
35. Jean de Courcy, *Chemin de Vaillance*; Royal ms. 14. E. II, aux armes d'Angleterre et exécuté pour Edouard IV. Cf. Ward, *Catalogue of romances in the Department of mss. in the British Museum* (1883), t. I, p. 895-902.
36-38. Voy. sur les différents mss. de Lancelot conservés dans l'ancien fonds Royal le catalogue précédemment cité de M. Ward, p. 345, suiv.
39. Royal ms. 14. D. V. Cf. n°s 7-11.
40. Royal ms. 17. F. I. « Avec peinctures belles... Escript par la main de Jehan du Chesne, à Lille. XV s. » (Casley, p. 286.) Il y a deux autres exemplaires de cette traduction de Quinte-Curce par Vasco de Lucena, sous les n°s 15. D. IV et 20. C. III.
41. Royal ms. 16. G. I.
42. Ovide, *Métamorphoses*, en 15 livres, etc.; Royal ms. 17. E. IV.
43. Cf. les art. 33 et 77. Peut-être 19. E. I?
44. Royal ms. 17. F. V.
45. Royal ms. 14. E. IV; aux armes d'Edouard IV. Cf. Fr. Michel, *Rapports*, etc. (1838), p. 143-144. (Voy. plus haut, n° 12.)
46. *Recueil des histoires de Troie*, Royal ms. 17. E. II; aux armes d'Angleterre, probablement exécuté à Bruges pour Edouard IV. Cf. Ward, *Catalogue of romances*, p. 64-66.
47-48. Royal mss. 18. D. IX et X, premier et second volumes d'une *Bible*

49. La Bible jusques au Psaultier.
50. Bien vivre et mourir.
51. Biblia.
52. Les Cent Nouvelles.
53. Le Dialogue S. Gregoire.
54. Titus Livius.
55. Le second volume du Proprietaire.
56. Le Jouvencel.
57. Le Proprietaire.
58. Le petit Froissard.
59. Cirus.
60. Cronicques de France.
61-65. Vincent, en cinq volumes.

historiale, d'une belle écriture flamande, exécutés sans doute pour Edouard IV, aux armes de France et d'Angleterre. Le quatrième volume de cette Bible est mentionné plus haut (n° 31). Cf. S. Berger, *l. c.*

49. Royal ms. 19. D. VI.
50. Édition de Paris, Vérard, 1492, in-fol. Cf. n° 141.
52. *Les Cent nouvelles nouvelles*. Paris, 1486, in-fol.
53. Royal ms. 15. D. V.
54. Royal ms. 15. D. VI.

55 et 67. Barthélemy de Glanville, *De proprietatibus rerum*, traduction de Jean Corbichon; Royal mss. 15. E. III et II, « escriptes par Jo. Duries, l'an 1482, avec peintures. » (Casley, p. 292.) Il y a un autre ms. de ce traité sous le n° 17. E. III, c'est l'art. 57.

56. Jean de Bueil, *Le Jouvencel*; Royal ms. 16. F. I. C'est le ms. G. de l'édition de la Société de l'histoire de France, t. I, p. CCCXXVIJ.

57. Cf. art. 55. Peut-être 17. E. III?
58. Royal ms. 14. D. VI.
59. Xénophon, *Histoire de Cyrus*, traduction de Pogge et de Vasco de Lucena; Royal ms. 16. G. IX.

60. *Grandes chroniques*; Royal ms. 16. G. VI ou 20. C. VII. Cf. L. Delisle, *Notes sur quelques manuscrits du Musée Britannique*, dans les *Mémoires de la Société de l'histoire de Paris* (1878), t. IV, p. 191 et 212. Il y a aussi, sous les n°s 20. E. I-VI, un exemplaire, en six volumes, des *Grandes chroniques*, en écriture flamande de la fin du XV° siècle, exécuté très probablement pour le roi d'Angleterre Edouard IV. (Cf. Delisle, *ibid.*, p. 214.)

61-65. Vincent de Beauvais, *Miroir historial*, traduit par Jean de Vignay. Paris, Vérard, 1495-1496, 5 vol. in-fol.

66. Missale.
67. Le premier volume du Proprietaire.
68. Cirus et Vegece.
69. La Vie nostre Seigneur.
70. La Cité de Dieu, premier volume.
71. Cleriadus et Meliadus.
72. Le Commentaire Cesar.
73. La Bible.
74. L'Apocalipse.
75. Les quatre filz Haymon.
76. La Destruction de Troye.
77. Bocace des nobles femmes.
78. Boece de Consolacion.
79-80. Merlin, en deux volumes.
81. Propheties Merlin.
82. Mirouer de Redemption.

67. Royal ms. 15. E. II. Cf. art. 55.

68. Xénophon, *Histoire de Cyrus* (cf. n° 59), et Vegèce, *Art militaire*, ou *Chevalerie*; Royal ms. 17. E. v.

69. Royal ms. 16. G. III : « Escript par David Aubert, en Gand, l'an 1479; avec belles peintures. » (Casley, p. 290.)

70. S. Augustin, *Cité de Dieu*, livres I-X; Royal ms. 14. D. 1. Cf. n° 34.

71. Roman de *Cleriadus* et de *Meliadice*; Royal ms. 20. C. II. Cf. Fr. Michel, *Rapports*, etc. (1838), p. 129-130, et Ward, *Catalogue of Romances*, p. 383-384.

72. Royal ms. 16. G. VIII. « Translatez en Lille, l'an 1473, par Jehan de Chesne : avec peinctures. » (Casley, p. 291.) Cf. P. Meyer, *Les premières compilations*, etc., dans la *Romania*, t. XIV (1885), p. 50.

73. Peut-être le Royal ms. 19. D. II, ou 19. D. III.

74. Royal ms. 19. B. xv.

75. Royal ms. 16. G. II. Cf. Ward, *Catalogue of romances*, p. 619-622.

76. Guy Colonna, *Histoire de Troie*; Royal ms. 16. F. IX. Cf. Ward, *Catalogue of romances*, p. 54-57.

77. Cf. art. 33 et 43.

78. Royal ms. 19. A. IV.

79-81. *Merlin*. Paris, Vérard, 1498, 3 vol. in-fol.; le troisième volume contient les *Prophecies de Merlin*.

82. L'une des éditions de 1478 et suiv. citées par Brunet, *Manuel* (5° éd.), V, 480-482.

83. Gouvernement des princes.

84. Charles duc d'Orléans.
85-88. Les iiij volumes des Cronicques d'Angleterre et de France.
89. L'Epistre au roy Richard le second.
90. Les roys Henry empereurs.
91. Le Romant de la Roze.
92. Le Dict des Saiges.
93. L'Ordonnance de la maison de Bourgogne.
94. Le Chevalier de la Tour.
95. Cronica Anglie.
96. L'Apocalipse.
97. Parvus Apocalipsis, cum expositione Vegere.
98. Imaginacion de vraye noblesse.
99. Lancelot du Lac.
100. Articles de paix entre France et Angleterre.
101. Le bon roy Alexandre.

83. Royal ms. 19. A. xx ou 19. B. 1?
84. Royal ms. 16. F. 11. Cf. Fr. Michel, *Rapports*, etc. (1838), p. 29-39.
85-88. Royal mss. 20. E. 1-vi, exemplaire des *Grandes Chroniques* exécuté probablement pour Edouard IV (voy. plus haut n°.60). Il y a aussi un *troisième* volume des Chroniques d'Angleterre sous le n° 14. E. IV.
89. Royal ms. 20. B. vi.
91. Royal ms. 20. A. xvii. Cf. Ward, *Catalogue of Romances*, p. 880-884.
92. Royal ms. 19. A. viii.
93. *Ordonnances du comté de Bourgogne*. Dôle, 1490, in-4.
94. Royal ms. 19. C. vii.
96. Royal ms. 19. A. ii.
98. Royal ms. 19. C. viii. « Parachevé le derrenier jour de juyn, au manoir de Shene [ou Richmond], l'an 1496, par O. Poulet; avec belles peintures. » (Casley, p. 298.) Cf. John W. Bradley, *A Dictionary of miniaturists*, etc. (1889), t. III, p. 92.
99. Royal ms. 20. D. iii et iv, ou 20. C. vi. Cf. Ward, *Catalogue of Romances*, p. 350-353.
100. Royal ms. 19. A. xvi. « Traictie fait entre le roy de France, d'Engleterre et l'Archeduc, par Rhethoricque, le 4 jour de juillet 1499; en vers. Escript de la main de Lacquet de l'abbé de St Bertin. » (Casley, p. 295.)
101. Royal ms. 15. E. vi; aux armes d'Angleterre. Cf. Fr. Michel,

102. L'Istoire du roy Philippe, filz de St. Loys.
103. Le St. Gral, donné à la Royne.
104. La Destruction de Thebes.
105. Therence.

106-115. Les dix volumes Vincent historial.
116-117. Les deux volumes de la Mer des histoires.
118. Le Mirouer de Redemption.
119. La Legende dorée.
120. Les Engues.
121. Les Politicques et Yconomicques.
122. Marcus Tulius.
123. Jason, et l'Arbre des batailles.
124. Le Dialogue M° Alain.
125. La Bible, en partie.
126. Speculum de Confession.
127. Fables de Ysopet et Orthea.

Rapports, etc. (1838), p. 63-64. Il y a trois autres manuscrits du *Roman d'Alexandre* sous les n°s 19. D. I, 20. A. v. et 20. B. xx. Cf. Ward, *Catalogue of Romances*, p. 123, suiv.

102. Royal ms. 20. C. VII.
103. Royal ms. 14. E. III. Cf. Ward, *Catalogue of Romances*, p. 341-342.
104. Royal ms. 20. D. I. *Faits des Romains*, commençant à l'histoire de Thèbes. Cf. P. Meyer, *Les premières compilations*, etc., dans la *Romania*, t. XIV (1885), p. 50.
105. *Therence, en françois*. Paris, Vérard (vers 1500), in-fol.
106-115. Sans doute l'édition du *Speculum quadruplex* de Vincent de Beauvais (Strasbourg, J. Mentelin, 1473 et 1476), 7 volumes grand in-fol., ordinairement divisés en 10 volumes.
116-117. Paris, Vérard, 1488, 2 vol. in-fol.
118. Cf. n° 82.
119. Royal ms. 19. B. XVII.
120. *Livre des saints anges* du franciscain François Ximenès; Royal ms. 16. G. IV.
121. Aristote, *Politiques* et *Yconomiques*, traduction de Nicole Oresme. Paris, Vérard, 1489, in-fol.
123. Honoré Bonnet, *Arbre des batailles*; Royal ms. 20. C. VIII.
124. Alain Chartier, *Dialogue de la calamité française*; Royal ms. 19. A. XII.
125. Royal ms. 1. A. XX.

128. Les Faiz Mᵉ Alain.
129. Le Champion des Dames.
130. Boece de Consolacion.
131. Statutz.
132. La Somme rural.
133. Vita et gesta Willelmi, ducis Normannorum.
134. Delin de Maience.
135. Tule des Offices.
136. Galien restauré.
137. Carte.
138. Livre des traictez entre les roys Jehan de France, le roy David d'Ecosse et le roy Edouard le tiers.
139. Missalia.
140. Le Débat de Félicité.
141. L'Art de vivre et bien mourir.
142. Melusine et Raymondin.
143. — A la fin du libvre de Mandeville, présenté au roy d'Angleterre par celluy qui le composa, est escript ce qui ensuit :

128. *Les fais maistre Alain Chartier...* Paris, 1489, in-fol.
129. Martin Le Franc, *le Champion des Dames.* (S. l. n. d.), in-fol.
130. Royal ms. 20. A. XIX.
131. Statutz d'Angleterre, des rois Edouard III, Richard II, Henri IV et Henri V, en français; Royal ms. 19. A. VII. Il y a d'autres manuscrits de statuts d'Angleterre, en français, sous les nᵒˢ 19. A. XIV et 20. A. VII.
132. Jean Boutillier, *Somme rurale.* Bruges, Colard Mansion, 1479, in-fol.
134. Doon de Mayence. *La fleur des batailles Doolin de Maience.* Paris, Vérard, 1501, in-fol.
135. Royal ms. 15. A. VI.
136. *Galien rethoré.* Paris, Vérard, 1500, in-fol.
137. Royal ms. 20. A. IX.
138. Royal ms. 20. D. X.
141. Paris, Vérard, 1496, in-fol. Cf. art. 50.
142. L'une des éditions de *Mélusine* de Jean d'Arras, de 1478 et suiv., citées par Brunet, *Manuel* (5ᵉ éd.), III, 519-520.
143. Royal ms. 20. B. X. Cf. aussi *The Voiage and Travaile of sir John Maundevile*, éd. J.-O. Halliwell (Londres, 1866, in-8), p. x et suivantes.

La coppie de la lettre mandée ovesque cest escript a tres noble prince monseigneur Edouard Windesore, roy d'Angleterre et de France, par monsieur Jehan de Mandeville, aucteur susdict.

Principi excellentissimo, pre cunctis mortalibus precipue venerando, domino Edwardo, divina providencia Francorum et Anglorum regi serenissimo, Hibernie domino, Acquitanie duci, mari ac ejus insulis Occidentalibus dominanti, Christianorum eufamie et ornatui, universorumque arma gerentium tutori, ac probitatis et strenuitatis exemplo, principi quoque invicto, mirabilis Alexandri sequaci, ac universo orbi tremendo, cum reverencia, non qua decet, cum ad talem et tantam reverenciam mynus sufficientes extiterint, sed qua parvitas et possibilitas mittentis ac offerentis se extendun, [contenta tradantur.]

REMARQUES

SUR LES

RÉDACTIONS DIVERSES

D'UNE CHANSON DU XIIIe SIÈCLE

Par GÉDÉON HUET

La chanson dons nous donnons le texte à la suite de ces remarques a été publiée plusieurs fois, mais n'a jamais été l'objet d'un travail réellement critique. Le but de ces remarques est de mettre en lumière les divergences singulières que peut offrir le texte d'une seule pièce quand on compare les familles de chansonniers où elle se trouve.

La pièce que nous publions se trouve dans deux ou, si l'on veut, dans trois familles de manuscrits[1] : 1° B^a Pb^{12} ; 2° Pa, Pb^4, Pb^8, Pb^{17}; 3° Pb^5 (sous-famille très divergente de la seconde famille). — La seconde et la troisième famille offrent, à partir de la quatrième strophe, une version entièrement différente de celle de B^a (Pb^{12} donne, pour cette pièce, un texte trop incomplet pour infirmer ou confirmer la leçon de B^a).

Considérons d'abord la leçon des deux dernières familles. — Ces deux familles ont en commun 4 strophes; chacune des deux familles donne une cinquième strophe, mais celle de Pa, etc., diffère de celle donnée dans Pb^5.

Pour chaque strophe on peut donner la formule : *abababab*, vs. 1-8 ont 5 syll.; vs. 9 a 3 syll. (str. III), 4 syll. (str. II, IV, V, VI) ou 5 syll. (str. I).

---

1. Je suis, ici et dans les variantes, la notation de M. Raynaud, *Bibliographie* II, p. 45 (n° 433).

En combinant les deux familles on obtient *six* strophes. En comparant les rimes on obtient :

Rimes *a*.

Str. I, II { esté, chanté, gré, mandé, volanté
nez, grevez, donez, pensé, aé.

Str. III, IV { rant, semblant, remirant, grant, chant.
chantant, sant, noiant, vivant, talant.

Str. V. VI { merci, traï, di, fi, affi.
sofrir, desir, servir, partir, finir.

Rimes *b*.

Str. I, II { joie, esforçoie, soie, doie.
mestroie, ravoie, devoie, doie.

Str. III, IV { debonaire, atraire, viaire, taire.
guere, retraire, traire, faire.

Str. V, VI { vie, aïe, mie, mie
mie, envie, oblie, mie.

En comparant ces groupes de rimes, on voit que, pour les rimes *b*, le groupement des strophes est nettement 2 + 2 + 2; pour les rimes *a*, on ne peut obtenir un groupement semblable qu'en substituant dans les strophes I-II et V-VI les *assonances* aux rimes (é, ez — i, ir)[1].

Malgré ces irrégularités, la leçon des manuscrits Pa, Pb4, Pb5, Pb8, Pb17 donne un texte logique, dont la structure se laisse ramener à un principe général.

Il n'en est pas de même de celui qu'offre le manuscrit B². Après trois strophes qui correspondent à la première version, B² donne quatre strophes, analogues pour la longueur des vers (vs. 9 est variable : IV, V, 4 syll.; VI, VII, 3 syll.) et pour

---

[1]. A l'intérieur de str. II on ne peut, pour les rimes *a*, obtenir des rimes exactes que quand on adopte pour vs., *contre tous les manuscrits* la leçon de M. Scheler, *Trouvères belges*, II, 45 : Deus, tant bor *sont* né.

l'enchaînement des rimes aux strophes communes aux deux rédactions, mais présentant les rimes suivantes :

Rimes *a* : amer, amera, truis, avoir, vivant — cuer, fuer, amor, departoit, fuer — beauté, vivant, pensa, forma, a — envoi, moi, tient, amai, sai.

Rimes *b* : amie, mie, cortoisie, amie — boidie, partie, compaignie, vie — mise, assise, nestrie, vivre — amie, mie, oblie, vie.

On remarquera d'abord que les rimes de strophe IV de B² diffèrent de celles de str. III commune aux deux rédactions (*ant*, *ere*). — Quant aux rimes des strophes IV-VII comparées entre elles, pour les rimes *b* qui se laissent le plus facilement ramener à un type commun, nous avons des rimes en *ie* dans les str. IV, V, VII ; pour la strophe VI, nous n'obtenons un enchaînement régulier qu'en admettant que l'auteur aura voulu donner des assonances féminines en *i*, non des rimes ; et cette supposition nous autorise à admettre que dans ces quatre strophes la rime *b* paraît au besoin être une assonance en *i*. Malheureusement, la comparaison des rimes *a* donne des résultats si peu satisfaisants qu'on se demande par quel artifice on pourra amener quelque régularité dans ce désordre : même les conjectures les plus hardies ne pourront ramener à un principe fixe les rimes extraordinaires des str. IV et VII. On se demande si le poète n'a pas eu l'intention de donner quatre strophes de quatre vers rimant (asson.), en *ie*, suivis d'un vers plus court de 3 ou 4 syll. — Cependant on peut admettre qu'il y a une certaine tendance vers la rime dans les str. V (cuer, fuer, fuer), VI (pensa, forma, a), VII (amai, sai).

Il semble probable que l'auteur de la version de B² aura eu sous les yeux un texte incomplet de la version de Pa, Pb[4], etc., comprenant *trois* strophes ; qu'il aura ajouté à ce fragment quatre strophes de sa propre invention ; strophes construites, en général, comme les strophes authentiques, mais où les vs. 2, 4, 6, 8 avaient la même rime *ie* (ou l'asson. féminine en *i*), tandis que dans la pièce originale les strophes rimaient plus ou moins exactement deux à deux. — Pour les vers impairs, l'auteur de cette nouvelle rédaction considérait la rime comme admissible, mais non comme nécessaire.

Les quelques strophes (I, II, IV) corrompues que donne le ms. Pb¹² sont d'une autre main que le reste et paraissent avoir été ajoutées plus tard *de mémoire* : c'est ce qui semble résulter de la transposition des vs. 6-9 des deux premières strophes.

La pièce est attribuée dans B² à Gace Brulé : cette attribution est inadmissible, vu le mélange des rimes en *ent* et *ant* dans les str. III et IV de la première rédaction. — La str. IV a été citée comme une preuve de la justesse de l'attribution de la pièce à Gace par Tarbé, *Chansonniers de Champagne*, p. xiv : il est évident que dans cette strophe Gace n'est pas nommé comme auteur, mais au contraire *cité*. Le passage cité ne se retrouve pas d'ailleurs dans les pièces de Gace qui nous ont été conservées. — Dans Pa et Pb¹⁷ la pièce est attribuée à Aubin de Sezanne, dans Pb⁴ à Gontier de Soignies. L'auteur reste douteux. Le style simple, presque populaire, de certains passages (str. III, V de la première rédaction) est frappant.

RÉDACTION I

I

    Lonc tans ai esté
    en ire, sans joie
    et si ai chanté ;
    mes je m'esforçoie ;
    or me vient a gré
6   que renvoisiez soie :
    qu'amor m'a mandé
    que servir la doie
    à sa volanté.

Rédaction I. — 1 Pb¹² iriez est sens j. — 3 et si] Pb⁵ asses. — 4 Pb¹² anfor. soie. — 5 *leçon de tous les mss.* [lors B¹] *sauf* Pb¹² tous mi seu donneis. — 6-9 vs. 6-9 de str. II dans Pb¹². — 6 Pa, Pb⁵ ienuoisiez. — 7 m'a] B² mont. — 7 mandé] Pb⁵ mostrey. — 8 Pb⁵ que ie la seruoie.

II

1 Deus! tant buer fu nez
  cui amor mestroie;
  que s'il est grevez
  tant bel le ravoie;
  toz m'i sui donez;
6 se morir devoie
  n'ai pas en pensé
  que partir n'en doie
  en mon aé.

III

Dame, a vos me rant,
franche, debonaire;
par un beau semblant
me poez atraire;
quant vois remirant
6 vostre cler viaire,
joie en ai si grant
que ne m'en puis taire :
  por ce chant.

IV

Gaces en chantant
dit que n'aime guere
qui, por mal qu'il sant,

II 2 Pb⁴ Pb⁸ cil quamours. — 3 Pb⁵ sic. B³ quant est deuoies. Pb¹² car sil est guilleis. Pa Pb⁴ car quant sont greue. Pb¹⁷ car quant a g. — 4 B³ tantost lou rauoie. Pb¹² ancor serait moie. Pb⁵ de legier. rapaie. — 5-9 Pb¹² vs. 5-9 de str. I. — 5 Pa Pb⁵ Pb⁸ Pb¹⁷ : donc. — 7 B³ Pb¹² penseir. — 8 Pb⁸ men doie.

III Pb¹² la str. manque. — 1 Pb⁵ bele a vos maten. — 3 B³ douz. — 4 Pb⁵ me poez lie faire. — 6 B³ vo tres cleir v.

IV 1 Pa Pascot. Pb⁴ Gascot. Pb¹⁷ Bascot. Pb⁵ Gascot. Pb¹² Gaices. — 1 Pb¹² dist chantant. — 2 Pb⁵ sic. Pb¹² que cil naimet gaire. Pa Pb⁴ Pb¹⁷ dit cil ne uit gaires. Pb⁸ dit sil uenist gaire. — 3 Pb¹² ke dou mal kisant.

se cuide retraire;
moi n'est à noient
6 de toz les maus traire
se je à mon vivant
pooie rien faire
à son talant.

V

Fine amor, merci,
en vos est ma vie;
bien m'avez traï,
se n'ai vostre aïe;
à toz Sainz le di:
6 se je pert ma mie
en Deu ne me fi
ne siens ne sui mie;
ensi l'affi.

VI

1 Dame, por sofrir
ne porroie mie;
rien tant ne desir
ne plus n'ai d'envie:
j'ai cuer de servir
6 vos cui pas n'oblie;
je n'en quier partir,
ainz voudrai ma vie
en ice fenir.

4 Pb¹² se ueut arier t. Pb⁴ s'en bee a r. — 5 Pb⁵ moi nest il neant. — 6 Pb⁵ se ja por mal traire. — 5-9 *dans* Pb¹² mout en seus ioians. se ja li peus plaire. ne li uient an greit. choze ke ie face. en mon uiuant.

V *dans* Pa Pb⁴ Pb⁸ Pb¹⁷. — 4 Pb⁴ sen ai. — 7 Pb¹⁷ quen riens. — 8 Pb¹⁷ ne ne uiurai mie.

VI *Dans* Pb⁵.

Rédaction II

(Str. I-III, voyez rédaction I.)

IV

1 Se je vuel amer,
j'ai trové amie
qui bien m'amera;
ce n'i faura mie;
mais en mi ne truis
6 sens ne cortoisie
par quoi doie avoir
si loial amie
    en mon vivant.

V

Je l'aim de fin cuer,
sens nulle boidie,
ne ia à nul fuer
n'en serai partie;
sa loial amor
6 de sa compaignie;
s'ele en departoit
j'auroie ma vie
    jetée fuer.

VI

Si très grant beauté
a Deus en li mise
qu'en femme vivant
tant n'en ait assise,

Rédaction II. — IV 2 B² ia. — 3 B² ke. — mamerait. — 4 B² seni faurait.
V 3 B² iai. — 3-5 *il faut p. e. lire :* ne ia à nul fuer. nen *sera* partie. *ma* loial amor. de sa compaignie. — 7 B² celle.
VI 1 B² biaulteit. — 2 B² ait.

5 nature i pensa
par si grant mestrie,
kant il la forma
nule ke soit vive
tant n'en a.

VII

Chanson, je t'envoi
à ma douce amie;
prie li por moi
ke ne m'oblit mie;
car la mort me tient
s'ele m'i oblie;
nule tant n'amai
en toute ma vie
bien lo sai.

5 B² pensait. — 7 B² formait. — 9 B² ait

LE

FABLIAU DE RICHEUT

Par JOSEPH BÉDIER

Bien que ni l'auteur ni le copiste ne nomment du nom de fabliau le curieux poème de *Richeut*[1], c'est bien l'étiquette qui lui convient; et, dès lors, il mérite une attention toute spéciale : car de tous les fabliaux qui nous sont parvenus, il est sensiblement le plus ancien. Le caractère archaïque de la langue suffirait à lui assurer cette priorité, si un vers du poème ne nous permettait de le dater avec précision : il a été composé en 1159[2]. On peut conjecturer qu'à cette date le genre était encore très voisin de sa naissance. En effet, la forme strophique du poème nous permet, à elle seule, de croire qu'il n'a pas eu beaucoup de devanciers ni de contemporains. Il est écrit en strophes de trois vers, où un vers de quatre syllabes succède à deux vers octosyllabiques rimant

---

1. *Nouveau Recueil de fabliaux et contes*, p. p. Méon, t. I, p. 38-79.
2. Au vers 990, le héros du poème s'en va

        ... Droit a Tolose
      Que li rois Henris tant golose.

Il faut donc que la date du fabliau soit exactement celle de l'expédition entreprise contre Toulouse par le roi Henri II Plantagenet : or, cette date est 1159. Cf. Radulfus de Diceto, *Ymagines historiarum* : « M.C.LIX. Rex Angl. Henricus duxit exercitum versus Tolosam et cepit castella fortia vicina ejus, rege Franciae commorante interius jugiter in Tolosa, et ob reverentiam praesentiae ipsius dictus est Rex Angliae ipsam civitatem Tolosam non assiluisse. » *Script. rer. Britann. Radulfi opera historica*, ed. Stubbs, t. I, p. 303. — M. G. Paris, dans son *Tableau de la litt. fr. au moyen âge*, fixe à 1156, pour des raisons que j'ignore, la date de la composition de *Richeut*.

ensemble; le petit vers qui termine le tercet rime à son tour avec les deux octosyllabes suivants (8a8a4b, 8b8b4c) [1], etc. C'est un rythme ingénieux, qui donne au poème je ne sais quelle allure spirituelle, ironique; mais il est difficile et compliqué, et l'on doit croire que le genre a dû adopter de très bonne heure ces commodes octosyllabes rimant à rimes plates, le mètre si cher à tous nos conteurs légers, si précieux aux poètes médiocres. Wace, Beroul, en attendant Marie de France et Chrétien de Troyes, en avaient déjà fait le mètre presque exclusif du récit, et si nous ne le rencontrons pas dans *Richeut*, c'est sans doute que le genre des fabliaux, encore embryonnaire, n'était point déjà asservi à des normes. Ce n'est pas que nous possédions vraiment en *Richeut* l'archétype de nos fabliaux : déjà à cette époque les poèmes analogues paraissent n'avoir pas été très rares. Sans recourir aux témoignages que je compte grouper ailleurs sur ces fabliaux primitifs, à n'interroger que notre poème, on s'aperçoit qu'il a existé plusieurs autres contes qui mettaient en scène le type de la jongleresse d'amour Richeut. Sans quoi, que signifient les vers du début :

> Or faites pais, si escotez,
> Qui de Richeut oïr volez.
> Soventes foiz oï avez
>   Conter sa vie.

Et que signifient ces rappels d'évènements à peine indiqués,

---

[1]. Telle paraît du moins être la forme typique des strophes du poème, mais il s'en faut que cette forme soit observée avec rigueur, et les strophes qui diffèrent de ce schème sont presque aussi nombreuses que les régulières. Ainsi, à ne considérer que les 45 premières strophes, les petits vers de quatre syllabes sont séparés neuf fois par trois vers octosyllabiques au lieu de deux (str. 1, 2, 4, 5, 7, 11, 16, 25, 26); deux fois par quatre vers (str. 14, 31), trois fois par un seul (str. 33, 36, 42). En plus d'un cas on peut supposer qu'un vers a été ajouté ou retranché et ramener la strophe au type général. Mais le plus souvent elle résiste à ces additions ou à ces suppressions, et il faut admettre soit que le poète s'est permis d'entremêler deux ou trois systèmes strophiques différents, soit peut-être que la pureté primitive de la versification a été altérée par la tradition orale des jongleurs.

comment Richeut fut nonne et s'enfuit du couvent avec un prêtre
qui fut pour elle démembré, occis et damné ¹, comment elle dupa
un certain dan Guillaume dont il n'est plus question par la
suite²? Ces évènements sont obscurs pour nous, mais devaient
être de claires allusions à des récits déjà entendus : il a dû exister
tout un petit cycle de la *menestrel Richeut*, dont l'une des branches
était le *Moniage Richeut*. Mais puisque ces poëmes sont perdus et
que *Richeut* en reste le plus ancien spécimen, il peut être intéressant, pour en tirer quelques indications sur la forme primitive et l'évolution du genre, d'interroger cet ancêtre vénérable,
— vénérable par sa date seulement, — de nos fabliaux. Au moins
je vais traiter d'une étrange matière, et il est sage de répéter
l'excuse naïve du trouvère de *Richeut* :

> Vos qui entendez nos raisons,
> Pardonez nos s'ensi parlons :
> Tels est l'estoire ³.

Le plus ancien de nos fabliaux en est peut-être aussi le plus
cynique. C'est l'histoire brutale d'une fille de joie, Richeut, qui
dupe ses amants et fait endosser à un nombre indéfini d'entre eux
la paternité d'un fils qui lui est né ; elle fait elle-même l'éducation de ce fils, et le petit Sansonnet grandit en force et en science
du mal jusqu'à lutter avec sa mère elle-même dans l'art de vivre
grassement de l'amour. De *Richeut* aux contes de Jean de Condé,
les jongleurs sauront perfectionner l'intérêt des intrigues, le
comique des situations. Mais pour la peinture réaliste des types
et des mœurs, pour la vérité de l'observation cruelle, ils paraissent
avoir atteint du premier coup le genre spécial de perfection
qu'ils recherchent. A cet égard, *Richeut* n'est pas seulement un
exemplaire isolé des fabliaux archaïques perdus; il est le modèle
des fabliaux conservés, qui reproduiront, sans le surpasser, ce tour
d'imagination caricaturale et de gaieté cynique. Voici deux com-

1. V. 34 ss.
2. V. 54 ss.
3. V. 952.

mères du XIIe siècle, Richeut et Herselot, la maîtresse et la servante, qui discutent, moitié crédules, moitié sceptiques, par quelles sorcelleries et quelles « charaies » elles charmeront leurs amants, s'il vaut mieux leur faire boire des herbes, ou écrire des lettres magiques avec du sang et de l'encre. Les voici à leur miroir, qui se fardent de blanc et de vermillon,

> Por ce que du natural sanc
> Poi i avoit;

ou bien, qui font bombance « de claré, de nieles, de pevrée, d'oublées, de fruit et de parmainz ». Richeut, devenue mère, va faire ses relevailles. Quoi de mieux observé que ce désir de la courtisane de ressembler à une vraie dame? Elle tient à aller à la messe, à y faire son offrande : le visage clair et vermeil, en grande toilette, portant un manteau vair et un chainse nouveau, dans sa dignité de bourgeoise, elle passe par les rues, fière; « sa longue queue va traînant dans la poussière, » et les bourgeois, accourus sur le pas de leur porte, admirent. Le digne fils d'une telle mère, Sansonnet, nous apparaît à son tour, les mains belles et fines, « lacé dans sa ceinture à longues franges, » respirant une grâce malsaine de mignon. Le poète nous dit comment il a été élevé; il nous raconte ses *enfances*, et qui sait? si profonde est, dans tout le libre moyen âge, la confusion des genres, des publics, de l'esprit chevaleresque, précieux, gaulois, du bas et du noble, que peut-être, le même jour, devant la même assemblée, le même auteur récitait l'histoire d'un autre héros, les « enfances » du petit Vivien. Les enfances de ce Sansonnet, dont un bourgeois, un chevalier, un prêtre et quelques autres s'enorgueillissent paternellement, sont dignes de chacun de ses nombreux pères putatifs : il fait honneur au prêtre par sa parfaite connaissance de son psautier, de la grammaire, par son art à chanter « les conduits et les sozchanz »; il a tant appris par son clair sens qu'il est dialecticien; il est bien aussi le fils du chevalier, si élégamment il sait « s'afichier » sur ses étriers, composer des sonnets, des serventois et des rotruenges, jouer de la citole et de la harpe, dire des lais bretons; il est le fils du bourgeois encore, car il sait compter mieux que personne, et des vilains aussi, car il sait tricher aux dés et boire d'autant. Voici que déjà il possède les sept arts, et quelques autres encore ; la science de vivre, c'est-à-dire la science d'aimer à bon profit, il croit l'avoir apprise dans ses livres et allègue les « bons auteurs » :

... Que moult en cuide
Sansonnez savoir par Ovide.

Mais sa mère, « maistresse de lecherie, » lui donnera le trésor plus précieux de son expérience. Dans les nobles chansons de geste, quand un chevalier nouvellement adoubé quitte le château paternel et s'en va quérir les aventures par le vaste monde, il est d'usage que sa mère lui dicte ses nouveaux devoirs, l'endoctrine avant le dernier adieu, et le *chastie*. De même Richeut ne laissera point partir son fils sans lui enseigner sa morale spéciale : il doit toujours « parler courtoisement, agir férocement, toujours promettre aux femmes et leur devoir toujours. » Et le voilà parti pour les pays, levant sur les femmes qu'il « afole » « impôts et tonlieux, » courtois dant les demeures seigneuriales, ivrogne et batailleur dans les tavernes, moine blanc à Clairvaux d'où il emporte les croix et les calices d'or, prêtre et chapelain à Wincester d'où il enlève une abbesse qu'il abandonne et qui devient jongleresse ; c'est lui qui porte les messages des amants, qui fait dolentes les épouses et les jeunes filles ; et s'il les met à mal, « peu lui chaut, mais qu'il gagne ! » N'y a-t-il pas une véritable puissance poétique dans ce prototype malsain de don Juan, élégant et cynique, si gracieux, si féroce, et qui entend si artistement le *struggle for life* ?

Ce caractère qui marque le plus ancien fabliau conservé, à savoir la vérité effrontée de l'observation, la vision réaliste d'un monde interlope, l'exactitude dans la peinture des mœurs, et spécialement des mauvaises mœurs, restera l'un des signes distinctifs du genre au cours de son histoire : tel le poème de *Richeut*, tels les fabliaux du XIIIe et du XIVe siècle, et il ne saurait être ici question d'une évolution. Par un autre trait encore, Richeut ressemble aux fabliaux postérieurs : c'est que l'intention du

poète n'est nullement satirique. On sent qu'il s'amuse de ses
personnages et ne leur en veut point; qu'il est tout joyeux de
voir Richeut s'asservir un prêtre, un vieux chevalier, un bourgeois, et la fille de joie régner souverainement sur les trois
ordres, clergé, noblesse, bourgeoisie, sans compter les vilains et
les pautonniers; on sent qu'il met une gaieté épique, une sorte
d'allégresse à chanter l'odyssée de Sansonnet qui, poursuivant
comme un héros de la Table Ronde ses entreprises et ses quêtes,
court triomphant à travers le monde, par l'Allemagne et la Lom-
bardie, et de Bretagne en Irlande, et de la Sicile à Toulouse, de
Clairvaux à Saint-Gille,

> Et de ci qu'en Inde la Grande
> A il esté !

De même, les fabliaux postérieurs ne sont jamais, quoiqu'on
l'ait cru et répété trop souvent, des satires. Ces conteurs n'ont
dans l'âme aucune amertume. Ils ne s'indignent ni ne s'irritent,
ils s'amusent. Ils restent tout aussi bien étrangers à la colère qu'au
rêve : leur maîtresse forme est une gaieté cruelle, mais sans pes-
simisme, satisfaite au contraire.

Il s'en faut pourtant que le poème de *Richeut* ressemble de tout
point aux fabliaux postérieurs. Il en diffère par la nature du
sujet traité, et c'est par là qu'il nous intéresse surtout : car peut-
être permet-il une induction sur la forme première du genre. Les
fabliaux du XIIIe siècle sont en effet presque tous la mise en
œuvre d'un conte populaire, traditionnel; et le secret de cette
transmissibilité réside dans l'ingéniosité de l'intrigue; c'est une
situation unique, comique, plaisante ou touchante en soi; la
trame de ces récits se suffit à elle-même et pourrait plaire encore,
le conte fût-il redit en deux mots, et par un sot. Rien de tel dans
Richeut : l'intrigue n'y est rien, les caractères y sont tout. Aucune
des duperies qu'imagine notre vilain couple n'est un de ces bons
tours particulièrement ingénieux qui font rire par eux-mêmes :
réduites à la seule intrigue, les aventures de Richeut n'intéres-
seraient personne, aucun auditeur ne pourrait les retenir pour les
redire; aussi le fabliau de *Richeut* ne se retrouve-t-il dans aucune

littérature et nous n'avons à présenter à son sujet aucune remarque comparative : ce n'est pas un conte, c'est un tableau de mœurs. Or, il est une théorie reçue, considérée comme acquise à la science, presque officielle : les fabliaux nous viennent de l'Inde, et c'est l'invasion exotique des contes orientaux qui a enseigné à nos trouvères, confinés jusqu'alors dans le monde légendaire des héros d'épopée, l'art de peindre aussi les mœurs quotidiennes, les petites gens, la vie du carrefour et de la rue. « Les contes indiens, dit M. Gaston Paris [1], nés de l'observation directe et ingénieuse des hommes dans toutes les conditions sociales, retracent naïvement leur vie et leurs mœurs avec la simplicité et l'absence d'affectation qui caractérise l'Orient. Les aventures et les sentiments d'un jardinier, d'un tailleur, d'un mendiant y sont exposés avec complaisance et décrits avec détail. Les Occidentaux, quand ils reçurent d'Orient cette matière nouvelle de narrations, ne connaissaient que l'épopée nationale et le roman chevaleresque. La poésie ne s'adressait qu'aux hautes classes, les peignait seules, et se mouvait ainsi dans un cercle très restreint de sentiments souvent conventionnels. En s'efforçant d'approprier les contes orientaux aux mœurs européennes, les poètes apprirent peu à peu à observer ces mœurs pour elles-mêmes et à les retracer avec fidélité. Ils apprirent à faire tenir dans le cadre de la vie réelle et bourgeoise de leur temps les incidents qu'ils avaient à raconter, et en s'y appliquant ils acquirent l'art de comprendre et d'exprimer les sentiments, les allures, le langage de la société où ils vivaient. Ainsi se forma peu à peu cette littérature des fableaux, qui, par une singulière destinée, a fini par être le plus véritablement populaire de nos anciens genres poétiques, bien qu'elle ait sa cause et ses racines à l'extrême Orient. » Il serait disproportionné de discuter ici à fond cette opinion, et de se demander si ce qu'on appelle, non sans justesse, l'esprit gaulois n'est vraiment qu'un reflet de l'esprit indien, si les fabliaux sont moins le signe des âmes bourgeoises du XIIIe siècle que de l'âme des prédicateurs boud-

---

[1]. Les contes orientaux dans la litt. fr. au moyen âge. Paris, Vieweg, 1875.

dhistes, s'ils sont moins voisins du roman de Renart que du Pantchatantra, si le goût extraordinairement développé de ces *fabellae ignobilium* n'aurait point, dans les mœurs de certaines classes sociales du moyen âge, une cause plus profonde que le hasard de traductions occidentales (d'ailleurs postérieures à la plupart des fabliaux) du *Livre de Kalila et Dimna* ou du *Roman des Sept Sages*. Mais pour nous en tenir ici à notre seul conte, *Richeut* nous paraît apporter un argument minuscule, significatif pourtant, contre la thèse orientaliste. Voici que le plus ancien poème conservé qui soit exclusivement consacré à peindre les mœurs des gens du commun n'a d'autre intérêt que cette peinture même : celui de l'intrigue y est nul. Il semble donc que l'évolution du genre ait été celle-ci : d'abord, le goût de l'observation exacte, réaliste; on a mis en scène, pour le seul plaisir de les peindre dans la vérité de leur geste habituel, le marchand du coin, le clerc goliard qui traîne par les villes sa jeunesse mendiante et spirituelle, le curé du village; puis, par une conséquence inévitable et rapide, on a cherché à faire se mouvoir ces personnages dans une intrigue intéressante, comique par elle-même : cette intrigue, les contes errants dans la tradition orale l'ont fournie. A l'origine, la peinture de types familiers; puis, pour mieux mettre ces types en relief, leur introduction dans les intrigues que fournissait le trésor des contes populaires. Ces contes eux-mêmes venaient-ils de l'Inde ? Peut-être pourra-t-on bientôt prouver que la question est de celles qui se peuvent encore discuter [1].

---

[1]. Le texte de *Richeut*, tel que le donne Méon, est extrêmement fautif, et j'ai pu constater, par une collation du manuscrit, que notre poème était déjà fort défiguré lorsqu'il parvint au copiste qui l'introduisit dans le célèbre recueil de fabliaux de Berne (ms. de la B. de Berne 354, f° 124^b — f° 135^b). Sans prétendre aucunement lever même la moitié des difficultés du texte, je crois utile de proposer ici les quelques corrections qui suivent : v. 55, *lire* : k'ert atornez a Deu proier. — V. 58, Méon : Richaut *desingle* lo cortois, *lire* desjugle. — V. 65, *Méon* : or diroie sa voie, escout De li un conte, *lire* Or diroie, s'avoie escout, De li... — V. 68, *Le ms. donne exactement* : Et si je ne lairai por honte. — V. 79, Lo mist el. — V. 108, mar m'i tricha. — V. 124, l. a moi mëisme. — V. 126, *Méon* : Miauz est que atorné herbe boive. *Corriger* Miauz est que atorne

herbé boivre (il vaut mieux que je prépare une boisson d'herbes magiques). — V. 135, *lire avec le ms.* : Il i perdra ainz que s'an tort. — V. 136, *ms.* S'ainsi lo faz. — V. 141, *Méon*, Je mantirat se tot bien non, *lire* Je n'i antant se tot bien non. — V. 161, *ms.* bien lo savez. — V. 164, *ms.* moult me monstrez. — V. 167, *lire avec le ms.* où *Méon* a mal interprété *des lettres exponctuées* : Mais par Saint Pol. — V. 168, moult saurai poi. — V. 172, *Ponctuer* Richaut s'estort, si se delace. — V. 180-1, *Méon* : Li prestes moult celer lo rove, Icel ce croi. *Supprimer la virgule et lire* icel secroi (ce secret). — V. 200, mettre un point après *prendre* et un point d'interrogation après *desfendre* (v. 202). — V. 228, ss. *Ponctuer* : De pain et d'el. Ploiant s'en va a son ostel — O ele trova... — V. 277, *corriger, malgré le ms.* : si tost auroient ome ocis. — V. 281, ne sai de ces menaces sont ; *sic dans le ms.; lire* : que ces menaces sont. — V. 301, *Méon* Luors decline, *lire* li jors decline. — V. 306, l. au jor. — V. 336, El plore. — V. 344, Certes. — V. 345, Pris je. — V. 368, *ms.* Que cil qui prant et tost et robe. — V. 387, *l.* trestoz. — V. 413, *ms.* Il crie et brait plus fort d'un rasle. — V. 415, *ms.* baigne et conroie. — V. 436-7. *Le ms. porte ce vers fautif omis par Méon* : Cil li charge jusqu'a un mois — Et pain et vin jusqu'a un mois. — V. 473, *lire* : L'uns a l'autre dit et consoilie : « O el prant ce dont s'aparoille ? » — V. 477, *l.* chainse ridé. — V. 548, *l.* Et a toz ces sore lo met. — V. 550, dont el n'ait. — V. 567, N'ot en l'escole si, *sic dans le ms.; lire* si sachant. — V. 574, *lire* Au borjois vialt tolir lo chanje. — V. 610, pas nel despant. — V. 635, *ms., soz* soi. — V. 639, mises. — V. 651, T'an va. — V. 656, *ms.*, apovriz. — V. 669, ne quant. — V. 675, Ja n'ert prodom dedanz son soil; As riches cors panré. — V. 684, Se puis encor del lor, *sic dans le ms. Lire* : Se puis encor avoir del lor. — V. 689, *Mettre un point au lieu du point d'interrogation.* — V. 701, et plus tost het.— V. 702, qui li agret. — V. 718, *ms.* Encor la te reproverai. — V. 726, *corriger, avec le ms.* : qu'ele ne te raame. — V. 744, *ms.* De lor servir. — V. 754 *ms.* Veit s'en. — V. 777, des. — V. 779, *ms.* que il voit. — V. 787, *ms.* O qui veigne. — V. 792, Voiz a; bien chante et farin parole. *Lire peut-être, malgré le ms.* : et bien parole. — V. 801, *ms.* Plus que nus hom. — V. 813, Ne en besa. — V. 854, de ci c'a. — V. 855, N'avra. — V. 862, lo tonleu. — V. 947, *ms.* a soposte. — V. 1001, ms. en chant a orne (?). — V. 1015. Il li rant. — V. 1024, Car moult semes. — V. 1039, li poroit. —.V. 1045, *ms.* bele, mais n'estoit. — V. 1076, n'en sachent mot. — V. 1097, trait. — V. 1115, di. — V. 1186, revien. — V. 1188, conroi. — V. 1199, nel tochent. — V. 1241, herdie sui. — V. 1296, Li uns respont : Dame Florie.

LES

ANNALES LAURISSENSES MINORES

ET LE

MONASTÈRE DE LORSCH

Par GABRIEL MONOD

Si les *Annales Laurissenses Minores* méritent l'attention de l'historien, ce n'est point par l'importance de leur contenu, mais uniquement parce qu'elles sont le premier essai qui nous ait été conservé d'une histoire abrégée des princes carolingiens, inspirée par le désir d'exalter leurs mérites et composée d'extraits des annales contemporaines. Le viiie siècle avait vu éclore une série d'annales dont le seul objet était de noter au fur et à mesure les évènements importants qui frappaient l'imagination des contemporains, et dont les auteurs n'étaient guidés par aucune préoccupation de composition ni de style. Ils notaient des faits, mais ne composaient pas une histoire. Il est même difficile de discerner chez eux quelque intention politique. Telles sont les *Annales Petaviani, Alamannici, Guelferbytani, Sancti Amandi, Lobbienses, Laureshamenses;* et même les plus amples de toutes, les *Laurissenses majores.* Toutefois la restauration de l'Empire, coïncidant avec la renaissance littéraire due aux maîtres de l'École du Palais, devait ébranler les imaginations, élargir les esprits et suggérer l'idée d'œuvres plus réfléchies, inspirées à la fois par la grandeur des évènements qui venaient de s'accomplir et par le désir d'imiter les écrits des anciens. Le poème sur Léon et Charlemagne attribué avec vraisemblance à Angilbert, sans parler d'un grand nombre de pièces de vers d'une moindre étendue, est une preuve de l'impression extraordinaire faite sur les esprits par l'expédition d'Italie de l'an 800. Les historiens prennent une conscience plus claire de l'enchaînement des faits, de la grandeur des temps où ils vivent, des progrès accomplis dans l'art d'écrire. Le moment n'est pas encore venu où Einhard écrira la vie de Charles, en s'inspirant des biographies des douze Césars; mais la préoccupation historique et littéraire à la fois qui a inspiré le remanieur des *Annales Laurissenses* est un remarquable témoignage du progrès qui s'est fait dans les esprits. Les fragments annalistiques dits de Vienne, de Dusseldorf, de Berne sont probablement des débris d'œuvres du même genre. Plus d'une compilation dut alors voir le jour, qui a péri sans retour. Le récit des règnes de Pépin et de Charlemagne dans les *Annales Mettenses* reproduit certainement des fragments d'une chronique qui s'étendait jusqu'à 805 environ. Nous en avons une preuve directe par la comparaison de leur texte avec celui des *Annales Guelferbytani* dont le ms. est du ix° s. Les années 801 à 805 dans ces dernières ne sont qu'un extrait mutilé et informe du texte que nous retrouvons dans les *Annales Mettenses* et celui-ci est indispensable à leur intelligence. Si le fragment de Bâle (de 769-772), publié par M. Bæchtold en 1872, est, comme le croit M. de Giesebrecht[1], tiré d'une compilation remontant à 714 et composée entre 802 et 805 avec les continuateurs de Frédégaire, les Annales Laurissenses, les Ann. Laureshamenses et d'autres encore, cette source commune aux *Ann. Mettenses* et aux *Ann. Guelf.* aurait été une chronique où la forme annalistique avait été remplacée par une division en chapitres[2]. C'est un premier essai de composition littéraire, un effort vers l'unité, au moins apparente. Le moment était venu en effet où des annales devaient sortir des chroniques, c'est-à-dire des œuvres qui ont pour but moins de noter au jour le jour les évènements contemporains que de retracer les

---

1. Forschungen zur deutschen Geschichte, XIII, 627, etc. Cf. Simson, Forschungen, XX, 385.

2. Le fragment de Bâle est divisé en chapitres, de 56 à 59. Ces chapitres, il est vrai, correspondent à des années.

évènements passés en soumettant les documents à un choix et à des combinaisons, et en suivant un certain plan, soit que l'on compose une histoire universelle comme le feront Fréculf, Adon ou Réginon, soit que l'on écrive seulement une histoire des rois. Ces chroniques pourront ajouter des annales contemporaines au récit du passé, elles pourront même suivre servilement leurs sources et conserver assez fidèlement la forme d'Annales, elles n'en seront pas moins inspirées par une conception différente. Tandis que le premier auteur des *Annales Laurissenses*, qui pourtant est un compilateur et a déjà des préoccupations historiques et politiques, ne prend pas même la peine, en 741, de dire que Pépin et Carloman succèdent à leur père et paraît surtout soucieux de noter dans ces premières années ce qui a été omis ou mal rapporté par d'autres, le chroniqueur pourra négliger beaucoup de faits, laisser de graves lacunes, mais il marquera du moins bien nettement les faits saillants, ceux qui forment le cadre même de l'histoire, et, avant tout, les avènements et les morts des rois.

I

Le premier spécimen qui nous ait été conservé d'une chronique ainsi conçue est l'écrit de peu d'étendue connu généralement sous le titre d'*Annales Laurissenses minores*, mais à laquelle M. Waitz a donné le nom plus exact de *Petite chronique de Lorsch*[1].

C'est le manuscrit de Valenciennes, pris par M. Waitz pour

---

1. Éditions : Lambecius, *Comm. mss. Bibl. caes. Vindobonensi*, II, c. 5. — Kollar, *Analecta*, I, 549 ; — Muratori, *SS. rer. Ital.*, II, 2, 98 ; — D. Bouquet, *Historiens de France*, II, 645 ; V, 63 ; — Pertz, *Mon. Germ.*, I, 112 et II, 196 ; — Waitz, *Berichte der K. Akad. der Wissenschaften zu Berlin*, XIX. Phil. hist. classe, 13 août 1882: *Ueber die kleine Lorscher Franken Chronik*.

Manuscrits : Bruxelles 15835 (s'étendant de 682 à 814, provenant de St-Vaast, reproduit par Lambecius, Kollar, Muratori, Bouquet. Collationné dans Pertz, II) ; Valenciennes (de 687-807, provenant de St-Amand, reproduit par Waitz) ; Berne (687-817 provenant de Reims), et Vienne hist. prof. 515 (de 687-817, provenant de Fulda, publiés par Pertz, I) ; Palat. 243 (de

base de son édition, qui représente le texte le plus pur. La Chronique commence par une introduction en quelques lignes sur Pépin d'Héristall. Les sentiments d'attachement et d'admiration pour la famille carolingienne qui ont inspiré la composition de l'ouvrage y éclatent. Testry est, pour l'auteur, le point de départ de l'histoire de la dynastie nouvelle, et les rois Mérovingiens ne sont que des rois de parade qui règnent sans gouverner : « Pépin, duc des Franks, fils d'Ansigise, gouverna l'Austrasie après la mort du duc Wultoad ; il gouverna pendant 27 ans le royaume des Franks avec les rois Clovis, Childebert et Dagobert qui lui furent soumis. Il meurt la seconde année de l'empereur Anastase, 714 de l'Incarnation. »

Remarquez que, pour donner la date de la mort de Pépin, l'auteur n'emploie pas l'an de règne d'un des rois franks, Dagobert ou Chilpéric, considérés comme sujets (sibi subjecti) de Pépin, mais l'an de règne de l'empereur d'Orient, seul supérieur du duc d'Austrasie. Les divisions de l'œuvre sont marquées par les noms des chefs carolingiens et les années sont indiquées par le chiffre des années de leur gouvernement. Après les mots « Charles régna 27 ans », chaque paragraphe est numéroté de 1 à 27 et comprend un an de règne ; les 7 ans de Pépin et Carloman sont annoncés et comptés de même, et la même série de 8 à 27 continue pour les 20 ans de Pépin seul ; les 3 ans de Charles et Carloman sont annoncés comme ceux de Pépin et Carloman. Si pour Charlemagne le titre habituel manque, c'est que la chronique a été écrite avant sa mort et les ans de son règne sont numérotés à la suite des 3 années de son association avec Carloman. A la 38e année, en 806, le chroniqueur s'arrête

---

687 à 817 ; analogue à Berne). Les annales de Hildesheim ont aussi transcrit les *Annales Laur. min.* jusqu'à la 39e année de Charlemagne (807).

Consulter outre la préface de l'éd. de Waitz, Dünzelmann, *Neues Archiv der Gesellschaft für Kunde der deutschen Geschichte*, II, 537 ; — Manitius, *Die Annales Sithienses, Laurissenses minores et Enhardi Fuldenses*, Dresde, 1881 ; — Bernays, *Zur Kritik karolingischer Annalen*, Strasbourg, 1883 ; — Pückert, *Ueber die kleine Lorscher Franken Chronik, seine verlorene Grundlage und die Annales Einhardi.* (Berichte der sæchsisch. Ges. des Wissenschaften. Hist. phil. Cl. 29 juill. 1884).

au moment du partage de l'Empire de Charles entre ses trois fils. Ce partage suivant de si près la restauration de l'Empire, cet acte solennel par lequel le vieil empereur semblait ouvrir d'avance son héritage en présence de tous les grands de son royaume et cherchait à prévenir des discordes fatales, fut sans doute l'évènement qui provoqua la composition de notre chronique.

Partout l'auteur a soin de constater l'impuissance des rois mérovingiens. Quand Charles Martel fait couronner Clotaire III, celui-ci est roi « nomine, non potestate ». Il ne prend point la peine de noter la mort de Thierry IV, ni le rétablissement de la royauté en 743, pour Childéric III. Celui-ci n'est mentionné qu'après le sacre de Pépin dans des termes dédaigneux : « Pépin est appelé roi et Childéric, faussement appelé roi, est tonsuré et cloîtré. » Cet avènement de Pépin forme le centre de la composition. Au lieu d'abréger le texte de ses sources, ici le chroniqueur le développe et y joint un tableau de l'oisiveté et de l'impuissance des rois mérovingiens qui fait contraste avec l'activité belliqueuse de Pépin : « L'an 750 de l'Incarnation, Pépin envoya des messagers à Rome auprès du pape Zacharie pour l'interroger au sujet des rois des Franks, qui étaient de race royale et étaient appelés rois, bien qu'ils n'eussent aucun pouvoir dans leur royaume. Les chartes et privilèges étaient, il est vrai, rédigés en leur nom, mais ils n'avaient rien de ce qui constitue l'autorité royale ; ils faisaient tout ce que voulait le maire du palais ; le jour du Champ de Mars où, selon l'antique coutume, on offrait aux rois les dons annuels, le roi siégeait sur son trône au milieu de l'armée, le maire du palais devant lui, et il promulguait ce jour-là tout ce qui avait été décidé par les Francs. Le lendemain et tous les autres jours, il restait dans sa demeure. » Ce morceau, écrit avec une exagération et un parti pris évident, n'a pas manqué de frapper les contemporains. Einhard l'a imité et développé dans sa *Vita Caroli*. Les autres passages saillants sont, indépendamment de quelques détails d'un intérêt tout local sur lesquels nous reviendrons tout à l'heure, la campagne d'Italie de 774 et 786, la révolte des Romains contre Léon III, le couronnement de Charlemagne à

Rome et le partage de 806. Le chroniqueur ajoute même quelques détails originaux à ceux que nous fournissent les autres sources. Remarquons enfin que les seuls évènements politiques dont il nous donne la date précise sont : la mort de Pépin, la mort de Charles Martel, la consultation du pape Zacharie par Pépin, le couronnement de Charlemagne. Les autres dates se rapportent à des évènements qui intéressaient le monastère où vivait l'auteur. L'ouvrage auquel on a donné le nom d'*Annales Laurissenses minores* est donc une chronique composée tout entière à une époque précise, après 806 et avant 814, avec l'intention ouvertement manifestée d'exalter les victoires, la puissance et les mérites des Carolingiens, et de montrer leur avènement au trône en 751, à l'Empire en 800, comme la conséquence naturelle et consacrée par l'Eglise de l'autorité qu'ils exerçaient et des services qu'ils rendaient depuis la fin du viie siècle.

II

De quelles sources s'est servi l'auteur de cette chronique ? Les travaux de MM. Dünzelmann, Manitius, Waitz et Pückert me paraissent l'avoir mis en lumière avec une clarté suffisante, malgré l'incertitude où nous restons et devrons rester sur un certain nombre de points. Les passages vraiment originaux, qui ne se retrouvent dans aucune source connue et ne sont pas de simples ornements de style sont peu nombreux et se rapportent tous à l'histoire de Charlemagne. Nous pouvons retrouver tous les autres renseignements donnés par la chronique dans les continuateurs de Frédégaire, dans les *Annales Laureshamenses*[1] et dans les *Annales Laurissenses majores*. L'auteur a eu certainement sous les yeux les continuateurs de Frédégaire et les *Annales Laureshamenses*, mais il n'est pas sûr qu'il ait connu directement les Annales Laurissenses majores. M. Waitz a montré que le

---

1. M. Waitz dit que le texte des Ann. Lauresh., suivi par le chroniqueur de Lorsch, est celui qui se trouve au Vatican (Christ. 213) à la suite des continuateurs de Frédégaire.

texte de la chronique se rapproche souvent beaucoup plus de celui des *Annales Mettenses* et des *Ann. Lobienses* que de celui des *Laurissenses*; M. Pückert et M. Bernays, de leur côté, ont fait ressortir les rapports avec les *Ann. Maximini* et la chronique de Saint-Waast qui fut compilée à la fin du IX° s. d'après les mêmes sources que les *Annales Mettenses*. M. Waitz pense que la Chronique de Lorsch s'est servie de la compilation mentionnée plus haut, dont la comparaison des Ann. Guelferbytani et des Ann. de Metz nous atteste l'existence, et qui se rapprochait beaucoup par le fond des Annales de Lorsch; M. Bernays pense au contraire que la Chronique de Lorsch a puisé directement, comme les *Annales Lauriss.*, comme les *Annales Mettenses* et comme la Chronique de Saint-Waast, dans les Annales de la cour et dans des Ann. perdues imaginées par Arnold [1] comme source des Annales Petaviennes, Maximiniennes et Mosellanes jusqu'en 771. — Je ne crois ni possible ni utile d'arriver à une opinion précise sur ces questions; car rien ne nous prouve que l'auteur de la chronique de Lorsch n'ait pas eu sous les yeux les *Ann. Laurissenses* [2] et que, d'autre part, les auteurs du *Chronicon Vedastinum* et des *Ann. Mettenses* ne se soient pas servis directement de la chronique de Lorsch ou des extraits de cette chronique faits par les Annales de Fulda. Ce qui nous importe, c'est que cette chronique n'est pas une source originale, mais depuis 741 se sert des *Ann. Lauriss.* et des *Ann. Lauresb.* ou d'annales dont le fond est identique.

III

Nous savons donc pourquoi et comment la chronique de Lorsch a été composée; nous savons aussi avec certitude que c'est à Lorsch qu'elle a été composée. A l'année 26° de Pépin est rapportée la translation, par Chrodegand, des reliques de Saint-

---

1. *Beitrage zur kritik karolingischer Annalen*, Kœnigsberg, 1878.
2. M. Bernays, p. 71, a montré avec raison que le passage relatif à Tassillon, à la fin de l'année 19 de Charlemagne, semble prouver un rapport direct.

Nazaire *in monasterio nostro Laureshaim*[1]. A la huitième année de Charlemagne nous lisons que le roi vint en personne célébrer la dédicace de l'église de Saint-Nazaire, *in monasterio nostro Laureshaim*, et la date de ce fait mémorable (1ᵉʳ sept. 774) est une des huit dates d'année et des deux dates de jour (l'autre est la date de la mort de Pépin) que donne la chronique. Le monastère de Lorsch dépendait du diocèse de Mayence, aussi l'établissement de saint Boniface, comme légat du Saint-Siège, a-t-il obtenu dans cette histoire si concise une notice de sept lignes rédigée avec une certaine emphase ; la fondation des diocèses de Wurzbourg et d'Eichstedt est aussi mentionnée, ainsi que la participation de saint Boniface au sacre de Pépin ; enfin, la date du martyre de saint Boniface et de son remplacement par Lull est une des huit dates fournies par la chronique.

Qui était le moine à qui nous devons cette histoire de l'origine et des premiers temps de la dynastie carolingienne ? Nous ne croyons pas nous tromper en disant que c'était probablement un moine anglo-saxon ou tout au moins un élève fidèle des maîtres anglo-saxons. J'en veux pour preuve non seulement la place excessive accordée à la personne de saint Boniface, mais aussi le fait que la chronique de Lorsch est une continuation de la chronique de Bède[2], que la date de la mort de Bède (730) est une des huit dates qu'elle nous donne, qu'enfin elle fait l'éloge d'Alcuin à la 26ᵉ année de Charlemagne (794) : « Alcuinus, cognomento Albinus, diaconus et abbas sancti Martini, sanctitate ac doctrina clarus habetur. » On sait l'influence considérable exercée par les Anglo-Saxons sur l'empire franc au viiiᵉ siècle par leurs missionnaires d'abord, puis par leurs maîtres. Les Anglo-

---

1. M. Manitius croit et nous croyons aussi que ce passage a été emprunté par la chronique de Lorsch aux *Gesta episcoporum Mettensium* de Paul Diacre. Cet emprunt ne peut étonner quand on connaît les relations étroites de Lorsch avec le siège épiscopal de Metz. Toutefois le souvenir de la translation des saints Gorgon, Nabor et Nazaire devait être précieusement gardé à Lorsch, et une note identique sur ce fait pouvait être conservée à Gorze et à Lorsch.

2. Après avoir transcrit la chronique de Bède, le moine de Lorsch ajoute : « Huc usque Beda chronica sua perducit : cui nos ista subjiciamus. »

Saxons, et Alcuin plus que tout autre, unissaient un sentiment monarchique très vif, ce sentiment qui persiste encore en Angleterre sous le nom de loyalisme, à un dévouement passionné pour le Saint-Siège. Ce sont ces deux sentiments avec l'attachement au monastère de Lorsch et l'admiration pour Bède, Boniface et Alcuin que nous retrouvons dans la chronique de Lorsch.

Ce monastère de Lorsch, fondé par Chrodegand dans le voisinage des résidences impériales de Tribur, Worms et Ingelheim, protégé par Charlemagne et en relation constante avec les sièges épiscopaux de Mayence, de Worms, de Trèves et de Metz, avait une situation privilégiée. On peut trouver dans cette situation un argument en faveur de l'opinion qui place à Lorsch la composition des *Annales Laureshamenses* et de la première partie des *Laurissenses*. La composition de la chronique de Lorsch, l'inspiration politique à laquelle elle a dû naissance sont un puissant argument *a posteriori* à ajouter à l'argument *a priori* que nous venons d'indiquer. Il n'y a pas d'invraisemblance à supposer que ce monastère a été le berceau de ce qu'on a appelé l'historiographie officielle carolingienne. Nous pouvons faire observer, pour confirmer cette opinion, que la révolte et la soumission de Tassilon tiennent ici, comme dans les *Annales Laureshamenses* et dans les *Ann. Laurissenses*, une place relativement très grande (années 16, 19 et 20 de Charlemagne). Le lien entre les trois sources est évidemment très étroit et elles devront toujours être étudiées et consultées simultanément. Ce sont elles qui fournissent l'ensemble de renseignements le plus complet sur les évènements du règne de Charlemagne, sur le gouvernement de ses états, sur les sentiments inspirés aux contemporains par la dynastie carolingienne et par la restauration de l'empire d'Occident.

IV

La chronique de Lorsch ne s'arrête que dans deux manuscrits à l'année 807[1]. Elle continue dans les autres jusqu'en 814 et 817.

---

1. Valenciennes, Ann. Hildesheimenses.

Dans les manuscrits de Berne et de Rome, les additions sont insignifiantes et n'ont pour but que d'indiquer les morts et avènements des princes et des papes; mais, dans celui de Vienne, ce sont de nouvelles annales qui sont ajoutées à la chronique, et, de plus, le texte de la chronique a été modifié aux années 788, 790, 798, 794, 801, 802, 804. Ces modifications et ces additions ont été faites à Fulda, qui dépendait comme Lorsch du diocèse de Mayence et qui était uni à ce siège archiépiscopal par des liens encore plus étroits. C'est de Fulda que vient le manuscrit qui nous a conservé le texte ainsi modifié. Il nous rapporte la consécration de Raban Maur comme diacre, la mort des abbés de Fulda et des archevêques de Mayence, il nous renseigne sur les épidémies et les dissensions survenues dans le monastère de Saint-Boniface ou de Fulda. Il qualifie, d'ailleurs, en 812, ce monastère de *nostrum*, tandis qu'il supprime, en 774, cette épithète appliquée à Lorsch.

C'est sous cette forme nouvelle que la chronique de Lorsch eut la plus heureuse fortune. Le monastère de Fulda grandit en importance sous Louis le Germanique et ses successeurs; les archevêques de Mayence tinrent le premier rang à la cour des Carolingiens d'Allemagne; ils furent les chanceliers et les premiers conseillers des rois. Fulda en profita et devint pendant quelque temps une sorte de monastère royal comme l'avaient été Saint-Germain et Saint-Denys pour les rois mérovingiens. Son rôle grandit encore quand son abbé Hraban Maur occupa le siège de Mayence. Quand on entreprit, à Fulda, d'écrire des Annales royales, on ne se contenta pas, comme en France, de transcrire et de continuer les Annales de Lorsch; on prit pour point de départ la chronique de Lorsch, interpolée à Fulda, et l'on y ajouta des extraits des *Annales Lauresham enses*. C'est ensuite par les Annales de Fulda que la chronique de Lorsch fut connue et utilisée par les historiens du moyen âge.

CHANTS POPULAIRES
DE LA BASSE-NORMANDIE

RECUEILLIS PAR

JOSEPH COURAYE DU PARC

I

Le fils du roi il a juré,
Gué farlarira dondé
De ne pouvoir fille épouser
Fartin fartou farlaridon
Dongué farlaridondaine
Gué farlariradondé.

De ne pouvoir fille épouser,
Qu'elle n'ait les cheveux dorés.

La belle s'en va chez l'doratier.

« Bonjour, ami le doratier.

Voudrais-tu mes cheveux dorer ? »

« Oui-dà, la belle si vous payez. »

« Combien prends-tu, beau doratier ? »

« Pour chaque cheveu, un sou marqué,

Pour le chignon, un doux baiser. »

« Ah ! c'est trop cher, beau doratier.

Je renonce à me marier

Plutôt qu'embrasser l'doratier. »

Vire. — Cf. [Pavec]. *Chants populaires de la Haute-Bretagne, recueillis par un guérandais de 1809, habitant Savenay depuis 50 ans*, 1884, n° 22, p. 34.

II

Ah ! si j'étais petite alouette grise (*bis*),
Je volerais sur les mats du navire.
Pourquoi serai-je pas donc
L'amie de ces vigne, vigne,
Pourquoi serai-je pas donc
L'amie de ces vignerons ?

Je volerais sur les mats du navire
J'entenderais tous les mariniers dire :

« Sire le roi, donnez-moi votre fille. »

« Beau marinier, tu n'es pas assez riche. »

« Sire le roi, je suis bien que trop riche ;

J'ai trois vaisseaux dessus la mer jolie,

Un chargé d'or et l'autre d'argenterie,

L'autre de fleurs pour promener ma mie. »

« Beau marinier, va tu auras ma fille. »

« Sire le roi, je vous en remercie. »

Car mon père est l'empereur de Russie

Et ma mère est la reine de Hongrie.

Vire. — Cf. Bujeaud. Chants et Chansons populaires des provinces de l'Ouest, *Joli fondeur*, I, p. 279. — E. Rolland. Almanach des traditions populaires. *Ah! si j'étais belle alouette*, 1re année, p. 101 et 104 : deux versions de Lorient.

III

CHANSON DE NOCES

« Nous sommes venus ici de Basse-Normandie ;
C'est pour chanter le *bail*, s'il plaît la compagnie. »

« Chantez, messieurs, chantez, notre bru vous en prie
Vous lui ferez plaisir et à la compagnie. »

« Sur le pont d'Avignon j'ai ouï chanter la belle,
Qui par son chant disait une chanson nouvelle. »

« J'ai perdu mes amours, je ne puis les requerre ;
Ils sont dessus la mer dans un bateau de verre. »

« Que donnerez-vous, la belle, à qui vous les requerre,
Ces jolis doigts si chers qui sont perdus, la belle ? »

« Je donnerais, Paris, Rouen et La Rochelle,
Encor qui bien mieux vaut, cent acres de ma terre.

Et mon petit cheval moreau[1] qui va comme l'hirondelle,
Qui va toujours chantant à la porte de la belle.

Puis quant vous serez là, mettez le pied à terre ;
Frappez trois petits coups à la porte de la belle[2].

Ouvrez votre porte, ouvrez, nouvelle mariée,
Car si vous ne l'ouvrez, vous serez accusée

Par trois fieffés galants qui vous ont avisée
Au milieu des champs jouant à la dérobée. »

1. Il faut corriger d'après les autres versions : *Bridez le cheval moreau*.
2. Ou frappe à la porte ou quelquefois on tire trois coups de fusil.

« Comment vous l'ouvrirai-je, moi qui suis couchée,
Dans les bras de mon mari, la premiere nuitée?

Attendez à demain, à la fraiche matinée,
Que mon mari soit levé à voir ses ouvriers. »

« Comment attenderai-je? J'ai la barbe gelée,
La barbe et le menton, la main qui tient l'épée,

Les fers de mon cheval collés à la gelée.
. . . .

Qui sont ces pigeons-là, à la plume dorée?
Sur la maison du roi, ont pris leur reposée;

Ils ont volé si haut, la mer ils ont passée
La mer et les poissons et toute la marée [1].

Rossignol sauvage, messager des amants,
Va-t'en dire à ma belle, celle que j'aime le mieux;
Oh! va-t'en, va; fais lui bien mon message,
Car c'est bien là où j'ai mis mon courage. »

L'oiseau prit sa volée, au logis il s'en va,
Trouve la belle endormie sous une branche de lilas.
« Réveillez-vous, votre amant est en peine
Si vous l'aimez autant comme il vous aime. »

« L'aimer autant qu'il m'aime, cela ne se peut pas;
L'amour est incertain (?), Dieu ne le défend pas.
Mais ce galant a toujours espérance
De m'emmener demain dans la ville de Nantes.

Dans la ville de Nantes, non, non je n'irai pas.
Grand Dieu! qu'y ferai-je? Mes parents n'y sont pas.
Que l'on me ramène en grande diligence;
Car c'est à Clécy où est ma résidence. »

1. On ouvre.

Messieurs, la compagnie ne vous déplaira pas
De nous donner votre bru que voilà.
Donnez, donnez-nous la votre bru si jolie,
Donnez, donnez-nous la, par amour je vous prie.

Nous dirons à la vielle ainsi qu'au violon,
Nous lui dirons qu'il sonne et puis nous danserons.
Nous danserons deux ou trois tours de danse
Et au lieu de pleurs nous prendrons réjouissance.

Ce chant nuptial a été recueilli à Clécy (Calvados) par M. Denis du Desert qui a bien voulu m'en laisser prendre une copie. Un premier chœur, composé de jeunes gens, chante à l'extérieur de la maison; les jeunes filles qui accompagnent la nouvelle mariée répondent de l'intérieur; je manque des renseignements précis pour indiquer les passages alternativement chantés par chacun de ces chœurs; cette cérémonie a lieu après le repas avant de commencer les danses. — Cf. E. Legrand. Chansons populaires de Fontenay le Marmion, *La Chanson des Oreillers*, dans la *Romania*, X, p. 387. Aux recueils de Tarbé, Beaurepaire, Bladé et Bujeaud auxquels renvoie la *Romania*, on peut ajouter : E. Rolland. Recueil de chansons populaires, IV. *Sur le pont d'Avignon, j'ai ouï chanter la belle*, p. 65. Quatre versions : *a*, environs de Nantes; *b*, version de la *Romania*, *c* et *d*, Charente. — Vaugeois. Histoire des Antiquités de la ville de Laigle, 1841, p. 583.

IV

Trois écoliers s'en allant au bois tous les trois,
Au bois, au bois jolie coudrette,
Pour y cueillir la noisette.

A leur chemin ont rencontré
Une jolie fille à leur gré.
Elle était si belle et si blonde
Qu'elle en ravissait tout le monde.

Mais le premier ne lui dit rien,
Et le second la salua,
Et le troisième lui dit : « La belle,
Passerez vous le bois seulette ? »

« Je suis la fille d'un laboureur ;
Mon père m'envoie où ce qu'il veut.
Il m'envoie à la ville de Nantes
Porter une lettre à ma tante.

J'ai de l'or, aussi de l'argent,
Des anneaux d'or et des diamants :
Prenez les tous, je vous les donne,
Mais ne touchez pas à ma personne. »

« Ce n'est pas ton or, ni ton argent,
Ton anneau d'or, ni tes diamants,
Mais c'est ton joli cœur pour gage,
Là haut, là bas, sous ce feuillage. »

« J'ai un couteau dedans ma poche
Qui servira à mon destin. »
Elle s'en frappe un coup dans la gorge ;
Aussitôt la belle tomba morte.

« Adieu, mon père, adieu, ma mère,
Tous mes parents, tous mes amis ;
Pour mon honneur, je suis victime ;
Vous ne verrez plus votre fille. »

Alors le jeune dit au plus vieux :
« Retirons nous de ces bas lieux ;
Retirons-nous, car il est temps ;
Contre nous son sang crie vengeance. »

Buvons un coup, buvons en deux
A la santé des amoureux,
A la santé des jeunes filles,
Qui sont si faibles et si timides.

Cette version défigurée et très incomplète d'un thème qu'on rencontre assez rarement, a été recueillie à Annoville (Manche). Le dernier couplet est une addition incohérente comme on en remarque quelquefois à la fin des chansons incomplètes. — Cf. E. Rolland. *L'anneau de la fille tuée dans les bois*, III, p. 55 : version du département du Gard. — Smith. Chants populaires du Velay et du Forez. *Le passage du bois*, dans la *Romania*, X, p. 205. — Damase Arbaud. Chants populaires de la Provence. *La doulento*, I, p. 120. — Ch. Guillon. Chansons populaires de l'Ain. *La fille d'un cabaretier*, p. 165. — Nigra. Canti popolari del Piemonte. *La ragazza assassinata*, p. 85 : trois versions. — Ferraro. Canti popolari monferrini. *La vergine uccisa*, p. 17. — F.-J. Child. The english and scottish popular ballads. *Babylon : or the bonnie bank o Fordie*, I, p. 170 ; et les nombreuses versions du Danemark, de la Suède, des îles Feroë, d'Islande et de Norwège citées par M. F.-J. Child ; l'une d'elles empruntée aux recueils de chants des îles Feroë de Lyngbye, a été traduite par X. Marmier, Chants populaires du Nord, *Le chant de sainte Catherine*, p. 79.

V

« Bonjour, Lisa ; apprends-moi la chanson
Que tu chantais en gardant tes moutons (*bis*),
    En gardant tes moutons. »

« Oh ! oui, monsieur, je vous l'apprenderai,
M'y promettant de ne pas vous fâcher ;

C'est votre belle, belle comme le jour,
Qui accouche d'un fils, il n'y a pas trois jours. »

« Si tu dis vrai, cent louis tu auras,
Si tu dis faux, la mort tu subiras. »

— « Hélas, ma fille, en malheur tu es née,
Voilà ton prince qui vient pour t'épouser. »

« Hélas, ma mère, présentez lui ma sœur
Qui me ressemble de la bouche et des yeux. »

Et donnez lui mes beaux habillements,
De par dessous mes beaux clochers d'argent. (?)

— « Bonjour, la belle..................
Ce n'est pas vous que mon cœur aime tant. »

— « Hélas, ma fille, en malheur tu es née,
Voilà ton prince, ta sœur est refusée. »

« Hélas, ma mère, donnez moi mes habits,
Et qu'on m'habille en toilette de nuit. »

— « Bonjour, la belle, belle aux pâles couleurs,
Dedans ton cœur, il y a de grand' douleurs. »

Il a tiré sa belle épée d'argent
Et égorgea la belle au même instant.

« Sonnez, clairons, tambours et violons,
De ma maîtresse, j'en ai eu la raison. »

« Sonnez, les cloches, bien vite et tristement,
Ma fille est morte à l'âge de quinze ans.

Annoville (Manche). — Cf. E. Rolland. *La sœur substituée à la femme devenue enceinte pendant l'absence du mari*, IV, p. 70 : version des environs de Redon. — E. Legrand. *Romania*, X, p. 367. — Luzel. Gwerziou Breiz-Izel. *Le comte Guillou*, II, p. 6, 12 et 558 : trois versions et l'analyse d'une quatrième, p. 15. — Quellien. Chants et danses des Bretons. *Le comte de Weto*, p. 73. — Nigra. *La fidanzata infidele*, p. 197 : deux versions. — Ferraro. *L'adultera*, p. 5. — Child. *Gil Brenton*, I, p. 62 ; les versions des langues scandinaves sont très nombreuses et il n'est peut-être pas, d'après M. F.-J. Child qui les énumère, d'incidents plus souvent répétés dans les ballades du Nord que ceux qui forment le thème de cette chanson.

I. — LA MESNIE HELLEQUIN
II. — LE POÈME PERDU DU *COMTE HERNEQUIN*
III. — *QUELQUES MOTS SUR ARLEQUIN*

Par GASTON RAYNAUD

I

La *Mesnie Hellequin*, dont on trouve de nombreuses mentions dans les textes français et latins du moyen âge, se rattache à une légende répandue dans toute l'Europe. Pendant certaines nuits de violent orage, principalement aux changements de saisons, alors que la nature tout entière est bouleversée par le vent et la pluie, la croyance populaire, en cela toujours pareille à elle-même [1], attribue ce fracas et cette ruine à une troupe d'esprits fantastiques, qui, montés sur des chevaux rapides, accompagnés de chiens bruyants, sont condamnés en punition de leurs péchés à chevaucher ainsi jusqu'à la fin du monde.

Cette tradition qui, suivant les pays et les provinces, porte différents noms, représente sans doute, à son origine, l'hiver faisant place à l'été [2]. Le mythe a bientôt été transformé et adopté par la religion. Le paganisme des peuples germaniques en a fait en Suède la *Chevauchée des Dieux* [3] et dans le nord de l'Allemagne la *Chasse de Wuotan* [4], le dieu de la guerre.

---

1. Au moyen âge « on continuait de tenir les ouragans et les tempêtes pour « l'ouvrage des esprits mauvais dont la rage se déchaînait contre la terre ». (Alfred Maury, *La magie et l'astrologie*, 3ᵉ édition, 1864, p. 102.)

2. F. Liebrecht, *Des Gervasius von Tilbury otia imperialia* (Hanovre, 1856), p. 173-198.

3. Frederika Bremer, *Guerre et Paix*, trad. par Mˡˡᵉ R. du Pujet (2ᵉ édition, 1872), p. 63-65.

4. J. Grimm, *Deutsche Mythologie* (4ᵉ édition, 1877), p. 766-767.

Avec le christianisme, la tradition de la *Mesnie furieuse* se modifie : elle se personnifie tout d'abord dans certains personnages bibliques [1] (le *Chariot de David* en Bretagne, la *Chasse d'Holopherne* en Franche-Comté, la *Chasse Macchabée* dans le Blaisois), puis dans les héros plus ou moins légendaires de l'épopée (la *Chasse du roi Arthur* en Bretagne [2], le *Carrosse du roi Hugon* en Touraine [3]); plus tard elle s'identifie avec des personnages historiques tels que Jean de Hackelnberg, duc de Brunswick, qui, bien que vivant au XVIe siècle, est devenu en Saxe et en Westphalie, sous un nom légèrement changé, le type du *chasseur noir* [4]; enfin, comme dans la plupart des provinces de France, elle perd tout caractère personnel pour s'appeler la *Chasse gallerie* dans le Poitou [5], la *Grande chasse* en Lorraine, la *Chasse sauvage* dans les Alpes [6], la *Chasse briquet* en Touraine et le *Grand Veneur* dans la forêt de Fontainebleau [7]. Par contre, la *Chasse Hennequin* en Normandie [8] et les formes altérées de *Marie Hennequin* dans les Vosges [9] et d'*Arlequin* en Champagne [10], rappellent encore aujourd'hui la *Mesnie Hellequin* du moyen âge [11].

1. A. Wesselofski, *Giornale storico della Letteratura italiana*, t. XI (1888), p. 334.
2. *Mélusine*, t. III (1886-1887), col. 373-374.
3. Grimm, *loc. cit.*, p. 786.
4. *Ibid.*, p. 767-770. — Pour les variantes de la *Mesnie furieuse* dans les pays étrangers, voy. Grimm, *loc. cit.*, p. 765-793; Liebrecht, *loc. cit*, p. 173-211; *Mélusine*, t. I (1878), col. 567, et de Puymaigre, *Archivio per le tradizioni popolari*, t. III, p. 104-105.
5. Grimm, *loc. cit.*, p. 786.
6. Savi-Lopez, *Leggende delle Alpi* (1889), dans *Mélusine*, t. IV (1888-1889), col. 456.
7. Grimm, *loc. cit.*, p. 786.
8. Voy. L. Dubois, *Recherches archéologiques, historiques, biographiques et littéraires sur la Normandie* (1843), p. 308-310, et Am. Bosquet, *La Normandie romanesque et merveilleuse* (1845), p. 60-83.
9. Liebrecht, *loc. cit.*, p. 199, note 76.— *Mélusine*, t. I (1878), col. 457 et 477.
10. « Dans mon pays (l'ancien Rémois), les petits enfants s'effrayent mutuel-« lement à l'approche de la nuit en criant à tue-tête : Arlequin sur nos talons ! » (P. Paris, *Les mss. fr. de la Bibliothèque du Roi*, t. I, 1836, p. 324.)
11. Victor Hugo, avec sa puissance ordinaire, a donné une description de la *Chasse infernale* dans la *Légende du Beau Pécopin* (le *Rhin*, lettre XXI).

C'est à la fin du XIe siècle, en Normandie, que nous rencontrons pour la première fois une allusion à la *Mesnie Hellequin* dans un passage célèbre de l'historien anglais Orderic Vital [1]. Le prêtre Gauchelin, du diocèse de Lisieux, assiste, durant une nuit de janvier 1092, au défilé de la *Chevauchée infernale*, cortège d'âmes captives entraînées par le démon en punition de leurs péchés; parmi elles, il en reconnaît quelques-unes avec lesquelles il s'entretient. « Hæc sine dubio *familia Herlechini*; a multis eam « olim visam audivi; sed incredulus relationes derisi, qui certa « indicia nunquam de talibus vidi. » Remarquons que l'idée d'expiation introduite ici par le christianisme, n'existe certainement pas à l'origine de la légende. C'est au même ordre d'idées qu'il faut rattacher le châtiment de ces Saxons condamnés à danser une année entière pour avoir osé, la nuit de Noël, se réjouir et danser dans un cimetière [2].

Ce sont encore deux auteurs de race anglaise qui, au XIIe siècle, nous renseignent sur la *Mesnie Hellequin*, Pierre de Blois et Gautier Map. Le premier traite de *milites Herlewini* [3] les gens qui se donnent trop au monde, et mériteront ainsi de faire partie, après leur mort, du cortège infernal. Le second, Gautier Map, nous parle des *phalanges noctivagæ quas Herlethingi dicebant* [4], bien connues en Basse-Bretagne, et nous apprend qu'elles ont cessé de se montrer en Angleterre et dans le pays de Galles pendant la seconde année du règne de Henri II, c'est-à-dire en 1155.

Au XIIIe siècle, les textes deviennent plus nombreux et appartiennent dès lors en propre à la littérature française. Quelques-uns de ces textes conservent encore à la *Mesnie Hellequin* son

---

1. *Orderici Vitalis, angligenæ, cœnobii Uticensis monachi, historiæ ecclesiasticæ libri tredecim* (éd. Le Prévost), t. III (1845), p. 371-372.

2. Cette légende est fameuse au moyen âge (Bibl. nat., ms. lat. 18600, fol. 1-2). Voy. L. Delisle, *Journal des Savants*, année 1860, p. 578-579, et Edelestand du Méril, *Etude sur quelques points d'archéologie et d'histoire littéraire* (1862), p. 472 et 498-502.

3. *Patrologie latine* de Migne, t. CCVII, col. 44.

4. *Gualteri Mapes de nugis Curialium distinctiones quinque* (éd. Th. Wright, Londres, 1850), p. 180.

caractère de *Chevauchée infernale*, entre autres un passage de Guillaume de Paris[1], où la troupe de *Hellequin* en France est rapprochée de l'*exercitus antiquus* de l'Espagne, et aussi les vers du *Tournoiement Antecrist*[2] de Huon de Mery, où le poète s'exprime ainsi :

> De la *maisnie Hellequin*
> Me membra quant l'oï venir ;
> L'on oïst sun destrier henir
> De par tut le tornoiement.

Toutefois la tradition tend déjà à se modifier. D'une part, à propos de la *familia Allequini*, nous voyons apparaître dans Etienne de Bourbon[3] l'idée de *chasse* et le nom d'*Arthur*, qui occupent une si grande place dans le développement subséquent de la légende. D'un autre côté, en quittant le domaine populaire pour entrer dans le domaine littéraire, en se séparant des traditions orales des campagnards pour se fixer dans les livres des écrivains, la légende se rapetisse. Ce n'est plus accompagnée des grands bruits de la nature, des hennissements des chevaux, des aboiements des chiens que les poètes nous représentent la *Mesnie Hellequin* : elle s'avance plus modestement au son des clochettes, comme nous le voyons par un vers de *Renart le Nouvel*[4] et le passage suivant du *Jeu de la Feuillée* d'Adan de la Hale[5] :

> J'oi la *mesnie Hielekin*
> Mien ensiant qui vient devant
> Et mainte clokete sonnant.

---

1. Guillelmus Parisiensis, *de Universo* (part. II, chap. 12), cité dans Du Cange, s. v°. HELLEQUINUS.
2. Bibl. nat., ms. fr. 25407, fol. 219 a.
3. *Anecdotes historiques, légendes et apologues tirés du recueil inédit d'Etienne de Bourbon*, par A. Lecoy de la Marche (1877), p. 321.
4. Vers 531, dans le t. IV de l'édition du *Roman de Renart* de Méon.
5. Monmerqué et Michel, *Théâtre français au moyen âge* (1839), p. 73-74; De Coussemaker, *Œuvres complètes du trouvère Adam de la Halle* (1872), p. 319; A. Rambeau, *Die dem Trouvere Adam de la Halle zugeschriebenen Dramen* (1886), p. 88. — A propos de ce passage d'Adan de la Hale, M. Bédier, dans le

Quelle différence entre cette entrée en scène tant soit peu comique et l'ancienne *Chevauchée infernale*, mystérieuse et fantastique!

Bien plus, l'expression abstraite de *Mesnie Hellequin*, dans laquelle le mot *Hellequin* semble avoir perdu tout sens précis depuis le xie siècle, et qui représente encore assez vaguement, aux yeux des gens du xiie, une réunion d'âmes damnées conduites par un démon anonyme, prend au xiiie la signification de *famille diabolique* :

> Mais savés com serés helé
> De la *maisnie Hellequin*,
> Car avoec les diables sans fin
> Serés en enfer tourmenté [1].

Dès lors le nom de *Hellequin* s'applique tout particulièrement à un diable, mauvais conseiller [2],

> ..... le gringneur
> Prinche qui soit en faerie [3],

que nous voyons successivement en Picardie et en Normandie se fiancer avec la fée Morgue [4] et avec la sorcière Luque la Maudite [5]. Le mot se généralise bientôt au sens de *batailleur* dans un passage de la *Chronique rimée de Godefroy de Bouillon*, commenté par Gachet [6] :

> Et li rois de Taffurs, o luy si *Halegrin*,
> Qui plus aiment bataille que li glous ne fait vins [7].

---

numéro du 15 juin 1890 de la *Revue des Deux-Mondes*, a cité un certain nombre de textes déjà connus relatifs à la *Mesnie Hellequin*.

1. *Vers de Job* (Bibl. de l'Arsenal, ms. 3142, fol. 167 d).
2. *Les Miracles de saint Eloi* (éd. Peigné-Delacour, 1859), p. 110.
3. *Théâtre français au moyen âge*, p. 81.
4. *Ibidem*, p. 77-82.
5. *Romania*, t. XII (1883), p. 224-226.
6. *Glossaire roman...* (1859), p. 252-253.
7. *Monuments pour servir à l'histoire des provinces de Namur,...* publiés par le baron de Reiffenberg, t. II, p. 118, vers 6247.

Mesnie Hellequin devient alors synonyme de *lutte, mêlée, dispute*, comme nous le montrent quelques vers du *Mariage des filles au diable*[1] :

> Avocat portent grant damage,
> Pour quoi metent leur ame en gage.
> Lor langue est plaine de venin :
> Par aus sont perdu heritage
> Et desfait maint bon mariage
> Et mal fait por .I. pot de vin ;
> C'est la *maisnie Hellequin* :
> Il s'entrepoilent com mastin.

Au XIVe siècle, la littérature continue à conserver à *Hellequin* le sens de *diable*[2] et de *mauvais génie*[3] ; mais à cette époque[4], jusqu'au XVe et même au XVIe siècle[5], à côté de l'idée de

---

1. Fr. Michel, *Chronique des ducs de Normandie*, t. II (1838), p. 336-337 ; Ach. Jubinal, *Nouveau recueil de fabliaux*, t. I (1839), p. 284-285.
2. Dans un passage d'un manuscrit du roman de *Fauvel* (Bibl. nat., fr. 146, fol. 34 v°), cité par P. Paris (*Les mss. fr.*, t. I, p. 324-325), des personnages qui se livrent à un charivari sont comparés à *Hellequin* et à sa *mesnie ;* on voit aussi intervenir dans ce passage des *Hellequines*, qui donnent leur nom à un lai.
3. *Songe doré de la Pucelle*, dans le *Recueil de poésies fr. des XVe et XVIe siècles* d'A. de Montaiglon, t. III (1856), p. 224.
4. « *La meignée de Hellequin*, de dame Habonde et des esperis qu'ils appellent « fées, qui apperent es estables et es arbres. » (Raoul de Presles, *de Civitate Dei*, liv. XV, chap. 23, cité dans Du Cange, s. v°. HELLEQUINUS). — « De la « *Mesnie Helquin* je te di communalment ce sont deables qui vont en guise de « gent qui vont a cheval trotant..... » (Bibl. nat., ms. fr. 2458, fol. 40 v°, cité par Leroux de Lincy, *Livre des légendes*, p. 240). — Le mot *Hannequin* est donné comme exemple dans l'*Art de dictier* d'Eustache Deschamps (édition Crapelet, p. 267-268).
5. Deux proverbes similaires que nous trouvons dans Leroux de Lincy (*Livre des Proverbes*, t. II, p. 42) :

> Des *Hennequins*
> Plus de fous que de coquins,

et « La *maignée Hennequin*, tant plus en y a et pis vault », ne se rapportent pas directement à notre *Mesnie Hellequin*, mais, comme le montre le ms. Dupuy 673 de la Bibliothèque nationale (fol. 124), à la famille Hennequin, célèbre au XVIe siècle durant la Ligue et baptisée par ses adversaires, peut-être en souve-

démon[1], persiste toujours le souvenir de la *Chevauchée infernale*[2].

A partir du xvie siècle, la légende s'efface progressivement, et le mot *Hellequin* disparaît de la langue courante pour se cantonner dans les patois où il vit encore, avec quelques-uns des sens qu'il a eus autrefois. C'est ainsi qu'en Champagne[3] *Arlequin* signifie aujourd'hui un feu follet, et qu'en Normandie[4] l'expression de *hannequin* s'applique à un enfant désagréable, un vrai diable, comme l'on dit populairement.

II

Qu'est-ce donc que cette *Mesnie Hellequin* et quelle est son origine ? D'où vient *Hellequin*, ce personnage qui finit par s'identifier avec le démon ? Le moyen âge s'était déjà posé cette question et dès le xiiie siècle y avait répondu plus ou moins exactement.

Un passage d'Hélinand, cité par Vincent de Beauvais[5] et formant un *Exemplum de familia Hellequini* dans un manuscrit de la Bibliothèque nationale[6], explique *Hellequin* par *Karlekin* : « Corrupte autem dictus est a vulgo *Hellequins* pro *Karlekins*. »

nir de la *mesnie Hellequin*, du nom de *race maudite*. Un de ses membres les plus fameux, Nicolas Hennequin du Perray, président du Grand Conseil, fut banni par Henri IV en 1594.

1. « Hæc ille res clamat spectra fuisse diabolorum... quam avorum memo-
« ria solebant vocare *familiam Hellequini* » (M. Ant. Delrio, *Disquisitionum magicarum libri sex*, Mayence, 1606, t. I, p. 704).

2. Voy. un fragment du *Roman de Richart, filz de Robert le Diable*, publié par Leroux de Lincy (*Livre des légendes*, p. 343-345) et le passage de Jean Raulin cité par P. Paris (*Les mss. fr.*, t. I, p. 324) : « Numquid me velis antiquam
« illam *familia Harlequini* revocare, ut videatur mortuus inter mundanæ curiæ
« nebulas et caligines equitare ? »

3. P. Paris, *ibidem*, p. 324.
4. Gachet, *Glossaire roman*, p. 253.
5. Dans F. Liebrecht, *Des Gervasius von Tilbury otia imperialia*, p. 198.
6. Ms. latin 18600, fol 15.

Le texte ajoute que *Karlekin* ou *Charles Quint* dut subir une longue pénitence à cause de ses péchés.

A la fin du xive siècle, nous trouvons quelques nouveaux détails sur ce *Charle Quint* : « Le *Quint Charles* qui fu en France « si emprint une grant bataille et mourut. Après sa mort l'en « vit pluseurs au champ ou la bataille avoit esté aussi comme « une grant assemblée de gens trotans a *Charles*; et disoit on « que c'estoit le *Quint Charles* qui estoit mort et qu'il revenoit « au champ ou il avoit esté mort, lui et sa gent, et pour celui « *Charlequin*, c'est a dire le *Quint Charles*, l'en dit *Helquin*[1]. »

Le xve siècle va plus loin, et ne fait qu'un seul et même personnage de ce *Karlequin* (*Charles Quint*) et de Charles V, roi de France, que nous voyons aussi faire pénitence de ses fautes en compagnie d'autres chevaliers et s'apprêter à « combattre « sur les mescreans Sarrazins et ames dannées[2] », pour racheter ses péchés.

Les auteurs modernes qui ont cherché à déterminer le sens de l'expression *Mesnie Hellequin* n'ont tenu aucun compte des passages que nous venons de rappeler, et ont discuté de préférence l'étymologie du mot *Hellequin*. P. Paris[3] et après lui Génin[4] rapprochent de *Hellequin* le nom du cimetière des *Aliscamps* près d'Arles; Génin cite aussi l'étymologie *Erlenkœnig*, roi des aunes[5]; Diez suppose que le nom propre néerlandais *Helleken*, *Hellekin* vient de la forme allemande *helle* (*hölle*), en français *enfer*[6]; Liebrecht, s'appuyant sur l'exemple unique, *Herlethingus*, du passage de Gautier Map, donne à ce mot le

---

1. Bibl. nat., ms. fr. 2458, fol. 40 vo-41, cité par Leroux de Lincy, *Livre des légendes*, p. 241-242.
2. Extrait des *Chroniques de Normandie* (Rouen, 1487), cité dans Fr. Michel, *Chronique des ducs de Normandie*, t. II (1838), p. 336-341, et dans *Théâtre français au moyen âge*, p. 73-76 (en note).
3. *Les mss. fr.*, t. I (1836), p. 322-323.
4. *Variations du langage français depuis le* xiie *siècle...* (1845), p. 454-461.
5. *Ibidem*, p. 462.
6. *Etymologisches Wörterbuch* (3e édition, 1870), t. II, p. 343 (la 1re édition est de 1853).

sens de *Todesheer*, armée de la mort¹ ; enfin tout dernièrement M. A. Wesselofski, confondant en une seule les deux légendes d'Hérode et de *Hellequin*, fait de ce dernier mot un diminutif d'Hérode².

Aucune de ces hypothèses ne peut s'admettre, car *Hellequin* n'est autre chose qu'un nom propre, celui de *Hernequin*, comte de Boulogne, personnage historique qui fut au moyen âge le héros d'un poème dont nous retrouvons la trace dans une énumération de chansons de geste faite par un trouvère du Nord en tête d'une de ses œuvres. Nous lisons, en effet, dans un chansonnier bien connu du XIII siècle³, un petit poème⁴ assonancé, relatif à la prise de Neuville par les Flamands. Le poète, tout entier à son sujet, apprend à ses auditeurs, dans sa première laisse, qu'il renonce pour le moment aux héros ordinaires de l'épopée : Charlemagne, Pépin, Guillaume d'Orange, etc. :

> Assés l'avés oït van⁵ Gerbert, van Gerin,
> Van Willaume d'Orenge qui vait le chief haiclin,
> *Van conte de Bouloigne, van conte Hoillequin*
> Et van Fromont de Lens, van son fils Fromondin,
> Van Karlemaine d'Ais, van son pere Pepin.....

Cette citation prouve indubitablement qu'il existait au XIIIᵉ siècle une chanson de geste consacrée à *Hoillequin*, *comte de Boulogne*. Ce comte de Boulogne, dont le nom *Hoillequin*, *Hellequin* et plus ordinairement *Hernequin*, n'est qu'un diminutif germanique de *Johannes*⁶, a joué durant sa vie un rôle consi-

---

1. *Zur Volkskunde alte und neue Aufsätze* (1879), p. 28.
2. *Giornale storico della Letteratura italiana*, t. XI (1888), p. 334.
3. Bibl. nat., ms. fr. 12615, fol. 213 r°.
4. Ce poème a été signalé à deux reprises par Fr. Michel, qui semble ne pas s'être aperçu de l'existence de la *Chanson du comte Hernequin de Boulogne* (*Chronique des ducs de Normandie*, t. II, p. 337, et *Théâtre français au moyen âge*, p. 76, en note).
5. Le poète artésien ou flamand substitue partout *van*, conjonction tioise, à *de*, conjonction française.
6. « Hennekinus qui antiquo Theutonismo sonat Joannem parvum » (le P. Malbrancq, *De Morinis et Morinorum rebus*, t. III, 1639, p. 314).

dérable, et s'est particulièrement distingué dans les guerres soutenues contre les invasions normandes du IXᵉ siècle. Neveu de Baudouin, comte de Flandres, Hernequin avait épousé Berthe, fille aînée de Helgaud Iᵉʳ, comte de Ponthieu et de Boulogne [1] ; ce mariage, qui apportait en dot à Hernequin certaines terres relevant du comte de Flandres, devait être plus tard une cause de conflits entre l'oncle et le neveu.

En 871 [2], Helgaud meurt, et Hernequin devient comte de Boulogne par sa femme ; peu de temps après, il est forcé de faire hommage de la terre de Merk à son oncle le comte de Flandres. « En icel tans, » c'est-à-dire en 882 [3], nous dit le chroniqueur [4], « vinrent *Gormons et Isembars* en ceste terre, et li quens Herne- « quins de Boulogne ala encontre a tout xxxᵐ homes a armes et a « ceval por warder le païs de Boulogne. Mais li *Sarrasin* qui vinrent « d'Angleterre et arriverent par leur force et par leur violence a « Wimereuc, et prirent Boulogne par force, [et ochisent] xᵐ « homes des xxxᵐ homes que li quens Hennequins avoit. » Nous retrouvons dans ce texte, déjà impressionné par la légende, les noms de Gormond et d'Isembart, chefs normands à moitié fabuleux, bien connus dans l'épopée française, dont la défaite à Saucourt, en 881, avait été un triomphe pour l'empereur Louis III, triomphe célébré par un *lied* germanique et par la chanson de geste du *Roi Louis* [5]. Dans cette chanson, comme dans notre texte, les Normands sont des Sarrasins.

1. Nous empruntons la plupart de nos renseignements historiques sur Hernequin à une *Généalogie des comtes de Boulogne*, dont il existe plusieurs versions, une latine entre autres que Reiffenberg a déjà citée (*Chronique rimée de Philippe Mousket*, t. II, p. VIII-IX). La *Généalogie* française que nous utilisons est la traduction du texte latin ; elle a été publiée par P. Paris (*Les mss. fr.*, t. III, p. 201-209).

2. Cette date est donnée par de Rosny, *Histoire du Boulonnais* (1868), t. I, p. 364.

3. *Art de vérifier les dates* (édition 1784), t. II, p. 760.

4. P. Paris, *Les mss. fr.*, t. III, p. 203-204.

5. Voy. *Romanische Studien*, t. III (1878), p. 501-596 ; cf. aussi G. Paris, dans l'*Histoire littéraire de la France*, t. XXVIII (1881), p. 239-253. Ce poème, désigné souvent sous le nom de *Gormond et Isembart*, est mentionné sous le

Vaincu une première fois par les Normands, Hernequin met en sûreté dans l'abbaye de Samer sa femme et ses enfants, passe la Canche et arrive sur les bords de l'Authie; là, il trouve des renforts, mais les Normands venant de la Somme, battent de nouveau l'armée chrétienne qu'ils anéantissent. Blessé grièvement, Hernequin vient mourir à l'abbaye de Samer, où meurent avec lui sa femme, son fils aîné et son écuyer.

Tels sont les éléments historiques mêlés de merveilleux qu'avait à sa disposition le trouvère inconnu auteur de la *Chanson du comte Hernequin*. Cette chanson, nous en connaissons déjà quelques éléments par le passage d'Hélinand et les textes postérieurs mentionnés plus haut[1], où nous voyons le comte Hernequin, appelé à tort *Karlequin*, vaincu et tué dans une grande bataille, et en compagnie de ses chevaliers, « revenant au champ ou il avoit esté mort, » pour faire pénitence de ses fautes passées. Mais nous jugerions imparfaitement de ce que devait être ce poème, si, par un heureux hasard, le résumé ne nous en avait été conservé par Walter Scott dans les notes qu'il a jointes à son ouvrage sur la poésie écossaise[2]. Très amateur d'anciens romans de chevalerie, Walter Scott avait dû lire ce poème, aujourd'hui perdu pour nous, dans une traduction en prose française ou dans une imitation anglaise, qui jusqu'ici n'a pas été retrouvée; nous devons donc nous contenter de son analyse que nous abrégeons encore :

« Le comte Hellequin, ayant dépensé au service de l'empe-
« reur tout ce qu'il possédait, n'avait pas vu son zèle récompensé.
« Méprisé de son souverain, attaqué par ses vassaux, il prit un

---

titre de *Roi Louis* dans le fabliau des *Deus troveors ribauz* (*Recueil des fabliaux*, p.p. A. de Montaiglon et G. Raynaud, t. I, p. 12). Dans ce poème, Gormond est tué en 881; nous le voyons revivre dans notre texte en 882. Comme le dit à ce propos Reiffenberg (*Chronique rimée de Philippe Mousket*, t. II, p. IX), « les trouvères ont encore une fois confondu tous les temps et tous les faits. »

1. Voy. p. 57-58.
2. *Minstrelsy of the scottish Border* (Edinburgh, 5ᵉ édition, 1812), t. II, p. 129-130. Ce passage a déjà été cité par Leroux de Lincy (*Livre des légendes*, p. 149), qui se borne à le traduire sans commentaire.

« parti désespéré, et accompagné de ses fils et de ses écuyers [1] (de
« sa *mesnie*, comme l'on disait alors), il se fit chef de brigands et
« ravagea le pays. Longtemps vainqueur des troupes impériales,
« Hellequin et sa *mesnie* périrent enfin dans un combat sanglant.
« En punition de leurs fautes, le chef et les compagnons furent
« condamnés à errer jusqu'au jugement dernier, sans renoncer
« cependant à leurs mœurs guerrières et à leurs luttes anciennes. »

En comparant le récit historique de la vie du comte Hernequin et le résumé qu'on vient de lire de la chanson dont il est le héros, on voit facilement comment le poème peut dériver de l'histoire, pour peu qu'on tienne compte, d'un côté, du laps de temps qui s'est écoulé entre la date des évènements historiques et la confection de la chanson, et, de l'autre, des conditions toutes particulières dans lesquelles se produit habituellement l'épopée française.

Il est évident que, dès 882, l'imagination populaire avait été vivement frappée par l'écrasement de l'armée chrétienne et aussi par la mort du comte Hernequin, suivie, à si courte échéance, de celle de sa femme, de son fils et de son écuyer. A une époque de superstition facile, on avait certainement vu dans ce désastre et dans ces morts consécutives un châtiment de Dieu punissant une famille maudite. D'autre part, il est probable qu'à l'occasion de ses différends avec Baudoin, comte de Flandres, Hernequin avait porté la dévastation et la ruine dans le pays de son suzerain; il s'était peut-être même livré, avec sa *mesnie*, à un véritable brigandage, qui n'avait pris fin qu'à la suite d'une victoire de Baudouin et d'un accord, qui, nous l'avons vu, forçait Hernequin à rendre *hommage* à son oncle.

Ces actes de violence et de déprédation avaient dû faire craindre, tout particulièrement dans les provinces du Nord, le nom de Hernequin et de sa *mesnie*, qu'on tremblait de voir arriver à l'improviste; aussi leur mort fut-elle tout naturellement considérée comme une punition de Dieu, et la tradition s'établit d'une *Mesnie Hellequin*, où se confondaient, dans un châtiment

---

1. Le texte anglais dit : « with his sons and followers. »

commun, les compagnons de brigandage du comte et les membres de sa famille morts en même temps que lui.

Quand, au XIe siècle, le poète, s'inspirant des traditions locales, composa son poème, l'invasion normande et les luttes féodales intestines étaient à peu près oubliées. Aussi ne faut-il pas s'étonner de voir, suivant les lois de l'épopée, le comte Hernequin déclaré vassal rebelle, non plus envers Baudoin de Flandres, mais envers l'empereur, le suzerain par excellence [1]; de même est-ce dans une bataille contre l'armée impériale qu'il trouve la mort, punition de ses fautes. Le trouvère ne semble pas avoir jugé la punition assez forte : dominé par la terreur mystérieuse qu'avaient toujours inspirée Hernequin et sa *mesnie*, troublé peut-être par le souvenir de quelque violent ouragan, contemporain du désastre chrétien, influencé par la crainte des revenants qui hantait le moyen âge, poursuivi par l'idée de la vieille légende anonyme, connue sous le nom de *Chevauchée infernale* et apportée en France par les Normands, il confond les deux traditions en une seule; et la *Mesnie Hellequin*, condamnée à errer à jamais, devient une des formes de la *Mesnie furieuse*, qui se trouve ainsi, dès le XIe siècle, personnifiée dans le comte Hernequin, comme plus tard au XVIe siècle, elle devait se confondre avec le duc Jean de Hackelnberg [2]. Dès lors, grâce au poème, l'expression de *Mesnie Hellequin* se répand dans toute la littérature française; bientôt elle devient populaire, se présente isolément dans les textes et subit peu à peu toutes les transformations de sens que nous avons étudiées dans la première partie de ce travail.

Le poème, venu du Nord, passe en Normandie, puis en Angleterre, où, sous une forme très abrégée, Walter Scott nous l'a conservé. Du reste, il ne paraît pas avoir eu grande vogue. Il n'est pas cité dans l'énumération des poèmes donnée dans le

---

1. Les règnes de Louis le Bègue et de Louis III et Carloman sont du reste marqués par la lutte continuelle soutenue par le pouvoir royal contre les empiètements des vassaux, devenus de plus en plus puissants.

2. Voy. plus haut, p. 52.

fabliau des *Deus troveors ribauz*[1], et la seule allusion qui y soit faite, dans la littérature du moyen âge[2], est le vers, cité plus haut, du chansonnier de la Bibliothèque nationale (fr. 12615), encore bien qu'il ne s'agisse très probablement pas de la chanson primitive, mais d'un remaniement du xiiie siècle. Ce vers, mentionnant le comte Hoillequin de Boulogne, nous a fourni le point de départ de cette étude.

III

Nous avons vu qu'à partir du xvie siècle, *Hellequin*, de même que sa *mesnie*, disparaît peu à peu de la littérature française. Transporté en Italie au xive siècle, il nous revient cependant au xvie avec une forme spéciale et un sens tout particulier, en revivant sous le masque de l'*Arlequin* de la *Commedia dell' Arte*[3].

C'est Dante qui le premier, imprégné, comme tous les écrivains de son époque, des idées et de la langue françaises, introduisit en Italie le diable *Hellequin* sous le nom d'*Alichino*[4] dans une longue énumération de démons inconnus à la poésie française, mais qu'on retrouve pour la plupart dans les *Sacre Rappresentazioni*[5] : Ciriatto, Calcabrino, Farfarello, Rubicante, etc. Les diables jouent, en effet, dans la littérature dramatique religieuse de l'Italie, un rôle beaucoup plus effacé que dans les Mystères français[6], où ils sont d'ordinaire chargés de la partie comique.

---

1. *Recueil des fabliaux*, t. I, p. 3-4 et 11-12.
2. Faut-il voir dans un passage de Chrestien de Troies reproduit par Chrestien Legouais (G. Paris, *Histoire littéraire*, t. XXIX, p. 493) une allusion au poème ou simplement une citation de l'expression consacrée, *Mesnie Hellequin*?
3. P. Paris, *Les mss. fr.*, t. I (1836), p. 323-324; Génin, *Variations du langage françois* (1845), p. 451-454; A. Graf, *Giornale storico della Letteratura italiana*, t. IX (1886), p. 48 (en note); A. Wesselofski, *ibidem*, t. XI (1888), p. 386.
4. *Enfer*, ch. XXI, vers 118-123. Littré, dans sa traduction de l'*Enfer* en vieux français, a rendu *Alichino* par *Aile-clin* (2e édition, 1879, p. 271).
5. Al. d'Ancona, *Origini del teatro in Italia*, t. II (1877), p. 6, note 1.
6. *Ibidem*, t. II, p. 13.

Les auteurs italiens en prennent donc à leur aise avec des comparses passant presque inaperçus, et changent à leur fantaisie leurs noms consacrés et, par suite, immuables dans les Mystères. C'est ainsi que nous venons de voir sous l'inspiration de Dante toute une légion de nouveaux démons s'introduire dans le théâtre italien; c'est ainsi qu'il faut supposer que le diable *Hellequin*, bien qu'il n'ait laissé en France qu'une trace légère dans la mise en scène théâtrale des XVe et XVIe siècles [1], a pu et a dû, comme les diables ses compagnons dans l'*Enfer* de Dante, apparaître sous le nom d'*Alichino* dans les *Sacre Rappresentazioni*.

A la fin du XVIe siècle, *Arlecchino* se montre pour la première fois [2] dans les *Scenari* de Flaminio Scala [3], où, en compagnie de *Pedrolino* (*Pierrot*), il tient l'emploi des *Zanni* (valets de comédie). A côté des *Zanni* nous voyons aussi figurer *Pantalone* et le capitaine *Spavento*; chacun de ces personnages a déjà le costume, le langage et le caractère qu'il conservera durant tout le XVIIe siècle. *Arlecchino*, valet sot et peureux, porte le masque

---

[1]. Sous le premier étage des échafauds servant aux représentations des mystères « était la caverne de l'Enfer, fermée par un grand rideau qui repré- « sentait une tête hideuse, qu'on voit quelquefois désignée sous le nom de *Chappe d'Hellequin* » (P. Paris, *Journal de l'Instruction publique*, année 1855, 30 mai, p. 304). Ne faut-il pas voir une plus ancienne mention de la *Chappe d'Hellequin* dans un passage du ms. latin 18600 (fol. 13) de la Bibl. nat., où l'on demande à un clerc couvert d'une *chappe* très lourde (par allusion au poids de ses fautes), s'il ne fait pas partie de la *Mesnie Hellequin*? L'expression *Chappe d'Hellequin* n'a point passé en Italie; elle a dû se conserver par tradition chez les gens de théâtre, puis aux XVIe et XVIIe siècles, lors de l'arrivée d'*Arlequin* en France, changer de nom en même temps que de forme. Le souvenir de cette origine est aujourd'hui perdu, et le nom de la draperie que l'on désigne dans nos théâtres modernes sous le nom de *Manteau d'Arlequin* s'explique d'une tout autre façon. C'est, nous dit M. Pougin (*Dictionnaire historique et pittoresque du théâtre*, 1885, p. 494), entre cette draperie et le rideau qu'Arlequin venait pendant les entr'actes parler au public. Que devient dans cette explication le mot *manteau*?

[2]. Le mot *arlecchino* ne paraît dans le dictionnaire de la *Crusca* qu'au XVIIIe siècle (4e édition, Florence, 1729).

[3]. *Il teatro delle favole rappresentative* (Venise, 1611). Ce théâtre contient 50 journées ou pièces.

comme la plupart des types de la *Commedia dell' Arte ;* son costume, composé de loques¹ de toute nature, de toute couleur et de toute dimension, cousues entre elles sans ordre, n'a pas encore la régularité de bigarrures que nous lui connaissons aujourd'hui ; ce n'est encore que le vêtement d'un misérable paysan bergamasque, dont on tourne en ridicule le langage et la balourdise.

Comment reconnaître en ce personnage le diable des *Sacre Rappresentazioni*, l'*Alichino* de Dante ? La chose serait assez difficile à admettre, si nous ne remarquions que le masque noir de l'*Arlequin*, dès cette époque jusqu'au xviii siècle, porte à sa partie supérieure la trace d'une corne, qui n'existe plus, il est vrai, qu'à l'état embryonnaire, mais qui trahit ainsi son origine diabolique². Force nous est donc de supposer que l'*Arlequin* de la comédie italienne n'est que le diable *Alichino* transporté à la scène. La transition a dû se faire par le moyen des farces italiennes du xv° ou du xvi° siècle. Nous croyons, en effet, qu'il a existé un certain nombre de pièces populaires, farces, monologues, etc., où le personnage du diable *Alichino*, emprunté aux *Sacre Rappresentazioni*, jouait un rôle tout particulier. Ce démon devait servir d'intermédiaire entre la terre et l'enfer, où il allait en ambassade chercher quelque damné. C'est ainsi qu'un monologue du xvi° siècle, cité par M. Emile Picot³, nous montre *Arlequin* descendant aux

---

1. P. Paris et Génin voient dans le costume bariolé d'Arlequin une représentation fantastique de la mort et des flammes de l'enfer. Voy. Jal, *Dictionnaire critique de biographie et d'histoire* (2ᵉ édition, 1872), s. v°. ARLEQUIN.

2. Grâce à l'obligeance de M. Nuitter, nous avons pu voir à la Bibliothèque de l'Opéra un masque d'Arlequin du xviii° siècle. Il est en cuir noir et porte à la partie supérieure droite un commencement de corne semblable à celle d'un jeune chevreau ; de plus, comme le dit Riccoboni (*Histoire du théâtre italien*, t. I, p. ?), il « n'a point d'yeux, mais seulement des trous fort petits « pour voir. »

3. *Response di geste d'Arlequin au poete fils de ma dame Cardine* (E. Picot, *Romania*, t. XVI, 1887, p. 538). Ce monologue est de 1585, et le nom du personnage est écrit *Harlequin*, comme le plus souvent au xvii° siècle. Cet *H*, contraire à l'orthographe italienne, mais conforme à la véritable étymologie, a sans doute provoqué la bizarre opinion de Ménage qui fait d'*Arlequin* un diminutif de *Harlay*.

enfers pour délivrer Mme Cardine, célèbre entremetteuse du temps. Cette satire improvisée a été certainement coulée dans un moule dramatique souvent utilisé jusque-là, et que depuis la tradition n'a pas repoussé, puisqu'au xviiie siècle le poète Regnard en offre encore un renouvellement bien effacé dans la *Descente d'Arlequin aux enfers* [1].

Ce genre de pièces habitua le public à la présence d'*Arlecchino*; d'autres farces furent faites, où l'on négligea de mettre le personnage en communication avec l'enfer : il resta alors sur terre chargé des rôles de *servidore*, comme dans la farce de la *Romanesca* [2], où il paraît sous le nom d'*Anichino* [3].

C'est donc à la farce italienne qu'un acteur de la *Commedia dell' Arte*, en quête d'un nom de guerre sous lequel il pût jouer son rôle de *servo* ou *zanni*, dut emprunter un jour le nom d'*Arlecchino*; il lui empruntait en même temps son masque et ses cornes qui allaient diminuer et disparaître plus tard; par contre, il donnait au personnage un nouveau caractère, celui du valet niais et malfaisant; il le gratifiait même d'une patrie, Bergame, dont les habitants avaient le don de faire rire à leurs dépens les autres Italiens.

Le nom d'*Arlecchino*, adopté peut-être pour la première fois dans la *Commedia dell' Arte* par Simon de Bologne [4], ne s'est pas généralisé en Italie, où il ne se rencontre originairement que

---

1. Cette pièce, dont nous ne possédons que les scènes françaises, porta d'abord le titre de *Descente de Mezzetin aux enfers* lors de sa première représentation en 1689, époque à laquelle Dominique étant mort, le rôle d'*Arlequin* n'avait pas de titulaire. Quand, peu de temps après, Gherardi eut pris l'emploi, le titre fut restitué tel que nous le citons. Voy. le *Théâtre italien de Gherardi* (1700, t. II, p. 361-405) et les *Œuvres complètes de Regnard* (Paris, Brière et Baudouin, 1826, t. V, p 111-152).

2. *La Romanesca*, farce de Giovanmaria Cecchi, composée en 1585 et publiée (2e édition), par Luca G. Mimbelli (Livourne, 1880).

3. Les formes *Alichino*, *Arlecchino* et *Anichino* sont phonétiquement identiques.

4. Adolfo Bartoli, *Scenari inediti della Commedia dell' Arte* (Florence, 1880), p. CXXXIII.

dans le Nord[1]. Il semble, du reste, n'avoir été porté que par des acteurs appartenant à des troupes allant jouer en France, tels que Simon de Bologne, Tristan Martinelli[2], Giuseppe Domenico Biancolelli (le fameux Dominique), etc. Nous ne trouvons pas mention, avant le milieu du XVIIIe siècle, d'un *Arlequin* ayant joué uniquement en Italie[3]. Avant cette époque, Dominique avait d'ailleurs déjà changé de nouveau et amplifié le caractère du rôle, faisant du valet niais et stupide un fourbe souple et avisé, donnant une importance de premier ordre à son emploi, et supprimant les allusions à la balourdise bergamasque, peu compréhensibles du public ou tout au moins du populaire français[4].

Dès lors *Arlequin* était naturalisé français et faisait naître dans notre pays toute une littérature dramatique, à laquelle ne dédaignaient pas de s'associer les écrivains les plus connus. Ce fut le point de départ d'une vogue européenne pour *Arlequin*, qui eut aussi un renouveau en Italie, son ancienne patrie.

De nos jours, quoique bien oublié, *Arlequin* revit encore dans la pantomime. En voyant apparaître sur une scène parisienne le personnage gracieux et élégant de notre *Arlequin*, qui voudrait croire qu'on a devant les yeux le représentant moderne du lourd et farouche chevalier du IXe siècle, du vieux comte Hernequin, ayant changé après bien des vicissitudes, sa pesante épée contre la batte légère ?

---

1. Le personnage d'*Arlequin* ne se retrouve ni dans les *Scenari inediti* (voy. la note précédente), ni dans les titres des *Scenari* de Basilio Locatelli (voy. Fr. Bartoli, *Notizie istoriche de' comici italiani*, Padoue, 1781, t. I, p. 291-295), ni dans les nombreuses pièces de Gio. Bat. Andreini.

2. Sur cet *Arlequin* célèbre de son temps en Italie et en France, inconnu cependant à Francesco Bartoli, voy. A. Baschet, *Les Comédiens italiens à la Cour de France* (Paris, 1882), et Al. d'Ancona, *Il teatro Mantovano nel secolo XVI* (dans le *Giornale storico della Letteratura italiana*, t. V, p. 1-79; t. VI, p. 1-52; 313-351, et t. VII, p. 48-93).

3. Voy. Adolfo Bartoli, *Scenari inediti...* p. CLXXIV-CLXXIX), et Francesco Bartoli, *Notizie istoriche...* (2 vol.) passim.

4. *Œuvres complètes de Regnard* (Paris, 1826), t. V, p. 17.

OBSERVATIONS

SUR LE

« JEU DE LA FEUILLÉE »

D'ADAM DE LA HALLE

Par MARIUS SEPET

En terminant l'analyse du *Jeu de la feuillée* d'Adam de la Halle dans son précieux tableau de *la littérature française au moyen âge*[1], M. Gaston Paris fait cette observation, selon nous fort importante, et dont il y aurait lieu de tenir grand compte pour l'étude d'autres monuments de cette même littérature : « Il est permis de croire que nous avons perdu bien des compositions du même genre, sinon de la même valeur. » — Cela étant, il semble que l'on soit assez naturellement amené à se demander quel était ce genre dramatique, dont la pièce d'Adam de la Halle ne serait qu'un échantillon, et s'il ne serait pas possible d'en retrouver par conjecture l'origine et la destinée. Quelques remarques se sont présentées sur ce sujet à notre esprit; nous demandons la permission de les soumettre aujourd'hui aux juges compétents et, entre tous, au maître éminent à qui ce volume doit être offert.

Il nous paraît difficile qu'un lecteur attentif du *Jeu de la feuillée*, s'il se place au point de vue de la recherche dont il s'agit, ne soit pas frappé de la place considérable que tient dans cette composition l'idée de *folie*, envisagée selon les divers sens que cette idée, comme le mot qui la représente, peut prendre dans notre esprit. La folie y est directement représentée par un personnage

---

[1]. Deuxième édition (Paris, Hachette, 1890), p. 191.

spécial, *le dervé*, dont les extravagances ont un caractère à la fois comique et satirique, et s'expriment sous une forme qui rappelle manifestement celle de la *fatrasie* et du coq-à-l'âne. Mais ce personnage lui-même, qui figure la folie proprement dite, avec ses incohérences mêlées parfois de saillies malicieuses, vient s'intercaler dans une scène ou un tableau plus étendu, auquel l'idée de folie sert encore de centre et de lien. Un moine venu de l'abbaye d'Haspre, lieu de pèlerinage en l'honneur de saint Acaire, particulièrement invoqué par la piété populaire pour la guérison des gens privés de leur raison, apporte avec lui des reliques du saint et invite les personnes présentes à se faire guérir[1]. De là une revue satirique de fous supposés, c'est-à-dire de personnes que l'extravagance ou le vice de leur conduite fait considérer comme en rupture avec le bon sens.

Les autres scènes du *Jeu de la feuillée* sont aussi, selon nous, en rapport avec l'idée de la folie, mais cette idée s'y présente à notre esprit d'une façon moins directe. Ce n'est plus de la folie réelle ou supposée qu'il s'agit, mais de la folie voulue et, pour ainsi dire, imitée; de cette exubérance joyeuse et un peu incohérente à laquelle nous faisons allusion quand nous affirmons de quelqu'un, sans nier d'ailleurs la santé habituelle de son esprit, qu'en telle ou telle circonstance il a dit ou fait *des folies*. Les personnages du *Jeu de la feuillée* ne cessent guère, durant toute la pièce, de lâcher ainsi la bride à une verve folle qui, dans ses propos sarcastiques, fait bon marché d'eux-mêmes aussi bien que du prochain. L'auteur de la pièce, qui en est aussi l'un des personnages et en fut l'un des acteurs, commence par s'égayer et par égayer les spectateurs à ses propres dépens, à ceux de sa femme et de son père; après quoi, il ne se sent que plus à l'aise pour dauber comme il le fait, expressément et nominalement, sur les

---

1. Ce moine errant et colporteur de reliques représente, croyons-nous, avec plus ou moins d'exactitude, un des traits du relâchement des mœurs ecclésiastiques et monastiques constaté à la fin du XIIe siècle et persistant au delà, mais auquel étaient venus s'opposer, dans la première moitié du XIIIe, le zèle et la pauvreté apostoliques des ordres nouveaux de Saint-Dominique et de Saint-François.

avares, les ivrognes, les débauchés, les femmes querelleuses, les clercs dégradés d'Arras et des environs. La consultation médicale donnée à maître Henri et à *Douce Dame* par le *Fisiscien* qui intervient tout à coup dans le jeu est une invention folle. Le même esprit de bouffonnerie exubérante et satirique se retrouve encore dans les scènes de cabaret qui forment la dernière partie de la pièce et dans le tour que l'on y joue au moine endormi en le chargeant de tout l'écot. N'est-ce pas enfin une sorte de folie poétique que l'introduction bizarre, quoique fort agréable, de la mesnie Hellequin (dont le courrier porte ici le nom significatif de *Croquesot*) et des fées Morgue, Arsile et Maglore, au milieu des personnages très réels, clercs et bourgeois d'Arras, qui sont en train de se réjouir et de médire sous la feuillée ? Peut-être est-il bon de noter encore, comme un trait assez caractéristique, le retour à la fin de la pièce du vrai fou, le *dervé*, et de sa *fatrasie*.

Pour essayer de retrouver le genre auquel on pourrait rattacher le jeu d'Adam de la Halle il en faut aussi considérer certaines circonstances extérieures. « La scène, dit M. Gaston Paris, est tout le temps sous la *feuillée*, c'est-à-dire sous une de ces tonnelles de verdure qu'on élevait pour célébrer la fête de mai, la fête du printemps revenu : c'est à cette fête que se rattache la pièce elle-même. » La fête de mai, d'origine païenne, avait pourtant pris place parmi les fêtes joyeuses acceptées ou du moins tolérées par l'Eglise au moyen âge, et que célébraient notamment les clercs d'ordre inférieur et les écoliers. M. Ebert a fait à cet égard de très utiles remarques. Recherchant l'origine des jeux dramatiques de la Basoche, il rapporte en partie cette origine aux déguisements et mascarades auxquels se livraient à certains jours les étudiants et les jeunes membres du clergé. L'une des fêtes ordinaires de la Basoche se célébrait, remarque-t-il, vers le temps de la fête des trois rois, originairement sans doute à cette fête même ; une autre, à la fête de mai. Or, les déguisements « momeries » étaient très usités au moyen âge à ces deux fêtes. La fête des trois rois était spécialement célébrée par les étudiants de l'Université de Paris au moyen de déguisements et de représentations dramatiques. La veille, ils élisaient un *rex fatuorum*.

La célébration de cette fête fut, à ce qu'il semble, dit M. Ebert, immédiatement empruntée à la vie universitaire par la Basoche, dont les clercs se recrutaient parmi les écoliers de l'Université. Il se demande ensuite pourquoi la Basoche célébrait aussi, et même avec prédilection, la fête de mai. La question ne lui paraît pas encore éclaircie [1]. Rien n'empêche, croyons-nous, d'y voir également un emprunt aux coutumes universitaires, issues elles-mêmes des coutumes scolaires et populaires antérieures. La fête des fous n'avait pas peut-être pour date nécessaire et exclusive la période de réjouissances qui marquait la fin du mois de décembre et le commencement du mois de janvier. Elle pouvait aussi trouver place parmi les réjouissances traditionnelles primitivement destinées à célébrer le retour du printemps. Il est vraisemblable même qu'au moins en certaines localités, on dut transporter plus volontiers à cette époque de l'année la fête des fous, quand elle fut, pour ainsi dire, sécularisée, c'est-à-dire quand élargissant son caractère primitif de parodie ecclésiastique et liturgique et son personnel, d'abord seulement clérical, elle s'assimila les éléments subsistant d'autre part des vieilles joies païennes et populaires [2].

Une autre circonstance importante à noter pour essayer de déterminer le caractère du *Jeu de la feuillée*, c'est qu'il fut composé pour le Puy d'Arras et représenté par les membres ou quelques-uns des membres de cette association littéraire. Selon l'opinion, qui nous paraît assez vraisemblable, de M. Léopold Bahlsen, les associations de ce genre, nées dès le XIIe siècle, se développèrent, fleurirent et se sécularisèrent dans la première moitié du XIIIe. Elles étaient d'abord, la plupart du temps, composées

---

[1]. *Jahrbuch fur romanische und englische Literatur*, t. I, pp. 230 suiv.

[2]. Ce sont, en réalité, les vieilles joies païennes et populaires qui avaient d'abord fait invasion dans l'Église et dans la liturgie et y avaient introduit, dès les temps barbares, l'usage des mascarades et des parodies connues sous le nom générique de *fête des fous*; mais ensuite il y eut récurrence, et la fête des fous sécularisée conserva des traces manifestes de son passage et de son séjour dans le monde et les coutumes ecclésiastiques. Cf. Du Cange aux mots *Kalenda*, *Abbas Conardorum* et *Abbas Esclaffardorum*.

uniquement de clercs, mais elles admirent peu à peu un personnel de plus en plus laïque : écoliers, artistes, avocats, marchands, et se composèrent alors essentiellement de jeunes *dilettantes* appartenant à la meilleure bourgeoisie des grandes villes du Nord de la France. En ce qui concerne notamment Arras, l'existence d'une association littéraire y est attestée dès la fin du xiie siècle. Cette confrérie, d'après M. Bahlsen, fut d'abord consacrée uniquement à célébrer la sainte Vierge. Les membres composaient et récitaient des poésies en son honneur à ses principales fêtes. Mais, sous l'influence des jeux de la *ménestrandie*, très goûtés du peuple, la pieuse société se transforma en une association d'objet et d'allure beaucoup plus profanes. Cette transformation était achevée peu de temps avant l'époque où Adam de la Halle en devint un des principaux membres [1]. Il est certain que, tel que nous le présente un trouvère artésien du xiiie siècle, Vilain d'Arras, le Puy de cette ville ne nous apparaît pas précisément sous les traits d'une confrérie religieuse, mais au contraire comme un centre et un foyer de divertissements profanes :

> Beau m'est del Pui que je voi restoré ;
> Pour sostenir amour, joie et jovent
> Fu establis et de jolieté,
> En ce le voil essauchier boinement [2].

D'autre part, cette association comptait encore dans son sein des clercs ou demi-clercs, tels qu'Adam de la Halle lui-même, ayant certainement pris part aux réjouissances aussi bien qu'aux exercices de la vie scolaire du temps, et en rapport de pensées et d'habitudes avec les usages des grandes écoles de Paris, où même Adam, au début de sa pièce, nous annonce l'intention, peut-être

---

[1]. *Adam de la Hale's Dramen und das Jus du Pelerin*, par Léopold Bahlsen (Marbourg, 1885. — xxviie fascicule des *Ausgaben und Abhandlungen aus dem Gebiete der romanischen Philologie*, publiées par M. E. Stengel), pp. 35-38.

[2]. Monmerqué et F. Michel, *Théâtre français au moyen âge*, p. 68. Cf. Bibl. nat., ms. fr. 12615, fol. 19 v°.

fictive [1], d'aller reprendre ses études, ébauchées à Vaucelles et interrompues par son mariage. Dans ces conditions on ne peut pas, croyons-nous, considérer comme une chose étonnante que le Puy d'Arras prît, au milieu du XIIIe siècle, une part active aux réjouissances de la fête de mai, et qu'il y transportât ou se plût à y mettre en œuvre quelque chose de l'inspiration générale, et même des habitudes et, pour ainsi dire, de la physionomie spéciale de la fête des fous. Des observations qui précèdent, nous sommes donc, quant à nous, très disposé à conclure que le genre littéraire, dont le *Jeu de la feuillée* est un si remarquable échantillon, se rattachait étroitement, par son origine et son

---

1. Ce qui nous porte à considérer comme une invention dramatique plutôt que comme un projet bien arrêté l'intention annoncée par le poète au début du *Jeu de la feuillée*, c'est le *don* que lui fait ensuite la méchante fée Maglore, furieuse de n'avoir pas été aussi bien traitée que ses deux compagnes :

MAGLORE.

Je di que Riquiers soit pelés
Et qu'il n'ait nul cavel devant.
De l'autre, qui se va vantant
D'aler à l'escole à Paris,
Vœil qu'i soit si atruandis
En le compaignie d'Arras
Et qu'il s'oublit entre les bras
Se feme, qui est mole et tenre,
Et qu'il perge et hache l'aprenre
Et meche se voie en respit.

ARSILE.

Aimi ! dame, qu'avés vous dit ?
Pour Dieu ! rapelés ceste cose.

MAGLORE.

Par l'ame où li cors me repose !
Il sera ensi que je di.

(*Li Jus Adam*, vers 682-695, dans l'édition de M. A. Rambeau : *Die dem Trouvère Adam de la Hale zugeschriebenen Dramen* (Marbourg, 1886. — LVIIIe fascicule des *Ausgaben und Abhandlungen.*) — M. Bahlsen fait observer avec raison (ouvrage cité, pp. 61-63) qu'on a trop souvent pris pour argent comptant tous ce qui est dit dans le *Jeu de la feuillée*, où il faut faire largement la part de la fantaisie et de l'espièglerie du poète.

caractère, à la fête des fous généralisée et laïcisée. Provisoirement, et en réservant la conjecture qui va suivre, nous proposerions volontiers, comme une juste appellation de ce genre, le nom de *folie dramatique*.

Mais ici une nouvelle question se pose. Dans le développement ultérieur de la littérature dramatique du moyen âge, y a-t-il ou non un genre que l'on puisse considérer comme ayant un lien d'origine et de filiation avec ces *folies* représentées et dialoguées, dont nous regardons la pièce d'Adam de la Halle comme un spécimen? Il est difficile, ce semble, de ne pas penser à la *sottie*, qui, comme personne ne l'ignore, constitue, avec la *moralité* et la *farce*, le triple mode sous lequel s'est produit en France, dans les derniers siècles du moyen âge, le genre littéraire désigné par l'antiquité grecque sous le nom de *comédie*. En ce qui concerne l'appellation même de la branche dont il s'agit, l'identité avec la *folie* n'est pas douteuse. Qui dit *sottie* dit *folie*. Les *sots* en français du moyen âge, ce sont des *fous*, et le mot même est employé avec cette signification dans le *Jeu de la feuillée* :

LI MOINES :
Segneur, me sires sains Acaires
Vous est chi venus visiter;
Si l'aprochiés tout pour ourer
Et si meche chascuns s'offrande,
Qu'il n'a saint de si en Irlande
Qui si beles miracles fache ;
Car l'anemi de l'ome encache
Par le saint miracle devin,
Et si warist de l'esvertin
Communement et sos et sotes...[1]

Et à la fin de la scène, après le départ du *dervé*, l'un des compagnons d'Adam, *Riquece Aurris*, ne s'exprime pas autrement :

Qu'est che? Seront hui mais riotes?
N'arons hui mais fors sos et sotes[2]?

[1]. Édition citée, vers 322-331.
[2]. Vers 557-558.

Le *dervé* lui-même, qui est un fou proprement dit, et même par instants un fou furieux, est appelé *sot* par le moine :

> Aimi, Dieus! qu'il fait bon oïr
> Che sot là, car il dit merveilles [1].

Mais l'identité de nom de la *folie* d'Adam de la Halle (à supposer que l'on admette avec nous que cette appellation convient au *Jeu de la feuillée*) avec la *sottie* postérieure correspond-elle à une identité de genre ou, tout au moins, à une ressemblance réelle d'origine et de filiation ? Il faudrait renoncer à poursuivre cette conjecture si l'on prenait dans un sens trop absolu et trop exclusif la thèse soutenue par M. Emile Picot dans son savant et utile mémoire intitulé : *La sottie en France* [2]. Cette thèse, du reste, a été contestée par un érudit dont la compétence en pareille matière est généralement reconnue :

« Dans une remarquable étude sur la sottie, dit M. Petit de Julleville, M. E. Picot nous paraît avoir beaucoup trop rétréci les limites du genre, et en avoir diminué à tort l'importance. Il le rattache à la *fatrasie*, ce coq-à-l'âne du moyen âge; mais la sottie ne peut être sortie tout entière de cette courte ineptie qui s'appelle la fatrasie; la fatrasie n'est tout au plus qu'un des éléments comiques qui entrèrent dans la sottie, où ce genre de plaisanterie n'est pas rare, en effet. Mais il y a bien d'autres choses dans la sottie que des coq-à-l'âne. Il s'y trouve autre chose encore qu'une parade; et c'est à quoi pourtant M. Picot voudrait réduire tout le genre...

« Une célèbre définition de la sottie par Jean Bouchet montre bien que le genre avait, dans l'esprit du moyen âge, une portée plus grande et presque un rôle social. Ayant parlé d'abord de la satire d'une façon générale, Jean Bouchet ajoute ces vers, souvent cités, mais parfois inexactement :

> En France elle a de *Sotie* le nom,
> Parce que Sotz des gens de grand renom.

---

1. Vers 520-521.
2. *Romania*, t. VII (1878), pp. 236 et suiv.

> Et des petits jouent les grands follies
> Sur eschaffaux en parolles polies ;
> Qui est permis par les princes et roys,
> A celle fin qu'ils sçachent les derroys
> De leur conseil, qu'on ne leur ause dire ;
> Desquelz ils sont advertiz par satire.
> Le roy Loys douziesme desiroit
> Qu'on les jouast à Paris ; et disoit
> Que par tels jeux il sçavoit maintes faultes
> Qu'on lui celoit par surprinses trop caultes.

« Ainsi, pour Jean Bouchet, la sottie, c'est la satire universelle, transportée sur la scène et représentée par des *sots*, que leur capuchon de folie met à l'abri des rancunes et des colères que pourrait soulever l'audace de leurs médisances [1]. »

M. Petit de Julleville admet un lien direct de filiation entre la *sottie* et la fête des fous : « Selon toute apparence, dit-il, les *sots* sont les anciens célébrants de la fête des fous, jetés hors de l'Eglise par les conciles indignés, et rassemblés sur la place publique ou dans le prochain carrefour pour y continuer la fête. La confrérie des sots, dans toutes les villes où elle existe, c'est la fête des fous sécularisée. A la parodie de la hiérarchie et de la liturgie ecclésiastiques, ils font succéder la parodie de la société tout entière. C'était d'ailleurs une idée fort répandue à cette époque de libre jugement et de libre parole (les matières du dogme seules exceptées) que le monde était surtout composé de fous et que la folie de ces fous était principalement faite de sottise et de vanité. Lâchez sur la scène une troupe de fous de tout habit et de tout rang, roi, juge, abbé, gentilhomme ou laboureur, toutes les absurdités qu'ils y pourront faire offriront une assez juste image de la société humaine. De cette idée, au fond pessimiste, mais féconde en inventions joyeuses, naquirent les *sots* ou *fous*, et la *sottie* qui n'est qu'une farce jouée par des sots [2]. »

---

1. *La Comédie et les mœurs en France au moyen âge* (Paris, Léopold Cerf, 1886), pp. 69-72.
2. Ouvrage cité, p. 68, 69. Cf. *Les Comédiens en France au moyen âge*, par le même (Paris, Cerf, 1885), pp. 29-41, 143 et suiv.

Il est juste de reconnaître que M. Emile Picot avait indiqué, quoique un peu différemment, cette même filiation au début de son mémoire : « Les *sots*, qui occupent une si grande place dans notre ancien théâtre, tirent évidemment leur origine des réjouissances de carnaval, des fêtes grotesques si fort en honneur au moyen âge... Les cérémonies de l'Eglise purent être impunément parodiées le jour des Saints Innocents; les fous jouirent du privilège de faire entendre la vérité aux rois; enfin la *sottie* transporta sur la scène la satire dirigée contre les diverses classes de la société. »

Peut-être maintenant ne nous jugera-t-on plus aussi téméraire si, étant données les remarques faites ci-dessus relativement à la place qu'occupe dans le *Jeu de la feuillée* l'idée de folie, nous proposons de considérer cette pièce comme une des variétés de la *sottie dramatique* primitive, issue dès lors de la fête des fous étendue et sécularisée. Nous ne méconnaissons pas d'ailleurs les différences très sensibles qui existent entre l'œuvre d'Adam de la Halle et les sotties du xve et du xvie siècle, qui ont fait l'objet du travail de M. Picot. Mais de ce que ce genre littéraire n'a pas encore pris au xiiie siècle la forme spéciale et conventionnelle qu'il devait recevoir plus tard, de ce qu'il est plus libre, plus vivant, et, si l'on nous passe l'expression, moins *figé*, moins *cristallisé*, s'ensuit-il qu'il n'existe pas ?

Nous pensons d'ailleurs qu'outre l'inspiration générale qui leur est commune, il y a entre la sottie d'Adam de la Halle et les sotties postérieures des ressemblances particulières assez caractéristiques, pour qu'il soit permis de les rattacher au même genre et à la même branche littéraire, en les plaçant toutefois à des étages divers de l'arbre généalogique sorti de la fête des fous. Il nous paraît que le *Jeu de la feuillée* est avant tout une satire dialoguée, mais une satire directe plutôt qu'une représentation de scènes comiques préexistantes, plutôt qu'une narration grotesque dramatisée, où la satire se montre seulement d'une manière indirecte et par interprétation. Or tel semble bien être précisément le caractère qui sert à distinguer dans l'ensemble des drames comiques du moyen âge la *sottie* de la *farce*[1]. Les allusions aux évènements récents de l'ordre religieux et de l'ordre politique, la mention voilée ou nominale des personnages qui y ont pris part, sont aussi un des traits remarquables de la sottie. Nous le trouvons dans la pièce d'Adam de la Halle, notamment dans le long passage relatif aux clercs dégradés par application de la bulle qu'avait fulminée, le 13 février 1260, le pape Alexandre IV[2], et dans celui qui a rapport aux favoris actuels ou disgraciés du comte d'Artois[3]. Ce dernier passage se trouve dans la curieuse scène allégorique où le poète met sous les yeux des spectateurs la Fortune et sa roue fameuse :

CROKESOS

Dame, qu'est che là que je voi
En chele roë ? Sont che gens ?

MORGUE

Nenil, ains est esamples gens,
Et chele qui le roë tient
Chascune de nous apartient ;
Et s'est tres dont qu'ele fut née
Muiele, sourde et avulée.

CROKESOS

Comment a ele non ?

MORGUE

    Fortune.
Ele est à toute riens commune
Et tout le mont tient en se main ;
L'un fait povre hui, riche demain ;
Ne point ne set cui ele avanche.
Pour chou n'i doit avoir fianche

---

1. La limite entre les deux genres est loin, à la vérité, d'être infranchissable et il y a bien des pièces, au xve et au xvie siècle, qui flottent entre l'un et l'autre. A plus forte raison ne faut-il pas s'étonner de rencontrer, au xiiie siècle, dans la sottie d'Adam de la Halle, des scènes qui pourraient aussi appartenir à une farce. Telles notamment les scènes de cabaret à la fin du jeu.
2. Vers 434-519.
3. Vers 782-824.

> Nus, tant soit haut montés en roche
> Car se chele roë bescoche
> Il le couvient descendre jus [1].

Or il se trouve précisément que l'emploi de l'allégorie est un des caractères particuliers de la *sottie*, qui la distingue de la *farce* et la rapproche au contraire en ce point de la *moralité*. Bien que cet usage soit loin encore d'avoir dans la pièce d'Adam de la Halle l'importance excessive qu'il a prise dans la sottie postérieure, où il a malheureusement acquis la valeur d'une forme presque consacrée, il est curieux de noter son apparition dans le *Jeu de la feuillée*. Nous avons déjà remarqué plus haut, dans le rôle du *dervé*, l'emploi de la *fatrasie*, dont M. Emile Picot a mis en lumière, avec un peu d'excès peut-être, le lien étroit avec la sottie. Selon le même savant, ce genre dramatique était appelé aussi *Jeu de pois pilés* [2]. Or il est deux fois question de *pois pilés* dans l'œuvre d'Adam, et deux fois par rapport à la folie. Saint Acaire, s'écrie un des personnages que l'on invite à vénérer les reliques du saint qui guérit les fous :

> Donne me assés de *poi pilés*,
> Car je sui, voi, un sos clamés [3].

Et le père du *dervé* dit en parlant de son fils, qui veut se jeter sur lui :

> Aimi ! or tien che *croquepois* [4].

Il semblerait même résulter de ces deux passages que la purée de pois pilés était considérée comme un aliment propre aux fous, peut-être comme un remède à la folie, tel qu'autrefois l'ellébore. Nous ne proposons d'ailleurs que timidement cette explication de l'origine d'une expression plus tard très usitée dans la littérature comique, et encore employée au xviie siècle parmi les comédiens de l'Hôtel de Bourgogne.

1. Vers 766-781.
2. Mémoire cité, pp. 237, 241, 242, 243.
3. Vers 343-344.
4. Vers 1087.

Presque tous les érudits qui se sont occupés du *Jeu de la feuillée* ont remarqué l'analogie qui existe entre cette pièce et les comédies d'Aristophane. Si l'on admettait notre conjecture, cette ressemblance s'expliquerait assez naturellement. La *comédie ancienne* des Grecs, à laquelle le génie d'Aristophane a donné une si grande valeur poétique, est un genre littéraire directement issu des fêtes de Bacchus, de la partie de ces fêtes où éclatait en mascarades bouffonnes et en joyeux sarcasmes la liberté extravagante de l'ivresse, qui est une folie passagère. Considérées de ce côté, les réjouissances dionysiaques, avec lesquelles la comédie d'Aristophane a conservé un lien si étroit, peuvent être regardées comme une vraie fête des fous. Aussi, par comparaison, le nom de *soties* conviendrait-il assez bien aux satires dévergondées du poète attique et à ses attaques directes contre les hommes et les choses de son temps. On trouve même dans son *Plutus* une conception allégorique assez semblable à celles dans lesquelles nos *soties* se plurent souvent à s'enfermer dans la dernière période de leur existence. Si l'on admettait ces rapprochements, que l'on pourrait peut-être pousser plus loin, ce serait un nouveau témoignage de la lumière que peuvent jeter l'une sur l'autre l'étude de la littérature grecque et l'étude de la littérature française du moyen âge.

UNE PIÈCE ARTÉSIENNE

DU XIIIe SIÈCLE

Par ALFRED JEANROY

Le morceau suivant fait partie de la collection des vingt-quatre pièces artésiennes, morales ou satiriques, qui sont transcrites vers la fin du ms. fr. 12615 (fol. 197-216) et dont Paulin Paris a dit un mot (*Hist. Litt.*, XX, 601). Peut-être leur seul mérite littéraire, qu'il ne faut cependant point trop rabaisser, ne suffirait-il pas à leur mériter l'honneur d'être publiées [1]; mais elles en vaudraient la peine à titre de document

---

1. Plusieurs, il est vrai, le sont déjà : en voici l'indication, dans l'ordre où le ms. nous les présente :

N° 1 (fol. 197 r°) Arras est escole : *Hist. Lit.*, XXIII, 580; Jubinal, *Nouveau Recueil*, II, 377; Dinaux, *Trouvères...* III, 15 ; Monmerqué et Michel, *Théâtre fr. au m. âge* (Préface du *Jeu de la Feuillée*); Bartsch et Horning, *Langue et Littér. franç.*, 522.

N° 2 (197 v°) De canter ne me puis tenir : Jubinal, II, 379; Dinaux, III, 158.

N° 3 (198 r°) Arras ki ja fus : Jubinal, II, 382; P. Meyer, *Recueil*, n° 45.

N° 5 (199 r°) Il n'est miracles ki rataigne : Dinaux, III, 256.

N° 10 (202 v°) Nostres sires li rois poissans : P. Meyer, *Rec.*, n° 28.

N° 20 (210 r°) Le Camus ki est né d'Arras : P. Meyer, *Rec.*, n° 29.

N° 22 (211 v°) Laurens Wagon a en couvent : Scheler, *Trouvères belges*, II, 162.

N° 23 (213 r°) Siggeur, or escoutés : Scheler, *ibid.*, 170.

Celle que je publie est la 13e de la série (f° 204 r°). M. Godefroy a dépouillé ces pièces au point de vue lexicographique; il a cité un grand nombre de passages de plusieurs d'entre elles, et notamment du n° 24 (d'après la copie de l'Arsenal, *Poëtes françois avant 1300*) dont il fait l'œuvre tantôt de Thibaut de Champagne (s. v. *brionel* et *manel*), tantôt de Gillebert de Berneville (s. v. *griesele*), sans qu'aucune raison justifie l'une ou l'autre de ces attributions.

linguistique et historique : elles fourniraient, en effet, d'innombrables renseignements sur l'état moral et social de la ville d'Arras à la fin du xiii⁰ siècle et formeraient comme un commentaire perpétuel des autres productions artésiennes de cette époque, dont quelques-unes sont si remarquables; on y rencontre, par exemple, à chaque pas les mêmes noms que dans les *Congés* d'Adam de la Halle et de Baude Fastoul, et le *Jeu de la Feuillée*; elles permettraient donc probablement de fixer d'une manière plus rigoureuse qu'on n'a pu le faire jusqu'à présent la chronologie de ces œuvres [1].

J'ai choisi, pour la publier, la pièce ci-jointe, malgré les difficultés qu'elle présente, et que je n'ai pas réussi à résoudre toutes, parce qu'elle se rapporte aux mêmes événements que deux autres morceaux déjà connus qu'elle complète d'une manière frappante [2], et que, soit le texte, soit le commentaire dont il sera accompagné, pourront jeter quelque lumière sur ces événements passablement obscurs.

Elle se rapporte à une taxe injustement répartie et irrégulièrement perçue, qui, peu de temps avant 1270, à ce qu'il semble, mit en grand émoi la ville d'Arras [3] : « Le roi, dit P. Paris, ou plutôt le comte d'Artois, neveu du roi de France, avait, à titre de subside extraordinaire, demandé aux habitants une somme considérable que l'évêque, alors seigneur temporel, et les échevins de la ville furent chargés de répartir entre tous les citoyens.

---

1. C'est une recherche que j'entreprendrai peut-être un jour; mais il me manque en ce moment quelques-uns des matériaux qui seraient indispensables pour la mener à bien.

2. Ces morceaux sont les n⁰ˢ 2 et 3 de la liste dressée ci-dessus (p. 83).

3. P. Paris qui a caractérisé ces troubles (*loc. cit.*) en termes très expressifs, mais qui me paraissent un peu trop précis (peut-être avait-il entre les mains des documents que je ne connais pas), les place vers 1260; sans pouvoir en fixer la date d'une façon tout à fait exacte, j'inclinerais à l'avancer un peu. En effet, nous voyons plusieurs des personnages le plus gravement compromis dans cette affaire entrer dans la Confrérie des Jongleurs et Bourgeois d'Arras entre 1265 et 1270 (voy. ms. fr. 8541 et la note sur le vers 42); or il n'est pas probable qu'ils eussent demandé à y être admis après que ce scandale eut éclaté.

La taxe parut injuste, exorbitante; on se plaignit, et bientôt on découvrit que (soit par le fait du prélat, soit par l'infidélité des échevins) la somme livrée dépassait grandement la limite que le comte avait fixée... »

Ces incidents, en agitant profondément la ville, excitèrent la verve des poètes : ceux-ci se jetèrent avec ardeur dans la mêlée et allèrent grossir les différents partis; on trouverait donc représentées, dans les pièces du ms. 12615, les diverses nuances de l'opinion; mais, comme on pouvait s'y attendre, la satire y tient plus de place que l'apologie; et la médisance, probablement aussi la calomnie, s'y donnent libre carrière : s'il fallait en croire les pamphlétaires, on n'aurait pu trouver à Arras un seul bourgeois qui eût les mains nettes, et les échevins prévaricateurs auraient eu toute la ville pour complice. Cette fureur d'accusation doit nous inspirer quelque défiance à l'égard des accusateurs : la passion populaire exaspérée en était arrivée à voir partout des coupables. Mais, s'il est bien difficile de faire aujourd'hui à chacun sa juste part de responsabilité, il y a un fait qui paraît incontestable, et qui n'est pas sans importance pour l'histoire littéraire : c'est que ceux sur qui pèsent les plus graves présomptions, ceux du moins qui sont attaqués unanimement dans les pièces satiriques, sont précisément ceux que nous connaissons d'ailleurs pour avoir été les promoteurs ou les protecteurs de cette poésie courtoise qui fleurit à Arras pendant un demi-siècle environ : ce sont notamment, pour citer des noms, les membres des familles Pouchin, Wion, Verdière, et un « sire Audefroi » (qui n'a rien de commun avec l'auteur des *Romances*) [1].

---

1. Ce sont les mêmes personnages — et non seulement des membres différents des mêmes familles — que nous trouvons attaqués dans les pamphlets et mentionnés comme protecteurs attitrés des auteurs de chansons courtoises; voici quelques témoignages :

Audefroi est pris à partie dans un grand nombre de pièces satiriques; c'est peut-être sur son compte que leur accord est le plus frappant (v. les n°⁸ 2, 13, 24, etc.). D'autre part, une chanson de J. Bretel lui est adressée (Passy dans *Bibl. de l'Éc. des Chartes*, 1858-59, p. 471); il compose en commun avec le même Bretel deux jeux partis (Passy, 473) et il est appelé à en juger une

Les plus compromis furent obligés de s'exiler [1] ; d'autres furent probablement frappés de fortes amendes. Le dénouement de cette triste affaire dut marquer le déclin de la société bourgeoise, brillante et prodigue, protectrice des artistes et des poètes

douzaine d'autres (Passy, 20, 23, 26, 38, etc.). — Il s'agit bien du même personnage, car il est appelé *tire* de part et d'autre (v. Passy, 330, 337, 476).

Les Pouchin étaient trois frères (Fastoul, *Congés*, 31-48) ou peut-être quatre (v. pièce nº 2, c. 6, Jubinal II, 380). Nous trouvons deux d'entre eux dans les pamphlets et dans les pièces courtoises : Simon est nommé d'un côté dans la pièce sat. nº 2, et de l'autre dans les *Congés* de Fastoul, v. 38 (imprimé *Lymon*) ; enfin il est appelé à juger divers jeux partis (Passy, 25, 324, 345). — Jakes est cité dans la même pièce satirique ; il est nommé dans les *Congés* d'Adam, v. 100 (il y est qualifié d'*aîné*) et peut-être dans ceux de Fastoul (v. 37 ; faut-il lire Jaket au lieu de Paket ?) ; il juge enfin plusieurs jeux partis (Passy, 24, 25).

Wagon Wion, attaqué dans la 14º pièce, est destinataire d'une chanson de Cuvelier (Passy, 36) et juge de jeux partis (Passy, 36, 354). Cf. dans Adam de la Halle (7º ch., édition De Coussem., p. 31) « le Wionois d'onorance ».

Une dame Tasse li Anstiere, connue par des documents historiques (Passy, 500, note 18), est attaquée dans notre 24º pièce. D'autre part, une dame Tasse Wagon est souvent louée par les poètes courtois (Passy, 318-9) ; cf. Raynaud et Lavoix, *Motets*, I, 232, 256). C'est probablement, comme le pense M. Passy, la même personne, qui avait épousé un Wagon.

Les Verdière formaient toute une dynastie (Passy, 325) ; un Bertoul Verdière est attaqué à plusieurs reprises : c'est probablement de lui qu'il s'agit dans un passage de la 3º pièce (P. Meyer, nº 45) : « Ainques n'i prist quaille, — N'aloe cantant ; — Ains prist tel *verdière* ; — Ainc ne vi si klère ; — Por ce en diral : *gulauf*. » Il y a là un méchant jeu de mots (on sait que la verdière est un petit oiseau) qui nous est expliqué dans la 24º pièce (v. 124) : « (Wague Wion) avant ier perdi .II. oisiaus, — Hé Diex, ki est uns damoisiaus — C'on apele Bertoul Verdière. »

1. La pièce 24 nous dit que, sur douze échevins coupables, quatre sont morts ; et huit se sont retirés « en estrange païs ». C'est probablement cet exil que déplore en termes si émus Adam de la Halle (De Coussem., 245 ; *Motets*, I, 224) ; les expressions dont il se sert (« dont Arras mehaingne ») nous font connaître qu'il appartenait, comme les autres poètes courtois, à la faction dont cet exil fut le châtiment. La fidélité aux échevins était, du reste, pour lui une tradition de famille ; dans le *Jeu de la Feuillée* (De Couss., 316), son père nous apprend qu'il a été longtemps attaché à leur service (Bodel l'avait été aussi, évidemment à un titre différent ; v. *Romania*, IX, 216) et dit qu'il perdrait plutôt cent sous que « d'issir de leur acort » (le trait est caractéristique, car Maître Henri est pré-

qui avait fait revivre dans son sein, non sans éclat, semble-t-il, les mœurs chevaleresques[1] et joué un rôle analogue à celui des aristocraties commerçantes de Gênes et de Venise. Si on réfléchit que c'est précisément à partir de cette époque que la poésie courtoise cesse d'être cultivée en Artois (il n'y a pas une seule chanson qu'on puisse affirmer être postérieure à 1270 ou 1275), on sera tenté d'établir un rapprochement entre ces deux faits; il est au moins possible que ce petit incident d'histoire locale n'ait pas été sans influence sur l'extinction totale de la poésie lyrique courtoise en langue d'oui, puisque la ville d'Arras était le dernier asile où, tombée depuis longtemps en décadence dans les milieux chevaleresques qui l'avaient vue naître, elle continuait à vivre, d'une vie du reste passablement factice, et qui n'eût pu, dans aucun cas, se prolonger bien longtemps.

I

<blockquote>
E! Arras vile,
De vos naist li ghile
Dont vos estes en tel doleur;
Tresk' en Sezile,
N'a gent si nobile   5
Com d'Arras, ne de tel valeur;
</blockquote>

4 Ms. Sebile.

senté comme fort avare). Il est donc très probable que c'est à la suite de ces événements que Maître Henri et son fils, partageant la fortune des échevins, se retirèrent à Douai avec plusieurs autres habitants d'Arras. Cette hypothèse soulève pourtant une difficulté : Baude Fastoul, qui nous fait connaître cet exil dans un passage de ses *Congés* (v. 470 sq), cite dans la même pièce une foule d'autres bourgeois qui devaient être beaucoup plus compromis que Maître Henri et son fils, et il parle d'eux comme s'ils continuaient à habiter Arras et à y jouir paisiblement de leur fortune ou de leur haute situation. On voit combien il serait important, pour la chronologie des œuvres artésiennes, de fixer exactement la date des événements qui nous occupent.

1. V. *Hist. Litt.*, XXIII, 612.

Mais li ruihote
A no cité morte,
Ce dient li plaigneur.
  Tailleur   10
Ont fait taille vilaine a peu d'honneur.

II

Ains sains Roumacles
Ne fist teux miracles
Com, Diex, fait le mollene gent :
  Troi home u. IIII.   15
Voloient abatre
Arms, et tout sucier l'argent.
Mais Diex de gloire
A fait tel estoire,
Si vos dirai comment :   20
  Tourment
I a fait avenir par leur grant vent.

III

Cil de l'Estrée
Ont honi leur contrée;
Par foi ensi leur met on sus;   25
Cose est outrée,
Raisons est mostrée
Dont ne se poent traire en sus;
Par lor afaire
Ont fait taille faire.   30
Dont Arras est esmus.
  Trop mus
En est sire[s] Audefrois li camus.

---

12 saint. — 19 i a f. — 30 O. f. tel t.

IV

Ki ke se plaigne,
Aucuns a engaigne, 35
Par foi, sour aucun eskevin.
Tresk'en Bretaigne
Set on bien l'ensaigne
De le taille et de l'orde fin;
L'uns fait le moe, 40
Li autres s'en loe;
Willaume as Paus, Frekins,
Crespins
Li mainsnés fist couroune sans orpin.

V

Tresk'en Galisse 45
Set on le malisse
D'Arras, de le grant traïson;
Par Saint Morisse,
Ne doit en offisse
Demourer ki fait mesprison. 50
Puis c'on le troeve
Ovrant en laide oevre,
Oster lues l'en face on;
Façon
Doit avoir ensignie d'un poucon. 55

VI

Par felenie
A on dit vilenie,
Si m'aït Diex, del bon abé;
Jhesus maudie

---

35 Aucuns en a. — 40 Li uns. — 43 Crespin.

> Qui tel ribaudie 60
> A du preudome a tort gabé
> Ne de nos dames;
> Sour ex gist li blasmes,
> Et li ont fait viuté;
> Pité 65
> Est de feme mesdire en crueuté.

VII

> Dehait cornelle
> Qui toute nuit velle
> Por un preudome decevoir;
> Quant drois soumelle, 70
> Li maus se resvelle,
> Saciés ke j'ai dit de çou voir;
> Li cose est voire :
> **Legierement** *croire*
> Fait maint home doloir; 75
> Movoir
> Fait sen cuer *si* k'il pert l'autre savoir.

VIII

> Foraine ordure
> Saciés que peu dure;
> Ensi com je l'os tesmoignier, 80
> Viande sure
> Ne vins de raspure
> Ne honist point le mal megnier.
> Raisons divise,
> Li cose est asise 85
> U parent doit glacier;
> Tracier
> Doit tant k'ele truist voie a hors mucier.

74 Le dernier mot n'est pas dans le ms.; mais la mesure et le sens le demandent également. — 77 J'ajoute *si* pour rétablir la mesure.

IX

   Mais felenie,
  Orgueus et vilenie   90
Cele qui naist dedens le cors,
   Pautonerie
  Qui la s'est nourie
Saciez n'en porroit issir fors.
  Cose est certaine,   95
   Sainie de vaine
  Ne li est nus confors ;
   C'est tors
Se l'ame de tel home est en repos.

NOTES ET REMARQUES SUR LE TEXTE

Vers 9. Cf. le début de la pièce 3.

V. 12. Il faut croire que ce saint était fort honoré en Artois à cette époque. Cf. pièce 5 : « Voirs est me sire S. Roumacles — Et sains Eloys font grans miracles, » etc.

V. 14. C'est en effet la bourgeoisie qui est continuellement attaquée dans nos satires ; la noblesse y apparaît à peine.

V. 17. D'autres pièces nous font connaître la somme que les échevins étaient accusés d'avoir dissimulée pour se l'approprier : elle aurait été soit de 20.000, soit de 27.000 livres tournois : « Et trespassé leur sairement — Sont il d'avoir XXVII tans, — K'il ne nomaissent a leur tans — Entour XXVII mile livres — Troeve on lisant ens en leur livres ; — Trop malement voir s'avillierent — Quant a leur tans ensi taillierent ; — Par leur mesfais fisent tel taille — Dont Arras est en tel bataille. » (Pièce 24, f° 216 r.) — Cf. pièce 2 : « XX mile livres de tornois — Cousta ceste *vintaine.* » On voit qu'ici il y a vingt personnages mis en cause ; dans la pièce précédemment citée, il était fait allusion à douze ; si on relevait les noms de tous ceux qui sont personnellement accusés, le chiffre en serait très supérieur à cent. Notre auteur fait donc preuve de modération en ne croyant à la culpabilité que de « trois ou quatre ».

V. 22. Dans toutes ces pièces, le mot *vent* est synonyme de *tromperie, fourberie*. Sur cette équivoque repose une foule incalculable de plaisanteries et en particulier toute la pièce que M. Scheler a eu le tort d'attribuer à Laurent Wagon (ce personnage est, non l'auteur, mais une des nombreuses victimes du poète); la plaisanterie y consiste à faire de chacun des bourgeois dont on suspecte l'honnêteté une des pièces d'un moulin à *vent* (voir surtout les vers 42, 61, 91, 105, 127, 143, 188, 200). Cf. une foule de passages des autres pièces : « Nus chevaliers n'est mais prisiés — S'il ne devient fors bareteres, — Mauvais palieres et *venteres*. » (Pièce 16, fol. 206 r°.) — « N'est nus si os ki laiens entre — N'ait d'un *soufflet* par mi le ventre — Et s'oï dire et tesmoignier — Il i covient de jors mengnier, — Ke candole n'i puet durer. — Tant le sace on bien en murer. » (Même pièce, fol. 206 v°.)

V. 23. « L'Estrée » est évidemment un quartier ou un faubourg d'Arras, où nous savons par une autre pièce qu'il y avait un hôpital (v. fol. 211 v°). « Ceux de l'Estrée » sont attaqués ailleurs; cf. Scheler, II, 167 : « On dist qu'en païs n'en contrée — N'a tant (*mot effacé*) com en l'Estrée; — Blankes gens i doivent manoir... » (Dans le langage de l'auteur, *blanc* signifie aussi *trompeur*, et il y a une foule de plaisanteries sur les gens qui habitent ou devraient habiter *Blangi*, village qui existe réellement aux environs d'Arras. Cf. Scheler, II, 346, 164 (v. 51, 78, etc.) et Passy, 335, note 2.

V. 33. Le nom d'Audefroi revient à chaque instant : v. pièce 2 et *passim*. Sa femme même est attaquée (15ᵉ pièce); en revanche, ses deux fils sont loués par Baude Fastoul (v. 350) à qui ils avaient « du lor presté et raplegié ».

V. 42. Willaume as Paus est aussi l'un de ceux contre qui l'opinion était le plus excitée. Voy. pièce 2; cf. Scheler, II, 164 : « De Willaume as Paus ferai arbre; — N'a si menteur dusk'en Calabre. » Son nom figure sur le *Registre des Jongleurs et Bourgeois* à l'année 1269 (Pentecôte).

V. 42-4. Frekin et Crespin sont deux personnages distincts. Les Frekinois sont mis dans la pièce 2 sur la même ligne que les Pouchinois; un Jakemin, fils aîné du seigneur Frekin, est nommé par Baude Fastoul (v. 316). — Les Crespin étaient très nombreux; ils comptaient parmi les plus riches bourgeois d'Arras et les plus attachés aux poètes : Jean Erart, déplorant le dommage que lui fait subir la mort d'un certain Gérart, se recommande, en même temps qu'à « Pieron Wyon et Wagon », à Henri Robert Crespin : « Bien est raisons ke ma joie demec[h]e — Puis que tu m'as tolu et jeu et ris. — Bien m'i deust reconforter Henris — Robers Crespins, où j'ai mon espoir mis ; — En ceaus ne sai nule mauvaise teche. » (12615, fol. 130 v°; Raynaud, *Bibl.*, n° 485). Un Crespin (« fils de Baude Crespin ») est cité par Fastoul (v. 314) dont il était cousin. Un Jehan Crespin est nommé dans le *Jeu de la Feuillée* (De Couss., p. 315). Nous ne savons malheureusement quel était ce « Crespins li mainsnés » mentionné ici. Peut-être n'est il autre que cet Ermenfroi Crespin, désigné par Adam de la Halle comme dévoré, ainsi que beaucoup d'autres, par « le mal c'on claime avarice » (p. 304), et comme étant de ceux qui se trouvent au sommet de la roue de Fortune (p. 329). Quelques années plus tard, cet Ermenfroi Crespin est mentionné comme créancier du comte d'Artois (Passy, 500, note 10).

V. 44. « Orpin... est une vaine de terre... qui a couleur d'or. » (*Livre des propriétés des choses*, cité par Godefroy); cf. Littré. L'expression doit être métaphorique ; il faut probablement entendre : « à eux trois ils forment une couronne qui n'a pas grande valeur »(?).

V. 55. Je ne connais pas le mot *poucon* et tout ce vers m'est obscur.

V. 58. Ce personnage joua un très grand rôle dans toute ces affaires : il fut un de ceux qui succédèrent aux échevins prévaricateurs (« Li eschevin *devant* l'abé — Coment k'il nos aient gabé », pièce 24, fol. 216 r°); ce serait lui qui aurait découvert la fraude en vérifiant les comptes de ses prédécesseurs; c'est ainsi du moins que je comprends la fin de la 2e pièce : « Taille couvint refaire, — De coi li abes fu deçus, — *car ses contes fu tous boçus* ». Cf. un peu plus haut : « Il (Audefroi) eut bien tesmoignage, — Par foi, k'il fist le taille a point (*ironique*); — Mais li abes après l'en point ». Il encourut naturellement l'inimitié de ceux dont il avait dénoncé les malversations, et ceux-ci l'attaquèrent en justice; mais il semble, d'après les pièces satiriques, qui sont unanimes à le défendre, qu'il ait dédaigné ces accusations : « Li abes en fu mal baillis, — Et a le court trop asaillis ; — S'il avoit cuer de lui deffendre, — Il les poroit trestous reprendre. » (Pièce 24, fol. 216 r°; ce passage suit immédiatement celui qui est cité dans la note sur le v. 17). C'est évidemment de lui aussi qu'il est question dans un passage curieux des *Vers de la Mort* de Robert le Clerc, où l'auteur semble l'engager à réformer dans un sens démocratique un système d'impôts défavorable aux pauvres :

> Mors, entre les boins soie piue !
> S'ara li abes d'Arras triue
> Que lonc tans as espaventé...
> Abes, quant tout ert craventé,
> Se sor boin estoc n'as enté,
> Tes covens t'ert mout povre aiue.
> *Renonce a cele volenté*
> *Dont li povre sont desrenté !*
> Fai tant que boine oevre te siue.
>
> (Edition Windahl, str. 99.)

M. Windahl hésite, quant à la date de ce poème, entre les années 1250 et 1270 (les exhortations à la croisade qu'il renferme forcent, dit-il, à admettre l'une ou l'autre de ces dates) ; le rapprochement qui précède prouve qu'il faut opter pour la seconde, comme l'avait pensé P. Paris (*Manuscrits français*, III, 228-36). M. Windahl (p. xxxvii) croit devoir réfuter l'opinion du même critique qui avait d'abord attribué les *Vers de la Mort* à Adam de la Halle (*loc. cit.*) ; mais P. Paris y avait renoncé de lui-même peu de temps après (*Hist. Litt.*, XX, 797). Le véritable auteur de ce poème, Robert le Clerc (V. G. Paris, *La Litt. fr. au m. âge*, 2ᵉ édition, p. 311) est nommé dans une de nos pièces satiriques (fol. 207 v°) ; M. Windahl a lui-même cité ce passage (p. xxxviii, note), mais sans le comprendre, comme le prouvent les points d'exclamation dont il fait suivre des mots parfaitement clairs : Robert le Clerc est donné là comme le doyen (lire *diiens* et non *dijens*) d'une confrérie plaisante dont font partie les maris aveuglément soumis à leurs femmes. Nous trouvons confirmé dans ce passage un renseignement que Robert le Clerc nous donne sur lui-même (str. 170), à savoir qu'il avait été envoyé à Rome, probablement pour y défendre les intérêts de sa corporation (« Iceste gent que je vou nome — Ont pieça envoié à Rome »).

V. 66. Non seulement un grand nombre de traits satiriques sont dirigés contre les femmes des bourgeois incriminés (v. note sur le v. 33), mais plusieurs pièces sont composées presque uniquement contre elles (v. notamment les pièces 15 et 17, fol. 205 v° et 207 r°, et note précédente).

V. 77. Je ne comprends pas bien cette phrase.

V. 78 sq. Ces deux dernières strophes sont médiocrement claires : il me semble du moins certain qu'elles contiennent une opposition entre un mal purement extérieur, qui disparaît de lui-même par la simple opération de la nature (v. 86-88), et une maladie profondément enracinée, et contre laquelle ne peuvent rien les remèdes les plus énergiques. Dans la huitième strophe, il n'y a qu'un développement de rhétorique de la première partie de l'idée, sur laquelle l'auteur insiste un peu complaisamment, et il ne faut pas chercher un rapport étroit entre toutes ses paroles et les événements qui font le sujet de la pièce. La conclusion pratique de la neuvième strophe est qu'il faut porter le fer et le feu dans la plaie, c'est-à-dire, comme il l'avait déjà demandé plus haut, se débarrasser des coupables. — Notre pièce est donc antérieure à celle où nous avons vu que ceux-ci se rendirent justice en s'exilant.

V. 81-3. On voit bien à peu près comment cette phrase se rattache au sujet : l'auteur veut dire : « Il ne suffit pas d'un détail défectueux pour jeter le discrédit sur tout un ensemble » ; mais je ne saisis pas bien le sens précis du proverbe (le v. 80 prouve que c'en est un). Faut-il comprendre : « Le maître d'hôtel (*mansionarius*) — ou le marchand (*magnarius* — marchand en gros ; v. Du Cange, s. v°) — n'est pas déshonoré par la nourriture médiocre et le vin aigrelet qu'il aurait servi, — ou vendu » ? (Mais pourquoi ce *megnier* serait-il qualifié de *mauvais* ?) — Le *vin de raspure* doit être une sorte de vin « de seconde cuvée » ou de faible qualité auquel on essayait de rendre un peu de force en y faisant fermenter quelques nouveaux grains de raisin (V. Du Cange : *Raspetum, raspaticium*, et Mistral, *Raspat*).

V. 86. Mot-à-mot : « Le mal a son siège à un endroit d'où il sera expulsé par une voie quelconque (*parent*) ; il cheminera jusqu'à ce qu'il trouve cette voie et s'échappe au dehors ». Nous avons ici deux expressions rares, mais dont le sens n'est pas douteux ; sur *parent*, (= simplement *per inde*), voy. Scheler, *Jean de Condé*, I, 454 ; ajoutez le passage suivant de Robert de Clari (éd. Hopf, p. 37) : « De seur chu pont avoit une porte ou *parent* li Griu passerent et s'en fuirent en Constantinople. » Le mot ne se trouve, comme on le voit, que dans des textes du nord. Sur *hors mucier*, voy. Scheler ; *ibid.*, II, 352.

QUELQUES

DISSERTATIONS INÉDITES

DE CLAUDE FAUCHET

Par ERNEST LANGLOIS

Les cinq dissertations qui suivent se trouvent dans le manuscrit du Vatican *Reg.* 734[1]. L'intérêt qu'elles offrent consiste bien moins dans l'explication même des expressions dont l'auteur cherche à déterminer le sens et l'origine que dans les nombreux et curieux renseignements de toute nature qu'il aime à donner à ses lecteurs, selon son habitude, cette fois plus encore que jamais. Ce ne sont pas tant des dissertations d'un savant que des causeries d'un vieillard aimable, instruit, pas du tout pédant, qui a beaucoup lu et beaucoup voyagé. Donc, aucun apparat scientifique dans « ces chapitres de recueil qui naissent comme en devisant », et où sont rassemblés des souvenirs qui « pour leur nouveauté et gaillardise réveillent l'esprit assommé de méditations. » Fauchet les a écrits, non pour faire œuvre d'érudit, mais « pour ce qu'il est besoing de quelquefois esgaier son esprit las d'une estude plus sévère », et pour se distraire du vacarme dont l'étourdissaient, d'un côté, « mille batouers de lavandières tout le long du quay », et d'autre part, « sept cloches de Saint Germain l'Auxerrois, presque pendues dans son estude », qui, ce jour là, de quatre heures à neuf heures du soir, n'ont cessé de sonner le glas funèbre.

1. Voir la description de ce manuscrit dans les *Notices et Extraits des manuscrits de la Bibliothèque nationale et autres bibliothèques*, XXXIII, II (1889), p. 37-41.

Ces confidences nous font connaître, au moins approximativement, où habitait Fauchet. Ce ne sont pas les seuls renseignements que l'auteur nous donne pour sa biographie. Il nous apprend aussi que son aïeul maternel était « maistre Jehan Andri, tiré par le roi Louis XII de la chambre des comptes de Paris pour estre à Milan maistre des comptes. »

Le manuscrit de la Bibliothèque Nationale fr. 24726 (anc. S. Victor 997), écrit tout entier de la main de Fauchet, contient, entre autres choses, une trentaine de chapitres, réunis sous le titre de *Veilles et Observations de plusieurs choses dignes de mémoire en la lecture d'aucuns autheurs françois par C. F. P*[1]. La plupart de ces chapitres, revus et considérablement corrigés, surtout diminués, ont été publiés par l'auteur, en 1581, dans son *Recueil de l'Origine de la langue et poésie françoise*[2]. Le manuscrit de Paris et celui de Rome ne sont pas, comme on pourrait le croire, deux fragments d'un même volume. Les dissertations contenues dans le premier sont datées de 1555 et 1556; celles du manuscrit du Vatican ont été écrites beaucoup plus tard, après la publication du *Recueil de l'Origine de la langue*. Fauchet y parle, en effet, comme de deux ouvrages connus du public, de ses *Antiquitez*, dont la première édition est de 1579[3], et de sa traduction de Tacite, parue en 1582[4].

Du mot Marmouset. Chap. 5[5].

L'on m'a voulu persuader que les favoris des grands (autrefois appelés marmousets) étoient les vilains pusiones des Latins et cathamiti des

---

1. Ce manuscrit a été plusieurs fois mis à profit par M. Paul Meyer (Cf. *Romania*, XIII, p. 3).
2. *Recueil de l'origine de la langue et poésie françoise, ryme et romans, plus les noms des œuvres des 127 poètes françois vivans avant l'an 1300*. Paris, chez Mamert-Patisson. 1581, in-4°.
3. *Recueil des Antiquités Gauloises et Françoises*. Paris, chez Jacques du Puys. 1579, in-4.
4. *Les Œuvres de Cornelius Tacitus, Chevalier Romain*. Paris, chez Abel l'Angelier. 1582, in-fol.
5. Les notes indiquées par * sont de Fauchet; les autres de l'éditeur.

Grecs, car encore par desdain l'on nomme ainsi les petits enfants importuns.

Fauchet cite ici plusieurs passages de Froissard qu'il est inutile de rapporter : III⁰ volume, chap. XXIII[1]. « Mais voirement le terme... »; Chap. LXI : « Il n'a nuls marmousetz... »; Chap. LXXVII : « Nous en avons conseil... »; Chap. LXXIX : « Et que le roi Richard... »; Chap. XXXV : « Et fit a ses valetz... »

Le passage qui s'ensuit, pris du Roman du Pellerinage de l'ame, composé par damp¹ [Guillaume] de Guilleville, moine de Chaalis, vivant environ MCCCXXX.

> Vielle (dis je) ton nom me di :
> Qui es tu ? de quoi sers aussi ?
> De quel lignage et nation
> Tu es ? et de quel region ?
> Qui est et de quoi sert t'idolle*,
> A cui servir veux que m'afolle ?
> N'est pas raison qu'à marmouset,
> Qui est sord, aveugle et muet,
> Je serve ne que face homage,
> Qui sui de noble et franc lignage.
> Et s'ainsi est que le servir
> Dole, por poor** de mourir,
> Si te dis je que veux savoir
> Qui il est, ainsi que de voir
> Savoir veux qui tu es et d'ond.
> Si te pri tantost me respondz.

Et par là vous voiez qu'il entend quelque chose de peu, et auparavant il avoit dit que cette vielle avoit plusieurs mains :

> En la quinte avoit un crochet,
> Et sus sa teste un Mahomet

---

* Ton idolle.
** Poeur.

1. Fauchet a laissé en blanc l'espace qui devait être occupé par le prénom de Digulleville. Cet auteur vivait encore en 1358.

> Portoit, qui ses yeux encliner
> Li faisoit jus et regarder.

C'est-à-dire : elle avoit une image si pesante qu'elle lui faisoit baisser la teste, car nos antiens, cuidans que Mahomet fut idolatre, appelloient Mahons tous les images antiques qu'ilz trouvoient cachees, et les medailles mesmes tousjours marquees de figures ou testes des consuls, empereurs ou dieux paiens, comme encores les ignorans orfevres en plusieurs provinces de ce roiaulme et principallement vers Normandie. Ainsi donc par ces vers il semble que Marmouset signifie un homme de neant, monté en grand honneur sans merite. En mesme signification (c'est-à-dire par mespris) se prent le proverbe qui dit : « Le roi vient », ou : « Il est demain feste, les marmousetz sont aux fenestres »; si ce n'est que quelque mal affectionné aux images l'aie dit pour celles des eglises que l'on metoit en aucuns endroitz pour baizer. Car le mot commun dit (quand en resvant on fait des traitz de peinture sus du papier) : « Il fait des Marmousetz », pour il fait de vaines et folles peintures. Et quand Guilleville a parlé d'idolle, il entend chose de neant, comme encores nous appellons idolle ung homme de belle apparence, sans parolle et sans effect. Mais Marmouset peut encores venir de mauvais musar, d'autant que mar jadis signifioit mal, comme l'a pris le chastelain de Coucy en sa premiere chançon qui dit :

> A moins mar vi ceux qui vous ont trahie[1]

pour à mon malheur, tellement qu'il signifiroit mauvais musart et resveur. Car ils disoient aussi marvoié, pour mal avoié. Ce seroit trop grecistre que faire venir marmouset de Μορμω, jaçoit qu'il signifioit masque ou espouvantail.

J'adjousterai ceci pour nos antiquitez de Paris, dont j'ai fait un projet (et je le dis pour prier ceux qui en ont des pieces de m'en aider, s'il leur plaist), que la rue qui en la cité de Paris porte le nom des Marmousetz le peut avoir pris des Images ou Medailles qui autres fois se sont trouvees en cet endroit de la ville, pour ce qu'encores sus une porte prochaine d'icelle rue et qui fait un coing de celle des *Hermites*,

---

[1]. Dans son *Raueil*, Fauchet cite la chanson *Ahi amours, com dure departie* (21ᵉ de l'éd. F. Michel), comme étant la premiere du Châtelain de Coucy. Dans cette chanson, ni d'ailleurs dans aucune autre des éditions de Laborde, F. Michel et Fath, je n'ai trouvé le vers cité ici par Fauchet.

pour aller dans celle du *Cocatrix*[1], sus le seuil et linteau d'une porte carree, l'on void un esclave entre un lion et un ours tailliez à demi reliefs. Et au bout de la dicte rue du Cocatrix, une figure tenant un pot et presentant une couppe à une autre qui tient un chapeau ou guirlande, comme lui voulant metre sus la teste ou chief, et à costé, deux cocqs qui en la queue ont chascun un visage d'homme ou femme. Mais un petit par delà, on void sus le portail de l'eglise de Saint Pierre deux tres longues et grosses pierres representant deux beufs, que feu mon aieul maternel, maistre Jehan Andri (tiré par le roi Louis XII de la chambre des comptes de Paris, pour estre à Milan maistre des comptes, et se tenoit là pres), disoit avoir servi d'estable aux bœufz employez à charier la pierre de l'edifice du temple de Nostre Dame; mais je me fai doubte qu'elles n'aient esté tirees du reste de quelque theatre, d'autant qu'une maison voisine, qui a servi de grenier et de cave au chapitre de Paris, et est tres antienne, semble avoir gardé l'architecture d'un theatre, par l'ordonnance de certains petis arcz du front de la dite maison, qui representent ceux qui sont soubz la voulte des degrez d'un theatre. Car nous avons temoignage de Gregoire de Tours que Chilperic fit des jeux de cirque à Paris, lesquelz il ne fault douter d'avoir esté accompagnez de ceux du theatre, pour rendre la feste entiere. Toutes-fois d'autres disent que l'eglise de Saint Pierre aux beufz a pris son nom de Jehan aux beufz, qui la fist bastir.

Des motz feminie. Des caoursins. Chap. 6.

Je ne puis oublier deux bons motz du dit Guilleville, lequel, introduisant un homme pressé de plusieurs femmes, lui fait dire :

> Ne sçai si suis en femenie,
> Ou femmes ont la seigneurie.

Parlant comme d'un païs ou les femmes comendoient. C'est un mot bien inventé et digne d'estre ramené en usage. Car pourquoi n'en userons nous ? puisqu'on a dit *latinus de latini, grecus de graecia*

---

[1]. Aucune de ces trois rues, qui se trouvaient dans la cité, n'existe plus. La première n'a rien de commun avec celle qui porte aujourd'hui le même nom, et qui se trouve dans le quartier des Gobelins. Lefeuve (*Les anciennes maisons de Paris*, III, 69) dit que la rue des Deux-Ermites s'appelait encore, en 1640, rue des Deux-Serviteurs. Fauchet nous fournit la preuve du contraire.

(*sic*), Romanie (c'est Thrace d'alentour de Constantinople), pour les Romains qui vindrent y demourer, amenez par Constantin, et lesquels pour ce transport ne voulurent perdre le nom de Romain, ains firent apeller Romanie le voisinage, pour plus grande authorité, et laquelle l'empereur des Turcs a tellement agreable qu'il met en ses tiltres *Rom Papissai*, c'est-à-dire en son langaige, empereur romain.

Le dit Guilleville, parlant aussi d'avarice et de gens qui lors estoient diffamez d'usure :

> Tu doi savoir que nee fu
> U* val de l'infernal palu,
> Li Satanas m'y engendra
> Et d'illuec** il m'aporta
> A Cahors, ou il me nourri,
> Dont Caoursine dite sui.
> Aucuns m'apellent Convoitise,
> Et aucun(e)s autres Avarise ***.

Quant à ce qu'il dit qu'elle fut appellee Caoursine à cause de Cahors, ce ne fut pour l'avarice du pape Jehan XXII, eslu pape l'an MCCCXIIII et nai en la dite ville, auquel apres sa mort il fut trouvé deux millions d'escus contans; car il appert par de vielz memoires de la Chambre des Comptes des poursuites faites contre des usuriers ja nommez Cahoursins avant qu'on eut descouvert le grant tresor de ce pape. Tellement qu'il fault dire que ceux de la ville de Cahors estant plus coustumiers d'exercer une usure alors excessive en diffamerent leur ville.

POUR LE MOT BONNES ET MESCHANTES GENS. CHAP. (*sic*).

Ces motz s'entendoient pour les hommes riches, aisez et bien nourris. Au roman du Chevalier des Dames, fait par le Dolent Fortuné, environ l'an MCCCC, il est dit :

> Mais grant domage fut, pour voir ****,
> D'aucunes gens qui y estoient,

---

* P. au.
** P. d'illec.
*** P. avarice.
**** P. vérité.

Car moult à nobles gens sembloient,
Et à gens partis de bon lieu,
Dont pitié fut qu'ilz se metoient
O les mauvais maudits de Dieu.

Et apres :

Vous pouvez croire et n'en douter
Qu'il y avoit grant compagnie
De nobles et de redoutez,
Si bien que de meschant lignie,
Puis en bataille bien rengiee,
Vers noble cuer tous s'aprochoient.

Devant il avoit dit, soubz la personne de... (*sic*)

Si en a fait
Maint livre qui deffait
Mon honneur, dont il me desplaist,
Qu'il me faut endurer son plait ;
Car mainte prose
A mis au Roman de la Rose,
Que ilz en tienent
Leurz escolles ou ilz convienent*,
Pour leur faulce erreur qu'ilz maintienent ;
Mais j'ai espoir que nus n'i vienent,
Fors meschans gens,
Car les haultz nobles et les gentz**
Ne furent onc si negligens [1].

Là ou l'autheur entend par le mot de meschans les gens de vile et roturiere condition, comme les roix appellent bonnes villes celles qui leur sont de profit, ainsi que Paris, Roan, Boulonge, Lion et aultres, qui ordinairement aux letres du roi sont appellees bonnes villes, Froissart, au premier volume de son histoire, parlant des Jaques de Beauvoisis (ce furent des paysans mutinez), dit : « Car aucunes gens des villes champestres, sans chef, s'assemblerent en Beauvoisis, » etc. Puis il adjouste : « Et ces meschantes gens assembleez sans capitaines, sans armeures,

---

* S'assemblent.
** P. gentishommes.
1. Il y a plusieurs lacunes dans ce passage.

roboient, ardoient et occioient tous gentishommes », etc. Aussi, quand en la chancellerie le roi dit : « Nos bonnes gens, » il entend ceulx desquelz il peult tirer profit, comme meschans gens estoient jadis nommez ceux qui ne paioient rien ou bien peu, estans ainsi nommez pour ce qu'ilz n'aidoient point le public. Mesme, à Paris, l'on a aultrefois, par mocquerie, appellé Franc bourgeois les gueux, d'autant que leur mandicité les rendoit francz de toutes levees, empruntz et impositions. Philipes de Commines appelle gens de bien les grans et riches seigneurs, en son histoire du roi Louis XI. Parlant de la bataille de Mont le Heri : « Messire Phelipes de Lallain s'etoit mis à pied, car entre les Bourguignons lors s'etoient les plus honorez que ceux qui descendoient avec les archers et tousjours si en mettoient grande quantité de gens de bien, affin que le peuple fut plus assuré. » Encore parlant du siege de Liege, il dit : « Par trois jours fu desparti le vin qu'on donnoit chez le duc pour les gens de bien qui en demandoient à coups de coigniees, etc. » En un aultre endroit : « Et y estoit monsieur le Connestable et tous les grands chefs de ce royaulme et nos grand maistre, amiral, mareschal, seneschaux et largement gens de bien. » Mesmes aujourd'hui les habitans sus la riviere de Loire, voiant une personne emmaigrie plus que de coustume, par maladie ou aultrement, disent qu'elle est enmeschantie, entendans pour desfaite, foible ou desnuee de chair suffisante à couvrir les os de son corps, pour le rendre vigoureux et fort.

L'autheur du fabliau d'Auberce de Compiegne, parlant d'un jeune filz qui vouloit espouser une pauvre fille, introduit son pere qui lui dit :

> Elle n'est pas de ton affaire
> Ne digne de toi deschaucier;
> Je te vouldroi miez souhaucier,
> Queque il me doie couster,
> Car je te voudroi adjouster
> As meilleurs gens de ce païs [1]...

Coustume et usage. Chap. 8.

Les anciens seigneurs françois imposoient en leurs terres (lorsque Hugues Capet fut contraint de sousfrir leur anarchie) aucunes cous-

---

[1]. Vers 38-43 du texte publié par MM. A. de Montaiglon et G. Raynaud (*Recueil général et complet des Fabliaux des XIII° et XIV° siècles*, V, p. 2).

tumes deshonestes, voire facheuses. Entre aultres il convenoit à tous passans à Guingant et à Huitier (places de Bretagne) escremir et luittier. Ce dit Raoul de Houdanc, au roman du Songe d'enffer :

>Mais tout ainsi com se feusse
>A Guimelant et à Huitier,
>M'estuet* escremir et luittier.

Et pour ce en tous les romans vous voiez que les chevaliers de la Table Ronde combatent pour oster les mauvaises coustumes. En aucuns lieux de Normandie il falloit dire des nouvelles, temoing le Dictellet du Secretain de Cluni, composé par Jehan Chapellain, qui dit :

>Usages est en Normandie
>Que qui herbegies est qu'il die
>Fable, ou chançon die à l'hoste.
>Ceste coustume pas n'en oste :
>Sire Jehan le Chappellain
>Voulra conter du Soucretain.

Li roman du Chevalier des Dames, composé par le Dolent Fortuné, parlant des dix chevaliers errans, dit :

>Je sui un homme d'aventure,
>Traversant villes, bourgs, passages,
>Qui hai de ma propre nature
>Tous mauvais et villains usages.
>Contre je le veux entreprendre,
>Pour à jamais de vous desfendre,
>Que jamais plus ceans ne tiegne
>Coustume sur grand ne sus mendre,
>De quelque part qu'il tiegne ou viegne.

Dans ce livre du Chevalier des Dames, il y a plusieurs assez bonnes et belle manieres de parler pour le tems; lesquelles pourront estre agreables à d'aucuns qui font cas de l'antiquité, comme moi, et pour ce meritans d'estre conservees, du moins tant que ce livre durera. Entre aultres ces vers m'ont semblé assez bons :

>Leurs lances toutes se rompirent
>Et les tronçons en l'air volerent,

---

* Pour convient.

> Mais s'aucune engoisse en sentirent,
> Semblant monstrer ilz ne vouloient,
> Et ainsi qu'ilz s'entremesloient,
> Ilz coquerent leurs corps enssemble
> Si durement que ce sembloient
> Deux tours que mal encontre assemble.

Outre ceste belle comparaison de tours, le mot de coquerent pour choquerent est à considerer, car je croi qu'il vient de la comparaison des coqs combatans, lesquelz, se retirans arriere pour plus grand effort, se vienent puis apres heurter ou plustost cŏquer pour choquer, à l'imitation des coqs. Cest autre trait n'est pas de moindre invention, parlant d'une extresme laydeur et difformité :

> Tant estes vous abominable
> Et de ville ordure amassez
> Que pour devenir un diable
> Vostre corps n'est pas digne assez,
> Car en tant vous les surpassez
> De puantise et de laidure
> Que d'aupres de vous les chassez,
> Et vous fuient de votre ordure.

Des cloches et clochers, horologes et cadrantz. Chap. 10.

Il n'i a guieres que ceux qui sont logez soubz les clochers, comme moi, qui ai sept cloches de Saint Germain l'Auxerrois presque pendues dans mon estude, et d'autre costé mille batouers de lavandieres tout le long du quay, qui blasment cette mal plaisante harmonie. Car l'on ne peult nier que l'usage n'en soit utille à une ville, voire à l'eglise mesme, quand ce ne seroit que pour plus facilement assembler les chrestiens espars en divers endroitz des grandes citez ou parroisses des champs. Ceux qui ont fait de longs voiages marins ou habité en Levant et lieux esquelz ilz n'en ont point d'usage sçavent quel plaisir c'est que d'en ouïr. Durand, au livre intitulé *Rationale divinorum officiorum* (comme il trouve tousjours quelque mot de l'escripture pour confirmer les ceremonies de nostre Eglise), dit qu'elles ont succedé aux trompetes et haut-bois des levites d'Israël, mais avec meilleure commodité, puisqu'elles se font entendre plus loing. Cet instrument fut jadis et environ l'an... (*sic*) trouvé à Nole, ville de Champagne de Naples, ce qui a fait appeler *Nolas* les petites sonnettes à main, puis *Campanum* et finalement *Campana* les plus grosses, pour la dicte campagne romaine ou napolitaine, là ou plus industrieusement on les fondoit, ainsi qu'il est croiable. Le mesme Durand dit que Savinian pape (il seoit à Rome l'an CCCCCCIIIII) commanda que les heures de service divin fussent sonnees, je crois par les Campanes; mais ce docteur fait difference entre campana, qu'il dit estre *in campanili*, là ou le *signum* est *in turri*, possible comme plus gros et double campane, car il les distingue et separe en scilles, ou esquilles (comme l'on parle à Toulouse), qui se sonne (dit Durand) au refectouer; le *cimbalum* (je croi timbre), qui est touché au cloistre, comme *nola* au coeur; la *nonnula*, qu'il dit estre double campane (contre les regles de grammaire, qui en pareille diminution amoindrissent les primitifz), à l'orloge; la campane *in campanili*, qui est le clochet; et le *signum in turri*. Nos antiens les appelloient sins de *signum*, et s'en aidoient en les esbranlant, pour anoncer les heures des prieres. Car Gregoire de Tours, au chapitre XXV du II livre, dit : « Aiant menassé de le tirer de l'eglise par force, oiant sonner les seins pour venir à matines. » Et au XV chap. du III livre : « Lequel, passant par la rue, la cloche ou sein sonna pour aller à matines, car il estoit jour de dimanche. » En Gascongne, le martellage qui se fait sus le timbre d'une orloge ou beffroi public de la ville, ou le batement frequent du batail contre un seul costé de cloche s'appelle touque sin, c'est-à-dire touchement de sin, et se fait tout expres, affin que tel son inusité face acourir le peuple; sçavoir si le public a besoing de son aide pour estaindre le feu d'une ou plusieurs maisons embrasees, ou contre une soudaine envahie d'ennemis, voire en France pour une joie publique. Et le proverbe qui dit : « L'on n'en fera pas les seins sonner » s'entend de quelque chose que l'on ne veult pas publiquement estre entendue. Mais nous les appellons cloches, pour ce qu'en France elles sont esbranlees, les faisant aller çà et là pour sonner plus harmonieusement en volant, qui est un mot de mestier de sonneur, ce qui ne s'observe par l'Italie, la Provence et Langue d'oc, ou la plus part des cloches sont atachees à des roues, esquelles leur cordes sont entortillees, comme les petites esquilles qu'en aucunes eglises l'on tire pour admonester le peuple de l'elevation du *corpus Domini*, et lesquelles enfermees dans une cage fretee, c'est-à-dire barree de travers, l'on appelle (*sic*)....... Nous les avions bien grosses, puisque du vivant d'Abon (c'est-à-dire l'an VCCCLXXXVIII, representant un assault que les Normans donnoient à Paris, quand il dit :

> *Totius ecclesiae convexa boando metalla.*

C'est :

> De toutes les eglises bondissoit le metal.

Et encores au II livre :

> *Templorum campana boant.*

C'est :

> Les campanes bondissent à ces voix esfrolables.

Ceux qui sont foibles de reins, pour ce qu'ilz se haucent et baissent en marchant, à proprement parler clochent[*], ce qui ne se dit pas tant significativement d'un boiteux qui a son mal en la jambe, dite en latin *tibia*, dont lui vient le nom de boiteux, aussi tost que de la boiste de laquelle l'os seroit sorti. Mais les foibles de reins marchans en s'esbranlant tout le corps çà et là, comme la cloche tirée pour sonner et aller d'un costé et puis d'aultre, semblent faire (à proprement parler) comme les boiteux des deux hanches. Il est vray que telles gens s'appelloient aussi esclopez, ainsi que nous aprenons par le Roman du Graal, là ou parlant d'Ypocras, il dit : « Car il fait les avules (c'est-à-dire aveugles) veoir et les clops tout drois aller. » Mesmes nous l'aprenons par le jeu de Suré, auquel les enffans contrefaisans un homme ou femme clochant des deux hanches en chantant disent : « Clope, je n'i puis aller Suré, » qui est un jeu qui represente quelque fable ou possible histoire bien antienne d'un mariage inegal, qui m'est encore incongnu, aussi bien qu'un autre jeu des mesmes enffans ou ils disent en chantant :

> Qui est en ce chateau ? Oger. Oger.
> Qui est en ce chasteau ? Ogerc, franc chevalier, etc.

et : « Ouvrez les portes *Gloria* », que je ne fais doute venir de l'imitation de ce que l'eglise chante aux Rameaux, quand, les portes des Eglises clauses, l'on chante « *Gloria laus et honor* », etc. Que neantmoins l'on tient avoir esté composez par [Theodulphe] evesque d'Orléans, prisonnier à Anger. C'est merveilles que contre le commendement de Charlemagne, qui en un de ses capitulaires deffend de baptiser *clocas* (que je

---

[*] Possible de *claudicare*.

pren pour nos cloches)*, environ l'an neuf cens soixante, nos François les baptiserent, chresmerent et leur imposerent des noms, aproprians à un corps inanimé les premieres marques de nostre Chrestienté. Car il se trouve que l'empereur Othon deuxieme donna son nom à une cloche de Saint Jehan de Latran de Rome, ce dit.... (*sic*). Et Hilgaud, moine de Saint Benoist sus Loire, escrivant la vie monachalle de nostre roi Robert (car il ne parle guieres de ses faitz roiaus), entre ses liberalitez faites aux eglises environ l'an M., il dit qu'il fit fondre un *signum*, sein ou grande cloche, pour saint Aignan d'Orleans, poisant trois milliers, si j'ai bonne memoire. N'estant possible l'industrie encore trouvee de les fondre si grosses que maintenant, ce que nous pouvons aprendre par le proverbe qui dit : « Estonné (?) comme un fondeur de cloches ». Car apres que le maistre fondeur a fait son mousle, avant que laisser couler le metal qu'il a fait fondre en son fourneau pour former sa cloche, l'eglise qui s'en doit servir volontiers fait des prieres affin que l'ouvrage se trouve bon ; admonestez par le fondeur d'aider son industrie de la perfection d'une cloche contraire au diable, coustumier par tempestes et tonnoirres (que les cloches dissipent en fendant l'air par leur son) de molester et fascher les hommes. Mais il n'est impossible que eux mesmes ne le facent pour davantage faire valoir la marchandise. Tant y a qu'il s'est trouvé de tant hardis en cet art que le gros timbre de l'orloge de Rennes poise..... (*sic*) milliers. La cloche de Roan, que l'on appelle Georges d'Amboise, qui la fit fondre, l'an M D, poise XXXIX milliers. Et dit la chronique de Normandie que..... (*sic*) fondeur, fut tant joieux de l'avoir tiree nette du fourneau qu'il mourut d'aise..... (*sic*) jours apres. Blond nous a laissé par escrit que..... (*sic*) duc de Venise, l'an VCCCLXX, envoia douze cloches à..... (*sic*), empereur de Grece, de la façon de celles d'Occident, comme chose nouvelle pour au païs de Grece et d'Orient, ou il pense que ces cloches furent les premieres que l'on y portast. Mais les Turcz les osterent incontinent des païs conquis, comme un instrument tres propre à faire assembler le peuple, les bannissant de leur tirannique seigneurie, fors des quartiers du Mont Liban, ou les chrestiens Siriens en ont encores, jaçoit que les Grecz vivans parmi eux n'usent que d'anneaux d'erain, qu'ilz cliquent contre d'autre metal ataché aux portes de leurs eglises, pour appeller les chrestiens. Comme au contraire les Turcz, pour

---

* Que les Allemands nomment *Cloc*.

fournir à l'usage des cloches, montent sus les tours de leurs mosquees (c'est-à-dire temples et lieux ou ilz font leurs prieres), et là un ou plusieurs se bouchent les oreilles de leurs doitz, crient a plaine teste leur *allala* (c'est leur invocation divine par Mahomet), pour signifier les heures des prieres du jour. Mais en rescompense les Anglois sont tres courageux sonneurs de cloches, et en leurs rejouissances s'i metent hardiment à l'envy, jusques aux gentishommes, qui gaigent à qui plus longuement tirera les cloches, qu'ils ont tres bonnes et harmonieuses, pour ceux qui s'en tiennent plus loing que je ne fais de celles de Saint Germain l'Auxerrois, lesquelles toutes-fois ne m'empeschent, quand j'ai l'esprit bendé à escrire, ainsi que maintenant, pour un glai (je crois qu'il vient de clamor) de mort, qu'on porte en terre, mais ne pouvans tant de cloches qu'il y a representer le gla gla qu'ils font volontiers aultre part en aucuns villages. Les timbres sont le *Timpanus* (comme je croi) des antiens. Comme aussi le tambour ou tabourin sont plus platz et esvazes que les cloches, volontiers plus haultes que larges, aussi les timbres ne s'esbranlent pour sonner, ains se martellent, comme nous voions en ceux des cloistres ou d'orloges. Des quelles[1] orologes (car nous les faisons feminins), je dirai ce mot : que nous en avons l'usage en France assez tard et comme environ l'an VCCLX, que (si j'ai bonne memoire) Aaron, roi de Perse, envoia pour present au roi Charlemaigne, car les Grecz et Romains n'avoient que des *Helio-camittes* (qui estoient des cadrans), atachez aux faistes des cheminees, et les Romains des *Solaires*, aussi cadrans de soleil, couchez en des places larges et spacieuses, pour monstrer les heures par l'ombre que le soleil faisoit touchant les esguilles des cadrans notez par nombres. Toutes-fois Vitruve a laissé quelque patron d'orloges (ainsi appellees pour ce qu'elles sonnent les heures), par la cheute de petites pillulles tombans dans un timbre, ainsi qu'il escrit en son livre d'Architecture. Depuis l'envoi que le dit Aron, roi de Perse, fit de l'orloge tant artificielle que ses ambassadeurs presenterent au dit empereur Charlemagne, nos gens (mais depuis les Allemans) en sont devenus si grans maistres que celle de Strasbourg est reputee un miracle digne d'atirer du bout du monde les hommes pour l'aller voir, à cause de l'excellence de ses ouvrages. En laquelle, par art tres admirable, un ou plusieurs mequeniques (car l'on dit n'estre possible qu'un seul en soit peu venir à chef, pour la longue contemplation

---

1. Fauchet avait d'abord écrit *desquels*.

qu'il y fault), ont representé non seullement les heures, mais tout le cours du ciel, comme le lever et coucher du soleil, de la lune et des planetes et des estoilles errantes ou fixes, avec plusieurs statues se mouvans d'elles mesmes. Des chansons et accords de musique, voire la figure d'un coq chantant et batant ses aisles, et rendant une voix tant aprochant de la naturelle que les vivans lui respondent. Le tout sans autre aide que de contrepoidz et resortz qu'à certaines heures le garde et conducteur de cette machine remonte ou bande, quand les roues des resortz ou contrepoidz sont prestes d'avoir devidé leurs cordes jusques au bout. Jadis il y avoit au Temple de Paris, ou sont les chevaliers de Malthe ou les Hospitaliers de Jerusalem, des roues (je croi d'orloges) tant bien dressees que par leurs mouvementz elles rendoient une harmonie tres douce, ce dit Osmond, en son livre de l'Image du Monde, composé l'an MCCXLV, ou se trouvent les vers qui s'en-suivent... (*sic*).

DU MOT HAPELOURDE. CHAP. (*sic*).

Les faulces pierres jadis mises en œuvre d'argent ou de cuivre communement sont appellees Hapelourdes quand elles sont mises en or, pour ce que les pipeurs, putiers et aultres qui ne cherchent les femmes que pour en tirer du plaisir, les presentant à des ignorantes, souvent parvienent à leurs intentions, abatans ces lourdes et sotes femmes qui pensent estre grandement recompensees de la vente de leur chair en prenant pour bons ces faux joiaux. Tout de mesme que celles qui se laissent emporter par mariage fait avec quelque homme de belle aparence, mais ou ignorant ou inutille ou fait d'amours. Ce que je pense un jour avoir assez bien aproprié à un certain homme, lequel ne portant bien la leçon que longuement il avoit estudiee, avec encore meilleure mine faisoit croire qu'il fut grand homme de conseil, jaçoit qu'il ne sceut presque rien et s'aidast du travail d'autrui, comme il aparut quand sus l'heure il fut mis hors de sa matiere par un de la compagnie, qui ne l'aimoit guiere, et lui voulut arracher le masque pour (à sa honte) monstrer qui il estoit. Sus mesme occasion nous appellerons happe-lourdz ces idolles qui atrapent d'autres lourdaux et ignorantz, et ce d'autant plus facilement qu'en cet endroit *Similes habent labra lactucas*. J'ai voulu dire qu'il n'i a que les asnes qui mangent des chardons pour laictues, et aussi qu'il n'i a que les avaritieux et sotz qui se laissent piper par les autres sotz et avaritieux. Car il n'i a que les bestes qui longuement soient abusees par les autres bestes, comme les perdrix à la tornelle et au chevaletz et les aultres oiseaux à la pipee ou par d'autres mis en cage et aprivoisez. Pour ce que les habilles hommes qui hantent le monde au long aller connoissent les ignorans et en fin les descouvrent qu'ilz sont, tout de mesme que les lapidaires par les bonnes s'aprenent à connoistre les meschantes et faulces pierreries. Quant à moi je croi qu'on peult nommer Happe-lourdz et Happe-lourdes ces beaux filz inutilles, aussi tost que champignons ceux qui sont faitz grans par les princes ou aultres faveurs extraordinaires, sans qu'ilz le meritent pour vertu qui soit en eux. Pour ce que c'est chose certaine que malaisement aucun parvient à des biens desmesurez sans le domage d'autrui, lequel estant pourchassé par ce champignon quant et quant lui oste la qualité d'homme de bien.

Possible aucun, voiant ces fatras, dira : « Fauchet avoit bien grand loisir. » Mais jà me pardonneras, lecteur, si tant de choses legeres m'eschapent parmi tant d'autres bonnes que j'ai recueillies. Car les livres ne se font pas guieres aultrement, pour ce qu'il est besoing de quelquefois esgaier son esprit las d'une estude plus severe ; avec ce que je voulois me consoler du bruit que les cloches m'ont fait depuis quatre heures jusques à neuf heures au soir, et que je te voulois asseurer qu'en cet œuvre et aultre pareilx (car il y a plus de peine et de travail d'esprit en la composition de mes Antiquitez ou Translation de Tacite qu'en ces fatras, ou il n'i a point de guet à pens (comme l'on dit en proverbe), ains ces chapitres de recueil naissent comme en devisant, ou quand, lisant des vielz livres, les matieres se presentent, qui aucunes fois, mais presque tous jours, pour leur nouveauté et gaillardise, reveillent l'esprit assommé de meditation, et puis, si je ne le disois point, la façon dont ilz sont escritz (trop legere) l'ont assez monstré pour me desmentir, le voulant celer. Contente-toi donc, lecteur, de ceci tel qu'il est ; et si d'autant mauvais bois tu rencontres d'aussi bonnes fleches ou marqueterie, tu ne seras pas mauvais artiller ou menuisier. Et Dieu te garde, lecteur, et moi aussi, me faisant reconter (*sic*) le preux Alexandre pour bienfaiteur en ma vieillesse, ou la mort sans douleur, mais en esperance d'une meilleure vie.

Fin du VII livre de Recueil.

CHRONOLOGIE

DES

EPISTRES SUR LE ROMAN DE LA ROSE

Par ARTHUR PIAGET

Lors de la fameuse querelle du Roman de la Rose, Christine de Pisan, qui s'intitulait modestement « simple et ignorant entre les femmes », désireuse de n'être plus seule à défendre le pauvre sexe féminin « contre si notables et esleus maistres » tels que Jean de Montreuil et Gontier Col, avait réuni les épîtres de ses adversaires et les siennes propres, et les avait envoyées à la reine de France, Isabeau de Bavière, et au prévôt de Paris, Guillaume de Tignonville. La lettre qu'à cette occasion Christine écrivit à la reine est datée de « la veille de la Chandeleur, l'an mil CCCC et VII. » On lit de même à la fin d'une lettre de Gontier Col : « Escript hastivement... le mardi XIIIe jour de septembre, l'an mil quatre cens et VII. » C'est ainsi, du moins, qu'ont lu M. Paulin Paris[1], et, après lui, presque tous ceux qui se sont occupés du débat du Roman de la Rose[2], M. Robineau en 1882[3], M. Fr. Koch en 1885[4], et enfin M. Roy dans l'excellente édition des œuvres de Christine de Pisan qu'il donne pour la *Société des anciens textes*[5].

1. *Hist. litt. de la France*, t. XXIII, pp. 49 et 50; *Mss. fr. de la Bibl. du roy*, t. V, pp. 173 et 174.
2. Méon (*Roman de la Rose*, I, v) et Thomassy (*Essai sur les écrits politiques de Christine de Pisan*) ont lu 1401.
3. *Christine de Pisan, sa vie et ses œuvres*. Saint-Omer, 1882.
4. *Leben u. Werke der Ch. de P.* Goslar, 1885.
5. *Œuvres poétiques de Ch. de P.*, I, p. IX. — J'ai moi-même daté de 1407 la lettre de Ch. de P. à Isabeau de Bavière dans *Martin le Franc*, Lausanne, 1888, p. 73.

Cette date de 1407, cependant, n'était pas sans présenter quelques difficultés.

Dans sa lettre à Pierre Col, datée du 2 octobre 1402, Christine de Pisan, fatiguée du long et fastidieux débat du Roman de la Rose, manifeste bien nettement son intention de ne plus y prendre part; elle rentre dans la solitude et renvoie les admirateurs de Jean de Meun à Gerson ou à d'autres docteurs, qui, mieux qu'elle, sauront défendre la cause de la justice et du bon droit. « Et quant a moy, dit-elle, plus n'en pense a faire escripture qui que m'en escrise, car je n'ay pas empris toute Saine a boire. Ce que j'ay escript est escript... Mais mieulx me plaist excerciter en aultre matiere mieulx a ma plaisance. » On lit dans la même lettre : « Si feray fin a mon dittié du debat non hayneux commencié, continué et finé par maniere de soulas, sans indignacion a personne. » On ne voit pas, dès lors, sans étonnement, Christine de Pisan, retirée de tout débat en 1402, supplier cinq ans plus tard, en 1407, Guillaume de Tignonville de lui venir en aide dans sa lutte contre les partisans du Roman de la Rose, adversaires des femmes. « Pour ce, dit-elle au prévôt de Paris, requier vous tresscavant que, par compassion de ma femmenine ignorance, vostre humblesse [1] s'encline a joindre a mes dittiez vrayes oppinions, par si que vostre sagesse me soit force, aide, defense et appuyal contre si notables et esleus maistres, desquelz les soubtilles raisons avroient en petit d'eure mis au bas ma juste cause, par faulte de savoir soustenir, et pour ce, comme bon droit ait mestier d'aide, soubz vostre aliance soie plus hardiement inanimee de continuer la guerre encommencee contre les diz puissans et fors. Et de ce vous plaise n'estre refusant pour consideracion de leur grant faculté et la moye petite [2]. »

1. Ce mot ne fait-il pas contre-sens ?
2. C'est probablement à Guillaume de Tignonville que Christine adressa le *rondel* qui commence par ces vers :

>Mon chier seigneur, soiez de ma partie.
>Assailli m'ont a grant guerre desclose
>Les aliez du Romans de la Rose
>Pour ce qu'a eulx je ne suis convertie.

Ed. Roy, t. I, p. 249.

Dans sa lettre à Guillaume de Tignonville, Christine s'excuse d'écrire en prose, tandis que tous ses autres ouvrages sont en vers : « Aussy, chier seigneur, ne vous soit a merveilles, pour ce que mes autres dittiez ay acoustumé a rimoyer, cestui estre en prose ; car comme la matiere ne le requiere, autressi est droit que je ensuive le stile de mes assaillans, combien que mon petit savoir soit pou respondant a leur belle eloquence. » Or, avant 1407, Christine de Pisan avait écrit plus d'un ouvrage en prose, par exemple, les *Faits et bonnes mœurs du roy Charles V*, qu'elle présenta le 1ᵉʳ janvier 1405 au duc de Berry. Pourquoi donc Christine s'excuse-t-elle d'écrire en prose, pour la première fois, semble-t-il?

La date de 1407 ne convient pas non plus à la lettre de Gontier Col. Gontier Col, ayant entendu parler de la longue épître que Christine de Pisan avait *nouvellement* écrite pour répondre à Jean de Montreuil, épître qui commence par ces mots : « Reverence, honneur avec recommandacion,... » désira vivement la lire. Comme je « n'en puiz avoir, dit-il à Christine, copie ne original, te pri et requier sur l'amour que tu as a science que ta ditte œuvre telle quelle me vueilles envoyer par cest mien message ou autre tel comme il te plaira. » Christine aussitôt fit remettre à Gontier l'épître qu'il demandait. Deux jours après, le 15 septembre, ce bouillant défenseur de Clopinel récrivit à Christine de Pisan, l'invitant à faire prompte rétractation, et l'accusant peu courtoisement de *folie*, de *demence*, de *presomption* et d'*outrecuidance*. Or, l'épître que Christine avait adressée à Jean de Montreuil et qui excitait si fort l'indignation de Gontier Col, est de 1401 : en 1402, le frère même de Gontier, Pierre Col, en fit une réfutation que nous possédons. Gontier Col pouvait-il, au mois de septembre 1407, écrire à Christine de Pisan : « Je viens d'apprendre que tu as *nouvellement* écrit un traité contre Jean de Montreuil,... » et pouvait-il répondre à ce traité six ans après sa composition, lorsque toutes les lettres du débat de la Rose que nous avons se succèdent à intervalle de quelques mois et même de quelques jours?

Dans les deux cas, *mil cccc et vii* est une erreur de lecture pour *mil cccc et un*. Les manuscrits de Londres, Harl. 4431, et de

Paris, Bibl. nat. fr. 12779, donnent *mil cccc et ung*, ce qui tranche la question. M. Paulin Paris a été induit en erreur par le ms. de la Bibl. nat. fr. 604 : le copiste de ce ms., prenant le *un* de 1401 pour un *vii*, a écrit, avec deux points sur les jambages de l'*n*, *mil cccc et vii*, c'est-à-dire, sans aucun doute, 1407.

Mais, remarquera-t-on, si, en 1401, Christine de Pisan envoie ses *Epistres sur le Roman de la Rose* à la reine Isabeau de Bavière, que faire de la lettre datée d'octobre 1402 ? M. Fr. Beck, qui a publié[1], en 1887, quelques-unes des lettres du débat, a bien lu 1401[2]; mais cette date l'a conduit aux résultats les plus inattendus. La lettre de 1402 l'embarrassant, M. Beck l'a tout bonnement déclarée inauthentique. Ce serait perdre mon temps que de réfuter l'opinion de M. Beck, les pages dans lesquelles il essaye de prouver l'inauthenticité de la lettre de 1402 ayant autant d'erreurs que de mots[3].

Voici brièvement comment il faut établir la chronologie des *Epistres sur le Roman de la Rose*[4] :

I. Le *débat* commença par des discussions orales entre Christine de Pisan, Jean de Montreuil et un anonyme[5]. Le

---

1. D'après 3 mss. de la Bibl. Nat. fr. 604, 835 et 12779.
2. *Les Epistres sur le Roman de la Rose de Christine de Pisan.* Neuburg, 1887.
3. M. Beck n'admet pas l'authenticité de l'épître de 1402, parce que, dit-il, la lettre de Pierre Col que Christine réfute n'existe pas. (M. B. n'avait qu'à ouvrir le ms. Bibl. Nat. fr. 1563, dont il parle, pp. V, VIII et 22 de sa brochure, et il aurait trouvé, f° 185, la lettre de Pierre Col.) La lettre de Christine, datée d'octobre 1402, a été, suppose M. B., composée par un lecteur des *Epistres* pour remplir les feuillets blancs du ms. 835 ! Quelques mots suffiront pour donner une idée du travail de M. Beck. M. B. identifie Pierre Col avec Gontier Col ; il ne sait pas que Jean Johannes est Jean de Montreuil, et il le prend pour un personnage inconnu ; il ignore que du temps de Christine l'année commence à Pâques, ce qui lui fait dire, p. VIII : « *Les Epistres sur le Roman de la Rose* se placent de la Chandeleur 1401 au 15 sept. de la même année. » Les connaissances paléographiques de M. B. sont minces également : il parle dans toute sa brochure de *Guille de Tignonville* qu'il identifie gravement, p. X, à Guillaume de Tignonville.
4. Je ne m'occupe pas ici des lettres latines de Jean de Montreuil publiées dans le tome II de l'*Amplissima collectio* de dom Martène, ou encore inédites.
5. Cet anonyme est probablement Gerson. Cf. ce que Pierre Col écrit à

prévôt de Lille, voulant convertir cet anonyme aux beautés du Roman de la Rose, écrivit, en 1400 ou au commencement de 1401, un *traité*, aujourd'hui perdu[1], qu'il envoya du même coup à Christine de Pisan. C'est là ce que nous apprennent les manuscrits des *Epistres* de Christine : « Comme ja pieça paroles fussent meues entre monseigneur le prevost de Lisle, maistre Jehan Johannes, et Christine de Pizan, touchans traittiez et livres de plusieurs matieres, esquelles dittes paroles le dit prevost ramentut le Rommant de la Rose, en lui attribuant tresgrant et singuliere louenge et grant digneté, de laquelle chose en repliquant et assignant pluseurs raisons la ditte Christine dist que, sauve sa reverence, si grant louenge ne lui appartenoit aucunement, selon son avis [2].

« Item, après pluseurs jours, envoya le dit prevost a la ditte Christine la copie d'une epistre, laquelle adreçoit a un sien ami, notable clerc, lequel dit clerc, meu de raison, estoit de la meisme oppinion de la ditte contre le dit romans, et pour lui ramener avoit le dit prevost escript la ditte epistre, moult notablement aournee de belle rethorique, et pour estre en deux pars valable envoya a la ditte Christine ycelle. »

II. Réponse de Christine au traité de Jean de Montreuil. Lettre qu'il faut dater de 1401. J'en cite un passage qui nous renseigne sur l'origine du débat : « Et comme il vous ait pleu de vostre bien, dont vous merci, moy envoyer un petit traictié, ordonné par belle rethorique,... je, ayant leu et consideré vostre ditte prose et compris l'effet selon la legiereté de mon petit engin, combien que a moy ne soit adreçant ne reponse ne requiert, mais meue par oppinion contraire a voz diz, et accordant a l'especial clerc soutil a qui vostre dicte epistre s'adrece,

Christine au sujet du Roman de la Rose : « Si n'ay je sceu personne qui l'ait blasmé par avant toy ne par après, se non celuy qui a composé la *Plaidoierie dame Eloquence*. »

1. Voy. la thèse de M. A. Thomas, *De Joannis de Monsterolio vita et operibus*. Paris, 1883.

2. « Car d'aventure avint le commencement et non mie de volenté proposee, » dit Christine en parlant du *débat* dans sa lettre à Pierre Col du 2 oct. 1402.

vueil dire, divulguer manifestement que, sauve vostre bonne grace, a grant tort et sans cause donnez si parfaite louange a celle dite euvre. »

III. Gontier Col prie Christine de lui envoyer l'épître qu'elle vient d'écrire à Jean de Montreuil. Lettre datée du 13 sept. 1401.

IV. Nouvelle épître peu respectueuse de Gontier Col à Christine, datée du 15 sept. [1401].

V. Réponse de Christine de Pisan à Gontier Col, dont voici un fragment : « Comme j'ay sceu par tes premieres lettres a moy envoiees (III) tu desirant avoir la copie de un petit traittié en maniere d'epistre (II), de par moy ja envoyé a sollennel clerc, monseigneur le prevost de Lisle, ouquel est traittié et dit au long, selon l'estendue de mon petit engin, l'oppinion de moy tenue a la sienne contraire de la grant louange qu'il attribue a la compilacion du Rommans de la Rose, comme il m'apparut par un sien dittié (I), adrecé a un soubtil clerc, docteur, sien amy, contraire a sa ditte oppinion a laquelle la moye se confere, et pour vouloir emplir ton bon mandement le t'ay envoyé. Par quoy, après la veue et visitacion d'ycellui, comme ton erreur estoit pointe et touchee de verité, meu de impacience, m'as escript tes deusiesmes lettres, plus injurieuses (IV), reprochant mon femmenin sexe... »

Voilà les pièces du débat que Christine fit remettre à Isabeau de Bavière et à Guillaume de Tignonville, la veille de la Chandeleur 1401, c'est-à-dire le 1ᵉʳ février 1402 (n. s.). Et ce sont les seules épîtres qu'on trouve, — sauf, bien entendu, le traité de Jean de Montreuil, — dans plusieurs manuscrits des œuvres de Christine de Pisan, avec ce titre : « *Cy commencent les Epîtres du debat sur le Rommant de la Rose entre notables personnes maistre Gontier Col, general conseillier du roy, maistre Jehan Johannes, prevost de Lisle, et Christine de Pizan*[1] ». Remarquons également que Christine, énumérant ses adversaires dans la lettre qu'elle écrivit à Guillaume de Tignonville, ne parle pas de Pierre Col, mais ne mentionne que Gontier Col et

---

1. Ms. Bibl. Nat. fr. 604.

Jean de Montreuil : « Savoir vous faiz, dit Christine au prévôt de Paris, que soubz la fiance de vostre sagesse et valeur suis meue a vous signifier le debat gracieux et non hayneux, meu par oppinions contraires entre solennelles personnes maistre Gontier Col, a present general conseillier du roy nostre sire, et maistre Jehan Johannes, prevost de Lisle, secretaire du dit seigneur, duquel debat vous pourrez ouïr les premisses par les epistres envoyees entre nous, et par les memoires qui de ce feront cy après mencion. » L'épître de Pierre Col, en effet, et la réponse de Christine furent écrites un peu plus tard et dans d'autres circonstances.

Le 18 mai 1402 parut la *Vision* de Gerson. Comme Christine, quoique partant d'un point de vue différent, le grand chancelier condamnait le Roman de la Rose et le jugeait digne du feu. C'est alors que Pierre Col, frère de Gontier, chanoine de Paris et de Tournay, pris d'un beau zèle pour Jean de Meun et le Roman de la Rose, écrivit une longue épître dans laquelle il s'efforçait de réfuter à la fois la *Vision de Gerson* et le traité de Christine à Jean de Montreuil (II). Faisant d'une pierre deux coups, il envoya son épître à Christine et à Gerson [1].

La réponse éloquente de Gerson à Pierre Col est imprimée dans l'édition d'Anvers des œuvres du grand chancelier : *Joannis Gersonii responsio ad scripta cujusdam errantis* [2].

La réponse de Christine à Pierre Col est datée du 2 octobre 1402. Christine nous y apprend qu'elle n'a pas reçu sans étonnement la « nouvelle escripture » de Pierre Col « touchant certain debat, pieça meu a cause de la compilacion du Romant de la Rose ». Et, continue-t-elle, « combien que occupee soye autre part, ne mon entencion n'estoit de plus escripre sur ce, encore te respondray en gros et rudement, selon mon usage, verité sans paliacion. » Tes raisons bien conduites, dit-elle à Pierre Col, « non obstant ta belle eloquence, ne meuvent en

---

[1]. Ce traité de Pierre Col se trouve dans le ms. Bibl. Nat. fr. 1563, f° 185.
[2]. T. III, col. 293. — Je me permets de renvoyer à mon *Martin le Franc*, pp. 71 et 72.

riens mon courage, ne ne troublent mon sentement, au contraire de ce que *autrefois* ay escript sus la matiere, dont presentement et de nouvel me veulx poindre. » Le ms. Bibl. Nat. fr. 1563 renferme encore un court fragment [1] d'une réponse de Pierre Col à la lettre de Christine du 2 octobre 1402. Elle commence pas ces mots : « Combien que tu aies proposé de n'escrire plus reprehension ou blasme contre la compilacion du Rommant de la Rose, comme sage et ravisee qui ses et appersois que humaine chose est de pechier, mais perseverance est euvre de deable, pour tant ne retarderas tu ma plume qu'elle ne te resplique. »

1. F° 199; 7 pages sont laissées en blanc dans le ms.

VIVIEN D'ALISCANS

ET LA LÉGENDE DE SAINT VIDIAN

Par ANTOINE THOMAS

La petite ville de Martres-Tolosanes, située au pied des Pyrénées, près de la rive gauche de la Garonne, a pour patron saint Vidian, un saint absolument inconnu des grands calendriers et dont la notoriété toute locale a quelque peine à arriver même jusqu'à Toulouse. Cependant, si saint Vidian est peu connu, ce n'est pas la faute de la population de Martres : tous les ans, le dimanche de la Trinité, elle célèbre en l'honneur de son patron une fête moitié religieuse, moitié militaire qui, par l'originalité du programme et l'éclat de l'exécution, laisse bien loin derrière elle toutes les fêtes patronales de la région. Cette fête est destinée à perpétuer le souvenir du martyre de saint Vidian, tué, dit la légende, auprès de la fontaine qui porte son nom, dans une grande bataille contre les Sarrasins, au temps de Charlemagne. J'ai eu le plaisir d'y assister en 1885 et j'ai pu constater l'exactitude de la description pittoresque qu'en a faite M. Roschach en 1862. Je ne puis mieux faire que de mettre cette description sous les yeux du lecteur :

« Dans les environs de la fontaine on célèbre chaque année, en mémoire des exploits de saint Vidian, une fête assez curieuse que termine une petite bataille entre les Maures et les chrétiens. Presque toute la population virile et valide fait partie de la confrérie et joue un rôle actif dans le tournoi. On prétend que le costume fantaisiste des Sarrasins exerce une attraction irrésistible sur la jeunesse et que l'on brigue avec une préférence marquée l'honneur de prendre du service chez les infidèles.

Néanmoins, les deux armées présentent un effectif à peu près égal de cent vingt-cinq hommes chacune, dont cinquante cavaliers.

Voici la description des uniformes. La cavalerie sarrasine porte un turban d'étoffe blanche et rouge à ganses d'argent; plastron vert avec un large croissant jaune sur la poitrine; veste orange doublée de rouge; ceinture en soie écarlate et pantalon bleu à bouffantes. L'infanterie, moins scrupuleuse en fait de couleur locale, concilie le pantalon blanc à la hussarde avec la veste orange des mamelouks. Les chevaliers chrétiens, plus modestes, ont le casque noir en carton, chargé d'une croix d'argent sur le timbre, la tunique bleue et la cuirasse de fer-blanc. Quant aux fantassins, leur uniforme est évidemment sacrifié : longue capote bleue, pareille à celles de l'infanterie russe, avec croix d'argent sur la poitrine, pantalon, manches et sous-gorge de toile grise. Tous les champions sont armés de lances à flammes, et chaque armée a son étendard : les chrétiens, bannière bleue ornée de l'image de saint Vidian; les Maures, drapeau mi-parti de vert et d'orange avec des croissants argentés.

La cérémonie commence par une grand'messe à laquelle tous les combattants assistent, les soldats de l'Islam y dérogeant de bonne grâce aux traditions intolérantes de leurs ancêtres et présentant les armes à l'offertoire sans aucun souci du prophète. La messe finie, le tambour de la commune prodigue ses plus héroïques roulements et le cortège s'achemine en procession vers la fontaine miraculeuse. Le clergé marche en tête, portant les reliques, et chante l'hymne de saint Vidian. Pendant cette marche solennelle, les bonnes âmes voient perler des gouttes de sueur sur le buste doré du martyr. Parvenu sous les pittoresques ombrages de la source, le célébrant y lave l'image du chevalier en mémoire de ses blessures, et les deux armées se déploient face à face dans un champ dont on a loué la récolte pour l'année.

Aussitôt commence une série d'évolutions guerrières : les flammes rouges et noires, blanches et bleues, flottent à tous les vents, les cuirasses lancent des éclairs, les vestes oranges, les turbans rouges resplendissent dans la verdure, et les chevaux de ferme, affranchis pour un jour de leurs serviles corvées, représentent du mieux qu'ils peuvent les fines montures des infidèles et les destriers des paladins. Dans cette lutte archéologique, Maures et chrétiens se prennent parfois d'un acharnement si moderne qu'ils finissent par se traiter en vrais mécréants. La bataille se termine par la capture du drapeau des Maures que la bravoure de ses défenseurs ne peut différer au delà d'un terme traditionnel : le cortège reprend sa route et le champ de bataille s'endort pour un an dans la solitude et le silence[1]. »

En même temps que cette description, M. Roschach donne la légende de saint Vidian d'après la tradition ; Du Mège avait fait de même, en 1860, dans son *Archéologie pyrénéenne* (tome II, p. XXXVIII à XL), et tous deux[2] avaient été précédés par un autre voyageur ami des anciennes histoires, Cénac-Moncaut (*Voyage archéologique et historique dans l'ancien comté de Comminges*, Tarbes et Paris, 1856, p. 44-46). La tradition, en cette occurrence, réside dans une plaquette de VI-54 pages, publiée à Toulouse, chez Bon et Privat, en 1840, et dont voici le titre tout au long : *Vie de saint Vidian, martyr, patron de Martres, diocèse de Toulouse, avec une notice historique en forme de préface, et suivie de pièces justificatives et de l'office du saint, par Melchior Jammes, curé de Martres*. C'est donc au curé de Martres qu'il faut demander ce que l'on sait, ou du moins ce que l'on croit savoir, de la vie de saint Vidian. Laissons de côté la phraséologie édifiante de l'excellent ecclésiastique pour nous en tenir au fond. Voici les faits qu'il nous raconte :

Vidian vivait au temps de Charlemagne. Son père, duc d'Alençon, était prisonnier des Sarrazins à Lucéria ou Lucerne, ville des bords du golfe de Gascogne. Les démons, consultés par les prêtres sur le sort qu'il fallait lui faire subir, conseillent de rendre la liberté au duc, à condition qu'il donne son fils en ôtage. Le duc accepte. Vidian quitte Paris, où sa mère Stace surveillait son éducation, pour aller se constituer prisonnier. Le duc d'Alençon une fois remis en liberté, le souverain de Lucéria, au lieu de faire

---

1. *Foix et Comminges*, par Ernest ROSCHACH (Paris, Hachette, 1862), p. 165 et s.
2. Notons cependant que Du Mège avait déjà parlé de la légende de saint Vidian dans ses *Recherches sur Calagurris des Convenæ*, mémoire lu à l'Académie des sciences de Toulouse en 1826 et imprimé en 1830 dans les *Mémoires*, 2ᵉ série, t. II, 2ᵉ partie, p. 366. Dans ce mémoire, il cite des extraits du texte latin que nous publierons plus loin. Il mentionne aussi saint Vidian en 1829 dans sa *Statist. gén. des départ. pyrénéens*, t. II, p. 381, et il dit que « chaque année une fête religieuse et guerrière rappelle et son courageux dévouement et son glorieux trépas ».

périr Vidian, le vend comme esclave : une marchande anglaise l'achète, l'emmène en Angleterre et en fait son fils adoptif. Devenu homme, Vidian organise une croisade et, à la tête d'une flotte, débarque à Lucéria, extermine tous les habitants et détruit la ville elle-même. Cela fait, il revient à Paris jouir de la renommée que lui vaut un pareil coup d'éclat. Charlemagne le nomme duc. Sur ces entrefaites, Abou-Saïd envahit le midi de la France à la tête d'une armée musulmane et vient assiéger Angonia, au sud de Toulouse. Accouru à la tête d'une armée, le duc Vidian lui livre bataille sur les bords de la Garonne : il met les Sarrasins en fuite et s'acharne à leur poursuite. Harrassé de fatigue, atteint de plusieurs blessures, il descend de cheval auprès d'une fontaine pour se reposer et laver ses plaies. Un détachement ennemi survient à ce moment et Vidian périt accablé par le nombre. La nouvelle de cette mort ranime le courage des Sarrasins qui détruisent toute l'armée chrétienne et s'emparent d'Angonia. Lorsque le flot de l'invasion eut passé, les fidèles enterrèrent les restes de Vidian et de ses compagnons : des miracles se firent immédiatement sur leur tombeau et le nom d'Angonia fut remplacé par celui de Martres ou ville des martyrs.

Il est impossible de méconnaître la parenté du récit que nous venons de résumer avec certaines parties de la légende épique de Vivien, neveu de Guillaume d'Orange, célébré par d'anciennes chansons de geste françaises[1]. Nous retrouvons dans la *Vie de saint Vidian* les traits essentiels ou épisodiques de deux chansons de geste : les *Enfances Vivien* et *Aliscans*.

Dans les *Enfances*, Vivien a pour père Garin d'Anseüne et pour mère Eutace. Fait prisonnier à Roncevaux, Garin a été emmené à Luiserne-sur-Mer, et on ne consent à lui rendre la liberté que s'il donne son fils en échange. Vivien arrive à Luiserne et prend la place de son père ; au moment où l'*aumassor* va le faire périr sur un bûcher, le roi Gormond et ses pirates débarquent et

---

[1]. L'existence de la légende de saint Vidian m'a été signalée, au mois de mars 1885, par M. Bertrand Lavigne, auteur de plusieurs publications historiques, mort récemment à Toulouse. C'est aussi à M. Lavigne que je dois de posséder la *Vie de saint Vidian* de l'abbé Jammes, qui est devenue fort rare.

délivrent Vivien, mais pour le vendre à une marchande qui le fait longtemps passer pour son fils. Plus tard, Vivien s'empare de Luiserne et tue l'*aumassor* pour venger la dure captivité de son père [1].

L'épisode de la mort de Vivien dans la chanson d'*Aliscans* est trop connu pour qu'il soit nécessaire de l'analyser :

> Viviens est en l'alué de Larchant,
> Joste la mer, par dalés un estanc,
> A la fontaine dont li rui sont corant...

Comme dans la légende de Martres, c'est bien sur le bord d'une fontaine que meurt Vivien, mais il meurt, dans les bras de Guillaume d'Orange, des quinze blessures qu'il a reçues pendant la bataille, sans que les païens viennent abréger ses derniers moments [2].

L'affrontement de ces deux récits ne peut manquer de piquer vivement la curiosité de tous ceux qui s'intéressent à l'histoire de l'épopée française du moyen âge. Deux hypothèses contradictoires se présentent naturellement à l'esprit : ou bien la légende de saint Vidian de Martres-Tolosanes a été composée avec celle du personnage épique de Vivien d'Aliscans, ou bien, au contraire, cette légende est autochtone, et alors il faut admettre que la légende épique vient de Martres-Tolosanes. Voyons à quel résultat nous conduira une étude critique sur saint Vidian.

Il est à peine besoin de dire que l'abbé Jammes ne peut être soupçonné d'avoir puisé directement son récit de la vie de saint Vidian ni dans les anciennes chansons des *Enfances* et d'*Aliscans*, qui n'ont été publiées que longtemps après l'apparition de sa brochure, ni dans une version en prose du xv° siècle de la geste de Guillaume d'Orange signalée par M. Léon Gautier (Bibl. nat. franç., 1497). La seule indication de source qu'il donne est la

---

1. *Les Enfances Vivien*, p. p. WAHLUND et FEILITZEN, Paris, 1886. Cf. L. GAUTIER, *Epopées françaises*, 2° édition, IV, p. 410 et s. — On peut admettre que ce nom d'*Anseüne*, déjà obscur au moyen âge, a été remplacé soit arbitrairement, soit à cause d'une vague consonnance, par celui d'Alençon.

2. *Aliscans*, p. p. GUESSARD et MONTAIGLON, Paris, 1860, vers 395 et s.

suivante, qu'on lit à la fin de son livre (p. 40 et 41) : « L'histoire du martyre de saint Vidian telle, quant aux faits, que nous venons de la rapporter fut trouvée, par monseigneur Jean-Louis de Berthier, écrite sur trois coffres dorés qui renfermaient les reliques, et qui étaient dans le tombeau de l'oratoire du saint martyr. Elle fut imprimée avec approbation de monseigneur l'évêque, qui voulut, pour lui donner plus d'autorité, la munir de son seing et du sceau de ses armes. L'histoire de la vie et du martyre de saint Vidian, imprimée par ordre de monseigneur l'évêque de Rieux, Jean-Louis de Berthier, le 23 septembre 1634, doit faire foi aux yeux de ceux qui croient encore aux traditions historiques. »

Jean-Louis de Berthier fut évêque de Rieux, diocèse dont dépendait Martres-Tolosanes, de 1620 à 1662. L'abbé Jammes nous apprend que c'est lui qui fit faire, en 1635, les châsses en chêne sculpté dans lesquelles on conserve encore aujourd'hui les reliques du saint et de ses compagnons. Quant à l'histoire imprimée par ordre de J.-L. de Berthier, elle n'a jamais existé que dans l'imagination du curé de Martres. On lit en effet dans le procès-verbal officiel de la visite de l'église de Martres, faite le 24 avril 1634 par J.-L. de Berthier, qu'on trouva trois coffres de reliques dans une armoire de la chapelle de saint Vidian : ces coffres en fort mauvais état, dit le texte du procès-verbal, « *paraissent avoir été faitz de menuzerie, paintz et dorés, avec remarque qu'il y avoit des escripts que le temps avoit consumé.* » Le prélat ordonna qu'on ferait de nouveaux coffres « *et lorsque lesdits coffres seront faits, nous en sera donné advis, mesmes des caractères qui estoient autour desdits coffres qui se pourront lire* [1] ». Ainsi, des écriteaux consumés par le temps, quelques caractères devenus presque illisibles, voilà à quoi se réduit l'histoire « écrite sur trois coffres dorés [2] ».

La véritable source de l'abbé Jammes, bien qu'il ne l'ait pas

---

1. Arch. dép. de la Haute-Garonne, fonds de l'évêché de Rieux, reg. n° 5, p. 174 et s.

2. Cénac-Moncaut, qui se garde bien de citer la brochure de l'abbé Jammes, renvoie imprudemment à « la vie de St Vidian imprimée par ordre de Mgr l'évêque de Rieux le 23 septembre 1634. »

indiquée, est une plaquette de 15 pages publiée à Toulouse en en 1769 et intitulée : *Les indulgences, la vie et les miracles de saint Vidian, martyr, patron de l'église de Martres-Tolosanes, au diocèse de Rieux*[1]. En tête, se trouve la traduction d'une bulle d'Urbain VIII (13 nov. 1630) conférant des indulgences aux membres de la confrérie de saint Vidian, martyr : rien dans cette bulle ne fait allusion à la légende. Puis vient la légende elle-même, assez courte pour que nous puissions la reproduire textuellement, sauf la fin, qui est sans intérêt pour nous :

« Puisque le martyre est un des plus grands mérites qui se puisse acquerir en l'Eglise militante, à cause que c'est un acte de la plus parfaite charité que l'on puisse témoigner à Dieu : aussi faut-il croire que ceux qui ont souffert les supplices pour l'amour de lui, sont maintenant recompensez d'une précieuse couronne marquée d'une grande gloire, laquelle fait reconnoître leur pouvoir dans les Cieux. Tel a été reconnu depuis neuf siècles passez ce grand Duc de France, Saint Vidian martyr, ainsi que les Calendrier de S. Sernin en Toulouse, et manuscrits anciens des églises du diocèse de Rieux, rendent témoignage de cette vérité, soit pour la vénération de ses vénérables Reliques que pour les fréquentes merveilles que Dieu manifeste journellement par ses intercessions. Or, afin que sa sainteté soit manifeste à tous les fidèles, pour la plus grande gloire de Dieu et confirmation de la Foi orthodoxe, ce présent Sommaire a été corrigé fidèlement de l'Office et manuscrit ancien dudit Saint, où est contenu le narré de l'histoire qui suit.

Saint Vidian fut natif de la très-noble et très-illustre Maison de France, nommée maintenant Alançon. Ses parens étoient si nobles et vertueux qu'il servoient d'un très-bon exemple, à cause de leur bonne vie. La mere s'appeloit Stace. Le Pere étoit duc de la maison de France, et comme il étoit un grand guerrier il batailla constamment à l'encontre des Sarrasins pour la défense de la Foi; si qu'après avoir triomphé

---

1. J'ai appris l'existence de cette plaquette par l'ouvrage de feu le P. Carles, intitulé : *Mémoire sur le Proprium Sanctorum de la sainte église de Toulouse, avec la vraie légende des saints et plusieurs anciens offices*, Toulouse, 1880, p. 215. Après l'avoir longtemps cherchée sans succès, j'ai su par M. l'abbé Sengès, curé de Martres-Tolosanes, qu'elle avait été réimprimée récemment, et je la cite d'après la réimpression (Toulouse, impr. Hébrail, 1887, 16 pages), que M. l'abbé Sengès a eu l'obligeance de m'adresser.

maintes fois de leurs armes, il fut un jour arrêté prisonnier de guerre
et livré entre les mains d'un Roi Sarrasin, qui regnoit en la Cité de
Lucerne (autrement nommé Luceria) ville anciennement située dans la
Galice, à la côte de la mer Oceane, où il fut traité rudement et enchaîné
dans les cachots affreux d'une prison obscure. Mais comme il étoit un
ferme appui de la sainte Milice, il endura toûjours les tourmens avec
une grande patience pour l'amour de son cher maître Jésus-Christ :
aussi bien fut-il redimé des mains de ce Barbare par un moyen du tout
merveilleux; car Dieu le permettant ainsi, il arriva qu'un jour ce Roi
idolâtre consultant les idoles, entendit la voix du Démon, qui lui
repondit comme ce Prince françois qu'il tenoit captif, avoit un enfant
qui viendroit un jour si puissant, qu'il seroit le fleau des Sarrasins et la
ruine totale de Lucerne, si on ne trouvoit expedient de l'avoir et de le
faire mourir. Le Conseil du Roi s'étant assemblé sur ce sujet, donna la
vie sauve au Duc de France avec condition de bailler son fils pour
ôtage : il est contraint de l'envoyer querir en France par un courier qui
fit diligemment cette dépêche. Sa femme très vertueuse et noble ne reçut
pas si-tôt cette nouvelle, qu'elle envoie son fils à Lucerne pour le
racheter de prison, non toutefois sans beaucoup d'affliction, prévoyant
le danger et de l'un et de l'autre. L'amour marital neanmoins prevalut
à celui de son fils, et le fils s'estima trop heureux de rendre ses devoirs
aux dépens de sa vie propre. Car il ne fut pas si-tôt à Lucerne qu'il se
livra lui-même entre les mains des Sarrasins pour rançonner son Isaac,
et servir de victime à cet holocauste. Il fut ce Joseph mystique, lié et
garrotté dans la Citerne profonde des prisons de Lucerne, pour être mis
à mort, et sacrifié au Temple des idoles. Le Conseil inique des démons
y avoit déjà déliberé, et leurs fauteurs idolâtres avoient déja prononcé
cet arrêt. Mais Dieu, qui preside toujours sur toutes les puissances,
surveilla tellement pour la défense de son fidéle serviteur, qu'il le
voulut preserver de l'exécution fatale de cet arrêt qui minutoit sa mort.
D'autant qu'il le reservoit pour la manifestation de sa plus grande
gloire, et pour être le fleau de ces iniques pervers. Voilà pourquoi le
tyran Sarrasin mit en oubli le dessein malheureux qu'il avoit fait de le
faire mourir. Qu'il ne soit ainsi, la merveille parut ensuite, parce que
certaine Marchande, fort oppulente et riche, fut inspirée divinement
aux Iles d'Angleterre, cingla heureusement les mers jusques au habre
de Lucerne, où elle fit caler les voiles de son navire, et jeter les ancres
pour faire un assortiment de toutes sortes de marchandises. Cependant
l'avarice insatiable qui dévoroit les entrailles du Roi Sarrasin aveugla

tellement son esprit, que, sans avoir égard à la prédiction de son Oracle, il exposa au marché ce Joseph mystique Vidian. C'étoit un jeune adolescent, beau comme un Ange, bien élevé et instruit en la foi Catholique, si arrêté en ses actions et en ses mœurs, que sa legende le qualifie de ce titre, *Doctor morum* ; il avoit un esprit assuré, et un jugement si solide, que dans un Hymne de son Office on lit ces paroles : *Vidianus mente sanus digno vocatur nomine* : La pureté lui étoit si chere, qu'il conserva toujours sa virginité, comme dit son Antienne, *Angelicæ puritatis colitur*. Cette marchande ne l'eut pas si-tôt vû, qu'elle reconnut la vertu de cet enfant par une secrette inspiration de Dieu, qui l'obligea de le racheter à dessein de le faire son fils adoptif. Etant de retour en Angleterre, elle en fit un présent à son mari, qui ratifia l'adoption pour être leur héritier, à cause qu'ils n'avoient point aucun enfant de leur légitime mariage. Ils l'occuperent quelque tems au négoce de la marchandise. Mais comme il avoit porté son esprit à négocier le trafic du Ciel, et marchander pour la maison de Dieu, et comme il étoit de si noble extraction, à mesure qu'il s'avançoit en âge, aussi de même son désir s'augmentoit de rechercher l'occasion d'employer sa vie et son courage pour la défense de la foi de Jésus-Christ. Si que redigeant en sa mémoire les injures que les Sarrasins faisoient aux fidéles Chrétiens, et particulierement au Royaume de France, comme un autre Phinées conduit par le Saint-Esprit, il gagna le cœur d'un grand nombre de marchands, et les persuada si puissamment, qu'il leur fit prendre les armes pour la querelle de Dieu, en renonçant aux magasins de leur marchandise. Son armée grossissoit de jour en jour de telle sorte, qu'il se rendit assez fort d'aborder au port de Lucerne. Il surprit d'abord cette ville, renversa les Temples des faux Dieux, extermina ce Roi idolâtre et son peuple, et mit l'incendie par toute la ville : enfin il la ruina de fons en comble, à cause de son idolâtrie et des péchés détestables qui se commettoient en icelle : ses ruines témoignent aujourd'hui son iniquité. Ayant ainsi rendu témoignage de ses exploits généreux, s'en retourna glorieux et triomphant au Royaume de France avec son armée.

Ses parens tressaillirent de joie à son arrivée, car ils le considéroient comme s'il fût ressuscité de la mort. Qu'on se représente les caresses et les embrassemens d'un pere et d'une mere qui n'avoient autre appui que cet unique fils. Mais quel contentement à eux de le voir revenir de la captivité avec le triomphe de si braves guerriers qui l'avoient suivi toûjours pour venir un jour consoler sa maison. Le Très-Chrétien Roi de France Charlemagne qui regnoit de ce tems (comme la tradition et l'histoire nous apprend) fut assez informé du mérite et valeur de Saint Vidian : voilà pourquoi il l'institua Duc en son Royaume. Mais ce Saint personnage qui ne faisoit point état que des grandeurs du Ciel, ayant à mépris les grandeurs de ce monde, ne voulut point humer long-tems l'air de la Cour, d'autant qu'à la premiere occasion présentée, et la nouvelle étant arrivée que les Sarrasins avoient repris leurs forces, et fait glisser une puissante armée dans la Gascogne (laquelle menaçoit déjà la ruine du Royaume de France), il abandonna les délices et passe-tems mondains, et adressa des ferventes prieres à Dieu qu'il lui donnat le courage d'abattre et détruire l'impieté de cette maudite secte sarrasine. Son oraison fut exaucée, car il fit un tel effort avec ses armes contre l'ennemi de la foi qui (*sic*) les repoussa courageusement, et les serra de si près qu'il les mit en fuite jusques au lieu nommé vulgairement le Champêtré, qui est une plaine scituée en l'Évêché de Commenge, au bord du fleuve de Garonne. Il rendit en ce lieu un combat si sanglant avec sa sainte Croisade, qu'il vainquit généreusement le Sarrasin, et abattit ses forces. Jusques à ce que Dieu le voulant recompenser de la Couronne du Martyre, permit qu'il fut blessé cruellement parmi le chamaillis des armes. Tant poursuivi par ces bourreaux carnassiers, ennemis jurez des Chrétiens, il se refugia auprès d'une fontaine qui est au bord de Garonne, nommée à présent la Fontaine S. Vidian, dans le terroir de Martres, où il lava ses plaies pour donner quelques rafraîchissemens à l'ardeur du mal qu'il enduroit patiemment pour l'amour de son Dieu : en témoignage de quoi Dieu a permis que depuis son lavement, cette fontaine produit quantité de pierres toutes ensanglantées. Le Martyre de cet Agneau immolé fut accompli et terminé par les tourmens rigoureux et par le glaive tranchant de ces loups affamez qui se ruerent sur lui avec tant de furie et cruauté qu'ils firent rougir la ville de Martres, et l'empourprerent de son sang par les coups mortels qu'ils firent grêler sur sa précieuse tête pour avoir défendu constamment la querrelle de Jesus-Christ. Plusieurs autres de ses compagnons furent martyrisez en ladite Ville et endurerent diverses sortes de supplices. Il y en eut qui furent brûlez, et d'autres hâchez à coups de coutelas : à cause dequoi ladite Ville porte le nom de Martyrs, parce que auparavant elle s'appeloit Angonia : c'étoit une grande Cité fort fleurissante et riche, et une des plus anciennes de la Province de Gascogne, ainsi que les antiquitez et ruines d'icelle le témoignent assez. »

La concordance du récit qu'on vient de lire avec celui de l'abbé Jammes est à peu près parfaite. Sauf la mention intempestive de Paris comme capitale de la France sous Charlemagne, et le nom d'Abou-Saïd donné au chef des Sarrasins, le curé de Martres n'a en effet rien ajouté, quant aux faits, à la légende qu'il a eue sous les yeux [1].

Si nous remontons de quelques années, nous trouvons une légende latine de saint Vidian dans les *Officia propria sanctorum ecclesiæ et diocesis Rivensis, illustrissimi ac reverendissimi domini Domini Joannis Mariæ de Catellan, episcopi Rivensis, curis ordinata atque edita*, ouvrage publié à Toulouse en 1764. Voici la partie essentielle de ce texte [2] :

« Die XXVII augusti. Sancti Vidiani martyris, duplex.

Lectio IV. Vidianus e regio Gallorum principum sanguine, ut antiqua fert traditio, ortus, pro liberando patre suo, qui in bello contra Agarenos seu Saracenos in Hispania captus ab ipsis in servitute detinebatur, adhuc puer obses datus, ab infidelibus in carcerem detrusus, variisque affectus fuit ærumnis, quas omnes invicta toleravit patientia : sed ab illis, imo ab ipsa morte quam ei Rex infidelium paraverat, mirabiliter ereptus, et in regiones exteras deportatus, post data varia et insignia tam pietatis christianæ quam bellicæ virtutis signa tandem ad aulam Caroli Magni veniens, ibi benevole excipitur, et ab ipso Carolo Dux militiæ constituitur. Non multo post, cum audiisset Saracenos, superatis Pyrænæis montibus, in Galliam prorupisse, variasque ejus provincias devastare, præsertim eas quæ ad meridiem sitæ illis montibus viciniores existunt, non minus zelo fidei et tuendæ religionis ardore, quam patriae amore incensus, comparato sibi exercitu, contra illos festinanter accurrit, ut eos è finibus illis penitus exturbaret, et ultra montes ejiceret.

Lectio V. Cum hostes quos quærebat Vidianus esset assecutus in ea

---

1. L'abbé Jammes ne parle pas, et c'est regrettable, du nom donné par les récits du XVIIIe siècle à l'endroit précis où aurait eu lieu la bataille sur les bords de la Garonne. Ces *agri qui dicuntur Campestres* — qui deviennent dans le récit français de 1769 *le lieu nommé vulgairement le Champêtré* — n'auraient-ils pas une certaine parenté de nom avec *Aliscans* ?

2. Le même récit a été reproduit dans le *Breviarium Rivense*, publié en 1776, *parte æstiva*, p. 562.

parte comitatus Convenensis quæ vicina est Garumnæ fluvio, in agris qui dicuntur Campestres prœlium atrox committitur, in quo dum Vidianus non solum ducis optimi, sed et strenui militis partes ageret, in medio certamine huc et illuc discurrens, ut suos et verbo et exemplo ad fortiter bellandum accenderet, cumque jam hoste debilitato ac ferme profligato, victoria penes Christianos mox futura appareret, ipse gravissime vulneratus ab acie secedere cogitur et ad fontem non longe distantem, qui etiamnunc nomen sancti Vidiani retinet, cum aliquot sociis confugere, ut quid lenimenti doloribus suis inveniret. Cum igitur ibi decumbens vulnera sua aqua fontis lavando cruorem ex eis manantem conatur extinguere, a superveniente infidelium turma una cum sociis suis gladio percussus interiit, et omnes simul martyrii corona donantur. »

Comme il est facile de le remarquer, le texte latin de 1764 est beaucoup plus succinct que le texte français de 1769. Non seulement il ne donne ni le titre du père de Vidian, ni le nom de sa mère, ni le nom de la ville d'Espagne où Vidian alla remplacer son père en prison, ni le nom ancien de la ville de Martres-Tolosanes, mais encore il ne parle pas de l'expédition faite en Espagne par Vidian. Le récit du *Proprium* ne peut donc être considéré comme la source de la biographie française; toutefois, dans ce récit, rien n'est en contradiction avec la biographie. L'écrivain latin ne raconte pas l'expédition de Vidian à Lucerne, mais il laisse entendre qu'il la connaît par ces mots : *post data varia et insignia tam pietatis christianæ quam bellicæ virtutis signa*; l'on comprend de reste qu'une expédition de ce genre n'ait pas sa place marquée dans un *Proprium sanctorum*. On peut donc considérer les deux récits comme dérivés de la même source, et, par suite, les ramener à l'unité : j'inclinerais même à les attribuer au même auteur.

Maintenant, si l'on cherche à savoir quelque chose de la légende de saint Vidian avant 1764, on ne trouve qu'une seule indication, mais en contradiction absolue avec le récit du *Proprium* et des *Indulgences*. Le plus ancien auteur qui ait connu et mentionné saint Vidian paraît être André Du Saussay qui, dans son *Martyrologium Gallicanum* (1637), à la date du 9 septembre, lui consacre ces quelques mots : « In Aquitania, territorio Rivensi, S. Vidiani martyris, in loco qui Martres vulgo dicitur, a Gothis Arianis propter orthodoxæ fidei professionem impie trucidati[1]. » Tous les auteurs ont répété, jusqu'en 1764, que saint Vidian a été martyrisé par les Goths ariens, et sur cette donnée, la seule qu'on possédât alors, les Bollandistes ont proposé de fixer au ve siècle l'existence de saint Vidian, puisque c'est la seule époque où les Wisigoths aient possédé la région où il a été martyrisé[2]. Parmi les témoignages qui concordent avec celui de Du Saussay, deux ont pour nous une valeur particulière, à cause de leur provenance :

1° A la fin du xviie siècle, Simon de Peyronet, curé du Taur, à Toulouse, répète ce qu'a dit Du Saussay et se borne à faire remarquer que le saint qu'on appelle en latin *Vidianus* s'appelle vulgairement dans le pays *Vesian*[3] ;

2° Le *Proprium* de l'église de Saint-Sernin de Toulouse, à laquelle appartenait le prieuré de Saint-Vidian de Martres-Tolosanes, donne l'office du saint à la date du 27 août, et dans cet office, non seulement nous ne trouvons rien qui se rapproche du *Proprium* de Rieux, mais nous voyons que la tradition recueillie au xviie siècle par Du Saussay est pleinement acceptée[4].

En présence des faits que je viens de signaler, une conclusion paraît s'imposer, c'est que la légende de saint Vidian, telle qu'elle a cours aujourd'hui, ne remonte guère au delà de 1764 : c'est sans doute aux environs de cette date qu'on a imaginé d'adapter au patron de Martres-Tolosanes, qui n'avait pour ainsi dire point d'histoire, l'histoire légendaire des exploits de Vivien, neveu de Guillaume d'Orange, dans les chansons de geste françaises. Mais dira-t-on, comment, vers 1764, et au diocèse de Rieux, pouvait-il exister un homme connaissant les données des anciennes chan-

---

1. Cité dans les *Acta Sanctorum*, sept. III, p. 261.
2. *Acta Sanctorum*, sept. III, p. 261 (publié en 1750)
3. *Catalogus sanctorum*, Toulouse, 1706 (publication posthume).
4. « Ut quid non possumus et nos cum beato Vidiano, ob veram fidei confessionem a Gothis Arianis occiso, Christi bibere calicem? » *Officia sanctorum propria insignis ecclesiæ abbatialis sancti Saturnini martyris Tolosanæ civitatis*, Toulouse, sans date (permis d'imprimer de 1759), p. 123.

sons de geste des *Enfances* et d'*Aliscans*, pour les appliquer ainsi à saint Vidian? La chose est surprenante, je l'avoue, mais non absolument impossible. Quelque jour peut-être on saura le nom de ce savant homme et on trouvera la source où il a puisé sa science. Tout ce que nous pouvons faire aujourd'hui, c'est de le complimenter sur le succès déjà plus que séculaire qu'a obtenu son pieux remaniement de deux de nos anciennes chansons de geste [1].

1. Je résume ici, en quelques mots, d'assez longues recherches auxquelles je me suis livré à propos de saint Vidian, sans que les résultats de ces recherches éclaircissent beaucoup la question traitée dans le mémoire qu'on vient de lire. Le plus ancien témoignage relatif au culte du saint à Martres-Tolosanes, et à son existence même, se trouve dans une charte du cartulaire de Saint-Sernin de Toulouse que M. Antoine Du Bourg a bien voulu me signaler à une époque où le cartulaire était encore inédit. Dans cette charte (n° 47, page 33 de l'édition du cartulaire publiée en 1888 par M. l'abbé Douais), un certain *Willelmus Ramundi*, ses fils et ses neveux, font donation à Saint-Sernin de l'église de Martres : « et est ipsa ecclesia in pago Tolosano, in loco qui vocatur Martras, in honore beate Dei genitricis Marie, et ibi corpus sancti Vidiani cum aliis sanctis. » La charte n'est pas datée, mais elle doit être des premières années du XIIe siècle au plus tard, puisque l'église Sainte-Marie de Martres figure dans une bulle de 1119 parmi les possessions de Saint-Sernin. — Le rédacteur du cartulaire de Saint-Sernin, dans le titre placé en tête de la charte n° 47, appelle l'église de Martres *ecclesia sancte Marie de Martiribus* : cela à la fin du XIIe ou commencement du XIIIe siècle. La charte elle-même, comme on l'a vu, dit : *Martras*, et il ne faut voir dans la traduction *de Martiribus* qu'une fantaisie étymologique sans valeur. — Le nom *Vidianus* est assez fréquent dans le Midi de la France au moyen-âge : il y en a trois exemples dans le cartulaire de Saint-Sernin pour le XIIe siècle : *Bernardus Vidianus* (charte 24), *Vidianus Artus* (chartes 305 (de 1145) et 334), *Arnaldus Cornelius et fratres sui, Petrus et Vidianus* (charte 557, de 1148). La forme romane est *Vizia(n)*, plus tard *Vezia(n)*. Il est donc distinct du nom français *Vivien*, qui représente *Vivianus* (plus anciennement *Bibianus*), nom d'un saint évêque de Saintes (Ve siècle), dont le culte a été assez répandu dans la région du Sud-Ouest. Les scribes les ont parfois confondus : ainsi, une charte de 1251, émanée de l'évêque de Toulouse, appelle l'église de Martres « ecclesia sancti Viviani de Martis » (orig. arch. dép. de la Haute-Garonne, fonds de Saint-Sernin). — Le dimanche de la Trinité on célèbre à Martres la translation des reliques de saint Vidian, mais cette date ne remonte qu'à une décision du cardinal de Clermont-Tonnerre, archevêque de Toulouse (mort en 1830) : auparavant elle se célébrait le mercredi de la semaine de Pentecôte. La fête proprement dite se célèbre le 27 août, jour anni-

versaire du martyre de saint Vidian. On remarquera que Du Saussay et d'autres hagiographes la placent au 9 septembre. La date du 27 août ne proviendrait-elle pas d'une confusion avec saint Vivien de Saintes, honoré le 28 ? — En dehors de Martres-Tolosanes, saint Vidian était fêté à Saint-Ybars, S. *Eparchius* (Ariège), église qui avait obtenu, avant 1635, une parcelle des reliques du saint. Je n'ai trouvé le nom de saint Vidian dans aucun martyrologe manuscrit du moyen âge : c'est dire que son culte a toujours été confiné dans les bornes les plus étroites. — J'indiquerai enfin, comme pouvant donner lieu à des études critiques, quelques saints pyrénéens peu connus, qu'on a rattachés tant bien que mal aux invasions des Sarrasins en France sous Charlemagne. Ce sont : saint Aventin, saint Cizy, saint Frajou, saint Gordian et saint Sabin. Le plus intéressant est saint Cizy, sur lequel je compte revenir quelque jour.

PROCLAMATION D'UN HÉRAUT

EN

DIALECTE MONTPELLIÉRAIN

(1336)

PAR M. DANIEL GRAND

Le document qui fait l'objet de la présente notice [1] n'est pas, à proprement parler, inédit. Il est contenu dans une charte du Cartulaire de l'Université de Montpellier [2], mais, comme un document philologique pourrait passer inaperçu dans le recueil où il se trouve, où beaucoup de philologues ne songeraient pas à le chercher, nous avons pensé qu'on nous saurait gré de le faire connaître par une notice spéciale et que nous ne pouvions choisir une meilleure occasion que celle qui nous était offerte par la présente publication. Le dialecte montpelliérain a déjà été l'objet d'une étude très détaillée de M. Mushacke [3]. Le document que nous publions, qui n'est que du xive siècle, ne sera pas une contribution bien importante pour l'étude du dialecte, mais il offre un document littéraire d'un genre assez rare.

La proclamation du héraut est de l'année 1336, mais la charte qui la contient n'est que du commencement du xve siècle : c'est un vidimus des divers privilèges de l'université par le bayle de Montpellier, fait à Montpellier le 31 mai 1410. Ce vidimus, qui

---

1. Ce document a fait l'objet d'une communication au *Congrès d'études languedociennes* de Montpellier, dans sa séance du 29 mai 1890.
2. *Cartulaire de l'Université de Montpellier*, t. I (Montpellier, imp. Ricard fr., 1890, in-4), p. 709.
3. W. MUSHACKE, *Geschichtliche Entwicklung der Mundart von Montpellier*. Heilbronn, Henninger, 1884, in-8.

forme un grand rouleau de parchemin, fait partie de la collection de M. A. de Massilian, à Montpellier (chartes, n° 9). Il est exécuté avec beaucoup de soin et n'offre qu'un petit nombre de fautes de copie et qu'un nombre relativement restreint, étant donnée la longueur de la pièce, des bourdons si communs dans les actes des notaires et qui étaient corrigés, en renvoi, à la fin des actes. Ces conditions nous donnent le droit de supposer que le texte en langue d'oc a été aussi respecté dans la transcription qui en a été faite.

Quelques explications sur les circonstances dans lesquelles cette proclamation est faite sont nécessaires. Le document latin, qui contient la proclamation du héraut et qui forme la première pièce du vidimus de 1410, est le procès-verbal de la procédure de publication des lettres de sauvegarde de Charles IV le Bel, du mois de mars 1326 ou 1327, en faveur de la Faculté de Droit de Montpellier (Montpellier, 8 février 1336, n. st.)[1]. Les lettres de sauvegarde de Charles IV sont d'abord présentées au sénéchal de Beaucaire par le *bedellus generalis* de l'Ecole de Droit, qui le requiert d'en assurer l'exécution et de protéger l'école contre les officiers du roi de Majorque, *qui, tam de die quam de nocte, predictos scolares, bedellos, gentes et familiares ipsorum supeditant, vexant, injuriant et perturbant multis modis*. Le sénéchal de Beaucaire envoie alors ses sergents apposer les penonceaux royaux chez le recteur de l'École de Droit, chez plusieurs professeurs et à divers locaux de l'École de Droit, en signe de la protection accordée par le roi de France, et fait enjoindre au bayle du roi de Majorque à Montpellier de publier à son tour les lettres de sauvegarde accordées à l'École de Droit par le roi de France. Le bayle du roi de Majorque cède à l'injonction du sénéchal de Beaucaire et fait publier les lettres de sauvegarde par son héraut, Guillelmus Lauri, *preco seu inquantator juratus*. Le héraut du bayle du roi de Majorque fait sa proclamation, que nous reproduisons plus loin, en langue vulgaire de Montpellier, d'abord devant le tribunal du bayle, puis sur les principales places de la ville, sur le plan de

---

1. *Cart. de l'Univ. de Montpellier*, t. I, pp. 706-712 (Appendice, n° 6).

PROCLAMATION D'UN HÉRAUT EN DIALECTE MONTPELLIÉRAIN 139

l'Herberie, devant la maison du consulat ou hôtel de ville, sur le plan de la Pelleterie, au milieu du marché, à l'église N.-D. des Tables, etc.

Le document que nous venons d'analyser nous fait assister aux conflits de juridiction fréquents qui éclataient entre les divers pouvoirs en présence à Montpellier dans le premier tiers du xive siècle [1] et qui signalèrent particulièrement la fin de la domination aragonaise. On voit pour ainsi dire constatés, par cette proclamation conservée par le soin d'un notaire, un pressentiment de l'invasion du français du Nord et une protestation en faveur des droits de la langue du pays.

Voici le texte du document :

« Baros, manda la cort de nostre senhor lo rey de Malhorgas, senhor de Montpeylier, a la requesta de mossenhor lo senescalc de Belcaire et de Nemse et fa a saber a tota persona, de qualque condecion que sia, estranha o privada, que neguns no sia si ausartz que ause far ni far far emjuria, violencia, ni oppressions ne neguna novitat, en neguna manieyra, non degudas, als senhors scolars, studians de la Universitat de l'Estudi de Monpeylier en Dreg, ne a lurs familiars ne a lurs bedels del dig Studi de Monpeylier, quar els e lurs bes et lurs bedels e lurs familiars son en la salvagarda special de nostre senhor lo rey de Franssa. Et qui encontra ayso fara, la cort y faria so que far y deuria, ses tota merce. »

Remarques. — Au commencement du texte, le mot *Montpellier* est abrégé *Montplr* et écrit plus bas, deux fois, en toutes lettres, *Monpeylier*.

L'original porte *Belcarie*, au lieu de *Belcaire*.

Le mot *et*, dans les deux premiers cas (24e et 27e mots), est abrégé au moyen du signe spécial usité au Moyen-Age. Il est écrit plus loin, en toutes lettres, tantôt *et*, tantôt *e* [2].

---

1. La ville, représentée par ses *consuls*; le roi d'Aragon, représenté par le *gouverneur* et par le *bayle*, avec son juge et son viguier; l'évêque de Maguelone, puis le roi de France (à Montpelliéret), représenté par l'officier appelé *recteur*. Voy. Germain, *Histoire de la commune de Montpellier*, 1851, t. I, ch. V.

2. Plus bas, dans la phrase *quar els e lurs bes* ET *lurs bedels* ET *lurs familiars*,

Dans l'expression *Universitat de l'Estudi*, on a un exemple de la traduction littérale de l'expression latine *universitas studii*, dont le cartulaire de l'université de Montpellier offre de nombreux exemples et qui s'applique, tantôt à l'ensemble de l'université, tantôt à une seule faculté, comme c'est le cas dans cet exemple. Dans les confirmations de privilèges de Philippe de Valois, de 1331, rédigées en français, *Estude* est également pris dans le sens d'université [1].

Le notaire qui a transcrit l'acte, malgré l'application qu'il a apportée à la transcription, a donné à quelques mots leur forme savante : *scolars*, *studians*, *studi* à côté de *estudi*. Les mots « quar els e lurs bes et lurs bedels » sont au nombre des bourdons commis par le copiste et ne figurent pas dans le texte de l'acte, mais sont rejetés en renvoi à la fin de la pièce. Ce bourdon est le plus long de toute la pièce.

A la fin de la pièce, l'original porte *sob tota merce*, au lieu de *ses tota merce*.

une nouvelle collation du texte nous a fait constater que *et* doit être rétabli comme nous venons de l'indiquer.
1. *Cart. de l'Univ. de Montpellier*, t. I, pp. 284 et 285.

LE COMPAGNONNAGE
dans
LES CHANSONS DE GESTE
par JACQUES FLACH

PREMIÈRE PARTIE. — INTRODUCTION.

Chapitre I. — Compagnonnage et féodalité.

Le compagnonnage est une institution célèbre. Tacite, en le décrivant dans sa *Germanie*, en a fait le point de mire des investigateurs de nos lointaines origines. Quel historien n'eût été frappé de la similitude profonde entre cette forme archaïque d'association et les types plus jeunes, plus complexes, plus brillants, qui se sont épanouis au moyen âge ? Pouvait-on ne pas rapprocher le compagnon et le vassal, l'émancipation par les armes et l'adoubement du chevalier ? Mais à la réflexion les objections jaillirent. La féodalité et la chevalerie n'étaient-elles pas des institutions d'stinctes, trop dissemblables pour dériver d'une même source ? Et quelle source ? Une organisation rudimentaire, barbare, séparée par sept siècles de l'établissement féodal, par neuf siècles de l'institution de la chevalerie. Si la féodalité est sortie du compagnonnage germain, pourquoi a-t-elle mis une si longue durée de temps à s'établir ? La prépondérance de l'aristocratie à l'époque mérovingienne ne fut-elle pas aussi forte que sous les successeurs de Charlemagne ; pourquoi donc le fief n'a-t-il pas apparu dès alors ?

Montesquieu a donc été logique en reportant sous les Mérovingiens la première naissance de la féodalité. L'école allemande contemporaine, dont Roth fut l'initiateur, ne l'a pas été moins en soutenant que le compagnonnage privé s'était éclipsé, avait disparu sous les Mérovingiens ; que les rois seuls, à ce moment, pouvaient s'entourer de compagnons, d'antrustions, mais qu'il y a eu, au IXe siècle, sur le modèle de l'antrustionnat, une résurrection du compagnonnage ancien d'où est sorti, à très brève échéance, le régime des fiefs.

S'il était vrai que le compagnonnage eût subi une transformation si spontanée et si complète, il n'y aurait qu'à opter entre l'opinion de Montesquieu et celle de Roth. Mais cela est-il vrai, et ne faut-il pas, au contraire, les rejeter toutes deux ? Toutes deux se ramènent, en effet, à cet exposé fort simple. D'après Tacite, les Germains se choisissaient librement un chef auquel ils s'attachaient, auquel ils engageaient leurs services et leur dévouement, et duquel ils recevaient, en échange, des libéralités de toute nature, l'entretien, des armes, un cheval. Plus tard (dès le VIe siècle suivant Montesquieu, au IXe siècle suivant Roth), ces libéralités sont devenues des terres et elles ont été faites à charge de service : le fief était créé et le compagnonnage avait disparu. — Avait-il disparu ? En d'autres termes, la *relation personnelle* qui est sa caractéristique a-t-elle fait place presque subitement, dès que les conditions se trouvèrent favorables, à la *relation réelle*, foncière ? Chartes et chansons de geste me paraissent démontrer le contraire. Elles me persuadent que, jusqu'au XIe et même au XIIe siècle, le lien personnel est resté un facteur essentiel de la société, que lui seul peut expliquer tout un côté, le plus important peut-être, de l'organisation féodale : l'hommage lige, la pairie, les rapports entre co-vassaux, la *foi*. Ce n'est que plus tard, à mesure que l'inféodation se multiplia et se compliqua, que le lien réel prit définitivement le dessus.

Je ne puis songer dans ce mémoire, offert à mon cher maître et ami Gaston Paris, à étudier la question dans son ensemble. Qu'il me suffise d'en avoir posé les termes. Mon but est de montrer, à l'aide des chansons de geste, le compagnonnage survivant à l'époque que l'on considère comme le triomphe de la féodalité, survivant avec ses formes et ses effets anciens, non pas comme une institution stérile et surannée, mais en pleine sève et en pleine vigueur, et, pour tout dire, comme un organe de vie du régime seigneurial.

Esquissons d'abord à grands traits, avec toute la précision possible, le premier terme du parallèle, le compagnonnage primitif.

Chapitre II. — Le compagnonnage primitif.

§ I. — *Le comitat germain.*

Les historiens n'ont pas, en général, attribué à la remise des armes, chez les Germains, son vrai sens, sa pleine portée. Ils n'ont envisagé qu'une de ses faces, la cessation de l'étroite dépendance où l'enfant se trouvait au regard du père de famille, l'émancipation en un mot. L'autre face, la naissance de rapports nouveaux, de rapports de compagnonnage, entre le père et l'enfant, leur a presque entièrement échappé [1].

Il faut partir de ce fait historique que les Germains étaient des peuplades guerrières chez lesquelles l'organisation militaire déterminait, en la recouvrant, l'organisation sociale. Chaque chef de famille était un chef militaire, *faraman*; quand il commandait à divers groupes unis par le sang, il devenait un chef de clan. « Non casus nec fortuita conglobatio turmam aut cuneum facit, sed *familiae et propinquitates* [2]. »

Quels étaient les guerriers que le chef de famille avait sous ses ordres ? Évidemment ses fils, ses petits-fils, ses collatéraux immédiats, sans doute aussi ses affranchis. L'autorité qui lui appartenait sur toutes ces personnes découlait de sa puissance paternelle. Mais, sauf pour les affranchis qui restaient dans un *mundium* plus étroit, elle ne pouvait être la même que la puissance sur des enfants, les esclaves et les femmes. Les parents valides étaient des compagnons de guerre, ils étaient forcément aussi des com-

---

1. Je me reproche à moi-même d'avoir laissé ce côté dans l'ombre dans mes *Origines de l'ancienne France*, t. I, p. 67.
2. Tacite, *Germania*, cap. 7.

pagnons de table. Partageant les périls, ils partageaient les joies, aidant à conquérir le butin, ils avaient leur part de profit.

Quand donc le chef de famille admettait un de ses fils au nombre de ses hommes, il changeait sa condition, il transformait l'autorité despotique qu'il avait sur lui en une autorité mitigée. C'était le *mundium* encore, mais un *mundium* affaibli.

Le père ne pouvait procéder seul à cette transformation. Il s'agissait en somme de faire entrer un jeune homme dans l'armée et de plus dans les assemblées de la nation, puisque tous les guerriers et les guerriers seuls les composaient. Il fallait donc, au préalable, que le jeune homme eût fait ses preuves, qu'il fût jugé par ses contribules apte à porter les armes. Voilà pourquoi la remise des armes par le père est un acte solennel fait en plein *mallum*. En élevant le fils au rang de compagnon de guerre et de table du père, elle en fait un membre de l'armée et de l'état. Néanmoins elle le laisse toujours placé sous l'autorité du chef de famille considéré comme chef militaire.

Un tel chef s'est-il signalé par sa bravoure, a-t-il acquis un abondant butin à la guerre, dispose-t-il de grandes ressources, est-il investi enfin de fonctions électives, ce n'est plus seulement parmi ses descendants divers ou ses collatéraux les plus rapprochés qu'il recrute ses guerriers. Il s'adjoint, au moment où ils sont jugés propres à la guerre, des jeunes hommes choisis dans sa parenté étendue (*propinquitas*) ou dans d'autres familles illustres[1]. C'est lui qui se substitue au père. La remise des armes, c'est lui qui l'accomplit et, ce faisant, il opère une véritable adoption, il acquiert le même *mundium* que le père aurait eu. L'adoption par les armes était très répandue chez les Germains, même après qu'ils furent établis en Italie et en Gaule[2]. Cassiodore nous en a conservé la formule[3].

---

1. « Vel principum aliquis vel pater vel propinqui scuto frameaque juvenem ornant » (Tacite, *Germania*, cap. 13).

2. Voyez les textes cités par Du Cange dans sa XXII⁰ dissertation sur Joinville. « Des adoptions d'honneur en fils. »

3. « Et ideo more gentium, et conditione virili, filium te praesenti munere procreamus et competenter per arma nascaris filius, qui bellicosus esse dignosce-

A côté de ces jeunes recrues se présentent des guerriers déjà éprouvés. Ils veulent s'attacher à un autre chef que leur chef de famille, — que celui-ci soit mort ou qu'il les ait autorisés à le quitter. Pour eux, il ne peut plus être question de l'acte solennel de remise des armes, accompli depuis longtemps, mais ils entrent dans le *mundium*, dans la famille du chef, en plaçant leurs mains jointes dans les siennes et en lui promettant par serment l'affection et le dévouement qu'un fils doit à son père, exactement comme devait le faire le jeune homme qui était adopté par les armes[1], comme nous verrons aussi se lier par un serment réciproque ceux qui contractent une fraternité fictive.

Tous les guerriers ainsi groupés constituent donc une même famille. Ils forment une *maison*, ils marchent derrière la même enseigne, effigie grossière de quelque bête sauvage fixée au bout d'une perche[2], ornée parfois d'une banderolle (*fano, gundfano, bandva*); ils sont nourris, équipés, entretenus par le chef; ils sont ses enfants (*Degen*)[3], il est leur ancien, l'*ealdor pegna*, le *senior puerorum*[4]. Le serment de fidélité qu'ils prêtent isolément, en les plaçant sous le *mundium* du même chef de famille, crée déjà entre eux le lien de fraternité. Ils fortifient ce lien et le resserrent, aux yeux de tous, quand, dans des occasions graves ou périlleuses, ils renouvellent leur serment d'un commun accord, en entrechoquant leurs armes[5].

---

ris. Damus quidem tibi equos, enses, clypeos et reliqua instrumenta bellorum... »

1. Être adopté c'est, suivant l'expression significative de l'Epitome de St Gall, « *ad alium patrem se commendare* » (Haenel, Lex Romana Wisigoth., p. 321, col. 6).

2. Tacite, *Germania*, cap. 7 : « Effigiesque et signa quaedam detracta lucis in proelium ferunt. » *Hist.* IV, cap. 22 : « Depromptae silvis lucisque ferarum imagines, ut cuique genti inire proelium mos est. »

3. Dans Heliand et dans Beovulf, cités par Schröder, *Lehrbuch der deutschen Rechtsgeschichte*, 1889, p. 26, note 42.

4. Beovulf, v. 1645.

5. C'est le *vapnatak*. Au XIe siècle encore, chez les Anglo-Saxons et les Normands, le *vapnatak* engendre une fraternité, il fait des *fratres conjurati* de tous les sujets d'un même roi. (Voyez les textes cités par Ducange dans sa XXIe dissertation sur Joinville, à la suite du Glossaire, t. VII, p. 81, col. 2.)

Là ne se bornent pas les liens qui peuvent s'établir soit entre le chef et les compagnons, soit entre les compagnons eux-mêmes. Tacite nous dit expressément qu'il y a des degrés, *gradus*, dans le compagnonnage [1], que les compagnons peuvent être plus ou moins rapprochés du chef, donc plus ou moins étroitement liés à lui, plus ou moins ses égaux. Les Saga du Nord, avec lesquels concordent sur ce point les traditions de presque tous les peuples anciens, nous fournissent une illustration précieuse de ce passage de l'écrivain latin. Précieuse, elle l'est d'autant plus que nous retrouvons dans nos chansons de geste les traits essentiels de l'institution qui nous est décrite par les Saga.

§ II. — *La fraternité scandinave.*

Quand deux ou plusieurs hommes, quelquefois un grand nombre, voulaient s'unir avec force, mettre en commun leur existence présente et leur destinée future, leurs biens et leurs maux, leurs gains et leurs pertes, s'assurer l'assistance pendant la vie, la vengeance après la mort, ils recouraient à des rites symboliques qui créaient entre eux une fraternité fictive.

Voici en quels termes ces rites sont décrits dans la *Gisla Saga* [2] :

« Ils coupent dans la terre une bande de gazon de telle manière que les deux extrémités restent fortement attachées à la terre et ils la lèvent sur une lance dont un homme puisse avec la main atteindre le fer. Les quatre hommes se placent sous la bande de gazon, ils font couler simultanément leur sang dans la terre entr'ouverte et mélangent sang et terre. Après quoi ils tombent à genoux, promettent par serment que chacun vengera l'autre comme son frère, et en prennent tous les dieux à témoin. »

Ces rites se ramènent, comme M. Pappenheim l'a remarqué,

---

1. *Germania*, cap. 13 : « Gradus quin etiam ipse comitatus habet judicio ejus quem sectantur ; magnaque et comitum aemulatio, quibus primus apud principem suum locus. »

2. Le texte est reproduit par Pappenheim, *Die altdänischen Schutzgilden* (Breslau, 1885), p. 21-22.

à trois actes successifs : 1° le passage sous la voûte de gazon (*ganga undir jardarmen*); 2° le mélange dans la terre du sang répandu en commun; 3° un serment, sous l'invocation des dieux, de se venger mutuellement en frères. Tous trois concourent à créer une fiction de parenté. La terre est la mère commune [1]; se réunir dans son sein [2] et y confondre son sang [3] c'est devenir frères, — c'est même devenir jumeaux, — prendre les dieux à témoin qu'on exercera le premier devoir de la fraternité, la vengeance, c'est mettre le sceau à l'alliance contractée.

La fiction ne se borne pas à imiter la réalité, elle la dépasse. Les devoirs sont plus stricts, l'union est plus étroite, en principe elle est indissoluble.

Comme dans les familles primitives, les *frères par le sang* ont tout en commun. Il s'établit entre eux une communauté universelle de biens présents et futurs, un *félag* [4]. — Je cite une saga : « Là se rendirent Porir et les neuf frères nourriciers, et tous se jurèrent une fraternité de sang. Chacun devait venger l'autre; ils devaient avoir en commun bien acquis et bien à acquérir, sitôt qu'ils l'auraient acquis et conquis [5]. » — Ils se doivent une fidélité, un dévouement qui, en cas de conflit, l'emporte souvent

---

1. Tacite, *Germania*, cap. 40.
2. Remarquez, en effet, que la bande de gazon doit continuer à faire corps avec la terre. Cela est dit tout aussi expressément dans une autre saga. — J'adopte l'interprétation donnée de cet acte par M. Pappenheim. Elle me paraît de beaucoup la plus plausible.
3. Ce symbole est clair. Nous le retrouvons plus expressif encore chez d'autres peuples. On ne se contente pas de mêler le sang extérieurement, on le boit. Ducange en a réuni de nombreux exemples dans sa XXIe Dissertation sur Joinville. Michelet en ajoute d'autres dans ses *Origines du droit français*, p. 197 suiv.
4. Pappenheim, *op. cit.*, p. 41, 46, 84. — Le mot *félag* se survit dans le mot anglais *fellow*. D'après Skeat il est formé de *fé*, propriété, et de *lag = law*, il signifie donc ou propriété légale ou droit dans la propriété (voyez W. W. Skeat, *An Etymological Dictionary of the English Language* (Oxford, 1882), v° *Fellow*, v° *Law*). Ainsi le terme qui est devenu technique pour désigner le fief se retrouve dans la qualification primitive de la communauté née du compagnonnage. Cela mérite attention.
5. Gull-Poris Saga. Texte dans Pappenheim, p. 46.

sur l'assistance due aux vrais parents par le sang. Enfin, ils sont associés dans la mort, comme ils le sont dans la vie. Le compagnon-frère ne doit pas survivre à son compagnon, ils doivent mourir ensemble, comme ensemble ils ont vécu[1].

Ce n'est qu'avec l'adoucissement des mœurs primitives que ce dernier devoir se restreignit. Il en subsiste dans les légendes poétiques l'obligation d'ensevelir le frère mort avec une partie de ses richesses, et de rester assis auprès de son corps dans le tombeau l'espace de trois nuits[2].

La *fraternité par le sang* se juxtapose à la famille naturelle, elle ne la supplante pas.

L'obligation des frères-compagnons de poursuivre la vengeance, leur droit de réclamer la composition légale ne s'exercent qu'à défaut d'un parent plus rapproché, un père ou un fils[3]. Communs en biens, ils n'héritent pas nécessairement pour cela les uns des autres[4]. Quand l'un d'eux vient à mourir, sa part dans la communauté revient à ses héritiers les plus proches, parents réels ou fictifs.

Si je retourne à Tacite, tout me porte à croire que le premier des degrés qu'il mentionne correspondait à la fraternité que je viens de décrire, que le chef avait des compagnons dont il faisait ses pairs, ses égaux, ses frères. Il ne se dessaisissait pas de toute autorité sur eux, mais la subordination était d'autant moins

---

1. Saxo Grammaticus, *Hist. Dan.*, p. 243, 244 (éd. Müller et Velschow, cité par Pappenheim, p. 43, note 1) : « Convictu paulisper habito ad confirmandum inter se amicitiae cultum omnibus conjurare votis, quemcumque eorum vita prolixior excepisset, mortuo contumulandum fore. Tantus enim societatis eorum atque amicitiae vigor extabat, ut neuter, altero fatis absumpto, lucem prorogare statueret. » — Rapprochez de ce passage Tacite, *Germania*, cap. 14 : « Jam vero infame in omnem vitam ac probrosum superstitem principi suo ex acie recessisse... » et César parlant des *devoti*, *soldurii*, gaulois : « Quorum haec est condicio, uti omnibus in vita commodis una cum iis fruantur, quorum se amicitiae dediderint, si quid his per vim accidat, *aut eundem casum una ferant, aut sibi mortem consciscant.* » (*De bello Gall.*, III, 22.)
2. Cf. Pappenheim, p. 42-43.
3. Voyez le texte cité par Pappenheim, p. 86-87.
4. Cf. Pappenheim, p. 84.

rigoureuse, que la fidélité réciproque l'était davantage, les devoirs réciproques plus étendus.

Je résume et je conclus. Le compagnonnage primitif repose tout entier sur la parenté naturelle ou sur une parenté fictive qui a ses degrés comme la première, qui est, comme elle, collatérale ou directe. C'est la famille naturelle qui est le noyau, le centre autour duquel les compagnons se groupent pour participer à ses avantages et à ses charges.

Chapitre III. — Le compagnonnage sous les rois francs.

Le compagnonnage s'est certainement maintenu à l'époque mérovingienne. La recommandation gallo-romaine n'était pas de nature à l'éliminer, elle ne pouvait que s'y fondre en le renforçant. Ne procédait-elle pas elle-même, en partie au moins, d'un compagnonnage identique, de la clientèle gauloise[1] ? Sans doute les rois mérovingiens s'évertuèrent à faire tourner à leur profit les forces que le compagnonnage pouvait fournir. Ils n'eurent pas seulement leurs *antrustions*, qui étaient les véritables compagnons étroitement liés, les *frères* fictifs, ils voulurent de plus que tous leurs sujets fussent considérés comme des compagnons ordinaires, des fidèles, et astreints au serment. Cela n'a rien d'anormal : le pouvoir du roi n'était, en effet, qu'une extension, un prolongement du *mundium* familial[2]. Mais le serment de fidélité, ainsi exigé de tous les sujets, ne faisait nul obstacle à ce qu'ils fussent engagés dans des liens plus étroits avec d'autres personnes, placés sous le *mundium*, dans le compagnonnage d'un autre chef, pas plus qu'il ne faisait disparaître l'autorité du chef de famille sur les siens[3]. N'est-ce pas précisément le

---

1. Voyez, sur cette clientèle et ses divers degrés, mes *Origines de l'ancienne France*, t. I, p. 55 suiv.
2. Je l'ai montré dans *Origines de l'ancienne France*, I, p. 79 suiv.
3. Roth a fait de vains efforts pour écarter les textes invoqués par Pardessus en faveur de l'existence du compagnonnage à l'époque mérovingienne. Mon savant ami M. Viollet l'estime comme moi (*Hist. des institutions politiques*, I, p. 422,

compagnonnage privé qui a fait la force de l'aristocratie mérovingienne, qui lui a permis de réduire la royauté à l'impuissance?

Dans la première période de la dynastie carolingienne, nul ne conteste plus l'existence du compagnonnage. Nous le retrouvons avec ses traits originaux. Le chef est un véritable chef de famille ou de clan, un ancien, un *senior*, auquel affection, dévouement et assistance, d'un mot la *fides*, sont dus, les compagnons sont les membres d'une même famille, des *pairs*, des égaux, qui se doivent protection, aide et conseil [1]. Mais ne fut-ce là qu'une apparition éphémère? Le compagnonnage s'est-il évanoui devant le régime féodal, comme une vapeur légère au lever du soleil? J'arrive ainsi à la question soulevée au début de ce mémoire.

DEUXIÈME PARTIE

Chapitre Ier. — Les éléments constitutifs de la puissance seigneuriale en dehors du fief.

Je veux rechercher, dans cette seconde partie, si le lien personnel, le lien familial, dont je viens de retracer l'histoire, cessa d'être la base principale des relations politiques, s'il fit place dès le IXe siècle au lien fondé sur la concession d'une terre, concession par laquelle le seigneur se serait acquitté de ses obligations et dont le retrait toujours possible aurait retenu le fidèle dans le devoir.

Ailleurs déjà je crois avoir fourni la preuve du rôle immense

---

note 2). Ecarter ces textes n'aurait pas même suffi. Il eût fallu prouver que le compagnonnage est inconciliable avec les autres documents de l'époque. Cette preuve n'a pas été tentée, par l'excellente raison qu'elle ne pouvait aboutir.

1. Voyez les textes que j'ai cités, *Origines de l'ancienne France*, p. 231, et aussi les pages 224 et suiv. du bon livre de M. Emile Bourgeois, *Le Capitulaire de Kiersy-sur-Oise* (1885).

que, contrairement à l'opinion commune, le lien personnel a joué dans la constitution de la justice, aux xe et xie siècles[1]. Interrogeons les chansons de geste pour apprendre si un rôle analogue n'a pas continué à lui appartenir, à la même époque, dans l'ensemble des relations sociales.

Chapitre II. — Le lien personnel. — La parenté.

Le seigneur féodal, quand il est puissant, a des vassaux militaires nombreux qui détiennent des terres concédées par lui, des fiefs, de même qu'il a des sujets de toute catégorie qui lui doivent des redevances et des services de corps, à raison de l'occupation du sol. Mais ces diverses classes de personnes, si elles sont ses *hommes*, tenus à des services définis, sont aussi ses *fidèles*, c'est-à-dire des membres, à des titres divers, de sa *familia*, de sa famille étendue, placés dans sa *foi*. Tous ils lui doivent un serment de fidélité qui les lie *personnellement* à lui. Quand dans nos chansons de geste un seigneur prend possession d'un domaine, il reçoit le serment de fidélité de tous les hommes qui l'habitent ou en dépendent, tenanciers, bourgeois ou chevaliers :

« Si li ont fait homaige et féauté
Cil dou païs volentiers et de gré :
Et haut et bas devindrent si privé. »[2]

Ce n'est pas tout. Si l'on veut éprouver la véritable nature des rapports féodaux, il faut se demander ce qui fait, aux xe et xie siècles, la force, la puissance du seigneur féodal. Seraient-ce les fiefs qu'il a concédés ? Nullement. C'est avant tout sa parenté. C'est dans elle, dans le *parage*, dans une parenté nombreuse, robuste et vaillante, qu'elle réside. Le fief n'offrait ni au seigneur ni au vassal sécurité suffisante. Le premier pouvait être aban-

---

[1]. *Origines de l'ancienne France*, Livre II, chap. 7-13.
[2]. *Girard de Viane*, éd. Tarbé, p. 43.

donné de tous ses vassaux [1], sous prétexte d'un service excessif [2], le second dépossédé de son vivant ou à sa mort par un abus de pouvoir du seigneur [3].

Des rapports plus fixes et plus stables étaient produits par la parenté. Une solidarité étroite d'intérêt et d'honneur unit tous les membres d'une même famille. Dans Ogier le Danois, la nombreuse parenté d'Ogier s'interpose entre Charlemagne et lui [4]. Dans la chanson de Roland, tous les parents de Ganelon prennent sa défense et trente d'entre eux partagent sa mort quand Pinabel est vaincu. Dans *Girard de Viane*, nous assistons à la prise d'armes de tout un vaste lignage pour venger l'honneur d'un des siens :

« Quant ensamble iert la riche parentés,
X L. M. seront tuit adoubé. »
(*Gir. de Viane*, p. 105 [5].)

Je multiplierais les preuves si chacun ne savait que c'est l'histoire des familles, des *gestes*, et non l'histoire des seigneuries que chantent nos trouvères.

---

1. Les exemples en sont nombreux. J'en cite un :
« Karles estoit à Aiz plains de duel et de rage,
Quar tuit li sont failli et privé et sauvage ;
Mandez avoit ses homes...
XIIII rois poissanz dont avoit seignorage :
Chascuns l'ot desfié et rendu son homage. »
(*Chanson des Saisnes*, I, p. 64).

2. « Poi aime son seignor...
Qui par fause achoison de lui servir se part. »
(*Ibid.*, I, p. 33).

3. Tel est le point de départ de plusieurs de nos chansons de Geste, Raoul de Cambrai, Aiol, etc. Voyez aussi les offres faites à Guillaume d'Orange et qu'il repousse. (*Charroi de Nîmes*, éd. Jonckbloet, p. 81 suiv.)

4. *Chevalerie Ogier*, éd. Barrois, v. 9530 suiv., 9560 suiv.. 9586, 9590 suiv., 9680, etc.

5. Cf. *Chanson des Saisnes*, II, p. 49-50 :
« Se je et mes lignages et mes granz parentez
Estoient avec moi. et cil c'ont amenez,
Plus de. L. M. seriens d'adobez. »

Chapitre III. — Le compagnonnage naturel.

Le seigneur féodal reste, nous l'avons vu, un chef de famille ou de clan [1]. Il a comme alliés naturels, comme « *charnels amis* [2] », les autres seigneurs de sa parenté, il a sous son autorité directe non seulement ses fils, mais des collatéraux, frères ou neveux ou parents plus éloignés. Cette autorité, il la doit parfois à sa seule valeur personnelle, à son courage, à son audace, à sa force musculaire. Guillaume d'Orange s'impose comme chef à ses frères, quoiqu'il ne soit pas l'aîné et que leur père vive encore : « Par mon chef, dit-il, fussiez-vous cent chevaliers, tous fils d'Aimeri, je serai partout votre chef : c'est moi qui vous guiderai et qui vous donnerai châteaux et villes et riches fiefs [3]. »

Il se forme ainsi au sein de la famille des groupes naturels que nous pouvons comparer au compagnonnage primitif des Germains. Les quatre fils Aymon en sont le type parfait. Ils se soutiennent, ils s'appartiennent à la vie et à la mort :

«Ançois somes tuit frère, près nos apertenon,
....mult nos entr'amion. »
(*Ren. de Montauban*, p. 179-180, éd. Michelant.)

Quand l'un d'eux est blessé, en apparence mortellement, par Girard de Valcormont, celui-ci s'écrie :

---

1. Orderic Vital, pour tracer le portrait d'un puissant seigneur, s'exprime ainsi : « Hic nimirum in saeculo miles fuerat magnae sublimitatis, hostibus terribilis et amicis fidelis. *Filios et fratres multosque nepotes in armis potentes habuit, hostibusque vicinis seu longe positis valde feroces.* » (*Hist. eccles.*, liv. III, cap. 2, éd. Le Prevost, t. II, p. 15.)
2. *Ren. de Montauban*, p. 367, et *passim*.
3. *Premières armes de Guillaume* (Jonckbloet, *Guillaume d'Orange*, t. III, p. 30). — Orderic Vital nous apprend de même que Guillaume, le second fils de Giroie, fut le chef de ses six frères : « Willermus in ordine nativitatis secundus diu vixit, omnique vita sua cunctis fratribus suis imperavit » (*Histoire ecclesiast.*, liv. III, éd. Le Prevost, t. II, p. 26).

« Or sont *descompaignié* li IIII fil Aymon. »
(*Ren. de Montauban*, p. 189, v. 14.)

Ils reconnaissent l'un d'entre eux pour chef. Ce n'est pas l'aîné, Alart, c'est Renaud, le plus brave. Il devient leur seigneur, leur sire :

« Vos estes nostre sire et nostre confanon. »
(p. 180, v. 2.)

« Tant com Renaus vivra, tant gariromes nos,
Mais puisqu'il sera mors, jà n'en eschaperon. »
(p. 184, v. 28-29.)

Ils s'offrent à mourir pour lui :

« N'ert mie grant damage, se nos III i moron,
Et vos en ires, sire, broçant a esporon. »
(p. 193, v. 29-30.)

Mais le dévouement, la foi, est réciproque. Renaud répond :

« U nos i garrons tuit, u nos tuit i morron.
Jà nus ne faudra l'autre, tant comme nos vivons. »
(p. 194, v. 4-5.)

Chapitre IV. — La maisnie.

Les parents, groupés autour d'un chef, forment le noyau d'un compagnonnage bien plus étendu, dont l'importance ne me semble pas avoir été mise en suffisant relief par les historiens, la *maisnie*, la maison du seigneur, son corps d'élite, le centre de résistance de son armée, son meilleur conseil, son entourage de chaque jour. La *maisnie* se complète, en dehors de la famille, par les fils des vassaux ou des alliés les plus fidèles. Ils sont nourris, élevés, instruits au métier des armes, avec les fils, les neveux, les autres parents. Arrivés à l'âge d'homme ils sont, comme eux, armés chevaliers par le seigneur.

Comment ne pas reconnaître ici l'ancienne adoption germanique, l'entrée dans la famille, l'entrée dans le compagnonnage ?

Il naît, en effet, une sorte de parenté entre le *nourri* et le seigneur qui l'a élevé, entre l'*adoubé* et le seigneur qui lui a donné les armes[1]. Elever un enfant c'est prendre la place du père[2], l'armer chevalier c'est se porter garant, pour la vie, de sa bravoure et de son aptitude à manier la lance et à diriger un cheval.

Il n'est plus d'autorité publique pour juger de cette aptitude : le seigneur nourricier d'ordinaire en décide. Au nouvel adoubé à se montrer digne de la confiance mise en lui, capable de se servir de l'armement qu'il a reçu : il lance son cheval au galop, il frappe la quintaine, ou, si l'on est devant l'ennemi, il provoque un adversaire. L'approbation publique suit, elle ne précède plus :

« Dist l'uns a l'autre : « Ci a boin chevalier[3] ! »

Nourriture et *adoubement* engendrent ainsi une affection et une fidélité toutes familiales :

« Si seront à ma cort ses II enfans nourri;
Chevaliers les ferai, si seront mi ami. »
(*Renaus de Montauban*, p. 383, v. 13-14.)

« Chevalier les fera, seront de sa maisnie. »
(*Ibid.*, p. 384, v. 7.)

---

1. Ceci n'a pas échappé à Lacurne de Sainte-Palaye. « Je crois avoir entrevu, dit-il, que ceux qui avoient conféré la chevalerie étoient regardés comme autant de *pères de famille*; les conseillers ou assistants comme les parrains des nouveaux chevaliers et ceux-ci comme les *enfans d'un même père* » (*Mémoires sur l'ancienne chevalerie*, 3º partie, p. 226, Paris, 1759).

2. M. Sumner Maine a fort bien montré pour l'Irlande comment le *fosterage* y produisait une parenté fictive entre l'enfant et le père nourricier (*Institutions primitives*, p. 298). — Dans les *Saga*, les frères nourriciers furent assimilés aux frères jurés par le sang (*svarabródir*) et finirent même par leur donner leur nom (*fóstbródir*). Cf. Pappenheim, *op. cit.*, p. 36, note 3.

3. *Girard de Viane*, p. 22. De même *Raoul de Cambrai* :
« Dient François : « Ci a molt bel enfant! »
(v. 515, éd. Meyer et Longnon.)
« Dist l'uns a l'autre : « Cis est molt bel armez; »
(v. 591.)

Les *nourris* reviennent sans cesse dans nos chansons. C'est sur eux que le seigneur compte avant tout et toujours :

« Sa mesnie apela où mielz se pot fier. »
(*Ren. de Montauban*, p. 356, v. 30.)

« O lui troi cent de chevaliers hardis
Nés de sa terre que il avoit norris »
(*Garin le Loherain*, éd. Paulin Paris, I, p. 38.)

« En courant vienent cil que il ot norris,
Lor droit seignor ne volent pas guerpir. »
(*Ibid.*, p. 39.)

« C'est du côté de Girart que se trouvaient les plus hardis :
C'était sa mesnie, ceux qu'il avait nourris. »
(*Girard de Roussillon*, tr. Paul Meyer, § 320, p. 159.)

« Quel deuil pour les mesnies de Charles et de Girart, qui s'étaient engagées par serment à combattre jusqu'à la mort. »
(*Ibid.*, § 390, p. 191.)

« A sa maisnie comença à tenchier :
« Malvaise gent, dist Turpin li guerrier,
Norris vos ai et tenu forment cier :
Par saint Remi ! mult l'ai mal emploié ! »
(*Chevalerie Ogier*, éd. Barrois, v. 9320 suiv.)

« ...se conbat à petit de maisnié,
N'avoit od lui que cinq cens chevaliers ;
Cil sont si home, ne l'oserent laissier. »
(*Ibid.*, v. 5375 suiv.)

L'affection, ici aussi, est réciproque. Si la dernière pensée de Roland est pour son seigneur qui l'a nourri :

« De plusurs choses à remembrer li prist :
De dulce France, des humes de sun lign,
De Carlemagne, sun seignur, ki l'nurrit. »
(*Chanson de Roland*, éd. Gauthier, v. 2377 suiv.)

Charlemagne, à son tour, voudrait ne pas survivre à sa maisnie :

> « Si grant doel ai que ne vuldreie vivre,
> De ma maisniée ki pur mei est ocise. »
> *(Chanson de Roland,* v. 2936-2937.)

Des libéralités incessantes entretiennent, avivent le dévouement de la maisnie. Etre libéral est la maîtresse vertu du seigneur féodal :

> « Donez l'or et l'argent et le vair et le gris,
> Qar doner est la rien qi plus monte à haut pris. »
> *(Ch. des Saisnes,* éd. Fr. Michel, I, p. 86.)

Le seigneur nourrit sa maisnie, il l'équipe, lui distribue armes, vêtements et fourrures, palefrois et destriers, or et argent[1]. Ce n'est souvent qu'après de très longs services que le fidèle de la maisnie est pourvu d'un fief. Guillaume d'Orange a vieilli au service de l'empereur Louis, comme son compagnon le plus dévoué :

> « Tant t'ai servi que j'ai chenu le chief. »
> *(Charroi de Nîmes,* éd. Jonckbloet, v. 254.)

lui dit-il, et Louis le reconnaît :

> « Gardé m'avez et servi par amor
> Plus que nus homs qui soit dedenz ma cort. »
> *(Ibid.,* v. 307-308.)

Pourtant il n'a obtenu encore nulle concession de terre. Il le reproche à Louis :

> « De cel servise ne vos membre-il prou,
> Quant vos sanz moi des terres fêtes don. »
> *(Ibid.,* v. 202-203.)

---

1. Voyez, par exemple, *Ch. des Saisnes,* II, p. 37. Ogier, v. 10601, suiv., v. 10615. *Aiol,* p. 108. *Couronn. Louis,* p. 103, et le passage d'*Aspremont* cité *infrà,* p. 160.

L'empereur lui répond qu'il est loin d'être le seul :

> « Encor ai-ge LX de vos pers
> A qui ge n'ai né promis né doné. »
> (*Charroi de Nîmes*, v. 281-282.)

Pour prendre part aux largesses en servant un seigneur généreux et puissant, pour obtenir, en guise de récompense finale, des terres, se présentent sans cesse des recrues nouvelles. Le seigneur lui-même en sollicite et en attire quand il a besoin d'hommes; il leur offre deniers et chevaux :

> « Tuit cil qui servent as povres seignorez
> Viegnent a mei : ge lor dorrai assez,
> Or et argent et deniers moneez,
> Destriers d'Espaigne et granz muls sejornez. »
> (*Cour. Louis*, éd. Langlois, p. 103.)

Il leur offre surtout de les armer chevaliers [1], et défend même à ses vassaux de lui faire concurrence en cela :

> « Ne se penst ja nus hons itel pensée
> Que chevalier i face en sa contrée;
> Veigne à la cort quant ele iert asenblée
> Chascuns aura et cheval et espée
> Et bon haubert et ventaille fermée
> Et bonne robe de soie gironnée;
> Se il tant fait qu'il viengne à l'asenblée
> Chevaliers iert tantost, se lui agrée. »
> (*Aspremont*, éd. Gauthier et Guessard, p. 3, v. 19 suiv.)

Les nouveaux venus commencent par faire hommage. C'est l'ancien *mundium* qui vit toujours, c'est la primitive recommandation qui les fait entrer dans la famille, dans la maison du sei-

---

[1]. « Et ki armes vora, je l'en donrai asses. »
(*Ren. de Montauban*, p. 138, v. 25.)
« S'o moi s'en vienent...
... si seront adoubé. »
(*Charroi de Nîmes*, v. 652, 657.)

gneur. Remarquez, en effet, qu'il n'y a pas ombre de concession de fief. Girard de Viane et son frère Renier arrivent à la cour de Charlemagne. Ils veulent s'engager à son service :

> « Vos servirons volentiers bonemant,
> I an ou II. ferons vostre commant,
> Et s'il vous plait III. ou IIII. en avant,
> Por conquester onor et garnemant. »
>
> *(Girard de Viane,* p. 19.)

Charlemagne, sur le conseil de Gautier l'Alemant, consent à les retenir auprès de lui, et aussitôt ils lui font hommage :

> « Et dist li Rois : « Or viegnent donc avant,
> Et deviegnent mi home ! »
> Li damoisel firent molt à prisier :
> Devant le Roi se vont enjenoilier
> Font li homaige voiant maint chevalier. »
>
> *(Ibid.,* p. 20.)

L'adoubement suit pour l'un, est ajourné pour l'autre :

> « Premierement adouberai Rainier :
> Et de Girars ferai mon escuier,
> Armes aura, s'il me sert volentiers. »
> Chemise et braies on aporte à Rainier, etc. »
>
> *(Ibid.,* p. 21.)

Quelquefois l'inverse se produit. Un fils de roi, au moment où il a été adoubé, demande à un vassal éprouvé de son père d'entrer dans sa maisnie. Tel Louis s'adressant au duc Naismes :

> « De ma maisnie soiés, je vous em pri. »
>
> *(Ogier,* v. 7325.)

Il y a donc dans la maisnie des classes, des catégories nombreuses de personnes. Il y a des degrés comme dans le comitat ancien. Au premier rang les parents les plus proches et les compagnons les plus fidèles, puis les *nourris*, les adoubés, les serviteurs qui attendent l'adoubement. Suivant leur importance sociale, ils sont hommes de haut parage, chevaliers, bacheliers, damoiseaux, écuyers. La rémunération varie à proportion du rang[1] :

> « Les dras de soie de paile Alexandrin,
> Les bons henas et les copes d'or fin,
> Les biax ostors, les faucons montardin,
> Tel avoir done Karles li fix Pepin
> *As gentis homes qui sunt de riche lin.*
> Les palefroiz, les chevax, les deniers,
> Ce done Karle as *poures chevaliers ;*
> Le vair, le gris et les corans destriers,
> Les sors faucons, les muez esperviers,
> Ce done Karle as *bacheliers legiers,*
> *As damoisiaus, as vilains sodoiers.* »
> (*Ch. d'Aspremont*, p. 2, v. 71 suiv.)

Le maisnie s'étend même, on le voit, jusqu'aux *soudoyers*, jusqu'aux mercenaires, troupes souvent nombreuses que les seigneurs féodaux entretenaient et qu'ils faisaient venir de pays étrangers[2] :

> « Si mandes par la vile les vallans chevaliers
> Et des estranges tieres mandes les sodoiers. »
> (*Ren. de Montauban*, p. 141, v. 6-7.)

Cette circonstance ne doit pas trop surprendre, car chevaliers et damoiseaux s'engageaient, eux aussi, comme soudoyers :

> « Fouque s'est renforcé de mille chevaliers, et Fouchier de quatre cents damoiseaux légers, pris les uns et les autres comme soudoyers. »
> (*Gir. de Roussillon*, § 127, p. 69.)

---

1. Comme chez les Germains, c'est souvent le partage du butin : « Girart et les siens prennent le butin. Il en donna à ses hommes autant qu'il le devait, de telle sorte que depuis lors aucun d'eux ne lui manqua au moment critique. » (*Gir. de Roussillon*, § 91, p. 44.) « Seigneurs je vous ai toujours nourris. Je vous ai enrichis de tout mon bien. Vous avez pris pour moi maint palais dont je vous ai distribué les richesses. » (*Ibid.*, p. 159-160.)

2. « Girart a une mesnie bonne et nombreuse de soudoyers bavarois et allemands. » (*Girard de Roussillon*, trad. P. Meyer, § 470, p. 219-220.)

Et, de plus, les soudoyers étaient liés par un serment de fidélité :

> « Li saudoier Aiol l'ont esgardé
> Cui il avoit l'avoir abandoné,
> Et dist li uns à l'autre : ....
> « Et ja li somes nous sor sains juré
> Que ja ne li faurons en notre aé. »
> (*Aiol*, éd. Normand et Raynaud, p. 129-130.)

Quand Auberi le Bourgoing s'offre comme soudoyer au comte de Flandre Baudoin, il se déclare prêt à devenir son homme, à se recommander à lui :

> « Or sui venus ci a vos por garant
> Je et mes nies serons en vo comant. »
> (*Auberi*, éd. Tobler, p. 23, v. 31-32.)

A vrai dire, la solde, plus ou moins déguisée, se retrouve à chaque pas. Elle est plus fréquente que la concession de terre, elle la remplace ou s'y joint; parfois elle lui est préférée.

Telle que je l'ai décrite et même abstraction faite des mercenaires proprement dits, la maisnie pouvait comprendre des milliers d'hommes :

> « Je verrai la mesnie qu'aura Fouchier : il peut, dit-il, mener contre moi mille chevaliers, et sa terre n'a pas mille pas. »
> (*Girard de Roussillon*, trad. P. Meyer, § 127, p. 68.)

> « Vous me devez servir en France a .IIII. rois,
> Chascun doit de mainie .M. chevaliers avoir. »
> (*Ren. de Montauban*, p. 262.)

C'étaient des combattants toujours prêts à marcher, qu'il n'était pas besoin de semondre au loin par brefs et messagers [1],

---

1.
    « Ne la grant guerre ne m'estoit or mandée ;
    Ne n'ai o moi fors mesnie privée ! »
    (*Auberi le Bourgoing*, éd. Tarbé, p. 9.)

« Charles se rendait à Roussillon avec sa mesnie privée. Il n'avait pas convoqué son ost, et pourtant sa chevauchée n'était pas si petite. » (*Gir. de Roussillon*, § 448, p. 210.)

dont le service ne se restreignait pas à quarante jours ou deux mois comme pour beaucoup de vassaux. — C'étaient, en outre, des conseillers toujours présents. — Le seigneur tenait avec les plus importants d'entre eux, « les meilleurs de ses hommes [1], » son conseil et ses plaids ordinaires. Dans les affaires seulement d'une gravité extrême ou à certaines époques déterminées de l'année, à Pâques ou à la Pentecôte [2], ce conseil s'accroissait, en cour plénière ou proclamée, des vassaux résidant sur les fiefs. — C'étaient des servants de tout ordre, sénéchaux, échansons, porte-mets : Rainier, quoique chevalier et *conseiller de la chambre* de Charlemagne, et son frère Girard de Viane s'acquittent de pareils offices [3]. — Ils maintenaient l'ordre dans le palais. Charlemagne s'adresse en ces termes à sa maisnie :

« Prenés le moi (un délinquant), ma mainie privée.
Sé vos ne l'faites, vos fois avés faussée !
Mar s'en ira par nule trestornée,
    Qui ma cort a honie ! »
(Girard de Viane, p. 63.)

Ils publiaient les ordres du seigneur :

« Par sa maisnie a fait un ban huchier. »
(Cour. Louis, p. 70, v. 1503.)

Ils étaient enfin ses compagnons de chasse, de chevauchée, de plaisir :

« Girart gorge son faucon; autour de lui un millier d'hommes de sa mesnie, vêtus de hoquetons bordés d'orfroie et de jupons de soie vermeille. »
(Girard de Rouss., § 48.) [4]

Entre eux, ils se devaient une assistance et une affection fraternelles :

---

1. *Girard de Roussillon,* § 259, § 261, § 265, etc.
2. *Ibid.,* § 231, § 35.
3. *Girard de Viane,* p. 25.
4. Adde, *ibid.,* § 268, etc.

LE COMPAGNONNAGE DANS LES CHANSONS DE GESTE 163

« Damoiseaux de ma mesnie, aimez-vous mutuellement. »
(*Girard de Rouss.*, § 307.)

Le terme ancien de compagnon [1] s'est conservé.

« Bien sont d'une maisnie jusqu'à. M. compaignon. »
(*Ch. des Saisnes*, I, p. 141.)

« Ses veront mes maisnies et mes compainges. »
(*Aiol*, p. 189, v. 6504.)

Il a seulement, par l'usage, perdu de sa rigueur. Il est remplacé souvent par les mots équivalents ou plus vagues de pair [2], privé, dru [3], ami *juré et plevi*, accidentellement [4] par un terme déformé (*abbaich*) paraissant venir du mot *ambactus* dont César se sert pour désigner les clients et les compagnons gaulois.

La maisnie est loin d'être la seule forme de compagnonnage qui subsiste vivace à côté du fief. Il en est de plus larges, il en est de plus étroites, de plus éphémères et de plus durables.

CHAPITRE V. — LE COMPAGNONNAGE D'AVENTURE.

Un guerrier audacieux qui veut entreprendre une expédition, une conquête, groupe autour de lui des milliers de compagnons qui lui engagent leur foi et leurs services. Ainsi fait Guillaume d'Orange quand il veut conquérir l'Espagne que l'empereur Louis lui a donnée en fief. La scène est pleine de mouvement et de vie [5].

« Seur une table est Guillaumes montez,
A sa voiz clère commença à crier :

---

1. Cf. *Lex Salica*, LXIII (Cod. 6 et 5, édit. Hessels) : « Si quis in hoste in conpanio de conpagenses suos hominem occiderit... in triplo conponat. » Cod. 10 : « Si quis hominem ingenuum qui lege salica vivit in hoste, in companio, de companiei suorum occiderit... in triplo conponat. »
2. D'où l'expression fréquente : « pair et compagnon. »
3. A rapprocher de *trustis*.
4. *Girard de Roussillon*, p. 138.
5. *Charroi de Nîmes*, v. 636 suiv.

> « Entendez-moi de France li barnez...
> Ce vueil-ge dire as poures bachelers,
> As escuiers qui ont dras dépanez,
> S'o moi s'en vienent Espaigne conquester
> Et le païs m'aident à aquiter...
> Tant lor dorrai deniers et argent cler,
> Chasteaus et marches, donjons et fermetez,
> Destriers d'Espaigne, si seront adoubé. »

Trente mille hommes répondent à cet appel :

> « Quant cil l'oirent si sont joiant et lié,
> A haute voiz commencent à huichier :
> « Sire Guillaume, por Deu ne vos targiez!
> Qui n'a cheval o vos ira a pié. »
> Qui donc véist les poures escuiers,
> Ensenble o els les poures chevaliers!
> Vont à Guillaume le marchis au vis fier,
> *En petit d'eure en ot trente milliers,*
> *A lor pooirs d'armes apareilliez,*
> *Qui tuit en ont juré et afichié*
> *Ne li faudront por les membres tranchier. »*

D'autres fois c'est la bravoure dont un chevalier a fait preuve, le renom dont il jouit, qui le fait reconnaître spontanément comme chef par de nombreux compagnons. Auberi le Bourgoing trouve à la cour de Baudoin de Flandre cent chevaliers français qui vont à lui et lui demandent à devenir ses hommes. Comme il allègue qu'il est pauvre et n'a rien à leur donner, ils répondent :

> « Ne prendons pas garde à la poureté,
> Mais au grant sens et a la grant bonté,
> A la prouece et a la loiauté,
> S'estes haus home et de grant parenté...
> Recheves nos en droite loiauté,
> Et nos serons vostre home et vo(i) juré
> Ne vos faurons por home qui soit né(s). »

Auberi consent. Le serment est prêté :

> « Auberis a si saiiement parlé
> Qu'il li ont tuit et plevi et juré,
> Ne li faudront ; ensi l'ont creanté. »
>
> (*Chanson d'Auberi*, éd. Tobler, p. 27-28.)

Dans Macaire, le bûcheron Varocher, armé chevalier pour ses exploits, voit accourir mille compagnons prêts à le servir en lui engageant leur foi :

> « Tel mil d'entre eus qui vuelent gaaingnier
> En sa compaigne vont à lui s'ajoster
> Et si li jurent l'aideront sans fauser.
> Et Varochers les a pris volentiers.
> Dist Varochers : « Ne le vos quier celer,
> Cil qui venront o moi a guerroier
> Ja del gaaing ne lor quier un denier ;
> Mais vos estuet estre vaillant et fier,
> Que en tel lieu vos vorrai je mener
> Où troverons tante arme et tant destrier
> Et tant avoir, que d'or que d'argent cler,
> Plus en aurés n'en saurés demander. »
>
> (*Macaire*, éd. Guessard, v. 2541, suiv.)

CHAPITRE VI. — LA FRATERNITÉ FICTIVE.

Les liens créés par la parenté, par la *maisnie*, par le compagnonnage que j'ai appelé « d'aventure » se renforcent, soit entre chef et compagnon, soit entre compagnons d'un même chef, par des pactes d'une énergie croissante. Les mêmes pactes font naître des rapports individuels d'une rare étroitesse entre des hommes jusque-là étrangers l'un à l'autre. C'est la fraternité fictive par le sang qui survit, comme a survécu le comitatus dans son ensemble.

§ I. — *Formes et stipulations.*

Dans le Roman de Lancelot du Lac, trois chevaliers se font saigner ensemble et mêlent leur sang pour contracter une fraternité [1]. Ce rite n'était plus que l'exception. Avec la douceur plus grande des mœurs et sous l'influence du christianisme, le serment s'était presque seul conservé.

La description la plus complète de la cérémonie nous est fournie, je crois, par la chanson de Girard de Viane. Il s'agit du compagnonnage fameux de Roland et d'Olivier, qui se trouvaient, au moment où ils le contractèrent, dans deux camps ennemis. Ils parlent à tour de rôle. Chacun énumère les engagements qu'il prend, en les plaçant sous l'invocation divine :

> « Rollant parlat au corage aduré :
> — Sire Olivier, ja ne vos iert celé,
> *Je vos plevis la moie loialté*
> *Que plus vos aim que home qui soit né,*
> Fors Karlemain li fort Roi coroné.
> *Puisque Deus veut que soions acordé,*
> Jamais n'arai ne chastel, ne cité,
> Ne bosc, ne ville, ne tor, ne fermeté,
> Que n'i partiez, *foi que je doi à Dé !*
> Aude panrai, sé il vos vient en gré ;
> Et sé je puis, ains IIII. jors passé,
> Aurez au Roi et pais et amisté.
> Et s'il ne l'fait tot à ma volanté,
> Qu'il ne le voille otroier ne graer,
> O vos irai léans en la cité,
> Ne li faut guerre en trestot son aé. »
> Olivier l'ot ; si l'en a mercié.
> *Andous ses mains en tent vers Dame Dé,*
> — *Glorious Sire, vos soiés aoré !*

---

1. Lacurne de Sainte-Palaye, *Mémoires sur l'ancienne chevalerie*, 3ᵉ partie, p. 227.

> *Que vers cest home m'avés hué acordé.*
> Sire Rollant, ne vos soit pas celé,
> *Je vos aim plus que home qui soit né.*
> Ma suer vos doing volantiers et de gré
> Par tel covant, com je vos ai conté
> Que vers Karlon soiens bien acordé. »
>
> (*Girard de Viane*, éd. Tarbé, p. 155.)

Ces engagements, principaux et accessoires, sont ratifiés solennellement par une accolade et un serment :

> « Tot maintenant ont lor chief desarmé ;
> Si s'entrebaisent par bone volenté ;
> Puis sont assis sur la verde erbe ou pré¹.
> Lors fois plevissent en bone volenté,
> Et compaignie en trestot lor aé. »
>
> (*Ibid.*, p. 155-156.)

Si Roland et Olivier n'eussent été en rase campagne, ils auraient prêté leur serment sur des reliques ou sur les livres saints. Dans Aiol, le roi Louis propose au héros de la chanson deux compagnons² :

> « Or serés compaignon, vous et Jobert,
> Ylaires ert li tiers de saint Lambert :
> L'autre jor m'en proierent a Saint-Marcel. »
>
> (*Aiol*, v. 4512 suiv.)

Le pacte est ainsi conclu :

> « Si se sont compaignié devant le roi ; »

---

1. Même attitude d'Ami et d'Amile :
   « Or sont li conte andui assiz sor l'erbe
   Il s'entrafient compaigneie nouvelle. »
   (*Amis et Amiles*, éd. Hofmann, v. 199-200.)
N'y aurait-il pas quelque vague et lointaine réminiscence de la bande de gazon soulevée du sol ? Je n'ose insister.

2. Les récents éditeurs de *Aiol* les ont pris à tort pour des écuyers (*Introd.*, p. vii). Chacun des compagnons avait son écuyer. (*Aiol*, v. 4685-4686.)

« *Sor sainz se sont juré, plevi par foi,*
  Que l'uns ne faura l'autre por riens qui soit. »
                                   (*Aiol*, v. 4519 suiv.)

Dans la chanson de Daurel et Beton, le serment est prêté sur l'Évangile :

« So respont lo duc Boves : « Lo sagrament farom »
Fai aportar .j. libre on lhi evangeli son,
Juran si companhia, lhi bauzo sus el mento. »
                  (*Daurel et Beton*, éd. P. Meyer, v. 26 suiv.)

§ II. — *Effets quant à la personne.*

D'une façon générale, les effets du pacte de compagnonnage, conclu comme nous venons de le voir, sont les mêmes que produisait la fraternité scandinave. En premier lieu, une affection, une assistance, un dévouement jusqu'à la mort.

Berron et Ogier sont compagnons. La conséquence en est clairement déduite :

« Conpains estoit Ogier le conbatant,
Par foi plévie, par itel convenant
Ne se falront dusqu'as menbres perdant. »
                                   (*Ogier*, v. 5422 suiv.)

Berron dit à Ogier :

« Ne vus faurrai por morir à vilage »
                                   (*Ibid.*, v. 4990.)

Ce dévouement, cette affection peuvent s'accroître encore ; le compagnon peut devenir plus complètement un *frère*. Au fort de l'effroyable mêlée de Roncevaux, Roland voit son compagnon Olivier frapper de si merveilleux coups qu'il resserre les liens qui les attachent, qu'il l'adopte en frère

« Ço dist Rollanz : *Or vus receif jo frère.* »
                                   (*Ch. de Roland*, v. 1376.)

Dorénavant c'est le nom qu'il lui donne ou qu'il ajoute à son titre de compagnon :

« Oliviers frère » (v. 1395).
« Olivier, cumpainz, frère » (v. 1456).

Dorénavant telle est la solidarité entre eux que l'un ne pourra plus survivre à l'autre :

« Ensemble od vus ci murrai, cumpainz frère. »
(laisse CLXIII.)
« Quant tu ies morz, dulur est que jo vif. »
(v. 2030.)

La foi des compagnons est naturellement exclusive :

« Je vos aim plus que home qui soit né »
(*Girard de Viane*, p. 155.)

répètent Olivier et Roland. Roland excepte, il est vrai, son seigneur Charlemagne, mais il ajoute qu'il l'abandonnera pour suivre Olivier s'il ne consent pas à faire la paix. Aucun des compagnons ne devait s'engager dans le lien d'un compagnonnage nouveau sans le consentement de l'autre. Dans la Chanson d'Amis et Amiles, le traître Hardré propose sa *compagnie* à Amile :

« Compaing serons, sire, se l'otroiez. »
(v. 596.)

Amile répond :

« ...de folie plaidiez.
Mon compaingnon le plevi je l'autrier
Qu'a compaingnie n'aurai home soz ciel. »
(v. 597 suiv.)

En réalité, Ami lui avait seulement fait promettre de ne pas prendre Hardré pour compagnon :

« Mais une chose voz voil je bien monstrer,
Que ne preingniez compaingnie a Hardre »
(v. 561-562.)

Une règle analogue s'appliquait au mariage. Je montrerai ailleurs les rapports étroits qui existent entre le compagnonnage et l'union conjugale. Je puis me borner à remarquer ici que le lien créé par l'un était de nature à nuire à l'autre. Le compagnon avait donc besoin du consentement de son compagnon pour se marier. Quand le pseudo-Amile doit épouser Bellissant, la fille de Charlemagne, un chevalier énonce ainsi les termes du serment de fiançailles de Bellissant :

« Vos jurrerez...
Que vos panrez Amile le baron
Au loement d'Ami son conpaignon
Ne antr'euls douz ne meterez tanson. »

(v. 1831 suiv.)

Par contre, le compagnon assure à son compagnon le concours, l'assistance de ses parents. Berron dit à Ogier qu'il lui amènera de ce chef vingt mille hommes :

« Conpains, ne vos cremés :
Od vos irai et *mes grans parentés*,
A vingt milliers seromes bien nonbrés;
Ne vos falroie, que je sui vos jurés. »

(*Ogier*, v. 4931 suiv.)

Le frère de Berron doit, à ses côtés, soutenir Ogier [1]. Et, en effet, ils meurent ensemble en le défendant [2]. C'est un acte de *loyauté* [3].

Un pacte entre deux personnes devient ainsi le point de départ d'une vaste association.

Du reste, le devoir d'assistance mutuelle entraînait l'obligation de ne pas s'exposer à la légère et sans un accord préalable. Ainsi le compagnon ne pouvait accepter un combat singulier sans l'autorisation de son compagnon. Celui-ci avait le droit, s'il lui plaisait, de prendre sa place. Renaud de Montauban, ayant provoqué Roland, reçoit de lui cette réponse :

1. Voyez Ogier, v. 5460 suiv.
2. *Ibid.*, v. 5650 suiv.
3. *Ibid.*, v. 5711-5712.

> « G'irai à Olivier *le congié demander*,
> Car il est mes compains plevis et afiés.
> *Ne puis prendre bataille vers home qui soit nés,*
> *Que li quens ne la face, se il li vient à gré.* »
> (*Ren. de Montauban*, p. 237, v. 4 suiv.)

Et Roland lui-même interpelle Olivier :

> « Dites, sire Oliviers, se por nos la feres,
> U mon cors u le vostre i covendra aler? »
> (*Ibid.*, v. 22-23.)

§ III. — *Violation de la foi.*

En règle, la compagnie était nouée pour l'existence entière :

> « Lors fois plevissent...
> Et compaignie en trestot lor aé. »
> (*Girard de Viane*, p. 155-156.)

Pour la faire cesser plus tôt, une rupture de foi, un *défi*, était nécessaire. Nos chansons nous en présentent divers exemples.

Garnier, fils de Doon, et le duc Bérenger sont devenus compagnons à la cour de Charlemagne :

> « Et furent compaignon entre lui et Garnier. »
> (*Aye d'Avignon*, éd. Guessard et P. Meyer, v. 24.)

Leur compagnie avait duré quatre ans sans trouble. Mais Charlemagne donne à Garnier la main d'Aye d'Avignon déjà promise à Bérenger. Aussitôt Bérenger met son compagnon en demeure de renoncer à ce mariage sous peine de rupture de leur association et sous menace de mort.

> « Nel pensés, fet il, ja, sire compains Garniers,
> Que vous prenez la fame ne la terre bailliez
> *Car hui departiront les nostres amistiez.*
> Ja ne vivrez o li demi an ne entier
> Que je ne vos en fiere de m'espée ens el chief. »
> (*Aye*, v. 112 suiv.)

C'est un *défi* conditionnel, dans le sens primitif du mot. Garnier répond par une mise en demeure contradictoire :

« Vos estez mes compains passé IIII ans entier ;
Je vous semons as noces qu'o moi venez mengier. »
(*Aye*, v. 125-126.)

La foi est rompue, la compagnie a pris fin.

Dans Garin le Loherain, les deux fils d'Hervis, Garin et Bègue de Belin, sont présentés à la cour de Pépin par leur oncle et tuteur Henri, évêque de Châlons, lequel demande à Pépin de les retenir auprès de lui. Pépin prend le conseil d'Hardré, et Hardré, en même temps qu'il approuve, décide que les deux jeunes gens deviendront compagnons de ses deux fils, Fromont et Guillaume de Monclin.

« Compains seront à ambedeux mes fils »

Le poète ajoute :

« Compains Guillaume fu Begons li petis,
Fromons ses freres refu compains Garin. »
(*Garin le Loherain*, éd. P. Paris, I, p. 63.)

Les mêmes jeunes hommes sont appelés plus loin *compagnons jurés* :

« Li dux Garins est el palais montés :
Joste-lui Begues, de qui il fut amés,
Fromons, Guillaumes, leur compaignon juré. »
(I, p. 80.)

Voici en quelles circonstances cette compagnie fut rompue. La conduite d'une expédition contre les Sarrazins avait été confiée par Pépin à Garin le Loherain, et l'enseigne de Saint-Denis remise à la garde des quatre compagnons. Une fois en présence de l'ennemi, Fromont et son frère Guillaume sont détournés par leur oncle Bernard de Naisil de prendre part à l'attaque. Garin le leur reproche comme une violation du pacte de compagnonnage :

> « Mes compains estes et pleivis et jurés.
> Vos sairement, vos fiance acquitez,
> Et el non Dieu avec moi en venez. »
>
> (*Garin le Loherain*, I, p. 102.)

Et comme ils persistent dans leur défection, Garin dénonce à son tour le pacte en déclarant à Fromont qu'il ne lui donnera pas sa part du butin qu'il conquerra :

> « Se je conquiers avoir, já ni penrez. »
>
> (I, p. 103.)

part qui sans cela, nous le verrons, eût été de moitié.

Il semble résulter de là que l'inexécution des clauses du contrat en entraîne de plein droit la résolution. L'un des compagnons a rompu la foi, l'autre est dégagé. C'est ce que dit clairement aussi Garin en s'adressant plus tard à Fromont :

> « Sire Fromons de Bordelle la grant,
> *Compaignons d'armes avons esté lons tens,*
> Amé vous ai de fin cuer léaument;
> Bien me montrastes à l'encommencement :
> Puis en l'estour où j'entrai fierement
> *Vous me guerpites et li votre parant.* »
>
> (*Ibid.*, I, p. 124.)

§ IV. — *Effets quant aux biens.*

Les effets du compagnonnage quant aux biens ne se sont pas conservés moins intacts que ses effets sur la personne. Comme chez les Scandinaves, une communauté universelle naît entre les compagnons. Le pacte conclu entre Roland et Olivier le stipule expressément[1], mais c'est surtout dans la chanson de Daurel et Beton que ce point est mis en pleine lumière.

Le duc Beuve d'Antone est un puissant et riche seigneur, « un riche duc de Fransa; » son vassal le comte Gui ne possède pour tout bien qu'un castel, le castel d'Aspremont.

---

1. Voyez *suprà*, p. 166.

« Cel que non na vila ne valor
Mas que sol hun castel c'um apela Aspremont. »
(*Daurel et Beton*, éd. P. Meyer, v. 9-10.)

Malgré cette inégalité de fortune et de condition, le duc Beuve propose à Gui de former un pacte de compagnonnage, et voici sur quelles bases :

« Lo meu alue vos solvi, e aujo lolh baro,
Et seret vos en gaun segner de ma mayzo.
Jurat mi companhia a totz jorns que vivo ab nos.
Mas s'ieu prengui molher e nom venh enfanto,
S'ieu mori denan vos, companh, ieu la vos do,
Mos castels e mas vilas, ma tera e maio
Vos solvi, bels companh, eus meti a bando[1]. »
(*Ibid*, v. 15 suiv.)

Le comte Gui accepte; il stipule à son tour :

« Et jeu pren lo, si vos plas, ab aital gaserdo
Guidaray vostras ostz em metray a bando
Pertot on vos volres e lai on vos er bo. »
(v. 23 suiv.)

La conjuration est faite ensuite dans le palais, devant une nombreuse assistance de barons :

« Ad Antona el palais si c'o viro .V^c. »
(v. 32.)

Il ressort des stipulations de ce pacte que, du vivant des deux compagnons, leurs droits sont égaux sur les biens l'un de l'autre, quoique les apports soient inégaux. Le duc Beuve déclare que Gui sera le seigneur de sa maison (*chef de mez, caput mansi*, comme le disent de l'*aîné parager* anciennes coutumes et cartu-

---

1. Je traduis : « Je vous cède mon alleu, que les barons l'entendent — Et vous serez seigneur de ma maison — Jurez-moi compagnie pour tous les jours de notre vie.—Si je prends femme dont je n'aie pas d'enfant —Et que je meure avant vous, compagnon, ma femme je vous la donne — Mes castels, mes villas, ma terre et ma maison — Je vous les cède, je vous les abandonne, beau compagnon. »

laires), le seigneur de son alleu. Le comte Gui, à défaut d'autres biens que le castel d'Aspremont, promet des services exceptionnels; il se chargera de la direction de l'ost. Cette ost devient *commune* comme les biens. L'accord, dit le poète, dura dix ans pendant lesquels ils mêlèrent, ils confondirent leurs terres et leur ost :

« E mesclero lor teras e lor ost assimen [1]. »
(v. 35.)

Que deviendra cette communauté à la mort de l'un des compagnons? Sera-t-elle partagée également entre le survivant et les héritiers du mort, ou bien reprendra-t-on de part et d'autre la propriété des biens mis en commun? En d'autres termes, est-ce la pleine propriété ou le simple usufruit qui sont entrés dans la communauté? Celle-ci est-elle vraiment une communauté de tous biens, ou seulement une communauté d'acquêts?

Remarquez d'abord le règlement fait par le duc Beuve pour le cas où il viendrait à se marier et à mourir sans enfants. Son compagnon doit avoir et la veuve et les biens. C'est l'application de la règle ancienne [2] que le compagnon n'exclut pas un parent plus proche, mais qu'il succède à son rang comme frère. Il peut avoir ainsi l'intégralité de la fortune et alors la question soulevée ne se pose pas. Elle se pose au contraire quand il y a un héritier plus proche. Or il ne semble pas douteux qu'en pareil cas la communauté se partage également entre l'héritier et le compagnon. Cela résulte déjà de l'identité des termes dont se sert le duc Beuve pour la mise en communauté et pour le règlement de sa succession :

« Lo meu alue *vos solvi*
S'ieu mori denan vos...
Mos castels et mas vilas, ma tera e maio
Vos solvi... »

---

[1]. On retrouve la même expression dans Beaumanoir : « puisque li mueble de l'un et de l'autre sont mellé ensanlle. » *Coutumes de Beauvoisis*, éd. Beugnot, I, p. 305.

[2]. Voyez *suprà*, p. 148.

Cela résulte surtout des évènements postérieurs. Le duc Beuve se marie : il a un fils. Puis il est indignement trahi par son compagnon, il est assassiné par lui. Celui-ci convoitait la femme de Beuve et ses grandes richesses. Frappé à mort, le duc Beuve le supplie de ne pas faire de mal à son fils, de ne le tuer ni le déposséder, et de se contenter de la moitié de ses biens :

« De tot cant a la meitat vulh aiatz. »
(v. 417.)

Comme cet entretien se passait sans témoins, il est impossible d'y chercher un acte de dernière disposition. Il faut donc admettre que la moitié était acquise de droit au compagnon : c'était le résultat du partage égal de la communauté.

Chapitre VII. — Le compagnonnage parfait. Conclusion.

Je voudrais montrer encore le compagnonnage porté à sa suprême puissance, en analysant le type le plus complet dans lequel il s'est incarné, le type d'Ami et Amile [1].

Ami et Amile ne sont pas parents, mais ils sont prédestinés à l'être fictivement. C'est par la volonté divine qu'ils le seront. De même que l'homme ne choisit pas ses parents naturels, de même ici le compagnon ne choisit pas son compagnon :

« Huimais orrez de II bons compaingnons,
Ce est d'Amile et d'Amis le baron...
Ansoiz qu'Amiles et Amis fussent ne,
Si ot uns angres de par deu devise
La compaingnie par moult grant loiaute. »
(v. 11 suiv.)

Ils sont plus que des frères fictifs, ils sont des jumeaux fictifs, et par la coïncidence exacte de leur naissance et de leur baptême,

---

1. *Amis et Amiles*, éd. Konrad Hofmann (Erlangen, 1882).

et par leur ressemblance si parfaite qu'il est impossible de les distinguer, même les voyant côte à côte.

> « En une nuit furent il engendre »
> (v. 22).

> « Et en un jor furent ne li baron »
> (v. 14).

> « Et en un jor baptizie et leve »
> (v. 23).

> « Il s'entresamblent de venir de l'aler
> Et de la bouche et dou vis et dou nes, etc. »
> (v. 39-40).

> « Tant s'entresamblent de vis et de menton
> Dou contenir del nes de la raison,
> Que les douz contes ne desseverroit hom,
> Qui est Amiles ne Amis li baron. »
> (v. 3103-3106.)

Le père d'Ami est seigneur de Clermont en Auvergne; le père d'Amile réside en Berry, à Bourges. C'est à grande distance que les deux enfants sont ainsi élevés; mais, dès qu'ils arrivent à l'âge d'être armés chevaliers, ils éprouvent un besoin irrésistible de se rejoindre. Ami part et se rend à Bourges, mais Amile est parti de son côté pour chercher Ami. Ils parcourent, en quête l'un de l'autre, l'Italie et la France, et ce n'est qu'après une pérégrination de sept ans qu'ils finissent par se rencontrer.

Aussitôt se conclut, se noue, ou plutôt se consacre et se renouvelle la *compagnie* à laquelle ils étaient prédestinés. Ils échangent leur foi, ils se lient à jamais :

> « Il s'entrafient compaingnie nouvelle. »
> (v. 200.)

Voici les deux jeunes gens à la cour de Charlemagne. Ils y ont fait des actions d'éclat, ils se sont concilié l'affection de l'empereur et ses bonnes grâces. Par là ils ont excité la jalousie du traître légendaire Hardré, de la lignée de Ganelon. Hardré veut les séparer et en même temps les attirer à lui pour mieux les perdre. Il offre une somme d'argent considérable, mille onces, à l'un d'eux, à Amile, et il fait épouser sa sœur Lubias à Ami, qui devient ainsi seigneur de Blaive.

Au moment où les deux amis doivent se quitter, nous voyons le compagnon intervenir dans tous les actes de la vie de son compagnon, le conseiller, le guider, lui dicter sa conduite.

Ami fait promettre à Amile qu'il ne liera pas compagnie avec Hardré. Il lui donne des conseils d'ordre plus délicat : il le met en garde contre les séductions de Belissant, la fille de Charlemagne. Ses craintes n'étaient pas chimériques, car Belissant s'introduit de nuit dans la chambre d'Amile, à son insu. Hardré guettait l'occasion. Il dénonce Amile à Charlemagne comme ayant déshonoré sa fille. Un combat judiciaire est décidé, mais Amile obtient un délai et il en profite pour se rendre auprès d'Ami lui confier son malheur. Il n'ose pas, en effet, affronter lui-même le combat judiciaire; il craint de commettre un parjure en affirmant sous serment que Belissant n'a pas été de nuit dans sa chambre, et par suite d'être vaincu. Ami le console et décide de prendre sa place. On ne le reconnaîtra pas, et il ne prêtera pas de faux serment. Amile, de son côté, ira le remplacer auprès de sa femme Lubias qui ne le reconnaîtra pas d'avantage. La loyauté de l'un égalera le dévouement de l'autre. Amile mettra une épée nue entre Lubias et lui quand il partagera son lit.

Cependant Ami se rend à la cour de Charlemagne où l'on croit voir revenir Amile. Il combat et vainc Hardré. Charlemagne ravi donne au vainqueur sa fille Belissant dont il a sauvé l'honneur. Mais, cruel embarras! Ami n'est qu'un pseudo-Amile et un pseudo-célibataire. Comment pourra-t-il se marier une seconde fois sans encourir les foudres de l'église, ou prêter le serment de fiançailles sans se rendre parjure. Ami espère s'en tirer par une restriction mentale, jurant dans son for intérieur au nom de son compagnon. Sa subtilité ne lui réussit pas. Un ange lui annonce qu'il n'en a pas moins commis un parjure et qu'il en sera puni. A peine, en effet, a-t-il repris sa place auprès de sa femme qu'il est frappé de la lèpre.

Lubias, épouse indigne, digne sœur de Hardré, l'abandonne, veut être séparée de lui, le relègue dans une cellule où il mourrait de faim si son fils n'allait en cachette lui apporter de la nourriture. Elle finit par le chasser hors de son domaine et l'oblige à errer à l'aventure. La famille naturelle du malheureux lépreux ne le traite pas mieux. Ses frères auxquels il va demander asile le repoussent sans pitié. Mais il arrive à Riviers dont Amile est le seigneur. Si défiguré qu'il soit par la hideuse maladie, si redoutable que soit la contagion, Amile le reconnaît, l'accueille, l'embrasse, l'entoure des soins les plus délicats, les plus tendres.

Il se désespère seulement de ne pouvoir le guérir, car le mal ne cesse d'empirer. Enfin, un nouvel ange apparaît au lépreux ; il lui indique un remède : que son compagnon consente à le baigner dans le sang de ses deux fils, et il sera guéri. — N'est-ce pas un emblème barbare de cette communauté du sang que le compagnonnage devait établir et qui se manifestait dans les rites primitifs par le sang versé et bu ?

Le moyen est si atroce qu'Ami garde le silence. Un jour pourtant que son compagnon le voyant pleurer se déclare prêt à tout lui sacrifier, jusqu'à sa femme et ses enfants :

« Se riens savoie en cest siecle vivant,
Qui voz poist faire assouaigement,
Se g'en devoie, quanques a moi apart,
Vendre engaigier ou livrer a torment
Nes mes douz fiz certez ou Belissant,
Si le feroiie, gel voz di et creant. »

(v. 2837 suiv.)

il lui laisse entrevoir qu'il y aurait un remède, tout en se refusant à le faire connaître. Amile le *conjure* par la foi qu'il lui doit de le lui révéler et Ami enfin s'y décide.

L'épreuve est terrible. Amile s'y soumet jusqu'au bout. Heureusement qu'un miracle rend à la vie les deux fils qu'il a sacrifiés pour sauver son compagnon.

Ami guéri rentre dans son domaine et pardonne à sa femme, puis les deux compagnons vont en pèlerinage à Jérusalem et, au retour, meurent ensemble à Mortain. La chanson d'Ogier nous les montre succombant d'un même coup, d'un coup de l'implacable Ogier. On enterre leurs corps à un arpent de distance : ils se rejoignent miraculeusement [1].

Voilà le compagnonnage idéal dans toute son énergie et toute sa pureté. Les compagnons ne font qu'un corps et une âme. Ce type parfait, la fiction poétique l'a animé et personnifié : elle ne l'a pas créé.

La réalité, sans doute, était souvent loin de l'idéal. Elle s'en éloigna de plus en plus à mesure que la féodalité proprement dite prit le dessus par la formation des grandes seigneuries et l'enchevêtrement des petites, à mesure aussi que la chevalerie s'en détacha comme une institution distincte. Le compagnonnage ne survécut guère que comme un moyen offert à des chevaliers d'associer leur fortune et de se soutenir mutuellement. Il devint la fraternité d'armes. Mais, fait bien digne d'attention, bien propre à montrer toute la vitalité qu'il recelait dans son sein, même alors, il retint les traits caractéristiques des âges primitifs. Lisez, au XIVe siècle, le pacte de fraternité conclu entre deux vaillants hommes de guerre, qui furent l'un et l'autre connétables de France, entre Duguesclin et Olivier Clisson [2], et vous entendrez l'écho à peine affaibli de ce compagnonnage, aux origines si anciennes, aux manifestations si multiples, dont j'ai demandé à nos chansons de geste la vivante et fidèle image.

---

1. *Chevalerie Ogier*, v. 5943 suiv.
2. « Sçavoir faisons que pour nourrir bonne paix et amour *perpétuellement entre nous et nos hoirs*, ...voulons estre alliez et nous alions *à tousjours* à vous... contre tous ceulx qui pevent vivre et mourir, exceptez le roi de France, etc. ...et vous promettons aidier et conforter de tout nostre povoir... Item voulons et consentons que de tous et quelconques proufiz et droitz qui nous pourront venir et echoir dore en avant... vous aiez la moitié entierement ...Item garderons vostre corps à nostre pooir, comme nostre *frère*... Toutes lesquelles choses... jurons sur les saintz Evangiles de Dieu corporellement touchiez par nous et chacun de nous, et par les foys et sermens de nos corps bailliez l'un à l'autre... » (Voyez le texte entier dans Ducange, XXIe Dissertat. sur Joinville.)

LA VERSION CATALANE
DE L'ENFANT SAGE

Par AMÉDÉE PAGÈS

Je n'ai pas l'intention de remonter aux origines de cette légende, qui sont, comme on le sait, orientales[1]. Je ne prétends pas non plus examiner les rapports qui unissent cet entretien avec les *Secundi philosophi responsa ad interrogationes Adriani*[2], ou avec l'*Altercatio Hadriani cum Epicteto*[3], ou encore avec la *Disputatio Pippini cum Albino*[4], ou enfin avec les *Joca monachorum*[5]. Pourquoi Secundus devient-il ici Epictetus, là Albinus (c'est-à-dire Alcuin)? Pourquoi Adrianus se transforme-t-il à son tour en Pippinus? A quelle époque enfin ce récit, primitivement païen, du moins dans le texte grec qui nous en est resté, s'est-il *christianisé* et est-il devenu la joie des clercs du moyen âge? C'est ce que d'autres, plus compétents, nous feront savoir quelque jour. Au reste, un érudit russe, M. Boldakoff, prépare et annonce un travail général sur l'histoire de l'*Enfant sage*. A lui de satisfaire notre curiosité.

Pour moi, je me propose simplement de fournir une petite contribution à cette histoire en montrant que le dialogue d'Adrien

---

1. *Vie et sentences de Secundus, d'après divers mss. orientaux*, par M. E. Révillout. Paris, Imprim. Nat. 1873. Consulter aussi E. Knust, *Mittheilungen aus dem Eskurial*, Stuttgart, 1879, p. 607 et suiv.
2. Mullach, *Fragmenta philosophorum graecorum*, I, 519.
3. Orelli, *Opuscula Graecorum veterum sententiarum*, I, 230-239. — Mullach, op. cit., I, 518-521.
4. Migne, *Patrologia latina*, CI, 354 sqq.
5. P. Meyer, *Bulletin de la Soc. des anc. textes français* (1875), p. 72, et *Romania*, I, 483.

et d'Epictète a été assez répandu au delà des Pyrénées; ce que l'on ne savait pas encore d'une façon très exacte.

Je publie ci-dessous le texte catalan de l'*Enfant sage*, d'après le ms. G. 35. de la Bibliothèque de l'Académie de l'Histoire à Madrid (fonds de D. Luis de Salazar y Castro[1]). Ce texte appartient à la fin du xiv° siècle.

Il existe aussi du même ouvrage une version castillane, imprimée en 1540, sous le titre : *Las Preguntas que el emperador Adriano hizo al infante Epitus*[2]. Nous ne savons pas si l'opuscule espagnol a été réimprimé depuis, mais la chose est peu probable, car quelques-unes des solutions données par Epitus aux énigmes d'Adrien parurent aux inquisiteurs espagnols contraires à la saine doctrine de l'Église, et le livre fut condamné en 1559. Si le conte de l'*Enfant sage* est maintenant inconnu en Espagne, il n'en est pas de même en France où actuellement encore on le réimprime et où il circule sous forme de plaquettes de colportage. Une des plus récentes a été imprimée en 1841, à Pont-à-Mousson, chez A. Simon[3].

On peut affirmer pour ainsi dire *à priori* que les versions française et provençale du *dialogus Adriani et Epicteti* sont antérieures aux versions catalane et castillane. Il ne m'a pas été possible d'examiner le texte castillan; néanmoins, j'estime que

---

1. Voir, dans *Romania*, XVIII, 239-244, la description complète que j'ai donnée de ce manuscrit.

2. « El qual se enprimio en Burgos, en casa de Juan de Junta : en el año de mil y quinientos y quaranta (1540) años. » In-4° de 12 ff. Un exemplaire de cette édition fut vendue à la vente Heber (*Bibliotheca Heberiana*, t. IX, p. 161); un autre exemplaire est décrit dans le *Catálogo de la biblioteca de Salvá*, n° 2132.

3. Pour toutes les éditions françaises, en général, consulter Brunet aux mots *Enfant* et *Questions*. A la Bibliothèque Nationale, on trouve la plupart des éditions anciennes à la cote Z 2122, et quelques éditions modernes à la cote Rp 1527 et 1528. La littérature bretonne possède aussi des versions de ce petit dialogue. Nous en connaissons une, imprimée tout récemment sous ce titre : *Ar Iuguel fur da tri bloas*. Montroulez, Haslé, 1874. 32 pp, in-12. Le traducteur, M. Guillerm Duboishardy a, je ne sais pourquoi, remplacé Adrien par Constantin.

le provençal, sinon le catalan lui-même, a été le prototype du castillan. En tout cas, le catalan est bien, selon toutes vraisemblances, traduit du provençal.

Comme l'a montré M. Paul Meyer [1], on possède en provençal deux versions de l'*Enfant sage*, qui dérivent évidemment de deux originaux latins sensiblement différents. L'une, représentée par un seul manuscrit (B. N. fr. 22,543) a été publiée par Bartsch, *Denkmäler der provenzalischen Literatur*, p. 306-10. L'autre se rencontre dans trois manuscrits : Arsenal, 8315 (fol. 19 à 24 c); B. N. fr. 1745 (fol. 153 à 156 b); et enfin B. N. fr. 25415 (fol. 36 à 40 c).

C'est à cette seconde version provençale que tient évidemment de très près notre version catalane. J'ai pu m'en convaincre en faisant une collation minutieuse des trois manuscrits provençaux, que j'aurais publiée en regard du texte catalan si je n'avais craint de donner trop d'étendue à cette étude. Je me suis contenté de noter les principales différences qui séparent le texte provençal du texte catalan. En général, le catalan est beaucoup plus bref que le provençal.

DEL INFANT EPITUS [2].

Una vegada fon un infant que havia nom Epitus. Aquell infant fon acomanat a un princep, aquell princep acomanat a un bisbe, aquell bisbe acomanat a un comte, aquell comte acomanat a un rey, aquell rey acomanat a un emperador, aquest emperador envial a un savi duch, lo pus entes que fos en totes les terres d'Orient. E quant l'infant fon en aquella ciutat, on era aquell savi duch, e no volgue venir davant

---

1. *Bulletin de la Soc. des anciens textes français* (1875), p. 72.
2. Ce n'est pas la seule déformation qu'ait subie le nom d'Epictète. Les mss. latins, ayant abrégé *Epictetus* en *Epitus* (avec le *t* barré), on lut et on transcrivit tout simplement *Epitus*. Cette forme fut, à son tour, abrégée en *ēps* qui représentait aussi l'abréviation du mot *episcopus*. C'est, en effet, le mot *episcopus* que nous lisons en tête de la version provençale, publiée par Bartsch, *Denkmäler der provenzalischen Literatur*, p. 306-10. La forme *Pictaus*, qui se trouve dans le même texte et que Bartsch traduit par *aus Poitou*, est une interprétation erronée du mot *Epitus*. Les trois autres versions provençales,

ell. E digueren tres cavalers d'aquell savi duch : aquest infant nons coneix, anem lo veure, e parlem ab ell. E quant foren davant lo dit infant, demanaren li don era vengut[1].

Respon l'infant : yo so vengut de mon pare e de ma mare, e so engenrrat e criat del manament de nostre senyor Deus.

E ells li demanaren : per quina rao est tu açi vengut?

L'infant respos : yo so açi vengut per adoctrinar e per castigar los homens necgligents e no enteses en saviesa.

Aquells li digueren : donchs tu es[t] savi ?

L'infant respos : aquell es savi qui a ssi meteix castiga.

Aço fon comptat al emperador Adrian. L'emperador de continent envia per l'infant, e quant fon davant lo dit emperador, l'emperador li demana :

Infant, com es fet lo cel ?

L'infant respos : si lo cel fos fet, ja fora caygut.

Donchs, fon nat ?

L'infant respos : si fos nat, ja fora mort.

Donchs, quina cosa es lo cel ?

L'infant respos : cosa es secreta[2] de nostre senyor Deus e sera per tots temps.

L'emperador li demana : quants son los cels ?

L'infant respos : vij. Hu ni ha de la trinitat, on sta lo pare e lo fill e l'Esperit Sant. Altre ni ha qu'es mes baix, que li dien *emperium*, que es axi com foch. Altre ni ha que li dien *cristallum*, que es axi com cristall. Altre ni ha que li dien *aureum*, que es axi com or. Altre ni ha

---

ainsi que la plupart des versions françaises traduisent *Epitus* par *petit*. Toutefois la version française, éditée par William Martin (Paris, Aug. Aubry, 1859, in-8°) d'après le ms. B. N. fr. 1164, contient *petit-filz*, faute évidente provenant de ce que le copiste a lu *filz* au lieu de *fist*. Une édition française du xv° siècle, citée par Brunet, à l'article *Questions*, nous offre la forme *Apidus*. Enfin Kemble, *The dialogue of Salomon and Saturn*, London, 1848, cite la forme plus bizarre de *Ritheus*.

1. Ce début est sensiblement différent de celui que nous offrent les versions françaises et provençales. Voir, pour ces dernières, P. Meyer, *Bulletin de la Société des anciens textes français* (1875), p. 73. Le désaccord que l'on constate ici entre le provençal et le catalan est une des raisons principales pour lesquelles nous ne pouvons pas affirmer catégoriquement que le catalan a été traduit directement du texte représenté par les trois mss. provençaux.

2. Provençal : Arsenal et B. N. fr. 25415 *setiada*; B. N. fr. 1745 *asetiada*.

qu'es humanal via de Jhesu Crist. Altre ni ha que li dien *angeli sante ecclesie*[1].

L'emperador li demana : que es Deus?

L'infant respos : aquell es Deus que tot lo mon feu de no res e totes les altres coses del mon que te deius en son poder.

L'emperador li demana : que ixque primerament de la boca de nostre senyor Deu?

L'infant respos : Sent Johan ho recompta en l'evangeli, en aquell que diu : *in principio erat verbum*.

L'emperador li demana : que dix Deu primerament?

L'infant respos : sia feyta lum.

L'emperador li demana : qual lum fon feyta primerament?

L'infant respos : los angels e los arcangels.

L'emperador li demana : quantes son les ordens dels angels?

L'infant respos : viij. La primera dien *Cherubin*; la .ij.ᵃ *Seraphin*; a la .iij.ᵃ *Tronus*, a la .iiij.ᵃ *Dominacions*, a la .v.ᵃ *Principatus*, a la .vj.ᵃ *Potestats*, a la .vij.ᵃ *Virtuts*, a la viij.ᵃ *Angeli*, a la novena *Arcangeli*.

L'emperador li demana : que feu Deus primerament?

L'infant respos : los angels e los arcangels. Aquesta santa obra feu Deus lo dia sant del mon. Lo dilluns feu Deus lo firmament. El dimarts feu Deus la terra e la mar e les arenes. El dimercres feu Deus los ocells e los peix. Lo digous feu Deus les besties. Lo divendres feu Deus e forma Adam en Parais. Lo disapte, ell reposa, no perque ell fos canssat, mas perque havia sa obra acabada[2].

L'emperador li demana : quina cosa es la mar?

L'infant respos : carrera[3] incerta e maravellosa cosa.

L'emperador li demana : que es l'om?

L'infant respos : ymatge de Deu.

L'emperador li demana : quina cosa es son?

L'infan respos : ymatge de mort.

Quina cosa es la mort?

---

1. Il est à remarquer que tout ce passage sur le nombre des *cieux* manque dans les versions françaises. En outre, le provençal, comme le catalan, n'énumère que six cieux, après en avoir annoncé sept.

2. Le texte provençal renferme une question complémentaire ainsi conçue (d'après B. N. fr. 1745) : *Lo emperador demanda : per que pauzetz lo disapte ell e tota sa obra? — L'efan dis : car en aquell dia benezi totas las causas que ell avia creadas e fformadas*.

3. Les trois mss. provençaux ont *serena*, évidemment fautif; le français : *voie*.

L'infant respos : cosa es a que l'om no pot fogir per nenguna manera¹.

L'emperador li demana : qual fon aquell que mori e no nasque?

L'infant respos : Adam.

L'emperador li demana : de quantes coses fon feyt Adam?

L'infant respos : de .vij. Del lim de la terra, e de l'ayga de la mar, e del sol, e dels nuvols e² del cel, e del vent, e de les pedres, e del Sperit Sant.

L'emperador li demana : en quina manera fon feyt de aquestes .vij. coses?

L'infant respos : del lim de la terra fon feyta la carn; la sanch fon feyta de l'ayga de la mar, los ulls del sol, que axi com lo sol es lum de la terra, axi los ulls son lum del cors, dels nuvols foren feytes les cogitacions, del vent fon feyt lo ale, de les pedres los ossos, e del Sperit Sant fon feyta l'arma. Perque del lim es feyt, axi com mes va, axi deu esser mes cansat; per la mar deu esser molt noble; per lo sol deu esser molt savi; per les nuus deu esser molt scas; per lo vent molt lauger; per les pedres deu esser molt dur, per l'Eperit Sant deu esser molt bo [e] obedient a nostre senyor Deus [e] a sos manaments³.

L'emperador li demana : a quina hora menga Adam lo fruyt que nostre senyor li havia vedat?

L'infant respos : a terça, e, a ora de nona, fon gitat de Parais.

L'emperador li demana : quants peccats feu Adam, per que nos altres nos batejam?

L'infant respos .vij. Superbia, sacrilegi, omicidi, furt, fornicacio, avaricia, scusacion de penitencia.

L'emperador li demana : superbia, que vol dir⁴?

Superbia es aquell qui vol esser mes en sa voluntat que en la de

---

1. On lit encore dans la version provençale (d'après fr. 1745) : *Lo emperador demanda : que es sompni? — L'efan dis que causa es que dona alegrier ses profiegz e tristeza ses dan.*

2. A supprimer la conjonction *e*, comme le prouvent les provençaux qui donnent tous : *e de las nivols del cel.*

3. Voici la phrase correspondante dans le provençal, toujours d'après fr. 1745 : *Enayssi co fo fagz del limo de la terra dec esser plus lis, e de l'ayga motz savis, e del solelh motz nobles, e de las nivols motz cars* (Ars. et 25415 *escas*), *e del ven motz laugiers, e de las peyras motz durs, e del santz esperitz per que dec esser motz bos e motz bobediens a nostre senhor dieus e als cieus mandamens.*

4. La question manque dans les mss. provençaux.

nostre senyor Deus; sacrilegi es aquell lo qual no creegue ço que Deus li havia manat; homicidi es aquell qui mata si meteix e dampna la sua anima; furt es perque furta ço que Deus li havia vedat; fornicacio, perques desespera e no creegue en lo manament de Deus e creegue le diable; avaricia, perque demana mes que no merexia; copdicia, perque copdicia ço que Deus li havia vedat; scusacio de penitencia, e nos penedi quant hac fet lo peccat. E lavors li vench nostre Senyor e li demana : « Adam, com stas? » Respos : « Senyor, he hoida la tua paraula e he hauda paor e som amagat ». E per aquest peccat stech Adam en los infernes .v. m. ccxxv. anys e .vj. ores, e tots los homens justs e peccadors anaven en los inferns en poder del diable. E per aço notre Senyor, qui es plen de pietat e de misericordia, envia l'Esperit Sant en la gloriosa Verge maria, e nasque d'ella vertader Deus e vertader hom, e volgue pendre mort e passio en l'arbre de la vera creu per nosaltres peccadors salvar, e devalla als inferns e tragué'n Adam e tots los sants Pares. E apres la resureccio sua envia sos apostols preycar per tot lo mon que fessen batejar les gents en nom del Pare e del Fill e del Sant Sperit.

L'emperador li demana : qual cosa es que james nos pot fartar ?

L'infant respos : de guanyar.

L'emperador li demana : per quantes maneres tempta lo diable l'om ?

L'infant respos : per quatre, per mala sospita, per mala cogitacio, per delit de avaricia e per gran copdicia.

L'emperador li demana : per quantes maneres pren seguretat lo diable en l'om ?

L'infant respos : per tres : la primera, que hom no satisfaça sos torts quant es jove, mas que s'esper quant sia vell[1]; la segona es que li fa encreent que altres han fet maiors peccats que ell; la terça cosa que li consella : « fes molts peccats, que gran es la misericordia de Deus e perdonarlos t'a ». E per aquestes .iij. coses leva lo diable les animes dels homens als inferns.

L'emperador li demana : per quantes coses s'esta l'om de fer penitencia[2] ?

---

1. Provençal (ms. fr. 1745) : *la premieyra, que no fassa cofessio de sos peccatz a nostre senbor dieus e dis lo diable : moltz iesiz encaras joves e be manifestaras tos peccatz e faras penitentia can seras viells.*

2. Provençal (ms. fr. 1745) : *lo emperador demanda : per cantas causas esta home que non cofessa ni penedensa* (Ars et 25415 *nis peneda de sos peccatz*).

L'infant respos : per quatre : la primera es per necgligencia, la segona es que ha vergonya de dir sos peccats, la terça es que per temor de Deus haia a satisfer sos torts, la quarta es mala perseveracio d'estar en lo peccat.

L'emperador li demana : quants son los peccats principals?

L'infant respos : .vij., ço es superbia, avaricia, luxuria, ira, gola, enveja, perea[1].

L'emperador li demana : quantes son les coses que porten al hom a Parais?

L'infant respos : iij. Bona cogitacio[2], bona paraula, bona obra.

L'emperador li demana : quantes son les coses que porten los homens als inferns?

L'infant respos : iij. Mala paraula, mala cogitacio, mala obra.

L'emperador li demana : quants son los senyors a qui l'om serveix?

L'infant respos : quatre; lo primer es *va*, lo segon es *vil*, lo terç es *mal*, lo quart es *bo*. E per lo senyor *va* entenem aquest segle, e per lo *vil* entenem lo cors, e per *mal* entenem lo diable, e per lo *bo* entenem nostre senyor Jesus-Christ. Per ço servim al *va*, com demanam riquea e honors, que les riquees ab trebayll son guanyades e ab gran dolor son lexades, per que hom s'en passa d'aquest regne e de tal senyor reeb hom guardo va[3]. A *vil* senyor servim, com demanam los delits corporals, que com l'om mes viciosament viu, axi com es finat, pus tost son podrides les sues carns : d'aquest senyor aytal reb hom *vil* guardo. D'on lo *mal* senyor servim ab omicides e ab sacrilegis e ab furts e ab injuries e ab moltes d'altres males obres : d'aquest senyor aytal reeb hom mal guardo, perque leva l'arma als inferns. Lo *bon* senyor servim, com anam a vigilies e a oracions e donam almoynes : d'aquest senyor aytal reebem bon guardo, que porta l'anima dretament a Parais.

L'emperador li demana : quants son los peccats que en aquest segle ni en l'altre no son perdonats?

L'infant respos : dos, la hu es que no creu la resurreccion de Jesus Christ, l'altre ques desespera de la misericordia de nostre senyor Deus.

---

1. Le texte provençal est beaucoup plus développé; il décrit chacun des sept péchés capitaux.

2. Prov. : *cociencia*.

3. Provençal (Arsenal) : *cantz l'ome es passatz d'aquestz seigle en l'autre e d'aquest senhor rescep hom va guazardo.*

L'emperador li demana : quantes son les coses que mes plaen a Deus?

L'infant respos : iij. Abstinencia en joventut, e larguea en pobrea, [e] abstinencia de peccat.

L'imperador li demana : per quantes maneres mor l'om?

L'infant respos : per quatre. La primera es la mort del cors, la segona com es mort en mala fama, la terça com no ha part en los bens de santa mare Esgleya, la quarta com es morta l'anima.

L'emperador li demana : per quantes maneres ve[1] l'om dretureramment apres sa mort?

L'infant respos : per .iij.[2] La primera es que es finat en bona fama com tots dien tot bon exemple d'ell[3] ; la segona cosa es com es parçoner dels bens de santa mare Sgleya ; la terçera cosa es com la sua anima haura vida de gloria[3] pera tots temps en Parais ab nostre senyor Deus.

L'emperador li demana : a quantes coses val l'almoyna ques fara en peccat mortal?

L'infant respos : per .iij. coses. La primera cosa es que abans s'en convertira a nostre senyor Deus; la segona es que Deus li'n retra bon guardo en aquest segle e en l'altre; la terça es que, si moria en aquell peccat, la sua anima no hauria tan gran pena.

L'emperador li demana : quantes coses son[4] ?

L'infant respos : .vj. Creador, creatura, e be, e mal, e resureccio, e mort.

L'emperador li demana : qual cosa es pigor e mellor?

L'infant respos : paraula.

E l'emperador li demana : qual es la cosa que mes desplau al hom?

L'infant respos : la vida de son enemich[5].

L'emperador li demana : que es la cosa que no es certa?

L'infant respos : la vida del home.

1. Prov. : *Lo emperador demanda : per cantas causas viu hom drechurieyramen apres sa mortz?*

2. Prov. : *L'efan dis : iij., la premieyra es cantz es passatz d'aquestz segle en l'autre am bona fama.*

3. Prov. (ms. fr. 1745) : *vida durabla e gloria.*

4. Mss. provençaux : *Lo emperador demanda : cals son las causas que so ajustades de dos en dos?*

5. Cette question et cette réponse ne se trouvent pas dans les trois mss. provençaux. Elles sont contenues dans la version française : *Et l'empereur luy*

L'emperador li demana : que es la cosa certa ?

L'infant respos : la mort.

L'emperador li demana : per quantes maneres ment l'ome ?

L'infant respos : per .v. Per poder, o per pobrea, o per ignorancia, o per paor, o per iniquitat.

L'emperador li demana : quants fills hague Adam ?

L'infant respos : xxx. fills e .xxx. filles, menys de Cahim e d'Abell e de Set.

L'emperador li demana : quants peccats feu Cahim en la mort de son germa Abel ?

L'infant respos : vij. Lo primer, com no guarda que feya; lo segon es perque veya que era son germa detrurer e'n havia enveja; lo tercer es que dix a son germa que fos al camp e alli lo mata; lo quint es com anuncia a nostre senyor Deus com li demana : « Cahim, on es ton germa Abel » ? respos Cahim : « yo no so guarda de mon germa »; lo six, com nos penedi quant hac feyt lo peccat; lo sete, com se desespera de la misericordia de nostre senyor Deus [1].

L'emperador li demana : qual fon aquell qui primerament oferi sacrifici a nostre senyor Deus ?

L'infant respos : Abel.

L'emperador li demana : qui feu primerament letres ?

L'infant respos : Set.

L'emperador li demana : qual fon lo primer pevere missacantant ?

L'infant respos : Melchisedech.

L'emperador li demana : quantes maneres hi ha d'ocells ?

L'infant respos : .LXXII.

L'emperador li demana : qual fon aquell qui mes nom a totes les coses del mon ?

L'infant respos : Adam.

L'emperador li demana : que es la cosa santa e verge e pura ?

L'infant respos : los sants angels.

L'emperador li demana : qual fon lo primer hom que entra en Paradis ?

---

demanda : quelle chose est qui plus desplait à l'homme ? Et il dit : la vie de son ennemi et son avancement. Mais, en revanche, voici un passage que contient seul le provençal : Lo emperador demanda : que es homs joves ? — L'efan dis : la candela cantz aritz e pueys mor. *(Ms. fr. 1745.)*

1. Le texte que nous offrent ici les mss. provençaux est beaucoup plus développé.

L'Infant respos : lo ladre, al qual nostre senyor perdona, quant li demana merce en la creu.

L'emperador li demana : quals foren les pus honrades bodes que nunca foren ni seran james ?

L'infant respos : les de Architiclinus on fon Jesus Christ e santa Maria e feu hi Deus de l'aygua by.

L'emperador li demana : qual es la pus greu cosa d'aquest mon ?

L'infant resposi : lo cor del hom [1].

L'emperador li demana : qual es la pus laugera cosa d'aquest mon ?

L'infant respos : lo pensament del hom.

L'emperador li demana : qual es la pus comuna cosa per als richs e per als pobres.

L'infant respos : lo naxer e lo morir.

L'emperador li demana : qual es la cosa que l'hom veu e no la pot toquar per nenguna manera ?

L'infant respos : lo cel.

L'emperador li demana : qual cosa toqua hom e no la pot veure per nenguna manera ?

L'infant respos : l'anima [2].

L'emperador li demana : quina cosa es lo sol ?

L'infant respos : lum e claredat del dia.

L'emperador li demana : que fa lo sol de nit ?

L'infant respos : a vegades illumina porgatori, e a vegades illumina la mar, e puixs ix en Orient e illumina tot lo mon.

L'emperador li demana : que soste la terra ?

L'infant respos : aygua.

Que soste l'ayga ?

L'infant respos : pedra.

Que soste la pedra ?

L'infant respos : quatre evangelistas.

1. Cette question et cette réponse manquent dans les trois mss. provençaux. Mais nous trouvons dans le texte publié par Bartsch : *Cal cauza es pus greu de traire ? respos : cor d'ome et ira de rey.* D'autre part, on lit dans la version française publiée par W. Martin : *Et l'empereur luy demanda : qui est la moindre chose de tout le monde ? Et l'enfant luy respondit que c'est le corps de l'homme quant l'ame en est dehors.*

2. Provençal (ms. fr. 1745) : *Lo emperador demanda cals es la causa que negun home non la potz tocar e[n] neguna manieyra. L'efan dis : lo cel, ni el vezer arma d'ome.*

Que sostienen los quatro evangelistas ?
L'infant respos : foch.
Que soste lo foch ?
L'infant respos : abis.
Que soste abis ?
Respos l'infant : lo arbre que fon plantat en Parais en lo començament de nostre senyor Deus.
L'emperador li demana : quants foren los anys del començament del segle fins al diluvi ?
L'infant respos : ij. M. CC. Lij. anys.
L'emperador li demanada (*corr.* demana) : quants anys havia Noe quan comença a fer l'archa ?
L'infant respos : .D.
L'emperador li demana : quants dies stigue l'archa sobre l'ayga ?
L'infant respos : .XL.
— En quin loch se posa l'archa ?
L'infant respos : en un puig que li dien Arachim que es en Erminia.
— Qui planta vinya primerament ?
Respos l'infant : Noe.
L'emperador li demana : quals son aquells qui son nats e no morran entro a la fi del mon ?
L'infant respos : Elies e Enoch, que stan a la porta de Paradis e seran entro al dia del juhi.
L'emperador li demana : qual fon aquell que fon concebut sens correpcio ?
L'infant respos : Jesus Christ.
L'emperador li demana : qual fon la primera ciutat ?
L'infant respos : Ninive.
L'emperador li demana : qual romangue primer monestir [1] ?
L'infant respos : Sent Paul.
L'emperador li demana : qual fon lo primer ermita ?
L'infant respos : Sent Antoni [2].
L'emperador li demana : qual es lo sepulcre que non es trobat ?
L'infant respos : aquell de Moysen.

---

1. Provençal : *Lo emperador demanda : qui fes premieyramens monestier ?*
2. Cette question et cette réponse ont été omises par les deux manuscrits provençaux (mss. B. N. fr. 1745 et 25415); le ms. de l'Arsenal la contient, mais la réponse est : *San Paul* au lieu de *San Antoni*, qui est la bonne leçon.

L'emperador li demana : qual fon aquell qui deju tres dies e tres nits, e no veu lo cel e la terra?

L'infant respos : Jonas en lo cors de la balena.

L'emperador li demana : per quantes maneres deu hom dejunar los divendres pus asenyaladament que neguns dels altres dies?

L'infant respos : per .viiij. La primera cosa es perque nostre senyor Deus feu e forma Adam en Parais; la segona cosa, que en aquell dia mata Caym son germa Abel; la terça cosa es que en lo dit dia David profeta mata Golies; la quarta cosa, per tal com en dia de divendres nostre senyor Deus vench en la glori[os]a verge Maria; la quinta cosa es que en dia de divendres fon scapçat Sent Johan Babtista; la .viiij.ª cosa es que en dia de divendres fon crucificat nostre senyor Jesus Christ; la viiij.ª cosa es que en dia de divendres nostre senyor Deus vendra fer jutgament als bons e als mals en la vayll de Josafat.

L'emperador li demana : qual fon aquell que muri dues vegades e no nasque sino una?

L'infant respos : Sent Lazer, lo qual nostre senyor Jesus Christ resuscita.

L'emperador li demana : quals foren aquells que foren crucificats ab nostre senyor Jesus Christ?

L'infant respos : Dimas e Gescas.

L'emperador li demana : qual fon aquell que demana lo major do que nengun hom pogues demanar?

L'infant respos : Josep Abarimatia, com demana lo [cors] de nostre senyor Jesus Christ, com fon crucificat, el posa en lo sepulcre.

L'emperador li demana : creus a Nostre Senyor tot poderos?

L'infant respos : hoc.

— E com creus tu en ell?

L'infant respos : Yo creech en hu e en tres.

— Com en tres?

L'infant respos : yo creech fermament en lo Pare, e en lo Fill, e en l'Esperit Sant; perque es dit pare perque ha fill, perque es dit fill com ha pare; e, ab l'Esperit Sant, son tres persones e una vera santa trinitat e un verdader Deus e un verdader senyor que viu e regna *in secula seculorum*.

L'emperador li demana : creus que nostre senyor Jesus Christ vench en la gloriosa santa Maria, e que nasque d'ella verdader hom, e que rebe mort e passio en la vera creu per nos peccadors?

L'infant respos : hoc.

Creus que resuscita lo dia de Pascua e que munta als cels lo dia de la Assenssio, e lo dia de Cinquagesina que envia lo Sperit Sant sobre sos dexebles, e que vendra dar juhi als bons e als mals en la vayll de Josafat, e als uns dara vida e gloria per a tots temps en Parais, e als altres dara pena e turment en los inferns d'on nunca ixiran?

L'infant respos : hoc.

Ara preguem a nostre senyor Jesus-Christ e a la gloriosa mare sua Santa Maria e a la cort celestial que ells nos donen obres a fer en nostres animes, que les puxam salvar e viure e ajudar en la sua santa Gloria. *In secula seculorum. Amen* [1].

---

1. Provençal (ms. fr. 1745) *Aras preguem dieus nostre senhor e nostra dona santa maria que per la sua gracia nos gar de las penas de ifern e que nos meta en paradis, hon son lo sieus fizels amics. Amen.* — Ars. ajoute avant l'Amen : *e respondetz tug bonament de bona voluntat amen.* — *Tu autem, rex glorios, que mort presist per peccadors, merce aias de trastotz nos. Amen.*

NOTES POUR SERVIR AU CLASSEMENT

DES

MANUSCRITS DU *ROMAN DE TROIE*

Par LÉOPOLD CONSTANS

La présente étude a été commencée, il y a deux ans (voy. *Romania*, XVIII, 340), en vue de la préparation d'une édition critique de l'épisode de *Troïlus et Briselda* dans le *Roman de Troie*, cette édition partielle devant, dans notre pensée, rendre plus facile l'édition complète de cet intéressant poème. La nécessité de résoudre, pour l'édition critique depuis longtemps sous presse du *Roman de Thèbes*, la question de l'attribution des deux poèmes à Benoît de Sainte-Maure nous avait, du reste, obligé à une étude de la langue de *Troie*, qui ne nous a pas été inutile dans ces nouvelles recherches.

Notre étude avait d'abord porté principalement sur les v. 13495-521 de l'édition Joly, en y ajoutant quatre vers qui manquent à un certain nombre de manuscrits, soit en tout 31 vers, comparés dans les 27 mss. connus. Sur ces entrefaites, M. P. Meyer ayant publié le précieux fragment de Bâle (*Rom.*, XVIII, 70 sqq.), qui contient justement une des parties de l'épisode auquel étaient empruntés les vers étudiés par nous, il nous a semblé indispensable de reprendre nos recherches, en les faisant porter sur un nouveau passage emprunté à cette partie, d'autant plus que le nouveau manuscrit pouvait, par son ancienneté, nous être d'un utile secours et que nous nous placions dans les conditions les plus favorables, puisque tous les manuscrits, plus un fragment important, se trouvaient ainsi utilisés. Le second passage ainsi étudié comprend les vers 14233-52 de l'édition, et l'étude a porté, comme pour le premier, sur 27 manuscrits, l'absence de l'un des mss. étant compensée par la présence du fragment de Bâle.

Donnons d'abord la liste des manuscrits complets (ou à peu près) du *Roman de Troie*, ainsi que des fragments, avec l'indication des lettres destinées à les représenter. Pour les manuscrits de Paris, nous avons gardé les lettres que leur avait assignées M. Joly, sauf pour les deux mss. de l'Arsenal. Les autres sont désignés par l'initiale de leur lieu d'origine :

PARIS, Bibl. nat., fr. 60	A
— — — 375	B
— — — 782	C
— — — 783	D
— — — 794	E
— — — 821	F
— — — 903	G
— — — 1450	H
— — — 1553	I
— — — 1610	J
— — — 2181	K
— — — 12600	L
— — — 19159	M
— — — Nouv. acquis. fr., 5094 (Fragments)	P
— — Arsenal, 3340	A^1
— — — 3342	A^2
BÂLE, Bibl. de l'Université, et BRUXELLES, Bibl. royale (Fragments)	B^1
BORDEAUX, Bibl. municipale, 674 (Fragment)	B^2
CHELTENHAM, Bibl. Phillipps, 8384	C^1
LONDRES, Musée britannique, Harl., 4482	L^1
— — Addit., 30863	L^2
MONTPELLIER, Bibl. de la Faculté de médecine, 251	M^1
MILAN, Ambroisienne, D 55	M^2
NAPLES, Biblioteca nazionale, XIII. c. 38	N

Nevers, Archives départementales (Fragment)	N¹
Pétersbourg (St), fr. 3	P¹
— fr. 6	P²
Rome, Cod. Regin. 1505	R
Strasbourg, Bibl. impér. de l'Université et de la Province (Fragments)	S
Venise, Bibl. Saint-Marc, fr. XVII	V¹
— — fr. XVIII	V²
Vienne, Bibl. impér. et roy., 2571	W

Nous allons maintenant transcrire, d'après tous les manuscrits, les deux passages qui font l'objet de cette étude. Pour le second, il suffira de donner la copie des principaux manuscrits et les variantes des autres, la graphie de chaque manuscrit étant déjà suffisamment connue par le premier passage.

I. — *Vers 13.495-521 de l'édition (et 4 v. qui y manquent).*

F. — B. N. fr. 821, f° 157 r° b.

Et d'autre part .lx. ou plus,
Don li plus povre ert sire et dus.
La damoiselle plure fort,
Riens ne li puet doner confort :
5 *De Troylus a grant dolor,*
Qe si s'aloigne de so (sic) amor.
An lui n'a joie, jeu ne ris :
Molt s'en torne morne et pensis,
Et li fiz Tideüs l'an moine;
10 *Ançois an sofrira grant poine*
Q'il ne la baist et qu'il n'i gise :
« Bêle, » fait il, « a droit se [prise
« Cui vos amez : sanz contredit,
« Lo cuer de vos et l'esperit
15 *« Voudroie avoir* por *tiel convant*
« Que vostre fosse a mon [vivant.

L. — B. N. fr. 12600, f° 84 v° a.

Et des autres .lx. et plus :
Li plus povres fu cuens ou dux.
La damoiselle plore fort,
Rien ne li puet doner confort :
5 *De Troylus a grant dolor,*
Qui si s'eslonge de s'amor.
En lui n'a joie, jeu ne ris :
Mlt s'en torne morne et pensis,
Et li filz Tydeüs l'en meine,
10 *Qui ainz en sofferra grant peine*
Qu'il ne la best ou qu'il n'i gise :
« Bêle, » fait il, « a droit se [prise
« Qui vos amez : sanz contredit,
« Le cuer de vos et l'esperit
15 *« V'oldroie avoir par têl covent*
« Qe vostres fuisse mon vivant.

« Se por ce no[n] qe trop est [tost,	« Se por ce non que trop est [tost,
« Et que *trop* somes près de [l'ost,	« Et qe *trop* somes près de l'ost,
« Et qe *vos voi si* deshaitie,	« Et qe *vos voi si* dehetiée,
20 « Pansive *et morne* et irie,	20 « Pensive, *morne* et iriée,
« *Vos criasse por Deu* merci,	« *Vos criasse por Dieu* merci,
« Q'a chevalier et [a] ami	« Qu'a chevalier et a ami
« *Me tenissiez et an* demoine,	« *Me retenissiez en* demeine.
« G'en voudroie soufrir grant [poine	« *Je voldroie ainz soffrir* grant [peine
25 « *Qe, se vos plest, qu'a ce n'an* [veigne;	25 « *Q'il* (sic) *vos plest qe ce* [aviègne;
« *Mais mult me dot et mult me* [creigne	« *Mes ml't me dout et ml't me* [cridngne
« Qe vostre cuers soit haïnos	« Que vostre cuers soit haïnos
« Vers moi et vers cez devers [nos.	« Vers moi et vers cels devers [nos.
. . . .	« A la gent qui vos a norrie
« *S'auques seroiz toz jorz* amie,	« *Croi que tcz jors serez* amie :
31 « *De ce ne vos doit an* blasmer...	31 « *Dece ne vos doit nus* blasmer...

N. Naples, B. Naz. XIII. c. 38, f° 80 r° b.	G. — B. N. fr. 903, f° 118 v° b.
Et d'autre part .lx. et plus,	. . . .
Dont li plus povre ert cuens ou [dus.	. . . .
La damoisèle plore fort,	La danmoi[se]lle plore fort,
Rien ne li puet doner confort :	Rien ne li puet doner confort :
5 De Troylus a grant dolor,	5 De Troylus a grant doulour,
Qui si s'esloigne de s'amor.	Qui(se) si s'eslongne de s'anmour.
An lui n'a joie, jou ne ris :	An lui n'a joie, jeus ne ris :
Molt s'an torne *mornes*, pansis,	Molt s'an tourne *doulans*, pan- [sis,
Et li filz Tydeüs l'an moine,	Et li filz Thideüs l'an mainne,

Variantes de L¹ (Londres, Harl., 4482, f° 84 v° b), par rapport à N. — 2 *poures estoit* d. — 7 *En li na i. gieu.*

10 Qui ainz an soferra grant poine	10 Qui ains an soufferra grant [painne
Qu'il ne la baist et qu'il n'i gise :	Qu'il ne la bai[s]t et qu'il n'i gise :
« Bèle, » fait il, « a droit se [prise	« Belle, » fait il, « a droit se [prise
« Qui vos amez : sanz contredit,	« Que (lis. qui) vos av(e)roit : [sanz contredit,
« Lo cuer de vos et l'esperit	« L'aumour de vos et les peris (sic)
15 « Voudroie avoir par tél covant	15 « Voldroie avoir par tél convant
« Que vostres fusse mon vivant.	« Que vostre fusse a mon vi- [vant.
« Se por ce van (sic) que trop [est tost,	« Se por ce non que trop est [to[s]t,
« Et que trop somes près de [l'ost,	« Et que trop sommes près de [l'ost,
« Et que vos voi si deshaitiée,	« Et que vas voi si deshaitie,
20 « Pansive et morne et iriée,	20 « Pansive, doulouse et irie,
« Vos criasse por Deu merci,	« Vous criasse pour Dieu merci,
« Qu'a chevalier et a ami	« Qu'a chevalier et a ami
« Me tenissiez et an demoine.	« Me retenissiés an demaine.
« J'an voudroie ainz sofrir grant [poine	« Je voudroie ains souffri[r] [grant painne
25 « Que, se vos plast, que ce m'an [veigne ;	25 « Que, c'il vos plai[s]t, qu'a ce [ne viéngne ;
« Mès molt me dot et molt me [crigne (sic)	« Mais ml't me doz (sic) et ml't [me criégne
« Que vostre cuers soit haïnos	« Que vostre cuers soit haïnos
« Vers moi et vers cels devers [nos.	« Vers moi et vers cex devers [nos.
« A la gent qui vos ont norrie	« A la gent qui vos ont norrie
« S'auques seroiz toz jors amie,	« Sai que toz jors serois anmie :
31 « De ce ne vos doit an blasmer...	31 « De ce ne vos doit on blasmer...

17 ce non. — 18 prest. — 23 Me preissies. — 24 Je v. — 25 ce remaigne. — 26 crieme. — 30 Se vous estes ades a. — 31 d. nus blamer.

M³. — Milan, Ambrois. D 55,
f° 94 v° b.

E biaus chevaliers tiels seisante :
El plus povre aveit riche conte.
La damaisèle (sic) plore fort,
Riens ne li puet doner confort :
5 De Troïlus a grant dolor,
Qu'ensi s'esloigne de s'amor.
En lui ne ra joie ne ris :
Mout s'en torne tristes, pensis,
E li fiz Tideüs l'en meine,
10 Qui ainz en soferra grant peine
Q'il sol la best ne qu'il i gise :
« Bèle, » fait il, « a dreit se prise
« Qui de vostre amor est saisiz :
« Vostre cuers et vostre esperiz
15 « Fust ore mieus par covenant
« Que vostre fusse a mon
  [vivant !
« Se por ce non que trop est
  [tost,
« E que si summes près de l'ost,
« E que je vos sai deshaitié[e],
20 « Pensive e dolose e irée,
« Vos criasse molt grant merci,
« Qu'a chevalier e a ami
« Me receüsseiz tot demaine.
« Ainz en voudrai sofrir grant
  [peine
25 « Que, se vos plest, a ce nen
  [viénge ;
« Més molt me dot e molt me
  [criénge
« Que vostre cuers seit haïnos
« Vers mei et vers celz devers
  [nos.

A. — B. N. fr. 60, f° 91 r° d.

Et chevalier bien tél sessante :
Tout li plus povre iert riche conte.
La danzèle pleure mł't fort,
Rien ne li puet donner confort :
5 De Troïlus a grant doulour,
Qui si s'eslongne de s'amour.
En lui n'a ne joie ne ris :
Mł't s'en tourne morne et pensis,
Et li fila Tydeüs l'en mainne,
10 Qui ainz en soufferra grant
  [painne
Que seul la lese (sic), qu'o lui
  [gise :
« Bèle, » fèt il, « a droit se prise
« Qui de vostre amour est saisis :
« Le cuer de vous et les peris (sic)
15 « Voudroie avoir par convenant
« Vostre en fusse a mon vivant.
« Se pour ce non que trop est
  [tost,
« Et que si sommes près de
  [l'ost,
« Et que je vous voi deshaitiée,
20 « Pensive et douteuse et iriée,
« Je criasse mł't grant merci,
« Qu'a chevalier et a ami
« Me receüssiez tout demainne.
« Ainz en vourrai souffrir grant
  [paine
25 « Que, c'il vous plest, que ce nen
  [viénge ;
« Car mł't me dout et mł't me
  [criéngue
« Que vostre cuer soit haynous
« Vers moi et vers ceus devers
  [nous.

« A la gent qui vos ont norrie
« Sai que sereiz toz jorz amie :
31 « De ce n'os deit bon ja blasmer...

R. — Rome, Cod. Reg. 1505,
f° 103 v°.

Et chevalers seisaute et plus :
Li plus povrez fu cuens o dus.
La damoisele plore fort,
Riens ne li puet doner confort :
5 De Troillus a grant dolor,
Qui [si] se strange (sic) de s'a-
[mor.
En lui n'avra joie ne ris :
Molt s'en torne mornes et
[pensis ;
Et li fils Tihdheüs l'en maine,
10 Ki ainz en soffrira grant peine
K'il ja la best ne qu'il i gisse :
« Bele, fait il, « a droit se prise
« Chi de vostre amor est saissis.
« Li cuers de vos et les peris (sic)
15 « Voudrai aveir per convenant
« Ke vostre soie a mon vivant.

V¹. — Venise, Marc. XVII,
f° 105 r° a.

Et chevaliers bien tiels sesainte :
Li [plus] povres ert riche conte.
La damoisele plore fort,
Riens ne li puet doner confort :
5 De Troïllus a grant dolor,
Qu'ensi s'e[s]longe de s'amor.
En lui n'avra joie ne ris :
Mout s'en torne morne et pensis,
E li fiz Tydeüs l'an moine,
10 Qui einz en soufri[ra] grant
[poine

« A la gent qui vous ont nourrie
« Sai que serez touz jors amie :
31 « De ce ne vous doit on blasmer...

« Se pur ce non ke trop est
[tost,
« Et ke si somes prés de l'ost,
« Et ke je vos sai desaitée,
20 « Pensive et dolouse et irée,
« Je vos criasse ja merci,
« Ch'a chevaler et a ami
« Me receüssiez en domaine.
« Ainz en voudrai soffrir grant
[paine
25 « Ke, ce vos plait, a ce ne viégne ;
« Mas molt me dat et molt me
[criégne
« Ke vostre cuers seit aïnos
« Vers moi et vers cels devers
[nos.
« A la gent ki vos ont norie
« Sai ke seroiz toz jors amie :
31 « De ce ne vos doit l'en blas-
[mer...

V². — Venise, Marc. XVIII,
f° 65 v° a.

[Et] chevalier tél .e. por conte,
Dont li plus povre è rich[e] conte.
La domoiselle plure fort(e),
Riens ne li po[et] doner confort :
5 De Troïllus a grant dolor,
Qui si s'aslonge de s'amor.
Troïllus n'a joie ne ris :
Ml't s'en torne trist e pensis,
[Et] li filz Thideüs ien (lis. l'en)
[meine,
10 Qui enz en sofrira grant peine

Qe sol la best cū o li gise :	An[z] qu'il la best ne qui li (sic) [gise :
« Bêle, » fait il, « a droit se [prise	« Bêle, » fait il, « a droit se [prise
« Qui de votre amor est saissiz :	« Qui de vostre amor est sasiz :
« Li cors de vos et li espriz	« Li cors de vos et li spiriz
15 « Voudroie avoir per convenant	15 « Voldroie avoir por convenant
« Metre (sic) en fusse a mon [vivant.	« Que vostre fusse a mon vi- [vant.
« Se por ce non que trop est [tost,	« Se por ce non que trop est [tost,
« E que si somes près de l'ost,	« E que sumes si près de l'ost,
. . . .	« Et que [si] vos voi desatiée,
20	20 « (E) pensive e dolose et iriée,
« Je criasse molt grant merci,	« Je vos criasse m't merci,
« Qe a chevalier et a ami	« Que a chevalier et a ami
« Me redenissiez (sic) tot de- [maine.	« Me recoilsez tot demaine.
« Einçois en soufrerai grant [paine	24 « M't en sofre[rai] einz grant [paine
25 « Que, se vos plest, a ce non [viègne ;	. . . .
« Mès molt me dot et molt me [crieme (lis. crien je)	. . . .
« Que vetre cuer soit aisnos	. . . .
« Vers mei et envers [ceus] de [nos.	. . . .
« A la gent qui vos ont norrie	. . . .
« Sai que serois toz jorz amie :	31 « (E) de ce ne vos doit hom [blasmer...
31 « De ce ne vos doit nus blasmer...	

I. — B. N. fr. 1553, f° 78 r° b.

   Et tél chevalier chevalier (sic)
   Ki assés font bien a proisier.
   La damoisièle pleure fort,
   Hom ne li puet doner confort :
5 De Troïlus a grant dolour,
   Ki si s'esloigne de s'amour.

A³. — Ars. 3342, f° 62 r° a.

   Et chevaliers bien téls seissante
   Qui valurent d'altres huitante.
   La damoisèle ploure fort,
   Riens ne le (sic) puet doner con- [fort :
5 De Troïlus a grant dolor,
   Qui si s'esloigne de s'amor.

En lui ne ra joie ne ris :
Torne s'en mornes et pensis,
Et li fils Thydeüs l'en mainne,
10 *Ki ains en sofferra grant painne*
K'il nel baist et qu'o li ne gise :
« *Biéle,* » *fait il,* « *a droit se*
[*prise*
« *Ki de vostre amour est saisis :*
« *Vostre cuers et vostre esperis*
15 « *Cor fust or miens par couve-*
[*nant*
« *Ke vostre fusse a mon vivant !*

« *Se por chou non que trop*
[*est tost,*
18 « *Et que trop sommes près de*
[*l'ost,*
. . . .
. . . .
21 « *Jou vous proiaisse par merchi*
« *K'a chevalier et a ami*
« *Me recheüssent (sic) en de-*
[*mainne.*
« *Ains en vaurai soffrir grant*
[*painne,*
25 « *Se vous plaisoit, que chou*
[*n'aviéngne*
« *Et que del tout a vous me*
[*tiéngne ;*
« *Mais jou dout qu'à ces devers*
[*nos*
« *Ne soit vostre cuers haïnos.*
« *A la gent qui vous ont norrie*
« *Sai que serés tous jors amie :*
31 « *Ne vous en doit* [*on*] *ja blas-*
[*mer...*

En lui nen a joie ne ris :
Ml't s'en vait mornes et pensis,
Et li filz Tydeüs le maine,
10 *Ki ains en soffera grant paine*
Qu'il ne la sente sos chemise :
« *Bêle,* » *fait il,* « *a droit se*
[*prise*
« *Qui de vostre amor est saisis :*
« *Le vostre amor, jo vos plevis,*
15 « *Volroia (sic) avoir par cove-*
[*nance*
« *Que vostre fuisse a rema-*
[*nance.*

« *Se por ce non que trop est*
[*tost,*
« *Et que trop somes près de*
[*l'ost,*
« *Et que vos voi si deshaitie,*
20 « *Et si plorouse et si irie,*
« *Je vos priasse par merci*
« *Qu'a chevalier et a ami*
« *Me receüssids en demaine.*

« *Ançois en sofferai grant paine*

25 « *Que, s'il vos plaist, qu'a ce ne*
vieigne ;
« *Mais ml't me dot et ml't me*
[*crieigne*
« *Que voz cuers ne soit haïnos*

« *Vers moi et vers cels devers*
nos.
« *A la gent qui vos ont norie*
« *Sai que serez toz jorz amie :*
31 « *De ce ne vos doit on blasmer...*

D. — B. N. fr. 783, f° 85 r° a.	M¹. — Montpellier, Ec. de médec. 251, f° 55 v° a.
Et d'autres chevaliers adès ;	Et d'autres chevaliers adès :
2 Bien en i ot .l. et mès.	2 Bien en i ot .l. et mès.
. . . .	. . . .
7 Troylus n'a joie ne ris :	7 Troylus n'a joie ne ris :
Mont s'en torne *triste et* pensis,	Ml't s'en torne *tristre et* pensis
Et li fiuz Thydeüs l'an maine,	Et le (sic) filz Thideus l'en maine,
10 Qui ainz en soufferra grant paine	10 Qui ainz en soufrera grant pêne
Qu'il ne la best et qu'il n'i gise :	Qu'il ne la best et qu'il n'i gise :
« Belle, » fet il, « a droit se prise	« Bêle, » fait il, » a droit se prise
« Qui de vostre *amour* est saisiz :	« Qui de vostre *amor* est saisiz :
« De vostre cuer les esperiz	« De vostre cuer li (sic) esperiz
15 « *Voudroie* avoir par covenant	15 « *Vodroie* avoir par covenant
« Que vostre fusse *maintenant*.	« Que vostre fusse *a mon vivant*.
« Se por ce non que trop est tost,	« Se por ce non que trop est tost,
« Et que *ci* sommes près de l'ost,	« Et que *si* somes près de l'ost,
« Et que *ci voi desheritte* (sic),	« Et que *si vos voi* dehetie,
20 « Pensive, *douteuse* et irée,	20 « Pensive, *douteuse* et irie,
« *Je criasse* mont grant merci,	« *Ge criasse* ml't grant merci,
« Qu'a chevalier et a ami	« Qu'a chevalier et a ami
« *Me retenissiez en* demaine.	« *Me retenissiez en* demeine.
« *Ainz en voudré soffrir* grant paine	« *Einz en vodré sofrir* grant pe[i]ne
25 « Que ge n'aie vostre *menaie* ;	25 « Que je n'aie vostre *manaie* ;
« *Mès mont me dout* et ml't m'esmaie	« *Mès ml't me dot* et ml't m'esmaie
« Que vestre cuer soit haïnos	« Que vostre cuer soit haïnox
« Vers moi et vers ceuls devers nos.	« Vers moi et vers ceus devers nos.

Variantes de H (B. N. fr. 1450, f° 37 v° a) par rapport à M¹. — 1-2 et 3-6 manquent. — 8 *Tristres* san t. et ml't p. — 11 *baise et qui.* — 14 *les e.* — 21 *Jo vous c. la m.* — 23 *Me receussies.* — 26 *Car m. me dolt.* — 28 *et a cels.*

« A la gent qui vos ont norrie	« A la gent qui vos ont norrie
« Sai que toz jorz seroiz amie :	« Sai que tot (sic) jors serez [amie :
31 « De ce ne vous doit en blasmer...	31 « De ce ne vos doit on blasmer...

E. — B. N. fr. 794, f° 234 r° c.　　　J. — B. N. fr. 1610, f° 80 v° a.

. . . .	Et chevalier tex .xxvj.,
. . . .	2 Toz rois o amiranz de pris.
. . . .	. . . .
. . . .	7 Troïlus n'a deduit ne ris :
. . . .	Mlt s'en torne triste et pensis,
9 Et li filz Thideüs l'an meinne,	Et li filz Tideüs l'an meine,
Qui ainz an soferra grant peinne	10 Qui einz en soffrera grant peine
Qu'il ne la best et qu'il n'i gise !	Qu'il ne la beist et qu'il n'i gise :
« Bèle, » fèt il, « a droit se [prise	« Bèle, » feit il, « a droit se [prise
« Qui de vostre amor est seisiz :	« Qui de vostre amor est seisiz :
« Le cuer de vos, les esperiz	« Vostre cuers et vostre esperiz
15 « Voldroie avoir par covenant	15 « Fust hores miens por tél couvant
« Que vostres fusse a mon vi- [vant.	« Que vostre hons fusse a mon [vivant !
« Se por ce non que trop est [tost,	« Se por ce non que trop est [tost,
« Et que si somes près de l'ost,	« Et que si somes près de l'ost,
« Et que si vos voi deshetiée,	« Et que je vos voi deshetie,
20 « Pansive et doleuse et iriée,	20 « Pensive, dolose et irie,
« Je criasse mlt grant merci,	« Je criasse mlt grant merci,
« Qu'a chevalier et a ami	« Qu'a chevalier et a ami
« Me retenissiez au demeinne.	« Me retenissez en demeine.
« Ainz en voldré sofrir grant [peinne	« Eins en voldroie avoir grant [peine
25 « Qu'aucuns biens de vous ne me [viéngne ;	25 « Que je ne fusse a vos del tot ;
« Mès mlt me dot et mlt me [criégne	« Mès [mlt] me crieng et mlt [me dot
« Que vostre cuers soit haïnos	« Que votre cuers soit haïnos

30 tos i. seres.

« Vers moi et vers ces devers [nos.	« Vers moi et vers cex devers [nos.
« A la gent qui vos ont norrie	« A la gent qui vos ont norrie
« Sai que toz jorz seroiz amie :	« Sei que toz jorz seroiz amie :
31 « De ce ne vous doit an blasmer.	31 « De ce ne vos doit l'en blasmer...

A¹. — Arsenal, 3340, f° 85 r° a.	L². — Londres, Addit. 30863.
Et bien tex chevaliers cinquante :	Et chevalier bien jusqu'a trente :
2 Li plus povres ot ml't grant [rante.	2 N'i a celui n'ait ml't grant rente.
. . . .	. . . .
7 Troylus n'a joie ne ris :	7 Troylus n'a joie ne ris :
Ml't s'an torne *triste et* pensis,	Ml't s'en torne *triste et* pensis,
Et li filz Tydeüs l'an moine,	Et li filz Tydeüs l'en moine,
10 Qui *ml't* an sofferra grant [poine,	10 Qui *ainz* en soffrera grant [poine
Ainc qu'il la baist ne c'o li gise :	Que il la baist ne qu'il i gise :
« Bêle, » fait il, « a droit se [prise	« Bêle, » fait il, « a droit se [prise
« Qui de vostre amor est saisiz :	« Qui de vostre amor est saisiz :
« Le coer de vous et les boens diz	« Lo cuer de vos et les biens dis
15 « Vodroie avoir par ce covant	15 « Voldroie avoir par covenant
« Que vostres fusse *a mon* [vivant.	« Que vostre fusse *a mon* vi-[vant.
« Se por ce non que trop est [tost,	« Se por ce non que trop est [tost,
« Et que *trop* somes près de [l'ost,	« Et que [*trop?*] somes près de [l'ost,
« Et que *ge vos voi* deshaitiée,	« Et que *je vos sai* deshaitiée,
20 « Panssive *et doteuse* et iriée,	20 « Pensive, *dolose* et iriée,
« Ge criasse ml't *grant* merci,	« Je criasse ml't *grant* merci,
« Qu'a chevalier e a ami	« Qu'a chevalier et a ami
« *Me retenissoiz tot* demeine.	« *Me retenissiez tot* demaine.
« Ainz an voudrai soffrir grant [peine	« Ainz en voldrai soffrir grant [paine
25 « Que de vos joie ne me veigne;	25 « Que de vos joie ne me viégne,
« Mais ml't me dot et ml't me [criégne	« Mès ml't me dot et ml't me [criégne
« Que vostre coers soit hainos	« Que vostre cuer soit haïnos

« Vers moi et vers çax devers [nos.
« A la jant qui vos ont norrie
« *Sai que seroiz toz jorz* amie :
31 « *Ne vos an doit nus bon* blas- [mer...

« Vers moi et a cels devers nos.
« A la gent qui vos ont norrie
« *Sai que seroiz toz jorz* amie :
31 « *Ne vos en doit on la* blas- [mer...

C. — B. N. fr. 782, f° 88 v° a.

Et chevalier bien tél cinquante :
2 *Toz li plus povres avoit rante.*

. . . .

7 *En* Troïllus *n'oit* (sic) *jeu* ne ris :
Molt s'en torne *triste et* pensis,
Et li fils Tideüs le (sic) maine,
10 Qi ainc en sofrira grant paine
Q'il n'i la baist et qu'il n'i gise :
« Belle, » fait il, « a droit se [prise
« *Qi de vostre amor est saisiz* :
« *Votre* (sic) *cuer sanz nul con-* [trediz
15 « *Voldroie avoir par convenant*
« *Qe vestre fuisse a mon vi-* [vant.
« Se por ce non qe trop est [tost,
« Et qe *si* somes près de l'ost,

« Et qe vos *voi* si deshaitie,
20 « Pensive, *dolente* et irie,

« *Je criasse ja grant* merci,
« *Q'a chevalier et* [a] *ami*

C¹. — Cheltenham, 8384.

Et chevalier bien tés cinquante,
2 *Dont li pire(s) ot castel ou rente.*

. . . .

7 *Troïllus n'a joie* ne ris :
Mlt s'en *retorne trespensis,*
Le filz Tideus celi en maine,
10 Qui *ains ne souffera grant* paine
Que ne la baist et qu'il ne gise :
« Bèle, » fait il, « a droit se [prise
« *Qui est saisis de vostre amor :*
« *Le cuer de vous et la valor*
15 « *Voudroie avoir par covenant*
« *Que vostre boin* fuisse *a mon* [vivant.
« Se por çou non que trop est [tost,
« Et que *nos* somes près de [l'ost,

« Et que *je vous voi* deshaitie,
20 « Pensive, *morine* (lis. *morne*) [et irie,

« *Je vous criasse ja* merci,
« *Que* (sic) *chevalier et a ami*

Variantes de K. (édition) par rapport à C. — 1 *tex.* — 2 *Dont li p. poure ert riche conte.* — 7 *Troylus na ioie.* — 8 *M. retorne.* — 9 *len.* — 11 *Que il la lest ne quo li g.* — 12 *fist.* — 13-15 *Qui de u. a. fetes don Plus deit aueir cuer que lion Gie la prendroie par couant.* — 17 *Se non p. co.* — 18 *si p. s.* — 19 *gie uos uei deheities.* — 20 *et doteuse.* — 21 *Gie uos c. g.*

« Me retenisiez tot demaine.   « Me rec[e]ûssiez tout demainne.
24 « Anchois en sofrerai grant paine   24 « M'i vauroie sofrir grant paine,
    « Qe je vostre solaz nen aie ;   « Par ceu[l'em]ant que m'amissiés
    « Mès ce me confont et esmaie   « Et por ami me tenissiés ;
    « Qe vestre cuers soit adinous   « Mais m'i cremon[s] et m'i
                                                       [doutons,
    « Vers moi et vers ceus devers   « Et nonporquant bien le sa-
                             [nos.   [vons.
                                               « Que tous jors amerés cels de la
                                               « Plus que ne ferés cels de ça.
29 « A la gent qi vos ont norie   29 « A la gent qui vous ont norrie
    « Sai qe serois toz tens amie :   « Sa[i] que serois tos jors amie :
31 « De ce ne vos doit l'en blasmer.....   31 « De ce ne vous doit on blas-
                                                         [mer.....

M. — B. N. fr. 19159, f° 80 v° b.   B. — B. N. fr. 375, f° 93 v° a.

Et chevalier bien tex .xl.,   Et tés .l. chevaliers,
[Dont] li plus povre ot riche   2 Dont cuens ert tos li mains proi-
                           [tante.   [siés.
La demoisèle pleure fort, ...
Rien ne li puet donner confort :   ....
5 De Troïlus a grant dolour, ...
Qui si s'esloigne de s'amour.   ....
En li n'a [ne] joie ne ris :   7 Troïlus n'a joie ne ris :
M'i s'en torne morne et pensis,   M'i s'en va tristres et pensis,
Et li filz Tideüs l'en maine,   (b) Et li fieus Thideüs l'en maine,
10 Qui en sofferra m'i grant paine   10 Qui ains en souferra grant
                                                          [paine
Ains qu'il la beist ne q'un lie gise :   Qu'il sol la baist ne qu'il i gise :
« Bèle, » fait il, « a droit se   « Bèle, » fait il, « a droit se
                          [prise   [prise
« Qui de vostre amour est seisiz :   « Qui de vostre amor est saisis :
« Li (sic) cuer de vous et les periz   « Le cuer de vos et les periz
15 « Voldroie avoir par convenant   15 « Volroie avoir par convenant

23 recussiez. — 24 Ainz en voldrai soffrir. — 27 bainos. — 30 t. iorz. —
31 ne u. d. nus b.
14 B et M écrivent en un seul mot lesperiz.

« Que vostre *en* fusse *en mon*
[*vivant.*
« Se por ce non que trop est
[tost,
« Et que *ci* sommes près de
l'ost,
« Et que *je vous sai* deshaitie,
20 « Pensive *et douteuse* et irie,
« *Je criasse ml't grant* merci,
« Qu'a chevalier et a ami
« *Me recheüssiez tout* demaine.
« *Ainz en voudroie* (sic) *soffrir*
[grant paine
25 « Que, ce ne vos plaist, que ce
[viénge;
« Mès ml't me redot et ml't criéu
[ge
« Que vostre cuer soit haineus

« Vers moy et vers ceulx a
[estroz.
« (Et) a la gent qui vous ont
[norrie
« *Sai que serez toz jors* amie :
31 « De ce ne vous doit on blas-
[mer...

« Que vostre *hom* fuise a *mon*
[*vivant.*
« Se pour ce non que trop est
[tost,
« Et que *si* somes près de l'ost,
« Et que *je vos sai* dehaitie,
20 « Pensi(e)ve *et doulose* et irie,
« *Je criaise ml't grant* merci,
« K'a chevalier et a ami
« *Me receüssiés tot* demaine.
« *Ançois volrai sofrir* grant
[paine
25 « Que, se *vous plaist*, a vous bien
[viégne;
« Mès ml't me dout et ml't me
[criéu ge
« Que vostre cuers soit hai-
[nous
« Vers moi et vers cels devers
[nos.
« A la gent qui vos ont nourie
« *Sai que serois tos jors* amie :
31 « *De ce ne vous doit on* blas-
[mer...

II. — *Vers 14233-52 de l'édition.*

F. — B. N. fr. 821, f° 161 v° a.

Mais neporquant, por vif besoig,
Bien dous archées et plus loig
Chacérent Greu lor anemis :

Variantes de GLL¹N. — 1 *par*
GLL¹N. — 2 *archiees* LN, *archies* L¹,
achies G.

D. — B. N. fr. 783, f° 89 v° b.

Mès neporqant, par vif besoing,
Del champ .ij. traities bien loing
Chaciérent Greu lor anemis :

Variantes de EHJM¹. — 2 *tracies* J.

Ml't lor *en ont lo jor ocis*,	Mont lor *ont de leur gent malmis*,
5 Ml't i perdirent a *cel* poindre.	5 Mont i perdirent a *cest* poindre.
Diomedés est alez jo[i]ndre	Dyomedés est alez joindre
A Troylus por la *doucelle* :	A Troylus por la *pucelle* :
Jus lo trebuche de la selle.	Jus le trebuche de la selle.
Lo destrier prant par lo noël ;	*Le destrier a mont tost sesi,*
10 *A un vallet, un damoisel*	10 *Puis a .j. damoisel choisi ;*
A apellé, et si li rant :	*Apelé l'a, puis si li tent :*
« Va *tost*, » fait il, « isnèle-[ment	« Va *tost*, » fèt il, « isnèle-[ment
« A la tante Calcas de Troye,	« A la tente Calcas de Troie,
« Et di a sa fille la bloie	« Et di a sa fille la bloie
15 « Qe ge li anvoi cest destrier :	15 « Que je li envoi cest destrier :
« Gahaignié l'ai d'un chevalier	« Gaaignié l'ai d'un chevalier
« Qi molt *se par fet bien de li*,	« Qui mont *s'est hui penez por* [li,
« Et si li di qe je li pri	« Et si li di que ge li pri
« Qe ne se risse (*lis.* s'iresse) [de mes diz,	« Qu'el ne s'iresse de mes diz,
20 « Q'an li est toz mes esperis. »	20 « Qu'en li est touz mes espe-[riz. »

I. — B. N. fr. 1553, f° 82 v° a.	M². — Milan, Ambrois. D 55 f° 100 r° a.
Mais nanporquant, par *fin* be-[soign,	Mais neporquant, par vif be-[soing,
Del camp .ij. trais et plus en loign	*Del champ dous trez e plus en loing*

4 M. *en* i o. L; *auont* (pour *an ont*) G. — 5 *cest* G. — 6 *sest* G. — 9 *Lo cheual* L¹ N. — 10 *Le* (*Lo* N) *fil carris* (*carriz* N) L¹ N ; *Sa* L. — 11 *Tost a.* L, *A apeler* L¹ ; *se* N ; *rent* L¹, *tent* G L, *tant* N. — 17 *m. par se fait* G. — 18 *Et a li* L¹ ; *pril* N. — 19 *saire* L¹ ; *Quiree ne soit* G. — 20 *An lei* G.

Variantes de A² et de A¹ L³. — 1 *neporquant* A³, *por noiant* A¹. — 2 *ou p.* L² ; *Deus t. dou c. au p.* A¹ ; *Bien .ij. traities et p. l.* A³.

4 *ocis* M¹. — 5 M. *p. a icel p.* E. — 9-10 *Puis a seisi le bon destrier Si acena .j. escuier* E. — 11 *si le li* E J ; *Apela la li t.* H. — 14 *a la donsele b.* H. — 19 *Q'il* M¹ ; *Que ne se corost* H (cf. I).

Variantes de B¹ R. — 1 *Mas... per* R. — 2 *trait et p. l.* (v. f.) B¹ ; *de l.* R. —

LES MANUSCRITS DU ROMAN DE TROIE

Cachiérent Gryu lor anemis :
Assés en *ont des lor occis*,
5 Ml't *en* perdirent a *cel* poindre.
Dyomedès est alés joindre
A Troylus pour le *danzèle* :
Jus le trebuche de la siéle.
Le destrier prent par les noiaus,
10 *Ki merveilles par estoit biaus*;
J. sien varlet ml't tost le tent :
« Va t'ent, » fait il, « isnèle-
[ment
« A la tente Calcas de Troie,
« Et dy a sa fille la bloie
15 « Que jou li envoi cest des-
[trier :
« *Conquis l'ai a .j.* chevalier
« *Ki ml't se par fait bien de li.*
« *Di li que jo li manch et pri*
« *Que ne se couront de mes dis*,
20 « K'en li est tous mes esperis. »

Chaciérent Grié lur anemis :
Molt lur *ont de lur gent malmis*,
5 Molt i perdirent a *cel* poindre.
Dyomedès est alez joindre,
E Troïlus por la *danzèle*
A *trebuché* jus de la sèle.
Le destrer prent isnèlement ;
10 *Sans nul autre demorement*,
Apèle un danzel, se li tent :
« Va *tost*, » fait il, « *delivre-*
[ment
« A la tente Calcas de Troie,
« E di a sa fille la bloie
15 « Que je li envei cest destrier :

« Gaaignié l'ai d'un chevalier
« Qui mout *se fait privez de li*
« Et se li di que je li pri
« Qu'el ne s'iresse de mes diz,
20 « Qu'en li est toz mis espe-
[riz. »

3 *greus* A¹, *griu* L²; *Chacent li g.* A²; *esnemis* A¹, *enemis* L¹. — 4 Ml't lor (i A²) o. de lor gent malmis A¹ L² A². — 5 M. i A¹ L² A²; *perdent a icel p.* A¹ L². — 7 *pucèle* A¹ L². — 8 la t. L¹, *le trabucha* A¹. — 9 *saisi par legne* (sic) A¹, *p. a soi len moine* L², *retint a grant paine* A². — 10 Un damoisel a soi acegne (acaine A², acoine L²) A¹ L² A². — 11 Apela lou A¹, Apèle la L²; si li dist tant A¹ L²; Par le fraim (sic) le cheual li tent A². — 12 Va tost A¹ L². — 15. *J. d.* A¹. — 16 Gaaignie lai dun A¹ L² A². — 17 *p. se f.* A²; *sest hui penez por li* A¹ L². — 18 Et si li di que ge li pri A¹ L² A². — 19 Quel ne A²; *siraisse* A¹ L² A². — 20 Que a lui e. m. e. A¹, Tot mon penser ai en li mis A².

3 *greu* l. *enemis* R. — 4 i o. des lor ocis B¹R. — 5 M. en R; cest B¹R. — 7 O t. B¹R. — 8 Jus la trebuchie B¹, J. le trabuche R. — 9 per le noel R, par les noeaus B¹. — 10 Un suen vaslet un damoisel (iouenceaus B¹) B¹R. — 11 *A apele* B¹R ; si le tent B¹, si le li tient R. — 12 isnèlement B¹R. — 17-8 manquent à B¹ (rognure). — 17 Ki molt per se fait bien de li R. — 18 Et si R. — 19 Quele ne si rasse R. — 20 mes R.

V² — Venise, Marc. XVIII,
f° 68 v° b.

Mais neporquant, *por* vif be-
  [soing,
Del champ bien deus trait[i]es
  [lo[i]ng
Cacerout Greu lor anemis :
Ml't lor *i ont des leur ocis,*
5 Ml't i perdirent a *cel* poindre.
Diomedés est alez joindre,
E Troïlus por la *pucele*
A trabuché jus de la sele.
Lo destrer a molt tost saisi,
10 Pois a un damoisel jausi ;
Apella lui [et] si li rent :
« Va *tost,* » fait il, » isnèlement
« A la tente Calcas de Troie,
« Et di a sa fille la bloie
15 « Que je li envoi(e) *ce* destrier :
« Gaagné l'ai d'un chevalier

Variantes de V¹. — 1 *par.* — 2 *d. treites b. l.* — 3 *Chacierent.* — 4 *i* manque. — 5-12 manquent. — 17 *se per fet bien de li.* — 18 *Et... h p.* — 19 *Qe ne sirasse.* — 20 *li e. t. mes esperiz.*

M. — B. N. fr. 19159, f° 86 r° a.

Mès neporquant, par vif be-
  [soing,
Del champ deuz traiz et plus en
  [lo[i]ng
Chaciérent Grieu leur anemis :
Ml't leur *ont de leur gent mal-*
  [mis,
5 Ml't i perdirent a *cel* poindre.
Dyomedés est alez joindre
A Troïlus por la *pucele* :
Jus le trebucha de la sele :
Le destrier saisi par la resne,
10 J. damoisel ml't tost aresne ;
Apèle lo, si le li tent :
« Va *tost,* » fait il, « isnèlement
« A la tente Calcas de Troie,
« Et di a sa fille la bloie
15 « Qe je li envoi cest destrier :
« Gaagnié l'ai d'un chevalier

Variantes de BCC¹KW. — 1 *dous trais de l.* C ; *v. esfors* C¹. — 2 *Les chacierent par uif besoign* C ; *Del camp* [bien ?] *d. archies fors* C¹. — 3 *G. c.* C. — 4 *Molt ont* C. — 5 *por cel* K ; *cest* B. — 8 *trebuche* C¹K. — 9-10 *Le d. a ml't tost s. Puis a un d. coisi* C¹. — 9 *saisist* B, *sesist* BCW, *sesit* K. — 10 *a lui acesne* B. — 11 *A. la* CC¹KW ; *se* CW ; *la li* K ; *tient* CW ; *Par le frain le ceual li t.* B. — 12 *Va tent* B ; *fist* K. — 13 *tende* CW. — 14 *di me a* W. — 15 *un d.* CW. — 17 *par* CW ; *lui* BK. — 18 *Et se* B ; *Et li diras* K — 19 *Qe* CKW ; *siraisse* CC¹KW ; *Quil li souuiegne* B. — 20 *En* K ; *li* BCC¹KW.

« Qui ml't s'est hui penez por li,	« Qui ml't s'est hui penez por [lie,
« E si li di que je lai pri	« Et si li di que je li prie
« Qu'il ne se rese de mes diz. »	« Qu'el ne soit irée de mes dis,
20 « Qu'en leu est toz mou expe-[ris. »	20 « Q'en lie est tous mes espe-[ris. »

C. — B. N. fr. 782, f° 94 r° a.	W. — Vienne, 2571 f° 85 a.
9 Le destrier sesist par la resne;	9 Le destrier sesist par la resne;
Un damoisel molt tost aresne;	Un damoisel molt tost aresne;
Apellé l'a, se le li tient :	Apelé l'a, se le li tient :
« Va tost, » fait il, « isnélement	« Va tost, « fait il, » isnéle-[ment
« A la tende Calcas de Troie,	« A la tende Calcas de Troie,
« Et dit a sa fille la bloie	« Et di (me) a sa fil[l]e la bloie
15 « Qe je li envoi un destrier :	15 « Qe je li envoi un destrier :
« Gaagnié l'ai d'un chevalier	« Gaaigné l'ai d'un chevalier
« Qi molt s'est hui penez par li,	« Qi molt s'est hui penez par li;
« Et si li di qe je li pri	« Et si li di qe je li pri
« Qe ne s'iraisse de mes diz,	« Qe ne s'iraisse de mes diz,
20 « Q'en li est toz mes esperiz. »	20 « Q'en li est toz mes espe-[riz[1]. »

[1]. Nous empruntons le texte de *W* à la *Germania*, II, 202 (article de Frommann, *Herbort von Fritslâr und Benoît de Sainte Maure*), où les vers 1-8 ne sont pas cités. Un simple coup d'œil jeté sur les mss. *C* et *W*, tant dans notre passage que dans celui qu'a donné M. P. Meyer, suffit à montrer leur parenté étroite. Non seulement ils n'offrent aucune variante l'un par rapport à l'autre, mais encore ils ont la même graphie (cf. v. 13) et de mauvaises leçons qui leur sont communes. Cf. v. 11. 15. 17. Un peu plus loin, on rencontre ce vers caractéristique (v. 14282 de l'édition) :

Tant comer moi est derianz (*W*)   Tant querr moi est derianz (*C*),

qu'il faut lire, avec les autres manuscrits : Tant com vers moi est deprianz. Comer prouve d'ailleurs l'ignorance du scribe de *W*, ce que montre également le v. 1 du passage étudié par P. Meyer : *cuurle* pour *curre*. On peut donc hardiment admettre que les deux mss. sont ou copiés l'un sur l'autre (*W* sur *C*, cf. *comer* et bien d'autres traits dans d'autres passages) ou, ce qui est plus probable, qu'ils ont pour source le même manuscrit. Dans tous les cas, *W* peut être négligé et doit suivre dans la classification le sort de *C*.

Nous allons maintenant essayer, pour les deux passages, une restitution critique que nous nous efforcerons ensuite de justifier. La marche contraire serait assurément plus scientifique, mais nous croyons que nos explications gagneront quelque clarté à pouvoir s'appuyer sur un texte qui, quoique hypothétique, vaut cependant mieux qu'aucun de ceux que fournissent séparément les manuscrits.

I

...Et chevalier bien tal cin-
  [quante :
El plus povre aveit riche cante.
La dameisèle plore fort,
Rien ne li puet doner confort :
5 De Troïlus a grant dolor,
Qui si s'esloigne de s'amor.
En lui ne ra joie ne ris :
Mout s'en torne triz et pensis,
Et li fiz Tideüs l'en meine,
10 Qui ainz en soferra grant paine
Que sol la baist ne qu'o li gise :
« Bele, » fait il, « a dreit se
  [prise
« Qui de vostre amor est sai-
  [siz :
« Le cuer de vos et les periz
15 « V'oudreie aveir par covenant
« Que vostre fusse a mon vi-
  [vant.
« Se por ço non que trop est
  [tost,
« Et que si somes près de l'ost,
« Et que jo vos vei deshaitiée,
20 « Pensive et dotose et iriée,

« J'os criasse mout grant mer-
  [ci,
« Qu'a chevalier et a ami

II

Mais ne por quant, par vif be-
  [soing,
Bien dous traitiées et plus loing,
Chaclèrent Greu lor anemis :
Mout en i ont lo jor ocis,
5 Mout i perdirent a cel poindre.
Diomedès est alez joindre
O Troïlus por la danzèle :
Jus le trebuche de la sèle.
Le destrier prent par le noël ;
10 Un suen vaslet, un damoisel
A apelé, et si li tent :
« Va tost, » fait il, « isnèle-
  [ment
« A la tente Calcas de Troie,
« Et di a sa fille la bloie
15 « Que je li envei cest destrier :
« Guaaignié l'ai d'un cheva-
  [lier
« Qui mout par se fait bien de
  [li,
« Et si li di que je li pri
« Que ne s'iraisse de mes diz,
20 « Qu'en li est toz mis espe-
  [riz. »

« Me receüssez tot demeine.
« Ainz en voudrai sofrir grant
 [peine
25 « Que, se vos plaist, a ço nen
 [vienge;
« Mais mout me dot et mout
 [me crien ge
« Que vostre cuers seit hainos
« Vers mei et vers ceus devers
 [nos.
« A la gent qui vos ont norrie
« Sai que toz jorz sereiz amie :
31 « De ço n'os deit hon ja blas-
 [mer...

V. 1-2. — Pour ces deux vers, les mss. offrent des variantes nombreuses, qui toutes ont été certainement inspirées par le désir d'éviter la rime de *conte* avec *seisante* ou *cinquante*. *Cante* pour *conte* (= comitem) se retrouve d'ailleurs au vers 172 de l'édition, en rime avec *ante* (= amita)[1], et comme verbe (= computat) ou nom verbal aux vers 10791-2 et 18701-2, en rime avec *pesante*; d'autre part, M. Settegast[2] a relevé jusqu'à sept exemples de cette forme dans la *Chronique* de Benoît. Ecartons d'abord la leçon de *B*, qui n'a réussi, en faisant passer *chevalier* à la rime, qu'à obtenir une assonance aggravée d'une incorrection, et les leçons isolées de *A²*, de *I* et de *J*, dont le second vers n'est qu'une cheville. Celles de *D M¹* [3] et de *F L¹ N (LR)*, quoique un peu meil-

1. *Cante* y fait fonction de sujet, mais l'exemple n'en est pas moins assuré.
2. *Benoît de Sainte-More, Eine sprachliche Untersuchung über die Identität der Verfasser des* Roman de Troie *und der* Chronique des ducs de Normandie (Breslau, 1866), p. 19 sqq. Cf. H. Stock, *Die Phonetik des «* Roman de Troie *» und der «* Chronique des ducs de Normandie *»* (Romanische Studien, III, 443 sqq.).
3. En comparant ces deux mss. que nous avons placés l'un en face de l'autre (v. p. 204), il est facile de voir qu'ils ont une source commune. La même union intime ressort de l'examen du passage étudié par M. P. Meyer; cf. v. 8 (faute

leures, doivent également être rejetées. Vient ensuite un groupe de manuscrits qui ont conservé *conte* : $A M^2 V^1 V^2$ (*cante* K), mais en en faisant (sauf M^2) un attribut, de sorte qu'il y a lieu de se demander si M^2 a bien la leçon originale ou s'il a remplacé, ce qui est possible (cf. v. 172 de l'édition), *Dont li plus povre est riche cante* par *El p. p. aveit r. c.*, pour avoir une leçon grammaticalement plus correcte. Il suffira d'indiquer que *cante* a pu facilement être lu *tante* (*tente*) M ou *rante* (*rente*) $A^1 L^2 . C C^1$ [1]. Ces deux vers manquent dans G et dans H; ils manquent également dans E, ainsi que les deux qui précèdent et les six qui suivent, en tout dix vers.

V. 3-6. — Ces quatre vers, qui n'offrent d'ailleurs aucune variante intéressante, sauf au v. 6, *se strange* (lis. *s'estrange*) R, manquent à $D E H J M^1$ (E manque de 10 vers), à $A^1 L^2$ et à $B C C^1 K$.

V. 7. — *Ne ra*, qui n'est que dans I et M^2, est préférable à *nen a* A^2, à *n'a ne* A et à *n'avra* $R V^1$, parce qu'il marque mieux l'opposition avec *la dameisele* (Briseïda). *Lui* (*li* M) représente Troïlus (cf. v. 5), qui est naturellement exprimé (*T. n'a joie ne ris*) dans les mss. qui suppriment les v. 3-6, et de plus, pour la clarté, dans $R V^2$ et dans C. Ce dernier ms. donne une leçon intermédiaire : *En T. n'oit jeu ne ris*, d'où semble dériver celle de $F G L L^1 N$: *En lui n'a joie, jeu ne ris*, et qui prouve, ce nous semble, l'authenticité des vers 3-6. Il en est de même de M, qui appartient au groupe de mss. qui n'ont pas les vers 3-6 et qui, en rétablissant les vers et remplaçant en conséquence *Troïlus* par *En li*, a oublié de compléter le vers par l'addition de *ne* ou tout autre changement.

V. 8. — La leçon grammaticalement incorrecte *triste et* $D H J M^1$ (E manque). $A^1 L^2 . C K$, et la leçon correcte *tristes* M^2,

---

commune), etc. On pourrait donc (sauf exception) ne pas tenir compte du moins bon dans une édition critique, non plus que de W qui, nous l'avons vu (cf. p. 213, note), a une source commune avec C.

1. Nous groupons dès maintenant les mss. d'après leurs affinités évidentes, pour faciliter la lecture de notre discussion sur la classification.

obtenue au moyen de la suppression choquante de *et*, dérivent également de *triz*, que les scribes ont jugé archaïque (cf. *trist V²* et *trespensis C¹*). Un changement très explicable a fourni les deux séries parallèles *morne* et *F L. A. V¹. M* et *mornes L¹ N* (cf. *doulans G*). Enfin *Ml't s'en vait mornes et pensis A²*, *Torne s'en m. et pensis I*, *Ml't s'en vait tristres et p. B*, représentent trois tentatives indépendantes pour supprimer l'incorrection constituée par l'introduction du cas oblique *triste*, *morne*, tandis que *R* s'est contenté de rétablir, sans autre changement, la correction grammaticale, ce qui fausse le vers. Ce trait ne peut donner que des indications générales pour le classement, le changement de *triste* en *morne* étant naturellement indiqué.

V. 9. — *C¹* offre une variante intéressante, mais inadmissible, à cause de la synérèse de *Tideus*.

V. 11. — *Sol* « seulement » n'a été conservé que dans *BM²*, absolument pareils (avec deux altérations : *qu'il* pour *que* et *qu'il i* pour *qu'o li*), et dans *A V¹*, qui, bien que différemment corrompus, laissent voir la bonne leçon. Les autres mss., en dehors de *A²*, qui ici, comme souvent ailleurs, en use librement avec son original, n'offrent que des variantes de détail. Notons cependant que *DEHJM¹* et *FGLL¹N* sont ici absolument d'accord : *Qu'il ne la baist et* (ou *L*) *qu'il n'i gise*, et qu'aucun autre manuscrit ne donne cette leçon sans quelque légère variante.

V. 13-15. — Ces vers fournissent un critère particulièrement important. Trois leçons principales se dégagent, entre lesquelles il semble d'abord difficile de choisir :

1° (*a droit se prise*) *Cui vos amez sanz contredit Le cuer de vos et l'esperit Voudroie avoir par* (*por F*) *tel convant* (*covant*, etc.) *Que*, etc. *FLL¹N* (*G*). *Sanz contredit* choque un peu, soit qu'on le rattache à *Cui vos amez* (« celui que vous aimez sans conteste »), soit qu'on le joigne à ce qui suit, avec le sens de « assurément ». De plus, *convant* (*conventum*), que l'on trouve aussi dans *A¹JK*, donne la rime *an : en*, dont l'édition du *Roman de Troie* n'offre que de rares exemples (en dehors des cas que l'on trouve partout), exemples qui ne subsisteraient peut-être plus si l'on comparait l'ensemble des mss., de sorte qu'*à priori* on peut supposer qu'il y a lieu de préférer la leçon des autres mss.[1] *par covenant*. G est intéressant, parce qu'il se présente comme intermédiaire : *Que vos averoit* (lis. *qui vos avroit ?*) *s. contredit L'anmour de vos et les periz*, etc. Il semble que l'on ait lu *ameroit* et qu'on ait rétabli la mesure en corrigeant *Cui vos amez*. Nous reviendrons tout à l'heure sur le 2° hémistiche du 2° vers.

2° *Qui de vostre amor est saisiz De vostre cuer* (*Le c. de vos* E) *les* (*li* M^1) *esperiz V. a. par convenant* $D E H M^1$, où E sert d'intermédiaire.

3° *Q. de v. a. e. s. Vostre cuers et vostre esperiz Fust ore miens* (*Cor f. or m. I*) *par covenant* (*por tel convant J*) $I J M^2$. Cette leçon est évidemment le résultat d'un effort pour rendre correcte une leçon qui ne l'était pas ou dont le sens ne semblait pas satisfaisant. Elle ne peut être originale, car, dans ce cas, rien n'expliquerait la formation des leçons 1 et 2.

Il faut mettre à part, tout en les rattachant au 2° groupe, A^2, où un changement au 2° vers donne une rime picarde (*saisiz : plevis*), et aussi C^1 et K, qui changent séparément la rime, le premier par une interversion au 1ᵉʳ vers, qui amène la substitution de *valor* à *esperiz*, *periz* (pour ne pas préjuger lequel des deux mots existait dans son modèle), le second en renouvelant complètement la forme des deux vers, ce qui amène un changement de valeur médiocre au troisième.

Au même groupe se rattachent aussi, à cause des vers communs 13 et 15 : 1° $V^1 V^2$, avec une leçon doublement fautive : Li cors *de v. et li espriz* (*spiriz* V^2), et $A B M R$: *Le* (*Li M*) *cuer* (*Li cuers R*) *de v. et lesperiz* (*les peris A R*), leçon qui veut être examinée à part ; 2° $A^1 L^2$: *Le c. de v. et les boens* (*biens* L^2) *diz* [2] ; 3° enfin C : *Vetre c. sanz nul contrediz* (sic), qui semble bien avoir été la source première de la leçon fortement remaniée de $F L L^1 N (G)$. Voy. plus haut, 1°.

---

1. Le changement de rime de A^1 (*par covenance : a remanance*) est sans importance.

2. Ce trait suffirait à montrer l'union étroite de ces deux mss. ; mais il y en a d'autres encore plus importants dans nos deux passages. Cf. I, 25-6 et II, 5 et 11.

Pour le v. 14, il est facile maintenant de voir que la seule leçon que l'on puisse adopter, parce que seule elle rend compte des autres, est celle à laquelle nous nous sommes arrêté dans notre texte critique. *Le cuer de vos et les periz*. *Periz* est le pluriel de *peril*, pris dans un sens un peu détourné, mais qui dérive logiquement du sens primitif du latin *periculum*, expérience, ici « possession ». La rime de *iz* avec *i* + *l* mouillée + *s* est d'ailleurs fréquente dans le *Roman de Troie*. De *les periz*, qui se trouve ainsi écrit dans AR, et aussi dans G (ce qui est une forte preuve de son authenticité), et en un seul mot dans BM, sont sorties les leçons de V^1 et de V^2, dont l'incorrection est aussi une preuve d'authenticité, puis celle de DHM^1 par l'intermédiaire de E (qui maintient intact le 1ᵉʳ hémistiche), et celles de IJM^2 et de $FLL^1N(G)$, qui ont remédié d'une manière différente à ce qu'ils croyaient être une incorrection grammaticale.

V. 16. — La variante *mon vivant* LL^1N n'a pas grande importance ; notons cependant que les trois mss. qui l'ont font partie du même groupe. *Soie* pour *fusse*, dans R, est amené par *voudrai*.

V. 18. — *Trop*, pour *si*, se rencontre dans $FGLL^1N$ dans R, dans A^1 (le mot manque dans L^2) et dans A^2I^1.

V. 19. — Le changement de *voi* en *sai* BL^2MM^2R est sans importance et a pu venir naturellement sous la plume de plusieurs scribes. Si l'on n'en tient pas compte, on a $AM^2R. A^1L^2.J.BC^1KM$ (V^2 manque du mot caractéristique, V^1 et I manquent) avec la leçon *je vos voi (sai)*, dont il faut rapprocher *si vos voi* ($DEHM^1$). Ici encore, $FGLL^1N$ (*vos voi si*) se séparent nettement de $(D)EH(J)M^1$. J n'a qu'une légère variante [2] et la leçon absurde de D (*ci voi desheritée*) est le résultat de la suppression de *vos*, amenée par la ressemblance avec *voi*.

---

1. Un autre trait particulier à A^2I se trouve au v. 21. Ces deux mss., quoiqu'ils soient l'œuvre de scribes très indépendants à l'égard de leur modèle, dérivent donc d'un même archétype. A^2 est d'ailleurs contaminé. Voir plus loin, p. 229, n. 2.]

2. A^2 a également cette leçon ; mais c'est un ms. contaminé. Voy. plus loin, p. 229, n. 2.

V. 21. — *Por Deu merci* est particulier à *F G L L¹ N*. La leçon primitive semble avoir été : *J'os criasse mout grant m. J'os* (= *jo vos*), dont on trouve un exemple dans le fragment de Bâle (v. 6885), exemple qui serait certainement confirmé par plusieurs autres dans une édition critique (cf. *qu'os*, Bâle 7817, *n'os*, Bâle 7911, et ici même, v. 31, dans *M²*), a été évité, comme archaïque, par la suppression soit de *jo M²* et *F G L L¹ N* (ces derniers changent le 2ᵉ hémistiche), soit de *vos D E J M¹. A¹ L². A. V¹. B M* (*C ja g. m.*), ou bien en supprimant l'enclise, ce qui amène la disparition de *mout* (*K*), ou de *grant* (*V²*), ou des deux (*C¹ R ja m., H la m.*), ou encore une leçon assez différente, comme dans *A² I : Je vos priasse par m.*

V. 23. — La bonne leçon : *Me receüssez tot demeine* est dans *A M². V¹ V². A¹ L². B C¹ C¹ K M*. Elle a produit d'un côté : *Me retenissiez en demeine D E J M¹. G L*, par l'intermédiaire de *A² I H R* (*Me receüssez* (*recheüssent I*) *en d.*), de l'autre : *Me tenissiez* (*preissies L¹*) *et en d. F L¹ N*.

V. 24-26. — Encore un critère important. Le premier vers donne une légère variante dans *F G L L¹ N: J'en* (*Je G L L¹*) *voudroie ainz sofrir* (*v. s. F*) *grant peine*, une autre dans *B* : *Ançois volrai s.*, et une autre un peu plus sérieuse dans *A² C V¹* : *Ainçois en soferrai g. p.* Une leçon intermédiaire est celle de *V²* : *M'l't en sofre[rai] einz. C¹* est isolé pour les trois vers.

Dans les vers 25-26 (*Que se vos plaist, a ço nen vienge; Mais mout me dot et mout me crien ge*), le grand nombre des variantes, avec rimes différentes, montre que les scribes ont été choqués de l'enclise du pronom sujet *je* (*ge*) et ont cherché à l'éviter de diverses façons. C'est ainsi que nous avons : 1° dans *D H M¹* : *Que je n'aie vostre manaie* (*menaie D*) *Mès m. me dout* (*Car m. me dolt H*) *et m. m'esmaie*, à rapprocher de *C K* : *Qe je v. solaz nen aie M. ce me confont et e.*, qui semble en être la source par l'intermédiaire de *D*; 2° dans *C¹* : *Par ceul[em]ant que m'amissiés Et por ami me tenissiés Mais m. cremon et m. doutons*, etc. (4 vers au lieu de 2); 3° dans *J* : *Que je ne fusse a vos del tot Mès* [ml't] *me crieng et m. me dot*, où le 2ᵉ vers est simplement retourné; 4° dans *I* (qui conserve la rime, en changeant toutefois le mot considéré comme suspect) : *Se vous plaisoit, que chou n'aviengne Et que del tout a vous me tiengne*, changement qui en amène d'autres pour les vers 27-8.

Le v. 26 a été conservé dans tous les autres mss. (V^2 a une lacune de 6 vers); seulement $L^1 V^1$ écrivent *crieme* au lieu de *crien je;* d'autres ont *creigne, criégne*, etc., suivant l'orthographe qu'ils adoptent pour *vienge (avienge)*. Quant au v. 25, où $M^2 V^1$ ont la bonne leçon, il offre de nombreuses variantes : 1er hémistiche, *Que s'il* $A A^2 G$, *Qil* L (v. faux); 2e hémistiche, *qu'a ce* $A^2 F G$, *q e ce* $A L L^1 N$; *ne vieigne* $A^2 G R$, *m'an v.* N, *aviégne* L, *remaigne* L^1, *a vous bien viégne* B; de plus : *Qu'aucuns biens de vous ne me viengne* E, dont il faut rapprocher : *Que de vos joie ne me veigne* $A^1 L^2$, et enfin : *Que ce ne vos plaist que ce vienge* M, où le sens est tout différent.

V. 30. — La bonne leçon se trouve, avec des variantes insignifiantes (*croi* L, *tens* C), d'une part dans $D E H J M^1$ et $G L$, et de l'autre dans $A M^2 V^1 R. A^2 I$, $B C C^1 K M. A^1 L^2$. qui placent *toz iorz* après *sereiz*. Nous ne croyons pas possible d'admettre comme originale la leçon de $F N$ (*S'auques seroiz t. j.*), dont se rapproche celle de L^1 (*Se vous estes adés*), et cela tant à cause du sens qu'à cause de la syntaxe.

V. 31. — M^2 seul a la bonne leçon. *N'os*, jugé trop archaïque, a été partout ailleurs remplacé par *ne vos*, en supprimant *ja*. *De ço* est remplacé par *en* dans I. $A^1 L^2$: *Ne vos en d. on ja* (*on la* L^2, *nus hon* A^1) *b*. (*on* manque à I); *nus* remplace *on* dans $L L^1 V^1$ (cf. A^1).

Il suffit de jeter un coup d'œil sur les observations qui précèdent pour reconnaître l'existence nettement déterminée de deux groupes indépendants de manuscrits : 1° $F G L L^1 N$; 2° $D E H J M^1$. Nous pouvons donc, dans l'examen du second passage, les représenter, respectivement, par les lettres x, y. Nos deux groupes se séparent d'ailleurs par la présence dans x et l'absence dans y des v. 3-6. De même nous avons constaté la présence dans x et l'absence dans y des deux vers suivants qui manquent à l'édition et qui ont leur place après les vers 14301-2 (*Et si li di que tort avroie, Puis qu'il m'aime, si le heieie*) :

Ja nel harrai, se je n'ai droit :
N'encor ne l'aim dont mieux li seit (*Texte de Bâle*).

Ces deux vers se trouvent cependant dans *J* : il y a là une difficulté dont nous chercherons plus loin l'explication[1]. Passons à l'examen du second morceau[2].

V. 2. — *Bien dous traitiées et plus loing* semble être la bonne leçon. On la trouve dans *A²* et aussi dans *x*, qui substitue *archiées* à *traitiées*[3]. L'introduction des mots *del champ*, en tête du vers, a amené : 1° la suppression pure et simple des mots *et plus* dans *V²* (leçon intermédiaire), et aussi dans *y* et *V¹*, qui déplacent *bien*, ce qui donne une mauvaise leçon ; 2° la transformation de *traitiées* en *traiz*, avec maintien de *et plus* et suppression de *bien*, plus un petit changement destiné à remettre le vers sur ses pieds : *Del champ dous traiz* (D. t. dou c. *A¹*) et (ou *L²*, au *A²*) *plus en* (de *R*) *loing B¹ M² R. I. A¹ L². B K M*. Le ms. *C* bouleverse les vers 1-2, dans lesquels il insère le verbe, ce qui amène le déplacement de *Greu* au 3° vers, l'inversion du sujet n'étant plus justifiée par la position des compléments circonstanciels en tête de la phrase.

V. 4. — 1° *Mout lor ont de lor gent maumis* se trouve à la fois dans *y* et dans *M². A². A¹ L². B C C¹ K M*, avec les variantes sans importance, *i* pour *lor* dans *A²* et *ocis* pour *maumis* dans *M¹*, qui est intermédiaire ; 2° *x* donne *M. lor en ont* (en i o. *L*) *lo jor ocis*, dont il faut rapprocher (3°) la leçon de *B¹ R. V¹ V²* : *M. lor*

---

1. Le passage du *Roman de Troie* reproduit dans notre *Chrestomathie* nous offre une autre preuve de l'union étroite de *D E H J M¹*. Ces mss. donnent, en tête du morceau, 10 vers spéciaux qui remplacent les vers 13235-42 de l'édition. Les 6 derniers de ces 10 vers leur sont communs, il est vrai, avec *A¹ A²* (sauf que, dans *A²*, les deux derniers sont remplacés par les vers 13239-42 de l'édition), mais il y a d'autres preuves que ces deux mss. sont contaminés.

2. Ce passage manque dans *A*, qui passe du v. 14146 de l'édition au v. 15407, sans doute par suite d'une lacune dans son modèle : le sens ne se suit nullement. Ce ms. a d'ailleurs plusieurs grandes lacunes. Pour *W*, nous n'avons pas de renseignements sur les vers 1-8.

3. Même substitution, due à un besoin de clarté, dans un ms. d'une autre famille, *C¹*, qui change la rime : p. v. *esfors*, Del c. [bien ?] d. *archies fors*, et qu'on pourrait rapprocher de *V²*. Voir à la ligne suivante du texte.

i ont (*l. o. V²*) *des lor o.*, et celle de *I* : *Assés en o. d. l. o.* On pourrait hésiter entre ces trois leçons (en ne tenant pas compte de *I*); cependant je donnerais la préférence à la seconde, bien entendu en choisissant le texte de *L*. En effet, *lor gent* est sans doute issu de *lo jor*, et dans la leçon de *B¹ R. V¹ V²*, il y a, comme dans la première, un pléonasme choquant (*lor*).

V. 5. — *A¹ L²* offrent une petite particularité bonne à noter : au lieu de : *Mout i perdirent a cel* (*cest*) *poindre*, ils donnent : *M. i perdent a icel p.*

V. 7-8. — *M² V²* (*V¹* manque) offrent (seuls) une variante intéressante : *E Troïlus.... A trebuché*.

V. 7. — *Danzèle* (*doncelle*), qui se rencontre dans *x*, dans *A² I* et dans *B¹ M² R*, est la leçon des meilleurs mss. ; c'est pourquoi nous la préférons à *pucéle*, que donnent les autres.

V. 9-11. — *Le destrier prent par le noël ; Un suen vaslet, un dameisel A apelé, et si li tent*. Au v. 9, la bonne leçon est assurément celle de *R* et de *x* : *Le d.* (*cheval L¹ N*) *p. p. le noël*, altérée par la substitution du pluriel *noeaus* (*noiaus*) dans *B¹ I*, ce qui a amené le scribe de *B¹* à employer au vers suivant, pour la rime, la forme du sujet *jovinceaus*, et celui de *I*, qui était plus intelligent, à donner comme pendant au v. 9 un vers cheville. Au vers 10, *L¹ N* ont substitué à la bonne leçon (*Un suen vaslet*, qui est dans *B¹ R*) *Le fil Carris* (*Carriz N*), correction suggérée par les v. 14259-60 : *Li fiz Carriz de Pierrelée A la danzele saluée*. Au v. 11, *A un v. F G*, qui fait de *apeler* un verbe neutre, et *S'a un v. L*, qui a obligé le scribe à employer *tost* dans deux vers qui se suivent (v. 11 et 12) sont à rejeter.

Pour éviter *noël*, tous les autres mss. changent la rime. *A¹ L². A². B C K M W* donnent : *Le d. saisi par la resne¹ Un d. a soi* (*a lui B*) *acesne* (*acegne*, etc.), où les scribes de *C K M W* ont introduit à tort *mout tost aresne*, soit parce qu'ils ne comprenaient pas *acesne*, soit pour rendre la rime plus riche. C'est sans

---

1. *L¹* est isolé au v. 9, avec une leçon incontestablement mauvaise : *Le d. prent a soi l'en moine* ; de même *A²*, comme il lui arrive souvent : *Le d. retint a grant paine.*

doute pour éviter *acesne* que *y* (sauf *E*), et deux autres manuscrits qui en sont ordinairement séparés, C^1 et V^2 (V^1 manque), ont changé à leur tour la rime d'une autre façon : *Le d. a mout tost saisi Puis a un d. choisi*, tandis que *E*, mécontent sans doute de la rime, écrivait, en gardant *acener*, « faire signe, » qui est excellent : *Puis a s. le bon d. Si acena .j. escuier*. M^2 change également la rime, mais d'une façon moins heureuse, puisque le v. 10 est remplacé par un vers cheville; et par suite de l'emploi de *isnèlement* au v. 9, il remplace ce mot par *delivrement* au v. 12.

Au v. 11, *rent*, qui ne se trouve que dans FL^1, dans A^2 et dans V^2, ne semble pas devoir être préféré à *tent*, qu'ont tous les autres mss., sauf $A^1 L^2$, dont cependant la leçon *si li dist tant* confirme *tent*, et *R. C W*, où *tient* est une mauvaise lecture du scribe. Et *si li* V^2 (V^1) *x*, avec ellipse du pronom régime direct, est préférable à *si le* (la *K*) *li C C¹ K M W. E J. R*, et à *puis si li D M¹* (*H* a le v. trop court); cf. *se li* M^2, *si le* B^1 (qui manque d'une syllabe). A noter la leçon commune à $A^2 B$: *Par le frain le cheval li tent* (rent A^2), leçon née sans doute du scrupule de répéter l'idée de *acener*, en écrivant *Apelé l'a*; et d'autre part, celle de M^2 (*Apèle un danzel, se li t.*) et celle de *I* (*.I. sien varlet ml't tost le t.*), amenée toutes deux par la nécessité de désigner la personne qui reçoit le cheval, le vers 10, qui faisait cet office, ayant été transformé en vers cheville.

V. 17. — Les mss. se partagent entre deux leçons : 1° *Qui mout se par* (per V^1) *fait* (par (per *R*) *se f.* $A^2 R G P^1$) *bien de li* $A^2 I. R. x. P^1. V^1$, dont il faut rapprocher P^2 : *Q. m. se faisoit b. de li;* 2° *Q. m. s'est hui penez por* (par *C W*) *li* V^2. *y. B C C¹ K M W. A¹ L²*. Reste M^2 : *Q. m. se fait privez de li* (B^1 manque). Cette leçon semble seule avoir pu produire la leçon 2 (cf. *penez* et *privez*). Elle est elle-même issue de la leçon 1 ($A^2 R G P^1$), que le scribe jugeait sans doute insuffisamment claire[1].

---

[1]. Nous avons aussi étudié deux autres vers de l'épisode de Briséida, intéressants à cause de l'incorrection grammaticale qu'offrent la plupart des mss. Ce sont les vers 20213-4 : *Et ele en plore 'a* (o *K M M¹*) *ses dous ieuz* : (de ses iex P^1) *Ne remaint* (remest *L*, se tint V^2; *Nel laisse* A^2) *por Calcas le* (li

ESSAI DE CLASSIFICATION

Résumons maintenant les données ci-dessus en un tableau où, pour abréger, nous emploierons les lettres x et y pour désigner les groupes de mss. signalés déjà, et z pour désigner les mss. B CC^1KMW, sauf à noter, entre parenthèses, les mss. qui sortiraient, par exception, de leur groupe, en les marquant du signe m. (= moins). Nous mettons également entre parenthèses, sans les séparer autrement de leur groupe, les mss. qui offrent de légères variantes à la leçon commune. Les mss. qui offrent d'importantes variantes isolées sont séparés par des tirets; un point sépare les mss. appartenant à des groupes différents qui ont la même leçon.

PASSAGE I (B^1 manque).

BONNES LEÇONS	MAUVAISES LEÇONS
V. 2 : (A) M². (V¹ V². K). — M — C (C¹). A¹ L².	F L¹ N (L. R) — D M¹ — A² — I — J — B. (E H et G manquent).
V. 3-6 : A M². R. V¹ V². A² I. M.	y. 2. (m. M). A¹ L².
V. 7 : (A) M². (A²) I. (R. V²). (C et M intermédiaires).	C (M) — x — y m. E. z m. C M. A¹ L². (V²). (E manque).

$KMP^1V^1V^2$) vieuz, que l'on trouve (avec les variantes signalées) dans GL. $A^1L^2.M^2P^2V^1V^2.A^2.J.KM$ (P^1 abrège le passage, $C^1.R$ et W me manquent, B a une lacune de plus de 1000 vers). L'incorrection a disparu dans E : *Ne r. p. C. q'est vialz*, et dans C : *Ce li vés C. li veauz*, comme aussi dans I, mais par un changement de rime : *nel lait pas Por son pere le viel Calcas*, ce qui ne prouve rien. Ajoutons que DHM^1, F et L^1, qui jusqu'ici se sont montrés séparés, ont une même lacune de 10 vers, dans laquelle se trouvent compris les deux en question : il s'agit des vers 20207-16 de l'édition qui manquent également dans A, ainsi que les 30 vers suivants. Cette lacune s'explique aisément par ce fait que le sens se suit aussi bien sans ces 10 vers : il y a là à peu près ce que l'on appelle en imprimerie un bourdon, et plusieurs scribes ont pu, à la rigueur, faire cette omission chacun de leur côté. L'hypothèse contraire serait en opposition avec les éléments les plus certains de la classification.

BONNES LEÇONS	MAUVAISES LEÇONS
V. 8 : (M³). V² — y. A¹ L². C K — C¹ — B (E *manque*).	A (R). V¹. M. F L (L¹ N — G) — A³ I.
V. 9 :	(C¹ *var. intéressante*).
V. 11 : (A) M³. (V³). B.	x. y. (z m. B. V¹, etc. *légères variantes*).
V. 13-15 : A (R). B M — V¹ V² — E — D H M¹ — A¹ L². (C et G *intermédiaires*).	C — G — x m. G — (I). J. M³. — A¹ L² — A³ — C¹ — K.
V. 18 : A M³. V¹ V². y. z.	x. R. A³ I. A¹ (L² ?).
V. 19 : A M³ R. z m. C. A¹ L². J — (D) E H M¹.	z. A³. C. (*le mot caractéristique manque dans* V¹; V¹ *et* I *manquent*).
V. 21 : (*var. sans importance pour la bonne leçon*).	A¹ L² — x.
V. 23 : A M³. V¹ V². A¹ L². z. (A³ H R (I) *intermédiaires*).	R. H. A³ (I). G L. y — F (L¹) N.
V. 24 :	(x *var. intéressante*).
V. 25-6 : (A) M³ R. V¹. x. B (M) A³ (I *leçon spéc. au v.* 26). — E — A¹ L².	D H M¹ — J — C K — C J (V² *manque*).
V. 30 : y. G (L) — A M³ R. V¹. A³ I. z. A¹ L² (V² *manque*).	F (L¹) N.
V. 31 :	(A¹ L² — I *légères var.*).

PASSAGE II (A *manque*).

V. 2 : A³ (x) (C et C¹ *interméd.*).	V² (V¹. y) — B¹ M³ R. I. A¹ L². z.
V. 4 : L (x m. L).	B¹ R. V¹ V². (I) — A³. M³. y. z. A¹ L².
V. 5 :	(A¹ L² *légère var.*)
V. 7-8 :	M³. V² (*légère var.*) (V¹ *manque*).
V. 7 : B¹ M³. (R. A³) I. x.	y. z. A¹ L². V² (V¹ *manque*).
V. 9-11 : R. x — B³ (I) — M³.	A³. z m. C¹ (A¹ L¹) — C¹. y (E). V² (V¹ *manque*).
V. 11 :	(A³. B *var. intéressante*).
V. 12 :	(A³. B. I *légère variante*).
V. 17 : G. R. P¹ A³ (I. x m. G. V¹. P³) P². (B¹ *manque*, M³ *interm.*)	V³. y. z. A¹ L².

PASSAGE III (*P. Meyer*)[1].

BONNES LEÇONS	MAUVAISES LEÇONS
V. 3 : A B¹ M². A² I. E H. x. A² L².	y (*m.* E H). z (*rajeunissement*).
V. 5 : A B¹ M². A² I. E H. A² L².	x. y (*m.* E H). z (*rajeunissement*).
V. 6 : A B¹ M². A² I. y. z. A² L².	x.
V. 8 : A B¹ M². I. (H) — A². z. (A² et L² sont isolés).	D M¹ — E J. x (*leç. corrompue dans* F).
V. 9 : B¹ M². A².	A. I. H. L² — A². x. y *m.* H. z.
V. 11-14 : A B¹ M². A². E H. A² L². x.	y (*m.* E H). z. I.
V. 17 : x (*m.* G) (L² *intermédiaire*).	y (*m.* E H). z. A² — A B¹ M². A² I. E H. G.
V. 18 : (A) B¹ M². A² I. E (H). A² — L². L (x *m.* L).	y (*m.* E H). z.
V. 19-20 : B¹ M². E H. A² L². x (A et I *intermédiaires* ; A² *manque*).	(A) (I). y (*m.* E H). z.

Si l'on s'en tenait aux critères constitués par la présence ou l'absence des vers 3-6 du 1ᵉʳ morceau et des deux vers qui manquent à l'édition après le v. 14302 et que nous appellerons vers 14302 *bis* et *ter*, on aurait deux grandes familles : la 1ʳᵉ, composée des mss. qui ont ces vers, comprendrait notre groupe provisoire *x* (*F G L L¹ N*) et de plus les mss. *A B¹ M² R. V¹ V². A² I*; la 2ᵉ, composée des mss. qui ne les ont pas, comprendrait notre groupe provisoire *y* (*D E H J M¹*), et de plus le groupe *z* (*B C C¹ K M W*) et les mss. *A¹ L²*. Les mss. des groupes *x* et *y* étant étroitement unis, il y aurait lieu de faire de chacun d'eux une section spéciale dans chaque famille, l'autre section étant formée par les autres mss. provisoirement groupés comme il est indiqué ci-dessus, de sorte qu'on aurait : Fam. I, sect. 1 : *A B¹ M² R. V¹ V². A² I*; sect. 2 : *x*; Fam. II, section 1 : *y*; sect. 2 : *A¹ L² z*. En prenant cette base, examinons les objections qu'on peut faire à ce classement, comme aussi les affinités respectives des différents

---

[1]. Nous appliquons ici le même système de groupement qu'aux passages I et II. *C¹ P¹ P² V¹ V²* n'ont pu être utilisés. M. P. Meyer, qui a dû avoir la copie de *R*, pour le passage étudié par lui, affirme (*Romania*, XIX) que ce manuscrit appartient à sa première famille.

mss. dans chaque section et les sous-groupes qu'ils peuvent former, en utilisant pour cela, outre les textes étudiés par nous, le passage qui a servi à M. P. Meyer dans son essai de classement.

Notons d'abord que *M*, qui pour le reste est de la 2ᵉ section de la 2ᵉ famille, a seulement les v. 3-6 du 1ᵉʳ morceau, tandis que *J* n'a que les vers 14302 *bis* et *ter*. Ces deux manuscrits se distinguent donc des groupes qui n'ont pas les deux lacunes indiquées et des groupes qui les ont. D'ailleurs *M* a évidemment emprunté les vers 3-6 à un manuscrit de la 1ʳᵉ famille, car en remplaçant *Troïlus* par *En li*, comme ces derniers, il oublie de rétablir la syllabe qui manque (*ne*); il est donc contaminé, du moins sur ce point. Quant à *J*, la question est plus grave. Ce ms. donne, en effet, aux v. 14-15 du 1ᵉʳ morceau, une leçon identique (sauf la faute *por* au lieu de *par*) à celle de *M²*, et très voisine de celle de *I*. Il faut noter d'ailleurs que dans Meyer, *J* (= xx) offre au v. 8 la même leçon que *E* (ms. du même groupe) et *GLL¹N*, c'est-à-dire que *x* (*F* ayant un vers trop court et absurde) : il est vrai que la leçon *timon* a pu être suggérée par la rime *limon* du vers précédent, de sorte qu'il faut admettre que l'idée de la correction est venue à deux scribes différents. Dans le rétablissement des v. 14302 *bis* et *ter*, et dans la leçon commune avec *M¹* (*I*) des vers 14-5 du passage I, il faut nécessairement voir des corrections.

L'existence du groupe *y* = *DEHJM¹* semble plus sérieusement menacé par le passage étudié par M. P. Meyer : *EH* y sont, en effet, séparés de *DJM¹*, aux v. 3, 5, 11-4, 18, 19-20; et au v. 17, ils offrent une variante, tout en se rattachant à *DJM¹* pour l'ensemble. Aux vers 3 et 5, il ne s'agit, il est vrai, pour *DJM¹*, que d'un rajeunissement; mais ce rajeunissement leur est commun avec *z*, et il en résulte au moins ceci que *EH* forment dans le groupe *y* un sous-groupe particulier, ce qui est confirmé encore par les vers 18 et 19-20 et par l'absence des vers 1-6 de notre passage I¹. Quant à ce fait que *EH* ont la bonne leçon

---

1. La suppression des vers 7-8 dans *E* peut être l'effet de la volonté du scribe, qui trouvait (il n'avait pas tout à fait tort) ces vers mal liés avec les deux

aux vers 11-14 contre DJM^1, je ne saurais me l'expliquer que par une correction faite par leur original plus ou moins immédiat[1]. Il y a là un point obscur, qui ne saurait être éclairci que par l'examen des traits les plus caractéristiques pris dans l'ensemble du poème. Du reste, même dans le groupe x, pourtant si nettement séparé des autres, il est facile d'apercevoir des traces de sous-groupes. Ainsi l'on a FL^1N distinct de GI (Pass. I, v. 23 et 30), et G présente certains caractères d'indépendance. Cf. Pass. I, v. 8 et 13-5.

Le groupe z ($= BCC^1KMW$) semble assez solidement constitué dans les trois passages, malgré la présence des vers I, 3-6 dans M (voy. plus haut), et quoique ce ms., comme plusieurs autres, affecte une certaine indépendance (cf. I, 2, 7, 8). Ainsi le ms. B a la bonne leçon, seul de son groupe, au v. I, 11 (trait peu important), et avec M aux vers I, 13-5 et 25-6. Ces deux derniers passages, très importants, suffisent, ce nous semble, à autoriser l'hypothèse d'un sous-groupe BM[2]. C^1 change la rime aux vers I, 13-4; II, 1-2, et I, 25-8, où il développe les quatre vers en six sans changer le sens; il a, de plus, des variantes assez importantes aux vers I, 2, 9; II, 2 et 9-11. Quand il n'est pas indépendant, il est plus voisin de C que de K. D'ailleurs, il est incorrect, et aucune des leçons spéciales qu'il présente ne doit être préférée aux autres : il est donc probable qu'il ne fournirait pas de grandes ressources pour une édition critique. Nous avons déjà dit que CW étaient très intimement liés. Quant à K, quoi qu'il ait exceptionnellement, et seul de son groupe, la bonne leçon (cf. I, 2), il remanie volontiers (cf. I, 13-5) et, dans l'ensemble, il marche d'accord avec C (cf. I, 25-6) qui, du reste, lui est inférieur.

suivants, du moment que les vers 3-6 n'étaient point là pour en faciliter l'intelligence.

1. Cela ne doit pas empêcher de tenir grand compte des cas où EH sont d'accord, dans les Passages I et II, avec DJM^1 contre AM^2R ou B^1M^2R, etc., c'est-à-dire contre la 1re famille de Meyer. Cf. surtout Pass. I, v. 3-6, 25-6 et 30 et Pass. II, v. 7 et 9-11.

2. La variante commune à A^1B au v. II, 11, celle (moins importante) de II, 12 (qui appartient aussi à I), et la ressemblance au v. I, 8 s'expliquent par le caractère particulier de A^2, qui est contaminé.

$A^1 L^2$ offrent un assez grand nombre de traits qui leur assignent, soit directement, soit indirectement, une commune origine (cf. I, 14, 25 et 31; II, 5). Ils ne se séparent d'ailleurs pour aucun des traits importants de nos deux passages. Dans Meyer, ils ne se séparent qu'au v. 17, où L^2 est plus rapproché de la bonne leçon (il est vrai qu'ici G se sépare de x pour prendre une des mauvaises leçons, ce qui confirme l'hypothèse que le critère est peu caractéristique et que les corrections ont pu venir à l'idée de plusieurs copistes), et au v. 18, où L^2 donne, avec x, une leçon altérée, mais dérivant directement de la bonne. Dans ce même passage, $A^1 L^2$, qui y marchent le plus souvent d'accord avec $A B^1 M^2$, s'en séparent cependant aux v. 9, 17 et 18, et aussi au v. 8, où L^2 remplace par une cheville le mot caractéristique. Dans les passages I et II, ils marchent ordinairement d'accord avec z, en opposition à $A M^2 R$ ou $B^1 M^2 R$ [1] (cf. I, 3-6, 7; II, 7, 9-11, 17), ou d'accord avec ses mss. L'existence d'un sous-groupe $A^1 L^2$ est donc certaine, mais le rattachement de ce sous-groupe à la 2ᵉ famille, 2ᵉ section, n'est que probable [2].

$A^2 I$ offrent une leçon spéciale caractéristique dans I, 21, et d'autres moins importantes dans II, 12; III, 2 et 11 (*taille* pour *entaille*). S'ils paraissent moins intimement liés que $A^1 L^2$, cela tient sans doute au caractère indépendant des deux scribes à l'égard de leur modèle. Cf. pour I, les vers 1, 2, 23, 25-8; II, 1, 4, 10-11, 16, 18, 19 [3], et pour A^2, I, 2, 11, 14, 15-6 (rime), 20; II, 20 et de plus III, 8, 12, sans compter l'omission de deux vers et l'addition de quatre. Il faut noter cependant leur séparation, I, 1-2 (sans importance); I, 13-5 (passage délicat où un scribe aussi indépendant que celui de A^2 devait se donner carrière et où I n'a pas non plus la bonne leçon); II, 9-11, où A^2, fidèle à sa

1. Nous rappelons que B^1 manque dans I et A dans II.
2. M. P. Meyer reconnaît à L^2, à cause du v. 6, un caractère intermédiaire entre les deux sections de la 1ʳᵉ famille : d'après l'ensemble des trois passages, $A^1 L^2$ devraient être placés entre les deux familles, mais beaucoup plus près de la seconde.
3. Il est curieux de voir cette variante, qui, il est vrai, n'a rien de bien original, reproduite par H.

méthode de contamination[1], a préféré à la leçon archaïque, imparfaitement conservée par I, celle de la 2e famille, 2e section; II, 2, où c'est au contraire I qui a pris une des deux mauvaises leçons, et enfin III, 9, et surtout III, 11-14, où I a la mauvaise leçon. En somme, on peut dire que, les fantaisies du scribe mises à part, $A^2 I$ se rattachent généralement à $A B^1 M^2 R$, lorsqu'ils sont réunis (l'exception I, 18, n'a pas grande importance), et que, lorsqu'ils sont séparés, c'est presque toujours A^2 qui a la bonne leçon, soit avec $A B^1 M^2 R$, soit en opposition avec ce groupe, ce qui prouve que, pour ce ms., la contamination a surtout consisté, non pas seulement à remanier certains passages à l'aide de z (voy. ci-dessus, p. 223, v. 9-11), mais encore à corriger l'exemplaire auquel se rattache également I à l'aide d'un manuscrit du sous-groupe $A B^1 M^2 R$.

Pour le sous-groupe $A B^1 M^2 R$, qui n'est complet qu'au passage III (les deux autres manquant d'un manuscrit), il y a bien aussi quelques difficultés. Dans le Passage I, $A (R)$ se séparent de M^2 au v. 8 (sans grande importance), et surtout aux vers 14-15, où le groupe hybride IJM^2 dérange le classement général; dans le Passage II, B^1 ne se sépare bien nettement de M^2 qu'aux v. 9-11, où M^2 a (isolément) changé la rime pour éviter *noël*, et au v. 4, où B^1 a, semble-t-il, une mauvaise leçon, mais moins altérée que celle de M^2, etc.; enfin, dans le Passage III, A a la mauvaise leçon au v. 9, qui, il est vrai, n'a pas grande importance; et aux vers 19-20, qui font déjà difficulté pour $A^1 L^2$, il a la mauvaise leçon pour le v. 19, tout en conservant au v. 20 (sauf un mot altéré) la bonne leçon de $B^1 M^2$, etc. Rappelons, à propos de A, la lacune signalée plus haut (p. 222, note 2), laquelle indique une certaine négligence du scribe.

Au passage II, B^1 est assez indépendant à l'égard de M^2 (cf. v. 4 et 9-11), ou plutôt c'est M^2 qui est indépendant : aux v. 9-11, il est altéré et moins bon; au v. 4, il se sépare de B^1, qui reste uni à $V^1 V^2$ avec une leçon plus voisine de l'original (voy. plus

---

1. Voyez plus haut, p. 229.

loin), pour prendre la leçon de la 2ᵉ famille, ce qui a lieu de surprendre. Au passage III, B^1 et M^2 vont toujours d'accord.

Sur R, il y a aussi plusieurs observations à faire. Au passage I, v. 1-2, il suit la leçon de x, et en particulier de L; il est probable que le scribe, peu satisfait de la rime de son original, a corrigé à l'aide d'un ms. de la famille x. Au v. 7, il offre une petite particularité qui le rapproche de V^1 : *n'avra*, mais qui dérive de M^2 : *ne ra*. Au v. 23, il est, avec $A^2 I$, intermédiaire entre $A M^2$. $V^1 V^2$. $A^1 L^2$. ζ (*Me receüssiez tot demeine*) et les autres manuscrits. La variante du v. 18 n'a aucune importance. — Au Passage II, v. 9-11, il a la bonne leçon, contre M^2, qui est isolé, et B^1 qui a maladroitement changé le singulier *noël* en un pluriel, ce qui a amené une incorrection au vers suivant. Il en est de même au v. 17, qui manque par accident à B^1. En présence des nombreux points de contact qu'il a avec $A B^1 M^2$ (et aussi avec $V^1 V^2$, dont nous parlerons plus loin), il n'y a pas lieu de s'arrêter à ces différences, qui s'expliquent suffisamment.

Reste à déterminer le caractère des manuscrits qui n'ont point été examinés par M. P. Meyer. Nous avons déjà parlé de C^1 : nous n'y reviendrons pas, étant donné son infériorité. Les deux mss. de Venise $V^1 V^2$ sont plus intéressants [1]. Quoiqu'ils présentent, V^2 surtout, d'assez nombreuses lacunes d'une ou plusieurs couples de vers, et qu'ils soient l'œuvre de scribes très négligents

---

1. Pour la description de ces mss., qui ont fait partie de la bibliothèque des Gonzague, où ils portaient les nᵒˢ 28 et 29 (cf. *Romania*, IX, 509), voir Bartoli, *I codici francesi della Biblioteca Marciana di Venezia* (Venezia, 1872). V^1 (Bibl. marc. XVII) est, d'après Bartoli, de la première moitié du xivᵉ siècle; d'après Bartsch, *Chrestomathie*, du xiiiᵉ siècle, ce qui nous semble plus probable; il contient, d'après Bartoli, 29853 vers (l'édition en a 30108), ce que nous n'avons pas cru devoir vérifier, les miniatures qui se rencontrent à chaque page obligeant à compter les vers un par un. V^2 (Bibl. marc. XVIII) est du xivᵉ siècle et n'a pas de miniatures. Il ne compte, d'après le calcul de Bartoli, que 28184 vers; ce calcul doit être juste, à peu de chose près, car il y a un certain nombre de rubriques dans la première moitié, et si l'on n'en tenait pas compte, on arriverait au chiffre un peu plus élevé de 28284. A la suite de *Troie* vient, dans ce ms., le *Roman d'Hector* (Cf. le ms. de Paris, Bibl. nat., fonds fr. 821, notre F).

et qui ignoraient le français, ce qui en rend l'utilité contestable pour une édition critique du *Roman de Troie*, il convient cependant de leur assigner une place dans la classification. Ces deux mss., sans être copiés l'un sur l'autre, ont pourtant des affinités incontestables (cf. I, 14, *li cors* pour *le cuer*), et ils marchent le plus souvent d'accord avec $A M^2$ (Passage I) ou $B^1 M^2$ (Passage II)[1], même dans les détails (cf. I, 10 $V^1 M^2$); rarement ils sont séparés, et dans ce cas l'un des deux (plus souvent V^1) est d'accord avec $A M^2$ ou $B^1 M^2$ pour donner la bonne leçon. La seule différence sérieuse (au v. II, 7, il n'y a qu'une variante sans importance : *pucèle, danzèle*) est dans II, 9-11, où, nous l'avons vu, règne un certain désarroi, amené par le désir des scribes d'éviter le mot *noël*, archaïque dans ce sens : V^2 y suit la leçon de C^1y, et V^1 a une lacune, ce qui empêche de contrôler les deux manuscrits l'un par l'autre.

Les manuscrits de Saint-Pétersbourg[2], $P^1 P^2$, sont assez incorrects, P^1 surtout, où beaucoup de vers sont estropiés et dont le scribe ignorait le français, et le classement en est difficile. On peut cependant affirmer qu'ils n'appartiennent ni à la 2ᵉ famille, ni à la 2ᵉ section de la 1ʳᵉ famille. Cf. II, 17, etc. Un certain nombre de fautes communes se rattachent à $V^1 V^2$, par exemple v. 13264 de l'édition (30 de ma *Chrestomathie*), princi-

---

1. Cependant le passage reproduit dans notre *Chrestomathie* fournit pour ces mss. un assez grand nombre de variantes de détail par rapport à M^2, ce qui ne permet pas de les confondre avec lui et de considérer comme un groupe sans subdivisions le groupe $A B^1 M^2 R V^1 V^2$.

2. Grâce à l'obligeance infatigable de M. le professeur Al. Wesselsfsky, nous pouvons donner les détails suivants sur ces manuscrits. P^1, Bibl. de Saint-Pétersbourg, n° 3, est un grand in-fol., contenant 167 ff. à deux colonnes, qui varient de 42 à 46 vers, et orné de nombreuses miniatures : l'écriture est du xivᵉ siècle. Il ne contient guère que 28400 vers : cela tient à ce que, en plusieurs endroits, il abrège systématiquement le texte. Par exemple, les vers 13681-704 sont réduits à 8 vers dont 7 figurent dans l'édition : 13682, 13689-90, 13701-4. Puis le discours de Calcas est simplement indiqué en deux vers : *Calcas respondit quant ce oit, Si se couri au mielz q'il poit*, et le scribe passse aux v. 13799 sqq. Le texte est très corrompu et offre beaucoup de vers faux : le scribe ne savait que très imparfaitement le français. — P^2

palement à V^1, non seulement quand V^2 manque (cf. v. 13274 et 13295-6 de l'édition, 40 et 61-2 [1] de ma *Chrestom.*, etc.), mais aussi dans certains cas où V^1 V^2 sont séparés (cf. v. 13301 de l'éd., 67 de ma *Chrestom.*, etc.). Ils sont, par conséquent, malgré les nombreuses leçons spéciales qu'ils offrent (surtout P^2, qui copiait un ms. assez indépendant), de la 1re section de la 1re famille, et il n'y a, au contraire, aucune raison particulière de les rattacher à d'autres groupes. Quoique souvent d'accord, ils sont loin d'avoir la même cohésion que plusieurs des sous-groupes signalés plus haut, et sur 200 vers que nous avons examinés, nous n'avons pu trouver un seul trait caractéristique qui les liât d'une façon indissoluble.

Bibl. Saint-Pétersbourg, n° 6, provient de la Bibliothèque du duc de La Vallière et avait appartenu à l'empereur-roi Charles V, dont la signature se lit au commencement et à la fin du volume. C'est un grand in-folio de 182 feuillets à deux colonnes de 41 vers chacune (le texte ne commence qu'au f° 2), ce qui donne environ 29680 vers : il y a donc aussi probablement quelques lacunes dans ce ms. L'écriture est du XV° siècle. D'après les extraits que nous avons sous les yeux, le texte est un peu meilleur que celui de P^1, en ce sens que les vers sont généralement sur leurs pieds, et qu'il y a peu de non sens, mais il y a bien des variantes bizarres et de sens peu satisfaisant qui indiquent une intelligence médiocre chez le scribe. Voy. des variantes de ce genre dans notre *Chrestomathie*, Appendice critique, XVI.

1. P^1 ne figure pas, par oubli, à l'Appendice critique, parmi les mss. qui intervertissent ces deux vers. Quant à P^2, il manque du second vers (le premier par rapport à P^1).

APPENDICE

MANUSCRITS FRAGMENTAIRES

Notre travail ne serait pas complet, si nous laissions systématiquement de côté les manuscrits qui nous offrent des fragments plus ou moins étendus du *Roman de Troie*. Bien qu'ici la tâche soit particulièrement délicate et qu'on ne puisse pas compter d'une façon certaine sur des critères décisifs, il convient cependant d'essayer de dégager les renseignements que contiennent les fragments sur l'origine des manuscrits dont ils ont fait partie, comme nous l'avons fait déjà pour le précieux fragment de Bâle.

I. — *Fragment de Bordeaux* (B^2).

Le fragment de Bordeaux [1], que nous désignons par B^2, appartient à la Bibliothèque municipale, où il porte le n° 674. Il contient 31 feuillets in-4° de parchemin, écrits à deux colonnes de trente vers chacune, d'une assez grosse écriture du XIII° siècle : le recto du f° 1 est tout à fait illisible, ainsi que quelques courts passages isolés. Le fragment correspond aux vers 9013-12821 de l'édition Joly. Le scribe, qui ignorait le français (il était provençal ou italien), coupe très souvent les mots de façon à produire des non sens.

Contrairement à ce qu'on pourrait attendre d'un fragment de plus de 3800 vers, nous n'avons rencontré qu'un très petit nombre de traits ayant une importance réelle; mais ces traits suffisent à assigner le fragment de Bordeaux à la 1re section de la 2e famille (II, 1), et à montrer en particulier son étroite parenté avec notre ms. E (Bibl. nat., fr. 794).

---

[1]. Récemment publié (1889) dans un Programme de l'Ecole supérieure municipale de Hambourg par M. Carl Jacobs.

V. 13313-6 : *Que al cel tans, que* (var. *ço*) *trus lisant, Lo faisoit on al plus* (var. *mielz*) *vallant : Quant del siècle estoit trespassés, Por çou i avoit* (var. *Et por ce i ot*) *joie assés* (B²). C'est la leçon du premier groupe de la deuxième famille (II, 1), sauf quelques variantes insignifiantes. Les manuscrits de la première famille donnent aux deux derniers vers : *...trespassanz Molt i estoit la joie granz*, tandis que ceux de la seconde section de la famille II ont le texte de l'édition (ou à peu près) : *De maint endreit, de maint semblant, Car a cel tens, ço truis lisant, Le feseit l'en as plus vaillanz, Morz de cest siécle trespassanz.*

V. 11569 : *Est tos solliés et esclunés*. Ce dernier mot est plus rapproché de *englumez*, II, 1, que de *angluez*, II, 2, et surtout que de *envolumez, volumez*, que donnent les autres groupes. — V. 11615-6. Au lieu de ces vers, B², comme E, répète les vers 11597-8. — V. 11657-8. B² E changent la rime. — V. 11684. *Qui molt ament tuit vostre enor*. Au lieu de *ament tuit*, on trouve dans les autres mss. *aiment la, par aiment, en veulent, veulent tuit*, etc. B² E donnent *voldroient*. — V. 11706. *Que toz nos a desesperez*; B² E *somes desesperé*. — V. 11713-4 : *Fetes en ço que vos voldreiz Car ço est bien reson et dreiz*. Les manuscrits qui ont au premier vers *volez* ont au second *aprestez*, tandis que B² E ont *volentez* : *J'en entroi* (lis. *otroi*) *buen vos voluntés* B², *Totes ferai voz volantez* E.

Comme contre-partie, nous constatons : 1° que le groupe I, 2 intercale 6 vers entre les vers 12143 et 12144 de l'édition (à laquelle le groupe II, 2 est ici conforme), et que B² et les autres manuscrits[1] n'en intercalent que 4 (les deux vers omis ne sont pas nécessaires), ce qui prouve que B² n'appartient ni au groupe I, 2, ni au groupe II 2; 2° que le groupe II, 2 est le seul qui n'ait pas les deux vers suivants après 10056 : *De dras de soie* (var. *D'or et d'argent*) *et de vaisiéle* (var. *vaissiaus*) *D'or et d'argent* (var. *Et de pailles, Et de despoille*) *molt rice et biéle* (var. *biaus*), ce qui montre que B² n'appartient pas au groupe II. 2.

---

1. Pour les fragments, nous n'avons pu ni vérifier, ni faire vérifier les manuscrits qui se trouvent hors de France.

II. — *Fragment de Strasbourg* (S).

Le fragment de Strasbourg, deux feuillets doubles de parchemin in-4°, à 2 colonnes de 30 vers, dont quelques vers ont disparu sous le couteau du relieur, se compose de 429 paires de vers correspondant aux vers de l'édition 28581-698, 29219-342, 29823-45, 29853-75, 29883-906, 29913-35, 29943-66, 29973-96, 30003-26 et 30033-58. Le ms. est du XIIIe siècle.

Nous constatons d'abord que les manuscrits du groupe II, 2, dont fait partie celui qui a été suivi dans l'édition, sont seuls à supprimer les deux vers suivants, après le v. 28604 : *Legier estoit perils* (S *peril*) *de mer Envers le lor a trespasser*. Mais le seul critère vraiment important est celui-ci, qui classe ce fragment, comme le précédent, dans le groupe II, 1. Les manuscrits de ce groupe donnent au vers 29995 la leçon suivante : *Quant si mort et plaié vos voi*, tandis que les autres ont (*En si male hore vos ai quis*) *Et en si estrange vos voi*. Le fait que cette dernière leçon se trouve dans J (que suit ici l'édition, par suite d'une lacune de K) ne doit pas surprendre, car nous avons vu que J se sépare parfois du groupe auquel il appartient dans ses traits essentiels.

III. — *Fragment de Paris* (P).

Le fragment de Paris (les deux tiers d'un feuillet, Bibl. nat., Nouv. acquis., 5094) a été récemment publié par M. P. Meyer (*Romania*, XVIII, 100). Il ne contient que 98 vers écrits vers le milieu du XIIIe siècle. Ces vers correspondent aux vers de l'édition 311-331 (plus quatre vers qui manquent à l'édition), 347-370, 387-410, 427-451.

Le seul critère à utiliser nous semble être celui qu'offre le vers 364 : *Et si porrez* (var. *Et p. pois*) *oïr après*, où la seconde famille et la première section de la première donnent : *De ço vos traiterai* (var. *redirai*) *après* (var. *adés*). P est donc de la deuxième section de la première famille, c'est-à-dire de la famille x.

IV. — *Fragment de Nevers* (N¹).

Le fragment de Nevers (Archives départementales), également publié par M. P. Meyer (*Rom.* XVIII, 102), est de la seconde moitié du xiii° siècle. C'est un feuillet simple à trois colonnes de 53 vers chacune, dont une partie est mutilée par le couteau du relieur. Le texte est médiocre et offre un certain nombre de fautes qui lui sont propres, ce qui rend le classement difficile.

Par exemple, v. 25009-13 : *N'ai cure plus de ci ester : Ne porroie pas regarder Que ces murs voie acravanter. Tant tanple precios et chier Sont del sanc, taint et meaignié*, N¹ donne une rime en *er* = *ier*. Cela tient sans doute à ceci : le changement de *tant* en *si*, puis en *ci*, au premier vers, a amené l'introduction du vers cheville qui suit, de sorte que l'on a cru devoir faire disparaître le v. 25011 de l'édition : *Fondre et abatre* (var. *ardoir*) *et trebuchier* (éd. *F. a. ne t.*), ce qui a faussé la rime. Notons, d'ailleurs, qu'au troisième vers, la bonne leçon est : *Que j'os veïsse* (var. *je vos voie*) *craventer*. C'est cette substitution de *gie* (var. *ja*) à *jos* (*je vos*) qui a amené le remplacement, dans le groupe II, 2, de *Li temple* (qui appartient à la phrase suivante) par *Le temple*, pour avoir un régime direct à *veïsse*. Tout ce qu'on peut conclure des variantes de ce passage, c'est que ce fragment n'appartient pas au groupe II, 2. — Même conclusion limitée pour le v. 25048, où *Por pez aveir et acordance* n'appartient qu'au groupe II, 2. La leçon de N¹ : *Por pés fère, por aquitance* semble s'écarter un peu de celle du groupe I, 2 (*et por quitance*, avec un hiatus), qu'il faudrait peut-être exclure également [1], de sorte qu'on pourrait hésiter entre les groupes I, 1 et II, 1.

---

[1]. Pour ce passage, A manque, et nous n'avons pu avoir les leçons de M¹ P¹ P³ R V¹ V² d'un côté, L² N de l'autre.

GLOSES WALLONNES

DU MS. 2640 DE DARMSTADT

Par MAURICE WILMOTTE

Le ms. 2640 de la Bibliothèque de la Cour, à Darmstadt, est un petit in-8° de 252 feuillets sur parchemin, haut de 0^m 18 et large de 0^m 12. Il renferme un certain nombre de traités de morale et de science, de nature très diverse, que le caprice individuel semble avoir seul réunis sous une même couverture, assez longtemps après leur transcription. Le fait est certain pour les gloses que je publie, car le premier feuillet qui les porte a été indûment rogné à sa partie supérieure pour être ramené aux dimensions des autres. Il ne l'a pas été sur sa largeur, de sorte qu'il dépasse la tranche de quelques millimètres ; il porte encore, dans le voisinage de celle-ci, des traces de points. La stricte rognure des feuillets suivants ne permet pas la même constatation.

Les gloses du ms. occupent la colonne extérieure des feuillets 37-40 et le texte glosé la colonne intérieure des feuillets 37-41 ; l'écriture est de la fin du XIII° siècle, comme celle de la plupart des ouvrages contenus dans le ms. Les gloses françaises sont entremêlées sur une certaine étendue de gloses latines, d'un caractère fort élémentaire ; ce sont de simples renvois au type de la déclinaison ou de la conjugaison à laquelle appartient le mot, précédés ou non de la définition grammaticale de celui-ci. Un examen même superficiel permet de reconnaître dans le texte latin les célèbres *Distiques* de Caton, et dans le texte français une traduction incomplète et fort inexacte de ces Distiques. Le traducteur ne paraît pas très familier avec la langue de son original ; tantôt il se borne à une version aussi littérale que possible, parfois double, souvent inintelligible, et d'où il ne ressort pas toujours à l'évidence qu'il comprenne son propre mot-à-mot ; tantôt il se permet de singulières libertés avec son modèle, substituant même une pensée de son crû à celle qu'il avait sous les yeux (c'est le cas pour la sentence consignée

39 r°, lignes 30-31, où il est impossible de croire à une simple méprise; le latin dit : *Fronte capillata post hec occasio calua* [1]). J'éprouve donc un certain scrupule à décorer ces bribes du nom de « traduction » et je préfère leur laisser celui de « gloses », qui leur convient moins imparfaitement. Il n'est pas douteux qu'elles aient pour auteur quelque écolâtre, moins familier avec les formes du beau langage qu'avec les idiotismes de son patois. Ce patois est le wallon, ce qui n'a pas lieu de surprendre, le ms. 2640 provenant du couvent de Saint-Jacques, à Liège [2]. Le principal intérêt de ces gloses est donc celui-ci : elles constituent un spécimen suffisamment fidèle de parler local à une date ancienne; à ce titre, elles ne le cèdent en importance ni aux ouvrages littéraires (*Ver del Juise*, *Poème Moral*, *Aucassin* [3], vies de saints), ni aux documents administratifs publiés dans les derniers volumes de la *Romania*. Je ne me préoccuperai, d'ailleurs, que de leurs caractères linguistiques, tout en reconnaissant qu'il ne serait pas sans prix d'établir le rapport dans lequel elles se trouvent avec les autres versions des *Distiques*, que leur auteur n'a certainement pas connues [4].

VOCALISME. Je note d'abord quelques formes particulièrement caractéristiques : *mougie* (manducare) 37, 49; *case* (causa) 39 v°, 3; *chases* 40 v°, 5, qui indiquent la labialisation de *a* tonique; *seps* (sapias) 40 v°, 10 le plus ancien exemple, à ma connaissance, du

---

1. Le Roux de Lincy fait la même observation (*Livre des Proverbes* I, XXIII) au sujet de la version d'Adam de Suel; il est vrai qu'il s'agit plutôt ici d'une surcharge du texte primitif et de son adaptation au goût du temps.

2. Le ms. 2640 mériterait une description détaillée que je ne puis entreprendre ici; il contient deux textes des *Distiques* : le premier accompagné d'un abondant commentaire latin (fol. 1-18), le second qui ne s'étend que du fol. 37 au fol. 41 et qui est enrichi de nos gloses. Ce ms. a été acheté, avec beaucoup d'autres, par le baron Hüpsch à la vente des livres du couvent de S. Jacques, en 1784, et légué par lui au grand-duc Louis Ier de Hesse. La description de Roth (*Roman. Forschungen*, VI, 20) est tout à fait insuffisante.

3. V. *Moyen âge*, III, 20.

4. Je conserve la disposition du ms. et utilise pour les renvois le n° du fol. et celui de la ligne scrupuleusement reproduits dans l'édition. Les blancs conservés dans celle-ci indiquent la place occupée par les gloses latines que j'ai supprimées parce qu'elles sont totalement dénuées d'intérêt; des points représentent les mots absents ou illisibles. Pour les *Distiques* je renvoie à Le Roux de Lincy, *op. cit.* II, p. 439. Les n°s entre parenthèses des remarques sur la langue sont ceux de mes *Etudes de dialectologie wallonne*.

traitement, particulier au N. wallon, de a suivi des groupes pj-, bj-; le liégeois moderne dit *sêp'*, comme il dit *bêp'*, *arêp'* (enrage), etc. *Diex* 37, 14 et 57, n'est pas moins curieux, ni moins conforme aux données de nombreux patois. *Den* (*dě* dans le ms.) = digna 39, 23 et correspond à la forme moins ancienne et actuelle *dên'*. (V. Noëls wallons dans *R. Pat. G. Rom.* I, 270, str. 14). *Ricbacbe* 40, 34 m'est suspect; il constitue en tout cas un trait bien méridional. On a, d'autre part, *ricbec(b)e* 37 v°, 12; 39 v°, 39 et 41; *sagece* 37 v°, 24; 38 v°, 15; 39, 13; *simplece* 39 v°, 23; *pierece* 26, *wilbège* 39 v°, 39, qu'il faut probablement lire *wilbege* et où étja: *ec(b)e* est régulièrement attesté. Pour le traitement de la dernière consonne de *wilbege*, cf. *cerges* (circare) 39, 21 et les ex. allégués *Romania* XVII, 561 — *sludee* 37, 53 confirme l'altération de *i* dans le voisinage d'un yod.

-aticu : -age, non -aige (4); ab'l' : *aule* : *taule* 37, 41; 39 v°, 36; *dotaule* 37 v°, 49; *astauli* 39, 2; -able passim est savant.

-ellu : ia, ainsi que -illu (9) : *bias* 37, 6 et 38, 19; *novias* 37 v°, 29; *jouenescias* 37 v°, 41; *usias-al* 38, 24 et 26; *icias* 38, 29.

ě + y (10) : *e* dans *les* 37, 10; 38 v°, 8; *reles* 40, 29; *lere* 37, 13; *profis*, *despite*, *mide*, etc., sont dus à l'influence centrale; pour *lies* 37, 34 et *ensiere* 39 v°, 53 je renvoie à *Romania*, XVII, 557; *ensiere* est aussi nord-wallon [1].

ô libre : *ue*; ŏ entravé : *ua*; ô entravé : *uo* (17). Citons *buordous* 37 v°, 23; *buordere* 38, 16 et 18, *buorde* 38, 21 et d'autre part *cuar* 40, 44, qui semble le reflet d'un dialecte où ō entravé a passé, dès cette date, par la série ō > *uō* > *uā* [2]; le phénomène n'est que sporadique dans le nord-wallon, par ex. à Liège [3], où l'on dit *kwèr*, *fwèr*, *mwèr*, mais *katwis* (ancien *quatuoze*; voyez *Rom.* XIX, 79). *Tourneir* d'une charte

---

1. M. G. Doutrepont, dans une thèse de l'Ecole normale supérieure de Belgique, a relevé plusieurs ex. de cette forme et d'autres composés de *sequere dans le ms. 763 de la Bibliothèque de l'Université de Liège, qui renferme le *Miroir des Noblés de Hesbaye*, de Jacques d'Hemricourt.

2. M. W. Meyer indique cette série (*Grammaire* I, § 211), mais lui préfère une autre, plus compliquée.

3. Le liégeois a *oi* (= *wè*) de bonne heure : *tantoist* 1285-6 (*Rom.* XVII, 560); *moirs* ms. 763 de J. d'Hemricourt, 16 v°; *toist* id. 23 v°, 27 v°; *boirgne* id. 42 r°, 154 r°; *coir* 90 r°, 97 v°, etc. Les ex. abondent chez Jean des Preis et Jean de Stavelot; le premier nous offre déjà des graphies comme *choeze*, attestant la prononciation moderne, du moins pour ō (au) libre (*pô d'tchwè* = « petit de chose »).

namuroise (1297; *ibid.*) est confirmé d'une manière heureuse par *tuornet*, 38, 49; c'est décidément un trait wallon; le *toun'* actuel, s'il est général dans ce dialecte, ce que je ne puis encore affirmer, serait dû à une monophtongaison ou à une réaction analogique, qui s'explique assez naturellement dans la conjugaison. On dit d'ailleurs *i* : *boud'*, *in'* (*eun'*) *boud'*, non *buèd'*, de même que *bourdé*, etc., en dépit des formes précitées *buordere -dous*. Le développement ō : *uo* n'a pas été arrêté par la nasale : *buon* 37, 17; 40 v°, 21, à côté de *bouns* 37 v°, 26; 40 v°, 8; *suonges* 39 v°, 5. L'intérêt de cette notation phonétique, à la date de nos gloses, est encore accru par le fait qu'elle correspond également à ō dans des mots où il est difficile d'admettre que cette tonique latine ne soit pas devenue *ou*, comme dans des dialectes voisins. En voici des ex. : *plusuor* 37 v°, 33; 39, 18; 39 v°, 53; *honuor* 38, 67; *doluor* 39 v°, 3; *labuor* 39 v°, 57; cf. *sous*=*solus* 39, 39; *sois* 38 v°, 29. — Je n'insiste pas sur les graphies *oe* et *oie* = *oi* et *oe* = *oie* (cf. *Rom.* XIX, 77), mais bien sur *ue* dans *anc(h)ues* 38, 43 et 46; 39 v°, 19; *decuet* 38, 26; *dues* 38, 51, 55, 63 et 67; 38 v°, 5, etc.; *sues* (sois) 38, 37; *sue* (soit) 38, 53; *fues* (vicem) 38 v°, 7; 39 v°, 30; *bueure* 35, 19 -*vant* 39, 20; *wes* (= vues) 39, 29. Il semble résulter de là que *oi* possède déjà le son *wè* et qu'on hésite entre *ue*, *oe* et *oie* pour l'exprimer; dans la région septentrionale *oi* est passé (par *öi* sans doute) à *eu* — *ui* : *u* dans *atru* 37 v°, 38, 39 et 50; 40 v°, 25; *lu* 37 v°, 53; *esstrus* 38, 29 (*enstrus* 39 v°, 11); *pusse* 38, 54, *pust* 38 v°, 23; 39, 24; *uin* : *un* dans *coniunt* 38, 58 — *on* (21) = *unum* 38 v°, 32; *one* 40, 25.

CONSONNES. Les consonnes finales, isolées ou non, ont une tendance marquée à s'amuïr; c'est ce qu'attestent les nombreux acc. plur. sans *s* (les nom. sg. ont mieux conservé les traces de la déclinaison); les 2ⁿ pers. sg. verbales id.; les infinitifs sans -*r* (*mongie* 37, 49; *deporte*l 38, 51; *espargies* 38, 66; *sormontes* 38, 69, etc.; cf. les graphies contraires *noier* (part. passé) 38 v°, 33; *ester* 35; *detier* 38 v°, 9; 39 v°, 8; *deservir* (part. p.) 40, 7); les part. passés et les 3ⁿ pers. sg. sans *t* (*nt* : *n* est fréquent après une voyelle tonique dans les part. prés., dans *saron* 38, 51; *constrain* 38, 65 et après une atone, aux 3 plur. verbales : *viskasen* 37, 4; *atochasen* 37, 4; *diene* 37, 57; *soen* 37 v°, 11; *responden* 37 v°, 47, etc. — *st* : *s* dans *es* 37 v°, 20; *e* = est 39 v°, 18 — *rm* : *r* dans *dor* 37, 28 — *rt* : *r* dans *mor* 37 v°, 50; 38, 7; *per* 38, 5; *ar* 38, 22; *for* 39, 5; *requier* 39, 13). Il en est de même des liquides, isolées (v. supra pour *r*; *l* est tombé dans *que* 37, 7; *ichi* 37 v°, 1; *i* 38, 6, 29; 39, 7, *peri* 38, 50; *traua*, *morte* 38 v°, 4; *nu* 40, 38) ou non (*r* + muette

(39) : *descode* 37 v°, 4; muette + r : *ramembans* 37, 47; *maisse* 39 v°, 54; cf. *vendre* = ventre 40 v°, 14).

La chute de *n* (4) est particulièrement significative; 7 (= en) 37, 10 et 14; 38, 22, 33, 69; 7 *tendre* (entendre) 37, 13; *nie(t)* (trop fréquent à côté de *nient*, *nint* pour être le fruit d'une simple omission graphique) 38, 6, 17, 45, 47, 55 et 57; 38 v°, 16; 39 v°, 5, 33, 43; 40, 1 et 15; *apre* 38, 27; *repret* 38, 35; *apredre* 39 v° 11; *esstrus* 38, 29; *effans* 37, 35; 38, 1; *sove* 38 v°, 34; *sais* 40, 42 est probablement fautif. *cobatte* 37, 31 est le plus ancien ex. que j'aie rencontré de l'altération du préfixe *com-* qui, par l'intermédiaire de *co*, *ce* (ke), est arrivé à sa forme actuelle *ki* (kû); *ke-* est déjà dans Jacques d'Hemricourt; M. G. Doutrepont signale dans sa thèse *kebatirent* 181 r°, 182 v°; *keplaindet* 202 v°; *kebatoyent* 197 v°; les poésies du xvii° siècle ont déjà *kitrais*, *kiferiner*, etc. — Les palatales ne donnent lieu à aucune observation nouvelle; je signalerai la forme *blanke* 38, 25, conforme à ce que je sais des dial. wallons du N. et de l'O.; w = w germanique (30), sauf dans *ga(n)ngier* (-ir) 38, 28 et 48; 38 v°, 1, et *regarde* 39, 32 (mais *ruardes* 39, 25 et *waugier* 38, 50). On dit encore dans nombre de communes *gangui*, non *waugui*. — Un phénomène propre aux chartes du Midi se retrouve dans nos gloses : *wilbar* 37 v°, 41; cf. *wilhege* 39 v°, 39; *wilb* (vil) 38, 31 et 33; *trawalb* 38 v°, 1 et 3; *matwais* 38 v°, 5; *chevelue* 39, 30. — Constatons enfin que la prosthèse n'a pas eu lieu devant *s* + cons. et que nous relevons ici le premier ex. du phénomène bien wallon, qui consiste à intercaler la voyelle d'appui entre les deux consonnes : *separge* (espargne : liégeois *sipågn'*) 37, 46; *saies-er* (exagiare) 39 v°, 56, n'est ni moins intéressant, ni moins fidèlement conservé dans ces patois où il atteste une confusion entre *s* + *cons* et *ex* + *cons.*, dont les langues romanes nous offrent d'assez nombreux exemples.

FLEXION. Les ex. de *li*, *le* = la; *te* = tu; ten, ta; *se* = sa (et même = ses 37 v°, 18) sont trop nombreux et trop usuels en wallon pour y insister; *ilh* = elle 39, 15; 40, 15, 16 et 22; 40 v°, 14. Je signalerai la forme *aquelh* 39 v°, 31 et 40, 8 (= n'importe lequel). De la conjugaison il n'y a rien à dire, sinon que déjà le verbe *visker* (vivre) nous est attesté (*viskasen* 37, 4)[1] et que des formes comme *diene* (dicunt) 37, 57; *vine*(nt) 39, 25; *doeve*(nt) 39, 36, déjà signalées à un autre

---

1. Un second ex. est dans le ms. 763 de J. d'Hemricourt : *viskeit* 5 r°.

point de vue, confirment dans une certaine mesure l'attribution de l'œuvre à un wallon du Sud-Ouest; voy. *Rom.* XIX, 84.

Syntaxe et accentuation. *Les* = lor 38, 27; *par* = por 39, 24 (cf. v°, 30) *ni* = ne 37 v°, 44 et *ki* = ke 38, 69; 39, 24 appartiennent à la phonétique. Peut-être faut-il voir déjà un déplacement de l'accent, pareil à celui du wallon moderne, dans les passages sv. où l'adj. épithète précède le substantif : *bone e cosi[ume]* 37, col. de gauche [1] et 38, 70; *petite e chose*, 38, 57 [2].

Conclusions. Il résulte de maintes constatations que le glossateur est un Wallon du Sud-Ouest; la coïncidence de -ellu et -illa en *ia*; le phénomène -aticu : *age*; la forme *congies* 39 v°, 51 et les 3 plur. près. en -*ne* sont d'accord avec mes observations de la *Romania* [3] sur l'ancien dialecte de Namur et de la région voisine; il va de soi que les traits constatés jusqu'ici appartiennent également à cette dernière; pour Namur même plaident : 1° les nombreuses analogies du patois moderne, tel qu'il nous apparaît, par ex., dans la version de la *Parabole* : in + cons. : *è*; ŏ entravé : *ua* (écrit *oi* !); *ui* : *u*; les indéfinis *on*, *one* (relevés dans nos gloses 38 v°, 32; 40, 25); les formes *sies* (40, 2), *mougni* (cf. 37, 51; Nord-wallon *magni*; Est-w. *mi(n)dji*); *Diet* (cf. 37, 14 et 57), etc.; 2° certaines observations sur les patois de la contrée, qui m'ont permis de limiter phonétiquement plus d'un trait qui les caractérise; *ial* excluant déjà tout l'Est et -*age* (atch') tout le Nord, il faut observer que *ua* = ŏ entravé et les 3° plur. en -*nu* apparaissent seulement dans les environs de Ciney (province de Namur) et que *hèp'*, *sèp'*, etc., font place à des formes plus rapprochées du français dans une zone un peu plus septentrionale; à Perwez et à Jallet, non loin d'Andenne sur Meuse, on dit encore *hèp'*; plus au Midi *batch'* (ou *côgniy'*); d'autre part Dinant est exclu par le déplacement probable de l'accent dans les adj. fém. et surtout par les formes déjà relevées *sep*, *den*, *saies* et par *blanke* (38, 25) féminin qu'il ignore absolument; il ne reste guère que Namur ou les lieux voisins. Sans doute il serait possible de préciser encore davantage, si les parlers vivants étaient mieux connus qu'ils ne le sont.

---

1. V. la n. 1 de la p. 245.
2. V. Nigra *Archivio glottologico italiano* III, 51 (§ 183) et *Rom.* IV, 292 pour des phénomènes très apparentés à celui-là.
3. XIX, 84.

TEXTE DES GLOSES

37 r⁰ [1] (4) ement ki viskasen gloriousement z qu ilh atochasen honor.   (6) bias chiers fis ie t aprende(7) rai or endroit par que couen tu ordine les maniere de ton corage.   (10) Adont les z telh maniere mes commandement que tu les entende.
...(13) lere z nient ztendre en tun lere   (14) Proie z telh maniere a dies.   (15) Emme te pere z te mere.   (16) Honure tes cusins.... Varde le chose(17)donee.   Vas auec les buon.   (18)   Ne vas mie a conselh anchoies ke tu i soe apelles. (20) Soies nes.   Salue volenties. (21)   don lieu a [plus] (22) gran.   ne despite mie plus petit de ti. (23) dote te maistre. (24)   Varde te vergonde. (25)   Songe de te mainie.   Rens (26) le chose prestee.   Voies a cui tu done. (27)   Aparelh te a marchiet.   Mange(28)petitement.   Dor chu qu ase est. (29)   Emme te femme.   (30) Varde te serment. (31) Cobatte por te pais.   Ne cr[ei]es (32) nul chose folment   (33) Fuis les fole femme.   Les (34) les liure.   Ramembre toe de chu ke tu as lies (35)   Istrui tes effans.   (36) Soies debonaire. Ne te (37) coroce nient sen raison (38) Degabe nului.   Stas a iugemens (39)   Soies consilhier (40)   Use de virtus   Jowe a fa.. (41)   Fuis le iou de taule.   (42) Conselh segurement.   Ne soc mie madisan. (43)   Retiens te greanche. (44)   Juge droitement.
N[e] (45) ment nient.   Venke sofframment tes... (46)   Separge loi ke tu as... (47)   Soies ramembans (48) des bienfait que tu as pris. (49)   Parole petit en mongie   (50) Ne volh mie degaber le chaitit.   (51)   Juge petitement. (52)   Ne volh mie couuetir le strange chose.   (53) Studee chu chi... (54) Faies chu ke droies est (55)

1. Le haut de la feuille étant rogné, les premiers mots sont enlevés ou totalement illisibles. Les gloses occupent le blanc de la colonne intérieure, au dessus du texte lui-même, dans le seul fol. 37 r⁰. Des quatre lignes que j'ai pu déchiffrer, la première porte *el uoie des boue z cost*... Le reste est du latin.

Porte volentier amur [1].   (57) se dies est corage ensi ke li detier le nos diene. Ichi soit deuan(58)trenment honorer a ti par pure penseie.   (61) Velh bien pres tot ades ke ne sees dones a somme kar lon (62) repos amenistre nurisement de vise.

37 v° (1) Quid estre le promiere vertus apasenter le lengue... Ichi est prochens (2) a Dieu qui seit taire par raison.   (4) Despite z conbatan est contraire a ti mime.. Car ki se descode a lui a nului s a(5)cordera.   (7) Se tu ruarde le vie des homme z al pardéfins les maniere.. Quant tu bla(8)me les autre nus ne vit sen pechiet.   (11) Relenki les chose nien profitable ia soe ce qu elle soen chiere.. Li profis doit estre (12) deuant mis les richeche.   (14) Soies fermes z debonaire ensi ke li chose le requier... Li sages muet en totens (15) ses maniere sen pechiet   (17) Ne croies nient te femme folment deplendan de tes sergans... Kar li femme het souent (18) chù ke se maris emme.   (20) Quan tu chastoe acun z ilh ne wet estre chasties. Et c es tes amis nel (21) chastoe plus.   (23) Ne te tence nient encontre les buordous.   (24)   Li sermon est dones a tos. Sagece de corage a pou de gens.   (26) Emme ensi les autre que tu soies tes chier amis.. Soes bouns a bouns. que (27) mauai damage ne t essieuwe.. (29) Fuis rumoiers ke tu ne soes apelles nouias buordere.. kar taire (30) nuist a nului tro parler nuist.

(32) Ne volh nient prometre certen le chose promise a ti.. Par chu est li foies petite kar (33) plusuor p...... plusor chose. (35) Soes tes iuges quan acuns te prise.. Ne croies nient plus les autre de ti ke ti (36) mime.   (38) Ramembre toie raconter le bienfait d'atru a plusor. Et se tu as bien fait (39) a atru te asten.

(41) Com wilhar raconte les dis z les faies de plusor.. Com iouenescias faies ke (42) [c]hu ke tu as faies te sorcurt
(44) S acuns parole bas ni fai force. Li nient sachant quit c om die tot chose de li.. (46) Eskiewe les aduerse chose quan tu es bien ewirous. les dairiene chose ne (47) responden mie a promiere en vue maniere.   (49) Pui ke li vie nos est donee dotaule

---

1. Ici un blanc plus considérable, ménagé par le glossateur pour remettre sa version en face du texte.

z frale. Ne met nient ton esperit el (50) mor d atru (52) Quan te poure anis (sic) te done .i. petit don. Pren le debonairement z se te souenge (53) de lu a loer plennement.

38 rᵒ. (1) Se nature t a creet un poure effans tu doies porter le fais de povretet soframment (3) Quant nature t a creet un effant nut raniembre toi porter soframment le fais de pouretet. (5) Ne dote mie le mort kar ki dote le mort ilh per se vie. (6) Ne dote nie celi ki (7) est li derriene fins de vie ki dote le mor i pert chu ki vit z se pert lu mime. (8) Se tes amis est corchies a toie. tu ne doies mies demander dieu mai toie (9) mime. (10) Se nus de tes amis respont a toi par tes deserte ne wile (11) mie blamer Dieu mais tu mime costrens toie (12) Se tu as aquine chose. ne despens nient tant qu ilh te failh. (13) use des chose aquise espargnamment (14) qu acune chose defailh a toi z se warde chu ki est quite ades defaliier a toi. (15) Ne promes nient .ij. fie chu ke tu pues doner. (16) Se tu wes estre buons ne soi nient buordere. (17) Ne promes niet a acuns .ij. fues chu ke (18) tu pues doner ke ne soies buordere quan tu mime wos estre creus buon. (19) Se acuns te porte bias semblans z se ne t emme nient. fai li enchu z dont s iet fort encontre fort. (21) ki buorde par parole z si n est feable amis de cuer z tu li faies cire (22) tes semblan z teilh maniere li ars est degabe par l ar. (23) Ne soe nient blanchiiors kar on dist li flagos chante bien quan li oselere (24) prent l usias. (25) Ne wlh mie prisier trop les homme par blanke parole. li flagos (26) chante ducement quant li ouselere decuet l usial (27) Se tu as des effans z tu soies poure apre les mesties por coie ilh puisen (28) gangier do pain. (29) Quan effans sont a toi z nient riche esstrus adonc icias par ars k'i pussen defendre (30) le vie poure (31) Chu ki est wilh quide chiere z chu ki est chier quid wilh. Se n ies ne covoe (32) tiere ne auere. (33) Tiens chu ki est wilh chiere z tien¹ chu ki est chiere vilh z teilh (34) maniere tu

---

1. Le ms. portant *fiu*, on peut hésiter entre *tien* et *tinn*, mais la barre équivalant à *en* dans d'autres cas, j'ai préféré la première transcription.

siera conus a nului ne conuetere ne auere (35) Ne fai nient chu ke tu blame. car c est laide chose qu*a*nt vn repr*et* .i. mai(36)stre. (37) Tu mime ne feras ces chose ke te sues blamer. laide chose e*st* a maistre (38) qu*a*n se cupe repr*ent* humme (39) Demandes chu ki e*st* honeste. Kar c est folie de demander atre chose. (40) Demande chu ki e*st* droite(41) chose v ki e*st* veue honeste. Kar folle chose e*st* de demander chu ki puet (42) estre noie p*ar* droit (43) Ne dis nient chu ke tu ne sez anchues ke chu ke tu sez. Car c est(44)laide chose (45) Ne volh mie deuant mettre a toi les choses niet (46) conute ancues ke les conutte. les chose conutte sto*n*t p*ar* iugeme*n*t les chose (47) niet conute p*ar* aue*n*ture. (48) Puis ke li vie e*st* dotable. on doit pe*n*ser do gangir. (49) pui ke li vie redotable tuornet (50) en p*e*ri ni*n*t certen*n*e ki ki onke labure mes a ti iour p*u*r wa*n*gier (51) Se tu toe co*m*bas tu dues deportet te co*m*pa*n*gon. le ge*n*s te saro*n* buo*n* gret. (53) Do*n*ne lieu acune fie a tes co*m*pa*n*gno*n*s ia sue ce ke (54) telle pusse vencre kar li ami*s* sont reten*us* p*ar* duus seruice (55) Se acu*n*s toi done acune chose tu nel due niet tote retenir car li .i. (56) amis doit a l autre doner (57) Ne dote niet doner petite z chose kant (58) tu dema*n*de les gra*n*de kar li gr*a*se co*n*iunt les amis p*ar* ces chose. (59) Ne te coroce nient a to*n* amis. Kar li ire enge (sic) haime. co*n*corde enge*n*re amur (61) Eskiewe porter te*n*cho*n* auue cui gr*a*se e*st* aiuo*n*te (62) a te. ire enge*n*re haime bo*n*ne acorda*n*ce nurist amu*rr*e. (63) Se tu es corcies a te s*er*ia*n*s tu dues ate*m*prer to*n* matale*n* (64) Qu*a*nt (65) dolur toi co*n*strain en ire sen le cupe de tes serians. tu mine (sic) ate*m*pre (66) a toi ke te puisse espa*r*gies a tiens. (67) Tu dues deporter le pl*us* petit de toe car c est grande honuor (69) Ve*n*kes acune fie z deporta*n*t celi ki te pues sormo*n*tes kar (70) patience e*st* ades tr*es* gra*n*de v*er*tus de bone z costume.

38, v° (1) Warde mieche chu ke tu as huis p*ar* to*n* trawalh ke do*n*t tu l owi ga*n*gier (2) bin aize. (3) Warde mies les chose ki so*n*t aq*ui*se p*ar* trawalh. qu*a*n li (4) traua e*st* en damage beso*n*ge morte crest (5) Tu dues estre larges a tes amis. Se tu es riches warde toe .de mawais (7) Soies aq*u*ne fues larges z chiers amis.. Quan tu es bien ewir...[1]   (8) Se tu wes conoistre les ahannemen des terre les Vergile z se tu la(9)bure les force des herbe Macer le te dirat par detier   (10) se tu couoite conoistre batailh romaine ensi appellee quiere (11) Lucaine ki te dirat le batailh de Martis   (12) si te plaist a amer v aprendre a amer en lisan demande Nason. (13) se cu non se tu a cure ke te viue sages ous ke te puise aprendre (14) par quen li eiage est rostes a visse. par chu soies presen z si aprens (15) en lisan que cu est sageche. (16) ramembre toi profiter se tu pues a niet conut. plus profitable (17) chose est aquiere les amis par deserte' ke par iustiche. (18) enuoie le ciel enquiere les seccre de Dieu. cure des chose (19) morteil puis ke tu es mortes. (20) fol chose est en toten a auoier pauur del mort. quan tu re(21)dote le mort tu pier le ioie de uie. (22) ne wlh mie tencier ire del chose nin certaine. li ire encombre (23) le corarage (sic) que ne pust ruuarder vraie chose. (24) fais dener quan li chose de desire. quar aqun chose est a doner (25) quant li tens z li chose le requier. (26) fuis chu ki est trop grant. ramembre toi enioir de petit de (27) chose. li nes ki est portee sor .i. petit flus est segure. (28) tu sages ramembre toi celer chu que hontoie a compangnon. ke (29) plusor ne blamen chu ki desplaist a ti sois (30) ne done nient les mauais homme a wangier des pechiet. li pechient (31) se cuevre en aqun ten z si se demostre en aqun tens. (32) ne wlh mie despities les forces d on petit cors. ilh est profitable de conseilh (33) a cui nature at noier force. (34) donne lieu a celui ki n est nint ewes a toi. nos ueons soue li venceror (35) est sormontes a celui ki at ester sormontes (36) ne wlh nint tencier par parole encontre ton amis. grant tencon crest par petit (37) parole...

39 r° (1) ne volh nient enquiere par sors chu ke dieu wet fer. ilh deliure (2) bien sen ti chu k ilh at astauli. (3) ramembre toi eskiewer enuie par tres grant force. li quel si ne (4) bleche toteuoie est dolante chose de pouretet. (5) soies de for corage

---

[1]. A partir d'ici les gloses latines sont interrompues; elles reprennent au fol. 39 r°, 31.

quan tu es dampnes felnessement. nus hons (6) s enioist longement ki est vencus par .1. felnes iuge. (7) ne wlh nient raconter les maliecon des tenchon trepasses. I partient (8) a mauaies raconter ire apres les batalh. (9) tu mime ne te prise ne te blame. chu font li sos cui li glore (10) vaine traualh. (11) vse petitment des chose aquise quant aqun chose abonde. chu ki est (12) aquis par lon tens est despar en peti tens. (13) soies sos quant li chose le requier. sourenne sagece est faindre sot(14)tie quan lies est. (15) fuis luxure z si te ramembre d'eskiewer. kar ilh z auarisse (16) sont contraire a bonne fame. (17) ne wlh mie croire a acuns ades en reportant. petite foies (18) est donee car plusuor parolen plusuor en chose. (19) ne wlh nien desconoistre chu ke tu peche par bueure. kar nus (20) pechiet vient do uin mai par le cupe do bueuant. (21) cerges le conselh seccres a compangnon paisiere. demandes auwe(22)de te cors a mide feable (23) ne wlh nient porter dolantement den auenture. fortune s adonne (24) a mauaies par chu ki pust blechies. (25) ruardes les auenture ki vine estre a porter car ilh bleche (26) plus ducement chu ke nos auons ueut deuant. (27) ne wlh nient mettre te corage a chose aduersaire. retien bonn (28) esperance. une esperance relenquist l omme de mort. (29) ne lais nient le chose ke tu wes couenable ke tu nel perdes (30) car c est laide chose quant ons at une belle ueste chewelue z (31) ons le piert par male serge. (32) Regarde chu ki est presens z chu ki est a uenir. (33) Tu doi creire che dieu ki (34) regarde z deuan z derier. (35) soies escars aqune foies z tu enn iers plus fors. car les (36) petite chose doeue estre donee al volentet z le grandes a salut. (39) Ne despite nint le iugement do puele tu sous ke tu ne plaises (40) a nului. Car tu voroies despietiet plusor.

39 v° (1) Tu dues penser deuantrenement de ton salut. (2) tu ne dues nient blamer (3) li tens se tu as aqune case de doluor. (5) Ne mes niet a cure le suonges car on dist qant li cors co (6) ueteit aqune chose ke on le songeit. (8) Ki ki onkes couoite conoistre che detier portes ces coman(9)dement kar ilh sont gratious al vie. (11) Enstrus te corage de chu ke ie t ai dit z se ne cesse d'apredre (12) kar li vie sen doctrine est ensi ke vne

morte ymage. tu aras (13) mut de profis ia soi ce que tu le blame aqune foies. (16) Se tu ne pues aprendre tu ne dues nient blamer le scriuent. mai (17) toi meimes (18) Nostre ordene n e nient celle ke chascuns parole. car ch est hontes (19) se li ceuens parole anchues que on l'araine¹. (22) Tu dues eskiewir les sermons blans z faus kar li fame de (23) simplece est bonne z li fame de trop parler est mauaise. (26) fuis pierece ki est apellee chaitiuetet en vie. car quant (27) li corages languist li piereche consume le corage. (30) Tu dues mettre aqune fues ioie a tes songes por chu (31) ke tu puisse porter aquelh traualh.

(33) Ne reprens niet le fais ne le dis d acuns. ke tu ne soies de(34)gabes par telh exemple. (36) Tu dues noter en te taule chu ke sourenne auenture t a (37) donee. Warde (38) che chose ke li fame ne parole de toi. (39) Quan richece te sormonte en ton wilhenge fais ke tu viue (40) larges a tes amis. kar li bonne fame est donee par bone co(41)stume z nient par les richece.

(43) Sire ne despite niet le conseilh de ton sergans profitable (44) ne despite le sens de nului si toi profite. (46) Si n est ensi de chose z de sens k ilh at estet en deuant (47) fais ke tu viues atempre solonc chu ke li tens s aporte. (50) fuis le femme ke tu ne soie menes de sos le non de doare (51) z s ilh est mauaise se li done congies. (53) Aprens le fais de plusuor a ensiere par exemple : fuis l esstrang (54) vie car ilh maisse les gens. (56) Saies chu ke tu dues saier de oure ke tu ne soies apres (57) sers z li labuor t abate z tu laies to cou ke tu as comen (58)ciet².

40 r° (1) Ne wlh niet taire de fait ke tu sers (sic) fait ke one die ke (2) tu sies le mauais en taisant. (4) Demande aide de iuge roidement car le loit welen parler roi(5)dement (7) Porte douchement chu ke tu as deservir .z se tu as (8) fait aquelh pechiet tu te doi gugiet tu mime. (10) fais ke tu lise plusor chose kar li poete se meruelh ke (11) on list si pou. (12) fais ke tu soies atempres de parole a mangier ke on ne die (13) ke tu

---

1. Le vers suivant du texte est omis dans la traduction.
2. Deux vers du texte ne sont pas traduits après celui-ci.

soie buordere. (15) Ne dote niet le parole de ta femme qant ilh est corcie. car (16) qant ilh ploire ce sont awes. (18) Use des chose aquise si qu i ne te couenge nin sieruir le strange. .(30) Fais ke tu ne dote nient le mort car c est li fins des ma(21)uais. (22) Sofre de ta femme s ilh at une bone laingue car c est (23) male chose one polt soffrir. (25) Aime d one bone amur te pere z te mere z se ne coroce (26) nient te mere se tu wes estre bien de ton pere. z.. (28) Qui ki onke couoite mener segure vie ne n aierdeir (29) ton corage a visce reles ces comans ke ie toi ai ditte. (32) Tu troueras aqun chose ke tu eskieweras. (34) Se tu wes estre bin ewirous se despite les richache (35) lesquelh ilh prende ades li auers despite les (37) Se tu es atempres ensi ke mestier est li profis de nature (38) ne ton farat en nu tens. (40) Quan tu es sages z ne demande se ton non[1] (42) N aime nient trop le donier kar nus sais hons ne l aime (43) trop (44) Cant tu es riche se penst de te cuar. Kar li riche ma(45)lades at ses donier z nient lui mimme.

40 v° (1) Se te maistre te bat porte le sofframment. (3) Qant te pere est corceis se fais de qant qu ilh te comande. (5) Fais le chose ki profitent z s escieus chases cui errour est. (7) Done chu ke tu pues apertement car chu ke on fait a (8) bouns est gangnies. (10) Chu ki est contraire a toie seps ke chu est car chu ke on (11) ne conoist at tantost nuit. (13) Qant li couoitise de luxure te tret ne obeis nint a ta (14) goule car ilh est amie a vendre. (16) Puis ke tu dotes les bieste tu dois plus dote homme ke (17) tote bieste. (18) Se tu as force en ton cors fais ke tu soies sages et dont (19) si es te fors asses. (20) Se tu labure se demande ai a tes amis. kar ilh n est (21) si buons mide ke li feable amis. (23) puis ke tu ne vois ti menes por les mort victore por (24) toi. (25) C'est sotie dauoier sperance en la mort d atru.

1. Le vers suivant n'est pas traduit.

REMÈDES POPULAIRES

DU MOYEN AGE

Par AMÉDÉE SALMON

Le ms. 351 de la Bibliothèque municipale de Cambrai[1], renfermant le petit recueil de remèdes populaires qu'on lira plus loin, est un volume in-fol. vélin de 179 feuillets. La couverture en bois, décrite par Le Glay dans son *Catalogue*, est remplacée aujourd'hui par un cartonnage. Ce volume, qui provient de la Bibliothèque du Chapitre métropolitain de Cambrai, contient du f° 1 au f° 171 r° les *Postillæ in Psalterium* de Nicolas de Gorram. Après l'explicit, on lit : *Hec sacerdotibus scripsi anno .lix°. januarij .xiij. die*. L'écriture de cette partie étant certainement du XIII° siècle, il en résulte qu'elle n'est pas postérieure à 1259. Le traité de médecine, travail d'un autre copiste, commence au f° 171° et se termine au f° 177 r°. Il est suivi d'un bestiaire qui va jusqu'au f° 178 v°. Le f° 179 contient diverses prières latines.

Le traité de médecine et le bestiaire sont de la même écriture, une gothique assez grosse, certainement antérieure au XIV° siècle. Quoi qu'écrits dans le Cambrésis, la langue en est bien française et le style singulièrement semblable à celui du traité d'Evreux publié par M. P. Meyer (*Rom.*, XVIII, 571). Les quelques traits locaux qu'on y rencontre (*c* dur pour *ch* : *seke* 3, *mouskes* 6, *kievre fuel* 10, *cose* 13, *estankera* 32 ; *w* ou *v* pour *g*, *waris* 17, *ivel* 19) sont intermittents et peut-être dus uniquement au copiste. La déclinaison est presque toujours régulière. Ainsi la vocalisation de *l*, effectuée dans les conditions ordinaires (*maus* 31, *feutre* 37,

---

[1]. Ce ms. n'est pas inconnu ; M. Le Glay a cité une phrase du traité de médecine, sans voir qu'il était suivi d'un bestiaire ; plus tard M. Godefroy, chez qui j'ai vu le volume, y a pris des exemples pour son Dictionnaire de l'ancienne langue française.

sausseron 58), n'atteint pas encore le cas régime singulier (*coutiel* 15, *vaisiel* 36, *cerviel* 37, *pastiel*, 57). La conjugaison conserve le plus souvent les formes archaïques (*dient* 1, *doinst* 3, *prendés* 5 et 47, *prenge* 87, *boif* 43, *voist* 88, *ert* 83), surtout au subjonctif.

Comme le bestiaire, séparé des autres ouvrages du même genre en prose, n'offrirait qu'un médiocre intérêt, je donne seulement ici les recettes médicales que j'ai rapprochées, en mettant entre crochets les numéros de concordance, de celles des ms. d'Evreux (E), de Montpellier[1] (M), du British Museum (B)[2] et de la Bibliothèque des avocats à Edimbourg (A)[3]. Trois recettes (68, 72, 92) sont identiques, sinon quant au style, du moins quant aux matières employées; il m'a semblé inutile de les reproduire, car elles n'apportent aucun élément nouveau au lexique ou au folk-lore. Enfin, ne pouvant faire mieux que M. Joret, je me suis borné dans mon glossaire à renvoyer à celui du savant professeur d'Aix pour les plantes utilisées à la fois par l'empirique d'Evreux et par celui de Cambrai.

(f° 171ᶜ) [1] Constentins et maistre Galiens et Ypocras nous tiesmoignent que cascuns cors humains est fais de .iiij. humeurs, et selonc ses humeurs ont ils diverses meurs : sanc, fleume, et rouge cole et melancolie. De melancolie dient il ke c'est li lie dou sanc; et si regne sour l'estomac en le destre partie. Et li rouge cole est au cuer mie partie; selonc çou k'ele li est plus priés, tant est il plus hardis; et ke plus trait en sus, tant est il plus couars, convoiteus et traitres, et plain de boisdie. Fleume est partie ou cief et ou ventre. Et u melancolie surhabunde, le corps malmet et fait derver et si ne puet la folie de legier esciver. — [2] Veschi des .iiij. humeurs le nature : Sans[4] est caus et moistes et s'est dous par nature. La cole est caude et seke, et si doit estre amère. Fleume est froide et moiste; si dessenc caude[5] par

---

1. Ce dernier publié par A. Boucherie, Montpellier, 1875.
2. Ms. Add. 10289, contenant l'*Evangile de Nicodème* par André de Coutances. Les recettes médicales ont été publiées par R. Reinsch dans l'*Archiv.* de Herrig, LXIV. Le chiffre qui suit le B indique la page de l'*Archiv*.
3. Ce ms. a été signalé et publié en partie par M. P. Meyer dans son *Rapport sur une mission littér. en Anglet. et en Ecosse*. Le chiffre indique la page du t. IV des *Archives des Missions* (2ᵉ série).
4. Ms. *sangerviens* (?)
5. Ms. *cause*.

(f° 171ᵈ) le cief et s'est aucune fois douce[1]. — [3] Ces .iiij. natures regnent en divers tans : cole regne en esté et fleume en iver; li sanc croist en printans, et en gain noire cole. Li sans croist des .viij. ydes de fevrier dusques as ydes de marc. De le .viij̊. yde de mai dusques al .viij̊. yde d'aoust la rouge cole regne. Melancolie regne des ydes d'aoust dusques en feverier. Sans a signourie le jour dusc'a tierce ; dres tierce dusc'a nonne a cole signourie. Après les .iiij. eures regne melancolie. Fleume des .vj. moisnes de nuit prent ses sodees. Ces .iiij. humeurs ont .iiij. issues. Quant il i a trop sanc, par le nés s'en ist fors. Et li cole se purge souvent par les oreilles, li fleumes par le bouche u par les narines, melancolie par les ieus, se ne wellés. Sans fait l'omme hardi et le vis cler et plain. Cole fait homme ireus, fort et sain et legier et maigre (f° 172ª), bien bevant et bien megnant. Melancolie fait l'omme aver et ireus, couart et pensif[2], et dormant, et parole volentiers d'autrui, et s'a volentiers noires taches u es piés u es mains. Fleume fait homme graille et viellart, et escars et s'est mult poissans de çou dont dames se welent aisier. Se nule de ces .iiij. sourmontoit les .iij., li cors seroit perdus, se tost n'estoit secourus. Se sans sourmonte, ki est dous, encontre li doinst on amer et sech et froit, et se gart de viandes : tantost sera adroit. Et se cole sourmonte, encontre doit donner moiste, sec et froit. Contre melancolie, ki est froide et seke et aigre, on ne le doit mie tenir trop maigre ; on le doit plenierement dyeter, et li doit on donner douc et moiste, et ce li vaut. Contre fleume, qui est cause froide et seche et moiste, doit [on] user [de] caut et sec et de caussone[3] gouste. Les .iiij. sont (f° 172ᵇ) sanblans as .iiij. maistres neus. — [4, B 175] A tous ceus ki ont mengison et ki ont blechié le car et gratison en le teste, prendés le semenche d'ortie; si le triblés en vin. Le cief en faites bien froter avoec le sablon, et puis prendés jus de cresson avoec craisse d'aue u de chapon, et en faites ongement et si en ongniés souvent le cief. — [5] A cele gent ki sont tigneus, raés tout hors, et si prendés fiel de tor, et aisil ensanble destenprét; et si l'en ongniés, il garira. Après, siu de tor et le treche d'aus arse et le mellés ; et plus tost garira se l'en ongniés. — [6] A ceus ki sont placeus, prendés mouskes, et si les metés en .i. nuef pot et les ardés, et si metés avoec jus de cierfuel et nois petites de bos arses en poure, et miel et oile tout ensanble, si l'en ongniés et li paus i revenra certainnement. — [7] Se vous volés faire

---

1. Le copiste a omis la mélancolie.
2. Ms. *pensis*.
3. Ms. *caussene*.

cilestre (f° 172ᶜ) boinne de ierre, et orpiment, et boin aisil, ues de
formis assés. De ce est li celestre fait. Trestout la u ons l'atouchera,
sachiés que li pos i carra. — [8] A faire crespe cavalure, prendés fuelles
de fau, cuisiés les bien et longement; le cief en lavés mult souvent.
Après ferés cet ongement : jus d'amer fuel en oile frit. Si vous en ongniés.
— [9, E 2, B 171] As ieus ki larmient, prendés rue et le fiel d'une
cièvre et miel, et soit bien trieblé et batue a une penne. Quant vous irés
coucher, le metés en vos iex; si garrés. — [10, B 171] Pour la chachie,
ostre : Prendés fenoul et arrement et kievrefuel et miel et vin. Triublés
tout çou en .i. bachin, puis le coulés parmi .i. drap; es iex le metés.
Le celidone me prendés; a lait de femme le mellés; ce garist les iex
cachieus. — [11] A tenres eus et a calour, le plantain o aisil triblés. Le
jus après fors pressés, et s'i metés (f° 172ᵈ) l'aubun d'uef. Le lin
metés dedens che jus. Quant il ira coucier, vous en plasterés vos iex
de çou, et che vaut. — [12] A cheus ki ont tourble veue, prendés fenoul
et prendés rue et le fiel de la pietris, et si metés miel. Et si le
degoutés a une penne en vos iex au couchier. — [13] Encore pour tel
cose, prendés le jus de le vervainne et le mellés a lait de feme et si
le degoutés en vos iex. — [14] Se vous i avés le mengue, si prendés rue
et calidone, et le jus metés en vos iex. — [15] Contre les seürons[1] de
sorchius, .i. oef dur cuit face peler tout caut et a .i. coutiel coper
par quartiers et si ait .i. drap linge biel et blanc et le doit metre sur
ses iex et puis le quartier del oef si caut k'il porra, et si le tiegne sous
les iex. Adont isteront li seüron et puis si escoués le drap es carbons,
si orés les seürons croistre. — [16] Vermine i a d'autres manieres :
(f° 173ᵃ) es sorcius sunt et es paupieres. Le cief lor enfle et mengue.
Prendés saulge et airement, et bon aisil; s'en faites .j. enplastre et
metés sus le mal; si garira. — [17, B 171] Encore vesci autre mechine
contre cachie et autre dolour : l'aluisne un petit batés et le metés sour
le paupiere, et se li tenés longement k'il escaufe. Dormés vous après,
si serés waris ains l'endemain. — [18] Vesci un autre contre çou encore :
prendés fréses quant elles sont, et miel caut bien escumét; si les
mellés emsanle et coulés le toute, et si en metés en vos iex, si les arés
et biaus et nés. — [19, E3, B 172] Contre le mail del oel, fache batre gin-
genbre et cire, purer avoec sanc d'anguille u de fiel; si soit bien mellét
tout ivel u avoec le fiel de la pietris; si garira. — [20] Chil ki l'ont eut
grant pieche, si doivent prendre vert de grisse bien delié et bien menu
molu (f° 173ᵇ) et si le face passer parmi .j. drap por faire plus menu
que nule farine. Si doit estre mellét avoec oint de geline en .j. bachin

1. Ciron.

sour le carbon, et puis le mech on en une cambre pour mix garder, et si l'en mech on sur cascun jour quant mestiers est. — [21, B 172] Pour chou que li maille est close, convient mout corosive[1] cose. Une linge cince[2] prendés; sour une cuignie l'ardés. L'oile qui ist prendés et en l'uel le metés et pour çou fait on .j. boivre qui[3] li maille descuevre, ecrase propre et la termine. Rue, betone[4] et tormentine faites en cervoise u en vin boulir. Buvés cest boire au matin froit, au vespre caut. — [22, E4] S'il est dame u puciele ki decire avoir face biele[5]. — [23] A pointures des es, prendés foilles de mave et si les triblés; sour la pointure la serrés, et serés garis tantost. — [24] Se vous de cien avés morsure, prendés rouge ortie (f° 173ᶜ) et la moriele et lait cru; ensamble soient bien batu et burré. S'en faites ongement, si garira. — [25] Se uns[6] chiens erragiés vus mort, bien forte sause destrempés et si en lavés la plaie et après chou prendés le plantain et aigremonne assés et aubun d'oef et miel et viés oint et le plantain. Si garira certainnement. — [26] Mais faites cest ongement, si l'en onguiés[7]. — [27] Pour le morsure de l'araigne, prendés fuelles de raïs. Si les boulés en vin. Quant quit seront, bien les triblés et le metés sour la plaie, et li plaie se tenra ouverte, et si s'en ira li venins. Des fuelles meismes prendés et si les destenprés avoec miel et sour le plaie le metés; si sanera tantost. — [28] Se aucuns est blechiés en l'uel, prendés le jus de l'aigremoigne et l'aubun d'un oef, et si prendés un drap linge, si le molié[s] en çou et li metés sour le paupiere; et se vous n'avez drap, si prendés lin; ce li vaudra. — (f° 173ᵈ) [29] Pour les glans, le blé prendés, foille et racine, tout triblés et si metés l'emplastre sus tout caut, si garirés. — [30] Contre les escroieles, vous une laisardes prendés, et si le frisiés en oile et en .j. pot et prendés l'oile, si l'en onguiés, si garira. — [31] Au buen mal, prendés le cuir d'un cierf, ki tout le puist couvrir. Le triacle metés deseure, et tant que li emplastre i sera, li maus ne croistera plus. L'ocule escouse i vaut autant. — [32] Se ongle ciet de pié u de main, prendés miel et fleur

---

1. Littré, sous *corrosif*, a un exemple presque identique, sauf les variantes orthographiques. Je n'ai pu retrouver le *ms. Saint-Jean* dans lequel il a pris ce passage, certainement de seconde main.
2. Ms. *rince*.
3. Ms. *que*.
4. Ms. *etoue*.
5. La suite manque. Cf. B 176.
6. Ms. *ent*.
7. La suite manque.

de forment; si croistera delivrement. — [33] ll i a apostumes, les unes sont dures et les autres moles. Li mol sunt de fleume u de sanc, et si sunt cil ki mains nuisent, et li autre de melancolie. A che prendés seneçon et (oint de) ves[1] oint de capon i metés; ça moliera, et assés tost a cief traira. — [34] Pour cleus felenes, de ches (f° 174ᵃ) vers ki sont en terre qerrez; si les froisiés et fuites loier de sus le cleu pour avoir cief. Querés vielle cervoise et metés dou lait avoec. Si le boulés et puis si prendés l'espès desus, si le liés sour le cleu, che tue tout drancle. — [35] A feme ki veut avoir mamelete petite, le chêne prendés verde et avoec froit aisil le metés; si les arés petites. — [36] Se vous volés savoir quant une feme porte, quel enfes c'est, prendés eve et .i. vaisiel net et li faites degouter ens de son lait. Se ch'est malles, il afonderra, et se c'est fumele, il flotera. — [37] Contre escaudure, prendés feutre et le faites ardoir et si le trivlés en .ij. aubuns d'uef et metés sur l'arsure. — [38, B 172] Pour drancle, prendés fleur d'orge et semenche de lin; boulés en aisil u en vin, et si metés siu de mouton, çou ocist drancle felon. — [39, E 56] Contre celui ki est ensorcelés (f° 174ᵇ), querés li .ij. blans hierens; si li devés apariller que geline pour menger. — [40] D'une mechine me ramembre, ki seut valoir a mal de membre : la primerole me triblés; avec oint sour le mal metés. — [41, E 29, B 175] Vesci la garison des vers dou ventre; prendés merfuel et coumin, aigre vin et aisil et si le cuisiés ensanble et puis tout caut sour .j. drap et sour le nombril le loiés, si garira. — [42, M 1] Se vous volés savoir se uns hom mora u non, quand il est malades, prendés sen orine et se le metés en un vaisiel, et faites une feme ki nourise un oir malle degouter de son lait ens. Se vous veés le lait floter, il mora, et se li lais se melle aveuc l'orine, si puet bien warir[2]. Et a le feme s'ele est malade, prendés le lait d'une feme ausi com devant ki nourisse une pucele. — (f° 174ᶜ) [43] Pour gleemee oster du ventrail, prendés aluisne avoic rue et luveske et le cuisiés en cervoise, et le bevés tout caut, si serés waris. Au cief de .viij. jours serés tous sains se boif aluisne; l'endemain au soir le boif et au matin et polieul. Tantost que tu veus delivrer, boin pain et boin vin dois user. — [44] Ki veut avoir boine vomité. Des seüs prendés les

---

1. Ms. *ver*.

2. La comparaison de ce passage avec M 1ᵉ : « Faites le malade estaler en un bacin e puis pernez lait de femme, etc. », et avec les exemples qu'a donnés M. G. Paris, précise la signification d'*estaler*, dit quelquefois par euphémisme au sens de *mingere*. Cf. le n° 47.

* Ce 'est pas celui que cite M. Delboulle (*Rom.*, XVIII, 131).

tenrons; a un coutiel les raés en eve caude, puis lusés; boine vomité arés tantost. — [45] A ceus ki ne puent pissier. Pour le mal de la vesie, prendés le purée de féves, et si triblés avec mente, o le boin vin blanc u en caude eve, si le bevés. — [46] Une autre i a. Prendés commin et grumiel et le bevés avec fort vin. — [47, E 28] Ki son estal[1] ne puet tenir, prendés ongles de porc et si les ardés en ung feu en poure et puis en metés en sa viande. — (f° 174ᵈ) [48, B 174] A mal de mamele, faites un emplastre de fiens de coulon, de miel et de cire et le metés sus; si garira et li enflés et li doleurs. — [49] Ardés corne de ciert et s'en faites pourre par feu et le buletés parmi .i. viel[2] drap. Et si le portés, s'il vous plaist, avec vus, et en metés sus vo viande; si vaura mult. Au premier morsiel, ce vaut contre fi et contre torsion et contre menison. — [50] A vainne ronpue restraindre, bevés le jus de plantain et de cresson. — [51] A celui ki a fievre aguë, ch'est recours quant il sue; il doit boire jus d'alixandre et si prenge eve rose, et levéche bien ses temples et son front, ses mains et ses jointes pour suer. — [52] A fievre tierchaine, devant l'acesse buvés .iij. plantes de plantain, .iij. au matin et .iij. au soir, par .ix. jours, se veus santé avoir. — [53, E 33, I 170, 171] A tous maus de cief, triblés rue avec fort aisil et ongniés le cief deseure. — (f° 175 r°[3]) [54, E 1, 2, B 171] Encontre tous maus de iex, prendés le rouge limechon, si le cuisiés en iaue, puis prendés le craisse, si en ongniés les iex, quant vous alés dormir. — [55] Encore prendés le limechon, si l'ardés sur une tuile et metés le poure es iex quant vous alés dormir. — [56, E 1, M 45] As iex sanglens, maissiés mente et metés sus et mengiés ieuroisne a en jun. — [57] A[4] chiaus ki ne puent piscier, prendés presin, fenoul et louveske. Si le kuisiés en un pot et puis metés le pastiel sur le penil. — [58, B 173] Medicina[5] valens ad tuos oculos : prendés calemine[6] et grains de baie et premiers cuisiés bien le calemine tant q'ele soit rouge ens ou feu si com carbon bien espris et puis l'estaigniés en vin et ce puis le remetés ou feu si com devant, puis l'estaigniés et çou faites par .viij. fois, u par .ix., u par .x. Et puis le broiés bien en un mortier et les grains de baie aveuc, et cele pourre metés, se il en i a plain sausseron[7], si le jetés en demi lot de

---

1. Substantif verbal d'estaler, *lotium*. Cf. *Estal*, dans *Rom.*, XVII, 132.
2. Ms. *biel*.
3. Le ms. n'est plus écrit que sur une colonne.
4. Ce passage, de la même main que le texte courant, se trouve dans la marge.
5. Ce passage, intercalé comme le précédent, est d'une écriture différente.
6. Calamine, oxyde de zinc natif.
7. Saucière.

boin vin, le mileur que vous poés avoir et ce li mouvés bien, et puis le laissiés ...sir[1] tant que il soit clers et de ce vin la metés es iex malades et jetés puis le vin en coi vous avés estainct le calemine, car il ne vaut nient et doit estre tout dou mileur c'on puet avoir[2]. — [59, E 3, B 172] Pour le toie des iex, prendés le fiel dou lievre et l'oel metés ensamble; si ongniés les iex. — [60, B 172] As narines puans, li quel cose vient dou cerviel, vesci medecines ki ja ne fauront : prendés le jus de le mente et de rue, et le metés es narines, si amendera li cerviaus et istera li pueurs. — [61, B 172] Encore prendés le rose, si trivlés et cuisiés en vin avoec un pau de miel et le coulés parmi .j. drap; si metés es narines. — [62, B 172] Item, faites poure d'escarnes dont li poulet soient issu; si le souflés es narines souvent. — [63] Pour pueur de bouche, ostre : mengiés poulioel sec, u vous engloutés le cerfuel avec vin d'aisil. Quant vous alés couchier, mangiés souvent fuelles de sau, et lavés vo bouche d'aisil. Buvés poulioel destenprét en vin après mengier souvent. Encore destenprés poivre de blanc vin caut; si le tenés en vostre bouche, et si est boin pour mauvais dens. — [64, E 8, 9, 10, 11, M 41] A doleur de dens, raés bien le corne de cierf; si cuisiés le rasure en vin u en iaue. Si le humés si caut que vous le poés soufrir. Si le tenés en vo bouche tant k'il soit refroidiés et puis le metés hors, et reprendés de l'autre tant que serés waris. — [65] As noires dens prendés carbon de brankes de vigne, si en frotés les dens, si blankiront. — [66, A 143] Pour chou ke li kaviel ne kevissent mie, prendés sekes rachines de colés, si les boulés en clere fontainne dusques a le moitiet (fº 175 vº). Si en lavés le cief souvent ou baing. — [67] Se vous volés avoir dous[3] caviaus, lavés .iij. fois le jour vo cief de rousée de mai. — [68, E 4]..... — [69, E 6] Pour lentilleuse face, ongniés le de oile de nois gauges. — [70, E 37] Pour dolour del pis, prendés jus d'ysope, miel et blanc vin ; si en buvés au soir et au matin. — [71, B 175] Se li hons pert le parole par enfremeté, destemprés alun d'iaue, se li metés en le bouche. — [72, E 17]... (ici notre ms. porte *merfuel*). — [73, B 173] Se li hons ne puet dormir, trivlés les moures, se li. donnés boire le jus, puis caufés l'enplastre, se li metés entour le cief — [74] Escrisiés ces letres en parkemin en .ij. lius et les loiés sur les .ij. cuises de celui u de cele ki sannera, si laskera : h, b, c, v, o, x, a, g.

1. Plusieurs lettres sont effacées avant *sir*.
2. Ici se placerait une troisième intercalation, d'un troisième scribe. Mais comme ce passage est en latin, je ne crois pas utile de le transcrire. Il s'agit de la rogne.
3. Ms. *lous*.

Et se çou volés esprouver, escrisiés sur .j. coutiel, si en tués un porc, ja n'en istera sanc. — [75] Pour les pous et pour les lens[1] trivlés le liere, si lavés dou jus vo cief. — [76] Pour rongne et pour grature, molés racine d'appe o bure de mai et vies oint et cuisiés ensamble, puis coulés parmi .j. drap et ongniés u c'est. — [77, E 46] A femme ki travaille d'enfant, loiés cest escrit sur le ventre : Maria peperit Christum, Anna Mariam, Elisabeth eclina remigium sator arepo tenet opera rotas. — [78, E 46] Item, escrisiés le patenostre en .j. hennap de madre, puis le (f° 176 r°) lavés de blanc vin, puis se li donnés boire, si enfantera sans peril. — [79, E 47] Se li enfes est mors ou ventre, se li donnés a boire isope avoec caude iaue, si metera hors, se il estoit pouris. — [80] Se lait faut une feme, depeciés cristal et en faites poure; se li donnés boire avoec lait, si en ara assés. — [81] Se li feme a trop de ses fleurs, prendés de ses caviaus, si les loiés entour .j. vert asbre, quel k'il vous plaist, puis prendés corne de cierf, si l'ardés et faites poure; se li donnés boire avoec vies vin, s'estankera. — [82] Ki crient a estre ivres, si boive semenche de fenecule batue avoec vin. — [83, E 56] Cil ki est ensorcerés, il se doit tous enveloper en une touaile benite et dormir ens; quant il s'esvellera, si ert waris. — [84, E 56] Cele ki est ensorcelée, boive le diemenche de le benoite eve, ançois que li prestres i meche l'esperge. — [85] Pour feme avoir ses fleurs, prendés rachine d'ortie griant; estampés et metés boulir en .j. pot avoec vin; si en boive au vespre & au matin. — [86] Ki mal a dedens se nature, si com de cranke u d'escorçure, prendés le jus de seü[2], savlon et miel cuit en une mesure et pure farine de forment; che faites espès comme papin et metés sur le mal. — [87, E 28] Ki ne puet tenir s'orine, prenge le cerviel d'un lievre, semenche d'anis et de laitue destemprés de vin ensamble[3]. — [88] Ki est esranés par mauvaises humeurs, boive aloisne en vin et en iaue, et meche un pau de miel et de poivre molu, si boive tout ensamble, puis voist coucier. — [89] Buvés jus de mente, si esclarcira vos vois. — [90, B 172] Pour drancle ocire, prendés mie de pain de forment avoec (f° 176 v°) iaue et glaire d'uef et trivlés tout ensamble, si metés sus le mal. — [91] Pour drancle de sainnie[4], metés sus fuelles de colet et drap de canvene moilliet en iaue. — [92, E 19]..... — [93, E 21] Contre fievre tierchainne, prendés .iij. foelles de plantain, apriés le fachon dou solel, et trivlés avoec iaue benoite, puis li donnés boire quant

---

1. Lente; wallon *len, lin*.
2. Ms. *leu*.
3. Cf. le n° 47.
4. Sanie. Littré n'a pas d'histor. antérieur au XVI° siècle.

il tranlera. — [94] Pour glans oster, faites cendre de tours de colès [1] et destenprés de miel, si l'en ongniés souvent. — [95] Quant li hom resde par maladie, destemprés semenche de rue en aisil, si li donnés boire, puis li versés del jus es narines. — [96, E 13, 14] Ki n'ot goute, caufés le jus de betoine, si le metés es orelles, si ora cler. — [97] Pour tignous et malans, trivlés fiente de coulon avoec aisil et metés sur le tieste. — [98, A 143] Pour places [2] et kaviaus faire venir, prendés sansues, si les ardés en poure, fiente, miel et vif argent ensamble; si ongniés les places. — [99] Pour dens faire cair, fai pourre de petre et de l'iermoise et .j. petit d'aisil, si metés entour le dent, tost cara.

GLOSSAIRE DES NOMS DE PLANTES.

AIGREMONNE, *aigremoigne*, 25, 28. Aigremoine, *Agrimonia eupatoria* L., genre de rosacées.

AIL, 5. C'est ici l'ail des prés, nom vulgaire de la colchique automnale, *Colchicum autumnalis* L., dite aussi safran bâtard ou tue-chien. La colchique est diurétique, drastique et contro-stimulante.

ALIXANDRE, 51. Persil sauvage ou persil des moissons, *Petrosilenum segetum* L., *Althamantha macedonica* de quelques auteurs. Une des cinq racines apéritives majeures; diurétique, très employée encore dans les campagnes contre les engorgements des viscères abdominaux et l'hydropisie. Le *Grant Herbier*, éd. J. Camus, l'appelle *alexandrin*.

ALUINE, *aluisne*, *aloisne*, 17, 43, 88. Absinthe, *Rom.*, XVIII, 577.

AMER FUEL. Voy. MERFUEL.

ANIS, 87. Anis. *Rom.*, XVIII, 577.

APPE, 76. Ache. *Rom.*, XVIII, 577.

BAIE (GRAINS DE), 58. Baies de Genièvre, *Juniperus communis* L. La tisane faite avec ces baies est encore un remède populaire contre l'atonie des voies digestives et les maladies de l'estomac en général.

BETOINE, 21, 96. *Rom.*, XVIII, 581.

BLÉ, 29. Froment, *Triticum sativum* L.

CANVENE, 91. Chanvre, *Cannabis sativa* L. Plante émolliente, résolutive, à odeur forte et enivrante.

---

1. Tours de colès, trous de choux. Cf. Diez, *Etym. Wörterb.*, torso. Dans son histor. de *trou* 2, Littré donne un exemple tiré du ms. Saint-Jean.

2. Calvitie. Cf. ci-dessus n° 6 et Godefr. *placeuse*.

CELIDONE, *calidone*, 10, 14. *Rom.*, XVIII, 577.

CHENE, 35. Chêne.

CIERFUEL, 6, 63. Cerfeuil, *Chærophyllum tremulum* L. et *C. Sylvestre*, souvent confondus avec la ciguë.

COLET, 66, 91, 94. Chou. Le *Brassica oleracea* et le *B. asperifolia* entrent encore dans la composition de remèdes populaires contre la pleurésie et les diverses maladies de la poitrine. Le patois picard a conservé le mot *colet*. On trouve la forme *cholet* dans le m⁻. de Montpellier, 61.

COUMIN *commin*, 41, 46. Cumin, *Cuminum cyminum* L. Son fruit aromatique est stimulant et carminatif; il servait à faire des emplâtres résolutifs.

CRESSON, 4, 50. *Sysymbrium nasturtium*, cresson de fontaine, bien connu comme antiscorbutif et apéritif.

FAU, 8. Hêtre.

FENOUL, masc., 10, 12, 57 et FENEULE, fém., 82. Fenouil. *Rom.*, XVIII, 579.

FEVE, 45. Fève de marais, *Faba vulgaris*, astringente et résolutive.

FRESE, 18. Fraise, fruit du fraisier, *Fragaria vesca*, stimulant et digestif. La racine astringente et diurétique est depuis longtemps employée en décoction contre les diarrhées chroniques et les dysuries.

FROMENT, 72, 86, 90. *Triticum sativum* L.

GAUGE (NOIS), 69. La noix commune, *wälsche Nuss* des Allemands.

GINGEMBRE, 19. Gingembre, *Amomum zingiber*, employé depuis un temps immémorial pour ses propriétés stimulantes.

GRUMIEL, 46. Grémil, *Lithospermum officinale* L., vulgairement herbe aux perles. Ses achaines passaient pour avoir une vertu lithotritique.

HYSOPE, 70, 79. Hysope, genre de labiées, *Hysopus officinalis* L., commune surtout dans le Midi; son infusion était très vantée contre le catarrhe.

IERMOISE, 99. Forme féminine d'un mot *hermoiz*, relevé par M. Godefroy dans le *Glossaire de Tours*, publié par M. L. Delisle (*Bibl. de l'Éc. des Ch.*). C'est non pas l'armoise, qui est surtout emménagogue, mais l'oseille-de-mouton, *Rumex acetosella*, 4, l'oseille des prés, *R. acetosa*, l'oseille à écussons, *R. scutatus*, ou enfin la patience ou parelle, *R. patientia*, toutes variétés ou espèces du nombreux genre Rumex [1]. De laquelle de ces espèces s'agit-il ici, je n'oserais le dire. La patience

---

[1]. La glose latine désigne aussi cette plante sous le nom de *lapatium acutum*, ce qui s'explique par ce fait que les feuilles des rumex ressemblent beaucoup à celles de la vraie oseille. Le ms. B emploie aussi (p. 174) le *lapatium acutum*, mais sans donner le mot français.

a joui d'une grande vogue autrefois; elle était réputée comme sudorifique, dépurative et antiscorbutique. Elle n'est plus employée en médecine. Les autres rumex, moins usitées, ont à peu près les mêmes propriétés.

IERRE TERRESTRE, 92. Glèchome. *Rom.*, XVIII, 579.

KIEVREFUEL, 10. Chèvrefeuille sauvage, *Lonicera periclymenum* L. C'est un vulnéraire et un détersif employé contre les maux d'yeux et de gorge, pour les plaies des jambes.

LAITUE, 87. La laitue cultivée ou commune, *Lactuca sativa* ou *L. officinalis* L., est encore usitée en médecine pour ses propriétés calmantes, pectorales et anti-spasmodiques. La thridace, qui a joui autrefois d'une si grande vogue, n'est que le suc retiré par expression de la tige de la laitue.

LIERE, 75, Lierre. *Rom.*, XVIII, 579.

LIN, 11, 38. Le lin commun, *Linum usitatissimum* L.; sa semence est émolliente, mucilagineuse et adoucissante. Les cataplasmes faits avec la farine constituent le traitement habituel de la médication antiphlogistique. Une autre espèce, *L. catholicum*, est amère et purgative.

LORIER, 68. Laurier. C'est ici le laurier-cerise, *Prunus lauro-cerasus* L., qui, employé à faibles doses en décoction, est calmant, antispasmodique et légèrement antiphlogistique. L'acide prussique que contient la feuille a dû bien souvent causer des accidents graves.

LUVESKE, *louveske*, 43, 57. Livèche. *Rom.*, XVIII, 580.

MAVE, 23. Grande et petite mauves, *Malva sylvestris* et *malva rotundifolia* L. Leurs propriétés émollientes et adoucissantes sont connues et usitées depuis longtemps. Le *Poème moralisé sur les Propriétés des choses*, publié par M. G. Raynaud (*Rom.*, XIV, 473) cite les deux espèces de mauves et vante leurs qualités.

MENTE, 45, 60, 89. Menthe. *Rom.*, XVIII, 580.

MERFUEL, *amer fuel*, 8, 72. Autres formes de mille-feuille, dues probablement à un rapprochement avec les propriétés amères de la plante. Voy. *Rom.*, XVIII, 580. Dans le traité de médecine populaire que renferme le ms. fr. 2039 de la Bibl. Nat., on trouve les formes *mjrfuel* (f° 2ᵈ) et *mjerfuel* (f° 4ᵃ).

MORIELE, 24. Morelle. *Rom.*, XVIII, 581. Notre ms. attribue une propriété nouvelle à cette plante.

MOURE, 73. Mûre, fruit du mûrier noir, *Morus nigra* L. Le sirop qu'on en retire est entré depuis longtemps dans le domaine de la médecine populaire. Voy. *Rom.*, XIV, 475.

OCULE, 31 ? Est-ce une faute pour *enule*, grande aunée ou germandrée de Crète, plante à laquelle P. des Crescens, *Prouffits champestres*, f⁰ 75 v⁰, éd. 1516, attribue une « vertu rubiscative » ?

ORGE, 38. Orge, *Ordeum vulgare* L. La tisane d'orge, très émolliente, est la tisane commune des hôpitaux.

ORTIE, 4. La grande ortie, *Urtica dioica*, et la petite ortie, *U. urens*, ont les mêmes propriétés apéritives, vulnéraires et astringentes. Elles ont cessé d'être employées, sauf dans quelques campagnes.

ORTIE GRIANT, 85. C'est l'ortie grièche (Joret, *Flore pop. de la Norm.*), nom local de l'*Urtica urens*.

ORTIE ROUGE, 24. Suivant les localités, ce nom désigne en Normandie (Joret, *Flore pop.*), le lamier pourpre, *Lamium purpureum* L., l'épiaire des bois, *Stachys sylvatica* L., et la salicaire commune, *Lythrum salicaria* L. Le premier n'a pas d'application pharmaceutique. L'épiaire est résolutive, adoucissante et vulnéraire ; la salicaire est vulnéraire et astringente. Toutes deux conviendraient au cas du numéro 24.

PETRE, 99. M. Joret (*Flore pop.*) énumère un certain nombre de plantes dont le nom, dérivé de *petre*, pourrait bien désigner des espèces analogues. Ce sont la pétrelle, scabieuse des champs, *Scabiosa arvensis* L., la pétrole, bruyère cendrée, *Erica cinerea* L., et le pétrot, gouet commun, *Arum vulgare* L. La bruyère cendrée n'a pas, que je sache, ait été empoyée en médecine. La scabieuse des champs est depuis longtems copnnue comme cordiale, vulnéraire et sudorifique. Elle est cultivée pour ses fleurs et je crois que c'est de cette plante qu'il s'agit dans les exemples réunis par M. Godefroy dans l'article *Petre*. Ici, j'admettrai plutôt que *petre* est le gouet ou pied-de-veau dont la racine desséchée a été de tous temps employée comme purgative et incisive ; les feuilles sont vulnéraires astringentes.

PLANTAIN, 11, 25, 50, 52, 93. Il y en a de nombreuses variétés. Le *Plantago lanceolata* a des feuilles vulnéraires, astringentes, bonnes pour les coupures ; le *P. media* est fébrifuge ; le *P. major*, vulnéraire, astringent, est recommandé très anciennement contre les maux d'yeux ; le *P. psyllium* ou pulicaire a des graines mucilagineuses, émollientes et adoucissantes. Ces quatre espèces, auxquelles je me borne, sont appliquées dans notre traité. Le ms. de Montpellier, 41, 44, ne connaît que le fém. *plantaine*, *plantenne*. Comme le traité de Cambrai, le *Poème moralisé sur les propr. des choses* (*Rom.*, XIV, 461) attribue au plantain la vertu de guérir la morsure d'un chien enragé.

POIVRE, 63, 88. Poivre ordinaire, graine du poivrier, *Piper nigrum*.

POLIEUL. 43, 63. Pouliot. *Rom.*, XVIII, 581.

PRESIN, 57. Persil, *Apium petroselinum* L., dont les propriétés toniques sont bien connues. L'*alixandre* en est une variété. Voy. *Poème mora-*

lisé sur les propriétés des choses publié par G. Raynaud (*Rom.*, XIV, 460).

PRIMEROLLE, 40. Primevère. *Rom.*, XVIII, 581.

RAÏS, 27. Radis ou rave, l'une des variétés du genre *Raphanus*, famille des crucifères.

ROSE, 51, 61. Les propriétés astringentes et vulnéraires des fleurs du rosier ont été appliquées de tout temps. Le *Poème moralisé* (*Rom.*, XIV, 458), attribue à la rose la vertu de chasser « humeur maise » du corps, de raffermir la dent « qui loche », etc.

RUE, 9, 12, 14, 21, 43, 53, 60, 95. Voy. *Rom.*, XVIII, 581.

SAU, 63. Saule blanc, *Salix alba* L. L'écorce en poudre a été et est encore quelquefois employée contre les troubles de la digestion et les langueurs de l'estomac.

SAULGE, 16. Sauge. *Rom.*, XVIII, 581.

SENEÇON, 33. Le seneçon commun, *Senecio vulgaris*, et le S. jacobée, *S. Jacobœa* sont émollients et résolutifs ; la jacobée est de plus vulnéraire et détersive.

SEÜ, 44, 86. Sureau. *Rom.*, XVIII, 581.

TORMENTINE, 21. Tormentille, *Tormentilla erecta* L. Sa racine, autrefois très employée en médecine, aujourd'hui à peu près inusitée, a des propriétés astringentes qui trouvaient leur emploi dans les dysenteries, les hémorrhagies, les flux divers. Elle entre dans la composition de la thériaque.

VERVAINNE, 13. Verveine, *Verbena officinalis* L. Considérée autrefois comme spécifique contre les maladies d'yeux, fébrifuge et vulnéraire, elle n'est plus usitée que par les empiriques.

VIGNE, 65. Probablement la bryone. Voy. *Rom.*, VIII, 581.

PHONÉTIQUE ROUMAINE

LE TRAITEMENT DE *TJ* ET DU SUFFIXE *ULUM, ULAM* EN ROUMAIN

Par ADRIEN TAVERNEY

I. TJ EN ROUMAIN

Les lois qui règlent le sort de *tj* sont plus faciles à constater en roumain, ou plutôt en daco-roumain qu'en français. Pour les dialectes parlés au Sud du Danube, il reste encore bien des faits à établir ou à préciser.

Pour l'istriote, M. Miklosich[1] pense pouvoir établir la règle que *tj* y devient toujours *ț*[2]. Pourtant M. Majorescu[3] déclare que les Istriotes ne prononcent pas *ț*, mais un son intermédiaire entre *ț* et *c;* et M. Ive, dans sa liste de phrases et de mots[4], donne, à côté de beaucoup d'exemples de *ț, picior*[5] et *fecior*[6],

---

1. Dans ses *Beitrage zur Lautlehre der rumunischen Dialecte*. Sitzungsberichte der philosophisch-historischen Classe der k. Academie der Wissenschaften. Wien, Band C. S. 301.
2. Je suis la graphie généralement adoptée aujourd'hui en Roumanie, et je représente par *ț* et *c* (*ci* devant *a, o, u*) les sons qui, si l'on donnait aux lettres leur valeur française, s'écriraient *ts, tch;* de même *ḑ* et *g* (*gi* devant *a, o, u*) équivalent à *dz, dj; j* a la même valeur qu'en français; il va sans dire que par *tj* j'entends *t + jod* du latin vulgaire.
3. *Joan Maiorescu. Itinerar in Istria si vocabular is‛riano-român.* Iassy, 1874, pp. 83 et 92.
4. Publiée par M. Miklosich en tête de ses *Rumunische Untersuchungen*. Denkschriften der k. Academie der Wissenschaften. Philosophisch-historischen Classe. Wien. XXXII Band.
5. P. 39.
6. P. 28.

mots qui, selon M. Gartner [1], se disent *pițor* et *fețor*. On ne peut
établir de règle en se basant sur des données aussi contradictoires.

Pour le macédo-roumain, il semble que cela varie selon les
dialectes; mais nos connaissances sur les divers parlers de ce
groupe sont encore trop insuffisantes pour qu'on puisse en tirer
une conclusion générale. Les voyageurs un peu anciens, Athana-
sescù, Daniel, Cavalliotis, ne distinguent pas avec assez de précision *c* et *ț*. M. Weigand [2], dont le témoignage ne saurait être mis
en doute, constate que le remplacement de *c* par *ț* est un des
traits caractéristiques du parler de Livadhia. Ailleurs, mais toujours dans les environs de l'Olympe, il a entendu tantôt *c*, tantôt *ț*, suivant les lieux et même suivant les mots; car dans un
même village on entend, comme équivalent du *c* de la Roumanie, *c* dans un mot, *ț* dans un autre, sans qu'il paraisse possible
d'établir une règle. Le plus sûr est donc de s'en tenir, pour le
moment, à la langue de la Roumanie.

Là les faits sont bien constatés et peuvent être vérifiés chaque
jour. Pourtant les savants ne sont pas d'accord sur les lois phonétiques qu'il faut en tirer. Dans ses *Beiträge zur Lautlehre der
rumunischen Dialecte*, si riches en renseignements et si remarquables à tant d'égards, M. Miklosich admet [3] comme règle générale que *tj* donne en roumain *ț*; puis il range à part, comme exceptions, les mots dérivés des substantifs latins en -*tionem* (roum.
-*ciune*) et explique, comme on le verra plus loin, quelques autres
mots où *tj* est représenté en roumain par un *c*.

M. Tiktin [4] a traité très brièvement ce sujet : « *Tj* roman
donne *ț*....... *puț*, PUTEUS, *țărá* de TERRA, **tierra*. *Tjo* roman est
pourtant représenté par *c* : *picior* PETIOLUS, *rugăciune* ROGATIO-
NEM, *supărăcios* SUPERAT-IOSUS. »

M. W. Meyer [5] dit en parlant des langues romanes en géné-

---

1. Les études de M. Gartner sont aussi reproduites dans les *Rumunische
Untersuchungen* de M. Miklosich ; les mots cités sont aux pp. 64 et 66.
2. *Die Sprache der Olympo-Walachen*, Leipzig 1888 ; pp. 53 et suiv.
3. Vol. C, p. 301.
4. Dans le *Grundriss der romanischen Philologie* de G. Gröber, II, 448.
5. *Grammaire des langues romanes*. Traduction française, I, p. 456 et 458.

ral : « *Tj* posttonique devient déjà en latin vulgaire *ts* redoublé, lequel persiste en italien, est simplifié ailleurs en un simple *ts*..... » Exemples roumains : « *puteu*, *puţ*; *trutio*, *struţ*, etc. » Et plus loin : « *Tj* protonique suit une tout autre voie; il était devenu déjà en latin vulgaire *tsi*, puis ce *tsi* protonique est devenu sonore de même que les explosives sourdes : *dsi*; d'où, encore à l'époque latine vulgaire, *zi*, *z'*. »

Cette théorie de l'influence de l'accent sur le traitement de *tj* peut être attaquée, et l'a déjà été, pour d'autres langues romanes; je ne crois pas qu'elle puisse s'appliquer non plus au roumain. Le malheur est que cette langue ne nous offre pas un nombre d'exemples assez grand pour qu'on puisse établir des règles absolument incontestables. A mon avis, ce n'est pas l'accent, mais la nature de la voyelle suivante qui détermine le traitement de *tj* en roumain. Il suffit de comparer · *negotiare*, *negoţa*; *putearium*, *puţar* à *petiolum*, *picior*; *puteosum*, *pucios* et les nombreux substantifs en *tionem*, *ciune*. — De plus, les sourdes n'étant pas devenues sonores en roumain, comme l'auteur le fait observer au § 433, toutes les étapes de la série postérieures à *ts* n'ont pas été faites par cette langue.

J'établirais pour le roumain la loi suivante : *Tj* devient généralement *ţ*. Devant *o* (ŏ, ō du lat. class.) non final il donne *c*. Ex. : *hospitium*, *ospeţ*; *pretium*, *preţ*; *texo-*tiexo*, *ţes*; *testum-*tiestum*, *ţest*. — *Mentionem*, *minciune*; *petiolum*, *picior*.

Pour établir cette loi d'une manière indubitable, il faudrait avoir de nombreux exemples de *tjo* non final et non accentué, et de *tj* devant toutes les autres voyelles. Ceux de la première espèce manquent absolument; ceux de la seconde sont rares. On ne saurait invoquer contre M. W. Meyer les mots qui ont en latin *tĕ*, devenu plus tard *tie*, car la diphtongaison de l'*e* a eu lieu assez longtemps après les premières transformations du *tj* latin. On en est à peu près réduit à *negoţar*, *puţar*, cités plus haut, et *inalţa* (élever, lat. *inaltiare*). Pour les verbes *inalţa*, *negoţa*, la possibilité d'une influence analogique n'est pas exclue.

Si j'ai bien compris la phrase de M. Tiktin citée plus haut, la loi qu'il donne est la même que celle qu'on vient de lire. Il ne s'agit plus que d'en voir l'application dans les différentes caté gories de mots et d'expliquer les points douteux.

Voyons d'abord les substantifs en -*une*. Ce sont les suivants :

adăpăciune (action d'abreuver)
amărăciune (amertume)
așteptăciune (attente)
defăimăciune (diffamation)
desfătăciune (divertissement)
deșertăciune (vide)
deșteptăciune (vigilance)
fătăciune (portée)
gălbiciune (jaunisse)
iertăciune (pardon)
impăcăciune (réconciliation)
imputăciune (imputation)
inchinățiune (inclination)
induplecăciune (flexibilité)
inflățiune (enflure)
infocățiune (échauffement)
innecăciune (submersion)
insurățiune (mariage)
intăritățiune (acharnement)
intindăciune (extension)
intrebăciune (interrogation)
intunecăciune (obscurcissement)
intelepciune (intelligence)
legăciune (liaison)
limpediciune (limpidité)
minciune (mensonge)
moliciune (mollesse)
negriciune (noirceur)

netediciune (poli)
orbiciune (aveuglement)
păsciune (paturage)
pătrundăciune (perméabilité)
piericiune (dépérissement)
pierdăciune (perdition)
plecăciune (soumission)
prădăciune (déprédation)
putrediciune (putréfaction)
răpediciune (rapidité)
reutăciune (méchanceté)
rugăciune (prière)
scăpăciune (fuite)
scăpătăciune (décadence)
schimbăciune (changement)
secăciune (dessèchement)
sîlbătăciune (sauvagerie)
simțiciune (sensibilité)
spărieciune (frayeur)
spurcăciune (impureté)
strămutăciune (translation).
tăciune (tison)
turbăciune (rage)
uităciune (oubli)
uriciune (aversion)
uscăciune (sècheresse)
vioiciune (vivacité)
vindicăciune (guérison)

De tous ces mots, six seulement ont *ț* : *inchinățiune*, *inflățiune*, *infocățiune*, *insurățiune*, *intăritățiune*, *intunecățiune*. Ils ne sauraient contredire la règle posée plus haut. Deux seulement ont un correspondant latin : *inchinățiune*, *inflățiune*. Je suppose que le deuxième a subi l'influence de l'adjectif participial *inflat*, très usité ; et que le premier est le mot français *inclination*, à moitié roumanisé ; les quatre autres, enfin, ne remontent pas à un type roman et sont des formations postérieures. Tous sont même probablement de création tout à fait récente ; le peuple ne les emploie guère ou les ignore complètement ; je ne me souviens pas de les avoir rencontrés dans d'anciens textes, et je crois qu'on les y chercherait en vain. Les mots vraiment populaires, ceux qu'on entend tous les jours dans toutes les classes de la société et pour lesquels on ne saurait invoquer d'influence analogique, tels que *minciune*, *plecăciune*, *rugăciune*, ont tous *c*, malgré le *t* (ou *ț*) de leurs parents *minți*, *plecat*, *rugat*, etc.

Le suffixe ...*une* n'a servi à former des mots nouveaux, dans les temps anciens, qu'à l'époque romane et dans les siècles qui ont précédé l'influence slave. On ne trouve pas de substantif en -*une* dans les familles de mots slaves, magyares ou grecques. Il n'a repris sa force de création que dans ce siècle, sous l'influence du français. La liste donnée plus haut est faite d'après le *Dictionnaire étymologique* de M. de Cihac. L'auteur n'a pas fait entrer dans son ouvrage les mots manifestement pris au français, tels que *posițiune*, *communicățiune*, *locomoțiune*, etc. ; ils sont tous récents et ne nous intéressent qu'en nous montrant sous quelle forme le roumain d'aujourd'hui a fait revivre le suffixe ...*une*, et en nous aidant ainsi à faire le départ entre les formations modernes et le vieux fonds de la langue.

M. Miklosich propose une explication particulière pour *picior* (pied), *fecior* (garçon), *ușcior* (montant de porte) et *ușcioare* (petite porte). Il pense que ces formes ont été produites par la fusion du simple *fét*, *pied*, *uște* et du suffixe *șor*. Je crois qu'il faut les ramener à un type latin en -*tiolum* et j'y vois une confirmation de la règle posée plus haut. Chacun de ces mots demande d'être examiné à part. Pour *ușcior*, *ușcioare*, M. Miklosich suppose un simple *uște*, le représentant régulier, selon lui, du latin *ostium*. Mais le roumain a *ușă*, et jusqu'à nouvel ordre nous devons bien regarder *ușă* comme la forme phonétiquement régulière. Il est difficile de prouver qu'elle l'est; les exemples analogues manquent[1], et *ostium* paraît avoir perdu son *t* dès l'époque latine. Puisque *uște* n'existe pas, il faut ramener *ușcior*, *ușcioare* à *ostiolum*. Si l'on compare les dérivés de *castigare*, *vestimentum*, qui sont *căștiga*, *veștmînt*, on verra que *ușcior*, *ușcioare* leur correspondent exactement, à la seule différence de *t* remplacé par *c* à cause de l'*o* suivant.

Fecior est plutôt le représentant de **fetiolus* qu'un composé de *fět* et du suffixe *șor*, et voici pourquoi : lorsque le roumain forme au moyen de *șor* un diminutif avec un monosyllabe, il intercale généralement une voyelle (*i*, *u*) entre les deux éléments, toujours même lorsque le monosyllabe se termine par une dentale. Les mots de cette catégorie sont :

blăndișor (de blând)	lutișor (de lut, boue)
botușor (de bot, museau)	multișor (de mult)
căldișor (de cald)	nodișor, nodușor (de nod)
cântișor (de cânt)	orzișor (lat. hordeum)
cortișor (de cort, tente)	pieptișor (de piept, poitrine)
dintișor, dințișor (de dinte)	surdișor (de surd)
iedușor (de ied, bélier)	tontișor (de tont, hébété)
lătușor (de lat, large)	untișor (de unt, beurre)
lățișor (de laț filet)	vîntușor (de vînt)

Dans tous ces mots la voyelle de liaison n'est jamais supprimée. On la trouve aussi ordinairement dans les polysyllabes; mais dans ceux-ci la contraction a lieu quelquefois. C'est ainsi qu'on a *depărcior* (à côté de *depărtișor*, un peu éloigné). *Fetișor* ne se trouve pas; aussi vaut-il mieux le considérer comme un dérivé régulier du roman **fetiolum* que comme un diminutif créé postérieurement.

Pour *picior*, enfin, le doute n'est plus possible. Dans ce mot aussi la voyelle de liaison manque. De plus, le simple, qui

---

[1]. *Pășiune* (paturage, lat. *pastionem*) est une abréviation de la forme normale *păsciune*, dont l'existence est attestée.

serait *piede*, n'a jamais existé, ou du moins on n'en a jamais trouvé de traces; enfin et surtout, si *picior* avait été créé plus tard, il aurait gardé la diphtongue du simple, que l'on a, par exemple, dans *pieptişor*, *iedușor*. On aurait eu *piedișor* ou *piedușor*, formes qui n'ont jamais existé, tandis que *petiolus* était déjà usité au temps de la bonne latinité.

On pourrait citer encore d'autres mots en *cior*, tels que *pămîncior* (de *pavimentum*), *uscăcior* (diminutif de *uscat*, sec, lat. *exsiccatus*). Ils ne prouvent rien de plus que les précédents. D'autres, des masculins tels que *vascior* (petit vase), *oscior* (petit os), ou des féminins tels que *călicioare* (petit sentier), *căsucioare*, *căscioare* (maisonnette) ont été créés au moyen du suffixe *cior*, *cioare* à l'époque proprement roumaine, puisqu'on ne peut supposer, en latin vulgaire, des diminutifs tels que : *vasitiolum* (de *vas*), *casatiola* (de *casa*), etc.

Une autre classse ds mots, dont M. Miklosich n'a pas parlé, est celle des adjectifs en *cios*. Les voici :

acricios (aigrelet)
albicios (blanchâtre)
bătrînicios (vieillot)
cădincios (bienséant)
credincios (croyant)
crěpăcios (cassant)
cuviincios (convenable)
desfătăcios (plaisant)
fărmicios, fărămicios (friable)
gălbinicios, gălbicios (jaunâtre)
iertăcios (pardonnable)
imbiecios (engageant)
indreptăcios (réparable)
innecăcios (suffoquant)
intărităcios (irritable)
lăptăcios (laiteux)
lucrăcios (laborieuse)
măncăcios (gourmand)

molicios (mou)
muiecios (ramollissant)
muşcăcios (mordant)
mutăcios (changeant)
negricios (noirâtre)
pătrunḑăcios (perméable)
piericios (périssable)
pierḑacios (perdable)
plăngăcios (pleurnicheur)
plecăcios, induplecăcios (flexible)
pucios (puant)
putincios (puissant), *neputincios* (impuissant)
putreḑicios (putrescible)
răpeḑicios (escarpé)
reutăcios (méchant)
schimbăcios (changeant)
secăcios (tarissable)!

sfărămăcios, sfărmăcios (fragile) | *uităcios* (oublieux)
simţicios (sensible) | *uricios* (odieux)
strămutăcios (transmissible) | *uscăcios* (sec, maigre)
stricăcios (pernicieux) | *vindicăcios* (curable)
supĕrăcios (irritable) | *wincios* (de bonne volonté)
tăiecios (tranchant) |

Il est probable que beaucoup d'entre eux ne remontent pas au latin vulgaire. L'intéressant est de savoir sur quel type ils ont été faits, ou quelle était la forme latine de ceux qui ont existé en latin. Pour l'un de ces mots, cela est certain : *pucios* (puant)[1] ne peut venir que de *puteosus* : le *t* est de la racine. Pour d'autres, on est parti sans doute d'un mot de la même famille dont le radical se terminait par *t*, par exemple : *cădincios* de *cadentem*, *credincios* de *credentem*, etc.

Il existe aussi un certain nombre d'adjectifs en *ţos, ţios* ; on ne saurait les invoquer contre la règle qu'il s'agit ici d'établir. Ils ont tous subi l'influence analogique du substantif de même souche, ou en sont directement dérivés. Ainsi *dinţos* (qui a de grosses dents) est formé sur le pluriel *dinţi* (l'adjectif latin est *dentosus*); *beţios* (ivrogne) est tiré de *beţie* (ivrognerie, lat. *bibitia*); *greţos* (nauséabond) du substantif *greaţă* (lat. *gravitia*); *pieliţos* (pelliculeux) vient du substantif *pieliţă* (pellicule) et montre combien le suffixe *os* a servi tard à former des mots, puisque le suffixe *iţă* de *pieliţă* est d'origine slave. *Seţios* (à côté de *setos*, lat. *sitosus*) représente peut-être un bas-latin *sitivosus*, dont le *v* serait tombé après que la loi de *tjo* > *c* avait cessé d'agir.

Ariciu (hérisson, lat. *ericius*) qui devrait avoir *t* au lieu de *c*, a sans doute subi l'influence analogique des mots en *ice*, tels que *purice* (lat. *pulicem*), *şoarice* (lat. *soricem*), *securice* (petite hache), etc.

On peut ajouter encore que la dentale sonore obéit à des lois tout à fait analogues à celles de *t*. Devant *j* + voyelle ordinaire,

---

[1]. Le féminin *pucioasă*, avec ou sans *piatră*, signifie *soufre*.

d devient *ḑ*; devant *j* + *o* non final il devient *g*. Toutefois *ḑ*, *g* ne se font plus entendre qu'en Moldavie. En Valachie, ces sons ont fait une étape de plus : l'élément explosif a disparu et il est resté *z*, *j*. Ex. : *radia (pour *radius*), *raḑă*; *medium*, *mieḑ* avec *ḑ* prononcé et souvent écrit *z* en Valachie. D'un autre côté, *nitidiolum, *neḑgior*; *rotundiolum, *rotungior*; *viscidionem, *veşṭegiune*, etc.; en Valachie : *nezejor*, *rotunjor*, *veştejune*. — *Medium locum*, *mijloc* (milieu) paraît bien confirmer aussi notre règle; *tj*, quoique n'étant pas immédiatement devant la voyelle tonique, y est devenu *j*, grâce à la voyelle suivante, qui est, comme *o*, une voyelle labiale. S'il n'a pas été question de *u* après *tj*, c'est qu'on n'en a pas d'exemples ailleurs qu'à la fin des mots.

II. SUFFIXE -ULUM, -ULAM.

Le traitement de *ul*, dans ce diminutif, dépend en roumain, de la consonne qui termine le thème précédent. La tendance générale de la langue étant de conserver les voyelles posttoniques, l'*u* n'est tombé que dans un certain nombre de mots. Mais avec la même consonne thématique le résultat n'est pas toujours le même. Il peut être intéressant d'étudier les différents cas.

Après une nasale, la voyelle reste et l'*l* se change régulièrement en *r*. Les exemples sont :

flămură (banderole)
lămură (essence, fleur de farine; peut-être du lat. *limula, de *lima*)
pănură (serge, lat. *pannula de *pannus*)
rămură (branche, bois de cerf)
armur (épaule d'un animal)

On peut ajouter *tremur* (tremblement), quoique ce mot soit plutôt le substantif verbal de *tremura* (lat. *tremulare*) que le dérivé direct de *tremulum*.

Même traitement après une labiale ou une labio-dentale.

bour (de *bovulum ou *bubulum, diminutif de *bos*)
holbură (tourbillon ; on suppose que ce mot représente le latin *volvula, de *volvere*)
nour (nuage, lat. *nubulum)

Dans plusieurs mots l'hiatus produit par la chute de la labiale a été supprimé par l'insertion d'un *g* :

fagur (rayon de miel, lat. *favulus ¹)
negură (brouillard, lat. *nebula*)
staul (étable, lat. *stabulum*) est le grec σταῦλις, comme le prouve la présence de l'*l*. M. Miklosich ² donne la forme *staur*, qui ne m'est connue que par cette citation.

Il faut mettre à part les deux seuls mots où *ulum* est précédé d'un *p* : *populum* (peuple) et *populum* (peuplier), devenus en roumain *popor* et *plop*. — *Popor* offre un traitement tout à fait anormal de l'*u* latin. Le sens ancien le plus fréquent de ce mot est *paroisse*. Je le crois introduit sous la forme *popolo* par des missionnaires chrétiens venus d'Italie. — *Plop* a évidemment passé par les étapes *poplu *plopu.

Après la dentale sonore, *ul* devient *ur* :

ghindură (glande ; le simple est *ghindă*)
scândura (planche ; lat. *scandulam*)

Après *t*, il y a trois exemples :

aşchie, *aschie* (copeau, lat. *astulam*)
vechiŭ (vieux, lat. *vetulum*)
flişcă (fifre, chalumeau ; lat. *fistulam*)

Vechiŭ est l'équivalent exact du mot correspondant des autres langues romanes. *Fistulam* a suivi d'abord le même chemin

---

1. Le simple est à la vérité *fag*. Mais il paraît avoir été refait sur le diminutif, car *favus* aurait donné *faŭ*, comme *novus*, *noŭ* ; *rivus*, *rîŭ*, etc.
2. Ouvrage cité C. 276.

que *vetulum* pour devenir *fiscla; à ce moment est survenue la métathèse de l'*l*, qui a donné au mot sa forme actuelle.

Après les gutturales, enfin, la voyelle posttonique a tantôt été supprimée, tantôt pas. On a ainsi deux séries de dérivés ; d'un côté :

    curechiŭ (chou)
    genunchiŭ (genou)
    mănunchiŭ (manche)
    '*muşchiŭ* (filet, en terme de boucherie; lat. *musculum*)
    muşchiŭ (mousse; lat. *musculum, de *muscus*)
    ochiŭ (œil)
    păduchiŭ (pou, lat. *peduculum*)
    părechie (paire, lat. *pariculum)
    rinichiŭ, *rărunchiŭ* (rognon, lat. *reniculum*)
    trunchiŭ (tronc)
    unchiŭ (oncle)
    unghie (ongle, lat. *ungula*)
    urechie (oreille)

et de l'autre :

    grangur (loriot, peut-être du lat. *galgulum*)
    graur (étourneau, lat. *graculum*)
    lingură (cuillère)
    măgură (hauteur, colline boisée; probablement du lat. *maculam*)
    mascur (cochon châtré; lat. *masculum*)
    mugur (bourgeon; lat. *muculum)

On voit que la deuxième série est beaucoup moins riche que la première; plusieurs exemples n'ont du reste pas une étymologie bien sûre et demandent une explication. *Măgură*, d'après M. Miklosich[1], doit plutôt être dérivé du vieux slavon *mogyla*. Je le rattacherais de préférence au latin *macula*; le changement de *c* en *g* n'est pas sans exemple. Outre *mugur*, de la même liste, on peut citer, dans des conditions un peu différentes, il est vrai :

1. Ouvrage cité, C. 276.

răguși (s'enrouer), dérivé indirect de *raucus* ; *vitrig* (lat. *vitricum*), *fraged* (lat. *fracidum*). De plus le slavon *mogyla* aurait gardé en roumain son *l* comme les autres mots slavons. — M. Miklosich [1] fait aussi venir *păcură* d'un mot slave *piklă*. Mais ici aussi l'*l* fait difficulté, tandis que rien ne s'oppose à l'étymologie latine. — *Mugur* présente aussi le changement de *c* en *g* ; le sens paraît bien indiquer que le mot est de même souche que le simple *muc* (lat. *mucus*) mèche de chandelle, bout, extrémité. — *Graur* est évidemment de même racine que le français *grolle* ; il faut le ramener soit à *graculum*, dont le *c* serait tombé en latin vulgaire ; soit, ainsi que le fait M. W. Meyer, à *ravum*, *ravulum*, devenu *gravulum*, par analogie avec *graculum*. Quant à *graugur*, l'étymologie en est trop problématique, pour qu'il vaille la peine de la discuter.

En dehors de ces exemples douteux, il reste quelques mots bien assurés où l'*u* posttonique est resté entre la gutturale et l'*l*, tandis que dans la plupart des mots analogues il est tombé. Comment expliquer ce fait ? Ceux qui ont gardé l'*u* ne peuvent être des mots savants puisque le roumain n'en a pas [2]. Une seule explication reste possible : c'est qu'ils ont été créés ou remis en circulation après que leurs congénères avaient perdu leur *u*. On sait que, dans les premières années de l'empire déjà, le latin populaire avait supprimé dans bien des mots la voyelle posttonique. Dès cette époque on disait probablement *avunclus*, *genuclum*, *auricla*, etc. Les diminutifs en *ulus*, *ula* créés vers la fin de l'empire ont échappé à cette tendance de contraction, et ils ont gardé leur voyelle en roumain d'autant plus facilement que cette langue aime à conserver ses voyelles posttoniques et que l'*u* du suffixe *ulus* était resté intact dans tous les mots dont le thème ne se terminait pas par une gutturale ou par un *t*.

1. Ouvrage cité, C. 275.
2. J'entends par mots savants ceux qui, après la chute de l'empire romain, ont été créés ou repris au latin littéraire par des clercs qui étudiaient le latin dans les livres.

LA LÉGENDE DE LA ROSE
AU MOYEN AGE
CHEZ
LES NATIONS ROMANES ET GERMANIQUES
Par CHARLES JORET

Il y a vingt-cinq siècles qu'Anacréon a célébré la rose comme la reine des fleurs[1]; depuis lors, tous les poètes grecs et latins l'ont chantée à l'envi dans leurs vers; sa naissance a été entourée des légendes les plus gracieuses; fleur favorite de Vénus, les Anciens l'ont associée à presque toutes les cérémonies du culte et à tous les usages de la vie; enfin recherchée à la fois pour son éclat et sa beauté, non moins que pour son parfum, elle a été l'objet d'une culture générale dans tout l'Empire romain. Mais les vastes plantations de rosiers, dont nous parlent les écrivains latins[2], ne devaient pas survivre à la destruction de l'Empire, et cette fleur charmante, qui a joué dans la vie des Grecs et des Romains un rôle presque égal à celui du lotus chez les Hindous ou les anciens Egyptiens, se vit non seulement négligée, mais proscrite — du moins pour quelque temps — par la religion nouvelle[3], qui ne lui pardonnait pas d'avoir figuré dans les fêtes du paganisme.

Toutefois l'oubli dont la rose fut ainsi frappée ne devait avoir qu'un temps; sa culture, négligée pendant les malheurs de l'inva-

---

1. Ῥόδον ἀνθέων ἄνασσα (ANACREONTIS *fragmenta* 55).
2. « Itaque sub urbe colere hortos late expedit, sic violaria ac rosaria. » Varron, *De re rustica*, lib. I, cap. 16, 3. Cf. Pline, *Hist. natur.*, lib. XXI, 20 (10). — Martial, *Epigr.*, lib, IX, 61.
3. Tertullien, en particulier, condamnait l'usage des couronnes : « Contra naturam est florem capite sectari. » *Lib. de corona*, cap. 5.

sion, fut remise en honneur[1]; des légendes nouvelles se formèrent autour d'elle, et les poètes du moyen âge chantèrent à leur tour cette fleur gracieuse, devenue à la fois l'emblème de l'amour et de l'innocence. Quelles ont été les destinées de la rose, depuis la disparition de l'Empire jusqu'à la fin du moyen âge, chez les nations romanes et germaniques? Quelle place occupe-t-elle dans leurs légendes et dans leur poésie? Il m'a semblé que la réponse à cette question ne serait peut-être pas sans intérêt.

Ce qui caractérise les légendes de la rose au moyen âge, c'est que la rose sauvage — l'églantier — en fut l'objet tout comme la rose cultivée. C'était la seule qui eût un nom indigène[2] chez les nations germaniques, la seule qu'ils connurent avant d'avoir, avec son nom[3], reçu des Romains la rose cultivée; mais dès lors elle avait fixé leur attention et charmé leur regard; ils l'avaient consacrée à Frigga et lui attribuaient une vertu soporifique. Odin, irrité, plongea dans le sommeil Sigurfrida en la touchant avec une branche d'églantier — le *Svefnthorn*[4]. — L'excroissance moussue — le bédégar, — produite sur cet arbuste par la piqûre d'un cynips, passait surtout pour posséder cette propriété d'endormir; d'après une tradition, un homme plongé dans le sommeil, sous la tête duquel on la place, ne se réveille point qu'on ne l'ait enlevée[5].

A ces légendes païennes succédèrent, quand les Germains eurent embrassé le christianisme, des légendes empreintes de l'esprit de la nouvelle religion. Une tradition, qui a cours dans certaines provinces septentrionales de l'Allemagne, rapporte que, quand Lucifer fut précipité sur terre, il fit pousser un églantier, afin

---

1. Charlemagne la recommande dans son cartulaire *De villis et cortis imperialibus*, cap. 70.
2. *Hagendorn* en allemand, *briar* en anglais.
3. *Rose*. Ce mot, comme le remarque Kluge (*Etym. Wærterbuch der deutschen Sprache*, s. v.), aurait un *o* bref, s'il avait une origine indo-européenne, au lieu de venir du latin.
4. *Die ältere Edda Sigrdrifumal*, trad. par H. Simrock, p. 204.
5. J. Grimm, *Deutsche Mythologie*, vol. II⁴, p. 1007.

de se servir de ses aiguillons comme d'une échelle pour remonter au ciel ; mais Dieu, ayant remarqué son dessein, abaissa les branches de l'églantier, au lieu de le laisser croître en hauteur. Alors Lucifer irrité aurait recourbé les aiguillons primitivement droits de l'arbuste [1]. D'après une autre tradition [2], ce serait à un églantier aussi que Judas se serait pendu, et c'est depuis lors que les aiguillons en sont ainsi recourbés.

Mais c'est surtout la rose cultivée qui a été, au moyen âge, entourée des légendes les plus variées ; le dédain dont elle avait été frappée d'abord fit place bientôt à un autre sentiment ; comme elle avait été l'apanage des dieux et des déesses du paganisme, elle le devint des saints et des saintes, en particulier de la Vierge. L'imagination populaire et l'art chrétien [3] ne se représentèrent la Madone qu'entourée de roses ; elle-même fut une rose sans épines [4], la plus parfumée des fleurs,

> Rosa ses espina
> Sobre totes flors olens,

dit un troubadour [5], une « rose du Paradis », « sortie du tronc de Jessé [6], » ou encore la « rose de Jéricho, plantée au bord des eaux », enfin

> La rose des roses [7].

---

1. K. Müllenhoff, *Sagen, Märchen und Lieder der Herzogthümer Schleswig, Holstein und Lauenburg*. Kiel, 1845, 8º, p. 358, nº 479.
2. A. Ritter von Perger, *Deutsche Pflanzensagen*. Stuttgart, 1864, 8º, p. 236.
3. Un vieux tableau de la cathédrale de Strasbourg entre autres la représente dans un boccage de roses plein d'oiseaux qui chantent.
4.
> Rosa decens,
> Sine spina,

dit un des hymnes les plus anciens. M. J. Schleiden, *Die Rose. Geschichte und Symbolik in ethnographischer und kulturhistorischer Bildung*. Leipzig, 1873, 8º, p. 95.

5. Pierre de Corbiac. Bartsch, *Chrest. provençale*, p. 207, v. 10.
6.
> Ein Rose ist entsprungen,
> Von Jesse war die art.

Wackernagel, *Kirchenlied*, nº 160, ap. W. Menzel, *Christliche Symbolik*, vol. II, p. 281.

7. Gautier de Coinci, Bartsch, *La langue et la littérature françaises*, p. 366, v. 21.

On la représente même comme un « rosier », dont Jésus est la fleur divine[1].

La porte une fois ouverte à la fantaisie créatrice, elle se donna libre carrière, et la rose ne tarda pas à prendre une place grandissante dans la littérature hagiographique. Chaque fois qu'il s'agit de justifier un innocent, de soustraire un saint à la punition qu'il aurait encourue pour une défense enfreinte ou une faute commise dans un but louable, des roses apparaissent pour glorifier et rendre manifeste sa vertu. Sainte Kasilde, fille du roi sarrazin de Burgos, dérobait les mets de la table royale pour les donner aux esclaves chrétiens; un jour son père la surprit; mais, à la place des mets qu'elle portait, il n'aperçut que des roses[2]. On raconte la même histoire de sainte Rose de Viterbe et de sainte Elisabeth de Hongrie. Malgré la défense de son époux, landgrave de Thuringe, cette dernière donnait ce qu'elle possédait aux pauvres; un jour qu'elle leur portait des vivres, elle fut rencontrée par le landgrave; mais quand celui-ci vint à soulever son manteau, à son grand étonnement, il ne vit que des roses au lieu de pains[3].

Telle est encore l'histoire de la pieuse Ada, qui n'hésita pas à donner à un lépreux le propre lit de son mari absent; lorsque celui-ci revint et, en présence de l'embarras de sa femme, courut tout irrité, à son lit, il le trouva, bien qu'on fût en hiver, rempli des roses les plus parfumées[4].

La naissance des roses a été aussi un signe de salut, l'emblème d'une récompense future. Pendant son séjour au couvent de Doel, saint Josbert — Sosius — avait, en l'honneur de la Vierge, récité chaque jour les cinq psaumes, qui commencent par les lettres du nom de Marie; quand il mourut, en 1186, de sa bouche, de ses

---

1. Grimm, *Altdeutsche Wälder*, vol. II, p. 199.
2. Sintzel, *Leben und Thaten der Heiligen*. Supplementband, p. 121, ap. Schleiden, *op. laud.*, p. 103.
3. Wolgang Menzel, Christliche Symbolik, Regensburg, 1854, 8°, vol. II. p. 282. — Thomae Cantipratani *Bonum universale de apibus*, Duaci, 1627, 8°, p. 253.
4. A. Ritter von Perger, *op. laud.*, p. 231.

yeux et de ses oreilles sortirent, en récompense de sa piété pour la Madone, cinq roses sur les pétales desquelles se trouvait le premier verset de chacun des psaumes qu'il récitait [1]. Ce fut sans doute aussi une rose que la fleur « si fremiant et si florie », trouvée, après sa mort impénitente, dans la bouche de ce clerc volage, mais dévot à la Vierge, dont parle Gautier de Coinci [2].

La rose n'occupe pas une place moins importante dans la poésie profane que dans les légendes religieuses du moyen âge. Les traditions dont elle avait été l'objet dans l'antiquité ne périrent pas toutes avec la civilisation grecque et romaine; plus d'une persista chez les nations romanes et pénétra bientôt chez les peuples germaniques, en même temps que des traditions nouvelles y prenaient naissance et s'y développaient. Parmi les premières on peut placer celle d'un parterre ou jardin des roses; on la rencontre en Grèce ainsi que chez les Romains; le jardin de Bacchus ou de Midas [3] et celui de Vénus [4] qu'on y trouve ont leur pendant dans le jardin des roses — *Rosengarten* — de Worms, planté dans une île du Rhin, par la fille du roi Kibich, la belle Kriemhild [5]. Il avait une lieue de long sur une demi-lieue de large. Un tilleul s'élevait au milieu, sous lequel cinq cents nobles dames pouvaient trouver un abri; des roses éclatantes le remplissaient. Il n'avait pour enceinte qu'un simple fil de soie, mais douze héros en défendaient l'entrée, quiconque triomphait

---

1. Thomas de Cantimpré, *op. laud.*, p. 290.
2. Bartsch, *Langue et littérature françaises*, p. 371, v. 5.
3. Hérodote, *Histor. lib.* VIII, cap. 138. Οἴκησαν πέλας τῶν κήπων λεγομένων εἶναι Μίδεω Γορδίεω, ἐν τοῖσι φύεται αὐτόματα ῥόδα.
4.   Hortus erat Veneris, roseis circumdatus herbis,
        Gratus ager dominae, quem, qui vidisset, amaret.
           Poetae latini minores, éd. Lemaire, vol. VII, p. 120.
5. *Der grosse Rosengarten*, hgg. von Friedr. H. von der Hagen und Ant. Primisser, Berlin, 1820, 4°. — Ludwig Uhland, *Zur deutschen Heldensage* (*Germania*, vol. VI, p. 335) :

        Sie heget einen anger mit rôsen wol bekleit,
        der ist einer mîle lang und einer halben breit,
        dar umme gêt ein mûre, daz ist ein borte fîn.
        trutz sî allen fürsten, daz ir einer kume drîn.

d'eux recevait en récompense de sa vaillance un baiser de la bouche même de Kriemhild et une couronne de roses.

Le jardin des roses de Worms n'est pas le seul que connaissent les traditions germaniques; le roi des nains, Laurin, en possédait un aussi près de Méran, dans le Tyrol; il avait quatre portes avec un tilleul au milieu et une enceinte formée d'un simple fil, comme le Rosengarten de Worms. Des rossignols en charmaient les bocages, et les roses en étaient si merveilleuses que leur parfum consolait les affligés et guérissait les malades[1]. Mais il existait d'autres jardins de roses; on en trouvait à Rorschach, à Constance, à Munich, près de Comburg, dans le Kocherthal, dans la forêt de Thuringe, auprès d'Osnabrück et de Rostock, ainsi qu'en Suède[2]. Heinrich Frauenlob visita celui que le margrave Woldemar de Brandebourg avait à Rostock; « sept tilleuls au milieu d'un parterre de roses » figuraient dans les armoiries de cette ville[3]. La légende du jardin des roses, qui se rattachait à la fois à ce que l'épopée germanique avait de plus héroïque et à la fête du printemps, resta populaire en Allemagne pendant tout le moyen âge; on la retrouve intimement mêlée à celle de l'établissement du Meistergesang au xiv⁰ siècle[4]. Un jardin des roses est donné en garde aux nobles maîtres qui y président. Les fleurs qui y brillent sont l'emblème de leurs ingénieuses poésies; une couronne de roses est la récompense et l'insigne destiné à celui que ses vers rendent digne de prendre rang dans la poétique

---

1. A. Ritter von Perger, *op. laud.*, p. 233.
2. Le héros d'une ballade suédoise porte le nom de « Sven i Rosengård ». Svenska Folk-Wisor, utgifne af E. G. Geijer och A. A. Afzelius. Stockholm, 1464-16, vol. III, p. 2, ap. Uhland, *Schriften zur Geschichte der Dichtung und Sage*. Stuttgard, 1866, vol. III, p. 436.
3. « Seven Linden up den Rosengahrden. » Bechstein, *Deutsches Sagenbuch*, n⁰ 65, ap. Schleiden, p. 138.
4. Görres, *Altteutsche Volks- und Meisterlieder*, Frankfurt, 1817, p. 226 :
>Nu merk, du ungelehrter Mann,
>Willt du die Rosen geten,
>So sollt du gahn die rechte Bahn,
>Die Blumen nit zertreten.

corporation[1]. La légende du Rosengarten finit par s'obscurcir et s'oublier ; mais le nom resta comme l'équivalent de « lieu de plaisance » ou « de joie » ; « être dans un jardin de roses » devint en allemand une expression synonyme d'être heureux et content[2].

Si notre littérature n'a point de tradition analogue à celle du Jardin des roses de Kriemhild ou de Laurin, elle eut aussi néanmoins ses « jardins » ou « champs fleuris ». Tel est le verger du *Fableau du dieu d'amour* et du poème de *Vénus la déesse d'amour*[3], qui n'en est que le développement ; tel est encore et surtout le verger du *Roman de la Rose*, où le Dieu d'amour tient sa cour. Planté des arbres les plus divers, il renferme encore,

en un long détor
D'une haie clos tot entor,

des rosiers « chargés » des roses les plus belles[4], ce qui rappelle singulièrement, sinon le Rosengarten des légendes germaniques, du moins le Jardin des roses de Vénus du Pseudo-Ausone.

Il n'est point surprenant que Guillaume de Lorris ait donné, dans son poème, une place d'élection à la rose ; à l'époque où il vivait, objet, comme nous l'apprend entre autres Barthélemy l'Anglais[5], d'une culture suivie, elle était devenue — et il en sera toujours ainsi davantage — l'ornement habituel des jardins. Dans son poème allégorique du *Jardin salutaire*, Jean Joret la met

---

1. M. J. Schleiden, *Die Rose*, p. 140.
2. Uhland, *op. laud.*, vol. III, p. 439 et 539 :
    Gy Heren weset alle fro
    Gy sint in dem rosengarden,
dit le *Lied* de la « Dispute de Lunebourg ».
3. Quant desous l'ente el vergier fu asis.
De Venus la deesse d'amor, hgg. von Wendelin Foerster. Bonn, 1880, in-8o, str. II, v. 1.
4. *Le Roman de la Rose*, éd. Fr. Michel, Paris, 1863, in-12, vol. I, v. 1623-35.
5. BARTHOLOMAEI ANGLICI *De genuinis rerum caelestium, terrestrium et infernarum proprietatibus libri XVIII*. Francforti 1609, p. 913, lib. XII, cap. 136. « Hortensis (rosa) plantatur et colitur sicut vitis... Agrestis vero rosa per frequentem mutationem et culturam efficitur vera rosa. »

au premier rang des fleurs qu'on y trouve [1]. Elle était entrée aussi dans les usages les plus divers de la vie, les poètes lui donnent place dans toutes leurs fictions.

C'était à la première heure du jour, ou même au milieu de la nuit [2], quand, encore couvertes de rosée, elles étaient dans toute leur fraîcheur et avaient tout leur parfum, qu'on allait cueillir les roses [3], et, — imitation peut-être de ce qui se faisait dans l'antiquité, — qu'on en tressait des couronnes [4] ou chapeaux [5]. Après s'être « matin » levée, « belle Aliz, » nous dit une chanson [6],

> Enz un verger s'en entra
> Cinq fleurettes y truva,
> Un chapelet fet en a
> De rose flurie.

Ces couronnes servaient dans les circonstances solennelles, les processions, les banquets. Chascuns, dit Gilbert de Montreuil dans le *Roman de la Violette* [7],

> Chascuns ot en son chief chapiel
> De roses et de flors diverses.

1.
> Blanches roses comme lys et vermeilles,
> Et toutes fleurs moult odoriferans.

Edit. J. G. A. Luthereau, Paris, 1841, 8°, p. 111.

2.
> Die Röslein soll man brechen
> Zu halber Mitternacht,
> dann seind sich alle Blätter
> mit dem kühlen Thau beladen.

Uhland, *op. laud.*, vol. III, p. 424.

3.
> Die rose in dem tauwe, ein licht auzuschauen,
> wann sie auget susser sonnenschin.

Reinbot von Dorn, *Der heilige Georg*, v. 4026-27.

4. « Solet... caput rosarum floribus coronari. » Bartholomaeus Anglicus, *op. laud.*, lib. XII, cap. 136.

5. Viollet-le-Duc, *Dictionnaire raisonné du mobilier français*, vol. III. p. 119, art. *chapeau*.

6. Citée, fait surprenant, par Étienne de Langton dans un de ses sermons. B. de Roquefort, *De l'état de la poésie françoise dans les XII° et XIII° siècles*. Paris, 1815, in-8°, p. 244.

7. Ed. Francisque Michel. Paris, 1836, 8°, 104-107.

> Parmi les rues ot grans presses
> Des gens qui regarder les vint.

On en offrait en témoignage d'estime ou de reconnaissance. De bonne heure, on en fit aussi la récompense de la chasteté et de la vertu. On fait remonter à saint Médard, évêque de Noyon, au vi[e] siècle, cette attribution nouvelle de la rose. Il résolut, rapporte une tradition [1], de donner chaque année une couronne de roses et une dot à la jeune fille de ses terres de Salency, reconnue comme la plus vertueuse. Cet honneur échut d'abord à sa sœur, qui fut ainsi la première des Rosières.

Mais c'est surtout comme emblème de l'amour que les couronnes étaient employées; elles étaient la parure ordinaire des amants; les fiancés en portaient le jour de leur mariage:

> Si voit de la forest issir
> Tot bellement et a loisir
> Dusc'a iiij. xx. damoiselles
> . . . .
> Capeaux de roses avoient
> En lor chiés mis et d'aiglentier
> Por le plus doucement flairier.
> . . . .
> Et sur .j. destrier delès lui
> Avoit cascune son ami,

lit-on dans un vieux lai [2], et la *Chanson de la Belle Marguerite* nous apprend que

> En son chief ot chapel
> De roses fres novel [3].

« Il ne fut jour, dit le roman qui célèbre ses exploits [4], où

---

1. J.-L.-A. Loiseleur Deslongchamps, *La Rose, son histoire, sa culture, sa poésie*. Paris, 1884, in-12, p. 70.
2. *Lai du trot*, v. 76-85 et 112-113. (*Lai d'Ignaurès*, etc., publié par Francisque Michel. Paris, 1845, p. 74 et 76.)
3. Roquefort, I, 225, ap. Uhland, *op. laud.*, vol. III, p. 518.
4. Viollet-le-Duc, *op. laud.*, vol. III, p. 122.

Lancelot, en hiver ou été, n'eust au matin un chapel de fresches roses sur la teste. »

L'usage des couronnes de roses — des *schapel*, comme on les appelle souvent d'un mot qui en révèle l'origine, — n'était pas moins fréquent en Allemagne qu'en France ; il paraît même y avoir eu une importance plus grande. Elles y servaient en particulier à récompenser les vainqueurs aux combats du chant [1] ; elles étaient le fruit qu'on offrait au poète qui s'y distinguait, le signe de sa maîtrise [2]. Mais, comme chez nous, c'était surtout pour servir de parure aux amants qu'elles étaient employées. « Celui de qui le cœur brûle d'amour, dit le Tannhäuser [3], doit porter une couronne de roses. » Les amants ne manquaient pas aussi de s'en parer dans les fêtes, en particulier pour la danse : « Nombre de jeunes gens, dit un vieux lied [4], sont venus à la danse, chacun portait une couronne de roses. » Et dans une autre chanson [5], une dame parle du « chapeau de roses », — *rôsenschapel*, — au brillant éclat, que Nithard lui a envoyé pour se mettre sur la tête. Walther von der Vogelweide offre également à sa dame une couronne de ces fleurs charmantes pour la danse [6].

1.
  Mit im sô wil ich singen
  umb einen hübschen rôsenkranz.

Mones *Anzeiger*, 1838, p. 376, ap. Uhland, *op. laud.*, vol. III, p. 813.

2.
  ain Kranz von roten rosen schœn,
  gebunden fein mit feide grœn,
  wer mir den abgewinnen kan,
  des lob das wil ich zieren.

Uhland, *op. laud.*, vol. III, p. 313.

3. Schleiden, *Die Rose*, p. 150.

4.
  Dar kam hin durch tanzen
  junger liute ein michel teil...
  ietweder truoc ein rôsenkranz.

Uhland, *op. laud.*, vol. III, p. 502.

5. Er sante mir ein rôsenschapel, daz het lichten schin,
  uf daz haubet min.   *Ben.*, 450, fol. 3.

6. Nem, frowe, disen Kranz!
  alsô sprach ich zeiner wol getânen maget :
  sô zieret ir den tanz
  mit den schœnen bluomen, als irs ûfe traget.

Dans Tristan, nous voyons la reine recevoir une « couronne de roses, dont l'éclat, dit le poète [1], est surpassé par celui de sa bouche ». Un maître chanteur parle également des « roses blanches et vermeilles qu'on tient en grande estime et dont on tresse de belles couronnes [2] ». Enfin une chanson morave nous montre un amant cueillant des roses, dont il se tresse une couronne, et se rendant à la danse, après l'avoir attachée à son chapeau [3], signe manifeste des sentiments secrets qui l'animent.

Les roses occupent aussi une place considérable dans la poésie populaire anglaise ou écossaise, ainsi que dans celle des Espagnols ou des Portugais; les chansons de ces peuples en parlent à chaque instant. C'est ainsi qu'une vieille romance anglaise nous montre des dames parant leurs chambres de roses rouges et de fleurs de lis [4], et dans une romance espagnole, l'ami va, aux bords du ruisseau, cueillir en soupirant des roses sur le rosier fleuri [5] :

> A riberas d'aquel rio
> viero estar rosal florido...
> cogi rosas con sospiro.

Emblème de l'amour, la rose servait non seulement à déclarer celui qu'on ressentait, mais à solliciter celui de la personne aimée. Dans le Midi de la France c'était la coutume d'attacher, le 1er mai,

---

1. Ein Schappel was ir gebende,
    ir munt den bluomen nam ir pris.
             Liv. XIII, v. 868-69.
2. Dazu die roten und weissen Rosen
    Hält man in grosser Acht...
    Schön Kränz man daraus macht.
3. Schleiden, *Die Rose*, p. 147 :
    Ich pflückte mir die Röslein
    Und band mir einen Kranz,
    Ich steckt' ihn auf mein' Federhut
    Und ging zum Bräutigamstanz.
4. Ladyes strowe here boures
    with rede roses and lylye flowers.

Ellis, II, 246, ap. Uhland, *op. laud.*, vol. III, p. 469.

5. Böhl, *Floresta*, 302, n° 233, ap. Uhland, v. III, p. 519.

une rose à la porte de la jeune fille dont on recherchait l'amour [1]. En Allemagne, on jetait une rose dans la chambre de celle qu'on aimait [2] ou on l'invitait à venir cueillir des roses dans la prairie [3]. La rose qui formait ainsi les liens de l'amour servait encore à réunir les amants que le sort avait séparés. Dans le roman de Flore et de Blancheflor, — noms qui rappellent la rose et le lis, dans la saison desquels ces deux amants vinrent au monde [4], — Flore pour rejoindre son amie, qui est enfermée dans une tour, revêt des vêtements couleur de rose, et, après s'être placé dans une corbeille pleine de roses, se fait porter dans la chambre de Blanchefor. Il est découvert; mais le sultan lui pardonne, et désormais les deux amants vivent réunis [5].

Mais la rose ne rapproche pas seulement les amants éloignés, elle peut servir à révéler la présence non soupçonnée d'un ami déguisé ou même à désigner l'époux marqué par le sort. C'est ainsi que, dans un conte sicilien, un roi en mourant recommande

1. Mistral, *Lou tresor dou felibrige*, s. v. *roso*.
2.   Er thät ein Röslein brechen
    Zum Fenster stiess er's hinein.

Meinert 227, ap. Wieland, *op. laud.*, vol. III, p. 422.

3.   Ach Jungfrau ! wollt ihr mit ihm gan?
    Da wo die schönen Röslein stahn,
    Draussen auf jener Wiesen.

Görres, *op. laud.*, p. 190.

4. Uhland, *op. laud.*, vol. III, p. 415 :

    Le jour de la Pasque florie
    . . . .
    Li doi enfant, quand furent né,
    De la feste furent nomé.

Floire et Blancheflor, éd. Edel. Duméril, Paris, 1856, in-18, v. 161 et 169-170.

5. Le trouvère français parle seulement de fleurs et non de roses :

    De flors assez a fait cueillir, v. 2033;

mais son éditeur croit qu'il « faut lire de roses » et son imitateur allemand, Konrad Flecke, parle de roses encore couvertes de rosée :

        Wir wurden nie sô müde
  Von sô vil rôsen noch sô laz. Ich wœne sie wurden naz
  Gelesen in dem touwe.
          V. 1556-58.

à son fils, quand une de ses sœurs se voudrait marier, de jeter dans la rue une fleur cueillie sur le rosier de la terrasse du palais, celui qui la ramassera sera l'époux qui lui est destiné [1]. Par sa seule présence, la rose rappelle encore à l'ami le souvenir de son amie absente [2]; aussi le délaissé la prend-il à témoin de sa douleur [3], l'amie lui demande des nouvelles de son ami éloigné [4]; son éclat terni ou conservé lui en révèle le sort [5]; elle peut même par là devenir le gage de la constance et de la fidélité conjugale.

Dans le *Roman de Perceforest*, le chevalier Margon, obligé de se mettre au service de ce prince, quitte à regret sa jeune femme; celle-ci, pour le consoler, lui donne une rose qui doit rester fraîche tant qu'elle lui restera fidèle. Margon part rassuré, et son plus grand bonheur est de considérer chaque jour la rose précieusement renfermée dans une boîte. Son secret est découvert, et deux chevaliers de la cour de Perceforest se rendent successivement auprès de la femme de Margon pour la séduire, mais sa vertu reste inébranlable [6]. Ce récit, sans doute d'origine orien-

---

[1]. Schleiden, *op. laud.*, p. 158.

[2]. *Sicilianische Märchen gesammelt von* L. Gonzenbach, 1870, vol. II, p. 111, ap. Schleiden, p. 159.

[3].
    Ich sah da Rosenblumen stahn.
    Die mahnen mich der Gedanken viel,
    Die ich hin zu e'ner Frauen han.

Dietmar von Aist, ap. Uhland, *op. laud.*, p. 119, v. 111.

[4].
    Klag' Alles, das
    Der Himmel beschloss!
    Klag' Röslein fein!
        Görres, *op. laud.*, p. 73.

[5].
    Nun sag, nun sag, gut Röslein roth,
    Lebet mein Buhl oder ist er todt?
    Et lebet noch, er ist nit todt,
    Er liegt vor Münster in grosser Noth.
        Volkslieder, n° 150.

[6]. *Anciennes chroniques Dangleterre, Faitz et Gestes du roy Perceforest*. Paris, 1528, in-fol., vol. IV, ch. 16.

tale¹, — on en trouve l'analogue dans le recueil turc *Al-faradj bad ash-chidda* (*La joie après la tristesse*) et dans le *Livre du perroquet* du persan Nachshebi, ainsi, il est vrai, que dans le 69ᵉ récit des *Gesta Romanorum*², — a été imité par Adam de Cobsam, dans un de ses plus jolis contes, *La chaste femme du charpentier*³. Ici seulement, ce n'est pas une simple fleur, mais une couronne de roses qu'une pauvre veuve donne à son gendre, joyau précieux dont la fraîcheur conservée doit l'assurer de la fidélité de sa femme.

Après avoir été le symbole de l'amour et de sa constance, la rose finit par devenir, dans la poésie occidentale du moyen âge, comme dans celle de la Perse contemporaine, l'emblème et la personnification de l'amie du poète. Celle-ci est la « rose sur la bruyère » des minnesänger allemands⁴ ; « elle ressemble à un rosier » et « fleurit comme une rose⁵ ». Telle elle nous apparaît aussi dans le *Dit de la Rose* :

> Par la rose puet l'en entendre
> La belle qui assez plus tendre
> Est et fresche come rose en may,
> Et je sui cil qui esté ai

---

1. Voir sur ce sujet la belle étude de Reinhold Köhler, *Zu der Erzählung Adams von Cobsam* dans le *Jahrbuch für romanische und englische Literatur*, vol. VIII (1867), p. 44-64.

2. Dans les *Gesta Romanorum*, c'est une chemise qui est donnée au mari ; dans *Al fardj*, il reçoit un bouquet de « Chimchad » (cyprès), dans le *Livre du perroquet*, un bouquet de roses, que le traducteur turc de cet ouvrage, comme l'auteur de *Perceforest*, a remplacé par une rose unique.

3. *The wrightes chaste wife or a fable of a wryght that was mayde to a pore wydows dowtre, the which wydow having noo good to geve with her gave as for a precious Johelle to hym a Rose garland, the which she affirmed wold never fade while she kept truly her wedlock. A merry tale* by ADAM OF COBSAM... ed. by Fred. Furnival, London, 1865.

4. « Rosen auf der heide. » Nithardt, *Ben.*, v. 441. « Röslein auf der heiden. » P. von der Aelst, ap. Uhland, *op. laud.*, vol. III, p. 546.

5.   Sie gleicht wohl einem Rosenstock...
             Sie blühet wie ein Röselein.
Uhland, *op. laud.*, vol. III, p. 449.

> En si grant desir longuement
> D'avoir s'amor entierement[1].

La bien aimée, pour laquelle le véritable amant se « dueil », n'est-elle pas aussi « sans pareille » à ses yeux, comme la rose,

> Qui plus bele est sus toutes choses...
> Et par coleur et par odeur
> Vaut [ele] miex que nule fleur[2].

Dans le *Roman de la Rose*, de Guillaume de Lorris, qui n'est guère que le développement du *Dit de la Rose*, nous voyons l'amant poursuivre le dessein longtemps traversé de cueillir le bouton de rose, dont la beauté et l'éclat l'ont charmé dans le jardin du Dieu d'amour, et

> les maus d'amer
> Qui *lui* soloient estre amer

ne s'apaisent que quand, secouru par Vénus,

> Ung baisier dous et savoré
> A pris de la Rose erranment[3].

Le poète ne pouvait désigner, sous une forme plus gracieuse et plus claire, son amour et celle qui en était l'objet. Les imitations italiennes du Roman de la Rose, surtout *Il fiore*[4], et sa traduction en flamand[5] et en anglais[6], portèrent bien au delà de nos frontières cette fiction charmante, qui prit ainsi place dans la plupart des littératures occidentales.

Quand la rose est ainsi devenue, dans la poésie du moyen âge,

---

1. Bartsch, *La langue et la littérature françaises*. Paris, 8º, 1887, p. 606, v. 27-33.
2. Bartsch, *Ibid.*, p. 609, v. 6 et p. 610, v. 2-6.
3. Ed. Fr. Michel, v. 4093-94 et 4088-89.
4. D'Ancona, *Varietà storiche e letterarie*. Milano, 1885, vol. II, p. 1-31. *Romania*, VIII, p. 640.
5. Petit, *Bibliographie der meddelnederlandsche Taal- en Letterkunde*. Leiden, 1888, p. 468. Cf. Gaston Paris, *La littérature française au moyen âge*. Paris, 1888, in-12, p. 220.
6. Skeat, *Essays on Chaucer*, p. 437 (*Chaucer society*, vol. V, 1884).

la personnification de la bien-aimée du poète, on pourrait s'attendre à ce que celui-ci y apparût, ainsi que dans la poésie persane, sous les traits du rossignol, et à ce que les troubadours et les trouvères aient raconté, comme les poètes de la Perse, leurs amours sous l'allégorie transparente des amours du rossignol et de la rose. Il n'en est rien. Le rossignol figure bien, il est vrai, dans les chants de nos anciens poètes, mais il n'y joue qu'exceptionnellement le même rôle que dans ceux de leurs émules persans. Héraut du printemps, la saison des amours et des fleurs nouvelles, son « doux chanter » provoque[1] et « semont[2] » le poète à se faire entendre; il lui remet en souvenir ses propres amours[3], et le fait penser

> A la plus belle, a la millor
> Ke soit dont jai ne partira(i)[4].

Le rossignol est sans doute représenté plus d'une fois comme chantant, au moment même où

> la belle rose est en bruit[5],

---

1. Quan lo rius de la fontana el rossignoletz el ram
    S'esclarzis, si cum far sol, volf e refraing et aplana
    e par la flors aiglentina, son dous chantar et afina.
    Dreitz es qu'eu lo meu refraigna.

Jaufre Rudel. Bartsch, *Chrest. provençale*, p. 61, v. 7-13.

2. Li noviaux tens et mais et violete
    Et rosignols me semont de chanter.

Le châtelain de Coucy, chanson VI (IX), v. 1-2. (Éd. Fr. Michel, Paris, 1830, in-8, p. 33. — Éd. Fritz Fath, Heidelberg, 1883, p. 54.)

3. Bel m'es quan lo vens m'alena chantal rossinhols el jais...
    En abril ans qu'intre mais, non pose mudar nom sovena
    E tota la noit serena d'un' amor per qu'eu sui jais.

Arnaut de Maroill. Bartsch, *Chrest. prov.*, p. 87 et 88, v. 37-38, et p. 89, v. 6-7.

4. Chanson anonyme. Bartsch, *La langue et la littérature françaises*, p. 517.

5. Phil. de Beaumanoir. Bartsch, *La langue et la littérature françaises*, p. 581, v. 6.

ou même au milieu de ses rameaux :

> par la flors aiglantina,
> el rossignoletz el ram
> volf e refraing e aplana¹ ;

mais il ne chante pas pour elle, comme chez les poètes de la Perse. Le seul rôle particulier que lui attribue notre vieille poésie, c'est de servir de messager à l'amant auprès de son amie ou à l'amante auprès de son ami :

> Rossinhol, en son repaire
> M'iras ma domna vezer,
> Et diguas lil meu afaire,

dit le troubadour Peire d'Alvernhe².

> Rosignol va, si li di
> les maus que je sent por li,

s'écrie également un trouvère anonyme³.

Même spectacle chez les poètes germaniques. Quand, au retour du printemps, les tièdes zéphyrs font épanouir la reine des fleurs, le rossignol — *Frau Nachtigall* — fait entendre ses accents joyeux⁴ ; parfois même, perché sur un tilleul, il chante de l'amour qu'il ressent⁵ ; alors le poète va dans le vert bocage

---

1. Jaufre Rudel. Voir p. précédente, note 1.
2. Bartsch, *Chrest. provençale*, p. 73, v. 1-3. Dans une « nouvelle » d'Arnaut de Carcasses, c'est un perroquet qui porte le message d'Antiphanor à son amie, enfermée par un mari jaloux.
3. Alfred Jeanroy, *Les origines de la poésie lyrique en France au moyen âge*. Paris, 1889, 8°, p. 464.
4. Van vruden zanc der nachtegal
    da hoert man menigen rijchen scal.
Van den Zomer und van den Winter, ap. Wieland, III, p. 41.
5. Da steht eine grüne Linde,
    darauf so singt die Nachtigall
    Sie singt so wohl von Minne.
Volkslieder, ap. Uhland, *op. laud.*, vol. III, p. 90.

l'interroger sur l'éloignement de son amie [1], ou bien il l'envoie auprès d'elle lui porter ses souhaits et ses vœux [2].

Mais si l'ancienne poésie de l'Occident — la poésie moderne a emprunté cette fiction à la Perse [3] — ne sait rien des amours de la rose et du rossignol, elle a donné à la reine des fleurs une amie dans une plante, qui, venue comme elle de l'Orient [4], a été aussi presque constamment et partout cultivée avec elle, le lis, dont l'union étroite avec la rose est comme l'emblème de leur origine et de leur culture communes, et est devenue, dans la tradition portugaise, un véritable amour [5] :

> O cravo por simpatia
> A' linda rosa se uniu.
> Foram laços tão estreitos
> Que amor perfeita sahiu.

Par une opposition d'idées dont on a plus d'un exemple, la rose, d'emblème de l'amour, est devenue une fleur funéraire. Il est souvent question, dans les chansons populaires, du désir

---

[1].
> Nun will ich ziehn in den grünen Wald,
> die stolze Nachtigall fragen :
> ob sie alle müssen geschieden sein,
> die einst zwei liebchen waren.

ANTWERPER LIEDERBUCH, ap. Uhland, *op. laud.*, vol. III, p. 92.

[2].
> Frau Nachtigall, kleins Waldvöglein!
> ich wollt, du sollst mein Bote sein
> und fahrn zu der Herzallerliebsten mein.

Volkslieder, Uhland, *op. laud.*, vol. III, p. 109.

[3]. Par exemple Byron dans le *Giaour*, v. 21-25.
> The rose o'er crag or vale,
> Sultane of the nightingale,
> The maid for whom his melody,
> His thousand songs are heard on high
> Blooms blushing to her lover's tale.

[4]. Victor Hehn, *Kulturpflanzen*. Berlin, 1887, in-8°, p. 202.

[5]. Leite Vasconcellos, *Etnographia popular portugueza*. p. 116, ap. *A rosa na vida dos povos* por CECILIA SCHMIDT (*Biblioteca de las tradiciones populares españolas*. Madrid, 8°, t. VIII, 1886, 25).

exprimé, surtout par des amants malheureux, d'être enterrés au milieu des roses [1] :

> Und stirb ich nun, so bin ich tot
> begrebt man mich unter die rosen rot.

A Ockley, dans le canton de Surrey, c'est encore, à ce que l'on rapporte [2], la coutume de planter des rosiers sur le tombeau des jeunes gens et des jeunes filles. On répandait aussi des roses sur les tombes et dans le cercueil même des défunts ; mais, suivant une tradition, le rosier sur lequel elles avaient été cueillies se fanait alors et mourait. La rose, quand elle fleurissait à l'automne ou en hiver, — on ne connaissait pas alors les roses remontantes, — était aussi regardée comme un présage funeste [3] ; elle annonçait un décès dans la maison du possesseur du jardin où elle avait crû.

La poésie prêta un sentiment aux fleurs répandues ou aux arbustes plantés sur le tombeau des êtres aimés. Le continuateur du *Tristan* de Gotfrid de Strasbourg, Henri de Friberg, raconte [4] qu'après avoir fait enterrer à part Tristan et Isolt, le roi Mark fit planter un rosier sur la tombe de Tristan et une vigne sur celle d'Isolt ; mais les deux arbustes en grandissant s'inclinèrent l'un vers l'autre et unirent leurs rameaux, image de l'amour impérissable des deux amants infortunés. L'imagination populaire alla

---

1. Uhland, *Alte hoch- und niederdeutsche Volkslieder*, vol. I, n° 103 et 150.
2. Soane, *New curiosities of literature*, vol. II, p. 274, ap. Schleiden, p. 161.
3. Grégoire de Tours les range au nombre des « prodiges » et des dévastions de l'année 584. « Hoc anno multa prodigia adparuerunt in Galliis vastationesque multae. Nam mense Januario rosae visae sunt. » *Historia Francorum*, lib. VI, cap. 44 B. Ed. Bouquet, p. 289.
4. HEINRICHS VON FRIBERG *Tristan*, hgg. von Bechstein. Leipzig, 1877, in-12, v. 6822-6841 :

> Uf Tristan den werden
> lisz der kũnic ũzerkoren
> pelzen einen rosendorn
> und einen grũenen winreben
> liez er ũf Isoten (pelzen)
> der winrebe und der rosendorn
> wurzelten schône au der stunt
> jeglichem in sins herzen grunt,
> da noch der glũende minnetranc
> in den tôten herzen ranc
> und sin art erzeigete :
> jeglich ris da neigete
> dem andern ob den grebern sich,
> und in ein ander minnenlich.

plus loin ; dans une vieille ballade anglaise, la ballade de la
« belle » Marguerite et du « doux » Guillaume, un rosier naît
de lui-même des restes de Marguerite, un églantier de ceux de
Guillaume, et en croissant, leurs branches se rejoignent et
s'enlacent, manifestant ainsi à tous les regards le lien indestructible qui unissait les deux amants [1] :

> Out of her brest there grew a rose
> And out of his a briar,
> They grew till they grew unto the churchtop
> And there they tyed in a true lovers knot.

Une romance portugaise, plus récente, il est vrai, nous montre également un rosier poussant sur la tombe d'un amant et un jasmin sur celle de son amie [2].

C'est encore la naissance miraculeuse des roses, fait si fréquent dans les légendes chrétiennes, que nous montre celle du Tannhäuser [3]. Le chevalier de Schnewburg s'était rendu auprès du pape pour implorer le pardon de ses péchés, — il n'avait pas craint de s'arrêter dans la montagne de Vénus, — mais le pontife le repoussa ; « le bâton que je tiens à la main, lui dit-il, portera des roses, avant que je t'absolve ». Le chevalier se retira plein de tristesse, et dans sa course errante, il revint par hasard à la montagne de Vénus, dont l'entrée était restée ouverte. Cependant des roses n'avaient pas tardé à pousser sur le bâton du pape ; dans son étonnement, il fit chercher partout Schnewburg ; on le retrouva enfin, encore à cheval, mais sans vie, dans la montagne de Vénus. Cette histoire transformée se retrouve dans une légende scandinave ; mais le prêtre, qui refuse le pardon et se repent en voyant croître les roses, retrouve le pécheur désespéré et peut

---

1. Thomas Percy, *Reliques of ancient english poetry*. Leipzig, in-8°, vol. III. p. 128. Dans la ballade du Doux Guillaume et de la Belle Anna, l'églantier ou la ronce (*briar*) est remplacé par un bouleau.
2. Alvaro Rodrigues de Azevedo, *Romanceiro do Archipelajo da Madeira*. Funchal, 1888, p. 122.
3. W. Menzel, *Zur deutschen Mythologie*. Berlin, 1855, in-8, vol. I, p. 312.

ainsi l'absoudre[1]. Les traditions scandinaves nous parlent aussi de roses naissant en signe de joie. Ainsi, dans une chanson suédoise[2], un fiancé décédé, apparaissant à sa fiancée éplorée, lui dit, pour la consoler, que « chaque bonheur qui lui émouvra le cœur remplira sa tombe de roses parfumées ». La ballade danoise de Aage et d'Else nous offre la même pensée[3]. « Chaque fois que tu te réjouis, dit Aage à sa fiancée, et que ton cœur s'égaye, ma tombe se remplit de fleurs vermeilles de rose. »

Un attribut inconnu de l'antiquité et qu'on a, surtout en Allemagne, donné à la rose vers la fin du moyen âge est celui d'être l'emblème du secret qu'on doit à ses amis. Un poète anonyme, dont on ignore l'époque, mais qui n'était point un ancien, quoiqu'on ait parfois joint ses vers à ceux d'Ausone, a feint que l'amour donna une rose à Harpocrate, le dieu du silence, afin de l'engager à taire les larcins de sa mère[4]. Ce serait, paraît-il, pour cela, quoiqu'on n'en voie guère la raison, que la rose serait devenue l'emblème de la discrétion. On la suspendait aussi au dessus de la table des festins pour signifier que ce qui s'y disait devait être gardé secret par les convives. (Dit) « sous la rose », — *sub rosa, under der Rosen,* — expression familière aux écrivains allemands du xve et du xvie siècle, est par suite équivalente de « dit sous le sceau du secret ». On ne se borna pas à répéter cette sentence, on l'inscrivit au plafond de la salle des festins, on y peignit également ou représenta une rose[5]. On trouve aussi sur des verres à boire antiques cette autre sentence qui n'en est que le développement : « Que tout ce que nous disons ici reste sous la

---

1. Afzelius, *Volkssagen*, Th. II, p. 327, ap. Schleiden, *Die Rose*, p. 165.
2. Mohnike, *Volkslieder der Schweden*, ap. Schleiden, p. 163.
3. W. Grimm, *Altdänische Volkslieder*, p. 73.
4.   Est rosa flos Veneris, cujus quo furta laterent,
    Harpocrati matris dona dicavit Amor.
    Inde Rosam mensis hospes suspendit amicis,
    Convivae ut sub ea dicta tacenda sciant.

Poetae latini minores, éd. Lemaire, vol. II. p. 125.

5. J. C. Rosenberg, *Rhodologia seu philosophico-medica generosae Rosae descriptio*. Francofurti, 1631, 8º, p. 14.

rose[1]. » On trouve aussi, par une raison analogue, une rose représentée au plafond de la salle des délibérations de certains Hôtels de ville, ainsi qu'au dessus de la porte de quelques vieux confessionnaux, dans des églises allemandes[2].

Quand la rose jouait un rôle aussi considérable dans les traditions et les légendes du moyen âge, elle ne pouvait point ne pas en jouer un grand dans la poésie. Les troubadours et les trouvères accordaient d'ailleurs une attention trop grande à la nature végétale, pour que la rose, son plus bel ornement dans nos climats, ne fût pas mentionnée souvent dans leurs vers et qu'ils ne lui empruntassent pas quelques-unes de leurs plus charmantes comparaisons :

Plus fresca que rosa ne lis,

chante Cercalmont en parlant de son amie[3];

Plus bela que bels jors de mai...
roza de mai, ploja d'abriu,

dit également Arnaut de Maroill[4]. « Elle est plus gracieuse que n'est la rose en mai, » lit-on dans *Berte*, et le châtelain de Couci, s'adressant à sa dame, s'écrie[5] :

Dame, mar vi le clair vis et la fache
Ou rose et lis florissent cascun jour.

On trouve ici en germe l'expression « les roses et les lis de son teint[6] » ou « le teint de lis et de roses », qui devait devenir si usuelle.

Un trouvère n'a pas craint même, à cause de la couleur écar-

---

1. Was wir all hier thun kosen.
    Das bleibe unter der Rosen.
2. Stieglitz, *Altdeutsche Baukunst*, p. 184, ap. Schleiden, p. 191.
3. Bartsch, *Chrest. provençale*, p. 46, v. 1.
4. Bartsch, *Chrest. provençale*, p. 94, v. 8-10.
5. Chanson XI (XV), str. 4, v. 1-2. (Éd. Fr. Michel, p. 48, et Fritz Fath, p. 70.)
6. Voyez si de son teint les roses et les lis
    Dans l'hiver de la mort sont bien ensevelis.
        Mairet, *Sophonisbe*, acte V, scène 8.

late de certaines espèces de roses, de comparer à l'une d'elles des murs couverts de sang :

> Et li mur sont vermeil come rose esmerée [1].

Et, dans la *Divine comédie*, Dante, par une autre association d'idées, compare à une rose immense et éternelle,

> rosa sempiterna
> Che si dilata, rigrada,

les bienheureux contemplant, rangés sur des gradins qui vont en s'élargissant, la lumière divine [2].

Sa qualité de reine des fleurs devait naturellement faire de la rose un terme de comparaison pour désigner tout ce qui était d'une qualité supérieure.

Un vieux poète appelle son héros :

> Ignaures, flours de barnage [3].
> Fleur de chevalerie et vertu esprouvée !
> Roze de hardement, car plus qu'achier temprée !

lit-on aussi dans *Baudoin de Sebourc* [4], et Philippe Mouskiés dit à son tour [5] :

> Mais li François, s'on dire l'ose,
> Sont de tous cavaliers la rose.

D'une beauté incomparable, d'un parfum exquis, mais entourée d'aiguillons qui blessent, la rose devait aussi donner naissance à un grand nombre de proverbes. Un trouvère, voulant montrer que le voisinage de ce qui est laid ne diminue en rien la vraie beauté, dira [6], en développant une pensée d'Ovide [7] :

---

1. *Gui de Bourgogne*, v. 4296.
2. *Il paradiso*, canto XXX, str. 38 et 39.
3. *Le lai d'Ignaurès*, etc. publié par Fr. Michel. Paris, 1836, p. 12, v. 181.
4. Chant VIII, v. 405-406. (*Li romans de Baudoin de Sebourc*. Valenciennes, 1841, in-8º, vol. I, p. 214.)
5. Lacurne de Sainte-Palaye, s. v. rose.
6. *La Bible Guyot*, Bartsch, *Chrest. française*, p. 212, v. 11-15.
7.   urticae proxima saepe rosa est.
                    Remedia amoris, lib. V, v. 46.

Les roses selonc les orties Ne lor flairor ne lor bonté;
Ne perdent mie lor biauté,   J'ai veu delez l'ortiier
                Florir et croistre lou rosier,

Et un vieux poète, pour exprimer que le plaisir et la douleur vont souvent ensemble, s'écrie [1] :

Li rosiers est poingnans et s'est souef la rose.

La ressemblance qu'on peut signaler entre la forme et l'apparence de la bouche entr'ouverte ou souriante et une rose a inspiré, surtout aux anciens poètes allemands, nombre de locutions métaphoriques. « Son sourire, dit un minnesænger [2], en parlant de son amie, ressemble à une rose écarlate. » Et un autre s'écrie [3] : « La bruyère est dépouillée de ses fleurs; — mais je vois encore des roses — lorsque sourit sa bouche vermeille. » Nithard en particulier parle à chaque instant, dans ses chansons, des roses et des fleurs que répand la bouche souriante de son amie [4]. De là la locution « rire des roses », qui n'est que la traduction abrégée de l'expression employée par Nithard. Quant aux expressions de « vivre au milieu des roses », « être sur un lit de roses, » « marcher sur des roses, » qu'on rencontre chez les écrivains de l'antiquité, elles devaient reparaître aussi, avec l'imitation de leurs œuvres, dans les écrits et dans le langage des modernes.

1. Lacurne de Sainte-Palaye, s. v. *rosier*.
2. Rosenrot ist ir Lachen.
   Schleiden, *Die Rose*, p. 167.
3. Wenn die Haide baar der Blumen lieget,
   Da noch seh' ich Rosen,
   Wenn ir rotes Mündel lachet.
4. Uhland, *Schriften.*, etc., vol. III, p. 420.

L'S LATIN CADUC

Par LOUIS HAVET

> *S nostrum et semigraecei quod dicimus sigma*
> *Nil erroris habet.*
> LVCILIVS.

Pour l'œil qui en suit l'histoire à vol d'oiseau, le matériel de la langue latine présente un point curieux : les vicissitudes d'*s* final.

Ce phonème, au temps des Scipions, paraît en danger de mort; *tempus* tend à *tempu*. Une mode ranime l'*s* vers le temps où la Gaule est conquise; là il s'implante avec toute la langue, et il s'implante vivace. Il traverse le haut empire, puis les trois petits moyen-âges, séparés l'un de l'autre par la renaissance byzantine du IVe siècle et la renaissance de Charlemagne; puis l'aube de l'aurore définitive et l'avènement des patois. Puis il s'éteint après les croisades.

I.

Ici je veux étudier la période la plus ancienne. Pour un moment, je remonte même au préhistorique.

Avant que le latin se fût séparé de l'ensemble de ses congénères, rien n'indique que jamais *s* final tombât simplement : le grec a *s* stable (*equŏs* = ἵππος); l'arique a soit une consonne (*equŏs* = sanskrit *açvăs*, ou, à la fin d'une phrase, *açva-* avec l'*ă* suivi d'un *visarga*; *equosque* = zend *açpaçca*), soit au moins l'allongement compensatif (*equŏs* = skr. *açvŏ*, zend *açpŏ*); nul lien historique entre l'*o* long arique et l'*o* bref qui devient final dans *equŏ*[*s*]. Non que l'ario-européen n'ait pu ou dû avoir déjà, comme le sanskrit, un doublet syntactique (*ekwŏs ekwŏ*); mais l'*o* long de ces temps lointains n'a pas plus laissé de traces en latin qu'en grec; pas même laissé de traces indirectes (s'il eût vécu seulement jusqu'à Numa, il y eût eu des confusions entre les deux déclinaisons d'**equŏ* et d'*homŏ*, comme il y en a, témoin *pondo pondere*, entre les déclinaisons de *dominus* et de *genus*). Seul *ekwŏs* avait duré jusqu'aux temps latins ; seul il a pu donner *equo* par *o* bref.

La réduction de *tempŭs* à *tempŭ* n'est peut-être pas un fait de phonétique là où on la constate le plus sûrement, c'est-à-dire devant une consonne, *tempŭ fert*. Car les lois phonétiques, au moins en général, atteignent de la même façon les combinaisons de phonèmes qui naissent de la rencontre de deux mots et les mêmes combinaisons placées à l'intérieur. Or, à l'intérieur d'un mot, *s* devant consonne ne tombe pas tout entier. Si la consonne est sourde, *s* subsiste (*est, gessi*). Si la consonne est sonore, il reste de l'*s* sa durée, qui se reporte sur la voyelle précédente (*nīdus, pēnis*); en vain, là-contre, on allèguerait la brève de *cămena, cămillus*, car dans ces mots morts la prosodie est artificielle, ou la brève probable de *corpulentus*, car, outre que la langue a pu extraire de *corpus corporis* un radical *corp*, il se peut que *corpulentus* vienne directement de l'ancien substantif, fléchi comme *stirps stirpis*, qui s'est conservé en sanskrit et en zend, et dont le grec a un dérivé (πραπ-ίδες).

Il est vrai que dans certaines langues, et précisément le latin est de celles-là (*Mém. Soc. ling.* VI, p. 14), l'individualité des mots est phonétiquement très nette. Une syllabe initiale ou finale s'y prononce autrement qu'une syllabe intérieure, de sorte qu'elle peut suivre d'autres lois phonétiques : ainsi l'*ă* latin se maintient en syllabe extrême (*ănăs, corporă, ită*) tandis qu'il s'altère en syllabe intérieure (*anĭtes, itĭdem*). Il n'est donc pas absolument interdit de concevoir de même un traitement phonétique différent, soit de *ss* dans *gessi* et *tempus sit*, soit de *sn* dans *pesnis* et *estis nunc*. Seulement il n'est pas très vraisemblable que la position extrême, conservatrice pour l'*a*, ait été destructive pour l'*s*. Et surtout on remarquera qu'une légère différence dans la position des organes suffit pour modifier un timbre vocalique, de sorte que la divergence entre *ită* et *itĭdem* n'étonne pas ; tandis que pour passer de *tempŭs* à *tempŭ* devant une consonne, c'est-à-dire d'une syllabe longue à une brève, il faudrait à la fois un amuïssement de la consonne et une transformation du rythme, à la fois un relâchement plausible de la phonation et une indifférence extraordinaire de l'ouïe.

Ainsi donc, si *tempŭ* est venu se placer devant une consonne, il y a chance que ce ne soit que par analogie. Où a-t-il pris naissance ? Pas devant une voyelle, car *s* intervocalique ne tombe pas en latin ; d'ailleurs, les poètes qui ôtent l'*s* dans *tempŭ fert* le conservent dans *tempŭs erit*. *Mage erunt* avec élision (Plaute Poen. 461) montre qu'il existe un petit problème spécial relativement aux formes que peut prendre l'adverbe *magis* ; à part ce cas particulier, la règle de la langue est incontestablement de prononcer l'*s* devant voyelle. L'origine de *tempŭ* doit donc, de préférence, être cherchée à la fin de la phrase. *Tempŭ fert*, peu explicable par soi, pourra s'expliquer par *fert tempŭ* suivi d'un point. Quand, dans *tempŭs* suivi d'un point, les organes ont été trop paresseux pour qu'on entendît l'*s*, le petit silence ainsi produit se sera fondu dans le silence de la pause, et la voyelle aura dû rester brève. Je ne puis, malheureusement, justifier par l'histoire cette hypothèse ; l'*s* était très souvent prononcé, au temps de Plaute, à la fin d'une proposition (ci-dessous p. 314).

Pas plus d'ailleurs que *tempŭ fert*, *tempŭs erit* ne doit être d'origine phonétique ; c'eût été *tempur erit* (cf. *lares*, de *lases*). Ce qui renseigne chronologiquement sur *tempŭ fert*. Il faut que *tempŭs* ait été vivace encore dans la langue (soit indifféremment devant une consonne ou devant un point, soit tout au moins devant une consonne) quand il a protégé ou restitué *tempus erit*, menacé ou endommagé par le rhotacisme. Or le rhotacisme est de date latine, non de date italo-celtique ni (si ce mot a un sens) italique. *Tempŭ fert* ne peut donc pas remonter plus haut que le latin. C'était probable d'avance, car le latin est séparé non seulement du celtique, dont les monuments sont si éloignés des siens, mais aussi de l'ombrien et de l'osque, par des abîmes d'histoire linguistique.

Quant à *tempŭ* en fin de phrase, cette forme peut remonter haut ; il est surtout admissible que l'*s*, avant de disparaître, ait pris de bonne heure un son moins franc. Le *visarga* final du sanskrit peut être de date indienne, mais il peut aussi être de date ario-européenne, ou au moins représenter une modification indienne d'un son ario-européen déjà différent de l'*s*.

Après une liquide, la brève devenue finale peut se syncoper comme dans *puer'tia, liber'tas, ul'na*, etc. *Quattuorĕ = τέτταρες devient *quattuor*, *puerŏ ou *puerŭ devient *puer*, *sacrŭ devient *sacr puis *sacer* (cf. *sacerdos* = **sacr'dos*), *famulŭ devient *famul*, *debilĭ devient probablement quelque chose comme *debil* (Ennius cité par Nonius ; les mss. ont *debilo*, c'est-à-dire peut-être *debil*, peut-être bien *debol*, qui serait analogue à *facul*). Ainsi naissent des doublets comme *alacris* (devant voyelle), *alacer* (devant consonne) ; la langue finit par les utiliser pour distinguer les genres. Elle ne le fait qu'après en avoir oublié la distinction phonétique, puisque Ennius dit *acer hiemps* et *famul oltimus*. Je ne puis entrer ici dans le détail de ces faits spéciaux. Pour la théorie générale, ils ont l'intérêt de fournir un repère chronologique. La chute de l'*s*, dans *quattuor*, doit être antérieure à la chute de la voyelle, dont nous n'avons plus aucune trace. Ceci avertit de ne pas faire descendre trop bas le phénomène de la chute de l'*s*.

II.

Il est temps d'arriver à l'époque historique. Ici nous avons deux sources d'information, la prosodie et l'orthographe. Cette dernière est peu sûre.

Une inscription qui est au plus tard de 264 avant notre ère donne APPIOS CONSOL ; l'épitaphe primitive de Barbatus, censeur en 290, portait *cornelio* CN. F. Ne nous hâtons pas d'affirmer pour cela les prononciations *Appiŏs c-*, *Corneliŏ Gn-* ; il n'y a pas à compter sur l'exactitude phonétique des graveurs. Car LVCIOM SCIPIONE FILIOS BARBATI suppose un modèle qui avait *Scipione filio* = *Scipionem filiom* ; de sorte que d'une part le graveur a mis un *s* indu, et que d'autre part, inversement, l'auteur du modèle avait deux fois négligé de marquer la lettre *m*, laquelle pourtant n'a jamais été muette devant consonne.

Quand les inscriptions deviennent un peu moins rares, deux causes d'infidélité, qui agissent en sens contraire, inspirent une défiance générale. D'un côté, les graveurs ont des systèmes artificiels d'abréviation orthographique ; par exemple ils terminent en I les gentilices en *ius*. Dans le sénatusconsulte des Bacchanales, les consuls sont cérémonieusement MARCIVS et POSTVMIVS au long, mais les secrétaires sont CLAVDI, VALERI, MINVCI. Dans l'épitaphe L. CORNELI L. F. P. N. SCIPIO, CORNELI sans *us* est abréviatif ; comment savoir si CORNELIO sans *s*, dans l'épitaphe de l'ancêtre, n'était pas une abréviation moins perfectionnée ? D'un autre côté on se plaît tout au rebours, à une date un peu moins ancienne, à graver ce qui ne se prononce pas ; un hexamètre finit par LVCIVS MVMMIVS DONVM, et cette tradition du superflu a passé aux copistes d'Ennius, de Lucilius, de Lucrèce, ainsi qu'à ceux de Plaute et de Térence. Par caprice, les orthographistes de l'époque classique ont admis *mage* à côté de *magis* (et *magi*? cf. les grammairiens qui citent Virgile Aen. X 481), *pote* à côté de *potis*, et, dans les secondes personnes médiopassives, -*re* à côté de -*ris*. Ces détails sont sans intérêt pour la théorie générale. *Sulti genas* d'Ennius était écrit sans *s* dans Festus et peut-être déjà dans les mss. antiques d'Ennius ; sans doute les copistes romains ne sentaient plus clairement dans cette forme la seconde personne du pluriel. Parfois des copistes ont supprimé *s* final devant une lettre similaire, *s*, *f*, peut-être *r* ; c'est un accident dont Lachmann (sur Lucrèce, p. 29) me paraît avoir méconnu le caractère ; *uirginali modestia* d'Ennius, admis par Lachmann comme nominatif, fait le vers faux. Les mss. du *de Finibus* donnent, dans Lucilius, *cognitu qui sis in quo cognitu*, pour *cognitus qui sis in quo*, dit-on, mais plus probablement pour *cognita quae sis in quo*, car il s'agit de l'herbe λάπαθος ou *lapathus*, dont le nom est féminin.

Si on voulait faire l'histoire du son *s* d'après l'orthographe, il faudrait avoir des critères non seulement pour démêler les lapsus fortuits, mais pour distinguer avec suite entre les époques, entre les artifices inverses des abréviateurs et des théoriciens, peut-être entre des nuances de cérémonie. Et ici se place une observation qui va plus loin que la question de l'*s* : dans les vieilles inscriptions latines, il n'y a pour ainsi dire pas d'orthographe naïve. Les Romains se sont disputés en matière d'orthographe avant d'avoir une littérature; Appius l'Aveugle « détestait » le Z bien des années avant que fût jouée la première pièce d'Andronicus; les vieux poètes, Ennius, Lucilius, Accius, ont polémisé à l'envi sur l'orthographe. Dans *consul* la lettre *n* a été fixée, ou plutôt restaurée, à une date où depuis longtemps elle était muette, si bien qu'on mit de même un *n* de trop dans *thensaurus* (ce signe parasite, comme parfois *s* en français, indiquait seulement de prononcer longue la voyelle précédente). On sourira peut-être, mais je me demande si le pédantisme orthographique des Romains ne tient pas au même principe que leur grandeur, à l'entêtement de tout faire par règle. Cet entêtement leur a donné la force, tandis qu'à d'autres l'inconscience donnait la grâce.

III.

J'arrive à la seule bonne source d'informations, la prosodie.

La versification saturnienne ne peut guère renseigner. L'hémistiche *fortis uir sapiensque* paraît plus élégant si on prononce *forti*, mais cette prononciation ne paraît pas exigée. Et, hors de cette place du vers, le saturnien ne fait entre les longues et les brèves aucune distinction, quand il s'agit des syllabes finales; il n'a de prosodie caractérisée que pour les syllabes initiales ou intérieures.

IV.

Dans la versification ïambo-trochaïque des dramatiques, il subsiste des traces notables de cette indétermination des finales. A telle place du vers, *operibus* pourra être remplacé indifféremment par *operē sed* ou *operī sed*, tandis qu'il ne pourrait pas l'être par *operibit*. Mais, à d'autres places, les syllabes finales ont une quantité franche comme les autres. Aussi la versification dramatique est-elle plus féconde pour l'histoire de l'*s* que la saturnienne. On y constate que *tempus* et *tempu* sont admissibles l'un et l'autre. Et cela, devant n'importe quelle consonne; nulle différence entre les sonores et les sourdes, entre les muettes et les semi-voyelles, etc.

Pour ce qui concerne la chute de l'*s*, on a surtout occasion de la constater dans un demi-pied faible formant la syllabe pénultième d'un vers (ou d'un premier hémistiche d'iambique asynartète; pour le premier hémistiche du trochaïque, j'ai peur que M. R. Klotz ne se soit exagéré la nécessité d'avoir une brève, *Grundzüge altrömischer Metrik* p. 189). Les exemples sont rares et peu variés, le mot qui suit l'*s* ne pouvant être qu'un monosyllabe. Ils suffisent, toutefois, à montrer que la consonne devant laquelle tombe l'*s* peut être quelconque. C'est une sourde dans *commonitu sum* Trin. 1054 (je rappelle qu'ici et partout les copistes écrivent obstinément l'*s* non prononcé), *Amphitruoni sum* Amph. 411, *quali sit* Bacch. 786, *tempu feri* Térence, Ad. 839, devant une sonore dans *esti nunc* Rud. 512, *seruasti me* Poen. 562, *perdi me* Merc. 324, *teneti rem* Poen. 565, *esti uos* Truc. 153. Je signalerai à part *eamu, tu* Stich. 622. Ici il y a peut-être une petite pause devant *tu*, qui est plutôt un vocatif qu'un nominatif sujet. Le mot *eamus* serait ainsi à peu près dans la situation d'un mot final, ce qui peut donner à penser qu'à la fin de la phrase aussi on prononçait volontiers, ou on pouvait prononcer, *eamu*. C'est ce que j'ai indiqué comme plausible pour des raisons linguistiques; les vérifications ne peuvent être ni fréquentes ni sûres. On a bien dans Ennius *Inlicit inritatu, tenet occasu, iuuat res*, vers où l'*s* tombe deux fois devant une ponctuation, et un autre vers *Vt faceret facinus leuis aut malu, doctu fidelis;* on a dans Lucilius *Deblaterant blennus bonu, rusticu concinit una; Tristes difficiles sumu, fastidimu bonorum; Sublatus pudor omni, licentia...* Mais parfois Ennius prononce l'*s* devant une virgule : *Spernitur orator bonus, horridu miles amatur*. Dans Plaute même, nous verrons plus loin que l'*s* peut subsister à la fin d'une réplique. Il n'est donc pas prouvé qu'*eamu, tu* conduise par induction à supposer un *eamu* final.

Le premier pied d'un vers ïambique peut être formé par un mot dactylique. Ceci permet d'observer la chute de l's non plus dans un demi-pied faible, mais dans la seconde moitié d'un demi-pied fort, c'est-à-dire encore à une place où ne tombe pas le « temps » de la mesure : *Vnicū qui* Poen. 65, *Militū qui* Bacch. 574, *Filiū quam* Merc. 261, *Moribū praefectum* Aul. 504, *Omnibū modis* Pseud. 1074. L'observation ne peut être renouvelée à d'autres places d'un vers ïambique ou trochaïque, car le demi-pied fort second est le seul qui puisse être formé par deux brèves terminant un polysyllabe. A l'intérieur d'un vers, un mot comme *tempore* ne s'emploie que devant une voyelle, avec élision de la finale ; on ne trouve jamais *tempore fert*, ni par conséquent *temporis fert* prononcé sans *s*. L'exemple *Macciu uortit* Asin. 11, où *ciu* formerait un demi-pied faible, est sans authenticité ; les mss. ont *maccus* et non *maccius*, et c'est évidemment *Maccus* qu'a voulu mettre, au temps des atellanes, l'interpolateur auteur de ce vers, trompé par la popularité d'un nom devenu familier aux oreilles, et aussi par l'ambiguité du génitif *Macci* ; cf. la confusion entre *Plautus* et *Plautius*, expliquée de même par le génitif *Plauti* (Varron dans Aulu-Gelle, III, 3, 10). Dans les exemples apparents tels qu'*istiu sit* Trin. 552, il faut restituer le génitif archaïque, *isti*.

On admet généralement, soit au demi-pied fort, soit au demi-pied faible, des pyrrhiques comme *opu* pour *opus*. Linguistiquement, en effet, une prononciation *opu sit*, *opu debet* est très vraisemblable, mais je ne crois pas qu'elle puisse être démontrée si vite par la métrique. Car un disyllabe peut former demi-pied même quand sa seconde syllabe est longue par position ; ainsi la monnaie métrique d'*ad nos* est indifféremment *apud hunc* ou *apud nos*. *Enim, tacet, simul, uiden* peuvent, devant une consonne, remplacer une longue ou sa monnaie ; donc *opus* le peut aussi, même si on fait sonner l's. Et comme *magistratu*, dont l's s'est toujours prononcé, peut valoir un ionique, on peut compter *magis tres* pour un anapeste sans recourir au doublet *mage*. Pour déterminer les cas particuliers où, peut-être, les prononciations *opus, magis* sont illicites, il faudrait avoir établi que ces cas particuliers excluent aussi *enim* ou *simul* comptant pour un demi-pied. Ce serait l'affaire d'un travail délicat, et dont l'exposition dépasserait en longueur le présent article.

De même que la prononciation *opu* est généralement inutile, *Vbi is detulerit* Poen. 561 vaut deux anapestes, sans qu'il soit le moins du monde nécessaire de prononcer *i*. D'après les règles générales de la prosodie plautinienne, *ubi is* devant consonne pourrait s'échanger avec *ubi id, ubi et, ubi an, ubi hoc, ubi ex, ubi hunc*, qui formeraient aussi la monnaie d'une longue. J'ajoute qu'une prononciation *i* est peu vraisemblable. Les monosyllabes ne perdent leur *s* ni dans Plaute ni dans la versification dactylique. Le latin, qui allonge d'office tous les monosyllabes brefs quand ils sont terminés par une voyelle (*tū, dā, nē*), a conservé la voyelle brève dans *is, quis, bis*, probablement parce qu'on ne disait jamais *ī, quī, bī* (*dās* est dû à l'analogie de *dā*). Les composés commençant par *quis* ont toujours la première syllabe longue, *quisquam* Amph. 130 et Névius, *quispiam* Amph. 825, *quisquis* Livius Andronicus et Plaute, Amph. 1041 (il faudrait prononcer *quiquis* au v. 309, mais dans *Quis homo? Quisquis homo huc* le second *homo* n'est probablement qu'une répétition du premier, occasionnée par l'*h* de *huc*). On ne finit pas un vers par *quisquam* ou *quisquis; quispiam* n'équivaut jamais à *faciam*. Il est vrai qu'Ennius a employé dans un hexamètre *siquī*, mais ici *quis* est devenu enclitique (la différence de traitement entre *quis* initial et *quis* final, dans des soudures qui n'ont rien de préhistorique, semble supposer que la chute de l'*s* est de date latine; v. p. 305). Les formes primitives *isdem, quisdam* n'ont laissé de descendance qu'*īdem, quīdam*, où l'*s* est représenté par l'allongement. Dans les passages comme *is compellit* Trin. 672, je pense que l'*s* est non seulement requis par le mètre, mais imposé par l'usage de la langue.

Des personnes familières avec le vers dactylique, mais non avec les iambo-trochaïques, pourraient s'exagérer la variété des exemples où doit se manifester la chute de l'*s*. Ainsi, Ennius ayant mis dans un hexamètre *corpu meum*, on pourrait attendre des dactyles (valant un pied soit ïambique, soit trochaïque) comme *corpu me-*, des anapestes (valant un pied soit ïambique, soit trochaïque) comme *-pu meum*. En réalité, ces combinaisons ne peuvent se rencontrer. Dans le trochaïque *Meus ocellus meum labellum...* Poen. 366, le second pied est *-cellus* ou *-cellu*, non pas *-cellu me-*, et le troisième est *meum la-*, non pas *-um la-*; les deux syllabes de *meum* forment ensemble le demi-pied fort, comme au vers suivant *meum mel meum cor...*; métriquement, rien n'empêcherait de remplacer *ocellūs* par *ocellōs*. Ici la présence ou l'absence de l'*s* importe peu. Il en est de même dans tous les cas analogues; *mentī mea* ne se rencontre jamais qu'à des places où le mètre admettrait aussi bien *mentī meae*. La règle peut se formuler ainsi : dans la versification ïambo-trochaïque, pour que la finale brève d'un polysyllabe joue un rôle qui ne puisse être joué par une finale longue, il faut un des deux cas bien déterminés qui ont été étudiés tout à l'heure, c'est-à-dire le cas de *gnatā mi* ou d'*esti*[*s*] *nunc* final, celui d'*Omnia resciui* ou de *Filiu*[*s*] *quam* initial. Ces deux cas une fois vus, j'en ai fini avec la chute de l'*s*.

J'arrive donc à sa conservation. Elle n'est jamais vérifiable à coup sûr dans les demi-pieds faibles; s'il existe, à la fin du vers, un demi-pied faible qui peut être formé d'une brève, mais non d'une longue, il n'existe aucun demi-pied faible où la règle contraire s'impose. Sans doute il y a une circonstance où la conservation de l'*s* pourrait paraître plausible, au demi-pied faible pénultième. En principe, un vers ne doit pas paraître finir deux fois de suite. La fin de vers *māter sua* est légitime (Men. 17), mais non la fin de vers *pāter suus*. Il serait donc soutenable de faire sentir l'*s* dans *dicturus sum; tace* Merc. 431, et même dans des exemples où la syllabe antépénultième n'est pas suivie d'une ponctuation, comme *deartuatus sum miser* Capt. 640, *ipsus sum mihi* Bacch. 549; ou encore, peut-être, *tempus se daret* Bacch. 676, *pestis te tenet* Amph. 580, *tacitus te sequor* Bacch. 109, *manibus plus dolet* Truc. 768. Mais cela n'est rien moins que nécessaire. Si la prononciation joignait *te-tenet* et le séparait de *pestis*, rien n'empêchait de prononcer *pesti*, le vers ne paraissant pas finir deux fois; c'est ainsi qu'on a *uestimenta me-iubes* As. 92, *Staphyla te-uoco* Aul. 269, *Mnesiloche dic-mihi* Bacch. 705, *quale tu-mihi* Men. 1027, *nescire sat-scio* Merc. 382. Si la ponctuation autorisait *conspicere, iam-tenes* Epid. 401, *facimus, it-dies* Rud. 1001, elle autoriserait *nactu; nunc-abi* As. 228, *habebi, tum-dato* Men. 547, *cerritu; fac-sciam* Men. 890, et à plus forte raison *consignemu*. ╫ *Num-moror* Curc. 367, *insiliamu*. ╫ *Tu-sali* Mil. 279. L'exemple *damnum praestet facere quam-lucrum* Capt. 327 autorise *minore sumptu simu quam-sumus* Aul. 484; *aula quae-siet* Aul. 765 autorise *dici quid-uelis* Epid. 462. Dans *egone architectus? uah! ╫ Quid est?* Mil. 1134, la question *quid est* relève seulement *uah*, non pas toute la phrase; ceci suppose que *uah quid est*, bien que partagé entre deux interlocuteurs, forme un groupe pour l'oreille, et que, par conséquent, il est peut-être licite de prononcer *architectu*. Dans *qualis sis scio* Aul. 217 (cf. Poen. 279, Rud. 139), rien n'empêche de prononcer *quali sĭs*; Plaute abrège ainsi *mĕŏ, mĕăs*. Pour admettre avec sécurité la conservation de l'*s* au demi-pied faible, il faudrait avoir une théorie générale de la façon dont les monosyllabes devaient, ou pouvaient, s'appuyer soit sur le mot précédent, soit sur le mot suivant; or, cette théorie est loin d'être faite. Elle a une certaine connexité avec la théorie des enclitiques et proclitiques, mais sans se confondre avec elle. Elle est difficile à formuler même pour le grec, où la loi de Porson fournit pourtant un critère précieux. Pour le latin, il se passera peut-être bien du temps avant que les métriciens l'aient tirée au clair.

Quelque part du moins la conservation de l'*s* peut se constater sûrement; c'est dans les demi-pieds forts, c'est-à-dire lorsqu'un « temps » de la mesure tombe sur la syllabe en *s*. Il y a deux cas à considérer. Ou le demi-pied faible suivant sera formé d'une syllabe unique, brève ou longue, où il sera formé de deux syllabes (soit deux brèves ordinaires, soit une brève et une de ces longues abrégées, propres à l'ancienne métrique). Dans le second cas, nous devrons renoncer à déterminer si l'*s* se prononce ou non. Car les groupes ⏑⏑,⏑⏑ et ⏑‒,⏑⏑ sont toujours échangeables ad libitum, quand un « temps » tombe sur la seconde des quatre syllabes (cela tient à ce que le tribraque apparent ⏑,⏑⏑ n'est pas un vrai tribraque : un vers peut finir par *cum familia* ‒,⏑⏑‒

avec tribraque propre ; il ne peut finir par *mentĕ mulier* ‿‿,‿‿ avec faux tribraque, non plus que par *mentī mulier*). Ici en particulier se justifie le principe général (ci-dessus, p. 312) qu'une finale brève ne joue guère de rôles autres que ceux qui conviendraient aussi à une longue. *Lesbonice essĕ uideatur* Trin. 629 forme un hémistiche trochaïque aussi bien que Capt. 941 *Quod bene fecistī referetur*, ou Trin. 343 *Vt ita te aliorum miserescat*. Il est donc clair qu'on peut prononcer soit *defessu* soit *defessus* dans cet hémistiche tout semblable (Epid. 720), *Ego sum defessus reperire*.

Seulement dans le premier des deux cas distingués tout à l'heure, c'est-à-dire seulement devant un demi-pied monosyllabique, la métrique indiquera une prononciation déterminée. Elle indiquera toujours de prononcer l's. Ce sera tantôt devant une longue comme dans l'hémistiche trochaïque *Minus iam furtificus sum quam antehac* Epid. 12, tantôt devant une brève comme dans cet autre hémistiche trochaïque, *Repudium rebus paratis* Aul. 784. L's se conserve indifféremment soit devant les sourdes, comme dans ces deux exemples ou dans *habetis qui* Poen. 276, *corporis candoribus* Men. 181, *corporis custodias* (Névius), *fungaris tuum* Trin. 1, *pectus tuum* (Névius), *saucius fligit* (Livius Andronicus), *difficilis foret* Trin. 646, soit devant les sonores, *moribus dignum* Trin. 1045, *intellegimus bona* Capt. 142, *amicus nunquam* Trin. 716, *meus me* Poen. 885, *rapidus raptori* Men. 65, *salutamus Lyce* Poen. 621, *hospitis iussu* Merc. 102, *intus uolent* Capt. 114. Parfois il faut le prononcer devant un groupe commençant par un autre *s*, *amplius scit* Rud. 329 (*omnia scit* ne ferait pas le vers). L's prononcé peut être immédiatement suivi d'un changement d'interlocuteur : *amplius.* ǀǀ *Nam* Asin. 41 ; *potius.* ǀǀ *Num* Bacch. 212 ; *Mnesilochus* ǀǀ *Viuit* ib. 246 (de même, quand l'interlocuteur commence sa réplique par une voyelle, l's qui précède se prononce au demi-pied faible dans *hominis.* ǀǀ *Equidem* Amph. 576 ; *credis.* ǀǀ *Eo* ib. 756 ; *seruus.* ǀǀ *Abeo* ib. 857 ; et au demi-pied fort dans *eris.* ǀǀ *Vbicumque* As. 110 ; *aedibus.* ǀǀ *Abi* Aul. 459 ; etc.). Ce qui indique que si, selon notre hypothèse, la suppression de l's a commencé à la fin des phrases, elle n'était pas pour cela devenue indispensable à cette place.

Dans la versification ïambo-trochaïque des dramatiques, en résumé, on constate la disparition de l's dans des syllabes qui ne portent pas le « temps », sa conservation dans des syllabes qui le portent ; la nature de la consonne suivante et la ponctuation sont indifférentes. Deux hypothèses sont possibles. Ou la langue parlée emploie capricieusement *tempus* et *tempu*, et le poète choisit, sans recevoir de l'usage une influence quelconque ; ou bien la langue parlée favorise une des deux formes, et le poète subit l'usage quand il emploie l'une, réagit contre l'usage quand il emploie l'autre. C'est peut-être cette seconde hypothèse qui est la vraie. A en juger par ce que nous montrera bientôt la poésie dactylique, la fin de vers *esti nunc* et le commencement de vers *Filiu quam* reflètent avec naïveté le parler courant, tandis que la prononciation *rebus paratis* implique une tendance réfléchie au conservatisme, une envie de ne pas laisser prescrire la façon d'articuler des ancêtres. Si bien que, par une bizarrerie du hasard, la plus artificielle des deux prononciations serait représentée par les exemples de beaucoup les plus nombreux.

V.

La versification crétique des dramatiques et leur versification bacchiaque n'ont rien à nous apprendre. Car, dans l'une et dans l'autre, les demi-pieds, considérés isolément, suivent des règles que la versification ïambo-trochaïque fait suffisamment connaître.

Quant aux anapestes, ils seraient instructifs. Mais les morceaux anapestiques de Plaute présentent tant de difficultés critiques, et ils ont été si malmenés par des théoriciens brouillons qui sont parvenus à les rendre presque illisibles, qu'il ne me paraît pas possible d'en parler incidemment. J'aime mieux avertir que mon travail est ici incomplet d'un paragraphe.

VI.

La versification dactylique commence avec Ennius, qui a naturalisé à Rome le vers d'Homère.

Ennius, relativement à l's caduc, paraît se comporter d'une

façon simple. Au demi-pied fort, l's se prononce toujours. C'est une nécessité, car le demi-pied fort n'admet jamais une syllabe brève. Ainsi ...*uolauit auis, simul*... Au demi-pied faible, devant consonne, la règle paraît être de supprimer l's. Dans les mots à pénultième brève, *ratu Romulu praedam*, cela va de soi. Il paraît en être de même dans les mots à pénultième longue. Ennius commence bien le vers par *Scitu secunda, Quintu pater, Primu senex*, mais ne paraît pas l'avoir jamais commencé par quelque chose comme *Primus se* (Virg. Aen. II 370). Il écrit *Dum quidem unus homo uestitu* (je remplace par *uestitus* la glose *Romanus*) *toga superescit*, ...*uoluendu per aethera uagit*, mais il est douteux qu'il ait jamais fini par quelque chose comme *audetis tollere moles* (Aen. I 134). A la vérité il existe un vers *Qualis consiliis quantumque potesset in armis*, écrit en marge de l'Orose de Saint-Gall, au xie siècle, par l'abbé Ekkehard IV, qui devait avoir sous les yeux une citation faite par Cicéron dans un passage aujourd'hui perdu du *De republica*. Mais *qualis*, lecture qui d'ailleurs n'a pas paru certaine à M. Dümmler, ne peut se construire, et, en outre, ne conviendrait pas au sens. Il s'agit, d'après le passage d'Orose visé par Ekkehard, d'un espion qui renseigne les Carthaginois, inquiets des intentions d'Alexandre le Grand après la prise de Tyr; le vers devait donc commencer par *Qualia consuleret*, ou *Qualia consilia* (avec allongement par la césure?), ou *Qualibu consiliis*. — Priscien, d'autre part, cite un vers *Quos homines quondam Laurentis terra recepit*, et cela comme exemple de *Laurentis* pour *Laurens*. Je n'ai rien à invoquer contre ce texte, si ce n'est la défiance même que m'inspire la conservation de l's. Mais je doute que personne allègue ce fragment avec confiance. Si par hasard le poète avait mis *tellus Laurenti*, il est clair que les grammairiens ont dû être induits à rajeunir inconsciemment la métrique du vers. — Il n'y a aucun compte à tenir de la fin de vers *studiosus quisquam erat ante hunc*, admise par Bährens. *Ante hunc*, d'après le contexte de Cicéron (Br. 71, cf. Or. 171) commençait une phrase à part. Le reste, mutilé dans les mss., devait avoir la disposition suivante (je ne donne un supplément qu'à titre d'exemple) :

Cum neque musarum scopulos <superauerat ullus
Et sacra Romanus iuga>, nec dictis studiosus
Quisquam erat.

On ignore comment finissait le vers *Carnibus humanis distentus...*

Au cinquième pied, la chute de l's précédé d'une longue est forcée, car un spondée cinquième ne peut finir avec un mot.

Au troisième pied, elle est forcée si le vers a une coupe régulière : *Vires uitaque corpū meum...* Une fois Ennius, gêné par la difficulté d'une énumération technique, a négligé la coupe et terminé le troisième pied par la syllabe en *s*. Mais, dans cet exemple unique, le mot suivant commence par deux consonnes. C'est la preuve que l's final ne doit pas être prononcé : *Cui par imber et igni, spiritus et graui terra. Spiritus* allonge *igni*[*s*], comme ailleurs *scamma* allonge *stabilita*.

Au second pied les règles de la coupe entraînent d'ordinaire la chute de l's, *Haec ecfatu pater...* Quand la coupe est au trochée troisième, le second pied peut théoriquement être formé par un mot ou une fin de mot spondaïque, Τῆς δὲ τετάρτης ἦρχε... (Iliade XVI 196). Ennius pourtant n'use pas de cette forme (il ne faut pas la confondre avec celle qu'il admet dans les vers à penthémimère, quand le monosyllabe qui suit le second pied s'appuie sur lui, *Bellipotentes sunt... Sollicitari te...*; cf. plutôt le vers à hephtémimère *Aspectabat uirtutem...*). Il préfère, quand le second pied est formé d'un seul mot devant un trochée, en faire un dactyle, *Celso pectore saepe...* (de même Virgile, *Armentarius Afer...*). Par un hasard peu vraisemblable, nous aurions, d'après les éditions d'Ennius, un exemple unique du spondée second ainsi placé, et ce serait justement un spondée exigeant la conservation de l's :

> Additur orator Corneliu suauiloquenti
> Ore *Cethegus* Marcu Tuditano conlega
> Marci filius...

J'ai montré ailleurs (*Revue de philologie*, 1890) que diverses raisons doivent inviter à corriger *Cethegu Tuditano Marcus*.

Voilà encore une prosodie anomale qui disparaît. D'autres exemples proviennent de corrections arbitraires ; ils ne reposent pas sur l'autorité de la tradition manuscrite et ne valent pas même la peine qu'on les discute. Si bien que, dans tout ce que nous avons d'Ennius, un seul exemple d's conservé au demi-pied faible garde quelque valeur, *Laurentis terra*. Or, on l'a vu, cet exemple n'est pas de ceux qui confondent le scepticisme par la difficulté de les corriger.

Dans Ennius comme dans Plaute, la chute de l's ne tient en aucune façon à la nature de la consonne suivante. On a d'une part *funditū curant, priū quam, inritatū tenet, ecfatū pater, sultī genas, occasū datus, Carthaginiensibū bellum, Iouī Neptunus, corpū meum, somnū reliquit, memoreī loqui, albū iubar, quaesentibū uitam, inclitū signum, lupū femina*; d'autre part *natus Capys, equus qui, similis turpissima, precibus pater, pectus dum, pestis necuit, Venus Mars, facinus leuis, Mercurius Iouis, Cyclopis uenter, suauis sonus, Tiberis flumen*.

VII.

Lucilius, comme Ennius, garde forcément l's dans les demi-pieds forts. Comme lui, il le supprime forcément dans la seconde moitié des demi-pieds faibles, ainsi que dans la première moitié de trois d'entre eux, les 5°, 3° et 2°. Comme lui, dans la première moitié des autres demi-pieds faibles, il supprime l's volontairement : au premier pied, *Ianū Quirinū pater, Munū tamen, Broncū Bouillanus, Intū modo, Magnū fuit, Seruū neque, Caluū Palantina* (?); au 4° pied, *primū Trebelliū multost, diuersū uidebitur ire*. Comme dans Ennius, les éditeurs ont arbitrairement introduit dans Lucilius des exemples contraires à ces règles ; je me dispenserai de les discuter. Mais quelques exceptions apparentes sont fondées sur des autorités ; celles-ci méritent examen.

Il faut écarter par la question préalable le vers inintelligible et dénué de coupe *Quis totum scis corpus iam perolesse bisulcis*; j'ai proposé *corpu laui*, Rev. de phil., 1890, p. 106. De même le vers corrompu *Vnus consternit nouis uetus restibus* (var. *rebus*, *pestibus*, *prestibus*) *aptus*, cité par Nonius pour *aptus* au sens de *conexus*, *conligatus*. Ici le prétendu *unus* est une portion d'un mot grec altéré; il faut sans doute *Clinidion sternit nobis uetu, restibus aptum*. Le κλινίδιον est un lit pouvant servir à deux personnes (*nobis*), comme le prouve un passage de Plutarque cité dans le *Thesaurus*.

On admet, dans un passage cité par Aulu-Gelle, la disposition suivante :

Vno oculo pedibusque duobus, dimidiatus
Vt porcus...

Or le sens invite à disposer autrement, ce qui fait disparaître l'anomalie du 4ᵉ pied et donne une meilleure coupe. Il y a, il est vrai, à faire une toute petite correction, celle d'*ut* en *uti* :

...uno oculo pedibusque duobus,
Dimidiatus uti porcus...

Nonius cite un fragment commençant par le vers *Publiu Paun mihi Tubitanus* (var. *Turbitanus*) *quaestor Hibera*. On a pensé qu'il fallait corriger *Tuditanus*, ce qui oblige à intervertir, *Tuditanus mihi*, et amène la syllabe en *s* dans le demi-pied fort. La correction *Tuditanus* ne peut être certaine, les renseignements historiques sur le personnage désigné faisant défaut. Mais, comme l'existence d'un gentilé en -*itanus* ne paraît pas supposable, la nécessité de l'interversion s'impose en tout cas, et en tout cas l'anomalie prosodique est éliminée.

Dans le fragment *iactans me ut febris querquera*, on a fait de *febris* le quatrième pied d'un hexamètre. En réalité, le fragment est le commencement d'un pentamètre, et -*bris* tombe au demi-pied fort (Rev. de phil., 1890).

Un passage plus embarrassant serait le fragment de deux vers cité par Nonius, *Quod deformi senex, arthriticus ac podagrosus, Est quod mancu miserque, exilis ramice magno*. S'il faut réellement lire *exilis*, il est clair que l's se conserve ici à la fin du quatrième pied. Mais le texte satisfait mal; aussi on a changé *miser* en *macer*, ce qui fait double emploi avec *exilis*. Ce n'est pas *miser* qu'il fallait changer ; ce mot est excellent ici, car il signifie « malade » ; il se dit en ce sens tantôt de la personne, tantôt de la partie du corps. *Miser ramice magno* signifie : incommodé d'une grande hernie. Le mot corrompu est *exilis;* la correction *ex ilibu*, ou peut-être au singulier *ex ili*, fait disparaître à la fois la difficulté du sens et l'irrégularité de la prosodie.

Quant au vers *Hymnis cantando quem adseru<au>isse ait ad se*, je ne crois pas qu'on puisse en rien tirer contre la théorie que j'ai exposée. Le nom propre *Hymnis* a pour génitif dans Lucilius *Hymnidis*, c'est-à-dire que sa flexion est celle des noms grecs en ἰς ιδος, latinisée à la façon de *lapis lapidis*. Si on suppose que dans cette déclinaison la finale *is* a pu devenir *i*, on ne sera pas très embarrassé pour cela ; *cantando* est peu clair (ce qui a amené M. Lucien Müller à lire *captando*) ; on pourra penser à *Hymni catillando*, correction assez séduisante et qui m'a beaucoup tenté jadis, la restitution d'un mot rare étant le péché mignon de tout philologue archaïste. Mais, après réflexion, il me paraît très invraisemblable que la prononciation *Hymni* ait pu exister. Au nominatif des radicaux latins à dentale, l'*s* représente à la fois deux consonnes ; ainsi *milěs est pour *milěts* (cf. *princeps*), devenu d'abord par assimilation *milěss. La prononciation -*ěss* est encore en vigueur au temps de Plaute, car la finale forme une syllabe longue devant une voyelle (ainsi Aul. 528 *Miless impransus;* deux vers plus haut, la fin du vers *miless aes dari* aurait pour équivalent prosodique non pas *certus aes dari*, qui pourrait être suspect de faire difficulté, mais *princeps aes dari*). L'*s* de *miless* devant une voyelle (*milěss*) ne se confond donc pas avec l'*s* de *dominŭs;* l'un est double et l'autre simple, et tout porte à croire que devant une consonne la distinction subsistait, l'*s* simple étant caduc et l'*s* double tenace. De même qu'on prononçait *bonŭs est* mais *milěss est*, on devait prononcer *bonŭ sum* mais jamais *milě sum*. Et de fait nous constatons bien la conservation de l'*s* étymologiquement double (*miles* Poen. 468, *hospes* 120, *diues* Curc. 373, *comes* Merc. 852, *pedes* Mil. 464, *larmes* Most. 826, *hebes* Mil. 53, *interpres* Poen. 444, *intercus* Men. 471), mais jamais nous n'en constatons la chute. La règle s'applique aux formes qui contiennent la seconde personne *es* prononcée *ĕss*, ou sa forme enclitique *-s* prononcée *-ss* (*ĕss* est à *ĕst*, et *-ss* est à *-st*, comme *fers* est à *fert*); l'*s* de ces formes peut subsister devant consonne (*es* Trin. 715, *potes* 87, *obiurgandu-s* 96, *rogaturu-s* 198), mais jamais il ne tombe. Ainsi la fin de vers *diues sum satis* Aul. 166 n'est pas assimilable phonétiquement à *ipsu[s] sum mihi* (ci-dessus, p. 312), ni la consécution syllabique *lapis lăpĭdem* As. 31 à *defessus rĕpĕrire* (ci-dessus. p. 314). La proposition *dignu-s* à la fin du vers Mil. 1217, la proposition *tute-s* à la fin du vers et de la phrase Most. 168, ne peuvent se confondre avec *dignu*, qui était probablement la prononciation la plus ordinaire de l'adjectif devant un point, et avec *tute*. Bien qu'on pût prononcer *odiosus* l'adjectif placé à la fin d'une phrase (ci-dessus, p. 314), il est probable qu'en entendant l'*s* le premier mouvement de l'auditeur était de décomposer logiquement *odiosu-s*, ce qui est légitime par exemple Pers. 236. Pas plus que Plaute, d'ailleurs, les poètes dactyliques ne paraissent avoir jamais supprimé l'*s* étymologiquement double. Lucilius par conséquent a dû dire *Hymnis*, même si le souvenir de la forme grecque, en *sigma* non caduc, n'exerçait aucune influence sur la prononciation latine [1]. Prononcer *Hymni*, c'eût été s'engager à décliner au génitif *Hymnis* et non *Hymnidis*, à l'accusatif *Hymnem*.

Comme dans Ennius, il reste pour la conservation irrégulière de l'*s* un seul témoignage. C'est le vers *Cui neque iumentum est nec seruus nec comes ullus*; certes, il n'a rien de suspect par lui-même. Mais, comme l'exemple fourni par Ennius, il n'est pas de nature à inspirer confiance. Il est très possible que le satirique ait écrit *Cui neque iumentum nec seruu nec est comes ullus*, plaçant le verbe *est* comme le place Horace (*Et sutor bonus et solus formosus et est rex*, Sat. I, 3, 125). Si tel était le vers original, il était presque inévitable que les copistes de l'époque classique y rétablissent à la fois la syntaxe ordinaire et la prosodie de leur temps.

---

1. Lucilius était très latiniseur. Il a latinisé la désinence nominative *os* dans les fins de vers *scorpiu cauda* (les mss. de Nonius ont une fois *scorpius* et deux fois *scorpias*) et, avec suffixe comparatif pourtant bien grec, *rhetoricoteru tu suis* (ms. *rhaetoricoterufiuseis*). Ce qui a induit Bährens à lui faire prononcer *Ilia* pour Ἰλιάς !

VIII.

Lucilius a fini un vers par *unusquisque monetur*. L's d'*unus* est évidemment prononcé, mais ce n'est pas là une exception à la règle, puisque la soudure des deux mots empêche cet s d'être final. A supposer d'ailleurs que la prononciation *unuquisque* ait été permise par l'usage (ce qui peut dépendre de la date à laquelle la soudure s'est effectuée), elle était incompatible avec le rythme dactylique. On a vu plus haut (p. 311) qu'il ne faudrait pas songer à *uniiquique*.

Vnusquisque sera pour nous l'occasion naturelle de parler des soudures de mots en général. La plus importante par sa fréquence est la soudure avec *que*. L's s'y est maintenu avec ténacité. Dans les poètes l's est souvent prononcé devant *que* : dans Andronicus *sollemnitusque*, dans Plaute *fluctibusque* Rud. 369, *ausque* Trin. 645, *inseitusque* Mil. 734, *quantusque* Amph. 106, *ipsusque* Amph. 252, *ludusque* As. 13; dans Ennius *foedusque*, *magisque*, *magnusque bonusque*, dans Lucilius *Postumiusque*, *iocusque*, etc. Mais jamais les poètes dactyliques ne suppriment l's devant *que*. Ennius finit un hexamètre par *terraque corpus*, mais non par *corpuque terra*. Il loge devant le trochée final les pluriels neutres *sepulcraque*, *laetaque*, mais non des formes masculines comme *laetuque*. Il en est de même de ses successeurs. Quant aux dramatiques, il se peut qu'ils aient employé des formes comme *minuque* (Aul. 19, à côté de *minusque* du v. 20), *nimique* (Aul. 61), mais les lois d'abrègement propres aux groupes iambiques initiaux permettaient peut-être d'avoir deux brèves tout en prononçant l's[1]. Il se peut aussi que Plaute ait écrit *minus ualet moribunduque est* Bacch. 192; seulement, si on supprimait *que*, le sens n'en serait que meilleur.

Une remarque négative assez importante en apparence, c'est

---

1. *Magisque* Poen. 305 est particulièrement peu probant, soit à cause des difficultés critiques qu'offre le passage, soit à cause des complications propres à l'histoire individuelle du mot *magis* (ci-dessus, p. 305).

que jamais un vers ne se termine par quelque chose comme *tempuque;* mais de là il n'y a rien à conclure. La conjonction *que*, en effet, est très rarement placée à la fin du vers (il n'y en a d'exemple ni dans les *Bacchides*, ni dans le *Trinummus*). En somme, l'usage des dactyliques, qui très nettement admettent *tempu* et écartent *tempuque*, est plus probant que l'usage de Plaute pour montrer la vitalité de l's final devant *que*. Une rencontre curieuse a lieu sur ce point entre le latin d'Ennius et le zend; cette dernière langue, qui partout sacrifie les finales en -*ôs* à leur doublet arique (et peut-être ario-européen) en -*ô*, disant par exemple *açpô* pour *equos*, a conservé la voyelle brève et la sifflante devant la conjonction *ca* = *que;* on a alors -*aç-ca* = -*ôs-que*.

Ve paraît avoir été traité comme *que*. Ennius a gardé l's dans *tempusue*, et je ne vois pas qu'on ait d'exemple d'une finale -*uue* pour -*usue*.

Le -*ne* interrogatif, au contraire, admet parfaitement la chute de l's précédent, sans doute parce qu'il porte sur l'ensemble de la proposition et qu'on ne lui sent pas un lien spécial avec le mot auquel le hasard le soude. L'usage des copistes est d'écrire l's non prononcé quand *ne* garde sa voyelle, de supprimer cet *s* quand la voyelle se supprime. Ainsi Poen. 432 B et ses congénères ont *abiturusne es* à la fin du vers, tandis que le palimpseste a *ABITURUNES*. De même on trouve *satisne* et *satin*, *uidesne* et *uiden*. — Le vers Persa 412 commence par *Accipin argentum*. Curc. 90 les mss. donnent *Voltisne oliuas aut pulpamentum aut cap<p>arim*. Il serait tentant de prononcer ici *uoltin :* le dactyle initial aurait une forme insolite qu'expliquerait sa place, et nous aurions un exemple, probablement unique dans les ïambo-trochaïques du théâtre, d'un *s* tombant dans la syllabe qui porte le « temps ». Mais le vers serait mal césuré, et il n'est pas invraisemblable qu'il faille prononcer l's, sauf à corriger la portion de vers qui suit *oliuas*.

IX.

Pour en finir avec Lucilius, qu'il m'a fallu quitter un moment, j'appellerai l'attention sur le fragment qui sert d'épigraphe au présent travail. Ce fragment, cité par Vélius Longus, est évidemment tiré d'une dissertation orthographique, et probablement du livre IX des satires. Il montre que Lucilius supprimait tout problème orthographique relatif à l'*s*, et que par conséquent, comme la foule des graveurs d'inscriptions et des copistes de manuscrits, il entendait écrire systématiquement *tempus*, même quand la prononciation était *tempu*. Par là sans doute il a contribué au rétablissement phonétique de l'*s*; toute lettre muette maintenue dans l'orthographe est prête à devenir tôt ou tard une lettre prononcée. Pour que le changement se fasse, il suffit d'une occasion. Or, dans l'histoire des choses humaines, les occasions se présentent toujours.

La suppression de l'*s* se constate dans divers fragments de vieilles poésies en hexamètres : l'inscription du temple d'Ardée (Bährens, *Fragmenta poetarum* p. 138); l'épitaphe de Taracius (C. I. Latin. I, 1202); celle de Protogène (s'il faut y lire *heic est sita mimus*, ib. 1297); des vers d'Hostius (Bährens p. 139), d'Accius (p. 267), de Pompilius (p. 274), de Valerius Aedituus (p. 275), de Lutatius Catulus (p. 276), de Suéjus (p. 285), de Sévius Nicanor (p. 294), d'Egnatius (p. 298). Ces exemples n'ont rien de saillant, et je n'ai pas à parler des archaïsmes artificiels employés sous l'empire par l'auteur des tristiques *de Figuris* (Halm, Rhetores p. 63).

X.

J'arrive à la révolution qui se produisit dans le traitement de l'*s* au temps de Cicéron.

Cette révolution nous est attestée par un passage bien connu écrit en 46 ou 45 (*Orator* 161). Dans la finale -*us*, dit Cicéron (nous pouvons ajouter : et dans la finale -*is*), on retranchait l'*s*, *quod iam subrusticum uidetur, olim autem politius*. Aussi, en mettant à la fin du vers *omnibu princeps* ou *dignu locoque* (le copiste du ms. de Lodi, embarrassé des formes insolites en *u*, a écrit *omnibus* et *dignum*, mais le ms. d'Avranches a respecté la vraie finale), on ne risquait pas *ea offensio in uersibus quam nunc fugiunt poetae noui*.

Cette prosodie abrégeante était conforme à l'usage, *sic enim loquebamur*. Il y a ici deux choses connexes, mais pourtant distinctes, à retenir.

En premier lieu, prenons acte du changement de la mode, favorable d'abord, puis défavorable à la suppression de l's. Il y a renversement complet des belles manières, *iam subrusticum, olim politius*. Sur ce point, un passage de Quintilien (IX, 4,38) ajoute quelque chose au témoignage de Cicéron. Servius Sulpicius, le juriste, essaya de lutter pour le vieil usage; dans ses discours en prose, il évitait systématiquement de prononcer *s* « quotiens ultima esset aliaque consonante susciperetur »; cette formule, entendue rigoureusement, impliquerait qu'il disait non seulement *tali nunc*, mais aussi *teli nunc*; son système, qu'il semble avoir professé expressément (s'il faut lire *ut dixit* dans Quintilien), donna lieu à une polémique entre « Luranius », qui le critiquait, et « Messala », qui le défendait par l'usage des poètes. Ce Messala, dont l'identification n'est pas sûre, est l'auteur d'une monographie de la lettre *s*, dont la perte est évidemment des plus regrettables pour qui étudie notre sujet.

En second lieu, nous avons à noter le changement de la prosodie reçue. Là-dessus nous pouvons nous former une opinion nous-mêmes, en dépouillant les poètes. Le principal document est naturellement le poème de Lucrèce. Chacun sait que Lucrèce admet de temps en temps la suppression de l's; il met en fin de vers *omnibu rebus* ou *rebu necesse est*. Cela ne contredirait pas le dire de Cicéron sur l'usage prosodique des *poetae noui*, car Lucrèce est mort en 55, neuf ans au moins avant la rédaction de l'*Orator*; le terme de *poetae noui* pourrait ne s'appliquer, et sans doute ne s'applique en effet, qu'à une génération un peu plus jeune. Mais il y a mieux; la versification de Lucrèce cadre, bien mieux qu'on ne s'y attendrait, avec l'esprit de l'école nouvelle. Quand on vient de pratiquer les fragments d'Ennius et de Lucilius, il fait déjà l'effet d'un novateur.

D'abord, la chute d's est dans Lucrèce très rare. Dans les deux premiers chants, dont chacun forme plus de 1100 vers, il y en a en tout une quinzaine d'exemples. Dans cinq ou six seulement, la chute de l'*s* a lieu dans une syllabe qui suit une longue. Or l'ensemble des fragments dactyliques de Lucilius, qui ne comprennent que 850 vers ou portions de vers, présente 94 exemples d'*s* supprimé après une longue. Une telle statistique prouve à elle seule combien Lucrèce subit déjà l'influence nouvelle, à laquelle il se soustrait seulement par échappées. Lucrèce, en matière de versification, est loin d'être un raffiné. Il n'a pas de système et se laisse guider tantôt par l'usage et l'instinct de son temps, tantôt par les précédents des vieux poètes qui étaient pour lui des classiques.

Mais il y a quelque chose de plus caractéristique encore que les chiffres. C'est la façon dont s'exerce le libre arbitre de Lucrèce, là où il a le choix entre deux prosodies.

Il faut en effet distinguer soigneusement les prosodies libres des prosodies forcées. *Rebu necesse est* à la fin du vers est une prosodie forcée. Le poète pourrait sans doute, comme le fait Virgile, s'astreindre à ne placer *rebus* au cinquième pied que devant une voyelle; mais, du moment qu'il ne se donne pas cette peine, il ne dépend pas de lui de dire à cette place *rebus* ou *rebu*; la forme brève est seule compatible avec les règles de l'hexamètre. De même au second et au troisième pied; *rebus* à l'une de ces deux places est incompatible, ou à peu près, avec les lois de la césure. Mais au premier pied le poète est libre. Il lui est licite de commencer soit par *Primu senex*, comme Ennius, soit par *Primus se*, comme Virgile. Or Lucrèce, à cette place, fait toujours comme Virgile et non comme Ennius : *Tactus corporibus* I 454, *Corpus nil* 662, *Omnis cum* II 54, *Credis nec* III 722, *Omnis quae* IV 510, *Siquis forte* 617, *Solis lunai* V 418, *Nodus nocturnas* 686, *Corpus quod* 755, *Corpus uel* 764, *Tantus discidio* VI 293, *Ignis corpora* 885, *Ignis qui* 953. Au quatrième pied aussi Ennius prononce *rebu* et Virgile *rebus*; or, là aussi, Lucrèce suit la règle de Virgile : I 203. 304. 424. 453. 671. 894. 915. 925. 960... En somme, la révolution est déjà quasi accomplie chez Lucrèce; seulement il ne met pas de rigueur à répudier les vieilleries prosodiques. Ses *omnibu* et ses *rebu* ne sont plus des formes vivantes; ce sont des archaïsmes, presque au même titre que le génitif *aquai*.

Catulle, un peu plus jeune que Lucrèce et qui lui a peut-être survécu un an ou deux, est autrement puriste, comme il convient au véritable initiateur de la poésie soignée. Il proscrit entièrement les formes sans *s*. Le dernier vers de son recueil est, il est vrai, un pentamètre finissant par *tu dabi supplicium*; mais il est bien tentant de croire que cet exemple unique s'explique par quelque raison particulière. Peut-être, comme le propose Bährens, faut-il voir dans *dabi supplicium* des mots empruntés par Catulle à son adversaire Gellius, et reproduits par lui en manière de parodie; alors ce serait une méchanceté de rappeler à ses lecteurs la prosodie vieillotte d'un ennemi. Au premier et au quatrième pied, Catulle prononce l's, comme Lucrèce et Virgile : *Vrbis Dardaniae* 64, 367, *secretus nascitur hortis* 62, 48, etc.

La conservation de l's au quatrième pied, conformément à la doctrine des jeunes visés par Cicéron, se retrouve dans Cicéron lui-même : *flammatus Iuppiter igni, tristis nuntia belli, perculsus fulmine ciuis...* (*de suo consulatu*, écrit en 60), *serpentis saucia morsu* (*Marius*, peu avant 52), *Calchantis fata queamus...* (traduction dans le *de Diuinatione*, qui est de 44), *transuectus caerula cursu...* (traduction dans le *de Finibus*, qui est de 45); et de même Quintus Cicéron écrit *praeclarus lumina Cancer*. Les fragments du *de consulatu*, du *Marius*, etc., lesquels sont tous relativement récents, ne présentent aucun exemple de la chute d's. Mais il y en a dans la traduction des Φαινόμενα d'Aratus, exécutée par Cicéron *admodum adulescentulus* (*de Nat. deorum* II 104; Cicéron avait vingt ans en 86). Au premier pied, il dit *Toruu Draco, Magnu Leo*, mais aussi *Tantus quantus, Tractus sed*, et au quatrième pied, *religatus corpore toto, Arcturus nomine claro, obductus parte feretur, conixus corpore Taurus*, etc. S'il n'a pas de fin de vers comme le *uoluendu per aethera uagit* d'Ennius, c'est qu'il use peu de la coupe après le trochée quatrième; il en a seulement deux exemples, *noctesque diesque feruntur, conlucet Aquarius orbe*. Ces faits donnent à conjecturer que Cicéron a modifié avec le temps sa façon de versifier, se laissant guider aux variations de la mode. Ce qu'ils indiquent surtout avec quelque netteté, c'est qu'au point de vue du traitement de l's les *Phaenomena*, écrits entre

90 et 80, tiennent le milieu entre la versification de Lucilius, mort depuis l'an 102, et celle de Lucrèce, dont l'œuvre était inédite quand il mourut en 55. Peut-être nous donnent-ils une idée assez exacte de ce qu'était la versification dactylique dans les ménippées de Varron, composées au moins en partie vers l'an 60; ici nous trouvons à la fin de l'hexamètre *sitis cercopitheci*, *parebis legibus an non*, mais au commencement du pentamètre *Magnu comest*.

XI.

La prosodie des *Phaenomena* a un intérêt particulier, c'est que sans doute elle explique la petite révolution dont elle marque une étape.

L'orthographe artificielle, qui maintenait l'*s* dans l'écriture, en a certainement favorisé la réviviscence phonétique, dont elle était la condition indispensable. Mais elle ne peut être la cause principale de cette réviviscence. La prononciation *sposa*, *infas* a vécu jusqu'aux temps romans, malgré l'orthographe *sponsa*, *infans*; de même *tempu* aurait duré des siècles malgré l'orthographe *tempus*. L'analogie syntactique a dû agir pour sa part, *tempus erit* aidant à évincer *tempu fuit*, mais il n'est pas probable qu'elle ait suffi à ressusciter ce qu'elle avait laissé périr. Quand à l'instinct d'analogie flexionnelle, il eût plutôt nui que servi au rétablissement de l'*s* : *tempu temporis* ne pouvait choquer plus qu'*homo hominis*, et *dominu dominum*, *manu manum*, *securi securim* cadraient avec *rosa rosam*. D'ailleurs la réduction d'*-is* et *-us* n'engendrait aucune homophonie gênante dans un idiôme où les finales *-i* et *-u* étaient quasi inusitées.— Je crois bien que la masse de la langue a été mise en mouvement par un levain microscopique.

L'hexamètre grec et latin, pour des raisons qu'il n'est pas à propos de rechercher ici, accueillait facilement la coupe après le 4e pied, Ἀχαιοῖς ἄλγε' ἔθηκεν, — πολύτροπον ὅς μάλα πολλά. D'autre part, il répugnait à la coupe après le trochée 4e, ἐπεί κε κύνες κορέσωνται (Il. XXII 509). Cette coupe est à peu près proscrite dans Homère ; les Latins l'admettent, mais chez eux elle est rare.

Pratiquement donc, on était amené à vouloir finir un vers par *uoluendus litore uagit* plutôt que par *uoluendu per aethera uagit*. D'où la tentation de conserver l's dans le demi-pied faible quatrième. *Tempus* tend par conséquent à supplanter *tempu* à cette place; c'est ce qui se réalise dans les *Phaenomena*. Au commencement du vers, il n'y a aucune raison de renoncer à *tempu*; mais, une fois *tempus* devenu normal au quatrième pied, l'analogie invite à l'admettre au premier, où il luttera avec *tempu*; c'est encore ce que les *Phaenomena* nous montrent. Or, toute versification implique l'amour de la difficulté vaincue et de la règle impérieuse. Au premier pied même, *tempu* cède la place à *tempus*, non comme moins viable par lui-même, puisque c'est *tempu* que les plus anciens poètes avaient préféré, mais comme suspect d'être, à cause du libre choix, trop commode au poète, et d'avoir une physionomie anarchique. *Tempu* proscrit au début du vers, on arrive à la versification de Lucrèce. L'esprit de discipline n'a plus qu'un pas à faire pour arriver à celle de Catulle et de Virgile, c'est de proscrire partout *tempu* et *omnibu*. Et du moment que les poètes entendent qu'on prononce l's partout, les orateurs le prononceront, les gens du bel air affecteront de le prononcer, et le vulgaire finira par suivre. C'est ainsi que nos « liaisons », exigées en poésie par la règle de l'hiatus, passent de la déclamation poétique dans les sermons et les plaidoyers, de là dans les conversations soignées, de là dans les commérages; des hauteurs de la langue des dieux, de proche en proche, elles descendent jusqu'aux régions où naissent les « cuirs ». L'orthographe est complice du mouvement, en latin comme en français, mais le mouvement ne vient pas d'elle.

Cette théorie pourra étonner certaines écoles de phonétistes, qui aiment à envisager le langage sous un aspect scolastique et abstrait, et à y méconnaître l'inattendu qui fait le fond de toute histoire. Elle peut se résumer ainsi : les contemporains de Caton l'Ancien prononçaient sans doute *tempu* plutôt que *tempus*; si l's de *tempus* a repris vie en latin et a fini par subsister en français, la cause première en est dans un détail de la technique des rhapsodes grecs.

TROIS TEXTES EN PATOIS DE METZ

CHARTE DES CHAIVIERS — LA GROSSE ENWARAYE
UNE FIAUVE RECREATIVE

(XVe-XVIIe SIÈCLE)

Par FRANÇOIS BONNARDOT

Metz doit à sa situation géographique d'avoir toujours été un foyer actif de culture et d'expansion de la langue française : traduction des livres saints, chansons de geste, poèmes historiques et romans d'aventures, atours officiels et chartes d'intérêt privé [1], relations de voyages et de pèlerinages, mystères dramatiques, chroniques et légendes, contes et nouvelles, mémoires, chansons tant en français pur que dans le dialecte local [2], toutes les branches de la littérature ont été cultivées avec ardeur durant une longue période qui correspond à celle de l'indépendance de la république messine. Du XIIe au XVIIe siècle, depuis la version d'une partie de l'Ecriture en langue populaire, qui fut condamnée par le pape Innocent III, jusqu'à la *Chronique du ministre Buffet* au temps de la Ligue, et au *Journal du greffier Jean Bauchez*, la liste serait longue des productions de tout genre dont l'ensemble constituerait la bibliographie messine. Et ç'a été tâche facile, pour un enfant de Metz, que de réduire à néant la téméraire accusation qu'une routine, depuis trop longtemps invétérée, se plaisait à porter sur la prétendue stérilité intellectuelle de sa ville natale [3].

---

1. Pour les Chartes proprement dites, les documents originaux abondent dès le premier quart du XIIIe siècle et remontent, par une suite non interrompue, jusqu'à 1210; cf. mon *Rapport sur les Chartes françaises de Metz*, inséré aux *Archives des Missions*, 1873, pp. 247-292.

2. Cf. entre autres ma notice du ms. Epinal 189 dans le *Bulletin de la Soc. des Anciens Textes*, 1876, pp. 64-134.

3. *Omnium bonarum litterarum virtutumque noverca, civitas Metensis!* Invective lancée en 1519 par Corneille Agrippa et reprise en 1531, dans les mêmes termes.

L'accession du Pays Messin au royaume de France amena, entre autres conséquences nécessaires, la prédominance du langage officiel sur le dialecte provincial; et de fait, la langue des deux chroniques que nous venons de citer ne ressemble guère au rude et savoureux idiome dont s'étaient servis les Jacomin Husson, les Jean Aubrion, les Philippe de Vigneulles. Mais, pour être relégué au rang de patois, le parler local ne vit pas sa sève se tarir; son génie continua à se manifester par de nombreuses productions, dont quelques-unes sont parvenues jusqu'à nous; il se manifeste principalement sous la forme de chansons et d'improvisations rimées (*daillemants*) qui occupent encore et réjouissent les longues heures des *crègnes* ou veillées d'hiver[1]. Il y a plus : les mesures rigoureuses prises par l'autorité allemande contre l'enseignement officiel de la langue française ont redonné par contre-coup une importance plus grande au patois[2],

mais cette fois contre Malines (*Aula Caesarea*), alors siège du gouvernement impérial aux Pays-Bas. Dans l'esprit de l'auteur, le terme *bonae litterae* s'applique à la théologie et surtout aux questions hétérodoxes, celui de *virtus* spécifie la liberté et la hardiesse d'esprit à traiter lesdites questions. Isolée du contexte et prise au sens purement littéral, cette célèbre apostrophe fit fortune auprès de maint historien, même et surtout en Lorraine, jusqu'à ce qu'un érudit messin eût rétabli la vérité des faits et donné l'interprétation historique de ces mots détournés de leur sens (Aug. Prost : *Les sciences et les arts occultes au* XVIe *siècle. Corneille Agrippa, sa vie et ses œuvres*. Paris, Champion, 1881-1882, 2 vol. in-8. — Les transformations successives de cette apostrophe sont étudiées, et les allusions auxquelles elle a donné lieu sont réfutées à l'appendice XV, à la fin du tome II).

1. J'ai recueilli environ deux cents de ces improvisations rustiques, tant dans les environs de Metz que dans les vallées de la Haute-Meuse et de la Haute-Moselle, au Roman-Pays et en Vôge; et j'ai pu ainsi m'assurer que, pour la forme et l'inspiration, les daillemants contemporains sont de tout point identiques à ceux que le Moyen-Age nous a transmis. Voy. dans *Mélusine*, I, col. 575-578, une série de trente-deux *daiemant* publiés d'après un ms. du XVe siècle.

2. Les journaux français de Metz contiennent souvent des récits et poésies en patois, qui ont pour auteur M. l'abbé Hubert Vion, connu déjà par des publications précédentes. — L'impression d'Almanachs en patois, interrompue depuis l'année 1854, a repris cours depuis 1876 par les soins de différents auteurs (*Petit almanach mosellan, français et patois lorrain*, Strasbourg, G. Fischbach; — *Lo pia Ermonèk loûrain, patoué et français pè Chan Heurlin* (Mlle Estre à Remilly), *ibid.*; — *Almanach du Messin*, 1890, Metz, Béha; — on peut y joindre un recueil intitulé *Lo Coudraïe pè Chan Heurlin*... S. l. n. d.

désormais unique truchement des indigènes au foyer domestique[1].

Remontant de la seconde moitié de ce siècle au XVIe, nous rencontrons successivement, parmi les productions du génie local, outre plusieurs éditions d'ouvrages anciens qui seront énumérés en leur place ; — les *Chants populaires messins recueillis dans le Val de Metz*, par Nérée Quépat (René Paquet de Hauteroche), Paris, 1870 ; — les *Chants populaires recueillis dans le Pays messin* par le comte de Puymaigre, Metz et Paris, 1865 ; seconde édition en deux volumes, Metz, Nancy et Paris, 1881 ; — un opuscule très rare : *Lo Nieu* (œuf) *de Jeument. Conte de Fauchoux requiet aivau les prés pet M. A[lbert] de La Fizelière*, Paris, Didot, 1857 ; in-8º, tiré à 12 ex. ; — des almanachs, comme *Le Lorrain peint par lui-même, almanach... curioux et emuzant, suivi d'un vocabulaire patois-français*, Metz, 1853, Lecouteux ; 1854, Lorette ; — les publications de M. l'abbé Hubert Vion, et principalement son *Valege en Angleterre à l'occasion de l'Espousition universelle de 1851 pè in afant de Noësfelle* (Noisseville), Metz, lith. Etienne ; auxquelles on peut joindre un opuscule de son frère, M. Michel Vion, intitulé : *Eune Lecture publique à Failly sheu les Keulos, è l'occasion d'eune distribution de prix, lo 3 septembre 1865, pè Michel Vion de Noësfel*. Impr. F. Bian (Blanc) roe don Palais, è Metz ; — les *Bucaliques messines, pièces queuriouses don tems pessé, don tems preusent, per D[idier] M[ory]*, Metz, 1829, Verronais. C'est un recueil de morceaux de divers genres, publiés à différentes dates (principalement dans le *Journal de la Moselle*, années 1814-1823), ou parus isolément, parmi lesquels une comédie en deux actes. — Le même Mory, sous le nom anagrammatisé de Romy, est l'auteur de *Lo p'tiat Ermonek messin*, pour les années 1817, 1818 et 1819, Metz, de l'impri-

(Strasbourg, Fischbach), in-8º, 16 pages, patois de Remilly. — M. Auricoste de Lazarque, à Retonfey, vient de donner, entre autres publications d'histoire locale : l'*Almanach folkloriste* (signe des temps !) *du Pays Messin*, et la *Cuisine messine*, 1890 ; Metz, Béha ; Paris, E. Rolland. La troisième partie de cet ouvrage est consacrée à la cuisine « folklorique » du Pays Messin.

Comme étude technique, je dois signaler l'ouvrage d'un professeur au lycée de Metz, L. Zéliqzon : *Lothringische Mundarten*, 1889, Metz, Scriba, qui contient, outre plusieurs contes, des chansons populaires et une série considérable de proverbes et de dictons ruraux.

1. Considéré sous un autre point de vue, l'usage du patois s'explique aisément par les avantages que l'idiome local offre aux indigènes dans leurs rapports mutuels, à l'encontre des occupants qui savent bien le français classique, mais non pas le patois.

m'reye de Lémout (Lamort) *qu'at beun' en vèye, que s'poute beun, que ne fat me paou è pechonne; et cheux D'villy* (Devilly).

Tout à la fin du xviii° siècle (1798) se place la date de la composition de l'*Histoire véritable de Vernier, maître tripier du Champé..., dialogue patois messin et français à cinq personnages*, par l'abbé Jeorgen, vicaire de la paroisse Saint-Eucaire de Metz, puis grand-chantre de la primatiale de Nancy. Ce poème, peu intéressant, a été publié par les soins de Lecouteux, chez Lorette, en 1844.

L'année 1787 vit apparaître le joyau de la littérature messine, l'admirable poème *Chan Heurlin*, œuvre de Brondex, rédacteur du *Journal de Metz*. Resté malheureusement interrompu au milieu du cinquième chant, et publié tel quel en 1787 par un ami et parent de l'auteur, M. Gaspard, sous le titre *Les Bruilles, poème patois messin* (48 pages, sans lieu ni date), il fut repris par Mory qui le termina et le publia chez Lamort, 1827. La fin du cinquième chant et les deux chants suivants sont loin de valoir les premiers, tant pour le fonds que pour la forme. — Plus tard, Mory y ajouta un complément intitulé : *Lo Betomme don pliat-fei de Chan Heurlin de Vreumin* (v° Devilly, 1834), suivi de quelques *Trimazos*. — Le poème de *Chan Heurlin* a été réimprimé plusieurs fois, sans changements. La sixième édition a paru en 1865, chez Lorette; son auteur, feu J.-B. Dams, a réédité les deux premiers chants avec certains caractères spéciaux en vue de « rendre la prononciation plus exacte en remplaçant les lettres qui ne se prononcent pas, ou lettres étymologiques ou euphoniques, par des lettres gothiques [1], etc. ». — En 1848, le libraire Lecouteux annonça une édition illustrée de gravures et vignettes, dont nous ne connaissons que le tirage des dessins sur grand papier.

Par la couleur vraie de ses tableaux, par la grâce et la finesse de ses descriptions, par la naïveté idyllique des scènes de la vie rurale à la fin du siècle dernier, le *Chan Heurlin* a conquis une popularité méritée qui n'est pas près de s'éteindre [2] (j'en ai entendu réciter des

---

1. Cf. du même auteur : *Remarques sur quelques valeurs phoniques du pays messin se rapportant au français*, Metz, 1861.
2. Dans la séance de l'Académie de Metz, du 27 décembre 1888, M. l'abbé Vion a lu des stances « è lè guioure de Brondex, l'auteur du poème *Chan Heurlin* »; cette composition est accompagnée de notes qui éclairent la biographie littéraire de Brondex et montrent les liens de famille qui rattachaient entre eux les auteurs et éditeurs des deux principaux poèmes patois, *Chan*

passages de longue haleine). Le deuxième chant surtout est quelque chose d'exquis.

Une autre production, qui jouit aussi d'une certaine vogue, est *Flippe Mitonno ou la Famille ridicule*, comédie satirique en cinq actes, imprimée en 1720, sous la fausse rubrique « Berlin, J. Toller ». Deux exemplaires de cette édition sont conservés à la Bibl. Nat., Réserve, Y 6209 et 6210; le premier porte à la fin plusieurs feuilles manuscrites contenant une appréciation de la pièce et la traduction du premier acte en prose française [1]. En 1848, le libraire Lecouteux publia une nouvelle édition format in-12, 96 pages, avec des variantes empruntées à trois copies manuscrites et augmentée de quelques chansons; il donna en même temps à 50 exemplaires une édition sur papier vélin, enrichie d'une notice bibliographique. — Certains bibliographes ont attribué cette comédie à Le Duchat ou à Ch. Ancillon; elle a pour auteurs le notaire Bouy et l'avocat Feticq [2].

En 1671 parut chez Nicolas Antoine, imprimeur de la Cour, le *Dialogue facétieux d'un Gentil-homme françois se complaignant de l'amour, et d'un Berger, qui le trouuant dans un Bocage, le reconforta parlant à luy en son patois, le tout fort plaisant*, 32 pages, in-16 oblong. — Autre édition de même format en 1675 chez Pierre Collignon. Ce rarissime livret était venu, par Chardin et Nodier, en la possession d'un bibliophile messin, feu G. Chartener, qui le fit réimprimer, en la forme de l'original, à 42 ex.; Metz, 1847, Lecouteux. — La graphie de la partie

Heurlin et *Flippe Mitonno* dont il va être question. — La vogue du *Chan Heurlin* est si bien établie qu'il a eu les honneurs d'une traduction dans un patois voisin. Cette adaptation, très légèrement diversifiée du texte primitif, porte pour titre le nom de l'héroïne du poème : *Let Fanchon Peurlin de Modin, traduction modifiée par Félix Th....* Nancy, Lorette, 1885. — *Modin*, Moyen-sur-Meurthe, arrond. de Lunéville.

1. La notation phonétique de *Flippe Mitonno* est de haute fantaisie. L'éditeur des *Chroniques messines*, J. Huguenin, tenta de la reconstituer sur des bases plus rationnelles, dans l'intention sans doute de donner de l'ouvrage une édition moins incorrecte; mais cet essai, scientifiquement conçu, s'arrête aussi avec le premier acte. Resté manuscrit, il est venu en ma possession.

2. Pour plus de détails, voy. la *Notice bibliographique et littéraire* placée en tête de l'édition de 1848. — Gustave Brunet, l'un de ceux qui tiennent pour Le Duchat, a reproduit le début de la *Famille ridicule* aux pages 174 et 175 du Recueil cité plus loin; il a donné aussi une partie de la 5e scène du IVe acte dans son édition de la *Grosse Enwaraye*, pp. 13 et 14.

écrite en patois est bien supérieure à celle de *Flippe Mitonno*. — G. Brunet, qui n'a pas connu l'édition de 1671, cite quelques vers du *Dialogue facétieux* d'après l'édition de 1675, dans un *Recueil d'opuscules et de fragments en vers patois*, p. 165.

C'est aussi à la langue du milieu du xviie siècle qu'appartient le *Dialogue de Thoinette et d'Alizon*. Du cabinet de Paul Ferry, si riche en monuments de l'histoire locale, ce petit manuscrit était passé dans ceux de Ferry de Talange et du comte Emmery, pour venir aux mains du libraire Lecouteux, qui en donna communication à M. A. de La Fizelière. Publié par ce bibliophile avec introduction et glossaire, en 1856, et tiré à 65 exemplaires sur papier vergé, plus 10 exemplaires sur chine, le *Dialogue de Thoinette et d'Alizon* me paraît reproduire plutôt les caractères du patois barrisien que ceux de l'idiome de Metz. La scène du récit se place pour partie à Menaucourt, près de Ligny en Barrois (arrondissement de Bar-le-Duc), où Alizon était allée consulter « un grand medecin du Roy » vulgo un charlatan, sur la maladie de sa sœur. — Les auteurs de *Flippe Mitonno* ont connu le ms. du *Dialogue*, auquel le passage suivant fait une claire allusion, restée inaperçue jusqu'ici :... « Coujanne vasset let Mere | Et natte jaly Bacelle..... | Car « si culle m'entendeu, eulle mo pourreu hoûet; | Roûateu comme « elle s'en vient en contant ses pessayes | Ne dirinve-met aoûet *Aljou* « *let desolaye* » (Acte I, scène 9, derniers vers).

Avec la *Grosse Enwaraye* nous arrivons au poème qui fait l'objet principal de cette étude [1].

Bien qu'imprimé quatre fois, le poème de la *Grosse Enwaraye* n'a jamais été populaire. Le titre même en est obscur, le style lourd, et l'ordonnance peu suivie, mais la langue et le vocabulaire offrent un

---

1. Il n'entrait pas dans le plan de ce travail d'établir la bibliographie complète et détaillée de la littérature patoise à Metz : ce pour quoi le temps et la place me faisaient également défaut. Je n'ai prétendu qu'à en tracer une légère esquisse, d'après les seuls matériaux que j'ai en ma possession, laissant systématiquement de côté les ouvrages de lexicographie sur lesquels je reviendrai plus loin. — G. Brunet a donné, à la suite de son édition de la *Grosse Enwaraye*, une liste à peu près complète, pour le temps, des ouvrages écrits en patois de Metz. Cette nomenclature a été reproduite presque sans changements par Devilly dans la revue l'*Austrasie*, t. IX (nouvelle série, t. IV), année 1841. — En 1844, le libraire Lorette annonça, comme étant sous presse, une *Notice bibliographique et littéraire sur les ouvrages écrits et publiés en patois de la Lorraine et du Pays Messin*, qui n'a pas paru.

grand intérêt ; et, d'autre part, il présente un curieux tableau des mœurs et coutumes rurales au commencement du xvii⁰ siècle. Si l'exactitude va jusqu'à la crudité dans les termes, toutefois le sentiment ne s'abaisse pas à la grivoiserie : sa grossièreté même le sauve de l'obscénité. Et d'ailleurs l'intelligence en est trop malaisée pour offrir ce genre de plaisir que recherche le lecteur ou l'auditeur de la littérature dite « gauloise ».

Ce monologue, en forme de pastorale, compte 185 vers, octosyllabiques, rimant deux à deux, mais sans succession régulière de la rime masculine à la féminine ou inversement. Les huit premiers vers assonent sur les désinences *-aye -alle* ; ils constituent un *prœmium*, une sorte d'invocation ou plutôt de salutation ; et le poème commence, à vrai dire, avec le vers 9 qui roule sur la même rime *-alle* que le vers précédent : ce qui explique le nombre impair des vers de la pièce dans son ensemble.

Elle parut pour la première fois en 1615, et c'est ainsi la plus ancienne poésie en patois messin qui ait été livrée à l'impression. Voici la disposition du titre dans l'édition princeps : LA GROSSE || ENWARAYE || MESSINE || OV || Devis amoureux d'vn gros || vertugoy de village a sa || mieux aymée Vazenatte || *Escript en vray langage du haut* || *pays Messin* — Bois gravé — *à Metz par le jeune A. Fabert* || 1615. 16 pages, petit format.

La seconde édition, sortie en 1634 *chez Jean Anthoine, imprimeur juré de Monseigneur l'Evesque*, compte 17 pages de même format ; la différence provient de ce que cette édition contient, de plus que la première, un bois gravé au verso du titre et un autre bois à la fin du poème. Dans l'une et l'autre édition, la *Grosse Enwaraye* est suivie d'une *Fable recreatifue* sur laquelle je reviendrai plus bas. Ces deux plaquettes sont cotées à la Bibliothèque Nationale, fonds de la Réserve, Y † 6206 p. f. et 6206 (anc. X 2416) ; elles sont de toute rareté et n'existent pas à la bibliothèque de la ville de Metz.

L'auteur du *Manuel du Libraire* signale les deux éditions dans ses *Nouvelles recherches bibliographiques*, t. II, p. 118. Sa notice peu exacte a été amendée dans la nouvelle édition du *Manuel* (1861, t. II, col. 1764), qui laisse cependant subsister deux grossières fautes dans le titre de l'ouvrage et le nom de l'imprimeur : *La Grosse Enuvaraye .....Metz. Abr. Fabrel.*

La *Grosse Enwaraye* ne fut pas réimprimée pendant plus de deux siècles. En 1840, au mois d'août (cette date figure avec les initiales du nom de l'éditeur en bas de la page 25, avant les Appendices), Gustave Brunet réédita ce poème ainsi que la *Fable*, et les fit suivre de divers extraits d'autres compositions patoises et de l'essai bibliographique dont nous avons parlé. Cette réimpression, tirée à 70 exemplaires (dont quelques-uns sur papier rose), parut chez Techener, s. d. Elle n'est pas toujours correcte, et maintes fautes d'impression y viennent encore aggraver la difficulté d'un texte déjà fort malaisé à entendre.

Aussitôt après son apparition, Devilly, libraire à Metz, s'en empara pour la reproduire dans l'*Austrasie*, année 1841, pages 341 et suiv., avec une hâte et une insuffisance telles que, aux fautes du premier éditeur, vinrent s'en ajouter de nouvelles au nombre de près de cent, pour moins de 220 vers — y compris la *Fable*! Et c'est ainsi que les Messins eurent connaissance de la première production poétique de leur patois. Heureusement, le *Chan Heurlin* était là; il suffit à l'honneur de l'idiome local, et il peut prendre en toute justice pour devise le vers par lequel il caractérise son héroïne :

..... *I n'evint (Chan Heurlin et set fomme Ginon) qu'ein affant ;*
Mà quel affant, grand Dieu ! l'en valeut beun in cent !

ÉTUDE DU TEXTE

Il a été dit plus haut que l'intérêt principal des textes, ici publiés, réside dans leur constitution morphologique; car, si la *Grosse Enwaraye* n'est pas d'essence populaire, du moins la grammaire et sa syntaxe appartiennent absolument au fonds local, et reproduisent très exactement, dans ce qu'ils ont de plus intime, les traits caractéristiques du patois d'alors. La même observation s'applique à nos deux autres textes. Nous ne ferons qu'une seule différence « théorique » entre la *Fiauve* et la *Charte* de 1412, d'une part, et la *Grosse Enwaraye*, d'autre part : c'est que celle-ci représente plutôt le langage parlé sur la rive gauche de la Moselle en aval de Metz, tandis que celles-là reproduisent de préférence l'idiome messin proprement dit en usage dans le pays d'Entre-Deux-Yawes, à savoir la ville de Metz et la région comprise entre la Moselle et la Seille. Mais cette différence ne porte que sur quelques mots du vocabulaire, elle est purement lexicologique. Une fois constatée, il n'y a pas à en tenir autrement compte dans l'étude morphologique de ces textes, que nous allons exposer sommairement. Cette étude sera d'autant plus brève qu'elle prend pour point de départ et comme terme de comparaison le français contemporain (xve-xvie siècles); ce qui nous permettra d'éliminer d'un coup toute forme identique à la fois dans nos textes et dans la langue commune. A cette époque et pour des textes de ce genre, aucune modalité de quantité ou d'accent ne vient plus différencier le traitement des voyelles : longue ou brève, pure ou entravée, tonique ou atone, chaque voyelle en est arrivée à un étiage unique.

I. — DÉRIVATION

§ 1. — VOYELLES

[OBSERVATION GÉNÉRALE : Dans les citations, le chiffre arabe renvoie à la *Grosse Enwaraye*, le chiffre italique à la *Fiauve*, et les lettres *A* ou *B* à la *Charte des Caiviers*.]

A — devient généralement *ai*, même dans les particules enclytiques : *ai lai. ay lay.* 5, 30. *lai sai* A B. *aivau aimon* 54. *Robuite 1*, et tous les noms propres en *ard* (A B) où la chute de *r* a facilité d'autant la diphtongaison : *Peirais Recais* (Richard, Ricard), *Boicas* et *Boicais* (Bouchard, Bocard), *Haicais* (Hacard, Hécard), *Mailais* (Maillard, Malart)..., auxquels on peut ajouter *Wailaime* (= Guillaume par la forme dialectale *Willame*). *daime* B. *waisdeis* B « garder ». *aicor* A B.

La graphie *ai*, qui n'a plus d'une diphtongue que la forme, se résout souvent en *é* : la prép. *par* A B est notée *per* 173, et plus souvent *pé* 12, 37, etc.; de même *plé* 20. *lé* 121. *dré* 136. *merièpe* 112. *linège* 113. — Les deux notations peuvent, d'ailleurs, se rencontrer à côté l'une de l'autre et même dans l'intérieur d'un seul mot : *aiteschai* 6. *m'emmeraite saivette* 160. *s'aicordont a ellornont* A B. Au vers 5, *et ai* représentent *à* prép. et adv.

A l'ind. prés. de « avoir » et aux futur et parfait des verbes de la première conjug., 2ᵉ et 3ᵉ pers. sg., la désin. *as-a* est rendue une seule fois par *ai* : *emmerai[s]* 160, et dans tous les autres cas par *é* : *veuré* 42. *et* 43, 75. *erét* 103. *ayré* 137. *deginét* 3. *reclemét* 11. *dotét* 12. — La désinence *-ait-eit*, si fréquente et si caractéristique dans les documents du haut Moyen Age, fait ici totalement défaut, sauf un cas unique dans A : *aait ail*, « il a eu, » et p.-ê. aussi *allé 1*, dial. « allait, alleit », fr. « alla ».

E — ouvert ou fermé est normalement noté *a : clat* 10. *latte* 9, 36. *valat* 12, 48. *mat* 42. *trabien* 61 (en regard de *trely* 6 et passim. *trebeun* 3). *wa* 89. *chaty* 117. *preumat premat* 126, 173. *patte patté* 146, 147. *acris* A B. *at* 3ᵉ pers. sg. de « être » 117, 119 et dans l'expression interrogative *nam* 176 (= n'a m', n'est-ce-mie). — La conjonction « et » est notée quelquefois *a* dans la Charte de 1412 : vairont *a* oront. Collignon *a* Peireson... s'aicordont *a* ettornont... beins *a* laiamant; mais plus souvent *et* persiste. — Les deux notations coexistent pour le même mot : *ettoie atoie*, « estoient » A B.

— *é* désin. du participe passé de la 1ʳᵉ conjug. devient *ai* : *aiteschai* 6. Le fém, *-ée* (participe et substantif) = *aye* : *peraye* 3. *ertonaye* 46. *metenaye* 90. *frataye* 91. *malaye* 10. *eppaye* 14. *anaie* B. Exception unique, *bochée* 109, exigée par la rime.

— *et* -ette, -elle désin. diminutives s'aggravent en *-at ate*, *ale* : *Hanriat Bronvat* A B. *medjallatte* 2, 8. *ninatte* 6. *bal[le]* 9. *nujatte* 31. *blasse* (fr. blet-te) 32, 94. *Kalatte* 37. le pronom *ale alle* 53, 55 « elles », en regard de *el* 38, 40 « elle »; *demejaie* 72 (demoiselle). *grignat* 160. L'évolution qui a amené ce son *â* (= fr. è) à celui de *ô* dans le patois actuel : *nuhote byosse dieumehole......* n'est pas encore sensible dans nos textes.

Dans les particules enclytiques ou à la syllabe posttonique, *e* sourd ou féminin a un son indistinct et fluctuant que nos textes ont essayé de rendre par divers caractères : — *o* dans *so* 60, 149, « ce se »; les pronoms personnels *jo mo* 69, 80, 174, 184. *to* 126, 133, 173, 185, « te » (mais « toi » est rendu par *té* 131); *lo* 158; — *eu* : *keu* 33, 110. *ceu* 125. *neu* 128; — *ei* : *saicheis* A B « sachent »; — *i* : *si* 15 « ces ». Pour plus de détail, cf. les nombreux exemples analogues que j'ai relevés dans *Romania*, I 335, II 245 et ss., 258-9, V 321 et ss.

Dans *aiveu* 9 « avez », *eu* représente la désin. *oi* fréquente surtout au futur, comme *auroiz*, *diroiz*, *feroiz*, 2ᵉ personne du pluriel ; cf. ci-dessous au § des Diphtongues.

I — tonique persiste généralement ; il n'y a qu'un très petit nombre d'exceptions à signaler : *fay* 129, au patois actuel *fei fè*, « fils » ; mais je doute que ce soit bien la signification de ce mot (voy. au Commentaire) ; *melle* 64. *derre* 76 « dire ».

Le pronom « il » reste *i y* au masc. des deux nombres, 15, 102, 134, 146, 153...; une fois *el* 165 ; — au neutre *el* : *qu'el y fayeu bé* 59. *elliet* 75. *ellierét* 103.

I atone, s'atténue en *e* : « pisser = pecher p'cher », d'où à la 3ᵉ pers. pl. de l'ind. pr. *peuche*[nt] 107.

Dans la syllabe accentuée, *i* est très souvent infecté d'une résonance nasale *in ing* ; cet accident est étudié plus bas.

O. — Il a été dit, page 340, que l'évolution suivant la gamme *e a o* n'est pas encore accomplie à l'époque de nos textes ; il n'en est pas de même pour la gradation inverse, et de nombreux exemples montrent que le son *o* est déjà fondu en celui de *a = à*, même et surtout à la syllabe tonique : *flat* 11. *jalletri* 22. *kam* 28, 52, 178. *jaly* 43, 144. *mat* 43, 176. *sat* 71. *perale* 74. *daranavant* 80. *tratté* 8. *guerat* 12.

Les pronoms et adjectifs possessifs sont notés : *na* 131. *nat* 95, 130. *vat' vate* 41, 85 ; l'adv. « encore » est devenu, par la chute du *r*, *ika inqua*, qui a reçu la diphtongaison (*ai é*) comme si l'*a* était d'origine : *inquay inquet inqué* 138, 141, 164.

Dans A B, *o* accentué ou enclitique a pris le son *oi* : *toite* « toute, tote », *joir* « jour, jor », et les articles *doi dois*, *loi* « du, le », anciennement *lo lou*, *do dou*, et actuellement *lon don* avec l'infection nasale ; et encore des formes comme *Boicais* « Bouchard, Bocard », *Roise* « rouge, rose (?) » — L'accent portait encore sur le premier élément du groupe, *oi* sonnant *òi* ; c'est ce que démontre *conçol* en regard de *consoil* « conseil ».

U — s'est atténué en *i y* : *picelle* 51. *Jesiralem* 2. *deginet* 3. —

même à la syllabe accentuée : *aiy* 17 « ehu eü ». *si sy* 18, 86 « sur ». *pi py* 3, 40, 51, 21. *jalletri* 22. *maleschtry*, fém. *malestrite*, 23, 119 « malastruc, malotru ». *ki ky* 25, 62, 165. *Jesi* 77, 11. *ry* 86. *prine* 94. *vely* 165. *ny* 170 « nu ». *vy* 170. *by* 4 « but ». *dry* 16. — D'autres exemples de ce traitement seront relevés aux §§ des Voyelles nasales et de la Diphtongue *ui*.

Dans A, *u* reste pur : *nu* « nul », et *aü* part. p. de « avoir », dont le rapprochement avec *aiy* 17 forme un contraste typique.

Le pronom « tu », enclytique, s'affaiblit en *te* 42, 136, 160, 163, 175.

Même traitement pour *u* atone : *mezé* 178.

La désin. féminine -*ile* devient -*aïle* -*awe* : *drawe* 7 (fém. de *dry* 16). *messaïle* 13, auxquels on peut joindre *baïle* 86. *kaïle* 87 ; — toutefois *maleschtry* donne au fém. *malestrite* 119, mais ce mot peut être regardé comme d'origine savante et, par ainsi, soustrait à l'influence du génie populaire, qui a même fait passer le son *awe* en celui de *owe* : *cowe bowe cherrowe*, etc.

§ 2. — DIPHTONGUES

AI — a maintenu la prononciation intensive, c'est-à-dire avec l'accent portant sur *a*, si bien que des deux éléments constitutifs de la diphtongue, le premier a éliminé le second : $a + i = ái$ puis *a* : *plagi* 98. *ma*, *make* 99, 135. *mare* 117. inf. *fare* 10. *brare* 123 ; ind. pr. 1ᵒ pers. sg. de « avoir », *a* 80, 168, et au futur : *moinra* 101. *sayra* 111. *ayra* 112. *vora* 118, 122. *pora* 123.

La *Fiauve*, qui a ses trentre-quatre vers assonancés en *a...e*, offre plusieurs exemples, à la rime, de la crase d'*ái* en *a* : *mate* 19. *maque* 26. *fate* 28, 34. *retrate* 29. Un seul vers donne *ai* au lieu de *a* : *Robaite* 1 ; mais dans ce mot précisément, la dipht. est d'origine dialectale, provenant d'un *a* pur (Robastre), d'où découle *a fortiori* la prononc. intensive *Robate Robáite*.

La *Charte* offre toujours *ai*, sans distinguer entre les cas où la dipht. est d'origine romane et ceux où elle appartient proprement au dialecte ; tels sont d'une part : *maiste* « maître », *feis* « faire », *mai* « mais... que », *fait* ; et d'autre part : *caiveir*,

Leinais, *Peirais* (Linard, Perrard) et les autres noms propres relevés plus haut, page 339.

AU (AL) — se résout normalement en *a* long : *laiamant* A.

EI — subissant la loi générale du dialecte messin, est noté *ai* : *vaille* 13.

EL (EAU) — est toujours réduit à *é* : *bé* 5, 11, 35, 59, 7. *nevé* 92. *mezé* 178. *waté* 3. *Waiteré* A B. — C'est là l'un des trois ou quatre caractères les plus distinctifs du dialecte lorrain, l'un de ceux qui le font reconnaître au premier coup d'œil par opposition au dialecte voisin de Bourgogne qui s'épanouit en *eà ià* : *beà bià muzià guétià*.

EU — répondant au fr. *eu* (= lat. *ō*), est toujours assourdi au son *-ou*, ce qui revient à dire que notre dialecte a maintenu la consonne d'origine : *Chignou* 24. *rignou* 25. *lou* 48. *aillou* 154. *meillou* 155. *sou* 176, 17 « seul ». *taynou* 1. *hidou* 22. *emperou* 31.

-ou est aussi la transcription du fr. *-eu* provenant d'autre source que lat. *ō* : *chawou* 4 « cheveux ». *dou* 131, 138 « deux ». *sou* 110, 5 « ceux ».

Au lieu de *-ou*, les textes plus anciens donnent aussi fréquemment *-o* pur, par ex. : *Candoilor sous* et *ços* « ceux » A.

Le pron. 3ᵉ pers. pl. *zous* masc. (*zales* fém.) représente fr. « eux elles » avec *z* prosthétique; *zous* a développé l'adj. *zou*, *zout* devant une voyelle, = « leur », dont un exemple dans la formule imprécatoire *zou fieuve*! 101. — De *zous* procède encore le sg. *zu* 157 « lui ».

Le fém. *-eue* est rendu par *-aue awe* : *kaue* 87 (auj. *cowe* = coue). Voir sous U.

IEU — se réduit au son *u* : *melu* 54 « milieu ». *Du* 59, 88, 179, 181, et le comp. *Edu* 81. — Puis *u* s'atténue en *i* comme s'il était d'origine : *di* dans l'interj. *padi pady* 124, 156, 162.

IÉ, IÈ — Cette dipht. se réduit en un caractère unique qui est tantôt *é*, tantôt *i*; on a ainsi, d'une part : *perré* 106. *chée* 108. *prée* 127. avec *é* ouvert, au moins à l'origine, comme le démontrent les formes *preye* 36. *mestei anteiremant* AB; — et d'autre part : *chenevire* 85. *ancin* 97. *magire* 104. *premin* 134. *moti* 31. — On retrouvera quelques uns de ces exemples au § des Voyelles nasales.

Devant les labiales -*ie* s'élargit en -*ieu* : *chieuve* 100. *fieuve* 101, 153. — Mais ces distinctions sont depuis longtemps effacées dans le patois, qui ne fait plus entendre que le seul son *i*.

OI — devient normalement *eu* : *reu* 30, 46, 29, 31. *Ponteu* 57. *angueuche* 106, 147. *dreu* 28. — La prononc. de cette dipht. *eu* se rapprochait du son *u*, d'où les formes comme *nujatte* 31. *melu* 55 « miroir », en patois de la Meurthe *mereu*.

-*eu* est la désin. de l'infinitif des verbes en -*oir* : *veu* 35, 128, (d'où *veuré veuront*..... 42, 121). C'est aussi celle du subj. sg. de « être » : *seut seu* 153, 156, et du sing. de l'imparfait et condit. à toutes les conjugaisons : *anvaeu* 11. *ateu atteue* 14, 67, 151, 7, 27, 32. *poteu* 16. *ayveu* 34. *fayeu* 35, 21. *rouateu* 56. *poideue poideu* 65, 68. *monneue* 66. *serreu* 128. *veureu* 132. *rayeut* 14. *fiereu* 16 etc. — Cette transformation n'était pas encore accomplie au XVᵉ siècle, puisqu'on relève dans AB les formes suivantes : *deie doit*, *coureis*, *perdoiroi*, *avoir avoit*, *Fontois*, *ettoie atoie*, *aroit*.

Un cas intéressant à signaler est la présence de ce même *eu* à la 2ᵉ pers. pl. du présent indicatif et impératif : *aiveu* 9 « avez » est le représentant de l'archaïque *avois*; et de même *fayeu* 37 (qu'il ne faut pas confondre avec *fayeu* 35, 21 « fesait ») reste comme témoin de la forme analogique « fesez », dial. « fesois », formée sur la 1ʳᵉ pers. « fesons ». — C'est l'un des exemples les plus frappants de l'influence analogique sur l'ensemble de la conjugaison, que le génie populaire a remaniée et identifiée; (comp. le fr. « faisons faites font; disons dites disent » et le bourg. « fyon fyé fyan; dyon dyé dyan »).

Un seul mot fait exception à l'équivalence du fr. *oi* = messin *eu* : *connat* 39, 113, sans doute par influence de l'inf. *conâte*.

-*oi* persiste avec valeur intensive (*ôi*) dans *Antone* 169.

OU — dipht. purement graphique, est remplacé par *o* simple : *jo* 57, 81, 185 « jour ». *amo* 44 « amour. » *to* 45 « tour ». *to*

25, 27, 58 « tout ». *co ko* 126, *17* « coup ». *por* A etc.; — lequel *o* reçoit la dipht. dans *roise* A B « rouge (?) ».

Les articles et pronoms offrent indistinctement les deux formes *lou* et *lo*, *dou* et *do*, *tou* et *to*, avec tendance à évincer la première pour la seconde, ce qui a facilité l'envahissement du son nasal *lon don* dans le patois actuel.

UI — devient simplement *u* : *ut* A, et plus souvent *i* : *trety* 6, 44; 141, *20, 32*. le pronom *ly* 145, 164. « sui » 1ʳᵉ pers. sg. ind. pr. de « estre » se rencontre avec une double graphie : *su* 71. *si* 144, 155, qui au fond ne constitue qu'une seule et même prononciation; voy. à l'article de la voyelle U.

§ 3. — VOYELLES NASALES

Un fait commun à toutes les voyelles de cet ordre est l'intercalation de *i* entre la voyelle pure et la nasale. Cette épenthèse affecte tous les parlers du domaine nord-oriental : Wallonie, Lorraine, Bourgogne. De cette résonnance particulière, comparable à l'anusvara sanskrit, j'ai relevé de nombreux exemples ailleurs (*Romania* II, 258 et ss., *Guerre de Metz*, 441 et ss.). Je me bornerai ici à signaler les formes offertes par nos textes :

fr. *un* = *uin* qui se réduit en *in* (*en*) (cf. ci-dessus UI) : *in* 77, 176, 177, *7, 10*. *ink* 22 « un ung »; *en* 171; son composé *cheken chekin chaikin* 56, 76, *24*. Au fém. *eune* 100, *4, 14*.

Au vers 80 *kinde* ne doit pas être regardé comme une faute d'impression pour *kuide* de « cuidier »; en effet, le son nasal *in* est assuré par la transcription analogue *koinde* 133, 164.

Les ex. de *i* pur nasalisé sont fréquents, même dans les mots à désin. féminine : *premin* 135 « promis ». *min* 141. *min* 113, 158, abréviation de *mâmi* « grand-mère ». *emin* 140 « amie ». *ellemin*. 9 « ennemi ». — Cette résonnance, qui s'est de plus en plus développée avec le temps, affecte même la dipht. *ié*, dans laquelle le premier élément a complètement évincé le second, de sorte que *ié* = *ie* = *i* = *in* : *premin* 126, 134 « premier ». *moti 31* « moustier ».

et inversement : *Magie 1* « Mangin[1] ». — et de même au plur. de l'imparfait et du conditionnel : *monin* 29 etc. Voir à la CONJUGAISON.

En cette valeur, la nasale n'a d'autre effet que de donner à la voyelle un son prolongé et comme mouillé ; par là s'explique la chute de *n*, non seulement après *i* comme dans *moti Magie* (et dans des textes plus anciens *Martis Simonis Awrowis eschevig*...), mais encore après toute autre voyelle : *ka* 70, *1*. *Magie 1*. les possessifs *mo* 114, 116. *to* 58, 178, 188... Par contre, on a vu l'art. *lou lo*, *dou do* recevoir le son nasal : *lon don* 47, *4 ;* — *ion* 147 et *ton* 171 équivalent à « je le, tu le » devenus successivement « jel tel-jeu... jou... jon ». Pour terminer ce §, signalons *boin 4* « bon » et *beun* 113, 171, *3*, *10*, en regard de *bien* 104, 166.

-*on* passe au son *an* : *en* 121 « on » pronom, et la 1ʳᵉ pers. pl. de l'indic. présent et du futur : *riran* 83. *dansran* 104. *ayran* 124. *evan* 128. *santan* 157.

§ 4. — CONSONNES

a) *Consonnes simples.*

Gutturales. — Les mots qui en français ont *gu* provenant de *w* germanique, gardent dans nos textes le *w* soit dans sa forme pure, soit dans son équivalent phonique *ou* : *rouateu* 56, 61, *rauateu* 147, *rouate* 5, de « regarder ». *wa* 89 « guères ». *waignié* 102. *woit-e* 159, 160, 166. *waté 3* « gâteaux ». *wade* 24 « garde »; et dans A B : *Waiteré* « Gauterel ». *Wailaime* « Guillaume ». *waisdeis* « garder ».

Le même phonème *ou* s'introduit après la gutturale *q*, comme dans *kouete* 22 *kouaite* 17 « quatre ». *koinze coynze* 81, 175, 28. *koinde coinde* 133, 164, 174 v. fr. « cuide ». *kouate* 4 « quarte ».

Sifflantes. — On sait que, dans la langue de Metz, la sifflante est remplacée par une aspirée, dont la graphie varie suivant les temps : les chartes anciennes offrent généralement *x* « maixon,

---

1. Pour l'étude détaillée de cet accident de langage, commun aussi au dialecte wallon (cf. le nom de lieu *Malmedy* pour *Malmendier*, lat. *Malmundarium*), on me permettra de renvoyer au *Bulletin de la Société de Linguistique, 1890-91.*

domexale) et cette notation se retrouve encore dans *raixou* A ;
plus tard on voit apparaître *ch*, *j* ; et le patois moderne emploie
plus volontiers *rh* ou *h'h*, pour représenter ces deux espèces d'aspirations que l'alphabet français ne peut noter [1]. Placés à l'étage intermédiaire, les textes du xvii⁰ siècle emploient les signes *ch* et *j*,
dont le premier semble spécialement affecté à *s* dur, et le second
à *s* doux ou intervocal. C'est ainsi qu'on a d'une part *ch* en
valeur de *s* initial : *Chignou* 26 ; — de *s* (*x*) final ou *ss* en syllabe
féminine posttonique : *pache* 79, 28. *angueuche* 106, 142, et les
formes verbales : *euche* 18, 19, 21, d'où à la 1ʳᵉ pers. pl. *euchin*
130. *peuche* 82 « puisse ». *peneuche* 98 « prisse, prît, littér.
prenoisse ». *peuche* 107 « pissent » ; — de *r* + *s* : *Kochelle* 14
« Courcelles ». *fochelle* 15. *guaichon* 34. *mechire* 105. *pechonne* 128.
— *kieuche* 27 « cœur » (et non « corps » ni « cuisse », ainsi
qu'on me l'avait d'abord indiqué) [2]. *vache* 58 « vert ». — Dans
ces deux derniers ex., *ch* représente *s* final caractéristique du cas
sujet, *cuers vers* ; c'est un témoin de l'ancienne flexion casuelle.
Voy. plus bas Déclinaison.

D'autre part, *s* doux intervocal = *z* est fortement aspiré
en *j* : *nujatte* 31. *demejale* 72. *plagi* 98. *leugi* 99. *majire* 104.
bage 127 (mais *baich* dans *baichaire* 177). *guige* 184. *grige* 185 ;

1. Pour plus de détails, cf. *Guerre de Metz*, étude du texte, pp. 446-7.
2. Cette erreur d'interprétation provient de ce que le son aspiré ne se fait
plus entendre dans le mot « cœur », et cela, vraisemblablement, dès la fin du
xvii⁰ siècle. En effet, la forme *kieur quieur* est la seule qui se présente p. ex.
dans *Flippe Mitonno*, : *kieur pu duche que don fe* (acte III, scène 3), dans
Chan Heurlin et l'*Histoire véritable de Vernier*, où *kieur* désigne aussi un
« chœur » d'église ; dans les *Bucaliques messines* (1829) et autres productions
plus modernes ; enfin *kœur kyeur* sont donnés, sous une notation appropriée,
comme la prononciation actuelle par L. Zéliqzon : *Lothringische Mundarten*,
§ 41, et au Glossaire. — Le dernier témoin, à Metz, de la prononciation aspirée
dans ce mot est un texte imprimé en 1671 : *Dialogve facétievx*... où notre *kieuche*
revêt la forme *cuse* : *Ma mie, ma mou, mon cuse, ma grosse Zablon*, — *Esdey* (a
Dieu) *te comman lou cuse me fen* (pp. 24 et 32 de la réimpression de 1847).

D'autre part, le son aspiré *cuche* est encore celui de la Haute-Lorraine, pays
de Toul et région de la Vôge. J'en rencontre des exemples dans un livret populaire souvent réimprimé en ces derniers temps ; tel ce vers : *Jaxu, ja la (sic)
cuche transi ; La pute gens que vaci, qui nous eproche !* (et de même *Cheignou* =

tous mots où l'aspiration semble s'être encore renforcée dans le patois actuel, qui écrit *nuhhote, dieumehh'ole, grihh.* — La seule exception est celle de *mezé* 178 « museau, bouche ». Si ce n'est pas une simple faute d'impression, on peut voir dans ce mot une importation analogue à celle qui a réintroduit la forme *dmoinzelle* en opposition à *demejale dieumehole.*

A l'imparf. et à l'impér. de « faire », l'aspiration intervocale est notée par le yot, y = j : *fayeu* 35, 21 « faisait » et *fayeu* 31 « faisez »[1].

Labiales. — Rien à signaler que la notation du *v* de « cheveux » par *w* dans *chawou* 5, auj. aussi *chawés* (*Chan Heurlin*); et la permutation de *b* en *v* dans la désin. de l'imparf. (lat. *-ába-lba*) : *conreive* A *avenive* B.

Le verbe « voir » se trouve souvent noté par *w* initial, et c'est sans doute par l'impér. « vois » qu'il faut interpréter *woy* 179; cf. au COMMENTAIRE.

Liquides. — Permutation de *r* en *l* : *melu* 55 « miroir ». — La même consonne tombe à l'intérieur du mot entre deux voyelles : *dayet* 2 « derrière », et en syllabe finale : *amo* 34. *to* 35. *jo* 57, 60, 175. *wa* 89 « guères ». *fo* 123, 168, 9. *fè* 13. C'est là un accident commun à tout langage populaire; mais un fait particulier au dialecte messin (et lorrain en général), c'est le traitement du groupe *rs* : *r* tombe, et *s* devenu intervocal s'aspire en

---

Chignou de la *Grosse Enwaraye; Chire* « Sire »). Cf. *La grande Bible des Noels*, Pont-à-Mousson, s. d. (XVIIIe s.) chez François Denys Thierry; cantique intitulé : *Dialogue entre les Rois et les Bergers, en langue française et vosgienne.* — Une édition moderne de ce même recueil, avec le titre suivant : *Noels et Cantiques nouveaux sur la naissance de N. S. J. C.*, Toul, J. Carré, 1827, remplace le terme « langue vosgienne » par celui de « patois lorrain ». La citation de *cuche* s'y trouve à la page 3. — Autre édition récente : *L'Almanach des Cantiques de Noel*, Nancy, s. d., [1862] Hinzelin. — Autre : *Noels anciens et nouveaux. Echo des Montagnes de Bethléem*, ibid., ibid. La reproduction de l'édition de Toul y commence à la page 17; le Dialogue en langue française et patois lorrain figure à la page 20. — Les mêmes recueils donnent aussi *cueuche* et *cenche* « cœur ».

1. Pour l'explication historique de cette dernière forme, voy. ci-dessus au § des Dipht., art. OI.

ch; on a ainsi *kochelle* 14, pat. actuel *kch'el*..., cf. les ex. rapportés pp. 347, 350 et 352.

Nasales. — La nasale dentale affecte les voyelles en différentes façons qui sont expliquées (pages 345 et 351). Considéré comme pure consonne, *n* permute en *l* : *jaille* « jeune, pat. *jane* » 50, 97, où le sens est assuré, et sans doute aussi 164 ; quant à *pajaille* 165, la signification de ce mot m'échappe.

Dentales. — La mutation insolite de *d* en *z* : *Mazelaine* 13 est peut-être amenée par le voisinage de *medjaleine* 12. La forme populaire de « Madeleine » est *Maguelône* (*Chan Heurlin*, I, début). On peut rapprocher *Gieu* dans l'expression *pust a Gieu* « plût à Dieu » (*Dialogue de Thoinette et d'Alizon*, p. 18), et les formes de jurons où « Dieu » est devenu *guieu gueu*, *goy*.

b) *Consonnes groupées et adventices.*

Sous cette rubrique, je range les modifications opérées dans le corps des mots, soit par la chute ou l'amuïssement des consonnes étymologiques, soit par l'accession de consonnes adventices.

Apocope. — D'une manière générale, les finales sonores s'éteignent en sourdes, et les finales sourdes tombent. Si je ne cite pas ici d'exemples exprès, c'est d'abord en raison de leur fréquence à chaque ligne pour ainsi dire, c'est ensuite et surtout à cause de la licence de la notation qui ne permet pas de tirer une règle précise. Il suffira d'indiquer que la lettre la plus fluide est *r*, qui tombe soit avant, soit après toute autre consonne ; et même (comme on vient de le voir) en finale accentuée : *jo* 57, 160. *wa* 89. *fè 13*, etc. *feis servis* A. — Le groupe *rs* laisse tomber le premier de ses éléments et change le second en aspiration forte, ainsi qu'il a été dit plus haut.

Voici quelques ex. de l'apocope d'*r* intérieur formant groupe avec une labiale : *penelle* 32 en regard de *prine* 94. *peneuche* 98. *chieuve* 100. *fieuve* 101, 153. *mambe* 169. *sape* 14 ; — devant une nasale : *conemuze* 18. *coué* 29 ; — mais c'est surtout avec les dentales que ce phénomène est plus fréquent : *conte* 15. *poteu* 16. *ceit ceite* et son composé *aceite esceite* 21, 60, 83, 111,

172, 9. *padi* 25, 124, 156 et ailleurs. *aute* 39, 108. *prête* 41. *ète* 5. *maiste* 8. Sur les trente-quatre vers de la *Fiauve* qui assonnent en *a..e*, vingt-deux riment en *ate* = *atre* ou *arde arte*.

Dans un très petit nombre de cas, *r* au lieu de tomber s'assimile à la consonne qui l'accompagne : *latte* 10, 36. *poppi* 22 « pour plus ». *antonne* 172.

Devant la sifflante, la chute de *r* a pour conséquence de rendre cette sifflante intervocale et de la faire passer au son aspiré : *guaichon* 34. *pechonne* 128.

Devant la gutturale douce, l'aspiration se produit aussi, mais avec moins d'énergie; elle se note par le groupe *dj* : *medjaleine* 12. *chedgé* 52. *edgen* 102. *ladge* 16.

Enfin, *clat* 10 représente « clerc », et *flat* 11 est la notation dialectale de « floc » que le fr. moderne écrit à tort « flot » dans l'expression « flot de rubans ».

Epenthèse. — Comparée au français, la langue de Metz est rebelle à l'épenthèse : *tanre* 2, 8. *panre* B, sans intercalation du *d* entre le groupe *nr*. — On a vu, p. 342, que *w* = *ou* s'introduit dans la finale *-ue -eue* : *drawe* 2...; un autre ex. de cette épenthèse se rencontre dans *towé toué touet* 1, 24, 26 « tuer ».

Prosthèse. — L'*e* prosthétique des mots commençant par *s* + consonne est d'un usage très restreint à Metz : *eppaye* 14, mais *schtaqué* 15. *stacqueut stacquet* 8, 25 « estachier », d'où le patois *taiche*, v. fr. « estache », poteau ou poinçon auquel on attache le licol des vaches (*Chan Heurlin*, II, fin). *choueu* 149 « essuyer » quant à la forme. *stron* 151[1]. — Sur le pronom *zou zu* formé par prosthèse de *z*, voy. ci-dessus, p. 343.

Diérèse. — Elle est encore nettement accusée dans *aiy* 17 « eue », à plus forte raison doit-on la marquer dans *ail* A.

Métathèse. — *re* se prononce *er* : *denteur* 20. *ertonaye* 46. — « fable » devient *flave* 34, et en patois *fiauve fiaoue*.

---

[1]. En pareil cas, le wallon se comporte comme le lorrain; p. ex. dans cette ronde enfantine : « Del kanel — Po lè bâcel — Dè *stron* de chêt — Po là valet » (Foriz : *Diction. liégeois*).

Je relève encore quelques cas isolés :

La mouillure de la liquide labiale après une consonne : *pil* 16 « plat »; mais *blasse* 32, 95, fr. « blette », patois *byā byasse* (cf. *flave* ci-dessus).

L'épenthèse de *n* dans *endolate* 33 est un fait qui remonte au plus haut temps; les ex. en sont fréquents dans les Chartes des XIII° et XIV° siècles, qui donnent des formes comme *enlire englise ampouse*.

Un emploi plus inorganique de cette même nasale est celui dans lequel *n* vient se fixer à la syllabe finale des mots à terminaison féminine comme pour renforcer l'*e* muet et en relever le son par une sorte de demi ou de quart d'accent. J'ai signalé de nombreux exemples de cette nasalisation spéciale[1], bien moins marquée que celle qui affecte la voyelle *i*, dans *Romania*, I, 335 et surtout II, 245 ss. Notre texte, qui rachète une partie de ses défauts par le mérite de serrer de très près la prononciation, offre quatre cas de *n* en cette valeur : *euchen* 19. *patten* 146. *praken* 76. *fuchen* 78, en regard de *peuche chée* également à la 3° ps. pl. Dans ces mots, la résonnance nasale a pour effet d'empêcher l'élision de *e* muet, qui compte ainsi dans la mesure du vers.

II. — FLEXION

§ 1 — DÉCLINAISON

La date de nos textes, plus encore que la liberté de leur notation, ne se prête guère à l'étude raisonnée des formes casuelles; il n'y a qu'à signaler dans A B quelques noms propres qui ont maintenu l'*s* caractéristique du cas sujet : *Leinais Peirais Recais Boicais Demangins Haicais Thieselais Mailais*, à côté d'autres qui l'ont rejetée : *Bronwat Hanriat Waiteré Wailaime*, etc.; on remarquera que *s* s'est maintenu dans le groupe *rs* (*Linars*...) et que lorsqu'il a persisté dans le patois, il s'est aspiré en *ch hh* :

---

[1]. C'est moins une nasalisation qu'un prolongement du son, que les scribes se sont ingéniés à rendre comme ils ont pu; — *en* n'est pas la seule graphie qu'ils y aient employée : on trouve aussi *-ae -ie* et plus souvent *ei*, dont A B offre un exemple : *saicheis* « sachent ».

kieuche 27. *vache* 58 « cuers, cœur; vers, vert ». Voy. au Commentaire, v. 27.

L'article masc. sing. est encore *li* dans *Hanriat li Boicais. Waitere li Roise*. — Les formes du régime sont, pour le masc. *lo lou do dou* passim, *loi doi* A B; pour le fém. *la lai* (*le*).

Le possessif fém. *sa* se maintient sous la forme affaiblie *se* dans B: même devant une voyelle *se anaie*; d'autre part le solécisme *son* a pris droit de cité dans *so neppaye 14* (= son épée). J'ai expliqué ailleurs le processus *sa = se = sen = son* (cf. Romania, V, 330; note).

— *tusi* A B, doit être corrigé en *tuis*, pour *tuit* latin *toti*. Dans les deux autres textes *tuit* est devenu *ty*, en comp. *trety* 6, 42.., *32*.

Le pronom personnel « je » devient *y* 157. — A la 3ᵉ pers. pl., « eux elles » devient, par la prosthèse de *z*, *zous zales*, d'où le possessif *zou zout* 151. La réversion du pl. sur le sing. a produit *zu* 157 « lui ».

Le pronom indéterminé *on en* se présente sous la forme *ons* dans *On-san fit enterré 30*; mais ici sans doute l'*s* n'est plus la caractéristique du sujet, c'est une simple lettre de liaison comme dans « quatre-z-yeux ».

§ 2. — CONJUGAISON

Présent et futur. — *on(s)* désin. de la 1ʳᵉ pers. pl. a passé au son *an* : *riran* 83. *dansran* 104. *ayran* 124. *evan* 128. *santan* 157. — Par analogie avec la 1ʳᵉ pers. pl., la 3ᵉ a reçu la désin. *-ont* : *volon* 102, qu'il ne faut pas identifier avec *-ont* désin. du parfait.

Imparfait et conditionnel. — Au sg. *eue eu*, correspond au fr. *oie oit*, voy. les ex. p. 344, § OI. — La 1ʳᵉ pers. maintient quelquefois *e* final : *poideue* 65 (ainsi différencié de *poideu* 68 en 2ᵉ pers.). *monneue* 66. *atteue* 67. *voreue* 78, en regard de *rouateu* 61. *aimeu* 62 ; c'est une question de métrique.

La Charte offre deux ex. de la flexion archaïque, qui maintenait la labiale de la désin. *-aba -iba* : *conreive* A *avenive* B. Cette désin., fréquente dans les textes anciens et encore au xivᵉ siècle, s'est maintenue jusqu'à nos jours dans le wallon.

Dans *anvaeu* 11, le sens est celui du parfait « envoyai » au lieu de l'impf. « envoyoie ». Cette particularité se retrouve dans l'ex. suivant tiré de *Flippe Mitonno* :

> Po met Feille set Manman ly beilret in jaseron
> Q'jaicheteu au foëres en maye... (acte III, scène 15).

Au pl. *-iens*, désin. de la 1ʳᵉ ps., est réduit en *ins in : monin* 19. *attin* 88. *aipagnin* 89. *ayvin* 90. *bofflin* 95. *chantin dansin* 96. *euchin* 130 subj. impf. Par analogie, cette même désinence est devenue celle de la 2ᵉ pers. : *mattrin* 21. — La désin. de *aymeryme* 79 est à signaler comme archaïque.

Parfait. — 1ʳᵉ ps. plur. : *danseme* 63. — 3ᵉ ps. *ônt* accentué : *s'aicordont ettornont* A B. Sur l'origine et la valeur de cette forme, cf. *Romania*, II, 251 ss., et postérieurement à ma notice, celle de G. Hentschke : *die lothringische Perfect-Endung* « -ont », dans *Zeitschrift für rom. Phil.*, VIII, p. 122 ss.

Impératif. — 2ᵉ ps. pl. : *fayeu* 37, dont la désin. a été expliquée plus haut, p. 344.

III. — SYNTAXE

Emploi du pronom de la 1ʳᵉ pers. sing. pour le pluriel : *je n'aipagnin* 89. *j'ayvin* 90. *j'ayran* 124. *j'euchin* 130. *y ne sautanme* 157.

Un cas de syllepse avec *on* gouvernant le verbe au pluriel : *en veuront* 121.

TABLEAU RÉCAPITULATIF.

VOYELLES.		VOYELLES NASALES.	
Messin *a* représente fr. *ai, e, o.*		Messin *an* représente fr. *on*	
— *e* —	— *a, i, ie.*	— *in* —	*i*
— *è* —	— *el, eau.*	— *in* (oin, f) —	*ié, ié*
— *i* —	— *ui, u.*	— *in* (en) —	*ui, un*
— *u* —	— *eu* (oi, eu).		
DIPHTONGUES.		CONSONNES.	
— *ai* —	*é*	— *ch, j* (y) —	*s* intervocal.
— *aye* —	*ée.*	— *ch* —	*rc, rs* final.
— *eu* —	*oi.*	— *pi* —	*pl*
— *ou* —	*eu.*	— *w* —	*gu* dans les mots d'origine germanique.

TEXTES

[Les trois documents publiés ci-dessous reproduisent scrupuleusement l'original manuscrit ou l'édition princeps. J'avais d'abord tenté d'en restaurer l' « orthographe »; mais j'y ai renoncé devant la crainte de tomber dans une notation plus ou moins arbitraire, et aussi devant l'impossibilité d'opérer une coupure rationnelle dans plusieurs mots que la prononciation populaire a écrasés en un seul. D'autre part, les éclaircissements qui accompagnent le texte : traduction littérale autant que possible pour les deux pièces en vers, explication grammaticale et commentaire, en faciliteront l'intelligence aux lecteurs. Les efforts de l'éditeur et la science de ses zélés correspondants n'ont pu avoir raison d'un certain nombre de mots et d'expressions dont l'équivalent n'existe pas en français : pour ce motif, ils figurent dans la traduction sous leur notation originale. La plupart trouvent leur explication dans le Commentaire; et l'on est en droit d'espérer, grâce aux enquêtes instituées sur place, que toutes difficultés ne tarderont pas à être surmontées.]

I. — CHARTE CONCERNANT LES CHAIVIERS DE METZ

(xve siècle).

A) Sai cheis tusi ke cest a cris vairont a orront ke atant | ke collignon leinais fut maiste de caiueir a peireson | peirais et recais de bretanlmeis et peireson bronuat et hanriat | li boicais et peireson grenemorxe et demangins haicais thiese- | -lais mailais et waitere li roise et wailaime de fontois et toie | doi consoi loi maiste de caiueir sai cordont a z tornont par | lou crant z parlaicor de tousous de touloimeistei an teiremant | ke nu de lor mestei ne doit conreis feis de sonosteis a lai ceute (cente) son ceureuis (?) (ceureiris ?) | ke aait au. et lai ceute a ut de s̄ andreu et si li conreiue il perdoiroi | por caicune fois. xx. s. de m̃t et se deie a uoir conreis .xv. ioir | a pres lai candoilor si .9. li terme il est mis.

B) Sai cheis tusi ke cest acris vairont aoront ke atans ke collignon | leinais fut maiste de caiueir et peireson peirais et recais de bretan- | -meis et hanriat li boicas et peireson bronuat et peireson grenemorxe | et de mangins hoicais et thieselais mailais et wailalme de fontois | et waitere li roise atoie dois 9 col lou maiste sai cordont | a τ tornont parlou cran et parlaicor de toucos de tor lor mesteis | a teiremant ke li a prenans doit seruis son maiste toite se | a naie ke loue beins a laiamant anedoit a voit li maiste atres | a prenan ne li aprenan atre maiste mai tant que aroit fait | toite se a naie et [se] chose a veniue doi maiste si 9 de mort li maiste | doi mesteis doit panre .ıj. prondome de sonconsoi por lai | dalme a waisdeis (waideis) sairaixon.

L'original de cette pièce appartient à M. Victor Jacob, ancien bibliothécaire de la ville de Metz. Elle provient du cabinet du comte Emmery, où elle faisait partie d'une liasse concernant les Tanneurs, dans le fonds affecté aux Corps de Métiers (cf. *Catalogue de la vente du Cabinet de feu M. le comte Emmery, pair de France.* Metz, 1850, n° 548, page 110; la liasse relative aux Tanneurs contenait 130 pièces, datées de 1382 à 1774). N'ayant pu obtenir communication de l'original, j'ai fait ma copie sur celle de M. Lorrain (août 1872)[1] et l'ai depuis collationnée sur celle de M. Aug. Prost.

La copie de M. Lorrain est accompagnée de la mention suivante qui détermine le sens du terme *caivier* ou *chaivier* : « Au dos de la
« pièce qui est en parchemin est écrit au crayon *Coroyeur* d'une
« main moderne. — Il y a aux Archives municipales, carton 89
« (Inventaire Lemaire), une pièce concernant les Chaiviers en date
« de 1516. Elle comprend un règlement fait par le maître-échevin
« de la cité pour les Chamoiseurs. Ce règlement avait été demandé
« par les Chamoiseurs eux-mêmes qui s'étaient servis jusque-là
« d'un atour de 1412, lequel était devenu lettre morte pour eux,
« parce qu'ils *n'en comprenaient plus les termes* ». N'ayant pas vu l'original du texte que je publie, je ne puis assurer que ce soit l'atour de 1412.

Comme particularités graphiques, il y a à signaler la présence de l'apex sur un certain nombre d'*i*; la conjonction *et*, toutes les fois

---

1. Charles Lorrain, ancien élève de l'Ecole Normale supérieure, était alors bibliothécaire de la ville de Metz; il ne survécut de guère aux évènements douloureux de 1870 (cf. mon *Rapport sur les Chartes de Metz*, dans *Archives des Missions*, 1873, pp. 268-9).

qu'elle conserve cette prononciation, est rendue par le signe *z*, autrement elle est notée par *a* dialectal. — La coupure anormale de quelques mots a été maintenue, ainsi que l'indication du commencement de chaque ligne, de manière à reproduire autant que possible la physionomie de l'original. — Les trois mots entre ( ) offrent les variantes de la copie de M. Prost.

Le mot douteux *ceureuis ceureiris* A correspond à *cuirien curien*, du *Livre des Mestiers* (voy. le Glossaire de notre édition), dont le *Diction*. de Godefroy donne plusieurs variantes.

II. — LA GROSSE ENWARAYE

La nature de cette pastorale, et plus encore son mode de composition, ne permettent pas d'attribuer à la *Grosse Enwaraye* une origine populaire; c'est évidemment une œuvre de cabinet, production d'un bel esprit qui aura voulu enfermer quelques tableaux de la vie champêtre dans un cadre de fantaisie. L'étude du vocabulaire confirme cette première impression; en effet, si la scène se passe dans le *Saulnois* (Courcelles-sur-Nied, Pontoy, Mechy ou Mercy), région située au sud-est de Metz, la langue est celle du *Haut-Pays* (Amanvillers, Avril) et des villages au nord-ouest de Metz en tirant sur Briey. J'en conclus que l'impression a dû suivre de fort peu la composition de la pièce, et que l'assertion de l'imprimeur attestant l'antiquité de ce fragment du langage messin n'est qu'une rubrique de métier analogue à celle dont les manuscrits des chansons de geste, par exemple, offrent d'innombrables précédents.

Cet avis de l'imprimeur [1] ne manque pas d'un certain tour piquant;

---

1. L'édition princeps indique comme imprimeur « *le jeune A. Fabert* ». A s'en tenir au pied de la lettre, Abraham Fabert jeune ne serait autre que le futur maréchal de France. Né le 11 novembre 1599, Abraham le jeune figure déjà en 1613 au frontispice des *Coustumes générales de la ville de Metz et du Pays Messin*, recueil recherché par le seul fait du nom de l'imprimeur. Cependant il est certain que l'unique imprimeur messin du nom d'Abraham Fabert fut le père du maréchal, et que celui-ci n'a exercé l'art typographique ni dès l'âge de treize ans, ni plus tard à aucune époque de sa vie : il n'y a donc pas lieu d'inscrire un Abraham II Fabert au titre d'imprimeur dans la généalogie de cette illustre famille. Voici en quels termes un bibliographe messin explique l'origine et la portée de la mention susdite :

« Lorsque Fabert père fit paraître les *Coustumes générales de Metz*, il était

on me saura gré de le transcrire ici, d'autant que l'édition de 1840 est moins correcte.

Maître-Echevin; par une réserve qui appartenait au temps où il vivait, et que l'opinion publique n'exigerait plus aujourd'hui, il ne voulut pas se montrer à la fois et premier magistrat et imprimeur stipendié de la cité : le nom de son second fils fut placé sur le frontispice; voilà le seul titre de Fabert le jeune, pour être rangé au nombre de nos typographes » (*Essai philologique sur les commencemens de la typographie à Metz et sur les imprimeurs de cette ville* [par Teissier]. Metz .M.DCCC.XXVIII, page 73).

Il est plus vraisemblable d'admettre que le père, désireux d'assurer l'avenir de son fils, avait pris ses mesures pour l'associer dès son jeune âge à sa profession; et, en effet, il obtint, par décision du 26 juin 1610, que la survivance de son office d'imprimeur-juré fût accordée à son fils « pour succéder audict estat et en jouyr après sa mort aux gages, hon-« neurs, proffictz et émolumens qui en despendent » (Bibl. de Metz, mss. carton 63, liasse 24). L'impression des *Coustumes générales de Metz et du Pays Messin* lui fournit, peu après, une occasion solennelle de faire entrer dans la pratique. dès le présent, la survivance officiellement acquise pour l'avenir. Mais le jeune Abraham ne montra pas plus de dispositions pour l'art typographique que pour les études classiques : il se rend lui-même cette justice que « de sa vie il n'a entendu un mot de latin », et renonça sans peine à la prébende canoniale qu'assuraient à son rang de cadet dans la famille la haute position de son père et la protection particulière du duc d'Epernon, gouverneur de Metz. Le premier maréchal de France plébéien se souvint toujours qu'il avait débuté dans la carrière militaire à l'âge de trois ans et trois mois, dans les rangs de la *Compagnie du Dauphin* au Champassaille (Champ à Seille), lors de l'entrée de Henri IV à Metz (15 février 1603). Il poussa toujours de ce côté, et fit bien mieux que s'il avait réellement donné l'édition de la *Grosse Emuaraye* dont la sollicitude paternelle le gratifiait en sa quinzième année.

Teissier n'a pas connu cette publication des presses de Fabert; et il va de soi que, si son argumentation à l'encontre des *Coustumes générales* est justifiée par les mœurs du temps, elle puise une autorité nouvelle dans la nature même de cette seconde production qui fut d'ailleurs la dernière au nom d'Abraham le jeune. — Désormais donc, Abraham Fabert père est seul en cause comme imprimeur-juré et pensionnaire de la cité. Issu d'une famille de typographes, originaire de Strasbourg, appelée à Nancy par le duc Charles III, puis établie dans la ville de Metz, aux environs de laquelle son père Dominique (alias Mangin) possédait quelques domaines, Abraham porta la typographie messine au plus haut point de sa splendeur. Seigneur de Moullins lez Metz, conseiller du Roi, chevalier de l'ordre de Saint-Michel, commissaire ordinaire de l'artillerie à Metz, puis commissaire provincial des Trois-Evêchés, Abraham fut élevé cinq fois par ses concitoyens à l'honneur suprême de Maître-Echevin de la cité

L'IMPRIMEUR AU LECTEUR

[Page 3] *Lecteur debonnaire, C'est une proprieté de l'Imprimerie de conseruer en la memoire des hommes ce que la longueur du temps en pourroit arracher : Et semble que nous autres, qui sommes de l'art, deuons cela au lieu ou nous l'exerçons ; Voilà pourquoy, ayant fortuitement recouuert vn ancien fragment du vray, pur, naŷf et naturel langage messin, i'ay aduisé de le mettre souz la presse, pour le te comunicquer, affin que tu voyes quelque marque de la simplicité de nos peres : Il est bien croyable, que comme ils faisoient l'amour à coup de poing, aussi traittoient-ils tout le demeurant de leurs affaires à la bonne foy, laquelle ils ont conservé avec plus de soing qu'ils n'ont esté curieux de leur ancienne façon de parler. Prends, ie te prie [p. 4] ce petit labeur de bonne part, attendant quelque pièce de mon mestier qui te contentera plus, A Dieu.*

Encor ce mot : Tu ne t'arresteras s'il te plaist a l'ortographe qu'il a fallu accomoder pour la prononciation, comme tu vois, mesme que me manquant les doubles v, i'en ay mis deux autres qui sont tels vv, lesquels auront la mesme force comme [p. 5] *en ce mot vvoit pour ord.*

DEVIS AMOVREVX D'VN ‖ GROS VERTUGOY DE VILLAGE A ‖ SA VAUZENATTE MIEUX AYMÉE, ESCRIT ‖ EN VRAY LANGAGE DU PAYS MESSIN.

    Aye, aye, aye, grausse envvaraye !
    Bien-veignant tanre medjallatte,

Oui ! oui ! oui ! grosse enwaraye ! — Salut, tendre marjolette ! —

(cf. *Le maréchal Fabert d'après ses mémoires et sa correspondance*, par E. de Bouteiller, ancien député de Metz. Tours, Mame, 1878, gr. in-8, pages 2-10). Le portrait d'Abraham et l'une des médailles frappées sous son administration figurent au frontispice du livre de Teissier.

Le même ouvrage mentionne à sa date (pages 86 et suivantes) l'imprimeur de la seconde édition de la *Grosse Enwaraye*, en 1634, Jean Anthoine qui fut la souche d'une dynastie de typographes qui exerça à Metz pendant deux siècles. Cette seconde édition de notre poème n'a pas été, plus que la première, connue de Teissier.

Dou Jesy, keta bien peraye,
Aye, aye, aye, grausse envvaraye,
5 Et té bé chavvou ailai graye
Trety aiteschai de ninatte :
Aye, aye, aye, grausse envvaraye
Bien veignant tanre Medjallatte.

N'aiveu-ve me vu lé ballatte
10 Que ie fi fare pè in clat,
Quan ie van vaëu lo bé flat
Pé in valat de medjaleine ?
Le vaille de lé Mazelaine
14 Que çateu lé faite a Kochelle,
[p. 6] Po schtaqué conte ta fochelle,
Y l'y poteu si so nepié,
Se ie neuche ai-y mau on pié
I'y euche si mon ame alé
Ma jeuche netty effalé
20 Pé lé roüain denteur le haye :
Et ceit je teuche eschté dé quaye
Poppi de kouëte jaletri,
I'an su bien pore maleschtry,
Laüé en seu nate chignou.

Doux Jésus! que tu es bien parée ! — Oui ! oui ! oui ! grosse enwaraye, — 5 Avec tes beaux cheveux à la [séparés par une] raie, —
Trestous rattachés par des épingles. — Oui ! oui ! oui ! grosse enwaraye, — Salut, tendre marjolette. — N'avez-vous pas vu la belle lettre
— 10 Que je fis faire par un clerc, — Quand je vous envoyai le beau
floc — Par un valet de Marjolaine, — La veille de la Madeleine —
Que c'était [le jour de] la fête à Courcelles, — 15 Pour attacher contre
ta fourcelle. — Il le portait sur son neuf plat. — Si je n'eusse eu mal
au pied, — J'y eusse, sur mon âme, allé; — Mais j'eus été affoulé [je
me suis foulé le pied] — 20 Par [à travers] les ornières entre les hayes ;
— Et certes [sans cela] je t'eusse acheté des brillants — Pour plus de
quatre jolletrus. — J'en suis bien [le] pauvre malchanceux, — Loué en
soit Notre Seigneur !..............................

25 I'a padi to lo kj rignou
    D'alé eschoüa su chenoüe :

    Aye, aye, to le kieuche mormoué
    Kamime souuien don boin tan
    Que ie monin deuant antan
30 A reu et ay lay chequejatte,
    A boin chalat, et à nujatte,
    A poire blasse, et à penelle :
    Trety les diale keud' bacelle,
    Et de guaichon qu'il y ayueu !
35 Du sé qui lé fayeu bé veu.

    Ma ie ven préye de lé latte
    Fayeu lé lire pé Kalatte,
    Elsé lé grace et lé krielle,
[p. 7] Et sconat tan d'aute agimelle,
40 El' ly py secrayement
    Que vat' préte vrayement,
    Et te veuré bien kai qu'j'y mat,
    Elliet tan de ialy mat
    Trety de paleman damo,
45 De rondat, et de dance a to,
    Don bé- reu, et de l'ertonaye,

25 J'ai, par Dieu, tout le cul roigneux — D'aller échoir [d'être tombé] sur l'échine. — Oui ! oui ! oui ! tout le cœur me remue [d'aise], — Comme il me souvient du bon temps — Que nous menions devant l'autre année, — 30 [En jouant] au roi, à la balançoire, — Aux bonnes noix, et aux noisettes, — Aux poires blettes, et aux prunelles. — Trestous les Diables, que de filles et de garçons qu'il y avait ! — 35 Dieu sait qu'il les faisait beau voir ! — Mais, je vous en prie, [parlons] de la lettre. — Faites-la lire par Colette ; — Elle sait les Grâces et les Litanies, — Et si connaît tant d'autres petites affaires ; — 40 Elle lit plus sacréement — Que votre curé, vraiment ; — Et tu verras quoi [qu'est-ce] que j'y mets : — Il y a tant de jolis mots, — Trestout [d'un bout à l'autre] des paroles d'amour, — 45 Dos rondat, des danses à la chaîne — [Des chansons] du beau roi, et de la retournée,.......

Et dé chanson don moy de maye,
Dé valat, et de lou maynière
Et dé clinchatte, et dé nayniere,
50 Et dé belle jaille bacelle,
Ce sont lé py belle picelle
Kamelzon lou sain chedgé d'kaye,
Et kalesson beuneffrekaye
Aivau, aimon, et en melu
55 Et kalezon dé bé melu.

Hé que cheken te roüateu
Lo jo de lé faite ay Ponteu
En to to vache godebé,
Tredou Du que ly fayeu bé!
60 Et ceite so jo lai empreume
Roüateuge trabien té meume
Et té grace neige de ky,
[p. 8] Aidon keu j(e) danseme on peky :
Je taimeu py cent melle foy,
65 Es poideuë aidé hoüoy
Ka je te monnette dansié,
Iatteuë in po beun ayjancié,
Ie ne sé se ty poideu gotte
A keunefoy lo né me gotte

Et des chansons du mois de mai — Des valets et de leurs maisniées, — Et des boiteuses, et des tétonnières, — 50 Et des belles jeunes bacelles; — Ce sont les plus belles pucelles. — Comme elles ont le sein chargé de brillants, — Et qu'elles sont bien affiquées, — En haut, en bas et au milieu, — 55 Et qu'elles ont des beaux melu! — Hé! que chacun te regardait — Le jour de la fête à Pontoy, — En ton tout vert godebert — [Par] Notre doux Dieu! qu'il y faisait beau! — 60 Et certes, ce jour là pour la première fois — Regardais-je très bien tes mammelles — Et tes grasses fesses de cul, — Alors que nous dansâmes aux paquis. — Je t'aimais plus [de] cent mille fois, — 65 Et si [je te] regardais sans cesse...(?) — Quand je te menais danser, — J'étais un peu bien agencé [approprié]; — Je ne sais si tu y voyais goutte [y prenais garde]. — Aucune fois le nez m'en goutte,....

70 Ka ja vety mé peu haillon,
    Et se su py sat kin chaillon
    [Ai] effetié sé demejale,
    Et se lou dit pichou perale,
    Pichou palé se vau se vaille :
75 Ma elliet dé fauce vielle
    Que praken edet si chekin
    Pé lo dou Iesi qui nat kin
    Ie voreuë kel fuchen ache,
    Veraumoin aymeryme en pache.

80   Daranauant si kindejo,
    Edu en ieuskai coynze jo
    Que ie peuche aite repessé,
    Et ceite ie riran essé,
    Woirment ieut fi laut jo bien rire,
85 A coüillé vate chenevire,
    Dilé lo ry si lé gran bauë
[p. 9] Kan Beradé motreu se kauë
    Trédou Du qu' jattin boin compan,
    Ie naipagnin vva lé depan,
    Iayvin en cheque mettenaye
90 Lé gro cratau et lé frataye,

70 Quand j'ai revêtu mes laids haillons [vêtements de travail], — Et si suis [je] plus sot qu'un chaillon — A caresser [qui caresse] sa servante — Et si lui dit petites paroles [bluettes]; — Petit parler si vaut si vaille [vaille que vaille]. — 75 Mais il y a des fausses vieilles — Qui déblatèrent toujours sur chacun; — Par le doux Jésus qui n'est qu'un [en Trinité], — Je voudrais qu'elles fussent arses! — Voire, au moins, aimerions-nous en paix. — 80. Dorénavant, si cuidé-je [à mon avis], — Adieu [au revoir] en jusqu'à quinze jours, — Que je puisse [où je pourrai] vers toi revenir; — Et certes, [alors] nous rirons assez. — Vraiment, je te fis l'autre jour bien rire — 85 A bêcher [en bêchant] votre chenevière — Près du ru sur la grande mare, — Quand Beraudel montrait sa queue. — [Par] Notre doux Dieu! que nous étions de bons compagnons, — Nous n'épargnions guère les dépens; — 90 Nous avions à chaque matinée, —

Lé gro neuè, lé pikanat,
Lé makeujon, et lé chalat,
Tan de prine et de poire blasse,
95 I'en hofflin si pleine nat gasse,
Ay se chantin, ay se danssin,
Ki ni aiveu jaille n'ancin
Que ni peneuche gran plagi :

Inqué ceite mak i' aye leugi
100 Inqué y moinrage eune chieuve,
On in meuntré, ma zov fieuve
Y volon tra vvaignié dedgen :
Ellieret essé de gen ;
Ie dansran bin en lé magire
105 Decote lo tau dé Mechire
Deso lo gran perré d'angueuche,
Au moin se lé bacelle y peuche
Se seret on klés aute chée,
Es ny mangeron gé bochée
110 Soulè keun' serom de lé fete ;
[p. 10] Aydon sayrage tot aceite
Se ie t'ayra en meriege :

Les gros croûtons et les frottées [de lard], — Les gros naveaux, les pikanat, — Les makeujon et les noix, — Tant de prunes et de poires blettes ; — 95 Nous en gonflions si plein [tout à plein] notre gosier ; — Et si [nous] dansions, et si [nous] chantions — [En sorte] qu'il n'y avait jeune ni vieux — Qui n'y prît grand plaisir ! — Encore [oui] certes, pourvu que j'[en] aie loisir, — 100 Encore y amènerai-je [à savoir dans quinze jours] une peau de chèvre [un joueur de cornemuse] — Ou un ménétrier, mais leur fièvre [la fièvre sur eux]! — Ils veulent trop gagner d'argent ; — Il y aura assez de gens [sans eux]. — Nous danserons bien dans la maizière — 105 Auprès de l'étang de Mercy, — Dessous le grand poirier d'angoisse ; — Au moins si les filles y pissent, — Ce sera où que les autres chient. — Et si n'y mangeront point bouchée — 110 Ceux-là qui ne seront de la fête. — Adonc [alors] saurai-je tout certainement — Si je t'aurai en mariage.................

Taymin conat beun mo lenege,
Mo pere ateu Beutau Drouat
115 Et mo cosin lo gran Triat,
Et mo nevou lo gran Toty,
Ma ellat Mare dé Chaty,
Ienne vorame queli vegne
C'at vne malestrite kaigne,
120 Té Payran aussé y venront
Ay ceste foy lé en veuront
Que diale que je pora fare,
Ienne vorame fo haut brare,
I'ayran padi coran lé noce,
125 Et c'eut fera si ma foy groce
Je to preuma à premin co :
Ie t'en préc bage m(o) in po,
Péchonne neu no serreu veu.

Hé! se lo fay Stalua saiveu
130 Que jeuchin dit nat penseman
Nadou té to secraëment
On le veureu bien rebronchié :
Y to koinde bien enhonchié
134 En Meriege lo premin,

Ta mère connaît bien mon lignage : — Mon père était Bertaut Drouat, — 115 Et mon cousin le grand Triat [Thiriat], — Et mon neveu le grand Toty [Antoine?]; — Mais il est maire des Chaty, — Je ne voudrai pas qu'il y vienne, — C'est une maudite cagne [chiennaille]. — 120 Tes parents aussi y viendront; — A cette fois-là on verra — Que diable! [ce] que je pourrai faire! — Je ne voudrai pas fort haut braire, — Nous aurons, par Dieu! couramment [bientôt] les noces; — 125 Et si [je] te ferai, sur ma foi, grosse, — Je te le promets, au premier coup. — Je t'en prie, baise moi un peu, — Personne ne nous saurait voir. — Hé! si le fay Stalvat [Estienne?] savait — 130 Que nous eussions dit notre pensée — Nous deux toi tout secrètement, — On le verrait bien hébété, — Il te compte bien marquer — En mariage le premier;..........................

[p. 11]   Ma vrayement te mé premin
          Se te man creu, à moin ton dré,
          Et ceit tayré dé gerondé
          Inquay névang(e) pi de dou ré
          Quat les erreu bien endouré
140   Dé lanhambé danchié memin,
          Et se les y a trety min,
          Et inquet dé poire d'angueuche,

          Laiche Stalva cet ode ambeucne
          Ie si py bè, et py jaly,
145   Et se ne fame ansé qualy,
          Y patte nedet bien souuan :
          Ion ratlateu patté atlan
          Kame y déschieu so rachat
          Et so chotteu de so pichat,
150   Que laiveu tan mengié de poire,
          Ce n'ateume stron, çateu foire,
          Ausse jaune que blan mengié.
          De fieuve seuti enregié,
          Que ne véty baslé aillou :
155   Ie-si py bè, et py meillou
          Qui ne seu, et bien py saigu,

135 Mais vraiment tu m'as promis. — Si tu m'en crois, amène [apporte] [dans quinze jours] ton drap, — Et certes, tu auras des gerondé : — Encore [oui, car] en avons nous plus de deux rez. — Quand tu les auras bien enduré — 140 Des lanhambé danchié m'amie, — Et si les y ai [je] trestous mis — Et encore [en outre] des poires d'angoisse. — Laisse Stalvat, ce sale nigaud. — Je suis plus beau et plus joli, — 145 Et si ne fais [je] pas ainsi que lui : — Il pette sans cesse bien souvent ; — Je le regardais peter l'autre jour — Comme il déchiait [conchiait] son frac — Et s'essuyait de son panné ; — 150 [C'est] qu'il avait tant mangé de poires, — [Que] ce n'était pas étron, c'était foire — Aussi jaune que blanc manger. — De fièvre soit-il enragé ! — Que ne va-t-il baceller [courir es filles, aller es bacelles] ailleurs ? — 155 Je suis plus beau et plus meilleur — Qu'il ne soit, et bien plus saigu......

　　　　　Y ne santanme et demy-zu :
　　　　　Et pady temin lo sé bien.
[p. 12]　　Hé! vvoit[e] Kaigne viencè vien :
160　　Memmeraite dy vvoit Saiuette;
　　　　　Ie sé (nen dote mé) bien bette,
　　　　　Bien venné, et padi fauchié,
　　　　　Et ceite te mé bien asschié,
　　　　　Se koinde io, inqué qualy :
165　　Ellé jé to lo ky vely
　　　　　Lé vvoit odeur, atty bien iaille :
　　　　　Ayme mo ie si py pajaille
　　　　　Et py fo, j'a dé grosse iambe,
　　　　　Et saint Antonne in py gro mambe
170　　Que lo sien, ie la to ny vy :
　　　　　Et ton perreu den beun anvy :

　　　　　Ie dy tantonne tot esceite,
　　　　　Ie to premat per ma foy ceite,
　　　　　Y ne tan chau, se koinde io,
175　　Tet' covvigereu ié koinze io,
　　　　　San derre nam in to sou mat,

　　　　　Baichaire, aussetan ke din bat
　　　　　Se to mezè, kam à fo vien.

Je ne sentons pas [mauvais] à moitié de lui, — Et, par Dieu! ta mère le sait bien. — Hé! sale cagne [chienne], viens çà, viens! — 160 M'aimeras-tu, dis, sale savate? — 160 Je sais, n'en doute pas, bien battre, — Bien vanner, et par Dieu! faucher. — Et certes, tu m'as bien amorcé, — Si cuidé-je, autant que lui. — 165 Il a déjà tout le cul velu, — La sale odeur; est-il bien jeune? — Aime-moi : je suis plus (?) — Et plus fort; j'ai des grosses jambes — Et, par saint Antoine! un plus gros membre — 170 Que le sien : je l'ai tout nu vu, — Et tu en prendrais à discrétion. — Je dis [en résumé] : en retourne toi; tout assurément — Je te promets [le mariage] par ma foi certaine; — Il ne t'en chaut [ne t'en inquiète pas]. A mon avis, — 175 Tu te tairais bien quinze jours, — Sans dire, n'est-ce pas? un tout seul mot. — Baise, allons! seulement un baiser — Sur ton museau; comme il faut, viens [viens-y bellement]..............................

           Et padu vvoy et se gy vien
      180 Sy to grignat, et si té pote,
           Deuant padu lè pantecote.
           Fauty tant de rechaigneraye?
[p. 13]   Et vasse bonne kaigneraye :
           Aymmo se ie su ay té guige.
      185 On se ien to play [mé] da-Grige.

Et par Dieu! oui, et si j'y viens — 180 Sur ton petit groin [ta bouche] et sur tes lèvres — Devant, par Dieu! la Pentecôte. — Faut-il [faire] tant de grimaces? — Et [que] voici [une] bonne chiennerie! — Aime-moi si je suis à ta guise, — Ou si je ne te plais, da-Grige [bonsoir]!

III. — FIAUVE EN STYLE ÉPIQUE

Cette composition contraste de tous points avec la précédente : inspiration, style, allure n'ont rien de commun avec la *Grosse Entvaraye*; la langue même diffère par sa notation, que nous retrouvons pleine et sonore, correcte en ses particularités dialectales; c'est la bonne langue des Chartes du xiv° siècle, de la chanson de *Hervi de Metz*, plus littéraire à coup sûr que celle des chroniqueurs des xv° et xvi° siècles. Familière et précise, elle passe avec aisance du ton comique et même grotesque au ton noble; et l'on est surpris tout à la fois et charmé de voir s'élever du fond de ce badinage tel ou tel vers au souffle épique. L'auteur était non seulement un homme d'esprit, mais aussi un lettré qui connaissait à fond la littérature du Moyen Age; il était nourri de la lecture des chansons de geste : ses mentions de Robastre, du soudan de Babylone, du roi de Hongrie, du moutier de saint Jacques de Compostelle, en font foi. Au milieu de ces ressouvenirs, il encadre habilement détails de mœurs, anecdotes locales et personnalités (dont l'explication malheureusement nous échappe), le tout relevé çà et là de touches comiques qui font de ce petit morceau un vrai régal.

C'est aussi un signe des temps qu'une pareille publication ait pu être faite en langage populaire; rien mieux que ce pastiche ne démontre combien l'idéal chevaleresque était déjà et pour jamais éteint! Les temps sont proches : *Don Quichotte* peut venir[1].

1. Par une coïncidence remarquable, la date de la publication de notre *Fiauve* est la même que celle de la seconde partie de *Don Quixote* (1615).

FABLE RECREATIFUE EN MESME LANGAGE

  Ka Magié lo Taynour allé tovvé Robaite
  Dilet Jesiralem dayet Montelimate,
  Trebeun' se deginet de vvaté et de tate
  Et se by don boin vin to fin plein eune koüate,
5 Pou éte py hedy deuan sou que roüate.
  Răpet si sé geman kaiveut ennõ Liate
  Kateu py grace et dravve kin bé petton de patte;
  Y staqueut dé talon postratté py en hatte,
9 Elle correu py fo que l'ellemin, don çate
[p. 14] Y vint en lé malaye beun ermé din gran iacque
  Y reclemet Iesy, avieu Marie Mate,
  Py ne dotet Kennon, ne guerat, ne bonbade,
  Ne messauë de fé, picque, ne hallebade,
  Y rayeut so neppaye, py taillan keune sape
15 Se print à ravadé si heaume et [si] salade
  Et fiereu si tres-dry de sé ladge taillade
  Qui touët din sou ko les koüaite hau dé quarte.
  Lou haut de conemuze atteu lo dreu fetillate
  De Vvarambau d'Abenne, quatteu in si gran mate,

Quand Mangin le Tanneur alla tuer Robastre — A côté de Jerusalem derrière Montélimart, — Très-bien se déjeuna de gâteaux et de tartes, — Et si but du bon vin tout fin plein [plein jusqu'au bord] une quarte, — 5 Pour être plus hardi devant ceux qu'il regarde. — Grimpa sur sa jument qui avait à nom Liarde, — Qui était plus grace et drue qu'un beau pâton de pâte. — Il piquait des talons pour se trotter plus en hâte; — Elle courait plus fort que l'Ennemi [le Diable] : dont [ainsi] pour sûr — 10 Il vint en la mêlée bien armé d'un grand iacque; — Il invoqua Jésus avec Marie-Marthe; — Plus ne redouta canon, ni garrot [trait d'arbalète], ni bombarde, — Ni massue de fer, pique ni hallebarde. — Il tira son épée plus taillante [tranchante] qu'une serpe, — 15 Se prit à ravauder ces heaumes et ces salades, — Et frappa si très-dru de sa large taillarde [tranchoire] — Qu'il tua d'un seul coup les quatre hau dé quarte; — Le haut de cornemuze était le droit fillâtre [beau-fils] — De Warambau d'Abenne, qui était un si grand maître........

20 Y lé flestreut à terre treti py plé que plate,
    Y fayeu py de playe que ni mattrin damplate,
    Sateu hidou dé veu coman qui lé sommate :
    Lesink mengeut au zau, lé zaute ai lé motade :
[p. 15] Chaikin ateu toüé que n'atteu su sé vvade :
25 Eddet stacquet dedan dé naüé juské Paque :
    Y lé toüet trety qui ne demourét maque
    Lo Soudan d'Abelonne, que nateu kin folate :
    Ma koinze iou apré que lé pache fu fate,
    Lo Reu de Hinguerée fi koné lé retrate,
30 On-san fit enterré to fin plein dou benate.
    De Reu, et d'Emperou on moti de sain Jacque
    Quateuë Serrezin trety et endolate.

    Iayët châte lo Iau quateu in gró goulate :
    Cola ie man revin, valai mé flave fate.

20 Il les renversait à terre trestous plus plats [aplatis] que plâtre. — Il faisait plus de plaies que vous n'y mettriez d'emplâtres. — C'était hideux de voir comment qu'il les assaisonne : — Les uns il les mangeait au sel [ou : aux aulx], les autres à la moutarde. — Chacun était tué qui n'était sur ses gardes. — 25 Sans cesse il piqua dedans de Noël jusqu'à Pâques. — Il les tua trestous, qu'il ne demeura seulement que — Le Soudan de Babylone qui n'était qu'un fol garçon. — Mais quinze jours après que la paix fut faite, — Le Roi de Hongrie fit corner la retraite. — 30 On en fit enterrer tout fin plein deux benatres — De rois et d'empereurs au moutier de Saint-Jacques [de Compostelle], — Qui étaient Sarrazins trestous et idolâtres. — Coquelet chante le coq qui était un gros gueulard; Colas je m'en reviens [je redeviens C.]. Voilà ma fiauve faite!

COMMENTAIRE

L'étendue de cette partie de notre travail est en raison de la difficulté et de l'obscurité du texte, qui laisse une part trop large à l'interprétation personnelle. Les lexicographes patois ne m'ayant prêté qu'une aide parcimonieuse, j'ai dû m'adresser à la tradition orale et instituer des enquêtes verbales, dont les résultats sont, pour la plus grande part, consignés dans les notes ci-dessous. C'est pour moi un devoir non moins qu'un plaisir de reconnaître tout ce que mon travail doit à la science et au zèle empressé de mes correspondants. Le nombre en est moins considérable que je l'eusse désiré; parmi ceux dont je regrette principalement l'abstention, — sans vouloir l'incriminer en aucune sorte, — je placerai l'auteur du Dictionnaire d'un patois vosgien, dont la modestie s'est déclarée incapable de satisfaire à ma requête, et un ancien bibliothécaire de Metz, auteur d'une traduction de la *Grosse Enwaraye* dont, paraît-il, certains passages sont traduits en latin; déjà, en 1872, M. de Bouteiller avait fait appel à son compatriote et confrère de l'Académie de Metz, sans réussir, et nos démarches personnelles, à Metz même, n'ont pas obtenu meilleur succès. Mon œuvre n'eût pu que gagner à la collaboration de ces deux patoisants émérites; et ce m'est un motif de plus pour témoigner hautement de ma reconnaissance envers les érudits qui ont bien voulu me seconder dans cette tâche difficile.

L'élucidation d'un texte patois ressortit surtout à l'érudition locale : c'est pourquoi je désigne la contribution respective de mes correspondants par la lettre initiale du village qu'ils habitent. Par fortune, ces villages se trouvent à proximité de Courcelles-sur-Nied, théâtre de l'action; c'est donc une garantie de plus pour la sûreté des informations, principalement en ce qui regarde les détails topographiques (vers 12, 104-106, 142), toujours si difficiles à déterminer exactement. Voici les indices dont je me suis servi : — B = Bazoncourt, par M. l'abbé Hubert Vion, curé du lieu; — H = Han-sur-Nied, par M. l'abbé Etienne, actuellement curé de Lorry-les-Metz; — P = Pange, par MM. le marquis et le comte de Pange; — RM = Remilly, par M. Eug. Rolland; — RT = Retonfey, par M. Auricoste de Lazarque; — V = patois vôgien, par M. le chanoine Hingre, de La Bresse. Je dois aussi un certain nombre de renseignements à l'amitié de M. le baron de Braux, à Boucq près Toul, qui, non content de me faire profiter de sa connaissance de l'idiome local et des trésors de sa riche bibliothèque lorraine, a bien voulu revoir les épreuves de ce travail.

Dans les notes purement bibliographiques, M représente l'édition princeps de 1615; — M', celle de 1634; — P, celle de G. Brunet, Paris, 1840. Quant à la copie de cette dernière édition, par Devilly, dans l'*Austrasie* (P'), je répète qu'elle est tellement défectueuse qu'il n'y a pas lieu à la mentionner.

ENWARAYE. Titre et vers 1, 4, 7. — Mot obscur. On l'a rapproché du v.-fr. *angariée*; Lorrain, dans son *Glossaire du patois messin*, traduit par *énamourée* sans autre explication; d'autres, par « évaporée ». Dans notre premier essai de traduction avec MM. de Bouteiller et de Braux, ce mot avait été identifié avec *égarée*, au sens moral de « éperdue d'amour », en quoi nous nous rencontrions avec Lorrain; cette explication avait l'avantage de rendre compte de la forme. *Enwaraye*, en effet, correspond à « égarée », comme *anpouse*, fréquent dans les chartes, correspond à « épouse », comme *enlire* à « élire », *anglise* à « église »…. — Toutefois, le ton général du morceau n'a rien de sentimental; et, objection plus grave, la fille n'y joue aucun rôle, la prétendue énamourée ne dit pas un mot, ne fait pas un geste, ne prend aucune part à l'action, puisque le *vertugos* est seul en scène à débiter son monologue : il faut donc rejeter toute explication qui mettrait en jeu la personnalité morale de l'élément féminin, pour s'en prendre au côté physique et matériel. Et ici maints patoisants, servis par leur connaissance de l'idiome local, n'ont pas hésité à faire de *enwaraye* le participe passé d'un verbe dérivé de *wairé* « taureau ». Selon eux, *enwaraye* = *en* + *wairé* + *-aye*, désin. du partic. passé fém., litt. « celle qui a reçu le taureau », ou pour parler d'une façon plus topique, « qui a reçu le mâle, la dépucelée ». Si naturelle et naturaliste que paraisse cette interprétation, elle n'est cependant pas acceptable en fait, puisque le contexte se porte fort de l'honneur virginal de l'héroïne : la *grosse enwaraye*, jeune encore, est recherchée pour le bon motif, elle est conviée à de justes noces; et tout le poème concourt à démontrer qu'elle n'a pas encore endommagé son « capital ». Ainsi donc, le *wairé* n'a rien à faire, pour le moment du moins; et la date du sacrifice, si tant est qu'il se consomme, est à peine indiquée tout à la fin du morceau. — M. Godefroy a relevé *enwaraye* dans son Dictionnaire; mais c'est tout ce qu'il a retenu de la pièce, qu'il n'a d'ailleurs pas lue ainsi qu'en fait foi la définition suivante : « *Enwaraye*, s. f., titre d'un ouvrage du commencement du XVIIᵉ siècle « qui contient des propos tenus autour d'une accouchée ». Cette explication singulière donne comme accompli un acte qui n'apparaît encore, nous le savons, que dans un lointain devenir. Le lexicographe a pris l'idée de cette définition dans l'*avant-propos* de l'édition du *Dialogue de Thoinette et d'Alizon*, où feu Albert de La Fizelière dit de cette composition qu'elle est « une plaisanterie du « même caractère que l'*Evangile des Quenouilles* et les *Caquets de l'accouchée*

(p. 7) ». Ce rapprochement, justifié dans une certaine mesure par le *Dialogue*, ne convient nullement à notre pastorale en forme de monologue; et je n'ai cité cette définition excentrique que pour montrer, par un exemple topique, la difficulté, l'impossibilité même d'expliquer le patois autrement que par lui-même, au moyen d'enquêtes orales instituées sur place. Et c'est en effet par cette voie que j'ai reçu l'explication si longtemps cherchée, et si vainement. Au retour d'une excursion à Remilly, M. E. Rolland m'a rapporté que, du premier coup, les paysans auxquels il a posé la question l'ont résolue en ces termes : *enwaraye* est une forme altérée pour *embrawaye*, *ambraouye*, qui se dit d'une personne forte en chair, d'une fille joufflue. En fait, *ambrawaye* est le dérivé de *browon* « mollet » Jaclot, *brawon* « charnure », que Lorrain rattache au v.-fr. *braons* « canons de la culotte », au prov. *braon* « gras des fesses ». Le sens « mollet » est assuré par les vers suivants qui donnent le portrait de Fanchon au saut du lit. Réveillée en sursaut par la trompe du hédi (herdier), elle se hâte d'aller ouvrir l'étable pour faire sortir les vaches à l'herbe, sans se douter que Mârice se tenait en embuscade :

> Elle y vient en effet, devant q' d'ête éprètaye ;
> Sot courset mointié mins, set goûrge décolchaye,
> Ses bès chawès pendans causi su ses tâlons,
> Et set catte de d'zos que n' vâme et ses *brawons*,
> Let rendent et ses œuils eine faye divine.
> I corre, elle lo woit, et comme eine lutine
> Elle cliout l'euche et s' sauve en sarant les dous mains
> Su les premins gâdats où boivent les humains.
> (*Chan Heurlin*, chant II, début; 1ʳᵉ éd.).

On me pardonnera l'étendue de cette citation en faveur de son charme ! Et désormais la *grosse enwaraye* (à noter le terme *grosso*, épithète de nature s'il en fut), sera une forte fille de campagne, bien charpentée, une grosse mafflue, une épaisse dondon, aux appâts plantureux qui excitent l'enthousiasme du sensuel vertugoy, s'extasiant à la vue *dou sain chedgé de kaye* (52), *du bè melu* (55), *dè meume* et des *grace neige de ky* (61 et 62). Cette explication concorde parfaitement avec le ton général du morceau. Foin du sentiment raffiné et de la psychologie !

VERTUGOY (titre), expression altérée par euphémisme de « par la vertu Dieu, vertuguieu », alias « vertuchou ». Ce juron désigne ici un homme qui fait l'important, qui a l'habitude d'affirmer ses dires par cette locution *vertugoy !* qui sera restée accolée à son nom comme un sobriquet; comp. *padi* 25. C'est un des gros hères du village, cf. vers 136-142, où, si notre interprétation est juste, il fait l'énumération de son opulence rustique.

VAUZENATTE (titre), auj. *vozenotte*, a désigné à l'origine une fille accordée en mariage, une « valentine ». On a beaucoup disserté sur ce nom et sur les usages qui s'y rapportent; je renverrai à ce qu'en dit Verronais, libraire à Metz, dans le *Supplément* à sa *Statistique historique... du département de la Moselle*, Metz, 1852, p. XXI : « Chaque année, au premier dimanche de carême, les jeunes gens font une quête de bois chez les habitants du village pour faire un feu qu'on nomme les *brandons* — (dans les anciennes chartes, ce feu est dit les *bures* ou *bulles*). — Le soir, les demoiselles et les garçons étant réunis près du feu à proximité du village, on crie les *vosnots* ou *valentins*, qui n'est que le projet d'un mariage. Voici la manière dont on procède à la criée des vosnots : c'est un seul garçon qui les crie; il dit : *Je donne ! Je donne !* Tous les autres garçons répondent ensemble : *A qui ? A qui ?* Le garçon qui crie les vosnots répond : *Nicolas Dubois à Marie Lécorce ! Il lui achètera un pain d'épice* [alias et mieux : *un pain blanc* B, communication mste.) *aussi grand qu'un van !* Tous les autres garçons répondent ensemble : *Harengs ! Harengs !* Alors chaque garçon fait tourner la fille qu'il a eue pour *vosnote* ou valentine, autour du feu des brandons; après quoi l'on va au bal. Le quatrième dimanche de carême, la fille fait des gaufres et en donne au garçon, son *vosnot* ou valentin. Le lendemain de Pâques, le garçon donne un ruban (*flat*, cf. v. 11) ou autres objets à la fille, sa *vosnote* ou valentine ». La criée des *vosnots* se fait en patois du pays.

La tradition rapportée par Verronais est celle des villages du Haut-Pays, et c'est pourquoi je l'ai citée. Ailleurs, elle se présente avec quelques différences dans le cérémonial; pour le pays d'Entre-deux-Yawes, Augny et environs, cf. la formule donnée par Zéliqzon, *Lothringische Mundarten*, p. 60; E. Rolland, *Vocabulaire patois*, s. v. *vozna*.

L'usage d'offrir à sa fiancée, le lundi de Pâques, quelques menus objets symboliques (floc de rubans ou de roses blanches) existe encore en certains pays. A Luxembourg se tient, le lendemain de Pâques, une sorte de kermesse, dite foire de l'*Emmaüs* (prononc. *Hèmaouss*), en raison de l'évangile du jour. L'acceptation du bouquet par la jeune fille resserre les liens de l'engagement mutuel; par contre, si le jeune homme oublie ou néglige de faire l'offrande consacrée, les fiançailles sont irrémédiablement rompues. — On me permettra d'ajouter encore un mot sur une autre particularité de cette foire : il s'y fait un commerce relativement considérable de menus objets de poterie, et principalement d'encensoirs avec lesquels les enfants encensent gravement les passants, non sans demander en retour quelques fennins ou un petit sou, selon la nationalité présumée de leurs clients de rencontre. Ces potiquets ne se fabriquent que pour cette fête de l'*Hèmaouss*, avec une terre spécialement préparée qui ne se travaille qu'au seul village de Nospelt près de Sept-Fontaines.

Jaclot (*Almanach pour 1851*) rime sur cet usage le quatrain suivant :

> *Lè demi couèrome o le chich don mouà* (Mars)
> *On ne vd me lè voille aus fenétes daillé.*
> *Mas vé v-reus* (vous irez) *geantimant delé vos vozenottes*
> *Fare dés chénetrés* (gaufres) *su don fu de sarmottes* (sarments).

Le terme « valentin » est d'un usage général, surtout en Angleterre. Il a quelquefois désigné les chansons ou impromptus, demandes et réponses rimées entre jeunes garçons et jeunes filles ; le Catalogue de la vente Rochebilière mentionne (tome II, n° 1445) un volume intitulé : *Valantins, questions d'amour et autres pièces galantes en vers*. Paris, 1669, in-12.

Quant au mot local, *vozenot*, *vazenatte*, je présume que c'est un diminutif gracieux de « voisin », dial. et patois *vezin vexin*, *vegine*. La *vauzenatte mieux aymée* serait la « voisinette » préférée, puis par extension : la fiancée, l'amoureuse, d'où qu'elle soit. — Il n'y a pas à s'arrêter à la prétendue explication par *vasse natte* = voici la nôtre ! non plus qu'à celle, plus que singulière, donnée par Dom Jean François en son *Diction. wallon-celtique...* sous les mots *valantins vausenottes fachenottes*, où il dit en substance que « *fachenottes* sont dons de galants aux filles. Le jour des Bures, on donne aux filles leurs galants ou *fachenottes*, désignation de maris, culottes »; et il renvoie à *fache*, « ceinture de culottes », du lat. *fascia*. — Une autre interprétation fait dériver *vozenotte* de *faichenatte*, dim. de *faixin*, petits fagots que l'on brûlait devant le palais ducal à Nancy, en l'honneur des jeunes mariées. — Enfin, notons, à titre d'excentricité, l'opinion d'Erkmann-Chatrian qui rapporte, dans le *Maître d'Ecole*, la formule « *J'y donne*, etc. » et la cérémonie tout entière à la langue celtique et à une coutume payenne.

D'après M. l'abbé Vion, *vausse* (*vosse*, *vasse*, et en bressaud *vauche*, = pervenche) désigne un bouquet de fleurs ou de rubans, un mai, et par extension, les fleurs qu'on fait bénir à la Fête-Dieu. Cette dernière cérémonie est encore pratiquée aujourd'hui au village de Failly, dont les habitants ont retenu maintes coutumes anciennes; voy. au vers 117.

Le HAUT PAYS (titre), indiqué comme la région à laquelle appartient l'idiome de la *Grosse Envaraye*, était l'une des subdivisions du Pays Messin. Encore aujourd'hui cette dénomination s'applique aux hautes plaines qui s'étendent, à l'ouest et en aval de Metz, dans le canton de Gorze et l'arrondissement de Briey jusqu'à la Wœvre. J'ai déjà fait remarquer que le langage du *Haut Pays* est quelque peu différent de celui de la région où se passe l'action de notre poème; Courcelles-sur-Nied, Pontoy, Mercy, faisaient partie du *Saulnois*, région comprise entre la Seille et la Nied romande. — Les autres divisions topographiques du Pays Messin étaient le *Val de Metz* sur la rive gauche de la Moselle, l'*Entre-deux-Yaues* (Eaux) ou *Isle*, au sud, entre la Moselle et la Seille, le *Haut-Chemin*, au sud-est, entre la Moselle et la Nied. Pour plus de détails, voir la *Carte* d'Abraham Fabert (1610), celle de notre édition de la *Guerre de Metz en 1324*; de Chastellux, le *Territoire de la Moselle*, in-4°, passim; de Bouteiller, *Dictionn. topographique de la Moselle*.

1. AYE. A Metz et en Lorraine, « oui » revêt deux formes différentes, dont l'une (*oui ouèie*) marque le respect, et l'autre (*aye*) la familiarité; cf. Adam, *les Patois lorrains*, pp. 218-9.

2. BIEN-VEIGNANT, subst. participial de « bienvenir »; s'est maintenu au patois sous la forme *beniant* : *faire les beniants*, souhaiter la bienvenue; *beniam* (sic) *sin vos*, soyez les bienvenus (Richard, *Traditions populaires... de l'ancienne Lorraine*, p. 181).

2. MEDJALATTE (*medjal latte* P) « marjolette ». — Ce mot est l'un de ceux qui ont le plus exercé la sagacité de mes correspondants : V *mirjola mirjolå mirjåyi*, barioler avec art; *marjolette mirjou*, vache marjolée, au pelage gracieusement tacheté de rouge et de blanc ; — RT rapporte *medjallatte* à un dim. de l'allem. *Maedchlein* « jeune fillette » ; — B et H proposent *mā jalatte* « ma poulette », comme fém. de *jalat* dim. de *jau* « coq »; cf. Lorrain s. v. *merjalat*. Cette étymologie séduisante ne peut se soutenir en fait, et d'ailleurs *jalat* n'a pas de fém.; pour la femelle du *jau* on dit *poille* ou *glenne* (*gallina*), *mā poyatte*, ma poulette B, *pouillotte* à Boucq près Toul. — Faute de mieux, je voyais dans *medjallatte* une métathèse de *demjalatte* « demoiselette », dim. de *demejale* 72. — La vraie dérivation de ce mot est donnée sous MEDJALBINE 12.

5. GRAYE ou *craye*, « raie dans les cheveux ». Ce mot est-il apparenté au v. fr. *greve grieve* « raie de la tête », ou encore à *graille* forme anc. de « grille » ? Haillant consigne *crayesse* (Uriménil), *eraille* (Ramerupt) au sens de « petite fente, interstice ». — L'explication par « à la grée, grecque », qui conviendrait de tout point pour la forme, n'est guère admissible dans l'espèce. — La coiffure *à lai graye* consiste à disposer les cheveux en deux bandeaux appliqués sur les tempes et séparés par une raie au milieu de la tête, raie que RT indique comme étant faite en raclant ou ratelant les cheveux avec les doigts comme avec un rateau. B indique, pour le Haut-Chemin (Noisseville, Sainte Barbe...), *graye* au sens de « tresse de cheveux, cheveux lisses. Cf. *craye* « raie » à Boucq près Toul.

6. NINATTE, épingle ou broche à cheveux ; auj. *nonnotte nonnatte*. Les fabricants d'épingles se disaient à Metz *nonnetiers*.

8. *mediallatte* M'.

11. *va eu* M'. — FLAT « floc », nœud de rubans, s'écrit à tort *flot*. Littré s. v. constate que ce mot existe encore en Lorraine; et tout en gardant à ce mot le *t* final renvoie pour l'historique de ce vocable à *flocon*, dérivé de *floc* ainsi que *floquet*, *floquart*; ce dernier terme employé par Rabelais (*Gargantua*, chap. XI; cf. le glossaire de l'édition Louis Barré : *floquar*, floc, houppe). Au patois actuel : *fliot* (Vernier, p. 27), *flio, flat, fia; Los flots d'laues chépi, Ç'ot dos ribans d'papie* (*Supplément aux poésies pop. de la Lorraine*, Nancy, 1865, p. 23).

12. MEDJALBINE « Marjolaine »; pour la forme cf. *chaīgd* 52, *edgen* 102. — On connaît assez le rôle important de la marjolaine (*origanum majorana* L.) dans les traditions populaires. Dans l'espèce, c'est le nom d'une ferme au finage de Courcelles-sur-Nied (*Kochelle* 14). Les anciens du pays se rappellent encore le nom de *Marjolaine*, auquel s'est substitué, depuis une cinquantaine d'années, celui de *Chabredine*, du nom du fermier Chabredin qui la tenait à cette époque. Depuis, les bâtiments ont disparu, et *Marjolaine* désigne seulement le confin ou lieudit occupé jadis par la ferme — Cette identification, dont je suis redevable à B, détermine du même coup le sens de *medjallatte* 2, qui équivaut lettre pour lettre à *marjolette* fém. de *marjolet* « petit fat, important, dameret ». Scheler, rapprochant *muguet* « fat » de

marjolet, rattache celui-ci à *marjolaine*, et cite diverses formes de ce mot en wallon et rouchi. G. Paris tient plutôt pour un dér. de *mariolle* « poupée, marionnette », donc « homme de peu de fonds » (*Chansons du XV° siècle*, p. 95). G. Legrand, dans le *Supplément au Dict. patois de Lille*, donne le verbe *marjoler* « engeoler, engueuser ». Adam : *mirjola* « barioler », *mirjalure* « enjolivure »; et cf. ci-dessus *medjallatte* 2. — La graphie équivalente *margolote* désigne la belette, le furet, dans l'idiome du Saulnois, cf. Zéliqzon ; dans d'autres parties de la Lorraine, on a *morcolotte marcolotte marcourotte*, Adam. — Le fém. *marjollette* ne se rencontre dans aucun lexique; seul, Roquefort (s. v. *marjolet*) cite *marjole marjolaine marjolon*. Notre *medjallatte* est donc d'autant plus intéressant à relever, au sens de « jeune fille coquette, enjoleuse ». Cf. *asschid* 163.

13. MAZELAINE « Madeleine ». — J'ai dit plus haut, p. 349, ce que cette forme a d'insolite au regard de la dérivation normale *Maguelonne*. — Pour la mutation de *d* en *z* il n'y a pas lieu de rapprocher ici les noms de localité *Saint-Dizier*, en Champagne, ni *Destremont Destermont*, fréquent dans les anciennes Chartes de Metz, qui désigne la colline sur laquelle s'élevait primitivement le village de Saint-Julien-lez-Metz. — La forme *Mazelaine* est la seule employée dans le *Roman de Sapience* de Herman de Valenciennes (Bibl. nat. fr. 20039) : *les deus seros ... Ladre de Betaines, Marie Mazelaine et Marthe refu l'autre* (f° 80 r°) ; autres ex., fol. 81 v° (mais la notation savante *Magdalene* en rubrique), 84 r°, 157 v°, 158 r°. Le ms. a été copié dans l'Est de la France, et plutôt en Champagne qu'en Lorraine.

La fête de sainte Madeleine tombe le 22 juillet ; l'offrande du *flat* ou *vausse* ayant eu lieu la veille, c'est-à-dire en dehors des dates consacrées aux *vazenattes* (v. c. m. ci-dessus), B conjecture que notre *medjallatte* s'appelait Madeleine, et que son galant lui souhaite ainsi sa fête qui coïncide avec celle de la paroisse.

14. *Cat eu M*.

14. KOCHELLE, Courcelles-sur-Nied, canton de Pange. — Ce village appartenait à l'abbaye Saint-Vincent de Metz ; l'abbé était seigneur haut justicier. Au XVII° siècle, Courcelles était Trois-Évêchés, du bailliage et de la coutume de Metz. En patois : *lai P'tiat Keh'el*, pour la distinguer de Courcelles-Chaussy (*ad Calceatam*) dite *lai Grant Keh'el* également sur la branche française de la Nied. Le nom de ce dernier village a été germanisé en *Kurzel*.

15. FOCHELLE « fourchelle de la gorge d'une femme ». Lorrain donne aussi le sens de « fichu, mouchoir de cou », qui convient également.

16. SI SO NEPIĖ ; *pië* représente fr. « plat, plateau »; *ne* est pour *neu nieu* « neuf » : « il lui portait le floc sur son neuf plat, sur un plat neuf, qui n'a pas encore servi » (B RT). — La tradition est telle en effet. Lorsqu'un amoureux ou un galant offre un bouquet à une jeune fille, pour sa fête p. ex., c'est toujours sur un plat que le cadeau est apporté. RT remarque finement que notre Vertugoy n'aurait certainement pas manqué de suivre une tradition de politesse établie depuis longtemps, et encore bien moins son

commissionnaire, le valet de Marjolaine. — *son* n'est pas ici adj. possessif ; il n'a qu'une valeur emphatique, indiquant seulement l'action momentanée d'avoir en main l'objet dont se sert le porteur, à savoir le plateau qui pouvait très bien ne pas appartenir en propre au valet de ferme.

19. JEUCHR NETTY EFFALË ; vers obscur, par la mauvaise coupure des mots. Je lis : *feuchen etty effald*. — La paragoge de *n* à une syllabe féminine est un fait de même ordre que la graphie *saichnis* pour « sachent » dans la charte des Calviers (cf. p. 351, note). — *etty* pour *étu*, part. p. de « être », est une forme normale, qui se représente peut-être dans 166 *atty*. — Le sens de ce vers est donc celui-ci : « Mais j'eus été, je fus affoulé ; je me suis foulé le pied ». — RT connaît une loc. équivalente : *j' m'a ech'volé l'pié dans in rouain* « tourné le pied à faux dans une ornière ». On peut songer aussi à « affaler », qui dans le langage des bûcherons s'applique à une branche affaiblie, abaissée : *val eune brainche efolaye* (Cheuby), *evolaye* (Rosselange). D'après RT, *affaler* se dirait d'une branche tout à fait tombée, et s'appliquerait même à un animal. Toutefois, *affouler* convient mieux au contexte.

38. ROUAIN *don chê*, ornière tracée par les roues d'un char ; *denteur lé haye* entre deux haies ; dans un chemin creux, non asséché par le soleil, et où, par conséquent, les ornières sont plus profondes. — Roquefort a consigné ce mot : *rouain de car*, ornière que fait une charrette. Lorrain donne *ruaulx*, chemins creux près des villages. Cf. anc. wallon *rouay*, petit fossé (J. Kinable, *Recueil de mots wallons...* employés dans les anc. Ordonnances du pays de Liège dans *Bulletin de la Soc. liégeoise de littérature wallonne*, XII, 1889, p. 312).

21 et 52. QUAYE KAYE « pièce, morceau » dans la vallée de la Haute-Seille, « éclat de bois » Rolland, « écaille, broche » dans le Haut-Pays (cf. *keye*, Lorrain). A Amanvillers, on appelle *kayes* des petites pierres. Comme il s'agit ici d'une parure de femme, nous traduirons par « verroteries, brillants de peu de valeur, hochets, brimborions en clinquant », ce que le patois désigne en général par *clincaille*, *quincaille*, *guinguiants* (clinquant) ; en général, tout objet menu que l'on achète à une foire. — Lorrain différencie *caye*, morceau, grumeau, (d'où *gaillate* de charbon), de *edye*, pierre, joyau, et renvoie au v. fr. *cayau* ; cf. Roquefort et *Diction. wallon : cayaux* « jouets d'enfants », sens maintenu à Metz, où ce mot est pris dans une acception très large ; et de même dans le Toulois où l'on dit une *kaye de vin*, pour désigner une quantité quelconque. — A Gérardmer, *solé d'edye*, de cuir, dans la traduction de la Parabole de l'Enfant prodigue par le curé Pottier (Jouve : *Coup d'œil sur les patois vosgiens*, p. 86).

22. *Koulite M'*. — JALETRI « jolletru ». Le nom de cette monnaie n'apparaît dans les textes que pendant un peu plus de cent ans, de 1378 à 1487. Sa valeur primitive était un double denier ou demi-bugne. Dans ses *Recherches sur les monnaies de la cité de Metz*, de Saulcy énumère les différentes appellations de cette espèce de monnaie : en 1334, *messin, blanc messin* ; 1364, *double de Metz* ; 1376, *denier de deus deniers* ; 1378 *folletruis*, ouquel jolletruis averoit empraint ung demey Saint-Estenne (page 110) ; 1478 *jalletruis* ; 1540, *bunette* ; 1555,

deux deniers. — En 1478 et 1487, le *jolletru* fut porté à la valeur de trois deniers (*Journal de Jean Aubrion*, p. 94), que M. Larchey estime à 1 franc 11 centimes de notre monnaie actuelle. — Le double denier avait été créé en 1334, à la taille de 408 au marc « et que sept d'entre eux vaudront un gros coursable », et au poids de 11 gr. 29. — Bien que décrié en 1555, le *jolletru* figure parmi les spécimens des monnaies messines offerts à Henri IV lors de son entrée à Metz en 1603. « Le Municipe lui offrit un magnifique vase de vermeil ciselé avec art et contenant un spécimen de toutes les monnaies frappées dans l'année même, et dont les coins avaient été gravés à neuf pour la cérémonie. Voici l'énumération des espèces renfermées dans le vase : florin d'or — thaler au double aigle — teston de Saint-Etienne — gros de Metz — bugne — pièce de trois deniers (*jalletruis*) — liard ou quarta solidi — demi-liard ou octava solidi — denier au chef de Saint-Etienne — angevine au quart de denier (de Saulcy, *ibid.*, p. 62). — Le 11 janvier 1563, un arrêt du Conseil interdit à la ville de Metz de faire fabriquer des monnaies à son coin ; et le 5 mai 1693, un nouvel arrêt supprime définitivement le cours des monnaies messines (*Traité de la Monnoie de Metz par le procureur général Le Noble*, in-16, Paris, 1655). — D'après P, le mot *jaletri* aurait survécu dans le parler populaire sous la forme *jonetri*. — Il est vraisemblable que *joletru jaletru* est un dérivé de *jal jau* « coq » (cf. *Jayél 33*). Godefroy relève un adj. *jolletru joletrin* au sens de « jeune coq, coquet, galant », et rapproche le lorrain *jaltré*, jouvenceau qui commence à coqueter avec les filles. — Peut-être la monnaie *jolletru* avait-elle été frappée au coq, *jau jallat*, avant de recevoir l'effigie de saint Etienne, patron de la cité ? — Un autre dérivé de *jau* est *jaudin* « coq d'Inde », par lequel mot l'un de nos correspondants traduit *jaletri*. — Enfin, notons que Rabelais fait figurer la *jautru* dans sa nomenclature des jeux où s'ébaudissait l'escholier Gargantua (*Garg.*, livre I, chap. 22), tandis que le *Diction. roman-wallon* mentionne la *voulletrue* comme un jeu aux volants.

23 Ian' M'.

23 et 119. MALESCHTRY, fém. *malestrite* ; v. fr. *malestru malastru malostru*, notre *malotru* ; — a maintenu dans le texte son sens étymologique « né sous une mauvaise étoile, mal chanceux » ; au patois actuel « maltraité, mal arrangé ».

24. LAÛS EN SEU NATE CHIGNOU. Sur *Chignou*, forme relativement moderne puisqu'elle ne se rencontre pas dans les chartes du Moyen Age, voy. ci-dessus p. 347, n. 2. — *Laûs* doit être traduit par « loué », cf. *laue* « loups » (Verronais, *Supplément...* p. xxx], xxxij, dans les Flioves de *lo Laue et l'Égné*, *les Laues et les Berbis*), plutôt qu'être séparé en *l'aüe* « l'aide en soit de N. S. ». — Notre *poré maleschtry* remercie Dieu de ce que son accident n'a pas eu de suites plus fâcheuses, et d'en être quitte pour de simples éraflures aux fesses.

25. So lo M'.

25. 124. 158. 162. PADI PADY ; 179. 181. PADU. — Juron, « par Dieu » ! pop.

« pardié, pardi ! » — Sur le traitement de la syllabe finale, voy. p. 343. Empl. isolément « Dieu » s'arrête au son *Du* 59, 88, et ne s'atténue pas en *Di*. — Le juron « par Dieu » ! est d'un usage très fréquent dans le parler populaire ; le *Dialogue facétieux* le donne sous la forme *pods' pa dey*. Dans un village du pays messin, il est accolé au nom des habitants comme sobriquet ethnique : les *padi* de Vittoncourt, près Remilly.

26. ESCHOUA SU CHENOUE. — La désin. du premier mot me paraît anormale, que ce verbe appartienne à la 1re ou à la 3e conjug. ; en effet, dans le premier cas, il faudrait *eschouai*, et dans le second *eschour*. Mais le sens n'est pas douteux : notre homme s'étant foulé le pied dans une ornière, est tombé à la renverse sur les reins, à plate échine, *su chenoue*. Ce dernier terme n'a pas de correspondant formel en français, mais il est assuré par des formes analogues en lorrain et vôgien : *chenaye chêné* Jaclot, *bbenaye* B, *schneille chnaye* Adam, p. 48. — Il faut donc laisser de côté la traduction par « genoux », qui ne peut cadrer avec la mention du *ki rignou*; et de même la traduction par « chenau », canal, ruisseau, qui est le nom de deux petits cours d'eau, se jetant l'un dans la Nied allemande, l'autre dans la Seille sous Metz, par conséquent à une distance considérable du lieu de la scène. RT signale *chenaue chenoue* comme nom de lieu dit pour un pâtural ou un pré ; mais cela est sans rapport avec le texte. Il convient donc de s'en tenir à « échine », en dépit de la désinence que je ne sais à quoi rattacher en français.

27. KIEUCHE, M' *keuche*; « cœur » et non « cuisse ni corps ». On a vu plus haut, p. 347 et note, que l'aspiration a disparu de ce mot : *kieur, tieur*. Aux exemples cités avec l'aspirée *ch* dans le patois de diverses parties de la Lorraine, je joindrai ceux de *kleuhe kleubbe kühhe cühh* (Adam, pp. 24, 26, 316). — Mais à Metz l'aspiration a complètement disparu, et *kieur* rime avec des mots fr. comme « honneur, couleur » ; voy. ex. dans *Bucoliques*, pp. 94, 224, etc.

28. *Kamine* P. — *Do* M'. — Dans *Kamine*, la première syllabe pourrait être rendue par « quand » aussi bien que par « comme » : quand il me souvient ; cf. *Ka* 66. 70. 1 « quand ».

29. DEUANT (*deuan* M') ANTAN. Expression maintenue sous la forme *devantan* « autrefois, au temps passé » RT.

30-32. Dans ces trois vers, le Vertugoy énumère les souvenirs du temps passé, dont l'impression est encore si pénétrante qu'il en a le « cœur tout remué ». RT pense qu'il s'agit ici de bonnes choses à manger, et il commente *reu* par *reys* « raves », et *cheque jatte* par *choch' jotte* « choux séchés au four », mets fort apprécié jadis avant l'introduction de la choucroûte (cf. Auricoste de Lazarque : *Cuisine messine*, Metz, Beha ; Paris, E. Rolland, 1890 ; 3e partie : *Cuisine folklorique du pays messin*, p. 169). A la version de *chohh' jatte* se rattache celle de « fruits secs », que je rencontre dans un essai informe de traduction de notre poème, tenté par J.-B. Darras, et resté manuscrit. — Mais, pour cette fois, je ne puis partager l'opinion de mon sagace et érudit correspondant. Tout d'abord, la forme s'y oppose : *reu* représente et ne peut représenter que fr.

« roi », et d'autre part *cheque* n'a rien de commun avec *chohh'* « sec »; enfin, il ne s'agit pas ici de mangeaille, — l'énumération des mets viendra plus tard, vv. 90 et ss., — mais bien des jeux de l'enfance, ainsi que nous allons tâcher de le démontrer.

30. REU « rois », le jeu aux Rois, la fête des Rois, au jour de l'Epiphanie, qui, dans *lo pid Ermonêk loûrain* pour 1877 (les autres années ont le calendrier en français), est ainsi dénommée : *les Reû*, et à son octave, *les Neûr Reû*. Ce jour-là, les enfants assistent à l'office la tête ornée d'une couronne en papier argenté, un sceptre en bois doré à la main, et le visage machuré de suie ou de charbon; cf. Richard, op. cit. p. 252. — Je possède dans ma collection d'images populaires une vignette représentant cette cérémonie, qui se pratiquait naguères encore en plusieurs lieux, notamment à Boulay. — La persistance de cet usage s'explique par cela qu'il se trouve intimement lié à une autre tradition populaire; en effet, le jour des *Rois Noirs* est aussi celui de *lai fête des Cregn'r*, c'est-à-dire de la clôture des veillées d'hiver à la campagne, les jours commençant à grandir : *lés joudys crahhe es Reû d'eune oure*, dit notre Ermonêk.

30. CHEQUEJATTE « balançoire ». — Trompés par une ressemblance de son, maints correspondants interprètent par *chevillate*, sorte de jeu qui sera expliqué plus bas, v. 46; d'autres, par « chat perché », de *jokai joku*, « jucher, juchoir ». — *Chequejatte* se rattache au verbe *chargoter* que connaissent les lexiques patois : *chèrgatà, chergoté, chergater, bargoter, cherganter*, et Lorrain *bairgater*, « basculer », d'où le dér. *chèrgatu chergotu, chergantoire*, « jeu de bascule, balançoire »; rappr. bourg. *sargot sargotai*, qui exprime le cahotement d'un tombereau, d'un char mal équilibré sur l'essieu. — La *chequejatte* sera donc une planche posée en équilibre instable sur le tranchant d'un morceau de bois taillé en biseau, et qui bascule de côté et d'autre au moindre poids qui vient rompre son équilibre. H confirme cette interprétation : « *chequejatte*, balançoire à la planche, installée ordinairement au bord d'un ruisseau au moyen de deux branches de saule ». — Lorrain donne pour étym. à *chergater* le lat. *carrigare* par le fréquentatif supposé *carrigatare*. — Le v. fr. *cherguetier*, donné par Godefroy au sens de « s'enfuir », se rattache certainement à notre mot; cf. la métaphore pop. « se balancer, il s'est balancé » pour « se sauver, il s'est enfui ».

31. CHALAT « noix »; *chola* dans la *Chronique de Jacomin Husson*, édition Michelant, p. 168; patois actuel : *cholot* et *choloti* « noyer »; bourg. *càld*, et *càldyé* « noyer ». — Si j'ai consigné ce mot, qui n'offre pas de difficulté en soi, c'est parce qu'il donne probablement l'explication du terme *calage calaige*, sorte d'arbre non spécifiée par Godefroy. — Les mots suivants n'offrent pas de difficulté; ils désignent des jeux d'enfants (*noix, noisettes, poires blettes, prunelles*), auxquels chacun peut en ajouter d'autres analogues d'après ses souvenirs d'antan. Le jeu aux noix est mentionné par M. Siméon Luce, *La France aux XIVe et XVe siècles*, en son chap. des *Jeux populaires*.

32. Depuis la rédaction de ces lignes, j'ai reçu de RT une autre interpréta-

tion des vers 30-32, qui désigueraient les différentes époques de l'année où les paysans festoyaient et *mouin lon boin tan*. Dans cette hypothèse, *a Reu* représenterait la fête des Rois ; *ay lay chequejatte*, que l'auteur de la *Cuisine messine* identifie avec *chohh' jotte* « choux secs, séchés au four », que l'on mange à la fin de l'hiver alors que la provision des choux verts est épuisée, *lay chequejatte* nous amènerait au carnaval ou aux Pâques ; les *chalat* et les *dujatte*, à la fin de l'été, automne ; et les *poire blasse*, les *peuelle*, à la fin de l'automne, commencement de l'hiver. — Cette interprétation est séduisante ; toutefois, l'identification formale de *chequejatte* avec *chohh' jotte* présente une difficulté sérieuse qui infirme cette nouvelle traduction. — Par contre, j'abandonnerais volontiers l'identification de *reu* avec « les Rois, la fête de l'Epiphanie », pour adopter la traduction « jeu de la barre » B, et cf. *lon bé-reu* 46.

33. *Najatte* P.

37. KALATTE « Colette », dim. de « Nicole ». — Ce dernier nom étant commun aux deux sexes, *Kalatte* peut désigner soit l'épouse de « Nicole ou Nicolas », soit une jeune fille du nom de « Nicole ou Colette ». — Les *Calattes*, sœurs *Callattes* (*Vernier*, pp. 14, 27) : on désignait ainsi les religieuses de Sainte-Claire, réformées par sainte Colette.

39. AGIMELLE se rapporte à « agir » ? au sens diminutif de « petite affaire », Lorrain, minuties, « grimaces » RM. P connaît *angimoule*, « faridondaines, plaisanteries ». — Ce mot est aussi employé comme adj. pour désigner une personne maladroite, Lorrain, encombrante, agaçante (un emplâtre de Chagny, comme l'on dit dans mon village bourguignon). A Vigy, près Metz, on a en ce sens *angimelle*; à Demange-aux-Eaux (Meuse), *engimel* est l'épithète d'un jeune polisson plus bruyant que méchant RT. — Le *Diction. roman-wallon* relève le mot *agiz*, tours et détours d'une maison.

40. SECRAYEMENT (*se er. M'*.) — La forme, qui est celle d'un part. pas. fém. de la 1re conjugaison, m'induit à interpréter par « sacrément » plutôt que par « secrètement » qui se rencontre plus loin *secraèment* 133. La différence du suff. dans *sacrè* et *secret seerè*, justifie la différence de traduction. — D'ailleurs au v. 40 « secrètement » ne se comprendrait guère, tandis que « sacrément » emporte l'idée d'une chose faite avec crânerie, avec assurance, par une personne sûre de soi. — Cf. l'expression pop. : voilà une femme *sacrément* belle !

43. *Eilliet M'*.

43-50. Enumération intéressante des divertissements amoureux et des jeux rustiques alors en usage entre garçons et filles. Les « jolis mots », ainsi que les « parlements d'amour », font sans doute allusion aux ventes d'amour ou *daillemans* (dayemans, dayô)), encore pratiqués aujourd'hui, en même façon qu'au XVe siècle ; cf. ma publication de 32 *daiemant* dans *Mélusine*, I, col. 575-8, d'après le ms. d'Epinal 181 ; Jaclot, *le Lorrain peint par lui-même*, almanach pour l'année 1854 : *Lé Crègne ou Veillées du village*, pp. 51-6 ; de Puymaigre, *Chants populaires*, 2e édition, II, 201 et suiv.

45. RONDAT, DANGE A TO. Le *rondat*, qui répondrait au fr. « rondet, rondot »,

est la formulette que chantent les enfants en dansant à la ronde, à la chaîne (à tour). Voici l'un des spécimens les plus en vogue, aux environs de Metz, tel que je l'ai noté antan :

> Rondâ,
> Cu Meyâ (Mariette),
> Mè gran mère ô fa ï pâ (pet)
> Aussi grô k'ï eñ d' jalâ (coq)
> O ! lè wêï' gran mère !

Pour les deux derniers vers, B donne la variante : *A. g. ke note beueba — Fi ! l. w. g. m. —* ou encore — *Sisi l. w. mammin !*

Le même *rondâ* figure, avec une notation appropriée, dans le recueil de Zéliqzon, p. 50. Deux autres figurent dans l'opuscule sans date (vers 1880) intitulé : *Lo Coudrale, pè Chan Heurlin*, pp. 9 et 16.

45. LON BÈ RRU. Sans doute, chanson ou ronde qui parle d'un « beau roi », sur laquelle je n'ai aucune donnée. — RT penche pour le nom d'un jeu de cartes (et de même V : *lè bè râ, lè burâ*, en patois bressaud : « celui qui est atout »); et cette première hypothèse l'entraîne à identifier l'*ertonaye* avec un autre jeu de cartes, la retourne. Mais cela semble peu en situation dans un billet doux, et l'on préférera l'explication de *ertonaye* qui va être donnée en partie d'après le même correspondant. — Dans le même ordre d'idées je rapprocherai *lon bè -reu* du jeu liégeois « au roi » dans lequel le trimeur ou roi empêche les joueurs de passer d'une barre à une autre (J. Delaite : *Gloss. des jeux wallons de Liège*, dans *Bulletin de la Soc. liégeoise de littér. wallonne*, XIV, 1889, p. 169).

46. L'ERTONAYE litt. « la retournée », terme affecté par un de mes correspondants au « retour du beau roi », et par un autre à la « revenue du printemps, ou reverdie, renverdie ». Ce mot appartient à la langue des pâturaux ; dans un Noël du Recueil cité p. 347, note 2, on lit :

> Vite... courez parmi les champs,
> Pour remessé nos troupé tout d'in temps.
> ...pou les *ertourné*
> Pendant que je fera lot sentinelle (éd. de Toul., p. 20).

c'est-à-dire pour ramener — en le faisant retourner — le bétail qui s'est écarté du lieu assigné au pâturage. Les pâturaux jouent à qui ira retourner les bêtes, et cela s'appelle jouer *lè r'tonaye*. Sur ce jeu voici les détails intéressants que je dois à RT. — *Lè r'tonaye* se joue ordinairement *ai lai cheviatte* « chevillette ». On fait en terre 9 trous disposés 3 par 3 ; les deux joueurs ont chacun 3 petits brins de bois qu'ils placent à tour de rôle dans un trou. Il s'agit pour soi d'en mettre 3 en ligne et d'empêcher son adversaire d'en faire autant. Celui qui perd est chargé de la corvée, il va « retourner » les vaches. — C'est, sous une autre forme, le jeu bien connu des écoliers sous le nom de « grange, marguillier ».

47. CHANSON DON NOY DE MAYE ; ce sont les *trimazô trimozâ*, terme dont

l'étymologie m'échappe. Le même mot désigne à la fois la chanson et danse, et les chanteuses et danseuses qui, au premier mai, venaient naguère devant chaque maison célébrer le retour du printemps, en quêtant des œufs ou autres menus objets dont le produit était consacré à la décoration de l'autel de la Vierge. — Je ne m'étendrai pas davantage sur les *trimazô*, qui ont fait l'objet de plusieurs publications : cf. notamment *lo p'tiat Ermoneck*, 1818, pp. 80 et suiv.; les *Bucaliques messines*, pp. 86 et suiv., trois chansons dont deux sont reproduites à la suite de *lo Bétomme don p'tiat fei de Chan Heurlin*, 1834, pp. 20 et suiv. L'auteur de ces productions, D. Mory, donne quelques détails sur cette coutume, et fait venir le mot *trimazo* de *trias* (sic) « trois » et *mazo* « mazette, jeune fille ». Voy. aussi Jaclot, *Almanach pour 1853*, pp. 26-28 ; l'article de M. Abel dans l'*Austrasie*, 1853 ; A. Terquem, *Histoire des Trimazos*, avec deux chants, à la suite de la 5e édition de *Chan Heurlin*, Metz, Lorette, 1857 ; — le *Supplément à la statistique...* de Verronais, pp. XVIII et suiv. ; *Lothring. Mundarten* de Zéliqzon, p. 54 ; le *Diction. roman-wallon...* de Dom Jean François, s. v. *Danses de Maye*, *renverdie*, *tramuzer tramezer* qu'il donne comme étymologie de *trimazô*, en rattachant le tout à « transmettre, envoyer ». — L'étude la plus complète comme recherches historiques et documents est celle de M. le comte de Puymaigre, au tome I, pp. 247 et suiv. de la 2e édition des *Chants populaires messins*.

48 et 49. Deux vers obscurs. S'agit-il de personnes ou de plantes ? Dans le premier cas, *valat* s'explique tout seul, et *maynière* pourrait s'entendre des compagnes des valets de ferme, le patois ayant retenu *maignaye* Lorrain *mègnèye* Jaclot, Zéliqzon, au sens de « servante » et plus souvent de « fille de la maison, jeune fille ». Mais comment rendre compte de la désin. *re*? (cf. cependant *cregn'r* « cregnes » au v. 30). Et d'autre part, dans cet ordre d'idées, que faire du vers suivant ? — Que si maintenant on explique *clinchatte quinchatte*, par « clochette, campanule des prés » ou « fumeterre blanc ou rose », et *valat* par la « nigelle ou nielle des blés », c'est au tour de *maynières* et *naynières* à rester incompréhensibles. — Une troisième solution, que je n'ose trop mettre en avant, consisterait à opposer le v. 49 au précédent et au suivant : on aurait ainsi d'un côté les valets de ferme, gars vigoureux, et leurs mainlées ; et de l'autre, les belles jeunes bacelles ; entre deux, et comme à l'écart, les pauvres filles soit contrefaites : *clinchattes* « boiteuses » du verbe « clocher », soit avantagées à l'excès par dame Nature : *naynières* « tétonnières » ? On n'ignore point que la race lorraine est généralement des mieux dotées sous ce rapport ; et le titre même de notre poème fournit à l'appui un argument topique..... Mais passons ; nous aurons d'ailleurs occasion d'y revenir.

48. Lou. On s'attendrait plutôt à *zou* (cf. *zou fieuve* 101) dans la bonne langue de Metz au Sud et à l'Est. L'emploi de *lour* en possessif est plus caractéristique de l'idiome du Nord-Ouest, en tirant sur Briey-Amanvillers et environs.

49. *Clinchatre M°*.

51. Picelle. C'est ici M qui se trompe, imprimant *picllee*.

53. *Kallisson* P. — Effrekaye « affublées, affiquées » ; se rattache sans doute à « frusques ».

54 et 55 Melu, melu « milieu, miroir ». — Le second *melu* a pris un sens singulièrement diversifié de son acception étymologique, qui s'est néanmoins maintenue, témoin ce charmant passage du *Chan Heurlin* (chant I), où Panchon vient recevoir le bouquet que Mârice lui tend par dessus la haie mitoyenne entre leurs jardins respectifs :

> *Elle éprache en riant, lo prend pet d'su let baye;*
> *Pet d'su let baye ausstou let v'let qu'd rembréciaye :*
> *L'en at tote hontouse ; et, com s'on l'évin vu,*
> *Elle corre cheu zous rewatier dans l'* melu
> *Si n'ème en l'embréciant, dérangét set cornette.*

— A côté de « miroir », *melu* a reçu d'autres acceptions si particulières que je laisse mes correspondants s'en expliquer. 1º Par synecdoque, *melu*, a pris le sens de « visage » : *Oh ! l' bé melu*, dira un garçon à une fille en manière de compliment (B). 2º Mais là ne s'arrête pas l'évolution de *melu* qui a subi une métaphore postérieure, à en croire RT, qui d'ailleurs conteste le sens « visage » pour ne l'avoir point rencontré dans ses enquêtes si consciencieuses. Je le cite textuellement : « A Retonfey, et probablement ailleurs, *melu* s'emploie assez malproprement pour désigner le « derrière ». On dit grossièrement à quelqu'un en lui montrant son c... : *Tiens ! roudte to dan mo melu* » ! Plaisanterie d'un tour assez compliqué ; car celui qui se regarde dans un « miroir » y voit sa propre figure. Or, dans le *melu* qu'on lui présente ici, que va-t-il voir ? C'est comme si on lui disait : « Ta figure ressemble à mon c... » ! —

Et venant alors proprement à notre sujet : « Une plaisanterie ordinaire », ajoute-t-il, « est de dire à une fille : *T'as tu bé melu, ç'at domège què l'at fandu !* Je traduirais sans hésiter par : « Et qu'elles ont de beaux c.... » !

La démonstration est sans réplique ; et par ailleurs il est certain que ce dernier sens cadre mieux avec le ton général du poème ; on ne s'étonnera pas de voir un peu plus loin, notre vert-galant s'extasier devant les plantureux appas de sa grosse dondon, et exalter avec une compétence entendue la tournure, à ses yeux si voluptueuse, de sa vauzenatte aux puissantes mamelles et aux *grace neige de ky* 62.

C'est bien ici le cas d'employer l'épithète dite de nature ; et cependant un texte de peu postérieur montre que l'art venait en aide à la nature. Le berger du *Dialogue facétieux*, faisant le portrait de sa *basselle Zable*, parle de *so gro talon, sa jaune chemisatte, et son peche* (« pers ») *cotillon, son gro garde cu* (p. 23), sans doute une espèce de vertugadin, analogue au « boudin » que les femmes d'âge portent encore à la campagne (RT). — Revenant à quelques vers en arrière, ne semble-t-il pas que ce passage milite en faveur des *naynières* 49 ? Lorrain donne *nènet* « tétin » ; B interprète ce mot et celui de *clinchattes* par

« filles perdues », dont la réputation cloche, *vaches, catins*. A cette occasion, je note que ce dernier sens est attribué par l'un de mes correspondants au mot *enwaraye* « vache en fureur qui va au taureau », d'où, par extension : « fille nubile, qui recherche le mâle ». — Au lecteur d'en prendre ce qu'il pourra ou voudra.

56. *Cheken P.*

57. *Io M'*. — PONTEU, Pontoy, canton de Verny, était le siège d'un fief et d'une justice haute, moyenne et basse, mouvant du roi de France et appartenant au chapitre de la cathédrale de Metz. — Trois-Evêchés, bailliage et coutume de Metz (Parant : *Tableau indicatif des Coutumes... du département de la Moselle*, Metz, 1825, in-4º). — Pontoy, sur la route de Metz à Strasbourg, par Château-Salins, est à petite distance de Courcelles-sur-Nied, au sud-ouest. — La fête patronale de Pontoy se célèbre le 26 août, sous le vocable de S. Genès, le comédien converti, dont la légende locale a fait un ménétrier foulant aux pieds son violon (statue en l'église de Pontoy).

58. GODEBÈ « godebert » était à l'origine un vêtement militaire (cf. Du Cange s. v. *Godebertus*), justaucorps, pourpoint. Ce mot *Godebert*, qui manque chez Godefroy, désigne ici un vêtement de femme, du genre de ce que nous appelons auj. un caraco, un casaquin. Le contexte (v. 57) montre qu'il s'agit d'un costume de fête, ou, selon l'appellation générique du pays, un « déshabillé », c'est-à-dire un vêtement différent de l'habit de travail : c'est l'habit des dimanches, des jours de fête. Dans cette circonstance, l'action de changer de costume s'exprime par *matt' so bè r'ehd*, mettre son beau déshabillé, *sè bèl besagne*. Une mère tancera sa fille qui n'aurait pas changé son vêtement de fête pour se remettre à l'ouvrage, en lui disant p. ex. : « Tu vas faire la cuisine avec ton déshabillé ! *route tè bel besagne*, ôte ton déshabillé ». — On remarquera la différence de sens entre le fr. « déshabillé, vêtement du matin, costume de chambre », et le même mot en messin signifiant au contraire « costume d'apparat, sortie à la fête ». — L'étymologie de *godebert* doit être cherchée dans un nom d'homme. On rencontre en effet les formes *Galabert, Godeberta, Godalbert-a, Godrevert-a, Wodalbert* dès les VIIᵉ et VIIIᵉ siècles (E. Foerstemann, *Altdeutsches Namenbuch* s. v. *Beraht*). Il en serait donc de *godebert*, lequel s'est d'ailleurs maintenu en tant que nom propre (Gaudibert), comme de *pantalon*, de *gilet* et peut-être de *jaque*, d'où *jaquette*). — Le Dict. rouchi-français de Hécart donne *godiche godènète* au sens de « coiffe de femme », mais l'étymologie en est différente ; et d'ailleurs le *godebert* n'était pas une coiffure, mais un habit de taille, que notre texte est probablement le seul jusqu'ici à appliquer à cette partie du costume féminin, que les personnes d'âge portent encore aujourd'hui en étoffe verte (*vache*).

59 et 88. TREDOU DU ! Cette forme de juron familière, semble-t-il, aux gens du pays, n'a pas été relevée par M. E. Rolland dans sa collection de serments et jurons, qui s'appliquent seulement à la Vierge : *Tredame Tredinse Tredin Nostredinse* (*Mélusine*, IV, col. 307). — L'aphérèse de la syllabe initiale

du pronom « nostre » est un fait d'ordre essentiellement populaire. — Je ne mentionnerai qu'à titre de document folklorique l'interprétation de RT, d'après laquelle l'adj. *dou* « doux » devrait être corrigé en l'art. *don* « du » — et encore est-ce *de* qu'il y faudrait et non pas *du* — le tout voulant dire *Tron de Dieu*! juron énergique encore en usage. Mais pour nos deux passages, le sens s'y oppose autant que la forme; et d'ailleurs cf. 3 et 77 : *dou Jesy ! Pè lo dou Jesy !*

60. *Enpreume M'*. — Par une métaphore facile à saisir, ce mot a revêtu le sens de « seulement, à l'instant : *j'èrive empreume ènu*, « seulement aujourd'hui ».

61. Meumme désigne proprement le pis ou trayon de la vache, Lorrain.

63. *Keuje M'*.

65 et 68 Poideuh poideu, 1re et 2e ps. sg. de l'impf. de *poidè pouardè*, forme différenciée de *rouatier rwatè* déjà contracté de l'anc. *rouwairder*, fréquent dans les Chartes, ainsi que ses dér. *rouwart rowart* « regard », *eswardours* « gardiens, magistrats de police ». — Cette forme, dans laquelle *p* s'est développé de *w*, est propre au parler de la région sise au nord-ouest du mont Saint-Quentin, à Amanvillers, à Avril, à Pierrevillers et dans maint village du canton de Briey. C'est le mot le plus topique, dans notre texte, de l'idiome du Pays-Haut. A côté de *poidè* (*rouater*), je relève une forme diversifiée en *louadè*; le *Dialogve facétievx* nous montre le berger jouant de la flûte en *louadant* (gardant) ses bêtes (p. 27). — 68 *Je ne sè se t'y poideu gotte*, si tu y voyais goutte, si tu y prenais garde.

65. Hoüoy. Je ne peux expliquer ce mot, car il ne faut pas songer au verbe *houyè*, appeler en criant, aussi faire un cri public, huchier (*Flippe Mitono*, acte I, sc. 8), d'où *wayes* « crieurs publics » dans le *Dict. wallon*. Le sens n'y contredit pas, mais la forme s'y oppose invinciblement, qui exigerait *hoñeue* en corrélation avec *poideue* 65, *monneñe* 66, *atteñe* 67. — Faut-il traduire ce vers ainsi : « Et je te regardais sans cesse, oh oui !...? » — On me donne aussi la forme *houoy houay* au sens de « écoute », impér. qui alors doit être rattaché à « ouïr ».

67. Avjancie, « agencé » au sens de bien habillé, paré. — Lorrain donne le v. *aiguincher*, « habiller, accoutrer », comme une forme péjorative de « agencer ».

69. Akeunefoy (*A keunefoy P*), « aucune fois, quelquefois », qui ne doit pas être confondu avec *ankonsfoy* (àkon'fwę, kon'fwę, Zeliqzon, pp. 64, 69) = encore une fois, à nouveau.

71. Chaillon est-il en rapport de sens avec le v.-fr. *caillon* « caillette, jeune homme écervelé » ? Il semblerait plutôt qu'il s'agit ici d'un homme d'âge mûr qui galantise sa servante. Cf. *chaillé, chayé*, Lorrain « refroidi », *chalo*, Jaclot « mou, sans énergie ». D'après cela, *chaillon* représenterait un « amoureux transi ». — D'autre part, P interprète par « souillon, vieux sale ». Il y a en effet un verbe *cheuillè* « souiller », cité par Adam (p. 405) au patois de Landaville. — Toutefois RT donne une autre explication qui semble, à première vue, plus

appropriée : « *in chaillon*, dit-il, *ç'at in piat réborou*, un petit propriétaire qui laboure et charroie avec un cheval. A la date du poème, le *chaillon* était peut-être, au milieu des autres paysans, une espèce de faux gros hère, qui pouvait *affetiè sè demejale*, et dont il semble que l'on se moquait un peu ». — Si l'on accepte cet ingénieux commentaire, les vers 71-74 feraient allusion à une anecdote locale, à une chronique scandaleuse de village. Mais il vaut mieux, sans doute, leur laisser une signification générale et allégorique qui leur donne une plus grande portée.

72. DEMEJALE. — J'ai déjà eu mainte occasion d'étudier ce mot, aussi remarquable par la dégradation du sens étymologique que par celle de la forme : *demozelle, damoxele, demesale, damexale, demejale*... et auj. *dieumebole*, — « demoiselle, vierge, ...servante (dans notre texte, servante-maîtresse), fille de basse-cour ». — La fille de la maison se dit *basselle baicele* :

Eun' baicelle din lai môhon (maison)
Bone baicelle.
Dou baicelle... prou de baicelle.
Treu baicelle..., trap de baicelle.

Quouaite baicelle din lai môhon
Ç'a fd aivou lai mère,
Chine diale cont lou pere.

On a vu plus haut p. 348 que le fr. « demoiselle » s'est réintroduit, avec son sens propre, dans le patois *dmoinzelle*, qui forme doublet avec *dieumb'bole*. Parallèlement à *dmoinzelle*, se rencontre *mamzelle* avec la signification, aussi empruntée au fr., de « mijaurée, précieuse », spéc. : « dame de ville ». L'opposition est bien marquée dans le couplet suivant d'une chanson satirique :

Ja vu des fommes, des bacelles
Se far 'pesset po des *mamzelles*;
O Trimazo!

(*Bucoliques*, p. 93).

73-74. Vers peu clairs, qui font l'effet d'une glose. Le sens qui paraît se dégager le moins obscurément est que le vieil amoureux manifeste sa flamme par de pauvres discours sans grand effet; aussi bien, en pareil cas, n'est-ce pas de paroles qu'il s'agit.

75. *Eillet M'*; cf. 43.

76. PRAKEN. Le sens n'est pas douteux; les *fauce vielle que präken* ainsi sont les légitimes descendantes des *faulx mesdisans* qui conspirèrent toujours contre la tranquillité des amants. — Lorrain a recueilli ce mot de notre poème, RT le connaît aussi. Il est plus difficile de déterminer son origine. Faut-il le dériver de l'all. *sprechen* avec une acception péjorative (comp. *rosse, hère*...)? Ce serait le seul vocable que notre texte aurait emprunté à cette source, et d'ailleurs le mot qui exprime l'action de « parler » n'est pas de ceux qu'on ait besoin d'aller chercher dans un idiome étranger. — Le lorrain *praquai*, Lorrain, *praché proché*, Jouve, le vôgien *proké*, Haillant : (*Diction.*) ont le sens de « parler et prêcher ». A Gérardmer *prochmô* « prêchement » a le sens de « discours, allocution (*Ode à l'Impératrice Joséphine en*

1809, dans *Nouveau Guide aux eaux de Plombières*, Paris, 1858, p. 259). Dans le *Recueil des Noels* de Toul, je rencontre (p. 117) *praquai* comme adjectif : *Paix, couje teu, peut praquai*, « Paix, tais toi, vilain bavard » ! — On me suggère aussi le rapprochement de *prakè* avec *braquè broquè* « rompre le chanvre avec le *bracu* ou macque »; les femmes qui font cette opération n'y ménagent le prochain non plus qu'au lavoir : d'où l'acception de « jaser, bavarder à tort et à travers », que RT croit avoir entendu donner à *brakè*. Il conviendrait de s'en assurer plus à fond. — Adam relève *brachè brachî* au sens de « crier » (Dompaire, Allain-aux-Bœufs) à côté de *prauchè* « parler » (Le Tholy), et *prakè* (Ban-sur-Meurthe); cf. *Patois Lorrains*, pp. XXIX, 174, 234, 420, 421. — Peut-être y a-t-il eu fusion entre *prêcher* et *sprechen*?

79. *Veraumin M'*.

80. *Se P*.

80, 133, 164, 174. KINDE KOINDE, 1re et 3e pers. sg. de *cuidier*; pour l'explication du son nasal, voy. ci-dessus p. 345. — Lorrain, le seul des lexicographes qui ait dépouillé le texte de notre poème, commet ici l'erreur de supposer un infinitif *coinder*. L'erreur eût été moins grave de prendre *koinde* pour une déformation de *compte* « estimer, penser ». — Au reste, les textes populaires messins (et wallons) offrent telles formes verbales qui paraissent à première vue hétéroclites, dont l'analyse a cependant promptement raison, et qui n'ont pas autrement arrêté les anciens lexicographes. Je citerai seulement, à titre de spécimen, la méthode employée par Dom Jean-François, l'auteur du *Dictionnaire wallon-celtique-roman*, etc., qui est des plus commodes; elle consiste tout simplement à fabriquer un infinitif avec le thème de telle ou telle forme flexionnelle, dont on ne voit pas tout d'abord la concordance avec l'infinitif normal. C'est ainsi que sur *vinxent*, 3e ps. pl. parf. de « venir », il a construit l'inf. *vinxer* dont *vinxent* devient, naturellement, la 3e ps. pl. de l'indic. présent. Le même procédé de simplification donne naissance à *taixer* « taire », à *solre sore sever* « savoir » à cause de *sorent sèvent*, à *reprinre* « reprendre », à *jeixer gexeir* « gésir » à cause de *geixent*. Du même verbe, le fut. *jerra jeura* amène l'infin. *jeurer*, à côté duquel on trouve encore *geoir*; et de même *lerra* engendre *lerrer* « laisser ». De la 3e ps. sg. du subj. comme *die oie*, procède *dyer ocier*; dérivation surtout fréquente avec les formes en *ce, ge, se* : *vence* de « vendre » a déterminé *vencer*, et tout pareillement l'impf. *vendixe*, l'inf. *vendixer*; *viegne* de « venir », *viegner*; *demource, demourceir*; *porce, porcer*; *paice, paicer*; *pregne, pregner*, etc. J'en passe et des meilleurs. La forme *sciesse, soice*, qui se rapporte à *seoir*, est d'une genèse plus difficile : elle vient de *sic esse* (sic)! — De pareilles dérivations, le *Diction. wallon* en compte près de 70. Ceci dit pour justifier notre assertion que G. Brunet renvoyant le lecteur de la *Grosse Enwaraye* au Diction. de Dom Jean-François, pour l'explication des mots vieillis ou difficiles, montre par là même qu'il ne l'a pas ouvert.

85. COUILLÉ « cultiver » et non « cueillir, pop. cueillé », pat. messin *kyeu*.

— *Couiller couyer* de notre poème équivaut à *coudi*, lorrain, *coudiè*, d'où le dér. *coudeure*, Jaclot, Rolland, en v. fr. *couture* « culture »; au sens spécialisé de « labour à la bêche »; *coudier couyer* « défoncer une terre, bêcher ». Cette acception est courante dans toute la région dite des *Queulots* (voy. v. 117), à l'est de Metz jusqu'à Charleville près Boulay, B. RT. — *Cheuenire* M'.

86. BAÔB, *bauv bouv* dans les Chartes anciennes, « mare, fossé bourbeux », c'est la fosse à rouir le chanvre, le rouitoir ou *sauvu*. — C'est le nom d'une ancienne rue de Metz au quartier de la Basse-Seille. — Dér. *bauatte*, *bauotte* et *bowlote*, en bressaud *buate*, « petits insectes qui pullulent dans la *baue*, et par extension « charançon du blé ».

87. BÉRADÉ, « Beraudel », dim. de *berrd* « bélier, mâle de la brebis ». — Lorrain rapproche *béri* du v. fr. *béraud*, *bérou*. Le romand a *berou*, qui se retrouve sans doute dans le berrichon et poitevin *loup berou leu brou*, « loup garou ». En wallon, *bara*, bélier (J. Defrecheux, *Vocabulaire de la Faune wallonne*, dans le *Bulletin de la Soc. liégeoise de littérature wallonne*, t. XII, 1889). *Beraudel* existe comme nom propre; il est devenu *Baradé* dans le patois de Lunéville (Jouve : *Noëls*, p. 49).

89. *Naigagnin walé* M'.

90-94. Énumération des mets dont se composait, au XVIIe siècle, le déjeuner du matin chez les paysans et tâcherons de ferme. A l'exception de *pikanat*, aucun de ces mots n'offre de difficulté. — *Cratau* sont « croûtons » ou entamure du pain. — *Frataye* « frottées », tartines de lard étendu sur le pain et frottées d'ail ou d'échalotte (Auricoste de Lazarque : *Cuisine messine*, p. 174). — *Nevê* qui pour la forme répond à « naveaux » et non à « navets », désigne la « rave de juif ». — Sur *chalat*, cf. 31. — *Makeujon* est le nom local (voir ci-dessous) du tubercule de la gesse tubéreuse (*lathyrus tuberosus*). — Les *prines* et les *poires blasses* complètent le menu de ce repas, où les *pikanat* serviraient de condiments (cornichons?) — En cette acception, *pikanat* doit être rattaché au même thème qui a donné *peeq*, *pikles*, et à Metz dans des textes du XIIIe siècle déjà *bucq-holz bequehoirs* (cf. *Romania* I 351, II 256), *bucq-jol* (Dict. Wallon), *biquehau* (Lorrain), au sens de « hareng sec ou fumé », et rappr. *piquarel*, même sens chez Furetière, anc. wallon *picque*, saumure des harengs. — Je ne saurais donc acquiescer à ceux de mes correspondants qui interprètent ce mot par « piquette, vin fierlet », qui se dit *pichelat* à Nomeny p. ex. A elle seule, la marque du pluriel *lè p.* suffit à détruire cette hypothèse. Ainsi que les *maeusons* et les *chalats*, les *pikanats* sont un mets et non une boisson. — En dernière heure, cette induction est confirmée par H, qui commente *pikanat* par « petits oignons, comme les oignons de Mulhouse ou ceux qui poussent en tête sur la tige de certaines variétés et que l'on sème petits ».

93. *Makujon* M'. — Voici quelques formes de ce mot, qui paraît appartenir spécialement à la région de l'Est, de l'Oise à la Côte-d'Or en passant par le Loiret. C'est à la riche nomenclature de M. E. Rolland que j'emprunte la

plupart de ces dénominations. — Oise : *macuson macjon megason*. — Loiret : *méguson, souris de terre*. — Côte-d'Or : *méguson, arnotte (noix de terre)*. — Haute-Marne : *macuson-jon marcujon-son margujon-son maig-son naicujon-son*. — Aube : *Malcuison-tuyson mécujon-gujon marcuillon marcuson-jon marluson martuisiau bacujon, pistache de Marcou*. — Yonne : *martujot, pain berlu*. — Marne : *Macusson marcusson*. — Meuse : *maquijon macuson ma-me-queuzon mar-mer-cusson macot, glands de terre*. — Meurthe : *macuson méqueuson* (Boucq près Toul, où ce même terme désigne aussi les testicules du jeune porc, bons à manger après la castration). — Vosges *maque- maigueu- méque- moc- mocujo- hon- bhon*. — Moselle, *mac-maqjon- quebon- ch'bon, moc-moq-jon..., macaron* (Landroff), *marcusson* (Woippy). — Toutes ces variantes, dont la plupart ne s'emploient qu'au pluriel : *lè m.*, reconnaissent comme primitif le mot *Marcou*, « chat mâle », plus proprement « les testicules du marcou ». Les valeurs « souris, noix de terre » expriment la forme et le volume du tubercule; cf. l'expression « gland de terre » qui désigne la gesse sauvage ou jarrousse. L'allemand dit d'une façon analogue : *Erd feige-mandel-eichel-nusz*... — On ramasse les *macusons* à la suite des labours; leur saveur approche de celle des châtaignes (Doisy, *Flore de la Meuse*, p. 667). — Je note à titre de coïncidence purement formale le dér. *Méguechou* « Marguerite » dans la Meuse (Cosquin, *Contes pop. lorrains*, n° 72).

95. Gosse « gosier » et par extension « estomac, panse », se dit proprement d'un animal (Scheler, *Dict. d'Étymologie* s. v. *gosier*, et cf. Zéliqzon, p. 22, où sont exposées les différentes formes patoises dérivées du lat. *gurges*); — se faire une *gasse* ou une *gosse*, se gaver, RT; même sens à Boucq près Toul. — Dér. *gossâ -âte* « qui a une grosse gorge ». Si l'on pouvait songer à rapprocher le messin *gosse* de l'allem. *Gasse* « rue, rigole », ce rapprochement serait facilité par l'expression « rue au pain » que le parler populaire donne pour synonyme à *gosier*.

96. *Chantin* P.

98. *Grand M'*. — *Plagi* P.

99. *Mako* P.

100. Chibuve, proprement peau de chèvre, cornemuse; dans les Noëls de Toul : *Il farèt mordable! Dansi et l'etabe... A son de let chive de Chan* (p. 36).

101. Meuntrè « ménétrier ». — Outre cette acception formellement indiquée par le contexte, *meuntré* a aussi le sens de « amoureux, galant ». Une fille demande à sa compagne : *Tè n'è m'vu aujd'hu to meun'tré?* « Tu n'as pas vu aujourd'hui ton amoureux ? » RT. — Cette acception, très usuelle, est passée, par extension de sens, du joueur de violon à celui qui mène danser sa belle au son du violon.

101. Zov (*zou* M'), fém. *zoute*, est à la fois pron. personnel = fr. « z-eux », et pr. possessif « leur ». Zéliqzon donne (p. 33) *zow* comme paradigme du patois d'Amanvillers (Pays Haut). Ce pronom revêt un grand nombre de formes

différentes dans les parlers lorrains et vôgiens, voy. Adam, pp 74-5, 83-4. —
Une imprécation analogue au *Zou fieuve* de notre texte se retrouve ailleurs,
p. ex. dans une chanson du XVe siècle : « Leurs fievres quartaines! », citée par
de Puymaigre, II, 95 ; et dans Molière : « Votre fièvre quartaine! » (*L'Etourdi*,
a. V, sc. 8 ; *Les fourberies de Scapin*, a. II, sc. 8).

102. *Vuaignid M*.

104. MAGIRE, anc. *maxeire*, *maixère*, désigne un terrain non cultivé, une
friche, comme il s'en rencontre dans tous les villages. La *magire* est donc,
comme le *paky*, un endroit propice à la danse ; et en raison de son état de
friche, il sert sans doute aussi à d'autres usages. C'est ainsi du moins que RT
commente les vers 107-8 : « Si le jour du bal, les bacelles y *peucho*, ce sera au
même endroit où les autres ordinairement *chie* ». Honni qui mal y voit! et
certes notre vertugoy de n'y voir aucun mal.

104-6. Ainsi que pour *Medjaleine* 12, je dois les renseignements topographiques qui éclairent ce passage à M. l'abbé Vion, qui a pris la peine d'étudier
notre texte sur place. MAGIRE *majire*, marais, prairie à regain ; on donne
surtout ce nom aux anciens lits de la Moselle desséchés, Lorrain. Dans
l'espèce, *magire* désigne une pièce de terrain vallonné, dont le fonds est
occupé par une petite mare, à l'entrée d'un petit bois, du côté de Mercy-le-
Haut, près d'un étang dit étang de *Kr'belle* (Courcelles), et que la carte de
Fabert (1610) appelle étang de Mercy. Notre *magire* est donc située entre ces
deux villages. Sur cet emplacement on a construit une maison à usage de
ferme, dite encore la *Magire*.

105. CONTE LO TAU DE MECHIRE. Appuyé sur les données précédentes, nous
traduirons par « à côté de l'étang de Mercy », bien que nous n'ayons pas rencontré dans les textes *tau* en valeur de « étang ». Les divers patois de Lorraine et
de Vôge donnent à la graphie *tau taut tot* les acceptions multiples : « étau, étal,
table, établo, temps, toit (aussi à Metz *tô*) », dont aucune ne convient ici. J'avais
d'abord pensé à écrire *l'otau dè Mechire* « l'hôtel, le cabaret de Mézières (nom
d'homme), mais il aurait fallu *otei* et non *otau*, du moins dans la bonne langue
de Metz. Ce ne peut être non plus un *estaut* « frontière, limite, marche »,
puisque les marches d'estault n'étaient établies que sur la ligne de démarcation
des territoires de la république messine et du pays voisin étranger, Lorraine,
Luxembourg, Allemagne, Evêché (voy. *Guerre de Metz en 1324*, Glossaire,
s. v. *Estaul*). Or, le village de Mercy ressortissait à la même juridiction que
Courcelles, tous deux étant à cette date Trois-Evêchés. — Il faut donc s'en
tenir à « étang », et attribuer la forme *tau* à l'influence de la nasale. *Stagnum*
ou plutôt *stagna* a donné, d'une part, *tange*, qui est resté dans *Belle-Tanche*,
nom d'une ferme et d'un château, près de Borny ; la *Belle-Tange*, anc. prieuré
de l'ordre de Prémontré, dans un titre de 1215 que j'ai vu chez feu Clerckx,
ancien bibliothécaire de Metz et alors propriétaire du château ; *Belle Stainche*,
Belle Stanche, *Belle Tange*, dans les documents postérieurs, patois *Belle Tinche*.
Voilà pour la forme féminine. Le neutre (ou masc.) *stagnum* a donné *stanc*,

tau, d'où par l'éviction de *u* résonnant, non nasalisé, *ta-u tā*, puis par la notation de *ā* en *au* habituelle au dialecte, *tā = tau*.

MECHIRE « Mercy ». Pour l'aspirée *ch = rc*, cf. *Kochelle = Courcelles*. — Il y a trois villages du nom de Mercy dans le Pays Messin; il s'agit ici de Mercy-le-Haut, canton de Pange, dénommé depuis une trentaine d'années Mercy-lez-Metz, afin de le distinguer d'un autre Mercy-le-Haut sur la frontière luxembourgeoise, près d'Audun le Roman. — Mercy était siège d'une seigneurie avec haute, moyenne et basse justice. — La prononc. populaire est *Mècby*, *Mècbly*, anc. *Mexey Merchey* (*Chronique de Jacomin Husson* (édition Michelant, pp. 40 et 42); ses habitants sont dits *lô Mechire* B. — Si cependant *Mechire* est un nom propre d'homme, une dénomination individuelle et non pas collective, alors *lo tau* sera la table ou l'éventaire d'un mercanti, où se vendent des sucreries, des potiquets, où l'on tire aux couteaux, etc... En ce sens, *lo tau* existe encore dans les fêtes de campagne, H.

106 et 142. *Angeuche* M°. — PERRÉ et POIRE D'ANGUEUCHE, *d'angausse*, *d'angouxe* (Aubrion au Glossaire), « p. d'angoisse », c'est-à-dire qui happe au gosier, et ne se peut manger que cuite ou blette, *blasse*. Cette espèce est estimée dans le pays. Est-ce la même que celle qui figure dans le *Dictionnaire de Ménage*, où on lit s. v. *Angoisse*, cette définition du messin Le Duchat, l'érudit commentateur de Rabelais : « Cette poire est bonne dans sa maturité. Loin de prendre à la gorge, la chair en est si douce qu'elle mollit de bonne heure ». Ménage, citant un passage de la chronique de Geffroy, prieur du Vigeois, s. a. 1094, donne à ce fruit pour origine le nom du village de *Angoisse*, près de Saint-Yrieix (auj. département de la Dordogne, arrond. de Nontron); et cette étymologie est acceptée des spécialistes; cf. E. Forney, le *Jardin fruitier*, I, p. 237; J. Decaisne, le *Jardin fruitier du Museum*, II, p. 203; André Leroy, *Diction. de Pomologie*, I, *Poires*, p. 145 : « aux environs de Périgueux sur le bord du Loudour, s'élève un poirier huit fois séculaire. Charles Estienne le mentionne dans son *Seminarium et Plantarium fructiferarum... arborum*, 1540, p. 70..... De 3° qualité pour le couteau, de 2° pour la cuisson, de 1re pour le pressoir, cette espèce de poire est très répandue et mérite de l'être davantage. C'est la plus anciennement connue des poires françaises ». Joret, *Flore normande*, en dit autant pour la Normandie. — Elle a plusieurs synonymes : blanc-collet, passe-grise...; voy. les auteurs ci-dessus mentionnés et Belèze, *Diction. de la vie pratique*. Charles Estienne, *Prædium rusticum*, 1554, p. 178, la dénomme p. d'*Estranguillon*. — Auj. dans les Ardennes, *p. à voleur* (communication de M. A. Salmon). A Metz : *p. de renard*, *certiaux* (sans doute la même que *certeau madame* cataloguée par Bonnefonds, le *Jardinier françois*, 1651); *pouhèr d'angeuhh*, *étraugnante* ou *tranliante* « qui étreint, étrangle ». — On voit encore aujourd'hui se dresser un *grand perré* au bord de la mare de Mercy; c'est l'un des derniers survivants des poiriers sauvages, jadis plantés sur le territoire de chaque village pour les fruits en être partagés entre les habitants (cf. Verronais, *Supplément à la statistique*, p. xi).

109. Gĕ = v. fr. *gieus gens*, prov. *gens ges gins gis*, catal. *gens gintz*; particule qui renforce la négation; se rencontre très rarement dans la langue d'oui et seulement dans les plus anciens textes : le plus moderne est la *Vie de saint Thomas* que Garnier de Pont-Sainte-Maxence écrivit en 1176. *Giens gens*, dérivé du lat. *genus* (G. Paris dans *Mém. de la Soc. de Linguistique*, I, 189-192), s'est maintenu dans quelques patois du centre-sud : forézien *gin*, lyonnais et savoyard *dzins zins*. — La présence de *gĕ*(n) dans notre texte est doublement intéressante à relever, en raison de sa localité et de sa date ; c'est une épave archaïque, et très probablement un ἅπαξ εἰρημένον.

113 et 158. MIN dans *taymin temin* est abrégé de *mamin* (avec la nasalisation caractéristique de *l* final, cf. p. 345); Adam a relevé (p. 332, 343) entre autres formes de ce mot : *mammie mămmin mamméne mammiche manmin* (voy. p. 382, et rappr. *catlche* et *catin*, à Metz *caiti*), dont les deux dernières sont aussi données par Rolland, avec celles de *pampin* « grand-père », *onclin* « oncle », *tantin* « tante ». A Nomeny *min* « grand-mère ». A Cirey *mami* (chanson mste). Aux environs de Briey *papi mami* (impr. *m'ami*) « grand-père, grand'mère » (Verronais, *Supplément*, p. XXIX). — Au v. 140 *memin* = m'amie ; pour d'autres exemples de ce mot, voy. Zéliqzon, p. 53, *m'emin*; de Puymaigre, II, p. 226, *ma mein* dans une chanson reprise et remaniée par Jaclot (*Almanach pour 1853*, p. 24 et au glossaire *m'emin*). — Sur quoi l'on remarquera que les mots terminés par *i* nasalisé ne prennent pas la marque du féminin : *almin* = « ami-e ».

114-117. *Beurau, ne vou M⁰*. — Le nom *Beutau Drouët* équipolle à *Bertaut Drouet* (dim. de André); — en Bourgogne *Beutot* est le sobriquet dim. de *Leboeuf* (Demigny), mais nous n'avons pas affaire ici au même thème. — *Triat* = *Therriat Thiriat*, dim. de *Thierry*. B me signale que, dans le village, on se rappelle encore un nommé *Chan Thiriat*, mais sans indication de date. — Pour *Toty*, je ne sais à quoi le rattacher si non à *Tony* (*Antoine*), qui d'ailleurs n'appartient pas à la région septentrionale et se rencontre surtout dans le centre-est, Bresse, Lyonnais. — Rolland donne *Totiche* comme dim. de « Anne » ? et RT identifie *Tontiche* avec « Toinette Antoinette ».

117. *Di P*. — MARE DE CHATY « maire des Chétifs » (sur l'origine et le sens de ce mot, cf. Du Cange, s. v. *captivare*). — La confrérie des *Chaty* remonte probablement à la même époque que celle de la Mère Folle de Dijon et des autres sotties analogues. Originairement établis dans un grand nombre de villages (Noël, *Mémoires pour servir à l'histoire de Lorraine*, n° 111; *Austrasie*, t. II (1837), p. 160), les *Chaty* ne se sont maintenus qu'à Failly, village distant de Metz d'environ deux lieues à l'est. — L'auteur de la *Promenade archéologique au village de Failly* (*Austrasie*, IV (1839), pp. 198 et ss.), donne sur cette institution des détails circonstanciés que M. de Puymaigre a résumés dans son recueil de *Chants populaires* (1ʳᵉ éd. p. 419; 2° éd. t. II, p. 221). J'y ajouterai quelques traits d'après RT et B (M. l'abbé Vion a été curé des Queulots à Failly). — La confrérie des *Chaty* a pour objet de célébrer les jours gras par des réjouissances *sui generis*. Ses officiers sont au nombre de cinq :

un maire et quatre conseillers. Si le maire vient à mourir dans l'année de sa charge, la confrèrie est abolie *ipso facto* : et c'est pourquoi elle n'existe plus actuellement qu'au seul village de Failly. L'élection du *mare* se fait le premier dimanche de Carême; c'est lui qui marie les *Vauzenattes* (v. c. m. ci-dessus), et qui, le dernier dimanche de son exercice, c'est-à-dire le dimanche gras, préside à la cérémonie burlesque renouvelée en quelque sorte du supplice de la *Xuippe*, jadis infligé aux malfaiteurs par les Sept de la Justice de Metz. Toutefois, au lieu de faire faire au délinquant plusieurs plongeons dans l'égout du Champ à Seille, l'exécuteur ou *keulo* se contente d'asperger et, si faire se peut, de barbouiller les passants au moyen d'un torchon attaché à une perche et imprégné des matières les plus dégoûtantes; il vise tout naturellement aux plus belles toilettes, car la cérémonie a lieu à l'issue des vêpres. C'est généralement au garçon marié le dernier dans l'année qu'incombe le soin de maintenir la tradition; c'est la charge du *keulo*, *queulot*, *culot* (le dernier né d'une portée, en bourg. *cloeû*), et ce nom est devenu l'appellation ethnique des habitants de Failly. La malice populaire s'est égayée sur le compte des *Queulots*; voy. de Puymaigre, 1º éd. pp. 419 et 455; 2º éd., *l. c.*; — Jaclot, *Almanach pour 1854*, p. 48-9, version un peu différente et sans doute arrangée par l'auteur qui dit *keulats* au lieu de *keulots*, prononc. locale. M. Auricoste de Lazarque, qui habite non loin du pays des *keulo*, publiera bientôt un recueil sur le Folk-Lore du Pays Messin : le *mare dé Chaty*, portant la lance au millésime de 1444 gravé sur la hampe, et le *keulo* armé de la perche au torchon dégoûtant d'imondices, y figureront au premier rang. — On voit que ce n'est pas sans raison que notre vertugoy se défend d'inviter à ses noces prochaines (*coran li noce* 124), le *mare dé Chaty*, bien qu'il soit son neveu; Toty est un joyeux compère, trop joyeux sans doute, et farceur de mauvais goût, puisque son oncle le qualifie de *malestrite kaigne*.

121. *en P.*

122. *ie M'.*

123. BRARE. Le langage populaire emploie généralement *braire* au sens de « pleurer », et c'est la seule signification de ce mot à Metz. Il semble pourtant que l'acception « crier », plus immédiatement voisine de la donnée étymologique, convienne mieux dans l'espèce, surtout après le vers précédent où le vertugoy se vante qu'il fera le diable à quatre le jour de ses noces. Un usage antique voulait que les mariées pleurassent très haut à la messe des noces; ce sens serait bien en situation, s'il était exprimé par la vauzenatte en place du vertugoy. — Pour ces deux vers, RT présente un système de correction consistant à lire, au lieu de *Je ne vora me*, *Je ne vran' me f. h. b.* = nous n'irons pas pleurer..., et au lieu de *J'ayran, pa Di l coran li noce*, *J'iran corr' en l. n.*, = nous irons courir à la noce. Mais cela ne satisfait ni à la mesure ni au sens. — Ne pourrait-on surmonter la difficulté en donnant à *brare* la valeur intermédiaire « se plaindre en braillant »? Dans cette hypothèse le passage

s'expliquerait ainsi : « Je ne veux pourtant pas me désoler si fort d'attendre, puisque notre mariage va se faire tout couramment ».

124. *pudi* P.

126. *a premenci* P.

127. *Baye* P. — Dans *Flippe Mitonno* la même situation se trouve reproduite dans les mêmes termes :

Flippe :... bage mot. — *Ourselle* : Veittant. — *Flippe* : Chien preye (a. III, sc. 3).

129. *Hi* P. — Lo fay Stalva « le si fait Stalvat ». — La graphie de notre poème serre de si près la prononciation (et ce n'est pas son moindre mérite), que j'ai dû renoncer à interpréter, avec tous mes correspondants, *fay* par « fils ». Aussi bien « fils » se dit *feu fe* (Glossaires), son bien différent de *fay* ou plutôt *fdi* avec l'accent sur l'*a* (cf. *fare brare* et tous les ex. de dipht. *ai* réduite en *a*) : donc, *fa fai* sera le fr. « fait », si fréquemment employé comme adj. péjoratif. Les citations abondent dans la littérature locale; citons seulement dans la comédie de *Flippe Mitono* : in *s'fa* état (p. 33), in *s'fa* affront (p. 36), des *sfates* novelles (p. 58), in *s fa* drille (p. 62), in *s fa* guéchon (p. 66), *sfates* essares (p. 67), etc.; et en dehors de Metz, *desfet* présents (*Noëls*, Toul, p. 118); in *s'e* guignon (Adam, p. 427, patois de Vagney, La Bresse). La fréquence même de cette expression en a affaibli la valeur première, et *s'fait* on est venu à signifier simplement « pareil, semblable », comme dans plusieurs des ex. cités. Mais ce n'est pas le cas ici, et *s'fay* (car il faut rétablir l'adverbe *si* qui donne toute sa valeur à l'adj.) n'a rien perdu de son acception péjorative. Pour s'en convaincre, il n'y a qu'à se reporter au portrait peu flatté que le vertugoy fait de son rival, auquel il ne ménage pas les touches sombres. Je traduis donc : « le sacré Stalvat ». — *Stalvat* dér. d'Estienne (?).

131. Secraêment répond lettre pour lettre au fr. « secrètement »; cf. v. 40.

132. *vereu* M'.

133 et ailleurs. koinde kinde. On a vu p. 345 que cette forme répond au fr. « cuide, lat. *cogito* ». D'après P, elle correspondrait aussi à « compte, *computo* ». Les moyens de vérifier cette assertion me font défaut, et je ne la signale que pour mémoire, puisque « cuide » est satisfaisant de tous points.

133. Enhonchié, *enboncher* Lorrain, *anhonche* (*-cheu*) Zéliqzon, Rolland, *ahonchi* Adam, « empoigner, encocher, serrer, mettre dedans avec force », se rapporte sans doute à *enoschier* « faire une hoche, une entaille ». Faut-il prêter à ce mot un sens érotique ? C'est peu probable, étant donné l'esprit général et le ton du poème plus grossier que sensuel. *Enhonchié en meriege* une fille, c'est simplement la prendre à femme.

136-142. Sept vers difficiles et obscurs, passage dont je ne suis pas maître, dont le sens décousu ne se rattache ni à ce qui précède ni à ce qui suit. Y a-t-il interpolation ou lacune d'une ou deux paires de rimes ? Il ne faut pas non plus compter sur la ponctuation pour faciliter l'intelligence de ce morceau. Voici ce que j'en puis saisir : Pour s'attirer la préférence sur son rival, notre Vertugoy énumère à sa Vauzenatte les avantages de tout genre qu'il peut lui offrir. Tout à l'heure il fera son portrait physique et moral qu'il mettra sous un jour plus beau que celui du *s'fait* Stalvat, ainsi que cela est bien naturel. En vrai campagnard à l'esprit pratique plus que galant, il commence son énumération par l'étalage de son opulence relative ; il s'agit vraisemblablement des produits du sol, d'une récolte, d'une cueillette de fruits dont il lui donnera tout à son gré. Mais le détail ne m'est pas clair. — 136 *à moin ton dré*; *dré* « drap » au sens spécifié de « serviette ou tablier ». *Amène (apporte) ton tablier* (*ton* étant ici explétif comme *son* dans *so ne pié* 16); mais *amoin* n'est pas régulier comme impér. de « amener »... — 137 « et certes (alors, dans ce cas), tu auras des gironnées », c'est-à-dire plein ton giron, en abondance, autant que tu en voudras. *Gironnée girnée*, environs de Toul, la contenance d'un tablier, d'un *r'jon* (Nomeny).— 138 « encore (terme d'affirmation, car, oui bien) en avons-nous (en ai-je) plus de deux rez ». Au pays messin et toulois, le *rez* ou *ré* est une hotte en sapin : *J'evins des r'jins bien mûrs plien des batt's à sépin* (*Lé Beteille au chaucul*, dans les *Bucaliques messines*, p. 129).— La contenance du rez est de 40 litres ; connu aussi sous le nom de *tendelin* (Boucq et environs de Toul), c'est l'unité de mesure pour le vin. Le *ré* sert aussi pour la cueillette et l'apportage des fruits. — Dér. *resal resau*, fréquent dans les chartes de la Vôge ; *rasière* en Flandre. Du lat. *rasum* « plein à ras, à rez ». — Dans la description de la vendange (*vandome*) en patois d'Augny, à l'ouest et près de Metz, Zéliqzon fait mention de la *hotte* et du *ré* (p. 61 et 62), qu'il donne justement comme synonymes dans son glossaire : *rẹ = hot'· oder Tragbütte 40 Liter enthaltend*. Par quelle inadvertance donc a-t-il laissé subsister dans la traduction de la *Vandome* (p. 62) une erreur aussi grossière qu'inexplicable ? Voici le texte : « Les vendangeurs ne gagnent pas tant que *lè p'tou d'hot ou byen lè su kè pout' lè ré* (je résous sa graphie en caractères ordinaires); et voici la traduction : « que les porteurs de hottes ou bien ceux qui portent les *rats* » ! Et de même à la phrase suivante : « *An pout' lè ré d'sus l' chei dan dé keuvel'*..., on porte les *rats* sur la voiture dans des cuves » !? — Au reste, cette description de la vendange est un des morceaux dont la traduction laisse le plus à désirer. — 139 « Quand tu les auras (ou auras) bien *endouré* ». Ignorant ce dont il s'agit (des fruits?), je ne sais comment rendre ce mot. B traduit par « odorer, flairer ». Le sens « endurer » ne paraît pas s'adapter au contexte ; et d'ailleurs il faudrait *andeurié* Jaclot, *andoeryeu* Zéliqzon, § 55 et gloss. Ce même verbe *endeurié* m'est donné par P au sens de « ranger, arranger » ; et il est remarquable que Zéliqzon le traduit par *ausstehen* qui offre précisément la double acception de « ranger, étaler des marchandises, — souffrir, endurer ». Je n'y vois point clair, et encore moins au vers suivant. — 140. *Dé lanhambé danchié* m'amie. B traduit délibérément « de les avaler et d'en chier ». Sans accepter cette version, motivée uniquement par la consonnance du second mot, je n'ai rien à mettre à sa place. Rolland a consigné *anhambeu* « enjamber, faire de grands pas », qui se retrouve dans *envamber* « pousser », *vambe* « poussée » (Chalvrainnes en Bassigny).

Mais *quid ad rem*? Si l'on était sûr qu'il s'agit de vendanges (*ré*, hotte à porter le raisin), *lanbambé* et *danchié* pourraient peut-être désigner des espèces de plants. — En dernière heure, B donne, sans la certifier, pour *gerondé* la traduction « pomme de Rambourg, Rambure », sens qui s'accorde avec la mention des « poires d'angoisse ». Il s'agirait donc de fruits du verger, dont *lé lanbambé* et *lé danchié* seraient des espèces à déterminer. — H confirme le sens « pomme de Rambour » et mentionne *lanbambé* et *danchié* comme étant le nom de deux variétés de poires, auj. inconnues ou autrement dénommées, ces termes n'existant plus que comme un vague souvenir dans la mémoire des anciens du pays. — Enfin *gerondé* peut-il être apparenté à l'espèce de pommes, dite *geroldinga* dans les Capitulaires de Charlemagne, *Giraudete* pomme-poire, citée par Olivier de Serres (1608), *Giradotte* citée par Lectier d'Orléans (1628)? Cf. A. Leroy (*Diction. de Pomologie, Pommes*, I, pp. 16, 23, 24).

142. POIRE D'ANGUEUCHE (*angeuche* M'); cf. 106.

143. *Stalua* M'.

143. AMBEUCHE Lorrain, *ambehhe* Adam, *ābēhh* Rolland, est expliqué par « individu maladroit, embarrassé de rien, qui empêche les autres au lieu de les aider », et comme l'on dit en argot parisien « un empêcheur de danser en rond ». — Lorrain cite le v. fr. *amboine* (?), et rapporte cette locution de Rabelais « empesche de maison ». — La traduction exacte de *cet ode ambeuche*, en patois bourg. serait : *c'peut ampije*, de *ampijai* « entraver ». — Le *Dict. wallon* donne en subst. *ambêche* « vase, espèce de vase ». Y a-t-il quelque rapport entre le subst. et l'adj.?

148. RACHAT (*vachat* P); du germ. *broek*, v. fr. *rochet roequet* et sans doute aussi *frac froe*; s'est maintenu dans les patois lorrains : *rochot rebat rouchot* au sens de « frac », Adam. A Metz *rechat r'chat* désigne auj. l'habillement en général; cf. ci-dessus 58. Plus anc., le *r'cha* était proprement l'habit de cérémonie en forme de bandes de lard, Lorrain. Le *Diction. wallon* le définit ainsi : habit de toile à l'usage des gens de campagne et des manœuvres; on l'appelle aussi *rouchet*. C'est cette dernière acception qui convient à notre texte.

149. *chotteu* M'. — PICHAT. Sur le sens de ce mot, mes correspondants ne sont pas d'accord, les uns le traduisant par « petit doigt », comme dans la formulette enfantine bien connue, et les autres par « urine, pissat », qui n'est cependant consigné dans les glossaires que sous la forme féminine : *p'hhotte* Adam, *pec'hatte* Lorrain, = fr. « pissotte »; *peuchiaye* Jaclot « pissure »; *peuchré* Zéliqzon, p. 49, « pissat de St-Médard, pluie »; *pehhair* (*Almanach de 1877*), même sens. La difficulté est encore augmentée par l'homophonie de *choû* « essuyer » et *chaûé* « laver », dont le son est sensiblement identique; cf. chez Adam, p. 340, s. v. « laver », une liste abondante de formes qui oscillent entre *cintouer, hhauwet..., chôô, chauouet*; Rolland : *hhouo* « laver », *hhuo* « essuyer »; Lorrain : *c'hauwé* et *c'houé*; Jaclot : *chouwé* et *chowé*; et de même Zéliqzon, p. 90. Quelle traduction adopter? Faut-il lire : « il s'essuyait de son petit doigt », ou bien « il se lavait de son pissat »? Mais *chaué* « laver » exprime spécialement

l'action de « lessiver, faire la lessive », *chauà lè bouaye* (*chouyè, chawè* dans Puymaigre, II, 221, 224) ; d'où *c'hawerasse, chowrasse*, et dans les anciens textes *xouweresse xauwerasse xawerasse* « lavandière ». Rolland donne encore *hbòū* « banc à lessiver ». Il faut donc rejeter le sens « laver », d'autant plus que ce ne serait pas une opération facile au cas présent, pour adopter l'explication de RT : « *In pichat*, c'est le linge que l'on place sous les enfants pour recevoir leur urine, *pib'hate*. Par extension, *in pichat* (*pib'bat*) c'est le pan de la chemise exposé aussi à être mouillé de la même façon. » C'est bien ici le sens : « et s'essuyait avec le *pannè* de sa chemise ». — Dans ce vers, ainsi que dans quelques autres qui suivent, le Vertugoy noircit le tableau à plaisir afin de dénigrer son rival et de le représenter comme un objet de dégoût sous les yeux de la fille qu'il convoite pour lui-même. N'est-ce pas là un sentiment bien humain !

150. *Tant M'*.

151. STRON sans l'*e* prosthétique, ainsi qu'il est d'usage dans notre dialecte (cf. à la note précédente *choué*, anc. *xuer* = fr. essuyer). L'*s* aussi a disparu, et *estron, étron* se réduit à *tron* ; cf. le juron *Tron de Dieu* sous le v. 59. Chan Heurlin, faisant l'éloge de sa fille, dit que *dans let jeulnire on ne treuveren me in tron* (chant IV) ; — *stron* est aussi la forme du wallon : cf. la citation de la p. 350, note.

154. BASLÈ pour *baceller* « faire l'amour aux filles » (*Diction. wallon*), « courir fille » B, et c'est la traduction que j'ai adoptée contre RT qui penche pour « se baller, se ballader », terme de refus employé pour renvoyer quelqu'un ou ne pas l'agréer quand il se présente : *qu'il elleusse so baslè eyou !* Mais je doute que ce soit le même mot que *baslè* de notre texte, à cause de la construction pronominale *so baslè*, tandis que *baceller, baslé* est parfaitement en situation. L'objection de RT ne repose d'ailleurs que sur ce que *baceler* (de *bacelle*) se prononce avec le son doux *bazeler*, qui, à mon avis, a pu dériver naturellement de *bàs'-lè*.

156. SAIOU ; mot inintelligible. Le contexte impose le sens « vigoureux, sain, ragoûtant », cf. le v. suivant. « qui sent bon ou du moins qui ne sent pas mauvais » comme le Stalvat. Mais quelle est l'étymologie ? Il ne faut pas songer à *securus* « sûr, discret », qui a donné *bhur*. H identifie *saigu* avec *saiju* « sage, scientioux » ; — V interprète par « séveux », vert et en sève. — Dans un conte en patois de Fraimbois, je relève *seioçous* « choisis, experts » (Adam, p. 448). Et c'est tout.

157. *santamne M'*.

161. *men P*.

163. ASCHIÈ ; cf. *aacier acer* Lorrain, *aachier* (*Diction. wallon*), « attirer par des minauderies, agacer, faire la coquette » P ; bressaud *aukhe aukhè* « amorce, amorcer » V.

165. *je M'*. — VELY « velu ». Le Vertugoy détracte son rival qu'il représente comme peu ragoûtant pour une jeune fille : il sent mauvais, il a par moment la

foire, il n'est pas si bien membré que moi, et autres caractères physiologiques qui, au dire de RT, ne cadrent pas avec l'idée qu'on se fait généralement d'un homme au « ky velu ». Et par tant il incline à chercher du côté de « veule », affaibli, sans force ? — Mais si l'on donne à *vely* le sens de « couvert de poils par effet de l'âge », n'arrivera-t-on pas à reproduire la même image ? En outre, cette interprétation aurait l'avantage de renforcer notre explication de *fay Stalva* 129, puisque la traduction par « fils », que nous avons rejetée à priori, serait encore moins acceptable s'il s'agit, dans l'espèce, d'un homme arrivé à l'âge mûr, qui a *jè to lo ky vely* ! — Au reste, ce passage est difficile, et les deux vers suivants ne se laissent pas entendre complètement.

166. ATTY BIEN JAILLE; ou : « est-il bien jeune » ? ou : « et tu es bien jeune » ! je ne sais. — Sur *atty* cf. 19. — Lorrain : *ati*, façon, cérémonie ?? — *Jaille* a-t-il bien ici le sens de « jeune » comme dans 98 ? (pour la forme *jaille = jane* patois, cf. *jaletri et jonetri* 21.) Si oui, notre explication de *vely* par l'effet des ans serait confirmée par l'opposition entre le déjà vieux Stalvat et la jeune demejale, trop jeune pour ce *ky vely*.

167. No P. — PAJAILLE (*py* — et *py fo*). On voit que le contexte exige le sens de « plus vigoureux, plus robuste, plus viril »; mais comment rendre compte de la forme ?

171. ANVY subst. verbal de *envier* « mettre enchère, surenchérir ». Le vers : *t'on perreu d'eu' beun anvy* s'interprètera donc : « tu le prendras autant que tu voudras, à tout ton désir ». — Zéliqzon ne paraît pas connaître ce mot, qui s'est maintenu dans le patois, et qu'il confond avec *envie = invidia*. Un passage de *lö Vandome* porte, p. 61 : « Les vendangeurs se hâtent, *i von d'anvey, po vœur...* », avec la traduction : « ils vont *d'envie* pour voir... »; et au glossaire, ce mot est interprété tout à la fois, par *Neid* et par *Lust*, « envie et envi ».

175. COWIGEREU. La désin. est du conditionnel, alors que le sens appelle le futur : « tu te tairas », comme au v. 139 *erreu* « auras ». On a déjà remarqué au v. 11 *anvaëu*, forme d'imparfait pour le parfait défini. Ce dernier temps manque dans la plupart des patois, qui y suppléent ici par l'imparfait, là par le parfait indéfini; cf. Adam, pp. 118-120. — *Cowigereu* représente le v. fr. *coiseras*. Les textes plus modernes donnent ce verbe sous une forme plus réduite *coujier* ou *couji* : *coujanne* « taisons-nous » (*Flippe Mitonno*, acte I, sc. VII); *couchiè coujiè*, Jaclot; *coujier*, Lorrain; *couhieu couji coujiè*, Rolland; *cohi couchi couairgi couser*, Adam, p. 374; bourg. *couyai*.

177. BAICHAIRE. Je divise en *baich'aire*, faisant du premier mot l'impér. de *baigiè* (*bage* 127) « baiser », et voyant dans le second l'interj. *are ari hare*; allons ! *Hare* est un cri de charretier pour faire mettre ses chevaux en mouvement. *Baich'aire* « baise-moi, allons, vite » ! — BAT pour *bâ* est le subst. verbal de *bagiè*.

178. KAM A FO « comme il faut ». La not. *fo = faut* (lat. *fallit*) m'a fait longtemps rejeter cette traduction, à la place de laquelle je n'avais d'ailleurs rien à mettre. Au lieu de *fo*, j'aurais voulu *fâ* (cf. *atre* : autre, *amosne* :

aumône)`. Mais l'analogie de *foleu folu*, où la persistance de *l* a amené le passage de *a* en *o*, a déterminé *fo* à la 3e ps. sg. de l'ind. présent. Le début d'un conte en patois d'Augny offre plusieurs formes de « falloir » : *Chan, i n'fô n' deumbolle, i fôrê k'i'oleuss' no cherchè yeun'... — Jeu f'rā lè komisyon kom y fô* (Zeliqzon, p. 56).

179. *gij* P. — Ce vers m'est obcur. *Woy* est-il le masc. de *woite* 166, « sale, souillé? » (cf. Lorrain *waite*, Rolland *ouète*, Zeliqzon *wet*; d'où *ouètene*, *ouètenereye* « ordure, vilenie », *ouettené* « sali »)? C'est peu probable au cas présent. — Une autre interprétation consiste à faire de *woy* l'impér. de « voir », et en effet ce verbe se rencontre aussi souvent noté par *w* que par *v* simple (cf. *woirment*, 84). — Ou bien encore faut-il donner à *woy* la valeur de l'affirmation « oui » ? — En somme, tout cela est peu clair, et *woy* reste presque aussi obscur que *boûoy* du v. 65. — Une dernière hypothèse : « Et par Dieu! oui ! et si j'y viens (quand même j'y viendrais) sur ton museau et sur tes lèvres avant la Pentecôte.... voilà-t-il pas une belle affaire, de conséquence » !

180. GRIGNAT. POTTE. J'ai déjà fait remarquer que notre poème n'a rien d'érotique; il faut donc prendre les mots dans leur acception naturelle et physique. Ici *grignat*, dim. de *groin, gron*, est synonyme de *mezé* :78; et *potte* désigne les lèvres de la bouche, quand on ne distingue pas nommément la lèvre supérieure ou la lèvre inférieure (RT). Donc *lè potte* (les pottes) n'a rien de commun avec le *potta* italien, dans la réponse de la Vénitienne : *Mezzopotamia*. Le patois n'a pas autant d'esprit, ni surtout de cet esprit-là. — Toutefois, la mention de la Pentecôte au vers suivant rappelle à V le dicton populaire « Faire Pentecôte avant Pâques », dont l'application donnerait à notre passage un sens graveleux.

184. *Aymme* P.

185. DA-GRIGE (*da-ginge* P). Rolland seul a noté cette expression sous la forme *dāgrihh* ou *d'āgrihh*, au sens de « soit, d'accord, n'importe, cela m'est égal », sans indiquer l'origine ni le sens primordial de cette locution, que RT détermine comme suit : *Dà, Grige !* — *Dà* est le cri dont se sert le conducteur des chevaux d'une charrue pour faire tourner le cheval de tête, le cheval de cordeau, quand, un sillon étant tracé, on fait tourner l'attelage pour revenir en arrière et tracer la raie suivante. *Grige*, c'est le nom du cheval qu'on interpelle, *la Grise !* — c'est la Grise qui est le cheval de cordeau. — « A gauche, la Grise! Nous sommes au bout! c'est fini » ! *Da Grige !* — Ce cri, répété à chaque instant par le conducteur de l'attelage, est passé à l'état de locution proverbiale, et s'emploie encore : *Dagrige !* pour dire que l'on quitte la partie.

De son côté, H m'adresse une application usuelle et pratique de cette locution : « Encore aujourd'hui un jeune homme qui va voir blonde monte sa grise jument; et quand il a reçu mauvaise réponse, il dit : « Eh bin ! *da, Grise* (tourne bride, ma jument) ! — *Da-grige* ou *da-grih'e*, demi-tour ».

Cette explication s'adapte parfaitement au vers terminal du poème. Le Vertugoy impatienté coupe court à son long monologue — il faut bien en finir — et pose à la Vauzenatte l'ultimatum suivant : Aime-moi si je suis à ta guise, Ou, si je ne te plais pas, brisons-là, n'en parlons plus. Va de ton côté et j'irai du mien. Bonsoir! *Da-Grige!*

LA FIAUVE.

1. *alli* P. *trowé M'.* — ROBAITE doit se prononcer *Robâte*. On sait que ce péjoratif du nom *Robert* a été appliqué dans la littérature épique à un géant sarrasin, rival de notre Roland.

2. MONTELIMATE. Le nom de la ville de Montélimart est ici d'un effet assez comique. Indépendamment des exigences de la mesure et de la rime, ne pourrait-on expliquer sa présence par le souvenir persistant de l'un des plus célèbres évêques de Metz, Adhémar de Monteil, qui siégea de 1327 à 1361? Parmi les importantes entreprises qui remplirent ce long règne (cf. notre art. sur ce prélat dans la *Grande Encyclopédie*, I, 556), l'opinion commune lui a attribué la reconstitution de la cathédrale de Metz (Aug. Prost : *la Cathédrale de Metz*, 1885, p. 203). Grand batailleur et grand constructeur, l'évêque Adhémar, que les chartes contemporaines dénomment *Aymar Eumair*, jouit d'une grande popularité de son vivant; et la mémoire de son nom lui survécut longtemps. Aymar était issu d'une ancienne famille du Dauphiné qui tenait en fief, dès avant le X⁰ siècle, le domaine dit *Montilium-Adhemari*, ou Montélimart, *Montelimate* de notre texte.

3. *dewaté M'.* — TATE « tartes ». La tarte est la friandise nationale des Messins. « Le pays de Metz est la patrie de toutes les tartes aux fruits », s'écrie avec compétence l'auteur de la *Cuisine messine*, en sa partie troisième qui traite de la *Cuisine folk-loriste* du pays messin, pp. 150 et s. Les différentes espèces de tartes y sont énumérées, depuis la *tate au m'gin* (*frem'gin*, fromage) jusqu'aux *tates choch'* (sèches), toutes délicatesses qui *so baclent et s'ciment évoués d'eune fçon qu'an n'connahh' me éyou.* Mes impressions personnelles confirment le dire de M. Auricoste de Lazarque, qui nous parle aussi des *waté* (*whété*), p. 183, et des *poires blasses* (*biasses, en biassi*) dont il est fait mention dans la *Grosse Enwaraye*.

4. *eime* P. — KOÔATE « quarte », mesure ancienne, était la quatrième partie du setier pour les liquides, et du rezal (voy. ci-dessus *ré*, 138) ou muid pour les grains. La quarte était évaluée à 4 bichets et plus anciennement à 80 coupillons, ce qui équivaut à environ 66 litres pour les grains. Pour les liquides, sa contenance était de 5 litres et demi, rasade bien suffisante pour se donner du cœur (vers 5).

6. *Rampet. ennoun* P. — RAMPÊT conserve ici l'acception primitive « grimper, gravir, monter sur », qui s'est maintenue dans angl. *to ramp*, dans notre *rampe* d'escalier, et dans plusieurs patois où le lierre grimpant se dit *rampe*

rempà; rampan rampinè, grimper (vocabulaires patois messins et lorrains), ainsi que dans le style héraldique : *lion rampant*.

6. LIATE « Liarde », nom de la couleur de la robe de la jument, qui sert à la nommer elle-même; cf. *grige* ci-dessus 185. — La couleur liard (*lidt* Lorrain, *lid* Rolland) tire sur le gris-blanc, le gris-pommelé.

7. DRAWE fém. de *dry* 16, « drue », au sens de « dodue, luisante de graisse ». Le commentateur lorrain de Rabelais, Le Duchat, mentionne qu'on dit d'une viande tendre et succulente : Elle est *drue* (livre I, chap. 4). Jaclot donne *dru* fém. *drowe* « tendre, mou ». Lorrain a le dim. *druyat* « un peu mou, tendre, gras ». Zéliqzon : *drauyot druyà : weich*. Rolland : *droya-yat', dreuyo-ot'* « qui est à moitié gras, qui commence à engraisser ». — Pour la désin. féminine, -*awe* -*owe* est l'équivalent local du fr. -*ue* : *cherrowe* « charrue », *rowe raüe* « rue », *d'chandowe* « descendue »; et de même tous les part. en *u* ont le fém. en *awe owe*.

8. STACQUEUR M'. — *Stacqueut* et *stacquèt* 25 se rapportent au même thème que *schtaquè* ci-dessus 15. — *Pos traité* P.

9. ELLEMIN. J'avais d'abord pensé à rattacher ce mot à *hennequin helquin*, dans la *mesnie helquin* ou chasse sauvage dont la légende subsiste encore en Vôge et sur les bords du Rhin. A Dompaire (Vosges) *mesniehelquin*, ronde d'esprits malins, sabbat. — RT suggère une traduction empruntée au parler des forestiers-bûcherons : *ellemin* est un feu qui s'allume au bois et court sur le sol. L'image serait assez juste. — B traduit par « ennemi », et RT se rallie à cette explication : Liarde courait plus fort que ceux qu'elle poursuivait, dont certes Mangin vint en la mêlée... — Bonne interprétation pour la forme (cf. *enlmis* dans *Flippe Mitono*, acte III, sc. 12), mais non pour le sens, qui est « ennemi des hommes, diable », si ordinaire en v. français. Cela résulte clairement d'un passage du *Dialogve facétievx* qui est à citer. Le gentilhomme, s'exprimant par figure, parle du loup; le berger n'entend pas ce langage de rhétorique et se figure qu'il s'agit de la bête en chair et en os. Le gentilhomme reprend :

> *On dit en commun proverbe, i'ay veu le Loup,*
> *C'est l'enemy, l'entend-tu à ce coup.*

Le Berger. — *L'ennemy diu, dey no veule bien aydié*
Vou palo dou diale...
Ma fou, je m'en va, vou me ferin tanto douté
De dire qu'on voy l'ennemy fu d'enfé.

Le gentilhomme lui explique que l'ennemi c'est les *gens-d'armes* qu'on voit de près alors qu'ils sont en armes. Et le berger de s'écrier :

> *Ah! de pa dey hoyove dou lou celet*
> *Ico do elemi; je ne savoye ico celet.*

« Ah! de par Dieu! est-ce là ce que vous entendez par le *loup* et encore par l'*ennemi*? Je ne savais pas encore cela » (p. 29-30). Par où l'on voit clairement que, dans l'esprit et le langage populaire du temps, *ennemi elemi* désigne le diable. — Voy. Godefroy s. v. *Hellequin*, où l'un des exemples donne. *Herlequin* en synonyme de *Satan*. — En dernière analyse, cependant, comme la mention de « Satan l'ennemi ou l'aversier » s'applique toujours à une action morale et non pas physique (telle que celle de courir à la poursuite de quelqu'un), je me rallie à l'acception de « ennemi » pris au sens propre, c'est-à-dire dans l'espèce, les Sarrazins.

9. CEITE « certes »; corr. *cate* pour la rime, faute unique dans tout le morceau. — L'emploi de cet adverbe comme explétif est très fréquent dans le langage populaire; la *Grosse Enwaraye* en offre des exemples nombreux ainsi que de son composé « acertes » *escrite* 172. — La forme *cate*, exigée par l'assonnance, se disait couramment et concurremment avec *ceite*; dans le *Dialogue facétieux*, (p. 25) *cate* (sic) *je n'y veuwe alé* (à la guerre); *saite set* dans *Philippe Mitonno*; Adam (p. 217) relève les formes *cates ciates*, à côté de *cètes ciettes*. Et son usage s'est maintenu dans le parler actuel, témoin le fameux dicton en patois de Gérardmer :

> *Se c' n'tr' de Giromoud, stou co quèq' pou Naucèye,*
> *Lè Louraine èn serô cét' rè.*

10. IACQUE. Je ne pense pas qu'il s'agisse ici du vêtement en peau rembourrée qui se mettait par dessus le haubert, et qui du costume militaire a passé au civil sous la forme dim. « jaquette »; et je vois avec H dans *iacque* le représentant du lat. *aliquid*, dial. et patois *alques auques*, *iaque*, *iauque*, *tek*, *ae*... au sens général de « quelque chose, ceci, cela ». Dans le recueil de M. de Puymaigre : II, p. 257 : *J'vidons la chobinette* — *J'mengeons co iac étou*; p. 233 : *J'ereu mechou* (mieux) — *Ete galou* — *Qu'd'aveur ae en lô dans mes chawous*, où il s'agit de cornes... — D'ailleurs, le jaque est un vêtement et non une arme; et d'autre part l'image du tanneur Mangin pourchassant les Sarrazins, armé « d'un grand chose » (*iacque*), cadre bien avec la donnée burlesque de la *Fiauve*.

12. *dolet. guirat* P.

13. *massué* M°.

15. RAVADÉ, litt. « ravauder » au sens secondaire de « maltraiter en parole, puis en fait » (cf. *Diction. d'Etymol.* de Scheler), signifie ici « tailler, trancher à tort et à travers, fendre dans le tas », ou mieux par ironie « raccommoder, repriser ». Il n'y a pas lieu à rapprocher *ravauder* de *raver rawer*, courir de nuit, Lorrain, *raweu* courir les filles, Rolland; bien que Jaclot donne à *rèvaudé* la double acception de « maltraiter, rôder, chercher partout », *rèvaudé-te* « rôdeur, qui cherche où il n'a point d'affaires ». Vôgien : *ravotte* rabâchage, conte, Adam, et cf. Haillant, p. 487-8.

15. *salades* P.

16. *ladye* P.

17. *quatte* P.

17-19. Ces trois vers sont sans doute allusion à une anecdote locale, à une aventure personnelle, dont ni mes correspondants ni moi n'avons pu trouver la genèse. — L'expression *hau-de-carte* désigne probablement les chefs, les têtes de l'armée ennemie ; mais qu'est-ce que le *baut de cornemuze* ? J'ai cherché en vain l'explication dans les traités techniques sur les jeux de cartes, les tarots et la cartomancie... — Dans cette *Fiauve récréative*, il faut faire sa part au génie individuel, à la verve de l'auteur qui s'épanouit en des comparaisons et des personnalités dont la clef est perdue. — *Warambau d'Abenne*, personnage et lieu inconnus. Adam donne *ouerambeau* « fil de la Vierge ».

20. *fleustent* P. *trety* M'.

23. SOMMATE « assaisonne », que je rattache — faute de mieux — à un inf. *saumatrer* « mettre en saumure ». — Adam donne *saumer* « flairer », et Lorrain et Rolland *saumu somsu* « stupéfié, interdit »; encore chez Lorrain *somerter* « labourer les somars »; mais aucun de ces sens n'est satisfaisant. La rime s'oppose à l'interprétation « assomme » ou « essommait ». — Si de *somerter*, labourer, on pouvait passer au sens de « retourner, renverser (la terre au soc de la charrue) », cette acception dérivée serait bien en place : il les retourne — comme une salade — avant de les manger... Et ce dernier sens, non moins que celui de « assaisonner » s'accommode bien avec le vers suivant, dont le ton grotesque, rapproché du vers 24 au souffle vraiment épique, produit un contraste de grand effet.

25. EDDET, v. fr. *adès*, que la *Grosse Bnwaraye* note *aidè* 65, *edet* 76, 145.

26. MAQUE, v. fr. *maisque maiques*, *mak* ci-dessus 99, se dit encore dans le patois vôgien : *meque* « seulement » (Jouve, *Noëls*).

27. *Le* M'.

28. *apri, fa* P.

29. *bout* M'. —. La mention du « Roi de Hongrie » a pu être suggérée à l'auteur par la publication récente d'un poème local intitulé : *L'Adieu aux genereux seigneurs Gentishomes et soldats allans en Hongrie contre le Turc...* (au siège de Bude), *par Alphonse de Rambervillers*..., qui fut imprimé à Metz par Abraham Fabert en 1597, et réimprimé en partie dans un autre ouvrage du même auteur (les *Dévots Elancemens*) à Pont-à-Mousson, en 1603. — Dans le Journal de la *Soc. d'archéol. lorraine*, mars 1885, M. le baron de Braux a donné une note bibliographique sur ce poème, lequel, vraisemblablement, a pu venir à la connaissance de l'auteur de notre *Fiauve*.

30. ON-SAN *fit enterré*; corr. *ons an*. L's caractéristique du sujet est resté dans le patois *onz* « on », qui gouverne le verbe au pluriel : *anz an* « on a » Rolland, et cf. Adam, p. 98. — Cette syntaxe est ordinaire dans les Chartes dès le XIVe siècle.

30. BENATE ; « *bunaistres* ou *benades* sont deux paniers qu'on fait porter au cheval (*Diction. roman*), des cacolets ». Roquefort relève les formes *banaste banastre benate*; Boiste, *bannate, benate* et *benaton*. Le patois actuel connaît *benade benatons*, bât de l'âne et panier suspendu au bât, Adam ; *banade bainade*, Lorrain. — Toutes ces diverses formes dérivent de *benne banne* « grand panier ».

32. *Quatteuẽ* M'.

33. *J aü. gaulate* M'. — JAYET CHANTE LO JAU « Coquelet chante le coq »;

manière plaisante d'indiquer que l'auteur de la *flave* sait à l'occasion enfler ses pipeaux et s'élever au genre noble de l'épopée. Cette métaphore rentre très bien dans le ton du morceau qui mélange, à doses égales, le sérieux et le bouffon.

34. COLA JE M'EN REVIN, expression qui équivaut à dire : « Et, maintenant, je reviens à mes moutons, je retourne à mes affaires, Gros-Jean comme devant ». C'est une formule finale, par laquelle le conteur prend congé de son auditoire. Les *Contes populaires lorrains*, publiés par E. Cosquin dans *Romania* (tomes V-X), offrent mainte formule analogue; cf. principalement contes n°s 3, 4, 27, 35, 43, 45, 54. Un conte en patois messin d'Augny se termine ainsi : *C'est fait, Colas* ! (Zéliqzon, p. 60). — On sait que le nom de *Nicolas*, avec ses nombreux dérivés, constitue le sobriquet ethnique des Lorrains; aussi Rabelais, qui a séjourné à Metz, n'a pas manqué d'intercaler ce nom dans l'un des emprunts qu'il a faits au patois messin : *Colas m'faillon* ; c'est ainsi que Dindenault interpelle Panurge lui marchandant un de ses moutons (*Pantagruel*, l. IV, chap. VI).

34. FLAUB, litt. « fable », a le sens de « conte, historiette »; Jaclot *flauv sliauv*, Verronais *flovv*, Lorrain *flauv*, Rolland *flōv'*, Zéliqzon *flôf fydw*, Oberlin *flaouo*. Le dernier des contes publiés par E. Cosquin (n° 73, *Romania* X, 560) a pour titre : la *Flave du rouge Couchot* « le conte du coq rouge ». — L'épenthèse de *l* (*flabula* pour *fabula*) est générale pour ce mot dans les divers dialectes; toutefois les lexicographes ne connaissent pas le primitif *flauv*, mais seulement son dér. *flavelle* (cf. Godefroy, s. v. *Favele*), bien que *flave* ait existé. En voici un ex. : *Li mauvais m'ont raconteit* flaves *et mensonges*, avec la var. faubles *et frivolles* (*Le Psaulier de Metz*, ps. CXVIII, 85, tome I, p. 347 de notre édition).

Parvenu au terme de ce long travail, j'ai le regret de constater que mes prévisions (p. 354) ne se sont pas complètement réalisées et que les difficultés du texte n'ont pas encore été toutes surmontées. En vue d'une refonte ultérieure, je prie les romanistes et patoisants qui liront ces pages de m'adresser leurs observations critiques; je les recevrai avec reconnaissance. Telle qu'elle est, imparfaite par le manque de temps et les exigences de l'impression, puisse cette étude n'être pas jugée trop indigne du Maître auquel elle est respectueusement offerte.

DUELOS Y QUEBRANTOS

Par A. MOREL-FATIO

Quiconque a lu *Don Quichotte* en espagnol connaît cette locution qui désigne la nourriture que le bon chevalier de la Manche avait coutume de prendre les samedis ordinaires de l'année, et sait combien ces deux mots ont exercé l'érudition et la sagacité des commentateurs.

Les premiers essais d'interprétation de *duelos y quebrantos*, il faut les chercher chez les vieux traducteurs de *Don Quichotte*, car les Espagnols n'ont pris soin d'élucider les passages difficiles de leur plus célèbre roman que tout à la fin du XVIII° siècle, à l'instigation pour ainsi dire des Anglais et après que le Révérend John Bowle leur eut ouvert la voie par la publication de son très utile commentaire qui parut en 1781.

Commençons par César Oudin, dont la traduction de la première partie de *Don Quichotte* date de 1614[1]. Oudin traduit : « des œufs et du lard. » Après lui, le Florentin Lorenzo Franciosini, qui publie sa version italienne en 1621 ou peut-être même un peu plus tôt, met : « il sabbato, frittate rognose, » et ajoute en marge : « Si noti che in Spagna è permesso. Frittate rognose sono persciutto (c'est-à-dire *pre-* ou *prosciutto*) fritto con huova. » Dans son *Vocabolario español e italiano*[2], le même Franciosini répéta son explication en l'étendant un peu : « Comer duelos y quebrantos è un modo di dire straordinario, e vale mangiar della

---

1. Voyez, sur cette première édition de 1614, un article de M. Karl Wollmöller dans les *Göttingische gelehrte Anzeigen* du 1er avril 1885.
2. Venise, 1635, 2° édit. corrigée.

carne secca con dell' huova, che in Firenze diremmo mangiar delle frittate rognose. » Ainsi, ces deux anciens traducteurs sont d'accord, soit que le second ait copié le premier, soit que, indépendamment l'un de l'autre, ils soient arrivés au même résultat; tous deux pensent qu'il s'agit d'un mets composé d'œufs et de lard ou de jambon [1]. L'Académie espagnole, la première fois qu'elle eut à examiner cette locution obscure et à en déterminer le sens, donna à peu près raison aux traducteurs étrangers; mais elle *localisa* l'emploi de *duelos y quebrantos*, l'attribuant au seul parler de la Manche : « Duelos y quebrantos llaman en la Mancha à la tortilla de huevos y sesos, » c'est-à-dire une omelette d'œufs et de cervelle, et elle ne cite que le passage de *Don Quichotte* [2]. Depuis, l'Académie a changé d'avis; nous y reviendrons. Pour l'instant, il suffit de remarquer que jusqu'ici traducteurs ou lexicographes n'ont pas pensé que les mots *duelos y quebrantos* dussent s'appliquer à une nourriture exclusivement réservée au samedi, un des jours de la semaine où l'abstinence est, sinon prescrite, recommandée par l'église d'Occident. Seul, Franciosini laisse entendre qu'il connaît une coutume d'Espagne qui *permet* de manger ce jour là le mets dont il donne la description.

C'est cette coutume, d'où ont été, en effet, tirés ces *duelos y quebrantos*, qu'il convient d'étudier d'un peu près avant de montrer comment la locution a pris naissance et à quelle idée elle répond.

L'usage établi en Castille, et qui consistait à ne manger, les samedis ordinaires, que les extrémités et les entrailles des animaux (*grosura*), usage tenu pour une demi-abstinence, est bien connu ; il est attesté, à ma connaissance, dès le commencement du XVIe siècle, surtout par des étrangers, ce qui se conçoit aisément, les indigènes ayant moins de raison de noter une pratique qui leur était familière. En 1501, Antoine de Lalaing marque qu'en Castille, « tous les samedis de l'an, on puet mangier trippes et tout le dedens de la beste, et les pieds et la teste; et appellent cela

---

1. L'Anglais Thomas Shelton, qui paraît avoir suivi Oudin ou Franciosini, a pareillement « collops and eggs ».
2. *Diccionario*, dit *de autoridades*, t. III, publié en 1732.

morsilles [1]. » Vers le milieu du XVIᵉ siècle, nous voyons par le *Lazarille* que les habitants de Torrijos (province de Tolède) se nourrissaient le samedi de têtes de mouton : « Los sabados comen en esta tierra cabeças de carnero [2]; » et Juan de Luna, le continuateur de ce roman qui en corrigea aussi la première partie, a soin, pour plus de clarté, de mettre : « Los sabados se comen, *en Castilla*, cabeças de carnero [3]. » Plus tard, au commencement du XVIIᵉ siècle, des voyageurs allemands sont très choqués du repas qu'on leur sert dans un village des environs de Miranda de Ebro : « In mensa apponebatur suilla cum pedibus bubulis, quibus vesci nec volebant, nec audebant, quod dies sabbathi esset. Sed edocti de more hoc per Hispanam totam usitato, cum caeteris iisdem vescebantur [4]. » On peut ajouter à ceux-ci d'autres témoignages de voyageurs plus ou moins qualifiés : Aarsens de Sommelsdijk [5], François Bertaut [6], Mᵐᵉ de Villars [7] et Mᵐᵉ d'Aulnoy [8]. Quelques-uns donnent comme motif de ce genre d'abstinence la rareté du poisson à Madrid. Parmi les auteurs espagnols du XVIᵉ ou du XVIIᵉ siècle qui ont fait allusion à la *grosura* du samedi, il n'est pas nécessaire d'en citer plus de trois : Eugenio de Salazar, Agustin de Rojas et Tirso de Molina. Le premier, dans sa fameuse lettre sur les quémandeurs de places (*catarriberas*), nous parle d'un juriste qui, après avoir résidé cinq ou six mois à la cour, « y comidos los cuatro cuartos de la mula, que no le quedaba mas de ella sino *la cabeza y el rabo para comer un sábado*, » reçoit une commission de quarante jours pour l'île des Lézards ou

---

1. *Relation du premier voyage de Philippe le Beau en Espagne*, dans la *Collection des voyages des souverains des Pays-Bas*, Bruxelles, 1876, t. I, p. 237.
2. *La vida de Lazarillo de Tormes*, 1ʳᵉ partie, ch. 3.
3. *Vida de Lazarillo de Tormes, corregida y emendada por Juan de Luna*, Paris, 1520 (sic pour 1620), ch. III.
4. M. Zeiller, *Hispaniae et Lusitaniae itinerarium*, Amsterdam, 1656, p. 134.
5. *Voyage d'Espagne*, Cologne, 1667, p. 18.
6. *Journal du Voyage d'Espagne*, Paris, 1669, p. 360.
7. *Lettres de Madame de Villars à Madame de Coulanges*, éd. de Paris, 1868, p. 112.
8. *Relation du Voyage d'Espagne*, éd. de Paris, 1874, p. 301.

quelque autre point de la zone torride [1]. Rojas, dans sa « *loa* du samedi », énumère quelques occupations particulières à ce jour : « En sábado matan carne en el matadero. Las mondongueras compran menudo, hacen morcillas, cuecen tripicallo, venden mondongo, y los pícaros hinchen el pancho [2]. » Enfin, Tirso fait dire à un personnage d'une de ses comédies : « El sábado es de mondongo (tripes) Y el domingo es otro dia [3]. »

Les voyageurs allemands dont il était question tout à l'heure se trompaient au reste en étendant à l'Espagne tout entière (*per Hispanam totam*) la coutume de manger le samedi la *grosura*; elle était au contraire observée dans le seul royaume de Castille et de Léon et dans les « conquêtes » qui en dépendaient, en Andalousie, par exemple, et aussi aux Indes, administrativement rattachées à la Castille. Cela ressort déjà de certains passages cités plus haut et dont il est facile d'augmenter le nombre : « Grosura llaman *en Castilla* lo interno y estremo de los animales, conviene á saber : cabeça, pies y manos y asadura; y esto se come *en la mayor parte de Castilla*, ó por antigua dispensacion de los sumos pontifices, ó por averlo tolerado de tiempo immemorial acá [4]. » De même Benoît XIV, dans sa bulle du 23 janvier 1745, dont j'aurai à reparler, déclare explicitement que cette abstinence spéciale du samedi, observée « in regnis Castellae, Legionis et Indiarum », ne l'était pas en Aragon, à Valence, aux Baléares ni en Catalogne [5]; « quibus in locis temperantia a carnibus eodem pacto per Sabbathum quo per dies Veneris observatur. » Pour ce qui concerne cette dernière province, nous avons de plus une preuve directe qu'au xvii° siècle au moins le fait de manger le

---

1. *Espistolario español* de la *Biblioteca Rivadeneyra*, t. II, p. 300².
2. *El Viage entretenido*, éd. de Madrid, 1793, t. II, p 213.
3. *La Gallega Mari-Hernandez*, acte III, sc. 8.
4. Covarruvias, *Tesoro de la lengua castellana*, s. v. *grosura*.
5. Elle ne l'était pas non plus en Navarre : « Navarrus enim et Lusitanus vescentes in Castella die sabbato extremis animalium non peccant, licet in suis terris id eis non liceat » (Martin de Azpilcueta, *Manuale confessariorum*, Anvers, 1575, ch. XXIII, § 120).

samedi les issues y était inconnu et y passait pour une pratique purement castillane. Dans l'*Entremes de los labradores y soldados castellanos* qui est joint à la *Comedia de la entrada del marques de los Velez en Cathaluña* (Barcelone, 1642), le soudard Traguillos s'écrie en s'adressant à un paysan catalan : « Mal conoce los humores castellanos : Entienda el villano que todos somos manos. » Et le paysan interpellé lui répond dans sa langue : « *Menjan lo disapte peus y mans;* Qu'en tingan no me espanto los Castellans. »

La coutume étant dûment constatée en Castille et pendant une longue période, du XVI° au XVIII° siècle, reste à en trouver, si possible, l'origine.

Une tradition veut que l'abstinence castillane du samedi date de la bataille de las Navas (1212); elle serait la conséquence d'un vœu formé aussitôt après cette grande victoire des Castillans sur les Musulmans et se rattacherait à l'institution de la fête du Triomphe de la Sainte Croix (16 juillet). Ce vœu, ajoute-t-on, il était naturel que les Castillans le fissent, par la raison qu'ils s'étaient jusqu'alors conformés à la règle de l'église d'Orient, d'après laquelle le samedi n'est pas jour d'abstinence. Le premier auteur qui ait un peu insisté sur cette tradition et qui l'ait acceptée, quoique avec certaines réserves, me paraît être Mariana; mais il faut noter ici, comme dans bien d'autres passages de l'*Histoire d'Espagne*, une différence entre son texte latin et le texte vulgaire postérieur de quelques années au latin. En latin, Mariana est plus sceptique et indépendant; en castillan, il évite de froisser les préjugés nationaux. Après avoir rapporté le dire de certains auteurs touchant une prétendue innovation d'Alphonse VIII dans le blason des rois de Castille, Mariana continue ainsi : « Haud multo maiori fide nixum est, quod cuiusdam historici testimonio a quibusdam invenio affirmatum ex hoc tempore in Hispania, religionem a carnibus abstinendi diebus Sabbathi, ac intestinis tantum et extremis animalium partibus vescendi susceptam esse : atque veterem morem, quem Gothi ex Graecia transtulerant, unde sacra primum acceperunt carniumque esum promiscuum iis diebus hoc temperamento emollitum[1]. » Phrase qui dans le texte castillan a pris une forme plus affirmative : « De algo mas crédito es lo que hallo de algunos afirmado, por testimonio de cierto historiador, que desde este tiempo se introdujo en España la costumbre que se guarda de no comer carne los sábados, sino solamente los menudos de los animales, y que se mudó, es á saber por esta manera y se templó lo que antiguamente se usaba, que era comer los tales dias carne; costumbre que los Godos sin duda trajeron de Grecia y la tomaron cuando se hicieron cristianos[2]. » Quant au « cierto historiador » dont Mariana invoque l'autorité, nous trouvons indiquées en marge deux références : « El despensero mayor de la Reyna Leonor lo dize. La Valeriana assimismo, lib. I, tit. 4, c. 17 (sic). » La première référence est à écarter; du moins n'ai-je trouvé dans le *Sumario de los reyes de España* du maître d'hôtel de la reine Eléonore, femme de Jean Ier de Castille, aucune allusion au vœu de las Navas[3]; la seconde est exacte. Diego Rodriguez de Almela, auteur du *Valerio de las historias escolásticas*, écrit en effet dans son récit de la célèbre bataille : « Por este vencimiento desta batalla que los Christianos ovieron contra los Moros fue instituyda la fiesta del Triumpho Sanctae Crucis (que es en el mes de julio) y fue hecho voto de no comer carne el sabado en España[4]. » Voilà tout. Sur ce passage, qui, remarquons-le, parle d'une abstinence totale (*no comer carne*), non pas d'une demi-abstinence et qui ne fait nulle mention d'usages antérieurs d'origine grecque, sur ce passage d'un chroniqueur du xve siècle paraissent s'appuyer uniquement Mariana et ceux qui l'ont suivi pour placer en 1212 le point de départ d'une réforme dans le sens catholique romain de pratiques grecques. Mais l'affirmation du *Valerio* aussi bien que le commentaire qu'y

---

1. *Historiae de rebus Hispaniae libri XXX*, livre XI, ch. 24.
2. *Historia general de España*, livre XI, ch. 24.
3. Le *Sumario* a été publié en 1781 par D. Eugenio de Llaguno Amirola. Peut-être un passage concernant le vœu se trouvait-il dans des additions à cette chronique très interpolée qui n'ont pas été recueillies par l'éditeur.
4. *Valerio*, etc. Salamanque, 1587, livre I, tit. IV, ch. 7. Dans cette édition, le *Valerio* est attribué à tort à Fernan Perez de Guzman.

joignit Mariana trouvèrent des contradicteurs en Espagne. Estéban de Garibay, dont le travail historique est antérieur de vingt ans à celui de Mariana, ne vise naturellement que le *Valerio* quand il écrit : « Citando á Valerio en su historia scolastica de los hechos notables d'España, sienten algunos auctores que el Rey Don Alonso y sus reynos por esta tan señalada victoria hizieron voto de no comer carne en los dias sabados, que son dedicados a la virgen Maria, señora y abogada nuestra, pero d'el arçobispo Don Rodrigo Ximenez no consta nada d'esto, con ser auctor de los mesmos tiempos[1]. » Fort bien raisonné : ni Rodrigue de Tolède, ni Lucas de Tuy, ni aucun historien contemporain n'ont rien dit de la nouvelle abstinence, ce qui est un premier et solide argument contre le prétendu vœu de las Navas. Un second argument non moins fort peut être tiré du silence que gardent sur ce point les *Partidas* dans la loi qu'elles consacrent au jeûne du samedi[2]. Comment admettre que les auteurs de ce code du XIIIe siècle eussent omis de mentionner une dérogation aux usages anciens de l'église d'Espagne, si elle avait été effectivement décidée en une occasion si solennelle et introduite, dès 1212, en Castille ? Et, en outre, ne semble-t-il pas que la nouvelle pratique aurait dû être autorisée par quelque concession apostolique ? Or, les lettres d'Innocent III sont aussi muettes à ce sujet que les historiens espagnols. Tout invite donc à rejeter dans le domaine des fables l'origine traditionnelle de l'abstinence de *grosura* dont l'observance en Castille n'a pu être constatée jusqu'ici qu'à une époque postérieure au XIIIe siècle.

Le vœu de las Navas écarté, qu'y a-t-il de vrai dans l'opinion de ceux qui rattachent l'abstinence castillane à une pratique des Goths d'Espagne ? Mariana y voit, comme il a été dit, un *temperamentum*, une atténuation de l'usage gothique, d'origine grecque, consistant à ne pas observer le précepte romain de l'abstinence

---

1. *Los XL libros del Compendio historial de las chronicas y universal historia de España*, Anvers, 1571, livre XII, cn. 34.
2. *Partida I*, titre XXIII, loi 4. « Por qué razones ayunan los cristianos en algunos lugares el dia del sábado. »

du samedi. D'autres vont plus loin et disent que même la restriction particulière du manger gras du samedi aux issues des animaux, l'abstinence de *grosura*, était connue des Goths, que cette coutume, qu'on date à tort de la bataille de las Navas, remonte bien plus haut, qu'elle est pour ainsi dire immémoriale [1]. C'est ici qu'il faut recourir à la bulle du pape Benoît XIV, du 23 janvier 1745, par laquelle fut, sur la demande de Philippe V, supprimée dans les royaumes de Castille et Léon et des Indes l'abstinence de *grosura*. La bulle indique d'abord le motif qui a poussé le roi d'Espagne à réclamer de l'autorité pontificale l'abrogation d'une coutume depuis si longtemps suivie dans son royaume; ce motif est la difficulté qu'éprouvent les fidèles à distinguer dans les animaux les parties permises de celles qui ne le sont pas, difficulté qui fait naître des doutes et des scrupules pénibles. Le pape s'est donc adressé au savant cardinal Luis Belluga, évêque de Carthagène, qui lui a remis sur la question un mémoire d'où il appert qu'il y a lieu en effet de remédier à ces inconvénients en permettant aux habitants des pays susnommés de manger, indistinctement, les samedis ordinaires de l'année, toutes les parties des animaux et non plus seulement leurs issues. D'autres prélats espagnols consultés — car il ne faut pas à la légère relâcher la discipline et permettre qu' « à une fâcheuse coutume s'en ajoute une autre tout à fait contraire aux préceptes de l'Eglise » — ont tous été du même avis. Certes, le pape aurait désiré prescrire l'abstinence complète, telle qu'elle est pratiquée dans d'autres pays et même dans certaines parties de l'Espagne, mais, après réflexion, il a jugé plus prudent de suivre l'exemple de quelques-uns de ses prédécesseurs qui ont conseillé plutôt qu'ordonné l'abstinence du samedi. Aussi, sans examiner si l'usage castillan remonte vraiment à l'époque où le pape Adrien Ier tançait l'évêque Egila parce qu'en Espagne cette abstinence n'était pas strictement observée [2], lui semble-t-il à pro-

---

1. Voy. Alonso Nuñez de Castro, *Coronica de los señores reyes de Castilla, Don Sancho el Deseado, Don Alonso el Octavo*, etc., Madrid, 1665, p. 247.
2. Voy. le passage de cette lettre dans les *Monumenta carolina* de Jaffé, p. 245.

pos de ne pas revenir sur le fait accompli et de ne pas soumettre à une discipline plus rigoureuse ceux qu'une longue tolérance a habitués à une abstinence mitigée. D'autre part, comme reconnaître ce dernier genre d'abstinence et prescrire que l'on continue de l'observer dans les pays de Castille ne convient pas pour les raisons alléguées tout à l'heure, il ne reste plus qu'à donner aux habitants de ces contrées licence pleine et entière de manger des viandes quelconques les samedis ordinaires de l'année. C'est, en dernier lieu, ce que fait le pape, en précisant bien toutefois qu'il n'accorde cette permission qu'aux seuls pays où l'abstinence mitigée est en usage et où son observance donne lieu aux inconvénients graves qui lui ont été signalés [1].

De certains passages de la bulle qui vient d'être analysée, ressort, ce semble, que le cardinal Belluga, principal conseiller de Benoît XIV en cette affaire, n'en savait pas beaucoup plus long que nous sur les origines de l'abstinence de *grosura*, car, si son mémoire avait contenu des faits précis, il est à présumer que le pape ne se serait pas privé de les transcrire et ne se serait pas contenté de faire allusion à la lettre écrite par Adrien à l'évêque Egila. Cette dernière lettre, au reste, a sa valeur; elle montre qu'au VIIIe siècle l'abstinence du samedi était mal observée en Espagne; elle confirme ce que nous apprend pour une époque bien antérieure le 26e canon du concile d'Illibéri (ann. 303) qui rappelle les fidèles à l'observance de cette pieuse pratique : « Errorem placuit corrigi, ut omni sabbati die jejuniorum superpositionem celebremus » [2]. Mais tout cela n'explique pas la *grosura*. Y a-t-il un rapport quelconque entre la non-abstinence des premiers temps du moyen âge et ce curieux choix d'aliments gras que nous ne trouvons en usage que bien plus tard et en Castille seulement? Les Goths avaient-ils déjà imaginé ce compromis, ou devons-nous le croire d'invention relativement récente? Je pencherais pour cette dernière hypothèse. En tout cas, le vœu de las Navas est une pure légende et aucune innova-

---

1. *S. D. Benedicti papae XIV bullarium*, Venise, 1778, t. I, p. 216.
2. *Collectio maxima conciliorum Hispaniae*, éd. de Madrid, 1784, t. I, p. 505.

tion dans le régime de l'abstinence en Castille ne peut être rapportée à l'année 1212.

Et maintenant revenons à nos *duelos y quebrantos*. Le sens d'œufs et lard, d'œufs au jambon ou d'omelette aux cervelles fut bientôt abandonné : en dépit de l'Académie, qui d'ailleurs ne devait pas être sûre d'avoir rencontré juste en proposant comme un idiotisme de la Manche sa « tortilla de huevos y sesos », puisqu'elle renonça aussi à cette interprétation pour en adopter une autre. Dès la fin du xviiie siècle, on reconnut que la locution s'appliquait, au propre ou au figuré, à la nourriture spéciale du samedi, au jour de *grosura*. Pellicer prend *duelos y quebrantos* au figuré et voit une sorte d'équivoque dans le second mot. Dans la Manche, dit-il, les pâtres avaient coutume d'apporter à leurs maîtres les animaux morts pendant la semaine et ceux qui, ayant souffert quelque accident, n'étaient plus bons à rien. On salait la chair de ces animaux et de leurs os rompus (*quebrantados*) comme de leurs extrémités on faisait le pot (*olla*) du samedi. Cette nourriture se disait *duelos y quebrantos* par allusion aux regrets et au chagrin que causaient naturellement aux maîtres des troupeaux la perte de leur bétail et la brisure des os (*quebrantamiento de los huesos*) des animaux qu'ils étaient obligés d'abattre. Le commentaire de Pellicer a fait fortune ; l'Académie s'en est emparée et la plupart des commentateurs et des traducteurs de Cervantes, depuis Clemencin jusqu'à Braunfels, le dernier traducteur allemand de *Don Quichotte*[1], ont cru à la petite histoire des pâtres de la Manche.

Une autre interprétation, dont on n'a guère tenu compte, a cependant été proposée par un homme érudit et sagace, le Dr Antonio Puigblanch. Cervantes, dit-il, donne à entendre que la nourriture en question était la pitance ordinaire des pauvres gens le samedi ; or, les animaux abattus dans les occasions qu'indique Pellicer n'étaient pas assez nombreux pour fournir à l'alimentation desdites gens. Puis il ajoute : « L'ancienne « langue, outre la locution *duelos y quebrantos* prise dans le sens

---

1. Stuttgart, 1883. Braunfels traduit : « jämmerliche Knochenreste. »

« vrai et propre de « chagrins et misères », en connaissait une
« autre semblable à la première pour la forme : *dejos y quebrantos*,
« entendant par *dejos* la fressure et les entrailles d'un animal, et
« par *quebrantos* ses extrémités, c'est-à-dire la tête et les pieds.
« Cervantes ou peut-être le peuple a substitué, par manière de
« plaisanterie, un mot à un autre, ce qui était d'autant plus
« facile que tous deux sont dissyllabes, qu'ils ont les mêmes
« voyelles, commencent par la même lettre et sont l'un et
« l'autre des masculins pluriels [1] ». Très ingénieux. Mais d'abord
Puigblanch ne cite aucun exemple de ce *dejos y quebrantos* qu'il
prétend avoir été usité dans l'ancienne langue, ce qui n'est pas
certes pour nous convaincre de l'existence de la locution ; puis
il resterait à prouver que *quebranto* a pu avoir le sens qu'il lui
prête. *Quebranto*, c'est l'action de briser (*quebrantar*) et, par
extension, brisure, fente, etc., *hacer quebranto*, c'est rompre,
fendre, défricher, en parlant d'un terrain ; mais de là à la
signification de « chose brisée », extrémité, abatis, il y a quelque
distance.

Voici peut-être ce qu'il faudrait se contenter de dire : *Duelos y
quebrantos* était une locution déjà très usuelle au temps de
Cervantes, et à ce point usuelle que Quevedo pouvait la classer,
en 1600, au nombre des phrases toutes faites, des lieux communs
du langage (*bordoncillos inutiles*) [2] ; seule donc son application
au manger de *grosura* serait un trait de l'auteur de *Don Quichotte*,
encore ne peut-on pas l'affirmer. *Duelos y quebrantos* compte parmi
ces accouplements de mots synonymes, ces formules binaires
si fréquentes en castillan où elles sont souvent aussi conso-
lidées par une allitération (par ex. *modos y maneras*). Quant au
sens, les deux mots n'ont été pris d'abord que dans l'acception
purement morale de « chagrins et tourments », et, à la rigueur,
on a bien pu qualifier ainsi le maigre repas castillan du samedi :
les Allemands n'ont-ils pas nommé *arme Ritter* un mets de

---

1. *Opúsculos gramatico-satíricos*, Londres [1832], t. II, *adicion ultima*.
2. *Pragmática que este año de 1600 se ordenó*, dans les *Obras* de Quevedo de la *Biblioteca Rivadeneyra*, t. I, p. 431b.

pénitence qu'ils mangeaient precisément ce jour-là[1] ? Mais j'admettrais volontiers que Cervantes ou tout autre a cherché à faire un jeu de mots, et, sans qu'il y ait lieu de recourir aux pâtres de Pellicer et au désespoir de leurs maîtres, il est sûr que le mot *quebranto* pouvait donner l'idée d' « abatis » : on ferait une plaisanterie du même goût en français si l'on accouplait les deux mots *plaisir* et *réjouissance*. Quel que soit au reste l'inventeur de la pointe, elle a eu du succès : *duelos y quebrantos* deviennent peu à peu synonymes d'issues ou de tripes. C'est ce qu'on peut voir dans la comédie de Lope de Vega intitulée *Las bizarrias de Belisa*, où nous est représentée une Lucinda, « almorzando unos torreznos — con sus duelos y quebrantos[2] ». Pas question ici de samedi ni d'abstinence; la Lucinda entend faire, je suppose, avec son amant, un très succulent déjeuner.

1. Voyez l'article de M. Vollmöller cité, p. 407, note 1.
2. Acte Ier, scène 9.

ÉTUDES
SUR
LE POÈME DU CID
Par J. CORNU

Las nuevas de myo Çid poco yvan adelant.

Ces études sur le poème du Cid ont peu de commun avec celles que nous avons publiées en 1881, *Romania* X, pp. 75-99. Notre manière de voir quant à la versification, autant que nous pouvons nous en souvenir, était alors la même que celle de Ferdinand Wolf[1] et de Milá y Fontanals[2]. C'est celle qu'a soutenue en dernier lieu A. Restori dans ses *Osservazioni sul metro, sulle assonanze e sul testo del Poema del Cid*, Bologna 1887[3], qui sont comme un commentaire développé de l'idée émise par ces deux savants. Les études que nous publions aujourd'hui se rattachent à ce que nous avons dit brièvement, mais clairement, là-dessus, en 1884, à la page 308 du XIIIe volume de la *Romania*, et fournissent à foison des preuves d'une vérité que nous regardions déjà alors comme incontestable et que le marquis de Pidal, longtemps avant nous, avait vue ou entrevue[4].

---

1. *Studien zur Geschichte der spanischen und portugiesischen Nationalliteratur*, Berlin 1859, p. 42-43.
2. *De la poesía heróico-popular castellana*, Barcelona 1874, p. 397-398 avec notes, et p. 443.
3. *Propugnatore*, vol. XX.
4. Voir *El Cancionero de Juan Alfonso de Baena*, Madrid 1851, p. xxv, où une note est conçue en ces termes : En el *Poema del Cid*, aunque con las imperfecciones de los primeros ensayos, se descubre muchas veces la versificacion que prevaleció más adelante en esta clase de composiciones; y muchos trozos de él están escritos en el verso asonantado de los romances.

Si l'Espagne a eu des poèmes épiques indépendants de l'épopée française, ce dont on ne saurait douter, le vers qui s'imposait aux poètes n'a pu être que celui des romances épiques, qui en sont les débris, vers qui est la première et la plus ancienne forme métrique castillane, comme on le dit avec raison dès le XVIe siècle, et qui, comme on sait, est le même que ceux de chansons populaires romaines tels que :

    Mille mille mille mille vivat qui mille occidit,
    Tantum vini nemo habet quantum fudit sanguinis.

Quel que soit le mètre employé, qu'il soit de dix, de douze ou de quatorze syllabes, nous pensons que qui fait un vers en fait cent et affirmons que qui sait trouver les assonances pour une composition qui comptait à l'origine au moins 4000 vers n'aura certes pas été embarrassé de mesurer correctement ces mêmes vers, surtout quand on réunit en sa personne autant de qualités de vrai poète que l'auteur du P. du Cid.

On peut donner plusieurs preuves que le vers de quatorze syllabes, coupé en deux moitiés par les éditeurs de romances, est aussi celui du P. du Cid, quoique, dans l'état où il nous est parvenu, la versification y soit excessivement maltraitée.

La plus faible est celle qu'on pourrait tirer de vers restés sains et saufs dans la mémoire peu fidèle de Per Abbat et dont les suivants sont irréprochables à tous les égards :

  70 Fablo Martin Antolinez : odredes lo que a dicho
 103 ¿ O sodes, Rrachel e Vidas, los myos amigos caros ?
 152 Afevos los a la tienda del Campeador contado
 167 Levaldas, Rrachel e Vidas, ponedlas en vuestro salvo
 172 Gradanse Rrachel e Vidas con averes monedados
 188 Quando esto ovo fecho, odredes lo que fablava
 235 Apriessa cantan los gallos e quieren quebrar albores
 381 Aun todos estos duelos en gozo se tornaran
 573 Ali yogo myo Cid complidas .XV. semanas == 907 *avec la var.* sovo
 593 Abiertas dexan las puertas, que ninguno non las guarda
 637 Tres rreyes veo de moros derredor de mi estar

672 De Castiella la gentil exidos somos aca
912 En el Pinar de Tevar don Rruy Diaz posava
915 Quando esto fecho ovo, a cabo de tres semanas
1006 Los pendones e las lanças tan bien las van enpleando
1062 Del dia que fui (*ms.* fue) nado, non iante tan de buen grado
1169 En ganar aquelas villas myo Çid duro III años
1200 Creçiendo va en rriqueza myo Çid el de Bivar
1760 Somos en vuestra merçed e vivades muchos años
2088 Afellas en vuestra mano don Elvira e doña Sol
2165 La compaña del Çid creçe e la del rrey mengo
2186 Muchos dias vos veamos con los oios de las caras
2261 Rricos tornan a Castiella los que a las bodas legaron
2272 Los amores que les fazen mucho eran sobeianos
2416 Non te iuntaras comigo fata dentro en la mar
2526 Buenos mandados yran a tierras de Carrion
2532 Vassallos de myo Çid seyense sonrrisando
2541 Los averes que tenemos grandes son e sobeianos
2597 Agora nos enviades a tierras de Carrion
2638 A Dios vos hacomendamos, don Elvira e doña Sol
2838 Con CC cavalleros quales myo Çid mando
2867 Buen casamiento perdiestes, meior podredes ganar
2868 Aun veamos el dia que vos podamos vengar
2914 Adugamelos a vistas o a iuntas o a cortes
3118 Se[e]d en vuestro escaño commo rey e señor
3419 De fiias de myo Çid, don Elvira e doña Sol
3481 A cabo de tres semanas, en begas de Carrion
3508 El rrey alço la mano, la cara se santigo
3562 Levad e salid al campo, yfantes de Carrion
3585 En mano prenden las astas de los fierros taiadores
3610 Sorteavan les el campo, ya les partien el sol
3682 Metio por la carne adentro la lança con el pendon
3719 Los primeros fueron grandes, mas aquestos son miiores.

Outre ceux-là, il y a dans le P. du Cid près de trois cents autres vers qui ne leur sont inférieurs à aucun égard, mais c'est bien peu, à peine la dixième partie de la Geste du Cid.

Meilleures sont les preuves que fournit la *Crónica rimada* (R.), fort maltraitée aussi par la mémoire de celui qui nous l'a conservée, mais où le vers de quatorze syllabes ne saurait éveiller le moindre doute, comme l'a remarqué le marquis de Pidal, il y a déjà une quarantaine d'années. « La Crónica rimada, dit-il, es casi toda un romance de ocho sílabas imperfecto, y sin grande esfuerzo se pudiera escribir una gran parte de ella en esta forma, con muy pequeñas variaciones. » Et il confirme ses paroles par un exemple très bien choisi. Voir sa belle étude sur la poésie castillane aux XIVᵉ et XVᵉ siècles en tête du *Cancionero de Juan Alfonso de Baena*, p. XXVI. Nous citons plus loin quelques moitiés de vers empruntées à R. et presque identiques à celles du P. du Cid.

Quant aux *romances du Cid*, d'origine populaire, le temps les a trop remaniées pour qu'on puisse s'attendre à y rencontrer beaucoup de vers ou de demi-vers qui soient les mêmes que ceux du P. Cependant il y en a un plus grand nombre qu'on ne serait porté à le croire. Je les donne d'après le *Romancero general* publié par Duran. On en trouvera aussi dans des romances étrangères au Cid. Pour le moment nous ne tenons pas compte de ces dernières.

Encore meilleures sont celles fournies par la *Chronica del Cid*. L'auteur de cette chronique avait, quand il l'écrivait, dans sa mémoire ou sous les yeux, une version moins altérée que celle que Per Abbat nous a écrite. En plusieurs endroits il est aisé d'y reconnaître non seulement des assonances, mais aussi des moitiés de vers et des vers entiers en grand nombre. Dans une partie qui a dû appartenir au commencement de notre poème (chap. XC), nous y trouvons presque sains et saufs les vers que voici :

Conbusco yremos, Çid, por yermos e por poblados,
Ca nunca vos fallesçremos en quanto vivos seamos,
E conbusco despendremos las mulas e los cavallos
     los averes e los paños
E siempre vos serviremos como amigos e vassallos

Mais les meilleures preuves de toutes pour établir que le vers de quatorze syllabes est celui employé par le poète, on les trouvera dans les moitiés de vers renfermant des noms propres que nous avons réunies et classées d'après les hémistiches et fait suivre des améliorations qu'ils indiquaient.

Ces études, qu'il m'eût été impossible d'achever sitôt sans le concours et le zèle de mon élève, M. le Dr Gustave Rolin, lecteur à l'Université allemande de Prague, auraient gagné à être précédées de recherches sur la langue de l'auteur du Poème et sur le traitement que l'ancien espagnol faisait subir aux voyelles qui se choquent. Cependant nous ne croyons pas qu'elles eussent modifié de grand'chose les résultats auxquels nous sommes parvenu.

I

Peso [ent] a Albardiaz 2042.
El castiello de Alcoçer 569.
Peso (*l.* pesa) a los de Alcoçer 861. *V.* 580 *l.* Ve(y)en lo los de Alcoçer, *v.* 590 *l.* Diz[i]en los de Alcoçer, *v.* 630 *l.* Sobre Alcoçer posar vino, *v.* 845 *l.* Vendio les a Alcoçer *ou* Vendido a Alcoçer, *v.* 855 *l.* Quando quito (a) Alcoçer, *v.* 941 *l.* Pesa a los de Monçon e pesa a los de Huesca.
Troçieron[a] Alcoçeva 2875.
La tierra del rrey Alfonsso[1] 423. *V.* 1368 *l.* Sonrrisos el rrey Alfonsso [e] tan velido fablo.
En yra del rrey Alfonsso 74.
Por el rrey don Alfonsso 1825.
Por amor del rrey Alfonsso 1240. *L. de même v.* 3438; *v.* 1319 *l.* A(los) pie[e]s del rrey Alfonsso cayo con [atan] grand duelo, *v.* 2951 *l.* E que vos pes(e), rrey Alfonsso *ou* rrey bueno, *qui, je crois, se rencontre.*
Por mano del rrey Alfonsso 2231. *Cf.* Por mando del rey Alfonso *Rom. gen.* 905. *V.* 1450 *l.* Por(la) tierra del rrey Alfonsso.
Por miedo del rrey Alfonsso 33.

1. *Pour la mesure de cet hémistiche et des suivants, cf.* G. de Berceo, Milagros de N. S. 869c : Nieto del rey Alfonso, cuerpo de grant mesura, *et Romania* IX, p. 87-88.

Çerca es el rrey Alfonsso 532.

Dixo el rrey don Alfonsso 1855, 2147. *Cf.* Dixo el rey don Fernando R. 1120, 1124, 3390. *Cette moitié de vers, la suivante et d'autres semblables étaient correctes à l'époque où vivait Per Abbat, mais ne l'étaient ni au XII° ni au XIII° siècle. Il faut supprimer* el [1] *et rétablir* Dixo rrey don Alfonsso vv. 881, 2033, 2047, 2135, 2990, 3052, 3214, 3390, 3434, 3463 ; *v.* 528 *l.* Buscar nos ye *ou* buscar nos a (el) rrey Alfonsso con toda su[a] mesnada, *v.* 1831 *l.* Alegre fue (el) rrey [Alfonsso], que nunqua mas nin atanto, *v.* 2090 *l.* Graçias, dixo (el) rrey [Alfonsso], *v.* 2986 *l.* Porque (el) rrey [don Alfonsso] fazie en Tolledo cort.

Fablo (el) rrey don Alfonsso 1866, 2094. *L. de même vv.* 3390, 3471 ; *corr. d'après ce passage v.* 308 *et lire* Mando (el) rrey [don Alfonsso] (a) myo Çid a aguardar.

Ayrolo el rrey Alfonsso 629. *Corr. d'après ce passage vv.* 2135, 3043.

Essora el rrey Alfonsso 1316.

Vinien al rrey Alfonsso 1884. *V.* 3502 *l.* Al rrey [Alfonsso] (los) solto, *v.* 3554 *l.* Dixieron (lo) al rrey Alfonsso.

Merçed ya, rrey señor 3253. *L. de même vv.* 3045, 3171, 3271 ; *v.* 3403 *l.* Merçed, rrey [don] Alfonsso.

E el conde don Anrrich 3109. *L. de même v.* 3002 ; *vv.* 1836, 3007 *l.* [E] el conde don Garçia, *v.* 3004 *l.* [E] el conde don Uella, *v.* 3135 *l.* Que alcaldes sean de esto don Anrrich e don Rremond.

E al conde don Anrrich 3037.

O dizen el Anssarera 2657. *V.* 2689 *i.* Ya mueven del Anssarera *ou* (Ya) movieron del Anssarera, *ce qui vaut mieux.*

[E] por el val de Arbuxedo 1493. *V.* 1543 *l.* Val de Arbuxedo arriba *ou* Por Arbuxedo arriba muy privado aguijavan, *v.* 2656 *l.* Troçieron a Arbuxedo.

Yva y (*ms.* Evay) Asur Gonzalez 2172.

---

1. *Sur l'omission de l'article devant* rey, conde, *etc., voir* Diez, *Gramm.* III¹, p. 38.

EL MORO AVEGALVON 1477, 1551, 2671. *V.* 1487 *l.* Rrespuso Avegalvon.

AL MORO AVENGALVON 2881.

O dizen Bado de rrey 2876.

Ali preçio a Bavieca 1732.

Ensiellan le a Bavieca 1585. *V.* 1573 *l.* (E) aduxiessen le (a) Bavieca, *v.* 1589 *l.* A Bavieca por nombrado el cavallo cavalga[va], *v.* 1745 *l.* Assi entro en Bavieca, *v.* 2127 *l.* En el cavallo Bavieca myo Çid un salto dava, *v.* 2394 *l.* Aguijava a Bavieca.

A la casa de Berlanga 2877.

A la exida de Bivar 11. *Corr. d'après ce passage v.* 859.

Rrespuso Bucar al Çid 2412. *V.* 2418 *l.* Bucar buen cavallo tien e [muy] grandes saltos faz.

Alcançolo el Çid a Bucar 2420. *V.* 2475 *l.* Despues que en esta batalla al rrey Bucar mato, El Çid alçava la mano, a la barba se tomo.

Myo Çid al rrey Bucar 2408. *V.* 2314 *l.* (Aqu)este era (el) rrey Bucar, *v.* 2409 *l.* Aca torna, rrey Bucar, *v.* 2458 *l.* Matastes a[l rrey] Bucar.

Sinon dixaremos Burgos 1438. *Compléter le v. en lisant* [E] yr lo hemos buscar. *V.* 200 *l.* De Burgos exido es.

E los de Calatayut 843. *V.* 860 *l.* Mucho a los de Teruel e de Calatayut plaz, Pesa a los de Alcoçer, ca pro les fazie grand, *v.* 625 *l.* Mal (*ms.* Mucho) pesa a los de Teca, (e) a los de Teruel non plaz *ou* Mal les pesa en Ateca, etc. (*car c'est le nom que cet endroit porte aujourd'hui*), *cf. v.* 1165, *où, en revanche, il faut lire* Mucho (*ms.* Mal) les pesa en Xativa.

PERDERAS CALATAYUTH 633.

E a los de Carrion 2979. *Corr. d'après ce passage v.* 2096; *v.* 2667 *l.* Diz(i)en los de Carrion, *v.* 2894 *l.* (E) de (los) yernos de Carrion *ou* E de los (yernos) de Carrion [que] Dios me faga vengar.

Vos nunqua en Carrion 2680.

[A]fellos en Casteion 485.

Quitar quiero Casteion 529.

De Castiella la gentil 672. *L. de même v.* 916; *v.* 3006 *l.* De Castiella la gentil [fueron] todos los meiores.

Venidos son a Castiella 2269. *V.* 871 *l.* Venido es a Castiella don Albarfanez Mynaya, *v.* 1188 *l.* [E] a tierras de Castiella enbio con sus mensaies, *cf.* 627, *v.* 1271 *l.* Enbio vos a Castiella, *v.* 1301 *l.* (Vos) quando ydes a Castiella, *v.* 1309 *l.* Adelino (por)a Castiella el buen Minaya Albarfanez, *v.* 1966 *l.* Quien viera por Castiella [a]tanta mula preçiada.

Que lo sepan en Castiella 1767.

Que el salido de Castiella 955. *V.* 1512 *l.* Cuemo salio de Castiella con estas dueñas que trahe, *v.* 2923 *l.* Rrey de Castiella es e rrey es de Leon, De las Asturias de Oviedo fasta a San Çalvador.

Esto gradesco a Christus 1933.

Çid, Rrodrigo, Rruy Diaz, Campeador.

Çid, do son vuestros esfuerços 379.

Pues esso queredes, Çid 1694. *V.* 1037 *l.* Si esto fizier(e)des, Çid, *v.* 1651 *l.* A vos [lo] grad[esc]o, Çid *ou mieux* A vos grado, [myo] Çid, *v.* 2029 *l.* Si non lo fizierdes, Çid, *v.* 2034 *l.* Aqui vos perdono, [Çid], *v.* 2078 *l.* Ellos vos la piden, [Çid], e mando vos esto yo, *v.* 2554 *l.* A Dios, [Çid], vos acomiendo, *v.* 3029 *l.* Cavalgedes, Çid, si non, *v.* 3293 *l.* Dexassedes vos, el Çid *ou mieux* Rrodrigo, agora desta rrazon.

Merçed vos pide el Çid 1351.

La compaña del Çid creçe 2165. *V.* 2402 *l.* Los del Çid a los de Bucar de las tiendas los sacavan, *v.* 2419 *l.* Mas Bavieca el del Çid el so alcançando va.

Maravilla es del Çid 1861. *V.* 1818 *l.* Con[las] saludes del Çid, *cf.* 1921, *v.* 2163 *l.* He de las fijas del Çid, *v.* 3697 *l.* El rrey a los del Çid.

El rrey dixo al Çid 3114.

Si Dios me legare al Çid 1529.

Si esso plogiere al Çid 3225. *V.* 1856 *l.* Gradesco [ge]lo al Çid.

Hyo lo vere con el Çid 1435. *V.* 2410 *l.* A veer tas con el Çid, con el de la barba grant.

El Çid a doña Ximena 368. *Vv.* 214 *et* 1618 *l.* El Çid e su[a]s conpañas, *v.* 326 *l.* El Çid e su[a] muger, *v.* 2270 *l.* El Çid e [amos] sos yernos *ou* Myo Çid e los sos yernos.

El Çid siempre valdra mas 1446. *V.* 692 *l.* Al Çid besa[le] la mano [e] la seña va tomar *ou* Al Çid besava la mano, la seña yva tomar, *v.* 701 *l.* Por al Çid e a los sos a las manos los tomar, *cf. v.* 2121, *v.* 2245 *l.* El Çid de lo que veye, *v.* 2569 *l.* El Çid que no se curiava de assi s[e]er afontado, *v.* 2425 *l.* [El Çid] Bucar a matado, al rrey de alen la mar *ou* aquel rrey de alen mar E ganado a Tizon, etc., *v.* 3145 *l.* El Çid beso le la mano (al rrey), *v.* 3486 *l.* El Çid le beso las manos, *en supprimant* al rrey.

Alegre era el Çid 1157, 2273. *L. de même vv.* 1219 *et compléter le vers en lisant* Con el todos los que ha, 1739 *et compléter le vers en lisant* Con el todos sus vassallos. *Compléter de même la seconde moitié du v.* 2273.

Desfechos nos ha el Çid 1433. *V.* 1004 *l.* Mando los ferir el Çid el que en ora buena nasco, *v.* 1731 *l.* Mucho fue el Çid alegre de lo que av[ie]n caçado, *v.* 1659 *l.* Alegros el Çid e dixo : [A]tan buen dia es oy, *v.* 2278 *l.* Sedie el Çid en Valençia con el todos sus vassallos, E con el amos sus yernos yffantes de Carrion, *v.* 3213 *l.* A lo que el Çid demanda.

Commo lo dixo el Çid 1771.

Essora dixo el Çid 1698, 1947. *L. de même vv.* 2380, 3473, *cf. vv.* 1353, 3416, 3516, 3581, 3667.

Por bien lo dixo el Çid 2464. *Compléter le vers en lisant* Mas lo tovieron a mal. *V.* 2417 *l.* Aqui rrespuso el Çid.

Quándo desperto el Çid 410. *V.* 951 *l.* Estonçes mudose el Çid, *v.* 1284 *l.* Çiento omnes le dio el Çid (a Albarfanez).

Si vos ploguier(e), myo Çid 1060. *V.* 1646 *l.* Qu[e] es esto, [myo] Çid, *v.* 2295 *l.* (Hya) [myo Çid], señor ondrado *ou mieux* Hya, nuestro señor ondrado, *v.* 2355 *l.* Hyo vos digo, [myo] Çid, *v.* 2625 *l.* Tornemos nos, [myo] Çid, *v.* 3309 *l.* Dezir vos he, myo Çid *ou bien* Dire vos, Campeador.

Folgedes ya, myo Çid 1074.

Myo Çid el de Bivar 1728.
Myo Çid es de Bivar 1376.
Myo Çid rl. de Valençia 1830.
Myo Çid e Albarfanez 601.
El bueno de myo Çid 1803.
Al bueno de myo Çid 655.
En casa de myo Çid 2170.
La muger de myo Çid 1279.
Los yernos de myo Çid 2468.
El amor de myo Çid 1247.
Por amor de myo Çid 2883, 2971. *L. de même v.* 3132; *v.* 2677 *l.* Por amor del de Bivar, *v.* 60 *l.* Derredor de myo Çid.
Por sabor de myo Çid 1503.
El poyo de myo Çid 902.
Las nuevas de myo Çid 1154. *L. de même v.* 1881.
Mesnadas de myo Çid 662, 1736. *V.* 1292 *l.* (Las) provezas de myo Çid.
Vassallos de myo Çid 2532. *L. de même v.* 604; *v.* 2258 *l.* Vassallos de myo Çid assi se han acordado, *v.* 2998 *l.* (E)nemigo de myo Çid que siempre mal l[e] busco.
Todos los de myo Çid 2217. *V.* 3612 *l.* Vienen los de myo Çid a condes de Carrion E condes de Carrion a los del Campeador.
E los que con myo Çid 455.
Entre yo e myo Çid 2959.
Myo Çid gelos rreçibe 2108. *V.* 3532 *l.* Myo Çid va a Valençia (e) el rrey a Carrion.
Myo Çid vos saludava 1482. *V.* 2438 *l.* Myo Çid algo v[e]ie.
Myo Çid finco antellas 1747.
Myo Çid finco el cobdo 2296.
Myo Çid salio sobrel 1586, *où il faut lire probablement* en él.
Myo Çid se los gañara 2011. *V.* 1092 *l.* Myo Çid gaño (a) Xerica e(a) Onda e Almenar E tierras de Borriana todas conquistas las ha; *on pourrait lire aussi* (E) las tierras de B. etc.
Alegre es myo Çid 1684, 2466.
Alegre fue myo Çid 1562.

Alegre va myo Çid 2614.
Armado es myo Çid 683; *telle est, d'après Baist, la leçon du manuscrit. Compléter le vers en lisant* Con quantos que elli ha.
Ondrado es myo Çid 1537.
Pagado es myo Çid 1058.
Tornado es myo Çid 1231. *V.* 393 *l.* Venido es myo Çid.
Poblado ha myo Çid 1087.
ADELINO MYO ÇID 1610. *V.* 3496 *l.* Adelino myo Çid [que en ora buena naçio E] al conde don Anrrich e al conde don Rremond [E] abraçolos tan bien e rrogo de coraçon, *v.* 37 *l.* Aguijava myo Çid, *v.* 862 *l.* Aguijava myo Çid, yvas[e] cabadelant, Y ffincava en un poyo, *v.* 788 *l.* Cavalgava myo Çid a Bavieca so cavallo, *v.* 1186 *l.* Amaneçio(a) myo Çid, *v.* 510 *l.* Mando partir myo Çid.
Alegros[e] myo Çid 2442. *L. de même v.* 2315 *et compléter le vers en lisant* Con el todos sus varones.
Levantos[e] myo Çid 3414.
Sonrrisos[e] myo Çid 154, *où il vaudrait mieux lire* Sonrrisava myo Çid[e] estavalos fablando, 1918, *où il faut compléter le vers en lisant* [E] tan bien los abraço. *V.* 945 *l.* Plogo [end] a myo Çid, *v.* 946 *l.* Sonrrisos[e] myo Çid, (e) non lo pudo endurar, *v.* 952 *l.* Dende corre *ou* corrio myo Çid *ou* Dent corrie myo Çid, *v.* 971 *l.* Alcançaron (a) myo Çid en el Pinar de Tevar, *v.* 165 *l.* [Que] non les dies(se) myo Çid, *v.* 1402 *l.* Si vos vies(se) myo Çid [todas] sañas e sin mal, *v.* 1714 *l.* Dio un salto myo Çid, *v.* 1909 *l.* Despues faga myo Çid.
Saludavos myo Çid 1398.
Dixo myo Çid, comed 1033.
FABLO MYO ÇID E DIXO 2036. *L. de même vv.* 7, 78, 613, 684; *v.* 2043 *l.* Fablo myo Çid e dixo (esta rrazon): Esto gradesco a Dios, *v.* 2177 *l.* Diz myo Çid a don Pero.
Fizo myo Çid posar 428.
Meçio myo Çid los ombros 13. *V.* 2952 *l.* (Que) aya myo Çid derecho.
Abraçolas myo Çid 2601.
Arrancolos myo Çid 1226.

Rreçibiolo myo Çid 3245. *L. de même v.* 202; *v.* 3180 *l.* Rreçibiolas (espadas) [myo Çid], *v.* 2055 *l.* Rrespusoles mio Çid. Rreçibiolos myo Çid 2214.

Esto dixo myo Çid 1195, 1756. *V.* 180 *l.* Plazme, dixo myo Çid, d[es]aqui sea mandada.

Esto mando myo Çid 1251. *Lire de même vv.* 1570 *et* 2484.

Mando myo Çid aun 802.

Bien la çerca myo Çid 1204. *V.* 169 *l. peut-être* Ca a mover (a) myo Çid.

Ya folgava myo Çid 1221.

Ya v[e]ie myo Çid 1096. *L. de même v.* 50; *v.* 404 *l.* Y se echa(va) *ou* echo myo Çid.

Hyas espidio myo Çid 2156.

Ali sovo myo Çid 907.

Ali yogo myo Çid 573.

Aqui esta con myo Çid 2512, *où il faut lire peut-être* Aqui esta con el Çid. *V.* 1761 *l.* Enbuelta con myo Çid entrados son al palaçio, *v.* 2161 *l.* Hyremos con myo Çid.

Aquis ondro myo Çid 2428.

Assi yva myo Çid 3103.

Assi poso myo Çid 61.

De guisa va myo Çid 583.

Por tal lo faz(e) myo Çid 433.

E despues de myo Çid 3424.

[En]essa noch(e) myo Çid 3044. *V.* 393 *l. peut-être* En essa noch myo Çid yogo a Spinar de Can.

Quand(o) durmie myo Çid 3331, *où l'on pourrait lire* Do durmie myo Çid.

Quand(o) lo oyo myo Çid 1296, 1931, *où l'on pourrait lire aussi* Quando lo oyo el Çid.

Quando vio myo Çid 919, 1201. *L. de même v.* 1249.

Que a ganado myo Çid 1784.

Saludadme a myo Çid 1961, *où il vaudrait mieux lire*: Saludadme vos al Çid *ou* Saludedes me al Çid, *car c'est le roi qui parle*. *V.* 1387 *l.* Saludadnos(a) myo Çid, Rruy Diaz de Bivar *ou* don Rrodrigo de Bivar.

Dexanla a myo Çid 475.

Enterguen a myo Çid 3234. *Quoique cette moitié de vers soit correcte, il se peut qu'il faille la lire* : Enterguen [gelos] al Çid *ou mieux* Enterguen gelos a el.

Myo Çid de los cavallos 2118. *V.* 2304 *l.* Myo Çid por [los] sos yernos demando(e), no los fallo, *v.* 2888 *l.* Myo Çid a su[a]s fijas yvalas a abraçar.

Myo Çid en el cavallo 3511. *V.* 623 *l.* Myo Çid con la ganançia *ou* El Çid con esta ganançia.

Myo Çid quand(o) lo oyo 976, *où l'on pourrait lire aussi* El Çid quando lo oyo.

Myo Çid quando los vio (fuera) 588. *V.* 1102 *l.* Myo Çid quando lo vio, *v.* 1184 *l.* Myo Çid quando lo sopo.

A MYO ÇID DON RRODRIGO 1017. *L. de même v.* 1560; *corr. d'après ce passage les vv.* 25, 329, 565, 784, 942, 958, 1237, 1846; *vv.* 1706, 1707 *l.* Hyo a vos, Çid don Rrodrigo,...... Cantado vos he la missa [oy] por (aqu)esta mañana, *v.* 2361 *l.* Oyd a mi *ou* Oydme ya, [don Rrodrigo], *v.* 3410 *l.* Rruego vos, Çid, [don Rrodrigo].

Quoique l'on ne trouve jamais Don Rrodrigo myo Çid, *il y a grande probabilité qu'il faut adopter cette leçon pour les vv.* 467, 556, 973, 1202, 1216, 1243, 1797, 2253, 2300, 2331, *et peut-être aussi pour les vv.* 559 *et* 776.

Ruydiaz myo Çid *est une moitié de vers qui nous a été conservée par la Chronique d'Alphonse le Savant, connue sous les noms de* Crónica de España *ou de* Crónica general. *Ce même hémistiche, qui se rencontre deux ou trois fois dans la Chronique du Cid, montre comment il faut corriger* Myo Çid Rruy Diaz *aux vv.* 15, 58, 470, 734, 759, 828, 846, 870, 875, 1024, 2056, 2151, 2433, 3054, 3301, *où l'on pourrait lire* Myo Çid el de Bivar *ou aussi employer une autre formule qui convint.*

Dezid [le] a Rruy Diaz 1910. *Cf. v.* 2968. *Vv.* 721 et 1140 *l.* Ca yo Rruy Diaz so, *v.* 2835 *l.* Peso [end] a myo Çid.

Venides, Campeador 2185. *V.* 266 *l.* Merçed[ya], Campeador, en buen ora fuestes nado, *v.* 268 *l. peut-être* Merçed, Çid

Campeador, v. 1595 *l*. Merçed [ya], Campeador, v. 2457 *l*. E a vos, Campeador.

DIXO EL CAMPEADOR 677, 709, 714, 1710, 2568. *L. de même vv.* 1239, 1925, 2083, 2367, 2462; v. 3280 *l*. Aqui el Campeador.

VIRTOS DEL CAMPEADOR 1498.

Por mi al Campeador 1443.

Delant el Campeador 1759.

Dezid al Campeador 1407. *L. de même v.* 2968.

Mas del Çid Campeador 879. *V.* 837 *l*. E el [Çid] Campeador con [toda] su[a] mesnada.

Quando el Çid Campeador 1164. *L. de même v.* 851.

Muger del Çid lidiador 1522.

Quando vio el caboso 908.

Arriba alço Colada 2421. *V.* 1010 *l*. Hy gannada a Colada *ou* Hy a Colada ganno que val mill marcos de plata.

A(l)una dizen Colada 2727.

Vio Diego Gonçalez 3658. *V.* 3353 *l*. [Fablo] Diego Gonçalez, odredes lo que ha dicho, *cf.* v. 70.

Fallo a Diego Tellez 2814.

DON ELVIRA E DOÑA SOL 2865.

Oy los rreyes de España 3723. *Compléter le vers en lisant* [Todos] sos parientes son.

Sano el rrey Fariz 841. *V.* 760 *l*. Al rrey [moro] Fariz, v. 773 *l*. El rrey [moro] Fariz.

Entre Fariza e Çetina 547.

Felez Muñoz so sobrino 741; *compléter le v. en lisant* Del [buen Çid] Campeador. *V.* 3188 *l*. [Felez Muñoz] (a) so sobrino por nombre [e]l lo lamo.

Vansse Fenares arriba 542.

Ferran Gonçalez non vio 2286. *V.* 2558 *l*. Fablo Gonçalez Ferrando, v. 3236 *l*. Fablo Goçalez Ferrando : Aver(es monedados) non tenemos nos, v. 3624 *l*. Con don Gonçalez Ferrando, v. 3626 *l*. Don Ferrando a don Pero el escudo le passo *ou* Elli a Pero Vermuez etc., v. 3643 *l*. Quando la (*ms.* lo) vio Ferrando, [bien] conuçio a Tizon.

Que lo sepan en Gallizia 2579.
Dixo (el) conde don Garçia 3160. *V.* 1859 *l.* Peso al conde (don) Garçia, *v.* 2997 *l.* El conde Garçi Ordoñez en aquestas nuevas fo.
Dixo Gonçalo Assurez 3689.
Assiniestro dexan (a) Griza 2694, *dont le second hémistiche est* [La] que Alamos poblo.
EL OBISPO DON JERONIMO 1289, 1460, 1546, 1579, 1689, 1702, 1793, 1993, 2069, 2238, 2383. *V.* 1303 *l.* Ya a este don Ieronimo otorgan lo por obispo, *v.* 1501 *l.* E(l) obispo don Hieronimo, coranado de prestar, *qui, ici, vaut bien mieux que* El obispo d. H. etc.
Comigo yra Malanda 3070.
AQUEL RREY DE MARRUECOS 1230, 1625. *Vv.* 1620-1622 *l.* Dezir vos quiero [yo] nuevas de alent partes de [la] mar, Del rrey moro Yuçef que en Marruecos esta : Pesava a aquel rrey de myo Çid don Rrodrigo, *v.* 1671 *l.* Essos moros de Marruecos cavalg[av]an a vigor, [E] por las huertas adentro est[av]an sines pavor, *v.* 1725 *l.* E al rrey de Marruecos, *v.* 1741 *l.* Quando el rrey de Marruecos *ou* Quando al rrey Yuçef, *v.* 1785 *l.* La (tienda) del rrey de Marruecos que de las otras es cabo, Dos tendales la sufr[i]en, con oro eran labrados, *v.* 1850 *l.* (A) aquel rrey de Marruecos Yuçeff por nombre nombrado *ou* lamado *ou plus simplement* A aquel rrey Yuçeff de Marruecos por nombrado.
POR EL RREY DE MARRUECOS 1181.
Quando al (*ou mieux* el) rrey de Marruecos 1741. *V.* 2446 *l.* Commo el rrey de Marruecos lo avemos arrancado.
Passa(ro)n Mata de Toranz 1492; *supprimer à la seconde moitié du vers de tal guisa et lire vv.* 1493-1494 [E] por el val de Arbuxedo conpiençan a deprunar, Ca en Medina[çeli] todo el rrecabdo esta.
DIXO MARTIN ANTOLINEZ 141, 166, 228, 3527. *L. de même v.* 131; *v.* 1459 *l.* E[tu], Martin Antolinez, el Burgales natural, *v.* 3191 *l.* [Lam]a Martin Antolinez, el cavallero de pro, *v.* 3193 *l.* [Vos, don] Martin Antolinez, myo vassallo de pro, Prended [aqui] a Colada, etc., *v.* 3646 *l.* Antolinez e Gonçalez.

Fablo Martin Antolinez 70.
Lego Martin Antolinez 102.
Gradeçiolo don Martino 199. *V.* 187 *l.* Çinco escuderos tiene (don Martino a) todos [çinco] los cargava, *v.* 1500 *l.* E don Martin Antolinez *ou bien* E Antolinez Martino, *v.* 3660 *l.* [En] essora don Martino.

Fata dentro en Medina 1381. *Corr. d'après ce passage les vv.* 1148, 1556, 1561; *v.* 1452 *l.* [A]ſe[vos] los en Medina *ou* [A]ſelos [ya] en Medina, *v.* 1466 *l.* Vayades pora Medina, *v.* 1484 *l.* Sua muger con las fijas en Medinaçeli esta, *v.* 1495 *l.* E en Medinaçeli, *cf. Chron. du Cid, chap.* CCXVII; *v.* 1538 *l.* De [aquel a]tan grand conducho que en Medina l[e] sacaran *ou bien* cum en Medina sacaran.

E de Medina a Molina 2880. *V.* 1451 *l.* De San Pero (fast)a Medina en [los]. V. dias van, *cf. v.* 2252; *v.* 1542 *l.* Salidos son de Medina, [rrio de] Salon passavan, [Val de] Arbuxedo arriba [muy] privado aguiiavan [E] el campo de Torançio luegol[o] atravessavan.

Oyd, Minaya Albarfanez 1297. *L. de même vv.* 616, 810; *v.* 3435 *l.* Dezid, Mynaya Albarfanez, lo que ovier(e)des sabor, *v.* 3458 *l.* Que val Minaya [Albarfanez], *v.* 1897 *l.* Oyd me, don Albar Fañez, e vos, don Pero Vermuez.

A vos Minaya Albarfanez 1870.

Con el Minaya Albarfanez 1244.

E a Mynaya Albarfanez 2561. *Vv.* 2835-2837 *l.* Peso [end] a myo Çid e a toda sua cort E a Minaya Albarfanez d[e] alma e (de) coraçon. Don Albarfanez Minaya con don Pero cavalgo E con Martin Antolinez, el Burgales de valor *ou bien* el cavallero de pro *ou bien* cavallero lidiador. *Cf. vv.* 1995 *et* 2513.

Dixo Minaya Albarfanez 819. *L. de même vv.* 782, 1350, *où l'on pourrait lire aussi* fablo, 1390, 1447, 1532, *où* Avegalvon *est faux*, 1693, 1907, *dans lesquels deux derniers cas on pourrait lire aussi* fablo, 1923, 1949, 2140; *v.* 387 *l.* (E) fablo [Minaya] Albarfanez, *v.* 1144 *l.* Entro(les) Minaya Albarfanez, *v.* 1302 *l.* Plaz a Minaya Albarfanez, *v.* 1391 *l.* Vase Minaya Albarfanez

[e] tornansse los yffantes, *v.* 2361 *l.* (Aqui) lego Minaya Albarfanez [e conpeço de fablar] *ou bien* Aqui lego Albarfanez, *vv.* 744, 752, 778 *l.* A Albarfanez Minaya, *v.* 871 *l.* A Castiella [la gentil] vas Albarfanez Minaya.

Afe Minaya Albarfanez 1317. *Vv.* 1424, 1426 *l.* A doña Ximina [Gomez], *comme on trouve fréquemment dans la Chron. du Çid,* e a las fijas que ha E a estas otras dueñas que las sirv[i]en delant El buen Minaya Albarfauez *ou* Don Albarfanez Minaya penssolas de adobar, *v.* 1430 *l. comme la première moitié du v.* 1426, *v.* 829 *l.* Hydes (vos), Minaya [Albarfanez], *v.* 1432 *l.* Merçed, Minaya [Albarfanez], *v.* 1742 *l.* Dexo Minaya [Albarfanez], *v.* 1991 *l.* Aquel Minaya Albarfanez e aquel Pero Vermuez, [Aquel] Martin Antolinez e aquel Martin Muñoz, El obispo don Jeronimo, el coranado meior, E aquel Alvarez Alvaro, aquel Alvar Salvadorez, Aquel Muño Gustioz, el cavallero de pro, Aquel Galind Garçiaz, el[li] que fue de Aragon. *Malgré cette restitution, il y a plusieurs fautes dans ces noms, comme le montre le chap. CCXXV, et encore mieux la fin du chap. C de la Chron. du Cid, où l'on trouve l'énumération suivante:* Ruydiez el mio Cid campeador, e don Alvar Fañez Minaya, él que tovo a Velez e a Çurita : e Martin Antolinez de Burgos, sobrino del mio Cid, e fijo de Fernan Diez su hermano, él que nasció de la quintera : e Nuño Gustios, sobrino del Cid : E Martin Muñoz que tovo Montemayor, e Alvar Alvarez, e Alvar Salvadores, e Guillen Garcia de Aragon, que era buen cavallero, e Feliz Muñoz, sobrino del Cid; *passage dont il faut tenir compte pour restituer les vv.* 734-741; *v.* 3058 *l.* Entre Minaya [Albarfanez], *v.* 3456 *l.* Yo so [Minaya] Albarfanez, *v.* 1894 *l.* A Albarfanez Mynaya e a [don] Pero Vermuez El [buen] rrey don Alfonsso [en] essora los lamo.

Si vos quisier(e)des, Minaya 1257. *V.* 1131 *l.* Bien los ferredes, [Minaya].

Si a vos ploguier(e), Minaya 1270.

Minaya e Per Vermuez 1841. *V.* 1251 *l.* Minaya lo consseiando, *v.* 2229 *l.* Minaya [y]va fablando *ou bien* Albarfanez va

fablando, *ce qui serait préférable*, v. 2858 *l.* Minaya [y]va veer [las] *ou* [a] su[a]s primas do son.
A Mynaya e (a) las dueñas 1554.
E Minaya con las dueñas 2874.
Fablava Minaya y 1350.
Primero fablo Minaya 671. *V.* 1394 *l.* Descendido es Minaya, vv. 1568, 2848 *l.* Rreçib[i]en a Minaya *ou* Rreçibieron a Minaya *ou encore* Van rreçibir a Minaya e a todos sus varones, v. 2849 *l.* Presenta[va]n a Minaya *ou mieux* Presentavan les a ellos, v. 2516 *l.* Rreçibie los Minaya.
Essora dixo Minaya 1282, 1505. *V.* 922 *l.* Todo gelo diz(e) [Mynaya].
Estonze dixo Minaya 2227. *V.* 916 *l.* De Castiella [la gentil] venido era Minaya, v. 1134, *où* Commo gelo a dicho *a été amené par le vers précédent*, *l.* Lo que dicho a Minaya *ou* Lo que dixo Albarfanez, v. 1262 *l.* Estonze *ou* Essora dixo Minaya *ou* Ali dixo Albarfanez *ou bien aussi* Dixo Minaya Albarfanez, *ce qui vaudrait mieux peut-être.*
Diziendo esto Mynaya 1418.
Afevos delant Minaya 2230.
Que rreçiban a My(a)naya 1565.
Oyd a mi, Albarfanez 616. *V.* 753 *l.* Cavalgedes, Albarfanez, (vos) sodes (el) myo diestro braço, *cf. v.* 810.
Venit aca, Albarfanez 2221. *V.* 1804 *l.* Venid[vos] *ou mieux* Vengades aca, Minaya, v. 1379 *l.* Ya vos ydes, Albarfanez, yd a la graçia de Dios.
Entre el e Albarfanez 1549.
[E] el bueno de Albarfanez 2513. *V.* 1467 *l.* Mya muger e las fijas e el bueno de Albarfanez.
Ca bien sabe que Albarfanez 1567.
    REMARQUE. *Vv.* 1367, 1378, 2624 *l.* Don Albarfanez Minaya, v. 2449 *l.* Don Albarfanez Minaya [en] essora es legado.
Entrados son a Molina 1550. *L. de même v.* 1153; v. 1463 *l.* Vayades [por]a Molina, v. 2647 *l.* [A]fe[vos]los en Molina, que manda Avengalvon, v. 1196 *l.* Tornado es a Murviedro.
Con el de los Montes Claros 1182.

Fablo Muño Gustioz 1481. *V.* 2974 *l.* Espidios[e] (Muño) Gustioz, *v.* 3382 *l.* [En] essora (Muño) Gustioz.

Levantos en pie Ojarra 3422.

Al uno dizen Oiarra 3394.

Ganaron Pena Cadiella 1163. *V.* 1164 *l.* Ovo [a] Peña Cadiella.

Rrespuso Pero Vermuez 710. *V.* 704 *l.* [Mas] aquel Pero Vermuez, *v.* 2351 *l.* Ala *ou mieux* Ola [tu], Pero Vermuez, *v.* 2340 *l.* Esto otorga don Pero.

Mando a Pero Vermuez 1815. *V.* 2169 *l.* [E] a [don] Pero Vermuez e [a] Muno Gustioz, *cf. v.* 2177.

En el Pinar de Tevar 912. *V.* 999 *l.* Oy en este Pinar (de Tevar).

O sodes, Rrachel e Vidas 103.

Levaldas, Rrachel e Vidas 167.

Gradan se Rrachel e Vidas 172. *Aux vv.* 136, 139, 146, 1437, *remplacer le singulier par le pluriel et lire* dixieron, *aux vv.* 89, 99, 149, *ajouter* don *devant ces deux noms et devant* Vidas *aux vv.* 155, 189.

Afevos Rrachel e Vidas 1431.

Porque el conde don Rremont 1059.

Dize el conde don Rremond 3208.

Dixo (el) conde don Rremont 1028. *L. de même vv.* 979, 1056; *v.* 1012 *l.* Priso (lo) al conde Rremont *ou* Priso el conde Rremont, (por)a la tienda lo levava, *v.* 1018 *l.* [Mas] el conde don Rremont non gelo preçia[va] nada, *v.* 1025 *l.* Comed, conde don Rremont, del pan e beved del vino.

Vera Rremont Verengel 998. *V.* 975 *l.* De don Rremont Verengel venido l[e] es mensaie, *v.* 3195 *l.* Fue del conde don Rremont Verengel de Barçilon(a la mayor), *ou, ce qui se recommande moins,* De don Rremont Verengel de Barçilon la mayor.

Fuesse [él] a Rriodovirna 3379.

Açerca corre Salon 555. *V.* 1515 *l.* Por [a]çerca de Salon [a]tan grandes gozos van, *v.* 1228 *l.* Al troçir *ou* Al passar de rrio Xucar.

Coios[e] Salon ayuso 589. *L. de même vv.* 577 *et* 858, *dans lequel vers on pourrait lire aussi* Salon ayuso passo.

EN SAN PERO DE CARDEÑA 209 = *Rom. gen.* 827, 900, 904, 907, 908. *V.* 232 *l.* (Por)a San Pero de Cardeña, *v.* 1285 *l.* A San Pero de Cardeña mill marcos mando levar E dixole que los diesse a don Sancho el abbat.

En San Pero a matines 318.

Rremaneçio en San Pero 1414.

Hydo es pora San Pero 1439. *L. de même v.* 1392 *ou bien l.* Adelino (por)a San Pero o estan fijas e madre; *v.* 294 *l.* Hydos son pora San Pero al que en buen punto naçio *ou encore* Pora San Pero se van.

Quando lego a San Pero 236.

GRADO A SANTA MARIA 2524.

PLEGA A SANTA MARIA 2274. *V.* 282 *l.* Plega a Dios Criador, plega a Santa Maria Que aun con mias manos case estas mias fijas, *v.* 2782 *l.* Plega a Santa Maria e al padre Criador (*cf. v.* 2626) Que los malos traydores dent prendan so galardon.

Lego a Santa Maria 52. *V.* 1475 *l.* Troçieron (a) Santa Maria.

Salvest a Santa Susaña 342.

SI ME VALA SANT ESIDRO 1342. *V.* 3028 *l.* Si me vala Sant Esidro, [en] verdad non sera oy, *v.* 3140 *l.* Si me vala Sant Esidro el que bolvier(e) my[a] cort, *v.* 3509 *l.* Si me vala Sant Esidro [el que laman] de Leon, *lire très probablement de même v.* 1867.

De siniestro Sant Estevan 397.

VARONES DE SANT ESTEVAN 2847. *L. de même v.* 2871; *v.* 2851 *l.* (Graçias) varones de Sant Estevan, que sodes coñosçedores Por la ondra que vos diestes a esto que nos cuntio Gradevoslo do esta myo Çid Campeador.

Vinieron a Sant Estevan (de Gormaz) 2843. *Compléter le vers en lisant* Que es un castiello fuert.

Fasta dentro en Santiyaguo 2925 *est une moitié de vers trop longue d'une syllabe.*

Dexando a Saragoça 1088.

Plogo a los de Teruel 860.

Que cort fazie en Tolledo 2980. *V.* 2970 *l.* A mi venga a

Tolledo, esto l[e] do yo de plazo, *v.* 3597 *l.* Esta lid fues en Tolledo, mas non quisiestes [la] vos.

E [e]l conde don Uella (?) 3004.

A (la) Torre de don Urraca 2812. *Compléter le vers en lisant* Elli las dueñas dexo.

Legan a Valadolid 1827.

A la glera de Valençia 2242.

A la puerta de Valençia 1576. *V.* 3261 *lire de même ou* A la exida de Valençia my[a]s fijas vos di yo.

Que en tierras de Valençia 1306. *V.* 1299 *l.* En [las] tierras de Valençia *ou* [Ya] en tierras de Valençia *ou mieux* En la çibdad de Valençia, *cf. Chron. du Cid*, CCXIII.

Por la huerta de Valençia 2613.

Por las torres de Valençia 1711. *Cf.* Por las puertas de Valençia *Rom. gen.* 840.

Buena fue la de Valençia 1232. *V.* 1223 *l.* Que presa era Valençia, que non gela empar[av]an.

Pesa a los de Valençia 1098. *V.* 1170 *l.* A los moros de Valençia.

E yrien (por) a Valençia 1354.

Hyr se quiere[n] a Valençia 1415. *V.* 2643 *l.* Hya s[e] torno (por) a Valençia, *v.* 3507 *l.* (E) yr me quiero (por) a Valençia, *v.* 2167 *l.* Adelinan (por) a Valençia, *v.* 1203 *l.* Adelina *ou* Adelino (por) a Valençia, *v.* 1191 *l.* Çercar a Valençia quiere *ou* A Valençia çercar quiere, *v.* 3474 *l.* A Valençia quiero mas *ou* Mas quiero yo a Valençia, *v.* 1628 *l.* A Valençia van buscar, *v.* 2000 *l.* Que curiassen a Valençia, *vv.* 2175, 3700 *l.* [A] fe[vos] los en Valençia.

Por levaros a Valençia 1401.

Salidos son de Valençia 1821. *L. de même vv.* 2009, 2920; *v.* 1711 *l.* Por las torres (*entendre par là* las puertas de las torres) de Valençia salieron todos armados, *v.* 3203 *l.* Quand(o) sacaron de Valençia *ou* Quando me las han sacadas, *v.* 587 *l.* Salidos son de Alcoçer, *v.* 1185 *l.* Salido es de Murviedro.

Yo ffincare en Valençia 1472. *L. de même v.* 1470, *où l'on pourrait lire aussi* Fincare yo en Valençia; *v.* 1155 *l.* Tal miedo an en Valençia, *v.* 1174 *l.* Mal se aquexan en Valençia *ou* Quexanse los de Valençia, *v.* 1246 *l.* [Ca] a todos en Valençia les dio casas e palaçios, *v.* 1304 *l.* Dieron le sied en Valençia, *v.* 1486 *l.* (E) ffata dentro en Valençia [que] dellas non vos partades.

El sedie en Valençia 1566. *Compléter le vers en lisant* curiando [la] e guardando.

Alegres son por Valençia 1799.

Hya muger doña Ximena 1763. *V.* 1352 *l.* Por su[a] muger (doña) Ximena *ou* Por doña Ximena Gomez e (sus) fijas amas a dos, *v.* 1396 *l.* Omilom [a vos], (doña) Ximena, *ou* [A vos] me omillo, Ximena, [que] Dios vos curie de mal, *v.* 3039 *l.* Ximena mya muger, [que] es dueña[muy] de pro.

Doña Ximena al Çid 369. *V.* 1594 *l.* Quando lo vio (doña) Ximena *ou* Ximena quando lo vio a pie[e]s se le echava, *v.* 1801 *l.* Alegre era Ximena con las suas fijas amas E todas las otras dueñas que se tienen por casadas, *v.* 2184 *l.* Rreçibielo Ximena con las suas fijas amas, *v.* 2897 *l.* (Doña) Ximena [la] su[a] madre.

Arevos doña Ximena 262. *V.* 1404 *l.* Rrespuso doña Ximena: Dios lo quiera e lo mande, *cf. v.* 2684; *v.* 2560 *l.* (Que) plega a doña Ximena.

II

que Alcoçer non se le dava 574.

Alcoçer cueda ganar 556. *V.* 851 *l.* Alcoçer quiso quitar, *v.* 1095 *l.* Ganado a a Murviedro.

a Alcoçer es venido 846.

Alfonsso myo señor 2036.

de Alfonsso myo señor 1921. *L. de même* 2044.

a Alfonsso so señor 2024. *V.* 2156 *l.* De so señor don Alfonsso *ou* Del buen rrey don Alfonsso, *v.* 3017 *l.* Que las manos le besas *ou* Que suas manos besas a Alfonsso so señor *ou* al buen rrey so señor, *v.* 3512 *l.* La mano le fue besar a Alfonsso so señor.

el mio señor Alfonsso 2200.

Alfonsso el Castellano 495, 2976.

a Alfonsso (el) Castellano 1790. *L. de même v.* 2900, *où l'on pourrait aussi lire* A Alfonsso de Castiella.

Alfonsso el de Leon 1927. *V.* 3692 *on pourrait lire* El campo mando librar don Alfonsso de Leon (*ms.* el buen rrey don Alfonsso); *v.* 3536 *l.* Ellos eran en poder *ou mieux* en la mano de Alfonsso el de Leon, *v.* 3543 *l.* De Alfonsso el de Leon *ou* A Alfonsso de Leon.

con Alfonsso (el) de Leon 3717.

si quisiesse el rrey Alfonsso 1950.

que tenie el rrey Alfonsso 3246, *où il faut peut-être supprimer* el.

do (el) rrey Alfonsso estava 1827.

essora el rrey Alfonsso 1316.

fablo (el) rrey don Alfonsso 3228, 3596. *Compléter le v.* 3228 *en lisant* A estas [suas] palabras *et voir ce que nous avons dit p.* 336; *v.* 3452 *l.* E a(que)l rrey don Alfonsso 3452.

Con el rrey don Alfonsso 3166. *L. de même vv.* 538, *où l'on pourrait lire aussi* Con myo señor Alfonsso, *et* 1974. *Cf.* Con el rey don Fernando R. 1008.

antel rrey don Alfonsso 2093, 3239, 3344. *L. de même vv.* 1843, 2013, 2128. *Cf.* antel rey don Fernando R. 689, 744; *v.* 1311 *l.* Demando por [don *ou* rrey] Alfonsso, do lo podrie fallar, Fuera el (rrey) a Sant Fagunt, etc., *v.* 2936 *l.* Merçed, rrey don Alfonsso, de largos rreynos (a vos dizen) señor, *v.* 3171 *l.* Merçed (ya), rrey don Alfonsso, [que] sodes nuestro señor, *vv.* 1845 *et* 2142 *l.* Merçed, rrey don Alfonsso, [sodes] señor tan ondrado, *vv.* 3253 *et* 3271 *l.* Merçed, rrey don Alfonsso *ou* Merçed ya, rrey señor, *v.* 3403 *l.* Merçed, rrey don Alfonsso, *où* merçed *est peut-être faux.*

El buen rrey don Alfonsso[1] 3001, 3024. *L. de même vv.* 22, 1840, 1895, 1979, 2026, 3053, 3108, 3127, 3692. *Cf.* el buen rey don Fernando R. 278, 367, 399, 460, 501, 663, 733, 804, 822, 978, 1018, 1074, 1081, 1087, 1107.

---

1. *Cette moitié de vers est déplacée dans G. de Berceo, S. Dom. de Silos* 733c, *et ce n'est pas de lui qu'elle vient. Accoutumé à l'entendre dans les chansons épiques, le copiste l'a introduite inconsciemment dans un alexandrin.*

AL BUEN RREY DON ALFONSSO 2825. *L. de même vv.* 508, 815, 1272, 2922, 3397; *v.* 1959 *l.* Al buen rrey don Alfonsso delant le echan las cartas *ou* delant (le) echaron las cartas, *v.* 2900 *l.* Al [buen] rrey [don] Alfonsso (de Castiella), *v.* 3423 *l.* Las manos fueron besar del [buen] rrey don Alfonsso. *Cf.* del buen rey don Fernando R. 799, 965, 989, 1016, 1026, 1101, al buen rey don Fernando R. 506, 555, 692, 967, 1057.

(e) los otros a Almenar 1109. *V.* 1328 *l.* Preso a a Almenar e Murviedro que es miyor.

(e) los otros a Alucad 1108.

a la puent[e] de Arlançon 290.

[a] Arlançon a passado 201.

e en Arlançon posava 55.

e Ateca que es (a)delant 552, *dont le premier hémistiche aura été* Passado a a Bovierca.

EL MORO AVEGALVON 2636, 2662.

la que Avegalvon mandava 1545. *V.* 2647 *l.* [A] fe [vos] los en Molina que manda Avegalvon, *car le sens du vers* 2647, *tel que le donne le ms., est démenti par le vers suivant; v.* 1464 *l.* Manda la Avegalvon, myo amigo (es) de paz, *v.* 2668 *l.* Non lo tiene en poridad, diz lo a Avengalvon.

al conde de Barçilona 957.

(a) Bavieca el corredor 3513.

en Bavieca (el) so cavallo 1714, *dont le premier hémistiche est* : Dio [un] salto myo Çid. *V.* 2127 *l.* En Bavieca so cavallo myo Çid un salto dio.

e el conde don Beltran 3004.

DE LA CASA DE BIVAR 1268.

dentro en Burgos la casa 62.

que en Burgos pudo falar 1427.

en el castiello de Cabra 3287.

en Calatayuh posar 651. *V.* 775 *l.* [Que] para Calatayuth, *v.* 777 *l.* Fata a Calatayuth duro [bien] el segudar *ou bien* durava el segudar.

la que dizen de Canal 649.

DE CONDES DE CARRION [1] 2549, 2554, 3296. *L. de même vv.* 2162, 2171, 2185 ; *corriger d'après cette moitié de vers vv.* 1906, 1928, 2076, 2098, 2174, 2178, 2225, 2229, 2317, 2655, 2670, 2956, 2985, 3007, 3148, 3428, 3537, 3603, 3612, 3701 ; *v.* 3613 *l.* E condes de Carrion, *v.* 2894 *l.* De (myos) yernos de Carrion.

YFANTES DE CARRION 2332, 2496, 2587, 2646, 2675, 2701, 2942, 2965, 3080, 3126, 3144, 3148, 3161, 3207, 3209, 3217, 3219, 3467, 3485, 3562, 3568, 3596. *L. de même vv.* 1372, 1385, 1835, 1879, 1901, 1975, 1981, 2052, 2084, 2091, 2101, 2279, 2309, 2510, 2515, 2583, 2644, 2689, 2708, 2713, 2735, 2754, 2763, 2771, 2781, 2793, 2824, 2833, 2906, 2995, 2999, 3232, 3241, 3256 (*où il faut supprimer* de), 3552, 3577, 3591 (*où l'on pourrait lire aussi* Los condes de Carrion, *qu'on rencontre plusieurs fois dans les romances du Cid*) ; *au v.* 1937 *supprimer* pora los, *v.* 3275 *l.* Los [condes] de Carrion, *v.* 3258 *l.* Dezid que vos mereçi, yfantes *ou* los condes [de Carrion, O] en juego o en vero o en alguna rrazon, *au v.* 3714 *la meilleure leçon serait* Agora la ayan quita yfantes de Carrion.

DE YFANTES DE CARRION 2915, 2951, 3113, 3202, 3437, 3704, 3707.

diz(i)en los de Carrion 2667.

de Carrion a casar 3381.

A TIERRAS DE CARRION 2526, 2544, 2590, 2597, 2627, 2638,

---

1. Carrion *compte pour trois syllabes, comme le prouvent les hémistiches et les alexandrins que voici* : a Carrion fue llegado R. 686, el bueno de Carrion R. 777, Burgos con la Castiella, Castro e Carrion G. *de Berceo, S. Domingo* 130b, Fue çerca de la media de Carrion ardida G. *de Berceo, S. Millan* 389b. Carrion *est mesuré de même dans* Judió de Carrion Rabi don Santob. *Prov. mor.* 1 ; *car la forme* Judió, *connue d'ailleurs, est assurée pour ce texte par le quatrain* 686, *où ce mot rime avec* prometió. *Encore dans les romances du Cid nous trouvons le plus souvent* Carrion *de trois syllabes, beaucoup plus rarement de deux, et des vers où il est de deux syllabes, il y en a plusieurs qu'il serait aisé de corriger. En supprimant l'article dans* De los condes de Carrion *Rom. gen.* 864, 883, Con los c. de C. 872, 890, A los c. de C. 874, 884, 888, *par exemple, on rendrait à ces vers leur forme première.*

3470, 3599. *L. de même vv.* 2445 (*en supprimant* de vos), 2563 (*où l'on pourrait lire aussi* do las heredades son, *cf.* 2545), 2620; *v.* 2480 *l.* D[e] ellos a Carrion *ou mieux* Mandados buenos yran (*cf. v.* 2526) a tierras de Carrion, Commo ellos son ondrados, *etc., v.* 1313 *l.* Tornaras a Carrion, *v.* 2540 *l.* Vayamos (por) a Carrion, *v.* 2605 *l.* Vayades a Carrion, *vv.* 3129-3131 *l.* Yo en quanto fu[i] rrey non fiz mas de do[a]s cortes : La una en Burgos fiz (e) la otra en Carrion *ou* La una fizi *ou* fuera en Burgos, la otra en Carrion [E aqu] esta [la] terçera a Tolledo vin fer oy, *v.* 3532 *l.* Myo Çid va a Valençia, (e) el rrey a Carrion, *car, autrement, le vers se lierait mal avec le précédent; v.* 2327 *l.* Desean [a] Carrion, *v.* 3570 *l.* Por quanto val Carrion.

EN TIERRAS DE CARRION 2570, 2600, 2717, 3223.

POR TIERRAS DE CARRION 3696.

que tierras de Carrion 3473.

EN BEGAS DE CARRION 3481.

por non v[e]er Carrion 2322.

commo lo de Carrion 2664. *V.* 1376 *l.* (E) nos de los (condes) de Carrion.

e adelant Casteion 1329.

A CASTIELLA LA GENTIL 829. *L. de même v.* 871; *ajouter* la gentil *aux premiers hémistiches des vv.* 287, 783.

(e) en Castiella e en Leon 2579. *V.* 2977 *l.* Enbia[va] su[a]s cartas *ou* Enbia *ou encore* Enbio l. s. c. (por)a Leon e (a) Santiyaguo [E] a los Portogaleses e a [condes] galizianos (*cf. v.* 2926) E a los de Carrion e (a) varones castellanos.

a Castiella al rrey Alfonsso 2903 *est une moitié de vers douteuse; corriger tout le vers en lisant* : A Castiella el mandado lieves me al rrey Alfonsso.

a Castiella con mandado 813.

de Castiella fin es ya 399.

a Çelfa la de Canal 869.

Çid, Rrodrigo Çid, Rruy Diaz, Campeador.

EL ÇID CON TODOS LOS SOS 3022. *L. de même v.* 214, *où l'on pourrait lire aussi* El Çid e suas compañas *ou* Myo Çid e sus vassallos cavalgavan tan ayna; *v.* 743 *l.* Acorrieron a la seña el Çid con todos los sos, *cf. Chr. du Çid, chap.* XCIX : E el Cid e todos los suyos acorrieron la seña muy bien; *v.* 1173 *l.* El Çid les tolió el pan.

ca el Çid bien las coñosçe 3187.

que el Çid le avie dados 1051.

al Çid caen .c. cavallos 805. *V.* 153 *l.* Al Çid besaron las manos *ou mieux* Fueron le besar las manos, *v.* 1608 *l.* [La] madre e fijas amas [al Çid] las manos (le) besavan *ou* La madre e suas fijas *ou* Entre madre e las fijas *ou* Entre madre e fijas amas, *etc., v.* 2235 *l.* Al Çid e sua muger yvan les besar las manos, *v.* 581 *l.* Falido [le] a al Çid [e] el pan e la çevada, *v.* 3123 *l.* Al Çid catando estavan quantos avie en la cort.

al Çid seyx çientos cavallos 2489.

MYO ÇID EL DE BIVAR 295, 550, 855, 961, 983, 1140, 1200, 1265, 1387, 1454. *V.* 748 *l.* Visto lo ha myo Çid Rrodrigo el Castellano, *v.* 1082 *l.* [E] tornos el de Bivar.

Quoique l'on ne rencontre pas : Myo Çid Campeador, *il n'en est pas moins sûr qu'il faut corriger d'après cette formule, en supprimant* el *ou* el buen *vv.* 288, 417, 1669, 1931, 1985, 2065, 2113, 2183, 2308, 2559, 2853, 2987, 3015, 3025, 3033, 3093, 3199, 3402, 3440, 3703; *dans presque tous ces passages on pourrait lire aussi* El buen Çid Campeador, *si cette formule n'était déjà assez fréquente; l. de même v.* 109; *v.* 2937 *l.* Besa vos piedes e manos myo Çid Campeador. *Quant à* Myo Çid lidiador 1322, *il formait, précédé de monosyllabes, une excellente moitié de vers, à laquelle le poète recourait au besoin.*

MYO ÇID E SUS VASSALLOS 2473. *L. de même vv.* 1618 (*car* su[a]s compañas *ferait une syllabe de trop*) *et* 2243; *corr. d'après ce passage v.* 376; *v.* 2265 *l.* Del Çid e de sus vassallos.

myo Çid ferir los va 1137.

MYO ÇID DESCAVALGAVA 1592.

myo Çid yva albergar 547, *où il vaudrait mieux lire* Myo Çid va albergar *ou* Myo Çid yva posar.

MYO ÇID IVA POSAR 402, 553.

myo Çid duro .III. años 1169.

myo Çid lo otorgo 2051.

myo Çid presas las ha 3250.

a myo Çid aguardavan 839.

a myo Çid se tornavan 1964. *V.* 1134 *l.* A myo Çid mucho plaze.

a myo Çid es tornado 2974. *V.* 1682 *l.* A myo Çid son tornados *ou* A myo Çid se tornavan, *comme au v.* 1964, *v.* 1632 *l.* A myo Çid son venidas, *v.* 1190 *l.* Que viniesse a myo Çid *ou* Viniesse al Campeador, *v.* 1207 *l.* A myo Çid mas le vienen, sabet, que no s[e] le van.

a myo Çid espere 3338.

pora myo Çid huyar 892.

con myo Çid van a cabo 1717.

ant(e) myo Çid se paro 2624. *V.* 2369 *lire de même ou peut-être* Paravas ant myo Çid *ou* Delant el Çid se parava *ou* se paro, *v.* 3324 *l.* Ant el Çid e ante todos *ou bien* Delant myo Çid e todos.

que myo Çid fechas ha 1149.

la que myo Çid gaño 2175.

quales myo Çid mando 2838. *V.* 2585 *l.* Lo que myo Çid mando.

que me enbia myo Çid 1868.

DE MYO ÇID DON RRODRIGO 1622.

a myo Çid don Rrodrigo 1628.

de myo Çid (el) de Bivar 1085. *V.* 2677 *l.* Si no lo dexas, yffantes, por myo Çid (el) de Bivar, *v.* 3378 *l.* De Rrodrigo de Bivar *et non* De myo Çid el de Bivar, *qui est mal placé dans la bouche d'Assur Gonçalez ou plutôt du comte Garçiordoñez, comme on lit au passage correspondant de la Chr. du Cid, chap.* CCLVI.

a myo Çid (el) de Bivar 1416, *où l'on pourrait lire aussi* Al Campeador leal.

(de) lo que dixo don Rrodrigo 1302. *L. de même vv.* 539, 3120, où *l'on pourrait lire aussi* Lo que dixo myo Çid, *et compléter le v.* 3120 *en lisant* Plogole de coraçon; *v.* 1028 *l.* Dixo (el) conde don Rremont : comades vos, don Rrodrigo.

(myo Çid) Rruy Diaz de Bivar 628. *L. de même v.* 1387. — *Le P. du Cid ne nous a conservé ni* Rrodrigo el Castellano *ni* De Rrodrigo de Bivar *ni* el que naçio en Bivar, *hémistiches qu'on trouve dans la* R. (*vv.* 614, 661 *et* 821). *Dans les romances on rencontre* Don Rodrigo de Vivar, *Rom. gen.* 735, 736, 738, 741, 784, 826, 843, 845, De Rodrigo de Vivar 738, A Rodrigo de Vivar 738, 748, 753, *hémistiches étrangers au P. du Cid.*

Rruy Diaz so señor 3712.

don Rruy Diaz posava 912. *V.* 485 *l.* O Rruy Diaz estava, *v.* 2514 *l.* Que Rruy Diaz crio, *v.* 1873 *l.* Ant(e) Rruy Diaz el Çid.

aosadas, Campeador 3475. *Quoique cette moitié de vers paraisse bonne, je la crois trop longue d'une syllabe* : *l. peut-être* a osadas, lidiador. *V.* 2107 *l.* Lo que dellos vos plogier(e), fazedlo, Campeador, *v.* 3114 *l.* Seades, Campeador, En este myo escaño *ou* Aca en este escaño que m[e] diestes vos en don.

Caboso Campeador 3410. *L. de même v.* 1128, *où l'on pourrait lire aussi* Myo Çid Campeador; *v.* 2027 *l.* Levantados en pie ya (Çid), [caboso] Campeador *ou* Levantados en pie(ya), Çid, [caboso] Campeador, *v.* 2049 *l.* El myo huesped seredes (Çid), caboso Campeador.

Campeador de Bivar 721, *où il faut supprimer* Çid. *Lire de même v.* 1140.

vos e el Campeador 1359.

fijas del Campeador 1887, 2323, 2661. *L. de même vv.* 2551, 2555, 2584; *vv.* 2654, 2822, 3368 *l.* A fijas de myo Çid, *v.* 3345 *l.* Por fijas de myo Çid, *qui, pour le dire en passant, est un complément de* lidiare.

la cort del Campeador 2396.

a los del Campeador 3540, 3561, 3613. *L. de même v.* 661.

por los del Campeador 3564.

el Campeador cavalga 486.

el Campeador se va 857.

el Campeador entrava 2396. *V.* 911 *l.* Alen de Teruel [la casa]
el Campeador passava, *v.* 715 *l.* Al Campeador fincava *ou aussi*
A Rruy Diaz fincava, *v.* 3121 *l.* El Campeador poso *ou* El Çid
essora poso.

que faz el Campeador 1343. *V.* 1958 *l.* (Esso) fera el Campeador.
que grade el Campeador 2685.
durmie el Campeador 2280.
sedie el Campeador 2030.
fizo el Campeador 2492. *Compléter le vers en lisant au premier hémistiche* Todas aquestas ganançias.
pagos el Campeador 2518. *L. de même v.* 69. *On pourrait corriger d'après cet hémistiche la première moitié du vers* 3272, *mais mieux vaut lire ici* Avezose Rruy Diaz *ou* Avezose don Rrodrigo.
do fuere el Campeador 1369.
vernas al Campeador 2622.
servir al Campeador 1369. *V.* 1016 *l.* Plogo al Campeador, *v.* 2341 *l. comme au v.* 1016 *ou peut-être* Plogo end a myo Çid.

LOS DEL BUEN CAMPEADOR 3550, 3694. *L. de même vv.* 2284, 3534, 3556, 3571, 3589, 3711, *tous cas où l'on pourrait lire aussi* Los del Çid Campeador; *v.* 35 *l.* Los del buen Campeador a altas vozes lama[va]n.

EL CAMPRADOR CONTADO 2433, *nommé aussi une fois* (*v.* 502) el lidiador contado, *épithète qui, précédée d'une syllabe, formerait une moitié de vers parfaite.*
DEL CAMPEADOR CONTADO 152.
AL CAMPEADOR CONTADO 142, 1780 *où il faut lire* al *pour* el.
EL CAMPEADOR LEAL 396.
AL CAMPEADOR LEAL 2676, 3317.
ANTEL ÇID CAMPEADOR 2593. *V.* 1997 *l.* Con el Çid Campeador, *vv.* 364, 3314 *l.* Por el Çid Campeador, *v.* 3471 *l.* Contral [Çid] Campeador, *v.* 241 *l.* Tu que los guias a todos, val al Çid Campeador, *v.* 1347 *l.* Quando *ou* Pues assi a su[a] guisa faze el Çid Campeador.
EL BUEN ÇID CAMPEADOR[1] 1663. *L. de même vv.* 236, 594, 923

---

1. = Poema de F. Gonzalez 166 d, *évidemment une réminiscence des chansons du Cid.*

ÉTUDES SUR LE POÈME DU CID 449

(*ici l'on pourrait lire aussi* El bueno de myo Çid, *comme au v.* 1803), 1361, 1669, 1916, 2000, 2014, 2219, 2666, 2742, 2753, 2991 (*car c'est le roi qui parle*), 3143 (*pour la même raison*), 3164, 3230, 3340, 3492; *vv.* 1997, 2505, 3700 *l.* Con el buen Campeador *ou* Con el Çid Campeador, *v.* 2516 *l.* Por el Çid Campeador *ou* Por el buen Campeador, *v.* 2658 *l. comme au vers* 2516, *v.* 31 *l.* El buen Çid Campeador *ou bien* Myo Çid Campeador *ou bien encore* Rruy Diaz myo Çid, *qui était la formule la plus fréquente au premier hémistiche; v.* 2063 *l.* El buen Çid Campeador *ou* Myo Çid Campeador *ou mieux encore, à cause de l'assonance*, Rruy Diaz myo Çid, *v.* 1332 *l.* Obispo de su[a]mano fizo el Campeador.

AL BUEN ÇID CAMPEADOR 3096. *L. de même vv.* 1354, 1890, 1904, 2073, 2315, 2543, 2718, 2827, 2966, 3011 (*où l'on pourrait lire aussi* Myo Çid Campeador), 3210, 3398, 3431, 3453; *corr. d'après ce passage vv.* 741, 1373, 2122, 2633, 2765, 2943, 3333, 3424, 3598, 3728; *v.* 285 *l.* Una grand iantar le fazen al buen Çid Campeador, *v.* 2166 *l.* Mas grandes *ou* Mayores foron las yentes del buen Çid Campeador, *v.* 292 *l.* Todos yvan demandando por el buen Campeador *ou* por el Çid Campeador *ou* por myo Çid so señor.

ÇID CAMPEADOR LEAL 706, 2361. *On pourrait lire de même vv.* 41, 71, 175; *v.* 49? *l.* [Çid] Campeador contado.

REMARQUE. *Les noms du Cid sont à supprimer dans les vers suivants : V.* 2192 *l.* Grado[sea] al Criador e a vos, (Çid) barba velida, *v.* 933 *l.* Dios, commo [bien] fue (el Çid) pagado, *vv.* 2665, 3169 *l.* De nos el (Çid) Campeador *ou* De nos el Çid Lidiador, *v.* 1201 *l.* Quando [las] vio (myo Çid las gentes) iuntadas, compeço[se] de pagar, *v.* 1212 *l.* Quando (myo Çid) gaño a Valençia, *v.* 1787 *l.* Mando (myo Çid Rruy Diaz) que fita sovies(se la tienda) e non la tolies(se dent) christiano, *v.* 1898 *l.* Sirvem (myo Çid) el Campeador, *v.* 3336 *l.* Fasta do [se] desperto (myo Çid), *v.* 1080 *l.* Lo que non ferie el (caboso) por lo que en el mundo ha.

DE COLADA E DE TIZON 3201.

A COLADA E A TIZON 2575, 3153. *Le vers 2575 entier est* Dar vos he do[a]s espadas a Colada e a Tizon; *v.* 3175 *l.* Sacaron [a] las espadas a Colada e a Tizon.

(e)l espada Coladal dio 3192 *est un hémistiche douteux.*

EN EL RROBREDO DE CORPES 2748, 2754, 2945, 3156, 3266. *L. de même v.* 2697.

POR LOS RROBREDOS DE CORPES 2809.

DON DIEGO E DON FER[R]ANDO 2725. *L. de même vv.* 1901, 2267, 2319, *où l'on pourrait lire comme au v.* 2348 : Entre Diego e Ferrando; *v.* 3009 *l.* Don Diego e don Ferrando y foron amos a dos, *v.* 2168 *l.* (E a) don Fernando e (a) don Diego [a] aguardar los mando, *v.* 2534 *l.* Mas fallado non y an (*ms.* non fallavan y) a Diego ni (a) Ferrando *ou mieux* ni Diego ni Ferrando, *v.* 2352 *l.* Curies me a [don] Diego, curies me a don Fernando.

ENTRE DIEGO E FERRANDO 2348.

A DIEGO E A FERNANDO 2440.

do a Elpha ençerro 2695.

DON ELVIRA E DOÑA SOL 2075, 2088, 2163, 2197, 2520, 2592, 2628, 2682, 2710, 2714, 2747, 2780, 2786, 2790, 2859, 3187, 3345, 3419, 3447. = *Rom. gen. dans les pièces* 863, 864, 875. *L. de même vv.* 2097, 2163, 2181, 2817, 3718; *v.* 2755 *ajouter* Don Elvira e doña Sol, *v.* 2724 *l.* Quando lo vieron ellas *ou* Las dueñas quando lo veen, fablava y doña Sol, *cf.* 1350; *v.* 2796 *l.* Fablava y doña Sol *ou* Y fablava doña Sol *ou* Fablado ha doña Sol.

EL MEIOR DE TODA ESPAÑA 3271. *V.* 453 *l.* Fablara[n en] toda España, *v.* 1021 *l.* No combre un [sol] boçado por quanto ha en España, *ou, ce qui vaudrait mieux,* por quanto val toda España.

el rrey Fariz e Galve 769. *Quoique cette moitié de vers soit métriquement correcte, je la regarde comme grammaticalement vicieuse et je crois qu'il faut lire tout le vers de la manière que voici* : Arancados son [del campo] los rreyes Fariz e Galve.

que dizen Fariz e Galve 654. *V.* 774 *l.* Ca [el otro rrey] Galve no lo cogieron alla.

Felez Muñoz se metio 2769.

tornos[e] Felez Muñoz 2776. *V.* 2791 *l.* [Quando] abrieron los oios, (e) vieron (a) Felez Muñoz.

el que es sobre Fenares 435.

cuemo se alaba Ferrando 2340. *V.* 2527 *l.* A estas [suas] palabras fablo Gonzalez Ferrando.

el conde Garçiordonez 3553. *L. de même v.* 3270. *Cf.* el conde Garcifernandez R. 57.

peso a Garçi Ordoñez 1345, où mucho *doit être supprimé.*

por nombre en Golgota 348. *Accentuer* Golgotá *et non* Gólgota, *comme on le fait de nos jours.*

a Huesca e (a) Montalvan 952. *V.* 940 *l.* Pesa a los de Monçon e pesa a los de Huesca *ou bien* e non plaz a los de Huesca, *cf. vv.* 625, 626; *v.* 1089 *l.* E (las) tierras de Montalvan.

EL OBISPO DON JHERONIMO 2512. *V.* 3064 *l.* E (el) obispo don Jheronimo.

DEL OBISPO DON JHERONIMO 1667.

e rrey es de Leon 2923.

los que dizen de Luzon 2653.

si vos vala Dios, Minaya 874.

bien me yra a mi, Minaya 925.

dezir vos quiero, Minaya 890.

e al bueno de Minaya 1583. *Vv.* 1314, 1405, 1414, 1439, 1527 *on pourrait lire* El buen Minaya Albarfanez *ou* Aquel Minaya Albarfanez, *mais ces corrections sont trop peu assurées.*

e quito se va Minaya 1539.

que se tardava Mynaya 908. *V.* 1384 *l.* Espidies[e] Minaya e [y]va se de la cort.

dio Minaya al abbat 1432.

vien(e) la seña de Minaya 482. *L. de même v.* 477.

que acconpañen a Minaya 444. *V.* 1815 *l.* Mando a Pero Vermuez que aconpañas a Mynaya, *v.* 488 *l.* Abiertos amos los braços va rreçibir a Minaya, *v.* 919 *l.* A Minaya que asomava.

e mucho a Albarfanez 945.

las dueñas e Albarfanez 1452, 2863.

el que de Albarfanez fue 2814.

afe aqui Albarfanez 2135.

rrogavan a Albarfanez 1417.

  REMARQUE. *Outre les corrections faites sous* Minaya *et* Albarfanez, *il y en a d'autres à faire dans les vers suivants:* v. 1385 *l.* Yffantes de Carrion acompañan Albarfanez, v. 1511 *l.* Que sopiessen de que seso era Mynaya Albarfanez, v. 1527 *l.* Sonrrisos[e] de la boca don Albarfanez Minaya, v. 1256 *l.* Con Albarfanez Minaya elli se va consegando *ou* el Çid se va consegando *ou el se estava consegando (cf.* Restori, *Osservazioni,* p. 76), v. 3063 *l.* Vos, Albarfanez Minaya, v. 1495 *l.* Envio dos cavalleros (Mynaya Albarfanez) que sopiesse[n] la verdad.

a Molina se torno 2688. *V.* 1476 *l.* A Molina van posar.

do dizen Monte Calvario 347.

(el) que mando a Mont Mayor 738. *Quoique en retranchant* el le *passage fût correct, mieux vaudrait lire* que tovo Monte Mayor, *comme il y a dans la Chr. du Cid, chap.* C.

en tierras de Mon Rreal 1186.

que es sobre Mont Rreal 863.

AQUEL MUÑO GUSTIOZ 2324, 2927, 2934. *L. de même v.* 3065.

E DON MUÑO GUSTIOZ 3674.

E A MUÑO GUSTIOZ 2177. *V.* 3670 *l.* Dire vos de Gustioz.

DE NAVARRA E DE ARAGON 3399, 3405, 3420, 3448, 3722 = *Rom. gen.* 884. *V.* 1187 *l.* Por Aragon e (por) Navarra, *v.* 3395 *l.* El uno es (yfante) de Navarra e el otro (yfante) de Aragon, *comme a proposé Restori, faisant ici une excellente correction.*

e (a) Onda e Almenar 1091. *V.* 1109 *l.* Desi [los unos] a Onda (e) los otros a Almenar, *v.* 1328 *l.* Preso ha a Almenar.

Pero Mudo me lamades 3310. *V.* 3302 *l.* Fabla, Pero Mudo, tu, [el] varon que tanto callas.

e aquel Pero Vermuez 1991.

a Pero Vermuez cata 3301.

e plogo a Per Vermuez 1907. *L.* Per *aux vv.* 722, *où il faut mettre sans doute* Do Per Vermuez esta, 1820, 1870 *(où il faut supprimer* a), 3645; *v.* 3629 *l.* Firme estido Per(o) Vermuez *ou* Firme estido Vermuez.

E EL CONDE DON RREMONT 3002, 3109, 3135, 3496. *V.* 987 *l.*

[Ca] el conde don Rremont, *v.* 3137 *l. peut-être* Aquel conde don Rremont.

E AL CONDE DON RREMOND 3036. *L. de même v.* 1009; *v.* 977 *l.* Dezid al conde [Rremont].

e legaron a Salon 2656. *V.* 2687 *l.* En el troçir de Salon, *cf. v.* 1228.

dixo el abbat don Sancho 246. *V.* 1446 *l.* Hyas espiden de don Sancho.

a Ssan Pero a rrogar 1394.

en San Pero a clamor 286.

al señor San Sabastian 341.

posare en San Servan 3047. *V.* 3054 *l.* En San Servan a posado, *v.* 3102 *l.* [E] de San Servan salio.

E (A) SANTA MARIA MADRE 1267, 1637. *L. de même v.* 1654; *v.* 2237 *l.* (Por)a Santa Maria [madre], *v.* 333 *l.* En Santa [Maria] madre. *Cf.* Ni Santa Maria su madre *Rom. gen.* 734.

torno a Santa Maria 215.

en Sant Fagunt lo fallo 2922.

e d(el) apostol Santiyague (leçon de Baist) 1138, 1690.

los christianos Santiyague[1] (leçon de Baist) 731.

plaze a los de Saragoça 941. *V.* 1088 *l.* Dexando va Saragoça.

iazer a Spinar de Can 393.

Taio non quiso passar 3044. *V.* 1954 *l.* Sobre [las aguas de] Taio que es un rrio mayor, *v.* 1973 *l.* Sobre las aguas de Taio (*cf. v.* 1954), o las vistas son paradas.

e los de Teruel la casa 571, 842. *Corriger d'après cet hémistiche la première moitié du v.* 911.

a los de Teruel non plaze 625.

---

1. Santiago *est de quatre syllabes dans les Miracles de Berceo :* Violo Sanctiago 198 b, Dissoli Santiago 202 a, Si tu non le dissiesses que Santiago eras 203 a, *mais dans le même texte* Iago *compte pour deux syllabes.* Santiago *est mesuré de même dans le P. de Fernan Gonzalez :* Santyago llamado 154 d, 406 b, Llamando Santyago 514 b, Fue para Santyago 621 b. *Dans les romances* Santiago *est tantôt de quatre, tantôt de trois syllabes.* — *La forme* Santiyague, *devenue plus tard* Santiago, *ne peut s'expliquer que si on lui donne pour base le vocatif.*

e a l[a] otra Tizon 2727. *V.* 3643 *l.* Quando lo (*ou mieux* la) vio Ferrando, [bien] conuçio a Tizon *ou* lespada bien conuçio.

la espada Tizon le dio 3189.

a Tolledo es entrado 3953.

pora dentro en Tolledo 2963. *V.* 3016 *l.* Albarfanez adelant a Tolledo enbio *ou* enbio el a la cort.

DE VALENÇIA LA MAYOR 3151. *Cf.* En Valencia la mayor, *Primavera y Flor de Rom.* 60.

A VALENÇIA LA MAYOR 2161, 2625, 2826, 2840. *L. de même v.* 3526.

POR VALENÇIA LA MAYOR 2588. *V.* 1915 *l.* Pora Valençia se van.

çerca Valençia la grant 3316.

de Valençia sus hoñores 3264.

de Valençia es señor 1331.

de Valençia dieron salto 1716. *V.* 2800 *l.* (Que) de Valençia l[o] saco.

A VALENÇIA AN ENTRADO 2247.

A VALENÇIA ES ENTRADO 1743.

A VALENÇIA SON ENTRADOS 1792.

A VALENÇIA SON LEGADAS 2465. *V.* 1609 *l.* A[una] tan grand ondr[anç]a (*cf. v.* 1578) a Valençia son entradas *ou* legadas, *v.* 1630 *l.* Legados son a Valençia.

a Valençia do esta 1406.

en Valençia son rastados 2270.

en Valençia esta folgando 1243. *V.* 2335 *l.* En Valençia estad folgando.

en Valençia sere yo 2502.

en Valençia do estava 1537.

Valençia vienen çercar 2312. *V.* 1192 *l.* Quien quier comigo venir pora çercar a Valençia.

EL QUE VALENÇIA GAÑO 3117, 3221, 3336. *V.* 1208 *l.* Metio(la) [Valençia] en plazo, *v.* 1814 *l.* Delli que Valençia manda.

Des corrections faites par nous dans les pages ci-dessus plusieurs ont été déjà proposées par Milá y Fontanals dans les belles recherches qu'il a consacrées à l'épopée populaire espagnole[1] et par A. Restori dans ses *Osservazioni sul metro, sulle assonanze e sul testo del Poema del Cid, Bologna*, 1887[2]. Au nombre des meilleures améliorations apportées au P. du Cid par le savant catalan et par le savant italien nous mettons celles qui rétablissent la mesure soit des vers entiers, soit des hémistiches. Ce sont celles faites aux vv. 119, 187, 294 2me hém., 327, 333, 376, 433, 1108, 1345, 1372, 1814, 1910, 2044, 2163 2me hém., 2192 2me hém., 2527 2me hém., 2563, 2665, 2684, 2843, 2851, 3135 (Milá), 3160, (Milá), 3169, 3258 (Milá), 3275, 3324, 3378, 3395, 3643 1er hém. Mais dans ceux où il y a *myo* et *Carrion*, elles ne sont bonnes que si l'on compte *myo* pour deux syllabes et *Carrion* pour trois, comme on doit le faire, conformément à l'usage de l'ancien espagnol. L'amour du vrai et non l'amour propre nous fait juger ainsi ce qui a été fait par nos prédécesseurs et ce que nous avons fait nous-même. Mauvaises sont les leçons que nous avons proposées jadis pour les vv. 683, 1222, 2180, 3386, 3566, dans nos *Études sur le Poème du Cid*[3].

Pour rendre plus aisé le maniement de ce travail ébauché et non achevé, mais qui sera continué très prochainement, nous donnons, pour finir, la liste de tous les passages traités, en suivant la numération de l'édition la plus commode, celle de Vollmöller. Leur nombre est bien fait pour montrer l'étendue du chemin que la critique aura encore à parcourir pour rapprocher le P. du Cid de sa forme première.

Las nuevas de myo Çid mucho yran adelant.

---

1. *De la poesía heróico-popular castellana*, Barcelona 1874.
2. *Propugnatore*, vol. XX.
3. *Romania* X.

LISTE DES PASSAGES AMÉLIORÉS

7	236	547	760	933	1092	1219	1350	1452
15	241	556	769	940	1093	1223	1352	1459
22	246	559	773	941	1095	1228	1354	1463
25	266	565	774	942	1102	1237	1360	1464
31	268	577	775	945	1108	1239	1361	1466
35	282	580	776	946	1109	1243	1367	1467
37	283	581	777	951	1128	1246	1372	1470
41	285	587	778	952	1131	1249	1373	1475
50	287	588	782	958	1134	1251	1376	1476
58	288	589	783	971	1138	1256	1378	1484
60	290	590	784	973	1140	1262	1379	1486
69	292	594	788	975	1144	1267	1384	1487
71	294	604	810	976	1148	1270	1385	1492
78	308	613	815	977	1153	1271	1387	1493
89	326	616	828	979	1155	1272	1390	1494
99	329	623	829	987	1164	1284	1391	1495
109	333	628	837	999	1165	1285	1392	1500
131	364	630	845	1004	1170	1286	1394	1501
136	376	661	846	1009	1173	1292	1396	1511
139	387	683	851	1010	1174	1296	1402	1512
146	393	684	855	1012	1184	1299	1404	1515
149	404	692	858	1016	1185	1301	1405	1522
153	417	701	859	1018	1186	1302	1414	1527
154	433	704	861	1021	1187	1303	1416	1532
155	453	715	862	1024	1188	1304	1424	1538
165	467	721	863	1025	1190	1309	1425	1542
169	470	722	870	1028	1191	1311	1426	1543
175	477	734	871	1037	1192	1312	1430	1544
180	485	738	875	1056	1196	1313	1432	1554
187	488	741	881	1060	1201	1314	1437	1556
189	493	743	892	1080	1202	1319	1438	1560
200	508	744	911	1082	1203	1327	1439	1561
201	510	748	916	1085	1207	1328	1446	1566
202	528	752	919	1088	1208	1332	1447	1568
214	538	753	922	1089	1212	1345	1450	1570
232	539	759	923	1091	1216	1347	1451	1573

1586	1804	1954	2096	2270	2462	2666	2853	3017
1589	1814	1958	2097	2273	2464	2667	2858	3025
1594	1815	1959	2098	2278	2475	2668	2871	3028
1595	1818	1961	2101	2279	2476	2670	2875	3029
1608	1820	1966	2107	2284	2480	2677	2888	3033
1609	1831	1973	2113	2295	2481	2687	2894	3039
1618	1835	1974	2122	2300	2484	2689	2897	3043
1620	1836	1975	2127	2304	2505	2694	2900	3044
1621	1840	1979	2128	2308	2510	2697	2903	3045
1622	1843	1981	2135	2309	2512	2708	2906	3052
1628	1845	1985	2140	2314	2514	2713	2920	3053
1630	1846	1991	2142	2315	2515	2718	2922	3054
1632	1850	1992	2147	2317	2516	2724	2923	3058
1637	1855	1993	2151	2319	2527	2727	2924	3063
1646	1856	1994	2156	2327	2534	2735	2937	3065
1651	1859	1995	2162	2331	2540	2742	2939	3069
1654	1866	1996	2163	2335	2543	2753	2943	3093
1659	1867	1997	2166	2340	2551	2754	2951	3102
1669	1870	2000	2167	2341	2554	2755	2952	3108
1671	1873	2009	2168	2351	2555	2763	2956	3114
1672	1879	2013	2169	2352	2558	2765	2966	3115
1682	1881	2014	2171	2355	2559	2771	2970	3120
1690	1890	2026	2172	2361	2560	2781	2974	3121
1693	1894	2027	2174	2367	2563	2782	2977	3123
1706	1895	2029	2175	2369	2569	2783	2978	3127
1707	1897	2033	2177	2380	2575	2791	2979	3129
1711	1898	2034	2178	2394	2579	2793	2985	3130
1714	1901	2043	2181	2402	2583	2796	2986	3131
1725	1904	2044	2183	2409	2584	2800	2987	3132
1731	1906	2047	2184	2410	2585	2812	2990	3135
1739	1907	2049	2192	2417	2605	2817	2991	3140
1741	1909	2052	2219	2418	2620	2822	2995	3143
1742	1910	2055	2225	2419	2624	2824	2997	3145
1745	1915	2056	2228	2425	2625	2827	2998	3148
1761	1916	2063	2229	2426	2633	2833	2999	3164
1780	1918	2065	2235	2433	2643	2835	3002	3169
1785	1923	2073	2237	2438	2644	2836	3004	3171
1786	1925	2076	2243	2442	2647	2837	3006	3175
1787	1928	2078	2245	2445	2654	2843	3007	3180
1790	1931	2084	2253	2446	2655	2848	3009	3188
1797	1937	2090	2258	2449	2656	2849	3011	3191
1801	1943	2091	2265	2457	2658	2851	3015	3193
1802	1949	2094	2267	2458	2665	2852	3016	3194

3195	3253	3309	3382	3431	3474	3526	3591	3660
3199	3256	3314	3390	3434	3475	3532	3597	3670
3203	3258	3324	3395	3435	3486	3534	3598	3692
3210	3259	3331	3397	3438	3492	3536	3603	3697
3213	3261	3333	3398	3440	3496	3537	3612	3700
3214	3270	3336	3402	3452	3497	3552	3613	3701
3228	3271	3340	3403	3453	3498	3554	3624	3703
3230	3272	3345	3410	3456	3502	3556	3626	3711
3232	3275	3353	3414	3458	3507	3570	3629	3714
3234	3280	3368	3423	3463	3509	3571	3643	3718
3236	3293	3378	3424	3471	3512	3577	3645	3723
3237	3301	3379	3428	3473	3513	3589	3646	3728
3241	3302							

REMARQUES

SUR LA

VITALITÉ PHONÉTIQUE DES PATOIS

Par JULES GILLIÉRON

Depuis que nos études sont sorties de l'état où l'on attribuait aux patois une descendance indirecte et plus ou moins illégitime du latin, depuis que l'on a reconnu que, tout en n'étant point de condition aussi fortunée, ils étaient de la même origine que le français, on s'est exagéré, ce me semble, la liberté qui a présidé à leur formation, en même temps que le despotisme de l'entrave qui pèse depuis des siècles sur notre langue littéraire ; on a trop considéré les patois comme offrant dans leur plénitude et leur entière pureté les produits de lois physiologiques non entravées, le français comme présentant ceux d'une évolution tout à coup interrompue, cristallisée dans son cours normal.

Ici, je ne chercherai qu'à dégager, de l'ensemble des faits observés sur place, la nature des causes qui entravent le libre épanouissement des évolutions phonétiques dans nos parlers gallo-romans, à montrer pourquoi, bien qu'elle nous présente une grande variété, la masse linguistique de la Gaule romane, en temps que travaillée par des lois physiologiques, ne me paraît pas avoir produit tout ce qu'elle pouvait produire.

L'action entravante la plus évidente émane du français. Outre l'enrichissement et la supplantation lexicologiques qu'elle y produit et que nous n'avons pas à examiner ici, notre langue littéraire, là où elle se trouve en contact étroit avec les patois, y exerce une obstruction phonétique : tel patois devrait marcher en avant, suivre une voie d'étapes qui lui est tracée, imposée par sa situation géographique, obéir au mouvement de l'ensemble auquel il appartient et qui est en dehors du contact étroit avec le français; mais, au lieu de cela, notre patois se trouve retenu, fixé, paralysé par une cause que j'attribue à la présence du français; il a perdu sa force vitale, et, pour le phonéticien, ce patois est mort avant d'avoir disparu.

Cette explication m'est suggérée par diverses constatations : dans le Nord de la France (Somme, Pas-de-Calais, Nord), les petites villes ou les centres de transactions constituent des territoires phonétiquement plus anciens que leurs alentours, représentent l'élément conservateur, tandis que la campagne représente l'élément évolutionniste, producteur. Soit l'évolution suivante de *a* final du français à *œ*, dont je ne donne ici que quelques étapes, mais avec leur succession chronologique certaine :

$$a \quad \mathring{a} \quad o \quad uo \quad u\grave{e} \quad eu \quad eu \quad œ$$

Eh bien, l'on trouvera, par exemple, la succession géographique suivante sur une ligne droite passant par deux villes :

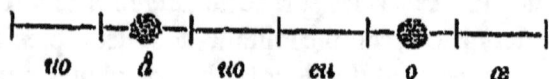

Cette succession serait tout à fait anormale sur une ligne qui ne passerait pas par des villes ou par leur sphère d'influence.

D'autre part, ce qui, dans le Nord de la France, n'existe que pour des centres en contact plus étroit avec le français que le fond sur lequel ils se trouvent, et qui semble constituer un premier acheminement vers une obstruction plus complète, me paraît ailleurs s'être produit sur de vastes ensembles de territoires. Cette extension de l'action obstructrice à toute une région ne pouvait manquer au tableau de la vitalité phonétique des patois, car les parlers gallo-romans nous présentent tous les degrés de la puissance de résistance au français, laquelle est en raison directe de leur proximité géographique et de leur affinité avec lui.

C'est à l'obstruction du français que j'attribue, par exemple, l'absence presque complète d'évolutions phonétiques dans la majeure partie de la Normandie, où depuis longtemps le français est extrêmement répandu, vivant côte à côte avec un parler qui lui est phonétiquement très apparenté, et où la différence d'avec le français n'est guère que celle qui existait au moyen âge et que les textes nous ont fait connaître. Alors que, au nord de Paris, dans les départements de la Somme, du Pas-de-Calais, du Nord, au nord-ouest, dans la partie septentrionale de la Manche, en Bretagne, en Vendée, et si j'en juge par les textes modernes, au sud et au sud-est aussi, le langage a des évolutions d'origine récente, et, chose plus remarquable, évolue dans le même sens, offre les mêmes séries, les mêmes étapes, l'on voit, au contraire, presque toute la Normandie patoise, dans la même immobilité relative que notre centre linguistique, rester paralysée au milieu d'un mouvement qui s'opère aux quatre coins de la France d'oïl.

Ce n'est guère, on le conçoit bien, que dans l'entourage du centre linguistique de la France que se produit cette obstruction émanant du français, ce n'est guère que là où il y a cohabitation constante et affinité intime des deux parlers.

Mais, et ceci est d'une importance capitale en même temps que d'une portée plus générale, est-ce que, en dehors de cette influence attribuée au français, et à laquelle échappent nécessairement de vastes régions de façon plus ou moins complète, les patois se développent librement? Nous reproduisent-ils dans leur état phonétique actuel la somme totale de leurs facultés productrices? A cette question, je n'hésite pas à répondre que non.

Si l'intensité variable de l'influence française vient déjà graduer la productivité phonétique des patois en enrayant leur marche à des degrés divers, il est une seconde cause d'obstruction qui vient la limiter et la graduer plus encore. C'est une cause qui résulte de leur affinité réciproque, des rapports constants qui les mettent en face l'un de l'autre et obligent à la comparaison, bref une cause qui découle directement de leur nature congénérique et de leur frottement continuel, une cause qui constitue un élément de conservation, d'obstruction phonétique. Par son essence même, elle est antérieure à celle qui remonte au français. Une action psychologique vient contrecarrer l'action physiologique : par un acte de volonté, dont ils ont plus ou moins conscience, ceux qui parlent le patois mettent un frein à certaines opérations purement physiologiques naissantes, imminentes, dont les résultats produiraient un écart trop prononcé entre les parlers en comparaison, en état de dépendance. L'obstructionnisme a naturellement pour siège de petits centres de transactions. Ces centres sont encore assez multiples, l'intensité de leur obstruction est assez variable, et, d'autre part, la productivité phonétique, malgré l'obstruction, est encore assez vivante pour que les variations phonétiques ne soient pas détruites à tel point que nous ayons à constater de vastes ensembles assimilés, comme celui de la Normandie, dont il a été question plus haut, pour que nous n'ayons pas à constater l'existence de *dialectes*.

Ces vues m'ont été suggérées par la constatation que l'isolement se montre, de la façon la plus évidente, éminemment favorable aux développements phonétiques. Je crois que sur la vaste étendue de la Gaule romane nous pouvons retrouver l'obstruction à tous les degrés imaginables de son intensité, depuis l'état de productivité complètement ou presque complètement libre jusqu'à celui de l'absolue rigidité.

Je me propose d'exposer ici brièvement un développement particulier qui, à mon sens, témoigne le plus hautement et le plus évidemment de la liberté qui résulte de l'isolement.

Il est vrai que nous n'avons pas encore en main l'étalon qui nous servira à mesurer sûrement les distances phonétiques; que nous ne connaissons ni le degré d'imminence dans la succession des étapes, ni, souvent, les rapports cachés entre les évolutions qu'une science mieux éclairée pourra ramener à un plus petit nombre de causes efficientes; il est vrai, en un mot, que la grande variété des produits que notre oreille constate ne cote pas d'une façon exacte la puissance évolutionniste.

Néanmoins, même en donnant à ces restrictions la plus haute importance que notre science actuelle puisse présumer de la science future, je ne doute pas que tout phonéticien ne soit frappé de la richesse et de l'individualisme qui se déploient, par exemple, dans certaines régions des Alpes, dans les coins les plus reculés, les plus isolés.

J'ai déjà eu l'occasion de signaler en Savoie des faits relatifs à l'accent [1] : ces faits nous montrent les patois alpins de la Savoie en train de saper les lois fondamentales de l'accent latin qui ont présidé et président encore aux destinées de la langue gallo-romane. Ailleurs [2], on a pu voir combien ces mêmes patois variaient dans la lutte pour la conservation des consonnes finales, et les tableaux de production qu'ils présentaient contrastent beaucoup avec la variété moindre des avant-monts, contrasteraient bien plus encore avec l'uniformité d'autres régions.

Mais il est surtout un fait où l'influence de l'isolement apparaît dans toute son évidence et qui semble témoigner d'une absence complète de lien avec les patois congénères, qui, tout en nous rappelant certaine époque plus particulièrement agitée des commencements de notre constitution linguistique, fait presque redouter le naufrage du parler, c'est celui de la chute de certaines consonnes.

A BONNEVAL, l'*r* entre deux voyelles a disparu (*kaënta*, quarante ; *tyéa*, chère, *faèna*, farine ; *aé*, aurai), et sa chute produit, dans certaines conditions de l'hiatus qui en résulte, des assimilations qui ne contribuent pas peu à rendre l'écart encore plus sensible d'avec le mot primitif (*fwé*, forêt ; *béy*, boire ; *mòuwa*, mûre).

L'*n* entre voyelles y est, en outre, fortement ébranlée et paraît à la veille de disparaître.

A LANSLEBOURG, les groupes latins *ty*, *cy* avec *st* qui est venu les rejoindre ont complètement disparu, alors que dans la région environnante ils aboutissent à *s* (*nòé*, noces ; *lemàè*, limace ; *saūr*, chasseur ; *èr*, être), et cette chute produit des contractions telles que *èdr*, étendre ; *sayé*, châtaigne ; *Mwèni*, Mont-Cenis.

1. Mélanges Renier, *Bibl. de l'Ecole des Hautes-Etudes*.
2. *Revue des patois gallo-romans*, I, 177.

A Longefoy, l'*r* entre voyelles a disparu (*fèa*, foire; *abèa*, abreuver; *èæy*, heureux), et sa chute produit des contractions telles que *àyã*, araignée.

L'*n* y tombe également dans les mêmes conditions (*épèa*, épine; *fõntãa*, fontaine; *pèa*, peine; *didzõa*, déjeûner; *dzêévrò*, genièvre.

Les matériaux que M. l'abbé Rousselot a recueillis dans la Maurienne, et qu'il a bien voulu mettre à ma disposition, confirment mes propres observations, et il en résulte, en outre, que La Ferrière, Modane, Lanslevillard présentent la même chute que Lanslebourg, qu'à Bessans l'*r* tombe comme à Bonneval, mais non pas les groupes *ty*, *cy*, *st*.

Des chutes semblables de consonnes ont été observées dans les patois du Valais. M. Cornu, dans le bagnard, nous l'a montrée pour l'*l* et le *v*.

A Isérable, Nendaz, Lourtier, Verbier, *l* initiale et entre voyelles tombe [1].

A Nendaz, Isérable, Hérémence, Vex, Verbier, Lourtier, le *v* initial et entre voyelles tombe également, mais sa chute ne s'y produit pas comme une évolution triomphante, car une foule de mots y échappent, sans doute grâce à une action réfrénatrice incomplète de patois congénères (cf. la remarque relative au village de Saxon).

Est-ce exagérer que de dire que l'on assiste à un vrai naufrage du langage, lorsque, comme à Nendaz, ni action obstructrice et conservatrice des patois parents, ni sentiment morphologique n'ont contrarié *illum levamen* dans sa marche vers *èã*, sa forme d'aujourd'hui?

Si, par un malheureux hasard, tous ces phénomènes de destruction venaient à se produire dans un seul et même parler, ce serait un engrenage d'où combien de mots latins ne sortiraient que réduits à leur simple voyelle accentuée!

1. Gilliéron, *Petit atlas phon. du Val. rom.*

SUR QUELQUES

FORMES ANALOGIQUES
DU VERBE FRANÇAIS

Par ERNEST MURET

I

LA PREMIÈRE PERSONNE DU PLURIEL EN *ONS*

En français, comme dans plusieurs dialectes de l'Italie septentrionale, des Grisons et du Tyrol, à la plupart des temps du verbe et dans toutes les conjugaisons, la 1re personne du pluriel a la même voyelle accentuée que *sŭmus* et une autre que les syllabes latines *-ám-*[1], *-ém-*, *-ím-*. On enseigne habituellement que tous les verbes ont modifié leurs flexions traditionnelles de la 1re personne du pluriel sous l'influence du verbe *être*. Mais cette explication, proposée d'abord par Diez et confirmée par l'étude de M. Thurneysen

---

1. Dans un récent article, *Die französische Verbalendung* ons *und die letzten Erklärungsversuche derselben*, paru dans la *Zeitschrift für französische Sprache und Litteratur*, XII, p. 21, M. Vising a fait une ingénieuse tentative pour remettre en honneur l'opinion suivant laquelle la 1re personne en -*ons* serait la continuation régulière de la désinence verbale -*amus* du latin. Il observe que les voyelles finales importaient plus à la mémoire dans la conjugaison et, par suite, y purent être préservées plus longtemps que dans la déclinaison : ainsi l'on aurait continué à prononcer -*amus* dans les verbes, alors que l'*u* n'était déjà plus distinct dans les substantifs. Mais l'*u* de la syllabe finale n'est-il pas, au contraire, plus caractéristique, plus indispensable à retenir, au nominatif de la 2e déclinaison qu'à la 1re personne du pluriel des verbes ? M. Vising a d'ailleurs oublié que les voyelles finales étaient encore prononcées, quand le timbre des voyelles accentuées fut modifié au nord de la France (Meyer-Lübke, *Grammatik der Romanischen Sprachen*, I, § 644).

sur le verbe *être* et la conjugaison française, ne satisfait pas entièrement l'esprit. Ce que les Italiens appellent la *spinta analogica* échappe ici à nos regards. Le besoin d'une flexion identique pour la 1re personne du pluriel du verbe *être* et celle des autres verbes ne paraît pas avoir été ressenti bien vivement en France, puisqu'on a fini par y préférer la désinence *-omes* pour le seul verbe *être* et la désinence *-ons* pour tous les autres sans exception. Plus d'un linguiste [1] se refuse à croire qu'une flexion isolée, fût-elle des plus usitées, ait pu gagner une si grande extension aux dépens des formes régulières de la conjugaison. Ces objections considérables commandent de rechercher plus attentivement qu'on ne l'a fait jusqu'aujourd'hui la succession de causes et d'effets, dont la 1re personne du pluriel de nos verbes français n'est que le dernier terme et l'aboutissement fatal.

On sait que la désinence *-ent* de la 3e personne du pluriel de l'indicatif présent des verbes en *-ere* est conservée jusqu'à nos jours en Sardaigne et dans la péninsule ibérique et qu'elle a même envahi, dans l'espagnol et le portugais, les verbes en *-ère* et ceux en *-ire*. Dans tous les autres pays de langue romane, c'est au contraire la désinence *-unt* de la 3e conjugaison latine qui a supplanté la désinence *-ent*. Nous ne dirions pas aujourd'hui : ils *ont*, si nos lointains ancêtres n'avaient souvent insulté les oreilles des grammairiens du triple barbarisme *a-unt*, pour *habent*. Que la terminaison de l'infinitif soit accentuée ou non, la 3e personne du pluriel des verbes en *-ere* se termine également en *-ono* dans l'italien, en *-on* dans le *dreg proensal* et ceux des patois gallo-romans où la voyelle étymologique est encore reconnaissable. En roumain, les consonnes et l'*u* atone ayant cessé d'être prononcés à la fin des mots, cette personne n'a plus aujourd'hui de désinence, tandis qu'un *e* atone persiste encore comme un reste de la désinence *-ent* des subjonctifs [2]. — La plupart des verbes en *-ire* forment la 3e personne du pluriel de l'indicatif présent comme les verbes en *-ere*,

---

1. Bréal, *Deux prétendus cas d'analogie*, dans les *Mémoires de la Société de linguistique de Paris*, tome VII, p. 12.
2. Ex. : *dor*, *dol-unt* ; *cînte*, cantent ; *cîntase*, cantassent.

parce que, dès la fin de la République, on prononçait de la même façon *-eo* et *-io*, *-ea-* et *-ia-*.

Sauf en roumain, ce qui subsiste des flexions *-ĭmus*, *-ĭtis* de l'indicatif présent de la 3ᵉ conjugaison est si peu considérable qu'il n'y a pas lieu d'en tenir compte. Pour les conformer au type normal des autres conjugaisons, on fit, dans tout l'Occident, passer l'accent du radical sur la désinence atone. Ainsi, le latin parlé au nord de la Loire, ce latin qui peu à peu devenait du français, opposait à la 3ᵉ personne en *-unt* une 1ʳᵉ personne en *-émus* ou *-ĭmus*, tandis qu'à d'autres temps, ou suivant d'autres systèmes de conjugaison, la même voyelle associait, deux par deux, les flexions *-ámus* et *-ant*, *-émus* et *-ent*, *sumus* et *sunt* du verbe *être*. Y avait-il là une raison suffisante pour qu'à l'exemple de la 3ᵉ personne en *-unt* l'on créât une 1ʳᵉ personne en *-émus*? Assurément, non! Car la 1ʳᵉ et la 3ᵉ personne du pluriel sont accentuées sur la même syllabe dans le verbe *être* et sur des syllabes différentes dans tous les autres verbes.

Toute difficulté cesse sur le champ, quand, au lieu de s'attacher au seul verbe *être*, on considère les flexions des verbes *pouvoir* et *vouloir* : *possumus* et *possunt*, *volumus* et *volunt*. Pour des causes spéciales qu'on indiquera tout à l'heure, ces verbes ont, dans plusieurs langues romanes, à la 1ʳᵉ personne du pluriel, la désinence *-émus* ; mais rien ne fait supposer qu'ils l'aient reçue partout ni à une date ancienne. Étant si usités, ne devaient-ils pas, au contraire, retenir un mode de flexion qu'ils ont en commun avec le verbe *être* ? Peut-être même le proparoxyton *póssumus* eût-il échappé au sort commun des 1ʳᵉˢ personnes à désinence atone, qu'on se mit à accentuer sur la pénultième, si l'analogie de la 2ᵉ personne, *potéstis* ou **potétis*, combinée avec l'influence de *sumus*, n'eût favorisé l'avènement du paroxyton **possémus* ? A plus d'une reprise, on a cherché à mettre en harmonie la conjugaison de *vouloir* et celle de *pouvoir* : aussi bien *vólumus* et *vultis* n'ont laissé de traces dans aucun dialecte roman. Nous sommes, en conséquence, tout à fait autorisés à supposer qu'en roman de France on a dit, à partir d'une certaine époque, non seulement (selon l'usage classique) *sumus* et *sunt*, mais également **possémus*, *possunt*, ou

*pot*ę*mus, *potunt, et *vol*ę*mus, volunt. Désormais, la langue était en possession d'un suffixe accentué -*ę*mus, qui, petit à petit, devait supplanter les désinences -*ę*mus et -*ĭ*mus dans tous les verbes qui avaient la 3ᵉ personne du pluriel terminée en -*unt*.

Lorsque, par l'affaiblissement progressif des voyelles atones, les 3ᵉˢ personnes en -*ant*, -*ent*, -*unt* se trouvèrent confondues dans la prononciation française, la désinence -*ons* put gagner toutes les 1ʳᵉˢ personnes du pluriel sans exception. Déjà auparavant, par suite de l'hésitation qui dut régner un temps entre les anciennes et la nouvelle flexion, celle-ci avait sans doute pénétré aux subjonctifs en -*ęmus*[1]. Comme les verbes les plus usités conservent mieux que les autres, surtout en poésie, des formes déjà vieillies et tombées ailleurs en désuétude, on comprend fort bien que l'auteur du *S. Léger* ait réuni dans la même strophe l'indicatif *devemps* à l'impératif et au subjonctif *cantomps*. La désinence -*amus* n'est plus représentée dans le français écrit que par l'impératif *oram* de la séquence de Sainte-Eulalie. Seuls, les subjonctifs en -*iamus* ont résisté beaucoup plus longtemps aux victorieux empiètements de l'usage qui a définitivement triomphé dans notre langue.

Les faits ont dû se passer à peu près comme en français dans les dialectes italiens et ladins où la 1ʳᵉ personne du pluriel est également terminée en -*ęmus*. Ailleurs, les circonstances locales ont été moins favorables au type grammatical représenté par *sumus*, *possumus* et *volumus*. Dans la péninsule ibérique, la 3ᵉ personne en -*unt* ayant cessé d'être en usage, le verbe *être* est le seul qui ait pu maintenir la flexion -*ęmus* : tout lien est rompu, dans la grammaire espagnole, entre *somos* et *podemos*. En Italie, dans la Gaule méridionale, en Roumanie, *sumus* a été remplacé par la forme plus moderne *simus* (*sęmus*), qu'affectionnaient Auguste et son entourage. Par suite, *possumus* et *volumus* furent ramenés à la règle générale de la 2ᵉ et de la 3ᵉ conjugaison. *Semo*[2], *possemo*,

---

1. L'Orléanais a cependant conservé des subjonctifs en *ains* de la 1ʳᵉ conjugaison. Voyez Suchier, *Grundriss der romanischen Philologie*, I, p. 611.

2. Comme l'a déjà indiqué Diez, *somo* se trouve, à la rime, dans une pièce de Giacomo da Lentino (*Dal core mi vene*, v. 162); mais, à ma connaissance, on

volemo; siamo, possiamo, voliamo : telles sont, pour emprunter des exemples à la langue la plus familière à tous, les principales formes usitées dans le toscan ancien et moderne.

II

ESTOIS, VOIS; PRUIS, RUIS, TRUIS. ROVER, CORVÉE, ENTERVER.

Les formes très irrégulières qu'offraient jadis, à la 1re personne du singulier de l'indicatif et au subjonctif présents, les verbes *stare, vadere, probare, rogare, *tropare*, ont été expliquées à diverses reprises par l'influence des formes correspondantes du verbe *pouvoir*. On ne saurait douter, en effet, que les subjonctifs *pruisse, ruisse, truisse* ne soient formés sur *puisse*. Mais ces subjonctifs impliquent l'usage antérieur des indicatifs *pruis, ruis, truis*, dont l'hypothèse est impuissante à rendre compte. A plus forte raison, l'on s'étonne que de bons esprits aient pu imaginer quelque influence du verbe *pouvoir* sur *estois* et *vois*.

D'autres seraient peut-être tentés de chercher dans les formes espagnoles *estoy, voy, doy, soy* les éléments d'une explication plus satisfaisante. Il leur resterait à justifier l's finale, qui apparaît bien plus tard, comme l'on sait, dans *suis* que dans *estois, vois, pruis, ruis* et *truis*. La ressemblance des flexions espagnoles et françaises est sans doute purement fortuite. Pour comprendre soit les unes, soit les autres, il convient uniquement de partir des formes **stao* et **vao*, qui furent un jour communes à tous les pays de langue romane.

Comme maint autre parfait latin, *steti* avait pris avec le temps la flexion *-ui* (ou, plus exactement, *-wi*) qu'accompagne le plus souvent un participe en *-ūtu*. **Stętui* ou **stętwi* est attesté par le roumain *stătui*, l'italien *stetti*, l'espagnol *estuve*, le français *estiu* ou

---

n'a pas signalé d'autre exemple de cette forme septentrionale dans l'ancienne littérature de l'Italie centrale.

estui; *statutu est devenu en France *esteü*, en Roumanie *stătut*. En général, un tel parfait et un tel participe correspondent à un présent en *-jo*. L'on conjugait : *tenjo ou *teño, *tenwi, *tenutu; *valjo ou *valo, *valwi, *valutu; *placjo, *placwi, *placutu; *sapjo, *sapwi, *saputu, etc. Ainsi, dans n'importe quel verbe de cette classe, la consonne médiale, de jour en jour plus affaiblie avant les désinences du parfait et du participe, avait à la 1ʳᵉ personne du singulier de l'indicatif présent une prononciation palatale ou mouillée, dont on peut grossièrement figurer les phases diverses par un *j* suivant la consonne.

De même que les participes *esteü* et *jeü*, les deux parfaits *estui* et *jui* sont de tous points semblables. A ne considérer que la voyelle accentuée, ils l'étaient déjà quand *t* et *c* persistaient encore avant le *w* caractéristique du parfait : sinon, l'on aurait *joi de *jacui*, comme on a *ploi* de *placui*. Les présents *jacjo et *sto purent assonner, tant que la diphtongue $\widehat{ao}$ ou $\widehat{au}$ persista et que l'analogie n'eut pas fait prévaloir les formes *jis* ou *jiz*, seules conservées par les textes français du moyen âge. Les deux verbes, dont l'un signifiait *être couché* et l'autre *être debout* étaient naturellement associés dans l'esprit. Avant que les consonnes médiales eussent cessé d'être prononcées au parfait et au participe, est-ce qu'on n'était pas aisément amené à créer *statjo d'après *jacjo ? L'hésitation entre *stao et *statjo ou *stais fit naître *valjo ou *vais. Les formes connues *estois* et *vois* résultent de la fusion postérieure de *sto et *vo avec *stais et *vais. Au subjonctif présent, *estoise* et *voise* ont remplacé, sous l'influence de la 1ʳᵉ personne du singulier de l'indicatif, *staise et *vaise, *statja et *vatja, flexions analogues à *jacja (jaceam). *Dois et *doise, avant de se confondre, suivant l'ingénieuse hypothèse de M. Suchier[1], avec les formes correspondantes du verbe *donner*, ont eu une histoire semblable à celle d'*estois*, *estoise*, *vois* et *voise*.

S'il est vrai que *stais et *vais aient jamais alterné dans l'usage avec *stao et *vao, peut-on semblablement remonter, de

---

1. *Grundriss der rom. Phil.* I, p. 629.

pruis, ruis et truis, à des formes hypothétiques *prueo, *rueo, *trueo, peu à peu remplacées, sous l'influence analogique des deux autres verbes, par *prueis, *rueis et *trueis? En d'autres termes, dans prŏbo ou *provo, rogo, *tropo, est-ce la voyelle finale ou la consonne précédente qu'on a cessé de prononcer?

De nombreux exemples[1], familiers au lecteur, font voir que c, g, p, v, de plus en plus affaiblis avant u final, ont eu une moins longue durée que cette voyelle. Les consonnes n'ont sans doute pas été mieux préservées dans ami, enemi, vif, uef, nuef que dans feu, jeu, lieu, queu, rieu ou Pontieu (pic. riu et Pontiu). Mais, les conditions phonétiques variant du masculin au féminin, du singulier au pluriel, de l'accusatif au nominatif-vocatif, on ne saurait nier qu'amicu, vivu, *ovu ou novu[2] ne fussent plus exposés que d'autres mots à des influences perturbatrices. Le cas d'opus devenu ues indique manifestement qu'u précédant s finale a cessé plus tôt d'être prononcé qu'u terminant un mot. De même, on se convaincra que les consonnes ont été moins vite altérées avant o qu'avant u, si l'on compare les formes françaises lieu, luec et lues aux formes portugaises logo, logo, logos. En France, la voyelle finale de l'ablatif adverbial loco aura cessé d'être prononcée en un temps où la consonne était encore distincte : devenue à son tour finale, celle-ci a été maintenue, de la même façon que le c d'avuec, poruec et senuec, par la prononciation énergique de la diphtongue issue d'o. A moins que la consonne sourde labiale n'ait été traitée autrement que la gutturale, cet exemple fait tomber l'hypothèse d'une forme *trueo, continuant régulièrement *tropo. Mais, comme les autres flexions de trouver ne diffèrent en rien de celles de prouver, il suffit qu'on ait dit un jour *prueo et *rueo pour en être arrivé sans effort à *trueo et à truis.

1. Cieu, grieu; antiu; *fueu (feu), *jueu (jeu), *lueu (lieu), queu; festu, malastru, seü; byu, pou, trou. Dient; feent (*facunt), dans le fragment de Valenciennes. — Esclou, fou, jou. — Estrieu, lou. — Anjou, Poitou, clou; sieu, etc.

2. Au sujet de ces deux derniers mots, je suis heureux de me trouver d'accord avec M. W. Fœrster (Zeitschrift für romanische Philologie, XIII, p. 544). Les diverses formes françaises de *capu (chef, cheu, cheue) sont embarrassantes.

Lorsque *g* et *v* cessèrent d'être prononcés avant *u* final, dans *fou*, *esclou*, *Anjou*, *Poitou* et *clou*, l'*a* accentué n'était pas encore devenu *é*. Ce changement de timbre, ayant pour condition la sonorité des syllabes finales, était accompli avant qu'on cessât de prononcer l'*u* précédant *s* finale. Pour que l'on ait eu *ues* d'*opus*, *amis* d'*amicus*, il faut que cette voyelle atone, étant suivie d'*s*, ait persisté moins longtemps que les consonnes précédentes sourdes. Ainsi les consonnes sonores, labiales ou vélaires, ont cessé plus anciennement d'être prononcées que les sourdes correspondantes. On aurait, par conséquent, d'aussi bonnes raisons pour croire au maintien d'*o* final après *g* ou *v* qu'à celui des consonnes précédentes, dans *rogo* ou *probo*. La première alternative, étant la seule en état d'expliquer *pruis*, *ruis* et *truis*, s'impose à notre préférence. S'il n'y a pas un plus grand nombre de formes semblables, c'est que la diversité des voyelles radicales isolait des verbes tels que *lavare* et *levare*, pendant que *pruco, *rueo, *trueo étaient étroitement associés dans la mémoire. Les consonnes vélaires, non suivies d'*u*[1], ayant été changées en *j* après les voyelles palatales accentuées, c'est l'*o* final qu'on a cessé de prononcer et la consonne modifiée qui a persisté dans les formes verbales *ni* (nego) et *loi* (ligo) ou dans des noms de lieux comme *le Fay* et *les Essarts le Fay*.

Les mêmes consonnes, suivant une voyelle vélaire et précédant toute autre voyelle que l'*o* final, avaient cessé d'être prononcées, antérieurement aux plus anciens textes français[2]. Si

1. Comme il n'y a pas de lacs au nord de la Loire, mais seulement des *étangs*, sans doute *lai* n'est pas un mot traditionnel. A moins que l'on ne découvre à *feunt* une autre étymologie que *facunt, il est clair que *lai* ne saurait provenir de *lacu* par l'intermédiaire d'une forme *laju*. M. Meyer-Lübke (*Grammatik*, I, p. 367) suppose que, l'*u* final ayant cessé d'être prononcé, le *c* s'est affaibli en *j*, comme dans *poi* de l'ablatif adverbial *pauco* (p. 239). Mais, s'il en était ainsi, l'*a* serait changé en *é*. Comme *lac* et *lai*, *suc* et *sui* montrent l'alternance du *c* et de l'*i* dans un mot qui n'a pas toujours appartenu à la langue commune. Les noms de lieux en *ai*, *i*, *é* sont des ablatifs.

2. Exemples : Avant l'accent : *avoé*, *foncé*, *fo-ier*, *joer*, *loer*, *lo-ier*, *noal*, etc. — Après l'accent : *jues*, *lues*; *rue*, *sangsue*; *charrue*, *essue*, *laitue*, *manjue*, *sambue*, *verrue*; *lieue*; *oe*.

l'on en croyait M. Meyer-Lübke[1], *rogo, rogas, rogat, rogant* seraient devenus régulièrement *rui(s), rueves, ruevet, ruevent*. Faute d'exemples tout à fait semblables, on ne peut prouver que *rogo* n'a pas abouti à *rui*. Mais par quel artifice tirera-t-on de *rui les formes traditionnelles *pruis, ruis* et *truis* ? Selon toute probabilité, une 1re personne si différente du reste de l'indicatif présent de *rogare*, loin d'exercer aucune influence sur les verbes *probare* et *tropare, aurait tôt ou tard subi quelque modification par analogie. Bien plus, le *v* prononcé au lieu du *g* latin de la plupart des flexions de *rogare* est sans doute emprunté aux deux autres verbes, à cause de l'identité des 1res personnes *rueo et *pruo, *trueo. On n'a pas le droit de conclure de *douve* à *rueve* et autres formes semblables ; car il n'est point assuré que le *v* du français *douve* continue le *g* du latin *doga*. Ne faut-il pas rapprocher *douve* du pronom possessif féminin *soue*, qu'on lit dans la séquence de Sainte-Eulalie ? Ne pourrait-on penser qu'*o* accentué, en hiatus avec la voyelle finale, dans *soa, *do(g)a, a été changé en *ou*, puis *ov*, au lieu d'*ou* ? Pour expliquer les formes dérivées de *rogare* : *corvée, enterver*, on n'a pas non plus besoin de supposer le *g* changé en *v*. Je croirais bien plutôt que l'*o* atone de la syllabe radicale durait encore, quand on cessa de prononcer le *g* avant l'accent, ou après la pénultième atone[2]. *Corro(g)áta, interro(g)áre, intérro(g)at* auraient abouti à *corvée, enterver, enterve*, comme *annualis* et *jenuarius* à *anvel* et *janvier*.

1. *Grammatik*, I, p. 366. Cf. *Zeitschrift für rom. Phil.*, XI, p. 538.
2. *Diord* (decoratus) semble réclamer une explication analogue.

L'*S* DEVANT *T*, *P*, *C* DANS LES ALPES

Par l'abbé P. ROUSSELOT

Les frontières linguistiques offrent à l'observateur cet intérêt spécial, qu'elles conservent souvent des traces visibles des étapes anciennes, effacées au centre des territoires, et même qu'elles montrent parfois les évolutions accomplies en train de recommencer. C'est ce qui arrive en particulier pour les frontières de l'*s* amuïe devant une consonne sourde, dont je me propose d'étudier ici un petit coin, celui qui est compris entre le mont Rose et le mont Genèvre.

Je n'ai point, je me hâte de le dire, la prétention d'apporter rien d'entièrement neuf sur les principales phases de l'évolution. Il y a longtemps que M. Gaston Paris, à l'aide des graphies anciennes si parlantes pour lui, nous les a indiquées. Mais j'aurai le plaisir de relever, encore vivantes dans le présent, des formes que la science a su découvrir dans le passé.

Les notes sur lesquelles reposent cette étude sont le fruit d'une exploration dans les vallées italiennes des Alpes que j'ai faite de septembre en décembre 1889. Je n'ai pas visité tous les lieux que je cite en Italie ou qui sont portés sur la carte, mais j'ai sur tous[1] des documents de première main, recueillis soit sur place, soit auprès d'indigènes que j'ai rencontrés sur mon passage. Comme, toutes les fois que j'ai été à même de le faire, j'ai constaté l'exactitude des notes prises ainsi hors des lieux mêmes, j'attribue à tous mes documents une égale valeur. En France, pour ce qui nous touche ici, je n'ai exploré que le haut de la vallée de l'Arc

---

1. Excepté La Tour, Pral, Saint-Germain, Cérésole, Campiglia, Ronco, Ingria et Frassinetto. Ces quatre dernières localités sont citées d'après M. NIGRA (*Il dial. di Val Soana* dans l'*Archiv. III*).

à partir des Fourneaux, au dessous de Modane. M. Gilliéron a mis gracieusement à ma disposition ses notes, qui, pour certains lieux, font double emploi avec les miennes, et qui concordent, j'ai eu le plaisir de le constater, avec elles.

J'ai eu aussi de très bons renseignements fournis par des indigènes, grâce à l'entremise bienveillante de MM. les supérieurs des grands séminaires de Digne, de Gap, de Moutiers, et de M. le curé de Cérésole. Enfin, M. le docteur Roustan, de Saint-Germain-de-Pignerole, m'a fourni ce qui me manquait pour La Tour, Pral et Saint-Germain.

Le système graphique employé pour la transcription des mots patois est celui de la *Revue des Patois Gallo-Romans*. Voici en abrégé ce qu'il est nécessaire d'en savoir pour la lecture de cet article : œ = eu français, u = ou fr., ə = e muet fr. dans *me*. L'accent grave indique qu'une voyelle est ouverte; l'accent aigu, qu'elle est fermée. Les signes de quantité ont la même valeur que dans la prosodie. Le tilde (~) surmonte les voyelles nasales. L'accent tonique n'est pas marqué quand il occupe la même place qu'en latin. — š = ch français, ļ = l mouillée, ɏ = n mouillée (fr. gn), g = g dur, ś = s dure, ⱬ = s douce, w = w anglais, ꭓ = ch dur allemand, h est un ɛ sonore, ç = ch doux allemand, ʄ = th dur anglais, ⱬ = th doux anglais, ṯ = t interdental, ṡ est une s prononcée le bout de la langue appuyé sur le milieu des dents. — Deux lettres superposées indiquent un son intermédiaire entre ces deux lettres. — Les caractères d'un corps plus petit représentent des sons en voie de disparaître.

Dès que l'on sort de la vallée d'Aoste, au delà de Carema, aujourd'hui rattaché à Ivrée, on entre dans le territoire où l's s'est conservée sans altération après les sourdes. La limite se dirige vers l'ouest, au nord de Quincinetto, de Traversella, de Pont, au sud de Ribordone, entre Noasca et Fornolosa, puis elle suit la crête des Alpes jusqu'au mont Cenis, tourne vers l'est le long de la vallée de Viu qu'elle embrasse, sauf le hameau de Saletta (com^{ne} de Lemie), et traverse la vallée de Suse, entre Mocchie et Rubiana, à l'ouest de Chiusa et de Valgiojo; ensuite elle se continue entre Coazze et Giaveno, Rouve et Pinasca, laisse à

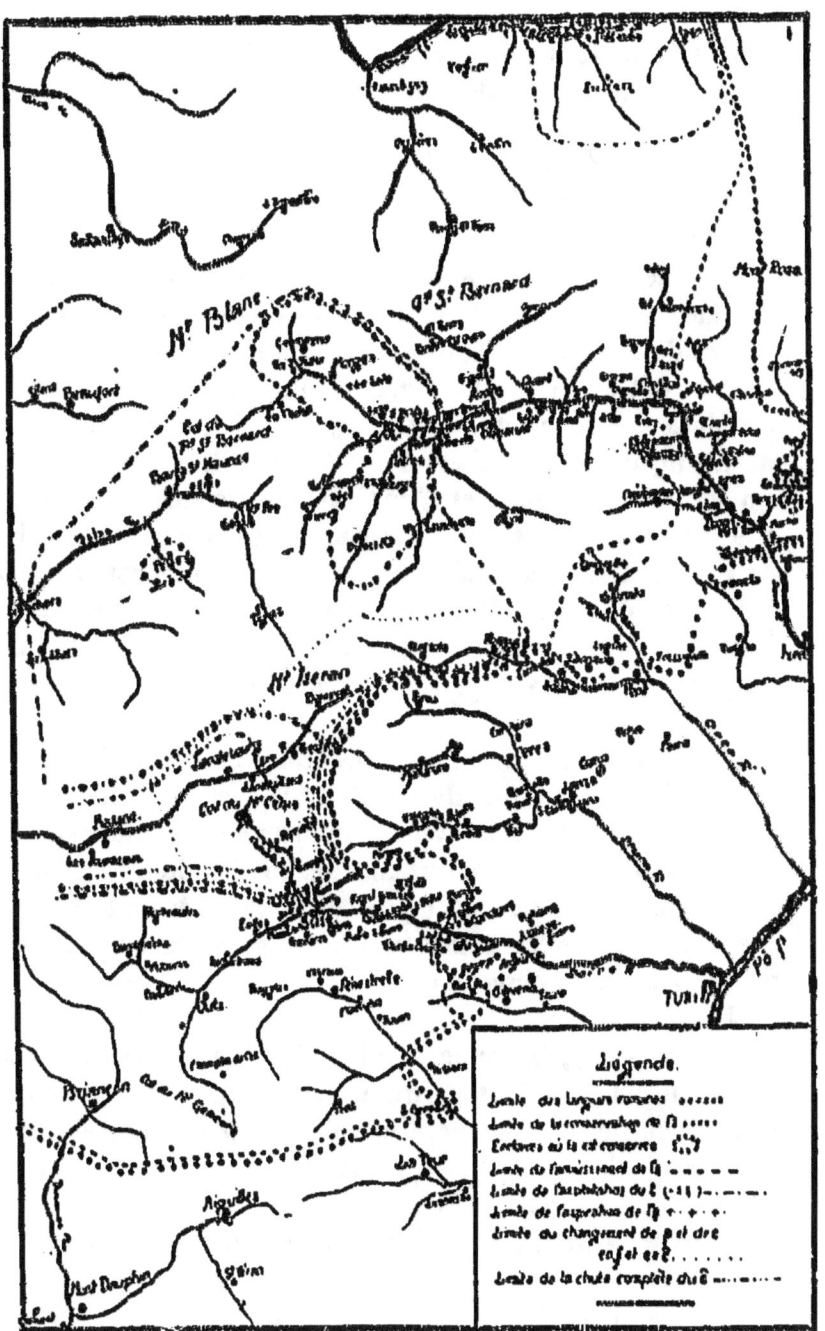

l'ouest Saint-Germain et Pral, au sud La Tour, et va rejoindre la limite du phénomène dans le Midi de la France, entre Briançon et les communes de Saint-Clément, canton de Mont-Dauphin, et Saint-Véran, canton d'Aiguilles.

Il n'y a rien à relever à l'est de cette limite pour la question qui nous occupe.

A l'ouest, j'ai rencontré trois petits territoires où l's est ébranlée. Celui du nord comprend la vallée d'Aoste, depuis les gorges de Montjovet (Emarèse et Montjovet) jusqu'à Carema, avec la vallée d'Ayas, la partie romane de celle de Gressoney (les deux Gressoney et Issime sont allemands), le bas de la vallée de Champorcher, les vallées de la Soana et de Ribordone. C'est un territoire compacte et d'une certaine étendue. Au midi, je n'ai que deux points isolés : le hameau de Saletta et le village de Coazze. On s'attendrait à un territoire plus important. Mais l'évolution de l's doit être entravée dans cette région par l'envahissement du piémontais. Celui-ci a gagné le fond de la vallée jusqu'à Suse, où il s'est presque entièrement substitué à l'idiome local.

L's, dans ce domaine, s'est transformée en cette spirante que nous écrivons ℓ, résultat du simple frottement de l'air à travers le canal buccal rétréci en avant des piliers du voile du palais. Le changement survenu dans l'articulation consiste donc dans l'abaissement de la pointe de la langue sur le plancher de la bouche, avec un léger rétrécissement vers la racine de la langue où se trouve transporté l'obstacle vocal.

Nous avons donc :

st : *tėėta* (Gaby, Lilliannes, Perloz, Ribordone); — *tėėta* (Issogne, Challand-Saint-Victor, Arnaz, Valprato); — *tėėta* (Ayas); — *tėėta* (Champdepraz, Carema, Coazze); — *tėėta* (Donas, Vert); — *ėėt* « est » (Saletta); — *aprėėtå* (Emarèse); — *pòėt* « poste, lieu » (Ribordone); — *tsåėtåyı* (Montjovet).

sp : *vėėpa*, partout, avec des variantes pour le timbre de la voyelle.

On a de même *ė* dans le groupe *spr* et dans *sti*, *str* soit primaire (*str*), soit secondaire (*ss're*, *sc're* qui sont devenus *str* dans tout le domaine, sauf dans la vallée de Gressoney, à Carema, à Coazze et je suppose aussi à Saletta) *vešpro*, *beštya*, *feneštra*, *kuyeštre*, avec les variantes que comportent les diverses phonétiques locales.

sc (+ *o*, *u*) : partout le type *aškuta*.

sc (+ *a*) a donné aussi *š*, plus le représentant moderne de *c* devant *a*. De là les types *moštse*, *moštši* ou *muštsa* « mouche », et *eštsela* « échelle ». Mais, dans certaines localités, l'*s* est restée. *mústšl* (Ribordone, Valprato, où c'est la règle). — *déstsâs* (Arnaz, accidentellement).

A ce traitement général, il y a quelques exceptions qui, pour être peu nombreuses, n'en sont pas moins fort intéressantes. Avant tout, je dois signaler quelques endroits où j'ai trouvé l'*s* non modifiée : types *testa*, *vespa*, *vespro*, etc. Comment s'explique la présence de cette forme au sein d'un territoire où l'*s* s'est généralement altérée en *š* ? Il y a deux choses possibles : ou bien les exemples que j'ai recueillis sont des emprunts faits au piémontais, ou ce sont des archaïsmes constituant ici ce que M. Gilliéron a heureusement appelé des « îlots phonétiques », seuls témoins subsistants de l'ancien sol linguistique au milieu de la marée montante d'une évolution nouvelle. Parmi les faits que j'ai recueillis, quelques-uns se prêtent à la première explication. Ce sont ceux où la conservation de l'*s* ne s'est pas affirmée dans tous les cas, et où il m'a été possible d'amener le *š* dans le courant de la conversation ou au moyen de questions insidieuses.

Mais il ne me paraît pas contestable que les formes avec *s* recueillies de la bouche d'un homme de Chévrière, sur la montagne de Champdepraz, et de deux jeunes gens, l'un de Balme (commune de Verres), l'autre de Lilliannes, et qui n'ont jamais été contredites, quelque soin que j'aie mis dans mon examen, ne soient de vrais archaïsmes et ne constituent réellement des îlots phonétiques. J'ai pu, du reste, constater les débuts du phénomène chez une femme d'Issogne âgée de 77 ans, que j'ai observée conjointement avec son fils. Le *š* est constant chez le fils : *téšta*, *véšpa*, *kóšta*, *déšsôs*, etc. Chez la mère, il y a des variantes : *tèšta* et *tésta*, *kóstë*, *úst* « août », *vešprë*. Heureusement pour moi mon sujet n'avait plus de dents, et j'ai pu suivre à mon aise tous les mouvements de la langue. Suivant le degré d'énergie donné à l'articulation, je voyais venir : ʒ (le bout de la langue se montrant devant les gencives), ş (la langue s'allongeant résolûment), ou enfin ɛ. De plus, j'ai cru entendre un intermédiaire entre s et ɛ à Fontainemore. Cette dernière forme s'explique par la permanence d'un reste de frottement au bout de la langue se mêlant au bruissement principal produit dans la partie postérieure de la bouche.

Les autres variantes que j'ai à signaler se rapportent toutes à un développement postérieur du ɛ. Celui-ci peut, soit devenir h en s'affaiblissant ou en gagnant des vibrations laryngiennes, ou ç en se palatalisant, soit se changer en f si les lèvres viennent à se fermer pendant son émission, soit s'assimiler à un son voisin, ou tomber devant un groupe. Toutes ces transformations, sauf la première, se rencontrent dans la région.

J'ai observé le ç à Hône, tçıa, et à Carema, rarement, et seulement dans le discours rapide chez un jeune homme, presque constamment chez un enfant : al tçıd nımınd... « il est été nommé » — sçıd... « je suis été » (le jeune homme). — mı sə tçıd (l'enfant).

L'f s'annonce à Donas vēfpa; il s'entend nettement à Ribordone à côté de ɛ : pôfı et pôɛı (un enfant).

Le groupe répondant au sc (+ a) latin est sujet à réduction. Nous trouvons à Champdepraz la double forme tɛtsıdə et ɛssıdə « échauffer » dans la même bouche; dans un hameau de Challand-Saint-Victor mɛ́tsə, ɛ́ssıla; à Isolaz (même commune) ɛ́ssıla; à Challand-St-Victor (chef-lieu), mɛ́tsa, ɛ́stla; à Brusson et à Ayas, mɛ́tsa, ɛ́tsa « esca, amadou », dɛsats « déchaux »; enfin à Carema datçauf « déchaux ».

Il faut suppléer pour Challand *ɛ́tsıla (cf. tsām « champ »), pour Brusson et Ayas *mɛ́tsa (cf. tsāmp), pour Carema *dātçau (cf. kıtçā « couché »).

Aux limites que je viens de décrire, s'appuient : au nord et au sud, le vaste territoire où st, sp, sk = t, p, k, qui s'étend de là, à travers la France du Nord, jusqu'à l'Atlantique; au centre, un tout petit territoire où (pour prendre le caractère le plus saillant), du groupe *s+t*, est sortie une fricative. Ce territoire ne comprend que la partie supérieure des vallées situées entre le col du Grand Saint-Bernard et le col du mont Genèvre. En donner les limites, ce sera par le fait même achever de tracer celles du domaine français.

Le centre du territoire où *s+t* donnent une fricative est occupé par le mont Iseran. En font partie, la vallée de Locana jusqu'à Noasca, celles de Valsavaranche, Rhêmes, Valgrisanche et la partie supérieure de la vallée d'Aoste à partir de Saint-Pierre et de Villeneuve, la vallée de l'Isère jusqu'à une limite qui passe entre Les Allues et Les Avanchers, la vallée de l'Arc jusqu'au dessous des Fourneaux (je n'ai pas de renseignements au delà); enfin toute la vallée de la Cénicle, moins le hameau de Berno, le dernier de la commune de Venaus du côté de Suse. Cela fait un territoire continu renfermant deux cols fréquentés, ceux du Petit Saint-Bernard et du mont Cenis.

Voici les formes que j'ai relevées :

st : 1° *sassèll*, *sàssayèr* (Séez); *rassel* (Cérésole); — 2° *tèsta* (La Thuile); — 3° type *tèsa* (Tignes, Sainte-Foy, Séez, Bourg-Saint-Maurice et hameaux de la plaine, La Thuile, Valgrisanche, Cérésole); — 4° *tèsa* (Valroger); — 5° *tèsa* (Bonneval, hameaux de Bourg-Saint-Maurice situés sur la montagne, La Thuile, Valsavaranche); — 6° *tèsa* et *tèsa* : d'un côté, Valsavaranche dans la même bouche que *tèsa*, Pré-Saint-Didier, Courmayeur et toute la partie supérieure de la vallée de la Doire jusqu'à Villeneuve et Saint-Pierre avec la vallée de Rhêmes; d'un autre côté, Bessans, Peisey, Venaus; — 7° *tèsa* seulement (La Novelaise); — 8° *tèa* (La Ferrière, Lanslevillard, Lanslebourg, Modane, Les Fourneaux).

str est traité comme *st*.

sti : 1° *bèst* (Sainte-Foy); — 2° *bèst* (Valroger, Valgrisanche), *rèsa* pour *rastians* (Lanslevillard); — 3° type *bèçe* (La Thuile, Peisey, Bessans, Courmayeur, Morgeix), *ràçaòs* (Bessans); — 4° *bèhè* (Avise, Rhêmes-Notre-Dame); — 5° *bès* (La Ferrière, Lanslebourg).

sp : 1° le type *vefa*, *vefro*, *efena* (Cérésole, Bonneval, Bessans, Lanslebourg, La Ferrière, La Novelaise, Venaus); — 2° *vĕpa*, *vĕpro*, *epena* dans le reste du domaine.

sc (+ *o*, *u*) : 1° *ĕčŭtă* (Bessans); *ĕutar* (Cérésole); *ăhŭtăr* (Noasca); *ăhŭta* « écoute » (Venaus). — Le domaine de ce changement paraît le même que celui de *sp* = *f*. — 2° *ekuta*, *ekuvela* dans le reste du territoire.

sc (*a*) : 1° *ĕṭyelta* « échelle » (Sainte-Foy); — 2° *etšĕla* ou *etsella*, partie supérieure de la vallée d'Aoste; — 3° *etsella* (Peisey, Bourg-Saint-Maurice); — 4° *ĕsĕla* (Venaus), *la sâla* (Noasca) — (cf. la *syâla* à Fornolosa).

Enfin, je dois signaler à part des formes de Bessans qu'une attention toute particulière m'a permis de saisir : *nèyèrɪ*, *krèyèrɪ*, *krèysu*, *krèyseŭɪ*, *ěysěla*.

vĕfa et *ĕčŭta* nous prouvent la présence, avant *p* et *c*, d'un *e* issu d'un *s*, et remontent sans aucun doute à *veepa* et à *eekuta*. Sous l'influence du *e*, *p* et *k* sont devenus fricatifs, et ont donné l'un *f*, l'autre *e*. De son côté, le *e* précédent a dû passer par *ç* et aboutir à *y*, puis il a disparu.

Les primitifs *veepa* et *eekuta* garantissent presque un primitif *teeta*. Nous avons vu, en effet, dans le territoire où *s* est en train de s'ébranler devant une sourde, cette consonne avoir le même traitement devant *p*, *k* et *t*. Dans ce cas, l'*s* s'expliquerait, non par le maintien de l's latine, mais par la production d'une fricative dentale née du *t* sous l'influence du *e* antécédent, comme *f* et *e* sont sortis respectivement de *p* et de *c* dans les groupes *ep* et *ek*. Toutes les formes qui ont été signalées plus haut peuvent s'expliquer par cette hypothèse. D'abord *et* devient *es*. A ce point, il peut y avoir assimilation du premier élément au second; d'où *ss* (*sassel*), et par fusion *s* (*tesa*), enfin par un changement bien fréquent dans la région *e* (*teša*). Ou bien si le *t* est déjà ou presque interdental comme à Champdepraz, où nous avons vu *etsudsŭdĕ* devenir *essŭdĕ*, *et* ou *ĕt* aboutissent à *eš* ou à *es*; d'où *šš* (*tešša*) et *s* (*tesa*). Alors, par un léger changement dû à la mollesse de l'articulation, *s* devient *e*. Ce fait, déjà observé à Issogne dans des conditions un peu différentes, je l'ai constaté de nouveau chez un sujet de Valsavaranche qui disait, suivant le degré d'énergie qu'il mettait dans sa prononciation : *köyĭsrĕ*, *köyĭčrĕ*, et même parfois faisait entendre un son intermédiaire entre *s* et *č*.

Ce qui confirme cette vue, c'est que *ts*, produit secondaire de *c*(*e*, *i*) et de *ti* précédé d'une consonne, a donné dans la région qui nous occupe un résultat analogue. Là où *st* = *s*, nous trouvons pour *c* et *ti* également *s*; là, au contraire, où *st* = *č*, *c* et *ti* ont aussi pour représentant *č* ou les formes qui en sont dérivées. Ainsi l'on dit à Bonneval *sĕnĭkyĕ* « ceci »; à Bessans, à Venans *čĕyna* « cœnam »; à La Novalaise *henĭkla* « la *Cénicle* »; à La Ferrière, Lanslevillard, Lanslebourg, Modane *ĭndrĕ* « cineres ».
— D'autre part, nous voyons à Lanslebourg et les environs *ts*, produit plus récent de *ca*, prendre la même direction et déjà arriver à *s* (*shŏ* « chanson »). Enfin, nous avons la preuve que le *č*, avant de devenir *h* et de tomber, a passé par *s* à Lanslevillard, où *rastiaus* a donné *rătĕl* à côté de *rĭtĕl* (**rastel*) : le *č* + *y* aurait produit un *č*, comme à Bessans (*răčŏs*).

Les diverses formes que revêt *scala*, de même que celles de Champdepraz, Challand, Ayas, s'expliquent aisément après cela par *ečtyala*, *ečtsala*, *ečteala*.

Il ne nous reste plus maintenant qu'à recueillir les formes qui conservent, sur la limite du domaine français, les dernières traces de l'*s* amuïe. Tout se réduit à un *y* bien faible ou à une influence exercée par un *y* disparu sur l'*ĕ* précédent, influence qui a transformé cette voyelle en *i*.

Nous avons :

Savoie. — *fĕyta* (St-Nicolas, St-Sigismond); *vĕypa* (Villars-de-Beaufort, École).

Vallée d'Aoste. — *vêypă* (La Salle) à côté de *tĕha*; *tĭta*, *fĕnĭtra* (Verrayes) à côté de *vĕpră*, *vĕpa*; *tĕyta*, *bĕytçĭ* (Saint-Marcel); *tĭta*, *fĭltra* « fenêtre »; *vĭpru*, *vĭppa*, *bĭtyĕ* (Bosses); *tĭtta*, *fĭltra*, *vĭpru*, *vĭppa* (Saint-Remy) à côté de *sĕt* « septem »; *tĭta* (Charvansod, Introd) à côté de *ĕprŏ* « vêprée »; *tĭta*, *vĭpru* (Champorcher, hameau de Chardonney) à côté de *sĕvrĕ* « sequere »; *ĭtrĕt* « étroit » (Aoste) à côté de *sĕtsĕ* « sèche » et de *ĕpenna*.

Dauphiné. — *těytã*, *fěytã* (Le Chazelet, commune de La Grave) à côté de *gěpã*.

Vallée de Suse et de Pérouse. — *krěyt* « crête » (Millaure); *krěyte* (Beaulard); *eytěyla* (Gravière); *eytěla* (Saint-Giorio); *eytěero* (Chaumont); *eytaéla* (Jaillon); *eypěna* (Brouzole); *eypés* (Mafiotte); *ipěy* (Salbertrand) à côté de *ětrěy*, *etyěra*; *ětrě*, *itrěyte* (Rochemolle); *itrě* (Beaulard) à côté de *épine*; *eypé* (Pral, Saint-Germain).

Une des dernières étapes de l's avant de s'amuïr a donc été un *y* qui est tombé, suivant les lieux, dans des conditions différentes : ici, devant le *t* seul ; là, devant *p* et non devant *t* ; ailleurs, devant *t* et *p* ; dans certains endroits, à la tonique ; dans un plus grand nombre, à l'atone. Ce *y* descend d'un *ě* plus ancien par un *ę*. Cette articulation, qui n'est qu'un *ě* palatalisé et porté vers les dents, nous l'avons rencontrée à Donas dans *těyte*, sans qu'elle soit, comme ailleurs, provoquée par un *y* subséquent ; en tout cas, c'est l'intermédiaire nécessaire entre *y* et *ě*. Enfin, c'est par la production plus ou moins rapide de cette spirante palatalisée que je m'explique les doubles formes *těya* et *těia*, *věfa* et *věpa*, *aěuta* et *akuta*.

Les transformations de l's devant une sourde paraissent donc dans la région alpine avoir été les suivantes :

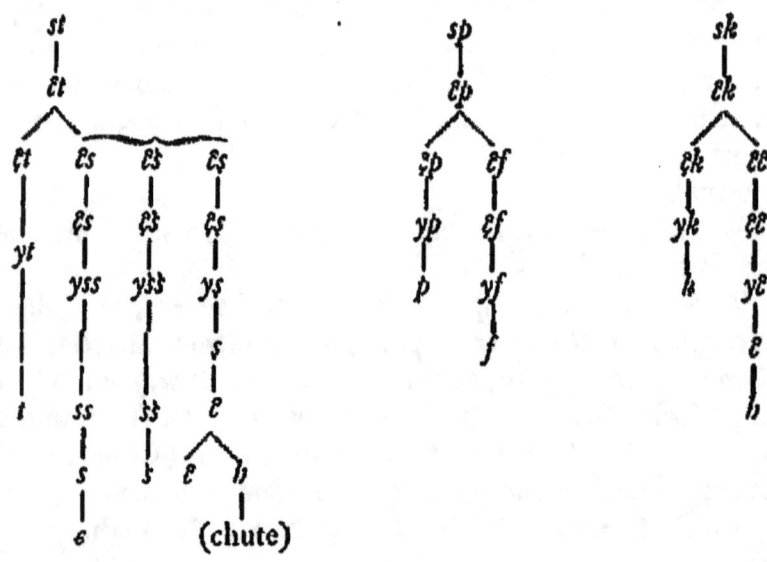

(chute)

Si, au lieu de nous restreindre aux seules limites que nous venons d'étudier, nous portions notre attention sur l'ensemble du territoire où l's s'est amuïe, nous trouverions, je le crois, des résultats analogues. Il y a de petits territoires, comme celui qui entoure le mont Iseran, où l'on trouve *tiṣa, tēa* « tête »[1]. Peut-être en trouverait-on dans la France où *aṣe* sortirait régulièrement de *asperum*, *nēṣe* de *mespilum*. En tout cas, nous n'avons pas besoin d'aller en Italie pour trouver la première étape de l'évolution, à savoir le changement de l's en *ṣ*; elle existe dans notre Midi.

---

[1]. Voir GILLIÉRON. *Petit Atlas phonétiq. du Valais*. — ODIN. *La phonologie du canton de Vaud*. — CORNU. *Les Chants de la Gruyère, Phonologie du Bagnard*. — HOEFLIN. *Les Patois romans du canton de Fribourg*.

LA PRONONCIATION DU NOM

DE

JEAN LAW LE FINANCIER

PAR ALEXANDRE BELJAME

Voilà un nom qui a eu un certain retentissement dans notre histoire; qui, pendant quelques années de fièvre et d'émotion, a été bien souvent répété, et avec admiration et avec colère; qui, après cette période d'éclat et de bruit, est revenu et revient encore fréquemment dans la bouche des Français; et cependant, depuis le xviiie siècle, la prononciation de ce nom est restée comme une sorte d'énigme dont la solution, maintes fois cherchée, n'a pas encore été obtenue.

On l'écrit *Law*, et on le prononce *Lass*.

Il y a bien, à vrai dire, quelques dissidents qui disent Law comme en anglais, ou à peu près[1]; mais, depuis la Régence

---

[1]. « Law de Lauriston (Jean), fameux financier écossais, que l'on désigne aussi, mais inexactement, sous le nom de *Lass* (*Biographie Didot*). » — « Prononcez *lâ*, bien que la prononciation fautive *lass* se soit généralisée en France (*Dictionnaire de Larousse*). » — Quoique les Français aient dans leur langue le son que les Anglais figurent par *aw* ou *au* (c'est le son de notre *o* dans *or*, *mort*, *sort*) il n'y en a peut-être pas auquel ils soient plus rebelles. On entend constamment prononcer *Chaoucer* pour *Chaucer*, les acteurs dans Macbeth disent : le thane de *Caoudor* pour *Cawdor*; manière de prononcer en français des noms anglais qui a le double avantage de n'être ni française ni anglaise. J'ai rencontré ce qui paraît être un exemple d'une prononciation analogue du nom de Law : « Le soir [20 juillet 1720], allant [le Régent] à Asnieres avec ses gardes, et passant par le Roulle, les habitans ont crié : *Ah Laou, ah Laou*, voilà l'homme qui emporte notre papier et notre argent, et tant qu'ils l'ont pu voir ont toujours

jusqu'à nos jours, *Lass* est la prononciation généralement reçue[1], et, si je suis bien informé, la famille Law de Lauriston, qui descend de celle du financier et doit avoir ici quelque autorité, prononce son nom *Lass*.

D'où vient ce désaccord, certainement bizarre, entre la prononciation et l'orthographe?

« Il s'appelloit Law, dit Saint-Simon ; mais quand il fut plus connu, on s'accoustuma si bien à l'appeller *Las*, que son nom de Law disparut[2]. »

Cette explication, qui satisfaisait Saint-Simon, n'a satisfait personne après lui, la notoriété ne paraissant pas être une raison philologique suffisante pour rendre compte du changement de *w* en *s*.

Aussi ne s'en est-on pas tenu là.

« On prononce Lass, dit Henri Martin. Saint-Simon prétend y voir un jeu de mots : l'*as*[3]. » Henri Martin a été ici trompé par la première édition du *Journal de Barbier* où le passage qu'on vient de lire est ainsi reproduit : « Il s'appelait Law ; mais quand il fut plus connu, on s'accoutuma si bien à l'appeler l'*As*, que le nom lui en resta[4]. » Or, Saint-Simon ne parle pas de jeu de mots, et il écrit très distinctement *Las*, sans apostrophe, non seulement dans le texte que j'ai transcrit ci-dessus, mais aussi en marge de ce texte : Law, dit Las, sa banque, etc.

---

crié Ah Laou ah Laou. Les gardes n'ont pas osé dire un mot. » (*Journal et Mémoires de Mathieu Marais sur la Régence et le règne de Louis XV*, 1715-1737. Bibl. nat., Man. Fr. 25001, f° 47 v°.)

1. « L'Ecossais John Law (Lass) » (Duruy, *Hist. de l'Europe et de la France*, nouvelle édition, sous la direction de B. Lavisse. Paris, Hachette, 1890, p. 376.) — « Pourquoi parle-t-on du système financier de l'Ecossais *Law*, que l'on nous fait prononcer *Lass*, et qui, autant qu'on peut le figurer avec des sons français, se prononce réellement en anglais *Lôw?* » (*L'Intermédiaire*, vol. XXI. 1888, colonne 77).

2. Tel est le texte exact de Saint-Simon, que je copie sur son manuscrit même (tome VIII, p. 1806) mis à ma disposition par MM. Hachette, qui en sont aujourd'hui les propriétaires.

3. *Histoire de France*, vol. XVII, p. 174, note.

4. Edition de la Villezille, Paris, Renouard, 1847. vol. 1, p. 5, note.

Voici une explication plus sérieuse qui se lit dans l'édition des œuvres de Voltaire donnée par M. Louis Moland :

« Le nom de Law, prononcé en anglais *Lâ*, est généralement prononcé *Lâsse* en français : on a expliqué ainsi cette prononciation :

« Law a dû être entouré d'Anglais dans sa banque, et ceux-ci, parlant de son plan financier, de sa maison, de ses propriétés, etc., etc., disaient, par exemple, en mettant l'*s*, marque du génitif, après son nom, comme le requérait la construction de leur langue :

« *Law's* system is admirable. — (Le système de Law est admirable.)

« I am going to *Law's*. — (Je vais chez Law.)

« I spent the evening at *Law's*. — (J'ai passé la soirée chez Law.)

« In some years, *Law's* fortune will be considerable. — (Dans quelques années, la fortune de Law sera considérable.)

« De sorte que les Français qui se trouvaient parmi eux entendant sans cesse *Law's* par ci, *Law's* par là, finirent par croire que les compatriotes du célèbre étranger prononçaient son nom *Lâsse*, et ils adoptèrent comme véritable cette prononciation fautive que nos grammairiens se sont, à la vérité, empressés de signaler, mais contre laquelle ils ne se sont jamais élevés[1]. »

Il est possible que les Anglais qui ont dû entourer Law se soient exprimés en ces termes : les phrases qu'on met dans leur bouche sont en effet conformes au génie de leur langue. Mais il est non moins possible que ces Anglais, dont on suppose la présence auprès du financier et auxquels on prête ce langage, aient employé des phrases également anglaises et dans lesquelles son nom n'aurait pas été suivi d'une *s*, par exemple : *Law is an admirable man. — I am going to see Law. — I spent the evening with Law. — In a few years Law will have made an immense fortune.* — Si bien qu'il n'est pas juste de prétendre que les Français qui

---

[1]. *Siècle de Louis XIV*, chap. 37. Voltaire, *Œuvres*, Ed. Louis Moland, Paris, 1878, vol. 15, p. 60, note signée E. M.

gravitaient autour de lui auraient entendu dire *Law's* par ci et *Law's* par là, mais qu'on doit plus légitimement affirmer qu'ils auraient entendu dire *Law's* par ci et *Law* par là, et qu'à moins de prouver, par une statistique difficile à établir, que les phrases où l'anglais peut introduire le génitif *Law's* l'emportent notablement en nombre sur celles où il peut introduire le nominatif ou l'accusatif *Law*, cette supposition, pour ingénieuse qu'elle soit, laisse les choses en l'état.

L'explication la plus répandue ressemble un peu à la précédente, mais précise davantage. Elle suppose que, par l'habitude où l'on était, à l'époque des grandes opérations du financier, de parler sans cesse du *Système de Law*, en anglais *Law's System*, l's du génitif *Law's* aurait été promptement et naturellement considérée comme faisant partie du nom lui-même.

Cette hypothèse n'a été, à ma connaissance, imprimée nulle part; mais elle fut proposée, je crois, à la Sorbonne lors de la discussion de la thèse de M. Levasseur sur Law [1], et elle a généralement cours, à ce que j'entends dire, dans les classes d'histoire des lycées.

Elle est assurément spécieuse. Elle ne résiste pas cependant, semble-t-il, à quelques objections.

D'abord a-t-on jamais, du vivant de Law (ou même, pour mettre les choses au large, à aucun moment), employé en France l'expression anglaise *Law's System*? On n'en a pas fourni la preuve, et l'on aurait sans doute quelque peine à la fournir.

A la rigueur, cette preuve ne serait pas absolument indispensable s'il s'agissait d'une époque où les formules anglaises eussent été à la mode. Aujourd'hui, par exemple, nous possédons à Paris un restaurant connu sous le nom de *Maison Peter's* (par abréviation *Peter's*), un journal qui, bien que rédigé en français, s'intitule *William's Turf*, des agences de courses qui s'appellent *Brugère's Office* et *Brack's Office*. Si, au temps de Law, on signalait l'existence de dénominations semblables, on serait jusqu'à un certain point autorisé à en inférer qu'on a pu dire *Law's System*.

---

1. Levasseur (E.), *Recherches historiques sur le système de Law*, Paris, 1854, 1 vol. in-8.

Mais non seulement on ne montre pas qu'on ait réellement dit *Law's System*; on ne cherche même pas à montrer que l'anglomanie eût, sous la Régence, pénétré dans le langage courant au point de faire aisément admettre des formules analogues.

Rien ne permet donc, dans l'état de la question, de supposer qu'on ait jamais, en France, dit en anglais *Law's System*. Est-il même bien sûr qu'on ait dit en français, au moins habituellement, *le Système de Law*? A ce qu'il semble bien, ce qu'a dit le xviiie siècle c'est *le Système*, tout court [1]. Sans doute on rencontre les formules *le Système de Law*, *Law et son système*; mais c'est ordinairement *le Système*, sans plus [2]. Le nom du financier ne s'accole pas nécessairement à l'expression, il n'en fait pas partie intégrante; d'où il suit que, si l'on avait ressenti le besoin de la traduire en anglais, on l'aurait traduite par *the System*, ce qui ne rend pas compte de l's ajoutée.

Enfin, il y a une objection plus grave encore, c'est que Law était appelé *Las* en France dès avant l'établissement de son système.

On ne peut pas, je pense, faire remonter le *Système*, au plus tôt, avant le 2 mai 1716, date où furent concédées à Law les lettres patentes du roi qui l'autorisaient à établir une Banque

---

1. C'est l'opinion d'un des hommes qui connaissent le mieux cette époque de notre histoire, M. de Boislisle, dont le savoir et l'obligeance m'ont éclairé sur bien des points de ce travail et m'ont fourni plus d'une précieuse indication.

2. Le but estoit de faire tomber le sisteme (Journal de Barbier, *Bibl. nat. Man. Fr.* 10285, f° 157 v°).

> Law est son nom; nouveau roi des Français,
> D'un beau papier il porte un diadème,
> Et sur son front il est écrit *système*.
> (Voltaire, *La Pucelle*, chant III. *Œuvres*, vol. 9, p. 61.)

Le recueil Clairambault-Maurepas (*Bibl. nat.* Man. Fr. 12697) contient un grand nombre de chansons et d'épigrammes sur Law. L'expression employée partout, c'est *le système*. Voyez, par exemple, f° 425 :

Genealogie du systheme ou son origine et sa fin
...Law engendra le système,
Le systheme engendra la Banque...

générale [1]. Or, dans une délibération du Conseil Particulier des Finances qui est du 24 octobre 1715, « conseil extraordinaire tenu par S. A. R., » pour examiner le projet de banque proposé par le financier écossais, il est déjà appelé le Sr *Lasse*, le Sr *de Lasse* et le Sr *Lass* (pas une seule fois Law [2]). Il est également appelé *Lass* deux fois (mais pas une seule fois Law) dans une lettre du duc de Noailles au maréchal de Villeroy, qui est du 15 octobre 1715 [3]. Et peut-être est-on en droit de retrouver notre personnage, sous une orthographe analogue, à une date encore antérieure, celle du 7 avril 1701, dans une pièce, malheureusement peu explicite, conservée aux Archives du Ministère des Affaires étrangères [4], laquelle constate l'incarcération, en une prison non

---

1. Levasseur, p. 44. — Lettres patentes du Roy, Portant Privilege en faveur du Sr Law et sa Compagnie, d'Establir une Banque generale. *Avec le Reglement pour ladite Banque.* Registrées en Parlement. A Paris, de l'Imprimerie Royale. MDCCXVI, in-4°; date rajoutée à la main : 2 may 1716 (*Bibl. nat.* Man. Fr. 7768, f° 261-268).

2. *Bibl. nat.* Man. Fr. 6930, f° 46 et suivants.

3. A M. le Mareschal de Villeroy. Du 15 octobre 1715. J'ai eu l'honneur de vous dire ce matin, M, que M. Amelot, M. Dargenson, M. le Preuôt des marchands, Et Mrs fagon, de Baudry, Et de St Contest deuoient s'assembler cet apres midi chez moi, pour Examiner La proposition de M. Lass, ils y sont venus, Et ont paru fort satisfaits du compte qu'il leur En a rendu, de maniere que ce qui peut rester de doute, ne roule que sur le plus ou moins d'utilité que produira l'Execution de la proposition; mais qu'on ne peut En craindre aucun inconuenient. je mande les Srs fenellon, Tourton et Guigner avec le Sr Piou, pour les entendre encore demain au matin sur cette matiere. Mrs fagon, Et de Baudry s'y trouueront avec M. Lass, afin de donner à cette afaire plus de précision et de fixer l'objet qu'elle peut avoir. Je suis tres parfaitement, M., &. (*Bibl. nat.* Man. Fr. 6931, p. 70-71).

4. Dudt iour 7° auril 1701. Le Sr Las a esté ammené ez prisons de Ceans pour y rester jusques anouuel ordre par ordre de nosseigneurs les marechaux de france par nous premier et ancien exempt de nosds seigneurs morgand de hemon.

En marge, à gauche : du 13 avril 1701 Le dt Sr Las a esté elargi par ordre de Monseigr le marechal de Choiseul par nous premier exempt de nosds seigneurs Morgand de hemon.

(*Archives du Ministère des Affaires étrangères*, France, 1701. Cote : 1,093; f° 117).

dénommée, du Sʳ *Las*. On sait en effet que, après avoir été en Ecosse en 1700 pour y proposer ses plans financiers, Law vint à Paris où il se livra à un jeu si effréné et si heureux qu'il se fit expulser par la police[1]. C'est probablement à la suite de cette expulsion qu'on l'emprisonna, et simplement pour sanctionner cette expulsion; l'emprisonnement, en effet, ne fut pas de longue durée : on le relâchait au bout de six jours.

Quoi qu'il en soit de l'attribution qu'il convient de donner à ce dernier document, les deux premiers suffisent à montrer que l'addition d'une *s* au nom de Law ne vient pas de l'anglais *Law's System*, traduction du français le *Système de Law*, en admettant qu'on ait dit l'un ou l'autre, puisque l'*s* était déjà adjointe au nom avant que le *Système* fût établi.

Restent deux autres explications que j'ai entendu donner et que je cite simplement pour mémoire, car elles ne me paraissent pas comporter un très long examen.

D'après l'une, le *w*, lettre peu familière aux Français, aurait été pris pour deux *s*, — comme si le *w*, d'ailleurs connu en ancien français, eût pu être une nouveauté si étrange et si embarrassante pour un peuple qui écrivait déjà *whig*, *Whitehall*, *Westminster*; à qui La Fontaine avait fait connaître Waller; qui, dès 1699, comptait Newton au nombre des membres étrangers de son Académie des sciences, et pour qui, au moment même où florissait Law, le maréchal de Berwick était un personnage. Si le double *u* du nom de Law était exposé à une transformation, on se serait bien plutôt attendu à voir les Français, selon leur habitude à peu près constante, le prendre pour un *v*[2]. Or, il se trouve que, parmi les diverses formes sous lesquelles le nom se présente, la prononciation et l'orthographe *Lav* manquent[3]. Cela paraît

---

1. Lalanne, *Dictionnaire historique de la France*, art. Law; Histoire du Sytème des Finances sous la Minorité de Louis XV [par B. Marmont du Hautchamp]. La Haye, 1739, 6 vol. in-12, vol. I, p. 69 et suiv.

2. J'ai rencontré bien des fois le nom du maréchal de Berwick dans mes recherches. Je l'ai trouvé écrit Bervick, Bervicq, Berulcq, Barwick, Beruuick, jamais *Berssick*.

3. Je n'ai rencontré le *v* que deux fois (une seule fois du vivant de Law) :

prouver, soit dit en passant, — j'aurai à revenir sur ce point, — que le nom a été *entendu* avant d'être *lu*.

D'après l'autre explication, Law, étant Ecossais, aurait prononcé son nom avec une émission gutturale qu'on aurait prise pour un son sifflant. Mais je connais des Ecossais du nom de Law (lequel est assez commun en Ecosse) et je n'ai jamais remarqué qu'ils lui donnassent, ou qu'on lui donnât autour d'eux une prononciation qu'on pût à un degré quelconque qualifier de gutturale. Law a chez eux deux prononciations : l'une, qui est l'anglaise et de beaucoup la plus fréquente; l'autre, écossaise, dont je reparlerai tout à l'heure; ni dans l'une ni dans l'autre il n'y a certainement rien qui, de près ou de loin, ressemble à une *s*.

Peu satisfait de ces diverses théories, je tombai un jour, dans un volume de la correspondance de Steele, l'ami et le collaborateur d'Addison, sur une lettre, datée du 12 août 1719, et adressée à M' *Laws* à Paris [1].

Cette orthographe avec *s* me parut intéressante et me fit entrevoir aussitôt une solution plus simple et plus sûre de ce petit problème d'histoire et de linguistique.

C'était bien au financier, et non à un semi-homonyme, que la lettre était adressée : une note de l'éditeur, généralement attentif, signalait que Law avait été de bonne heure lié avec Steele, et il

---

le sieur Lauv (*Extrait des mémoires que le sieur Law a présenté* (sic) *pour l'établissement d'un crédit ou banque générale* (Bibl. nat. Man. fr. 7768, p. 23)). — « Si nous prononçons *Lass* au lieu de *Lav* ou *Lô*, c'est pour suivre l'usage du 18e siècle » (l'*Intermédiaire*, vol. XXI, 1888, vol. 208). — Il est vrai que, pour les documents du XVIIIe siècle, on ne peut être absolument affirmatif; le *w* par lequel s'écrit constamment le nom pouvait être prononcé comme *v*, et même lorsqu'on trouve *Lauu* dans un manuscrit, il n'est pas certain que ces deux *u*, dans l'écriture du temps, ne représentent pas deux *v*. Pourtant, si l'on avait prononcé *Lav*, on retrouverait quelques traces de cette prononciation dans les vers à la rime, dans des jeux de mots. Or, rien de semblable n'apparaît.

1. The Epistolary Correspondence of Sir Richard Steele; including *his familiar letters* to his wife and daughters; to which are prefixed, *fragments of three plays*; two of them undoubtedly Steele's, the third supposed to be Addison's. Faithfully printed from the originals; and illustrated with literary

est certain qu'en 1719 il était à Paris, fort occupé. Aucun doute n'était possible sur l'identité du personnage.

Mais l'éditeur des lettres de Steele, Nichols, encore que soigneux, et bien qu'il déclarât sur le titre de son édition qu'il avait « fidèlement » reproduit ces lettres d'après les originaux, avait pu se tromper, et lire ou copier inexactement le nom du correspondant de Steele.

Heureusement l'autographe de cette lettre se trouve au *British Museum*[1] : l'adresse est très lisiblement : « To M'r John Laws at Paris Aug. 12, 1719. »

Enfin il est certain que ce n'est pas par une bizarrerie personnelle ou par inadvertance que Steele a appelé son ami *Laws*.

En effet, il est appelé de même dans trois autres documents anglais qui sont de 1694, de 1721 et de 1791.

La Commission royale chargée de faire en Angleterre l'inventaire des manuscrits historiques signale dans son cinquième Rapport[2], parmi les papiers de M. John Richard Pine Coffin de Portledge, North Devon, une collection de lettres adressées de Londres, par un certain Richard Lapthorne, à M. Richard Coffin, entre 1683 et 1697. Ce Lapthorne avait, entre autres fonctions, celle d'envoyer chaque semaine à son correspondant une « lettre de nouvelles », où il le tenait au courant des incidents et des menus faits du moment. Dans une de ces lettres de nouvelles, à

---

and historical anecdotes, *by John Nichols*, F. S. A. E. & P. In two volumes. London : Printed by and for John Nichols and Son, Red Lion Passage, Fleetstreet ; and sold by Messrs. Longman, Hurst, Rees, and Orme, Paternoster Row. 1809. 2 vol. in-8 (*Bibl. Nat.* Z acq. extr. 4769). — Vol. 2, p. 520.

1. *Additional Manuscripts* : 5145. C. f. 94. Page 95.
2. Fifth Report of the Royal Commission on Historical Manuscripts. Part I. Report and Appendix. Presented to both Houses of Parliament by Command of Her Majesty. London : Printed by George Edward Eyre and William Spottiswoode, Printers to the Queen's Most Excellent Majesty. For Her Majesty's Stationery Office. 1876. in-fol. — The Manuscripts of John Richard Pine Coffin, Esq., at Portledge, North Devon. (Second Report) page 384, col. 2.

la date du 14 avril 1694, il lui raconte la mort de M. Wilson[1], homme élégant et à la mode, espèce de chevalier d'amour qu'on appelait « Beau Wilson[2] », tué dans un duel par un Ecossais, Mr. *Laws*.

Or c'est ce duel, duel historique, qui devait chasser Law d'Angleterre, et le conduire à chercher fortune sur le continent.

Il est encore appelé *Laws* dans « Les Mémoires et le Caractère du grand M. Law et de son frère à Paris[3] ». Ce titre, il est vrai, porte Law, et nous trouvons de même Law dans le reste du volume, sauf cependant à la page 13 où on lit : « Mr. *Laws* offers his Scheme to the Parliament ».

Enfin dans un livre publié à Edimbourg en 1791[4], où sont exposés la vie et les projets de notre personnage, l'orthographe *Laws*, absente du titre et du texte anglais, se trouve, assez singu-

---

[1]. Et non pas Whilston, comme l'appellent à l'envi la Biographie Michaud, la Biographie Didot et M. Levasseur (ch. II, p. 16).

[2]. Ce n'était pas un gentilhomme, comme le dit M. Levasseur, ni un mari trompé, comme le dit la Biographie Michaud. — D'après Mrs. Manley, dans *the New Atalantis*, Wilson avait été pendant plusieurs années entretenu dans un état de magnificence par une des maîtresses de Charles II. Son opulence apparente, comparée à sa pauvreté première, l'origine mystérieuse de sa fortune, appelaient sur lui l'attention et la curiosité (voyez *Fifth Report of the Royal Commission on Historical Manuscripts*, loco citato). — Wilson (Edward) était fils de Thomas Wilson Esqre, de Keythorpe (Leicestershire). On trouve des renseignements sur lui et sur sa famille dans John Nichols, *the History and Antiquities of the County of Leicester*, London, 1795-1815, 4 vol. in-fol. vol. III. p. 487-488. Voyez aussi *Memoirs of the Life of John Law of Lauriston*, By John Philip Wood, Edinburgh, 1824, p. 6-9.

[3]. The Memoirs Life *and* Character of the Great Mr. *Law* and his Brother at *Paris*. Down to this Present Year 1721, with an Accurate and Particular Account of the Establishment of the [Missisippi Company in *France*, the rise and fall of it's Stock, and all the Subtle artifices used to support the National Credit of that Kingdom, by the Pernicious Project of Paper-Credit. Written by a *Scots* Gentleman [Gray ( )]. The Second Edition. *London* : Printed for Sam. Briscoe, at the *Bell-Savage* on *Ludgate-hill*. M. D. CC. XXI (*Price One Shilling*) in-8 (*British Museum* : T. 791/2).

[4]. W., J. P. [c'est-à-dire John Philip Wood] A *Sketch* of the Life and Projects of *John Law of Lauriston*, Comptroller General of the Finances in France. *Si non tenuit, magnis tamen excidit ausis*. Ov. Edinburgh; Printed for

lièrement, dans plusieurs citations françaises empruntées, dit l'auteur, aux Lettres de la princesse Palatine. Et en effet, dans l'édition de ces Lettres qui fut donnée à Hambourg et à Paris en 1788, la forme employée est partout et sans exception aucune *Laws*[1]. Il y a là deux constatations intéressantes : d'abord que cette *s*, que l'on s'est en France efforcé d'ajouter au nom par tant de suppositions et d'hypothèses compliquées, s'y trouve naturellement adjointe dans un texte français où elle est restée inaperçue; ensuite qu'un Anglais qui a étudié spécialement la vie du financier, et qui l'appelle partout Law, n'éprouve aucun besoin

Peter Hill; and George Kearsley, London. 1791, in-4. (*British Museum* : 614. k. 19 (1).

Si Laws vouloit, les femmes Françoises lui baiseront la derrière (*sic*) (P. 19).

Foin de ton zèle seraphique
Malheureux Abbé de Tencin !
Depuis que Laws est catholique
Tout le royaume est capucin. (P. 34, note).

Messieurs, Messieurs, bonne nouvelle,
Le carosse de Laws est réduit en cannelle (P. 41)

Ce même John Philip Wood est revenu sur Law dans deux autres ouvrages : The Antient and Modern State of the Parish of Cramond, Edinburgh, 1794, in-4 (*British Museum* : 186 b. 6) et Memoirs of the Life of John Law of Lauriston, Edinburgh, 1824, in-12 (*British Museum* : 1452. b. 35).

Ces deux ouvrages offrent les mêmes particularités que le premier : le texte anglais a Law, les citations en français (en français d'outre-Manche) ont Laws :

Le carosse de Laws est réduit en cannaille (sic) (*The Antient and Modern State of the Parish of Cramond*, p. 225).

M. Laws a eu violent querelle avec ce fou De — (the Prince of Conti) qui vouloit lui forcer à faire une chose expressément défendu par mon fils. Sçavez vous bien que je suis, demanda-t-il à Laws? (*Memoirs of the Life of John Law*, p. 190, note 1).

1. *Fragmens de Lettres originales De Madame Charlotte-Elizabeth de Bavière, Veuve de Monsieur, frère unique de Louis XIV*, à Hambourg. Et se trouve à Paris, chez Maradan, libraire, rue des Noyers, n° 33. 1788. 2 vol. in-12. — Dans ces Lettres le nom de Law revient plus de soixante fois : il est toujours imprimé *Laws*, jamais Law. Toutes les citations de Wood, sauf l'épigramme sur l'abbé de Tencin, s'y retrouvent, mais, cela va sans dire, dans un français de meilleur aloi.

de corriger ou d'expliquer lorsque, dans des citations françaises, il rencontre l'orthographe *Laws*. Evidemment *Law* et *Laws*, pour lui, c'est tout un.

Les deux formes ont en effet coexisté en Angleterre; car, presque au même moment où le correspondant de M. Coffin lui signalait le duel de Mr. *Laws*, la Gazette de Londres offrait une récompense de 50 livres sterling à qui appréhenderait le capitaine John *Lawe*, Ecossais, accusé de meurtre et échappé de prison [1].

Ces divers documents nous placent nécessairement en face de deux hypothèses : ou bien le nom primitif serait *Laws* (il y a eu en Angleterre sous Charles II un musicien appelé Lawes) d'où l'*s* aurait ensuite disparu, comme elle a disparu du nom de M. Gladstone [2], ou bien l'*s* aurait été ajoutée à la forme Law.

La première de ces deux hypothèses n'est pas appuyée par les faits. M. H. A. Webster, bibliothécaire de l'Université d'Edimbourg, m'a très gracieusement envoyé une copie de l'acte de naissance du financier. Son nom est bien Law [3].

Et de fait, si son nom avait été *Laws*, on ne s'expliquerait pas comment, dans les nombreux papiers qui ont dû passer par ses mains, il n'aurait pas quelquefois signé ainsi; cette orthographe aurait été remarquée au passage, et l'énigme que j'essaie de

---

1. Captain John Lawe, a Scotchman, lately a Prisoner in the Kings-Bench for Murther, aged 26, a very tall black lean Man, well shaped, above Six foot high, large Pockholes in his Face, big high Nosed, speaks broad and loud, made his escape from the said Prison. Whoever secures him, so as he may be delivered at the said Prison, shall have 50 l. paid immediately by the Marshal of the Kings-Bench. Numb. 3042. The London Gazette. Published by Authority. From Thursday January 3. to Monday January 7. 1694 [1695]. (*British Museum*) Page 2. colonne 2. — Ce signalement concorde si peu avec ce que l'on sait de la personne de Law qu'on a pensé qu'il avait été rédigé dans l'intention de faciliter sa fuite (*Memoirs of the Life of John Law*, par J. P. Wood, p. 11. — *A Biographical Dictionary of Eminent Scotsmen*, London, Glasgow, 1875, art. Law.)

2. Voyez Leslie Stephen, *Dictionary of National Biography*, art. Gladstone.

3. *Edinburgh*. — April 21, 1671. William Law, goldsmyth, and Jean Campbell : a. s. n. John. — Witnesses, Mr John Law, goldsmyth, Archibald Heslope, bookbinder, Hew Campbell, John Melvill, and John Murray, merchants.

démêler serait depuis longtemps résolue. Or, toutes les signatures que j'ai vues de lui, à Paris et à Londres, et ses signatures sont très lisibles, n'ont pas d's[1]. D'autre part, dans toutes les pièces officielles où il figure, à partir du jour où il est devenu un personnage dans l'État, il est appelé Law[2]. C'est là évidemment la forme *légale* de son nom.

Mais, à côté de cette forme légale sans *s*, il y a une forme *usuelle* avec *s*, constatée par les documents que j'ai cités plus haut et par la prononciation française *Lass*.

Une récente discussion instituée dans le journal anglais l'*Athenæum*[3] a montré que les formes comme *Law* et *Laws* ont été et sont fort nombreuses en Angleterre, et, de plus, que l's ajoutée est un génitif et équivaut à « fils de ». On a rapproché des dénominations comme Abb et Abbs, Adam et Adams, Alen et Alens, Aleyn et Aleyns, Allen et Allens, Alyn et Alyns, Andrew et Andrews, Austin et Austins, Bet et Betts, Bevy et Bevys, Brigg et Briggs, Brook et Brooks, Ball et Balles, Beal et Beals, Davy et Davys, Edward et Edwards; des formes triples comme Bott, Botts et Bottesone; Colle, Colles et Colleson; Denny, Dennis et Dennison; et, dans le Pays de Galles, Evan, Evans et Bevan; Harry, Harries et Parry; Howell, Howells et Powell; Hugh, Hughes et Pugh; Owen, Owens et Bowen; Richard, Richards et Pritchard; Robert, Roberts et Propert; Robin, Robins et Probyn. Dans ces dernières formes le *b* ou le *p* représente *ab* ou *ap* qui signifie *fils*; on a remarqué que ce *b* ou ce *p* ne se rencontre pas dans les noms terminés par *s*, l'instinct populaire avertissant qu'il y aurait alors double emploi.

---

1. « Toutes les lettres privées ou officielles que j'ai vues de lui, m'écrit M. Étienne Charavay, sont signées Law. »

2. Lettres Patentes de 1716, déjà citées. — Supplique de Jean Law pour entrer en possession de l'office de Conseiller secrétaire du Roi, 12 juin 1720 (*Archives nationales*, V² 39). — Délibérations de la Compagnie des Conseillers secrétaires du roy, 12 et 13 juin 1720 (*Archives nationales*, V² 69, p. 123 et 124.) Etc.

3. Voyez *Athenæum*, 14 décembre 1889, p. 821-822; 28 décembre 1889, p. 896; 17 janvier 1890, p. 84.

Laws équivaut donc à *Lawson*, et tous deux veulent dire *fils de Law*. C'est une formation où le génitif indique la filiation, ainsi que dans les noms de famille français Dejean, Depaul, Depierre.

Ces formes si voisines, et dont l'une dérive si naturellement de l'autre, ont été de bonne heure et pendant longtemps confondues en Angleterre, et les exemples ne manquent pas, quelques-uns du temps même de Law, de noms qui ont, comme le sien, hésité entre deux variantes, tantôt avec l'*s* terminale, tantôt sans cette *s*.

Le nom du poète dramatique Dekker (mort vers 1641) nous est parvenu avec diverses orthographes, parmi lesquelles figure celle de Dickers [1]. Sous la Restauration, l'auteur comique Ravenscroft imprime lui-même son nom au moins une fois Ravenscrofts [2]. Le poète George Wither est appelé Withers par Swift dans la *Bataille des Livres* et par Pope dans la *Dunciad* [3].

[1]. C. M. Ingleby, Shakespeare *The Man and The Book*, London, 1877, in-8, p. 6.

[2]. The Careless Lovers : A Comedy Acted at the Duke's *Theatre* Written by Edward Ravenscrofts, Gent. London : Printed for *William Cademan* at the *Popes Head* in the Lower Walk in the New Exchange. 1673. in-4 (*British Museum* : 1346. e.). — Sur toutes ses autres pièces son nom est imprimé *Ravenscroft*. Voyez la bibliographie de mon livre sur *le Public et les Hommes de Lettres en Angleterre au dix-huitième siècle*, Paris, 1881, p. 477-478.

[3]. Poor *Plato* had got between *Hobbes* and the *Seven Wise Masters* and *Virgil* was hemmed in with *Dryden* on one side, and *Withers* on the other. — The difference was greatest among the *horse* where every private *trooper* pretended to the chief command, from *Tasso* and *Milton* to *Dryden* and *Withers*. (The Works of J. Swift DD., Dean of St Patrick's Dublin, accurately revised in six volumes, adorned with copper-plates with some account of the author's life and notes historical and explanatory by John Hawkesworth. London. 1755, vol. I, p. 139 et 145).

> A Gothic Vatican! of *Greece* and *Rome*
> Well purged, and worthy *Withers*, *Quarles*, and *Blome*.

Note : George Withers was a great pretender to poetical zeal against the vices of the times... (Winstanly, Lives of Poets) (The Dunciad, with notes variorum and the prolegomena of Scriblerus, written in the year 1727. London. Printed for Lawton Gilliver in *Fleetstreet*. Book I, vers 125-126, p. 93.) — Le Catalogue du *British Museum* porte : Withers (George) the poet. See : *Wither*; et *l'English Cyclopædia (Biography)*, dit : Wither, or Wyther, sometimes improperly : *Withers*.

L'éditeur de Shakespeare, Theobald, contemporain de Law, est appelé Theobalds par Swift [1]. Le premier Pitt, Lord Chatham, est porté sur son acte de baptême comme étant le fils de Robert Pitts Esqre [2]. Il semble même que, dans certains cas, on hésite tout à fait entre les deux formes, sans savoir à laquelle il convient de s'arrêter [3].

Le nom de Law a eu de même deux formes, *Law* et *Laws*. Cette dernière, adoptée par son entourage en Angleterre, ainsi qu'on l'a vu, a été sans doute acceptée par lui, ce qui explique que, dans les premiers documents où il est mentionné, il figure avec l'orthographe *Lass*, *Lasse* ou *Las*.

Je crois en effet, ainsi que je l'ai dit plus haut, qu'on a entendu le nom avant de le voir écrit. Si on l'avait d'abord vu écrit, la prononciation qui aurait prévalu aurait été à peu près certainement *lave*, prononciation dont on ne retrouve qu'une seule trace. On a reproduit la prononciation anglaise de la forme *Laws*, tant bien que mal; plus exactement, on a dû reproduire la prononciation écossaise de Law lui-même. D'un côté, en effet, les Ecossais, ceux qui ne sont pas mâtinés d'anglicisme, prononcent Law comme *Lâ* [4]; d'un autre côté ils ont une tendance à donner au son *z* (c'est le son qu'a l's en anglais dans *Laws*) la valeur de *ç*, et cette prononciation écossaise de *aw* et de *s* a été fidèlement représentée par les premières orthographes *Las*, *Lass* et *Lasse*. Plus tard, l's écossaise flottant entre *ç* et *z*, la prononciation *Laze*,

---

1. The divine Mr Tibbalds, or Theobalds (Swift, *Œuvres*, Ed. Walter Scott, 1824, vol. 9, p. 381 : *a Complete Collection of Polite and Ingenious Conversation* : Introduction). — Mr Tibbalds (*id.*, *id.*, p. 384). — Revised by Tibbalds, Moore and Cibber (*id.* : vol. 14, p. 356 : *vers de Swift sur sa propre mort*).

2. 1708. Dec. 13. Willm, of Robert Pitts, Esqr, and Henrietta, born Nov. 15 ; baptized (J. Timbs, *Anecdote Biography*, 1862, p. 2).

3. " Where should I be likely to find information as to the ancestry of a family named *Clement* or *Clements* which settled in the county Cavan during the Protectorate? " (*Notes and Queries*, Nov. 30, 1889, p. 428, col. 1-2). — A mysterious " interloper " named Pitt or Pitts (vers 1681, dans l'Inde) (*The Academy*, Jan. 11, 1890, p. 27, col. 1.)

4. Un récent voyage en Ecosse m'a permis de constater que dans la région où naquit Law cette prononciation n'a pas entièrement disparu devant l'anglaise.

ainsi qu'on va le voir, s'est placée à côté de l'autre, et s'est maintenue par un grossier jeu de mots.

Une fois adoptée par l'usage, la prononciation *Lass* s'est conservée. L'orthographe s'est ensuite modifiée, mais, d'une façon générale, seulement dans les actes officiels, pour lesquels Law a dû fournir des pièces établissant son identité et signer de son véritable nom. Partout ailleurs l'orthographe *Lass* persiste, faisant quelquefois place à l'orthographe légale, mais ne se laissant pas supplanter par elle.

Saint-Simon, comme on l'a vu, emploie la forme *Las*. Le duc de Noailles de même. « Law, qu'on appelle communément *Las*, » dit Barbier dans son journal [1]. « Law ou *Lass*, » dit Bois Jourdan [2]. « Un Ecossais, nommé Jean Law, que nous nommons Jean Lass, » dit Voltaire au 2º chapitre de son *Précis du siècle de Louis XV*; et dans la suite de ce chapitre il l'appelle partout *Lass* [3]. Au chapitre 29 du même ouvrage, ayant à plusieurs reprises à parler du neveu du financier, il dit encore *Lass* [4]. Le Recueil Clairambault-Maurepas écrit quelquefois Law, Lavv, et Laûû [5]; mais le plus souvent c'est *Las* ou *Lasse*. Même lorsqu'il écrit Law, on n'est pas sûr qu'il ne prononce pas *Lasse* ou *Laze*, témoin ce vers :

> On lui dira Law vous f...

Cela rime avec « sans doute [6] ».

Voilà cette prononciation *Laze* et ce jeu de mots auxquels je faisais allusion tout à l'heure : ce jeu de mots apparaît fréquem-

---

[1]. Fº 31, septembre 1718.

[2]. Mélanges Historiques, Satiriques et Anecdotiques de M. de B... Jourdan (Bois Jourdan), Ecuyer de la Grande Ecurie du Roi (Louis XV), Paris, 1807, 3 vol. in-8 (Bibl. nat. La¹⁹ 12). — Vol. I, p. 347.

[3]. Œuvres, vol. 15, p. 163 et suivantes.

[4]. Œuvres, vol. 15, p. 326, 357, etc. — Voy. aussi *Essai sur les mœurs*, chap. 151. Œuvres, vol. 12, p. 412, etc.

[5]. Fº 386 verso.

[6]. Fº 217. — Voyez aussi fº 251 : sur *Law* que l'on prononce en france Las.

ment dans les mémoires et dans les chansons [1]; il a dû aider à maintenir la prononciation *Laze* ou *Lasse*, comme ont dû y aider aussi sans doute les noms Stanislas, Venceslas, peut-être même Agésilas et Protésilas.

Pour conclure et pour résumer, le nom de Law a eu deux formes, une forme légale Law, et une forme usuelle *Laws*, adoptée par ses amis et plus que probablement par lui-même. On le désignerait aujourd'hui par la formule consacrée : *Law*, dit *Laws*. C'est cette forme *Laws* qui a été d'abord *entendue*, et dont la prononciation écossaise se retrouve, aussi exactement que possible, dans les orthographes *Las*, *Lass*, et *Lasse*, puis *Laze*. Plus tard, dans l'écriture, on a adopté la forme légale Law,

---

1. « Cela [la peste] a fait dire à un de mes amis qu'il y avoit lontemps qu'on disoit dans ce pays cy deux choses qui porteroient malheur, l'une : las vous foute ; l'autre : La peste vous creue, le premier est arrivé, puisque las a ruiné la France en deux ans de temps... (26 may 1721) » (*Journal de Barbier*, f° 294 v°). — Allusion au juron provençal : L'*ase* (l'âne) vous f...; voyez à ce sujet *le Moyen de parvenir* (*note de l'édition Charpentier*, Paris, 1857, 8 vol. gr. in-8, vol. I, p. 131).

> Soit fait ainsi que tu le veux ;
> Mais que ferons-nous de Fourqueux ?
> Que le bouc il encroupe, eh ! bien,
> Que Lass les f... en groupe
>   Vous m'entendez bien
>   (*Mélanges de Bois-Jourdan*, vol. I, p. 343.)

> Si quelque vent mal à propos
> Envoyoit la flotte a veauleau...
> Bien des gens diroient fort chagrin
> Que Laze... vous m'entendés bien
>   (*Recueil Clairambault-Maurepas*, f° 257, v°.)

> Laze vous quille, autrefois
> Estoit une grosse injure
> Aujourd'hui en bon francois, Turelure
> C'est une riche figure ; Robin turelure
>   (*Id.*, f° 259, v°.)

> C'est la quarriuant la deroute
> Un chacun pour son libera
> Lui dira que Las te f...
>   (*Id.*, f° 259.)

mais dans l'écriture seulement : la prononciation, déjà installée, ne s'est pas laissé supprimer. De sorte que les choses se seraient passées précisément à l'inverse de ce que dit Saint-Simon : on l'appelait et on écrivait son nom *Las;* mais quand il fut plus connu, on s'accoutuma à l'écrire *Law*, sans toutefois que la prononciation *Las* disparût. C'est à peu près ainsi, je me figure, qu'a dû s'introduire, à côté de l'orthographe de Broglie, la prononciation *de Breuil*.

Si les explications qui précèdent sont fondées, il serait arrivé ici quelque chose d'analogue à ce qui s'est produit pour le genre et l'orthographe du mot *chèvrefeuille*. Le mot est anciennement, comme l'on sait, toujours *le chevrefueil;* puis est venue *la chevrefueille*[1].

Placée entre ces deux formes et obligée de choisir, puisqu'il n'y avait guère là occasion de maintenir les deux genres en leur attribuant des sens différents, comme dans le cas de *un voile* et *une voile*, la langue, par une bizarrerie singulière, a conservé le genre masculin avec l'orthographe féminine.

Placée de même entre les deux formes et les deux prononciations *Law* et *Laws*, elle a conservé l'orthographe de la première avec la prononciation de la seconde.

On attendra sans doute d'un anglicisant qu'il réponde ici à cette question qu'on ne manque guère de se poser toutes les fois que le nom de Law se présente : comment faut-il définitivement prononcer ? Mon avis est, sans hésiter, qu'il serait fort mal à propos d'essayer d'adopter la prononciation anglaise actuelle, et qu'il faut dire *Lass* comme les contemporains du financier, comme le duc de Noailles, comme Saint-Simon, comme l'avocat Barbier, comme Bois Jourdan, comme Voltaire, enfin comme Law lui-même. Je trouverais de même très malavisés des Anglais qui tenteraient de ramener au français d'aujourd'hui les noms de notre langue qui ont passé dans la leur : Cœur de Lion, Belvoir, Beauchamp, Centlivre, D'Arblay, etc., etc. Leur devoir est,

---

1. Chevre-fueille, f. The wood-bind or honie-suckle (*Dictionnaire de Colgrave*, 1611).

de leur côté, de continuer à dire *Cœur di Laï'eunn*, *Bî'veur*[1], *Bî'tcheum*, *Cenuli'veur*, *d'Ar'blé*. Tous ces noms ont changé de nationalité : Law, avec la prononciation *Lass*, est devenu français ; les autres, avec la prononciation de leur pays d'adoption, sont devenus anglais ; on ne gagnerait rien à vouloir les rapatrier. Songerait-on à rendre aux noms des maréchaux Macdonald et de Mac-Mahon la prononciation et l'accentuation qu'ils ont dans leur pays d'origine ? L'orthographe Law est sans doute déconcertante, et restera telle même si l'on accepte les conclusions de ce travail. Mais je ne vois pas de raison pour innover non plus en ce point. Y a-t-il parfait accord entre l'orthographe et la prononciation du nom de Broglie ? Et paraîtrait-il bien indispensable de les faire accorder en modifiant l'une ou l'autre ? Résignons-nous donc, comme les gens du xviiie siècle, et à la prononciation *Lass* et à l'orthographe *Law*. Nous le pouvons d'autant plus aisément que, si je ne me suis pas entièrement abusé, nous aurons au moins sur eux cet avantage de savoir pourquoi, tandis que nous prononçons d'une façon, nous écrivons d'une autre.

---

1. Il semble bien que *Belvoir* soit en anglais un cas analogue à celui de Law chez nous. L'*l* y est muette comme dans Belfort, et sans doute pour la même raison, qui est connue. *Bî'veur* serait donc en Angleterre un souvenir d'une ancienne prononciation française, de même que *Lass* est en France un souvenir d'une ancienne prononciation écossaise.

LE ROMAN DE FLORIMONT

CONTRIBUTION A L'HISTOIRE LITTÉRAIRE — ÉTUDE DES MOTS GRECS DANS CE ROMAN

Par JEAN PSICHARI

Mon cher Maître,

J'essaierais en vain de justifier ma présence dans ce recueil, parmi tant de romanistes et tant de savants. L'amitié respectueuse que vous m'avez toujours permis de vous porter, l'ambition que j'ai de me proclamer votre élève, me serviront seules d'excuse. Ce n'est pas moi seulement qui dois tout à votre école ; les études mêmes que je cultive auront toujours à s'inspirer de vos leçons. Je ne parle pas ici de cette philosophie déliée et profonde que vous nous apprenez à chercher avec vous dans les faits du langage, de votre vaste érudition, de cette méthode dont l'éloge vous paraîtra déplacé dans ma bouche, car souvent il m'est arrivé de vous soumettre des résultats qui semblaient certains à mon inexpérience, et toujours, avec cet esprit qui juge l'ensemble et le détail, qui ne se satisfait que par la plénitude de la clarté, vous m'avez signalé d'un coup d'œil sûr les points faibles que je n'avais pas su voir. J'ai surtout en vue en ce moment le parallélisme frappant qui s'observe dans les destinées ultérieures du grec et du latin classiques. L'étude du moyen âge français offrirait au néo-grec les rapprochements les plus lumineux. Nous y verrions que le grec moderne n'a pas dépassé l'état du français de la Chanson de Roland. La formation de la langue littéraire, telle qu'elle se retrouve dans les poèmes populaires de l'Orient, entre le XIIe et le XVe siècle, s'éclaire par la comparaison du français. L'innombrable variété de formes qu'on rencontre pour un seul mot chez les auteurs est instructive de part et d'autre; elle témoigne, en grec comme en français, d'une incertitude non seulement dans le style, mais dans la langue même, d'une influence dialectale multiple et propre à amener ce mélange. Egalement, la concurrence que le latin scolastique faisait au français dans l'usage et dans les livres a des équivalents dans les compositions orientales où l'on a voulu reconnaître à tort et proclamer à tout propos l'affectation pédantesque et le macaronisme. *Oxor* à côté de *oissor* dans le Roman de Florimont (B. N., fr. 15101, fol. 10a, l. 2 du haut; fol. 10b, l. 3 du bas) ne sauraient guère passer l'un ou l'autre ni pour un vain étalage d'érudition ni pour des formes littéraires définitives. Ces faits et bien d'autres seraient à prendre en considération. Enfin, la grammaire comparée des dialectes romaïques, le jour où il sera possible de l'entreprendre, nous révèlera dans le néo-grec des diversités aussi fortes que celles que vous observez entre les langues néo-latines; seulement ces dialectes ne sont arrivés ni à des littératures ni à des nationalités distinctes : la langue et la patrie communes ont tout absorbé, tendent à tout niveler aujourd'hui.

Vous avez toujours attiré l'attention de vos élèves beaucoup moins sur ces rapprochements faciles, que sur les contacts directs, — lexicologiques et moraux, populaires ou littéraires, — sur tous les contacts historiques au moyen âge entre l'Orient et l'Occident. Quel vaste et beau domaine! Si j'avais su mieux profiter de vos conseils et de votre enseignement, j'oserais m'y aventurer. Le terrain sur lequel nous marchons est à peine raffermi; il nous faut encore le temps pour y construire notre bâtisse. Nous pourrons alors regarder à côté. J'essaye du moins dans ces quelques pages de toucher à un de ces nombreux sujets où il semble qu'il y ait à relever dans un poème français une influence byzantine immédiate, presque à y retrouver une traduction, une imitation tout au moins. Je parle du Roman de Florimont.

Je crains que mon début dans vos études ne soit malheureux, puisque je n'aurai pas la sécurité de me dire que je partage toutes les opinions exprimées par vous-même sur ce roman dans votre beau livre de *La littérature au moyen âge* (xie-xive siècle), éd. II, Paris, 1890, § 51, pp. 82-83. Cependant, si je suis plutôt en contradiction, au sujet des origines de ce poème, avec la plupart de mes devanciers, j'espère vous montrer, mon cher Maître, que mes doutes et l'hypothèse où je m'engage ont pris naissance dans votre livre même. Il s'agit, en effet, de savoir si l'auteur du Florimont avait recueilli en Orient quelque tradition purement orale, s'il avait eu un texte grec sous les yeux, si même il n'était pas Grec de naissance. Or, faisant allusion à un passage souvent cité où le poète semble nous entretenir d'un voyage ou d'un séjour prolongé à Philippopoli, vous imprimez en lettres italiques, à la p. 83, le mot le plus important de ce passage et vous nous faites remarquer par cela même, à propos de cette histoire, que notre conteur l'avait seulement *vue* en Grèce. Ainsi, dans ce Manuel d'ancien français où, dans une ligne parfois, vous condensez le résultat de longs travaux, vous m'avez indiqué vous-même la voie : mes conclusions, alors même qu'elles vont un peu plus loin, ont eu là leur point de départ, et je risque de la sorte de ne vous rien dire de nouveau.

L'étude des vers grecs du Florimont nous fera faire un premier pas. Vous trouverez plus loin les passages les plus importants. Je garde aux manuscrits les lettres par lesquelles les a tout d'abord désignés M. Edmund Stengel (Mitth. aus franz. Handschriften d. Turiner Universitäts Bibl., bereichert durch Auszüge anderer Bibl., bes. d. Nat. Bibl. z. Paris, Halle, 1873, p. 41) : A = Bibliothèque Nationale, fr. 353 (ancien 6973); B = B. N., fr. 792 (ancien 7190$^{11\,4}$); C = B. N., fr. 1374 (anc. 7498^1); D = B. N., fr. 1376 (anc. 7498^4); E = B. N., fr. 1491 (anc. 7559^1); F = B. N., fr. 15101 (Suppl. fr. 413); G = B. N., fr. 24 376 (La Vallière, 47; anc. 2706); H = Harl. 4487; I = S. Marco 22 I. M. Stengel lui-même publie quelques extraits du Ms. fr. 27, aujourd'hui L II 16 (Turin), marqué K par M. A. Risop (Archiv f. d. St. d. neueren Spr. u. Litt. (herausg. von Ludw. Herrig), LXXIII B., 1 Heft, 1885, p. 48); H^2, chez M. Risop (ibid., p. 49), est le ms. Harl. 3983, PL. LXIX, A du Brit. Mus. A mon tour, je vous proposerai les désignations suivantes : X = B. N., fr. 12566

(Suppl. fr. 199), version en prose ; Y = Arsenal, 3476 (anc. 217), version en prose ; Z = B. N., fr. 1490 (anc. 7559), version en prose ; W = B. N., fr. 1488, dont voici l'incipit (fol. 1 a, l. 1, à l'encre rouge) : Cy commence le liure de flourimont filz du duc Jehan | dorleans et de helaine fille au duc de Bretaigne. Lequel | fit moult de merueilles darmes come cy apres pourres oyr. Cette histoire n'a pas trait à notre roman. X et Z sont simplement cités comme ms. fr. chacun, par M. E. Stengel (*ibid.*) et par M. Risop (*loc. laud.*). Ce dernier signale Y dans une note (*op. cit.*, p. 48, n. ***, 6). Il mentionne (*ibid.*, 5) une « Abschrift der Venediger Handschrift (I) von der Hand des St. Palaye, Arsenal Belles-Lettres n° 179 (3320) ». Ce ms., demi-reliure en basane, porte sur le dos le titre suivant : copie du n° 6973 Roman de Floirem etc. C'est, en effet, la copie du 353 (A), comme l'indique justement le Catal. des mss. de la Bibl. de l'Arsenal, par Henry Martin, Paris, 1887, t. III, p. 322, et comme on peut s'en convaincre par une rapide collation ; il mériterait à peine le nom A a ; le poème finit au fol. 234 a ; après trois folios blancs, commence la table des anciens mots qui va jusqu'au fol. 267 a ; les rectos seuls sont remplis ; ce sont des fiches collées sur deux colonnes. La liste des mss fr. de Sainte Palaye (Arsenal, 5844, Bibliothèque des auteurs français imprimés et manuscrits par Lacurne de Sainte Palaye) n'offre rien de particulièrement intéressant ou de nouveau en ce qui concerne notre roman (fol. 67 b, col. 2, fiche dernière — fol 69 a, col. 1, fiche 5) ; il lui y est consacré une trentaine de fiches, parmi lesquelles c'est à peine si nous aurons quelques notes à relever. Le peu de temps dont je disposais ne m'a pas permis de prendre connaissance du ms. N. 252, fol. 13-61 de la Bibl. de la Fac. de Méd. de Montpellier, que vous avez découvert et que vous citez Rom. III, 111.

Voici la liste de mes sources, en ce qui concerne les mots grecs. Je me réserve de vous marquer au fur et à mesure la provenance des autres passages.

Le Catalogue of romances in the department of manuscripts in the British Museum, by H. L. D. Ward, etc., vol. I, 1883, p. 156 suiv., donne quelques extraits de H et de H², qui correspondent à mes passages : I, v. 3-8 (H, fol. 7 b); II, v. 3-6 (H, fol. 7 b, col. 2); I, v. 3-6 (H², fol. 8, col. 2, ll. 6-9).

Je dois à une obligeante communication de M. A. Risop la connaissance des mss K = I, v. 1-10 de ma collation (K, fol. 5 c); K = II, v. 3-6 (K, fol. 5 c); K = III, v. 7-12 (K, fol. 9 c); M. Risop ajoute cette remarque dans sa lettre : « Das in K unterstrichene ist nicht die Originallesart von K, sondern von mir nach F oder G hinzugefügt. Die enge Verwandschaft zwischen K und G springt auch sonst in die Augen; ebenso deutlich ist die Verwansdchaft von H² und D (Ms. fr. B. N., 1376) »; H² = I, v. 1-10 (H², fol. 7 b); H² = II, v. 3-6 (H², fol. 7 b); H² = III, v. 7-12 (H², fol. 4 d), avec cette observation : « In H² ist diese Stelle fast ganz unleserlich. »; I = I, v. 5-8 (I, fol. 6 b); I = II, v. 3-4 (I, fol. 6 c), I = III, v. 7-12 (I, fol. ii a).

ABCDEFG ont été vus par moi-même. J'ai de plus vérifié les passages correspondants dans XYZ; ces rédactions en prose ont leur importance, car rien ne nous a prouvé jusqu'ici que les versions en aient été faites sur les compositions rimées que nous possédons. Elles peuvent par ci par là porter la trace des mss perdus, dont elles émaneraient, et nous mettre ainsi sur une piste. Ayant été amené, par suite de mes recherches, à transcrire séparément environ 500 vers ou 500 lignes de chacun de mes mss, j'aurais aimé vous offrir la collation complète de ces mss, ou, tout au moins, aux passages grecs, la leçon de chaque ms. pour chaque vers. J'ai dû renoncer à ce projet, pour ménager la place. je me borne aux variantes qui nous intéressent ici particulièrement, celles qui se rapportent aux mots grecs du Florimont. Vous verrez toujours en tête la reproduction diplomatique de F, à un endroit (Pass. VII), celle de E. Au bas de la page, je distingue par le signe (·) tout point qui se lit dans le ms. même. Le chiffre du vers, sans point, signifie que le vers commence par le mot qui suit le chiffre. Le point, après le chiffre, tient la place des mots identiques, quand la variante à signaler se trouve dans l'intérieur du vers. Je mets en italiques les abréviations résolues et je comprends, parmi ces dernières, même les lettres explicites, toutes les fois qu'elles sont au dessus de la ligne. Dans certains cas, en effet, il est difficile de décider si ce sont des abréviations ou des lettres. En revanche, j'écris toujours mlt, sans marquer le tilde et sans le résoudre.

Julien Havet a bien voulu revoir avec moi presque toutes les parties de A B C D E F G X Y Z, que j'avais recopiées. Je vous dirais ici sa rare obligeance, si elle ne vous était très connue. Il m'a donné mes premières leçons de paléographie. Il m'a donné surtout les principes d'une méthode excellente, que j'ai essayé d'appliquer de mon mieux.

Je dois beaucoup également à l'inépuisable complaisance de M. Deprez et de mon ami, M. H. Omont, du département des mss.

PASSAGES GRECS

I

F (Seconde main; folios refaits sur la première, au XIIIe siècle, cf. Risop, *op. cit.*, p. 50) fol. 7 c, v. 10 du bas :

     Per poc quil ne lait afolleis
     Soz son escuz cheit pasmeis
     En lost en menerent grant brut
     Et en greiois escrient tut
5   O theos offenda calo
     Salua cuto vassilleo
     En fransois dit dex bom signor
     Gardeis hui cest empereor
     Se il ne lor eut deffendut
10   Lors leussent jai secourut

E fol. 5 b, v. 8 du bas. V. 5 O seas offendam calor — v. 6. toto basileor — v. 7. francois dist basileor — v. 8 Diex gardez nostre empereor

D fol. 5 d, v. 3 du bas. V. 5 O ceos(·) ofendan(·) calo (·) — V. 6. toto(·) uasseleo — V. 7. francois bon seignor — V. 8 (fol. 6 a, v. 1 du haut :) Gardez icest emp.

A fol. 3 a, l. 3 du bas. V. 5 O ce(·) ofedam(·) calo(·) — v. 6. tuto uasilio(·) — v. 7. francois dit de bon seignor(·) — v. 8 Garde icest empereor(·) — Il y a, dans ce ms., un point après chaque vers.

G fol. 5 a, v. 22 du haut. V. 5. ofedan. — v. 6 Filia tuto uasilo — v. 7. françois dient dex buen seignor — v. 8 Garde icest enperador — En marge, devant le v. 5, se lit le mot : grego

B fol. 5 d, v. 2 du haut. V. 5 O(·) zeos offendem zelos — v. 6 Saluatuto vassileo — v. 7 Cest en francois dex bon s. — v. 8 Gardez hui nostre empereour.

C fol. 177 a, v. 23 du haut. V. 5 O ceos ofemdam calo — v. 6. tuto uassilio — v. 7. francois dist d. bon seignor — v. 8 Gardez icest empereor

H (Catal.) V. 5 = F. — V. 6. tuta bassilio — v. 7 Que fra[n]sols. — v. 8 Gardelz Icest enperaor

H² (Catal.) V. 5. offendem. — v. 6. toto basileo — Risop : « H² = F, doch offendem für offenda fol 7 b ».

I (Risop) V. 5 O teos afenda callo — v. 6. tuto vasileo — v. 7. frachois d. deus buez seinor — v. 8 Gard' nos cesten pereor (fol. 6 b)

K (Risop) V. 5 O th. efodan. — v. 6 Filal tuto uasilio — v. 7 E francois diet deus boen segnor — v. 8 Garde icest empeor

X fol. 11 b, l. 9 du bas. Et cuida du tout | estre affole dont en lost demencerent grant bruit | car bien pres estoient cy disoient ly grigois | en lor langage O theos affendy calo Salua tuto basileo | qui est a dire en notre langage franchoise | dieux voellies nous garder no bon seigneur | Ja le fuissent tous incontinent ale secourir se ne | fust la deffence que il en ot faitte

Y fol 9 a, l. 6 du haut. Quant les barons virent le roi choir | il sont moult espouentez quar ilz | auoint grant doubtance quil fust mort si | commencent tant acrier en greloys O theos | offendam galeo salua tuto bassileo. Bn | francois cest a dire dieu bon *seigneur* garde huy | cest empereur Et le roy ne se pouoit | redressier car il estoit encores comme pasme etc.

Z fol. 13 b, l. 11 du haut. si quil cheut sur son escu | tout pasme comme s'il fust mort | Quant les barons uirent | le Roy ainsi mal mene ilz eurent | grant doubtance quil fust mort | Si coumancerent tous acrier en gre | gois Oethes afondam galier salua | tuto bassalar Et en francois cest | a dire dieu boin [ou : bom?] seigneur garde | huy cest empereur Et le roy ne | se pouoit redresser car il estoit | encores comme pasme

N. C. E seul, parmi mes mss., intervertit l'ordre des deux premiers vers. E fol. 5 b, v. 12 du bas : Sous son escu chei pasmez Per pou que il nest afolez — F, v. 7, on lit bom plutôt que boin ; cf. néanmoins Risop, *op. cit.*, p. 50, l. 15. — E, v. 6, basileor. Ce *b*, lecture de J. Havet, devient tout à fait certain, si on le compare au *b* de bruit *ibid.* fol. 5 b, l. 10 du bas etc., et au v de levst, l. 4, ou de levssent, l. 3 du bas, etc. — X, l. 4 basileo. Le *b* initial y est semblable au *b* de bruit, l. 8 du bas, et il est plus droit que le v penché ou plutôt incliné à gauche de voellies, l. 4 du bas. — Aucun doute sur le *b* de Y et de Z.

II

F (même main que I) fol. 8 a, l. 13 du bas.

   Sui homme en orent ioie grant
   Quant il le virent en astant
   Li greu crient matoteo
   Qualocuto vasileo
5 Iseu veult dire en fransois
   Se maist deux boins est li rois
   Li rois phelipes fut armeis
   Et ne fut mies effreeis

B fol. 5 c, v. 13 du haut. V. 3. grieu e. macecaor — v. 4 Galo(·) rusco(·) vasseleor — v. 5 Ice si veut d. e. francois — v. 6 Si mayt diex bons.

D fol. 6 a, v. 20 du haut. V. 3. mathaceo — v. 4 Calo(·) ruto(·) uaseleo(·) — v. 5 Ice vuet d. e. francois — v. 6 Si m. dex prouz. [V. 7 et 8 = B].

A fol. 3 b, l. 10 du haut. V. 3 Li gre criant matacco(·) — v. 4 Calatuto uassillo(·) — v. 5 Loe uel d. e. francois — v. 6 Si malt d. bons e. cest rois(·).

G fol. 5 a, v. 2 du bas. V. 3 Li grecois crida matorteo — v. 4 Calo tuto uasilo — v. 5 (fol. 5 b, v. 1 du haut) Ice ueult d. e. francois — v. 6 Si m. dex buen e. cist r. — En marge, devant le v. 3, se lit le mot : grego

B fol. 5 d, v. 23 du haut. V. 3 Il crient tuit(·) mathaceo — v. 4 Caletuco(·) vassileo — v. 5 Ice welt d. e. francois — v. 6 Si m. diex bons e. cis r. —

C fol. 177 a, v. 1 du bas. V. 3 Li gries. matoceo — v. 4 Calo tuto uassillo — v. 5 Ice uuelt d. e. francois — v. 6 Si m. dex bons est ci.

H (Catal.) V. 3 = F — v. 4 Qualocuto vassileo — v. 5 Ice senefie en fransois — v. 6 Si mait dex bons.

H' (Risop) « H' scheint = F, da in meiner Collation fo 7 b nichts angemerkt ist. »

I (Risop) V. 3-4 Li greu crient matrofeo Kalo tuto uasileo (fo 6 c)

K (Risop) V. 3-6 Li grey crient matorteo Calo tuto uasillo Ice ueult d. e. fr. Si mait deus bons est cist rois (fo. 5 c)

X Au passage correspondant, le grec manque. On lit seulement fol. 12 a, l. 5 du haut : Et le Roy qui desoubz son escu se gisoit fort | naure prist corrage etc., etc.

Y fol. 9 a, l. 5 du bas. Et quant | sa gent le voit redresse il commencent a crier | touz ensemble Matateo calo tuto vassileo | qui veult dire en francois Si maist dieu | bon est ce Roy etc.

Z fol. 14 a, l. 4 du haut. Et quant ces gens le virent | redresse ilz commancerent acrier tous | ensemble matater dolo talo tuto | vassiler | Qui veult dire en francois | Si maist dieux bon est bon est ce | Roy | Quant le roy

phelippe fut | yssu de dessoubz son escu Il luy | vint au deuant et luy
escrie etc.

III

P (Première main, xɪɪᵉ siècle) fol. 13 a, v. 2 du bas.
     Meleains·sot bien le grezois
     Lai est alez·ou iert li rois
(fol. 13 b, v. 1 du haut) *Et* sui compaignon·asiment
     Vont apres lui·mlt belement
   5 Li dus·dauant le roi ala
     Et en grezois·lesalua
     Calis meus·vasilio
     Li rois respont·certis calo
     Iseu welt dire·enfransois
   10 *Que* boen ior·eussent li rois
     Et seu·*que* il a respondu
     Vuelt dire·bien soies uenu
     Meleains fut·dauant le roi
     Sire fet il·entendez moi

B fol. 9 a, v. 2 du bas. V. 7 Garismera(·) vassileo — v. 8 L. r. li dist sartiscalo — v. 9 (fol. 9 b, v. 1 du haut) Ice si veut d. en francois — v. 10 Que maint bon ior evst. — v. 11. ce quil leur a r. — v. 12 Veut. soiez venu

D fol. 10 a, v. 3 du bas. V. 7 Cassimera uasileo — v. 8. li dist serticalo — v. 9 Ice vuet. en francois — v. 10 (fol. 10 b, v. 1 du haut) Que bon. eust hui. — v. 11. ce que il a respondu — v. 12 Vuet. soiez uenu

A fol. 5 a, l. 16 du bas. V. 7 Et alimera uassilio(·) — v. 8. li dit sercis [J. Havet : sertis] calo(·) — v. 9 Ice ult' d. en frncois(·) — v. 10 Que bon lour ait hui. — v. 11 Et ce que il li a respondu — v. 12 Uelt. soiez.

G fol. 8 c, v. 8 du bas. V. 7 Calimera uasileo — v. 8. li dist sirtes kalo — v. 9 Ice ueal. en francois — v. 10 Que buen. euse. — v. 11 Et ce que. — v. 12 Uelt. soiez. — En marge, devant le v. 7, se lit le mot : grego

B fol. 7 d, v. 10 du bas. v. 7 Calimēta(·) vassileo(·) — v. 8. a dit(·). — v. 9 Ice welt. en francois — v. 10. bon. aies sire rois — v. 11. ce quil lor a respondu — v. 12 Welt. bien.

C fol. 179 c, v. 14 du bas. V. 7 Galimera uassilio — v. 8. lidist serticalo — v. 9 Ico uenst. enfrancois — v. 10 Que bonior ausse lirois — v. 11 Ce que il auoit. — v. 18 Veult d. bien soiez uenuz

H n'est pas donné dans le Catal. et H¹ est illisible, suivant M. Risop.

I (Risop) V. 7 Kali mera uasileo — v. 8. li dist sirtis kalo — v. 9 Ice uelt. en frāchois — v. 10 Que buez ior ause. — v. 11 E ce que il a. — v. 12 Vient dire biez seies uenu (fo. 11 a)

K (Risop) V. 7 Calimerara uasilo — v. 8. li dit *sire* calo — v. 9 *Ice ueult dire en fransois* — v. 10 Que b. iors eust. — v. 11 *Et ce q̃ il a respondu* — v. 12 *Veult dire* bien soiez nos uenu (fol. 9 c)

X fol. 20 b, l. 14 du haut. [Melians l. 12 ibid.] asses = | sauoit le langue [fr *barré*] grigoise Cy se mist le duc melians | deuant et ly aultre baron appres tant firent que ou | palais sont venu et saluerent le roi qui moult hon = | norablement et benignement les rechupt le duc | melians commencha a parler et dist sire rois de gresse | et de machedonne par devers vous nous a tramis | nostre souuerain seigneur le roy de Hongrye quy | candiobras se nomme etc., etc.

Y fol. 15 a, l. 4 du haut. lors melean qui | estoit charge de parler dit ainsi Calismena vassileo et le Roy dist certiscalo calismena | en greioys auecques vassileo vault autant | comme bon jor ait le Roy et certiscalo est adire | que bien soit il venu(·) | Quant melean ale Roy salue il luy dist Sire | Roy phelippe etc.

Z fol. 23 a, l. 7 du haut. lors melean qui | estoit charge de parler dist ainsi | calimesua vassiler Et le roy | dist certisicabo calimesua en | gregois vault autant adire | comme bon iour ait le Roy et | certissicabo cest adire que bien | sont il venuz | Quant melean eust le roy salue il luy dist Sire | Roy phelippe etc.

IV

F (Seconde main) fol. 2 a, v. 2 du bas. (*a*)

      Florimont et nom en fransois
      Eleneof dis en greyois

F (Première main) fol. 81 a, v. 11 du bas. (*b*)

      Huimais oreis-deleneos
      Qui mlt fut sniges et cortois
5 Florimont ot nom em fransois

fol. 81 c, v. 6 du haut. De florimont orez huimais
      Qui fut nomez poures perdus
      A ncor nestoit il coneus

F (Seconde main) fol. 119 b, v. 13 du haut. (*c*)

      Deleneos oi aveis
10 Que florimont fut apeleis
      Puis fut tant por amor vaincus
      Quil fut nommeis poure perdus

fol. 119 c, v. 7 du haut. Ce ne fut pas eleneos
      Il ne retorna tant ne quant
15 Maix a toz iors aloit avant

E fol. 1 a, v. 2 du bas. V. 1 Florimons. francois — v. 2 Eleneos dist en griiois — v. 3 (fol. 58 c, v. 6 du haut). orrez. — v. 4 Q fu m. sages. — v. 5 Florimons. nom en francois [Dans B, le vers qui suit est : Haimes deleneos nous dist Qui lestoire mist en escrit, en regard de F : Aymes(·) deuaranes uos dist Qui listore. mist en escrit] — v. 6 (fol. 58 d, v. 14 du haut). Florimont orrez. — v. 7 Qui fu nommez. perdus — v. 8 Encor. connevs — v. 9 (fol. 86 b, v. 14 du bas). oy auez — v. 10 Qui Florimons fu apelez — v. 11 Puis fu tant per amors vaincus — v. 12 Qu'il fu nommez poures perdus — v. 13 (fol. 86 c, v. 10 du haut). fist. — v. 14. retornoit tant. quant — v. 15 Mais trestous i. coroit auant

D fol. 1 a, v. 7 du bas. V. 1 Florimont. francois — v. 2 Eleneos dit en grezois — v. 3 (fol. 64 b, v. 7 du haut) Huimes orroiz. — v. 4 Qui. sages. — v. 5 Florimont. en francois — v. 6 (fol. 64 c, v. 4 du haut). Florimont orrez huimes — v. 7 Qui fu nommez. perduz — v. 8 Encor. coneuz — v. 9 (fol. 92 d, v. 9 du bas). auez — v. 10 Qui. fu apelez — v. 11 Puis fu. per amors uoincuz — v. 12. fu nommez poures perdus — v. 13 (fol. 93 a, v. 15 du haut). fist. heleneos — v. 14. retornait. — v. 15 Mais tot ades. auant

A fol. 1 a, l. 16 du haut (texte, sans compter le titre). V. 1 Florimons. nom. francois — v. 2 Eleneos dit. grezois — v. 3 (fol. 28 d, l. 12 du bas) Uuimes orroiz deleanois(·) — v. 4 Qui fu m. sages.(·) — v. 5 Floiremont. nom en francois(·) — v. 6 (fol. 29 a, l. 19 du haut). floiremont orrez oimes(·) — v. 7 Qui fu nommez poure perduz(·) — v. 8 Encor nestil pas coneuz — v. 9 (fol. 42 a, l. 2 du haut) Dele auous. auez(·) — v. 10 Que floiremont fu apelez(·) — v. 11 Puis fu. uencuz(·) — v. 12. fu nomez. perduz(·) — v. 13 (fol. 42 a, l. 16 du haut) Se ne fist ele auous — v. 14 Il ne tornot.(·) — v. 15 Mes atoz iours corut auant [ele auous est lu par J. Havet.]

G fol. 1 a, v. 25 du haut. V. 1 Floriemont. nom. françois — V. 2 Elleneos dit. greçois — v. 3 (fol. 53 b, v. 28 du haut) Huimes oirez de lionois — v. 4 Floremont ot non en françois — v. 5 Et leonos dit en grecois — v. 6 (fol. 53 c, v. 13 du bas). floremonz oirois. — v. 7 Qui fu nome poure perduz — v. 8 Encor. coneuz — v. 9 (fol. 78 c, v. 5 du bas) D Elionois. auez — v. 10 Que floriemont fu apellez — v. 11 Puis fu. uenchuz — v. 12. fu nomez. perduz — v. 13 (fol. 78 d, v. 19 du haut). fist. enleonois — v. 14. retornoit ne t. ni quant — v. 15 Meis. coroit auant —

B fol. 3 a, v. 10 du bas. V. 1 Florimons. non enfrancois — v. 2 Et onlineos. grijois — v. 3 (fol. 35 a, v. 20 du haut). (·) orrez. — v. 4 Qui. fu sages(·) et. — v. 5. non en francois — v. 6 (fol. 35 b, v. 17 du haut). (·) orrez — v. 7 Qui fu noumez poures perdus — v. 8 Encor. conneus — v. 9 (fol. 50 b, v. 21 du haut) [D] elencos oit auez — v. 10 Qui. apellez — v. 11 Puis fu t. por a. repus — v. 12. fu nommez poures. — v. 13 (fol.

50 b, v. 5 du bas). fist. — v. 14. tornoit ne ta*n*t. — v. 15 Mais atous. auant

C fol. 173 a, v. 23 du haut. V. 1 Florimont on *nom* en francois — v. 2 Elenois dit. grezois — Les autres passages manquent dans C.

X Dans l'incipit (fol. 1 a — fol. 2 b), il n'est pas question d'Elencos. — L'explicit (qui correspondrait à IV c, ci-dessus) est aussi tout différent. — Au passage IV b (= F (Première main) fol. 81 a, v. 11 du haut — fol. 81 c, v. 2 du bas), il n'y a aucune intervention personnelle du poète; on lit seulement (fol. 143 b, l. 6 du bas) *comment le roy philippe donna a disner au poure perdu | Et sy requist a part au prinche que dire luy voisist | la verite qui estoit le poure perdu* [ces trois lignes, constituant le titre du chapitre, sont à l'encre rouge] | *Huy mais ores de flourimont qui poures perdus | fu nommies car encores ne vot estre congneus | moult demenoit joieuse vie larges estoit et courtois* | (fol. 144 a, l. 1 du haut) *dont sa renommee fu grande* etc.

Y fol. 1 a, l. 9 du bas. *Et le filz diceluy duc de duras | dont lystoire parle si ot nom florimont fut | Roy et si conquist assez honneurs* — IV b manque entièrement aux folios correspondants (f. 86 bis a — 87 b). L'explicit (= IV c) est autre.

Z fol. 1 a, l. 7 du bas. *le filz diceluy duc de duras dont listoire | parle si eust nom florimond en fransois et helenois en gregois Iceluy florimont | fust roy et si acquist assez honneur* — L'épisode b manque ici complètement. L'explicit (= IV c) est autre, fol. 185 b — 186 b.

W fol. 1 a, l. 2. Nous pouvons rapprocher d'Elencos : *helaine fille au duc de Bretaigne*

IK (Pass. IV a, 1-2) plus loin, p. 541 ; H (Pass. IV b, 3-5) p. 546.

V

F (Seconde main) fol. 9 b, v. 11 du haut.

La cyteit fut *et* grant *et* lee
Et quant el fut de gent puplee
Li rois la no*m*ma de son nom
Philipople lapella om
  fol. 9 b, v. 4 du bas.
5 Phelipople est ancor ades
Bien seiuent li philiposes
Q*ui* listoire ont en baillie

F (Première main) fol. 120 b, v. 11 du haut.

La cytez fut·*et* grans *et* lee
Et quant el fut·de gent pouplee
Li rois·de son nom·la noma
Et phelipople·lapalla
  fol. 120 b, v. 4 du bas.
Phelipople est·ancor ades
Bien seuent·li pheliposes
Q*ui* listoire·ont embaillie

E fol. 6 b, v. 4 du bas. V. 5 Phelipope. encore. — v. 6 Bie*n* seuent. phelipopes — v. 7. lestoire en o. e. b.

LE ROMAN DE FLORIMONT 519

D fol. 7a, v. 28 du haut. V. 5. encor. — v. 6 Ce seuent. felipenses — v. 7 Que lestoire ont tote en baillie [v. 8, qui manque dans FE : Et de la matiere la uie]

A fol. 3d, l. 7 du haut. V. 5 Felipople. encore.(·) — v. 6. seuent felipenses — v. 7. lestoire.(·)

G fol. 6a, v. 22 du haut. V. 5 Filipoble. aduc. — v. 6 seuent li filipes — v. 7 Que lestoire auon enbaillie — [v. 8 Quil nest pas fables ne folie. Vers analogue dans A]

B fol. 6a, vers 27 du haut. V. 5 Phellipople. encore. — v. 6. le seuent phillipenses — v. 7 Qui lestoire o. embaillie — [v. 8 Qua ce nest fauble ne folie — v. 9 Car es croniques est trouuee — v. 10 Ou lonc tens a esteit gardee]

C fol. 178a, v. 18 du haut. V. 5 Felipoples ē perades — v. 6. seuent felipenses — v. 7 Qui lestoire. — [v. 8 Quil nest pas fable ne folie]

X fol. 14a, l. 1 du haut. encore aujourduy est la citey qui lors fu fondee | appelle philippople en machedonne ou philippenses en | laquelle citey se treuue ceste histoire encore aujordui | en grec et en latin

Y fol. 10b, l. 9 du bas. Si sachez *seigneurs* que ceste hystoire | fut vroye car philipople est encor ainxi(·)

Z fol. 16a, l. 10 du haut. Or salches seigneurs que | ceste histoire fut vroie car phle | est encores ainsi connue [Je veulx] retourner ama droite matiere] etc.

VI

F (Seconde main) fol. 9b, v. 15 du haut.

Sor ung fluue syet la citeis
Qui est podomeu apeleis
Ensi ait il nom en greiois
Ne sai com ai nom en fransois

F (Première main) fol. 120b, v. 15 du haut.

Desor un fluue·siet la cyte
Qui est·podomen apelez
Ensi·ait il nom en grezois
Ne sai·com ait nom emfransois

E fol. 6b, v. 15 du bas. V. 2. perdamans apelez — v. 3 Ainsi a il non. griiois — v. 4 N. s. pas son n. e. francois

D fol. 7a, v. 15 du haut. V. 2 Qui podament est apelez — v. 3. a il non. francois — v. 4 = B sauf : grezois.

A fol. 3c, l. 2 du bas. V. 2 Qui est potanieu [potanien ou potamen à volonté] apelez(·) — v. 3. a il. grezois(·) — V. 4 (fol. 3d, l. 1 du haut) Non s. pas son non. francois(·)

G fol. 6a, v. 11 du haut. V. 2 Qui. potamen apelez — v. 3. a ele nom. grezois — v. 4 Nen s. pas son non. francois

B fol. 6a, v. 16 du haut. V. 2 Qui·podamen apellez — v. 3 Ensis ail non. grijois — v. 4 N. s. pas son non enfrancois

C fol. 178 a, v. 7 du haut. V. 2 Qui ē potamenz appellez — v. 3 Issi ail n. e. grezois — v. 4 No s. pas son n. e. francois

X fol. 13 b, l. 4 du bas. sur ung floeue | qui se nomme Rodomans Et fu la contree nommee | du sour non du Roy

Y fol. 10 b, l. 14 du haut. dessoubz ung flun est | la cite encor de son surnom

Z fol. 16 a, l. 1 du haut. dessoubz vng | flun est la cite encores de son surnom

VII

E fol. 30 d, v. 19 du haut.

        Maistres dist il poures perdus
        Alons·bien soiez vous venus
        Del cheual alez la moitie
        Flokars respont girai a pie
5   Et si irai mlt pourement
        Mon non vueil celer ala gent
        Je vueill que mes nons soit celez
        Cacopedie me nommez
        Cacopedie ens el grilois
10   Est mauuais garçons en francois
        Adont aura a compaignon
        Poures perdus mauuais garçon
        Selonc la pourete aurons
        Petit donor·et petis nons
15   Assez poons noz nons changier
        Se fortune nous veut aidier

F (Première main), fol. 42 c, v. 3 du bas. V. 8 Quacopedie(·) mapalez — v. 9 Quacopedie(·) en grezois — v. 10 Dist(·) mauuis garsons enfransois [Après le v. 4, F, fol. 42 c, v. 8 du bas, donne : En maintes terres(·) sui estus — Neuodroie estre coneus — Mon nom(·) vuel celer ala gent — Car iu irai(·) si pourement — Au v. 11, on lit, fol. 42 d, v. 1 du haut : Adonques(·) aurai compaignon — Selonc(·) la pourete aurons — Petit dernois(·) et poures nons — Et il sia fiert(·) bien raison — Assez peons etc.]

D fol. 34 b, v. 23 du haut. V. 8. mapelez — v. 9. en grezois — v. 10. garcon. fransois

A fol. 15 d, l. 20 du haut. V. 8 Quacopedie mapelez — v. 9 Quacopedie en grezois — v. 10 Dist.

G fol. 28 b, v. 1 du haut. V. 8 Quaquopedie ma pelez — v. 9 Quaquopedie en grecois — v. 10 Dit mauues garçon en françois

B fol. 19 a, v. 16 du haut. V. 8 Et c. n. — v. 9 C.(·) en grijois — v. 10 Cest

maluais garçons en francois [Au v. 11 suiv., A B D G ont la même disposition que E]
C Les fol. correspondants manquent.
X fol. 81 b, l. 19 du haut. Je voel a tous mon | non cheler puis que sy pourement suis vestus et voel | que par non soye nommes cacopedye qui a dire est en | langage franchoise maluaix garchon |
Y fol. 52 a, l. 7 du haut. Si vielx changer mon nom pour cause que nous | en allons ainsi pouurement si vielx auoir | nom Qapapodie si vault autant adire capa | podie en greioys comme mauuais garson en | francois [Fol. 52 a, l. 6 du bas : capapodie ; de même fol. 53 b, l. 4 du bas ; fol. 53 a. l. 6 du bas capopedie, de même fol. 54 b, l. 12 du bas, fol. 55 a, ll. 6, 10, 11 du haut, fol. 55 b, l. 1 du haut ; mais fol. 55 b, ll. 3-4 du haut cacopedie, de même fol. 55 b, ll. 6, 14 du haut, 6 du bas, etc., etc.]
Z fol. 85 b, l. 22 du haut. Si vieulx changer mon nom pour cause | que nous allons ainsi pouure | ment Si vieulx auoir nom | cacopedie Si vault autant a | dire cacopedie en gregois come | (fol. 86 a, l. 1 du haut) mauuais garcon en francois

VIII

F (Première main) fol. 87 b, v. 5 du haut.

[L]i espie·respont aroi
Sire·ie tafi en ma foi
Cest li dus·florimons sens faille
Bien le uairez·en la bataille
5 Atrefois·lauez nos veu
Nauez mies·ses cols sentu
Quant prist le·duc iuidiain
Dauant·calocastro aplain

F V. 3 Entre *sens* et *faille*, il y a un i exponctué.
E fol. 63 a, v. 13 du haut. V. 7 Quant. yuidiain — v. 8 Deuant. el plain
D fol. 68 d, v. 8 du haut. V. 7 Quant. yuidiain — v. 8 Deuant. au plain
A fol. 31 a, l. 24 du haut. Le v. 7 manque. Le v. 8 = E.
G fol. 57 c, v. 14 du haut. V. 7 Quant p. li d. yuedinin — v. 8. calo castro el plain
B fol. 37 d, v. 27 du haut. V. 7 Quant. yiudiain — v. 8 Deuant. ou plain
X fol. 153 a, l. 7 du haut. quant il fu deuant calocastro ou il prist le duc | Iudian
Y fol. 68 a, l. 6 du haut, 11 du bas, on lit calocastro. L'épisode de l'espie, fol. 89 b, l. 18 du bas — fol. 91 a, l. 8 du haut, ne contient rien de particulier par rapport aux autres mss

Z La première relation de l'espie se trouve au fol. 111 b, l. 11 du haut; fol. 112 a, l. 7 du haut : calaucastro, écrit ainsi souvent ailleurs. L'engagement à Calaucastro se place fol. 114 a, l. 4 du haut — fol. 115 a, l. 7 du haut. Au passage qui correspond à notre passage VIII, il n'est pas fait mention de Calocastro (fol. 130 b, l. 4 du bas — fol. 131 a, l. 3 du haut).

IX

F (Première main) fol. 94 d, v. 12 du bas.

  Quant fut desconfis et uancus
  Ancor est li leus menteus
  Li leus enait ancor le nom
  Asabato lenommet on
5 Seu que dist on ost en fransois
  Noment sabato engrezois
  Et sabato dient ancour
  Alacort alempereor
  Cil qui apres lui sont pose
10 proto sabato sont nome
  Proto dist en fransois premier
  Et sabato por ostoler
  Protosabato fait nomer
  Siax qui dolent ses os guler
15 Et li leus ou furent uencu
  Li quatre roi et abatu
  Si fut per droit delost nomez
  Et sabato fut apalez
  Des greus et de la gent latine
20 Mai une atre en la marine
  Cist est es plains deromenie
  Ou fut uancus li rois dongrie
  Or est cytez per tot lemont
  Atez que bien estei iont
25 Nest mie mlt grans la cytez
  De grignors en est il assez
  Quant li rois phelis et si dru

E fol. 68 d, v. 2 du haut. V. 1 Quant fu desconfis. vaincus — v. 2 Encor. lieus mentevs — v. 3. lieus en a encor. non — v. 4 Ensabasto. nomme lon — v. 5 Ce con dist premier en francois — v. 6 Nomment sabasto. griiois — v. 7. sabasto. encor — v. 8. court. empercor — v. 9. empres. sont. — v. 10 Por ce sabasto sont nomme — v. 11 Por ce d. en francois premier — v. 12 et 13 manquent. — v. 14 Cil qui s. o. doiuent g. —

v. 15. le lieu. vaincu — v. 16 Li(·) iiij(·) r. et. — v. 17. fu por d. enlost nommez — v. 18. sabasto fu apelez — v. 19. griex. gent. — v. 20(·) l(·) autre e[n a] e. l. m. — v. 21 Cil. rommenie

D fol. 74 d, v. 4 du haut. V. 1. furent ocis et uoincuz — v. 2 Encor. lieux menteuz — v. 3. lieux en a encor. nom — v. 4 Asalobastro lapelon — v. 5 et 6 manquent — v. 7 Salobastro d. encor — v. 8 En la c. — v. 9. qui apres l. lont nomme — v. 10 Salobastro lont apele — v. 11, 13 et 14 manquent. — v. 15 Et le leu. uoincu — v. 16 Li casistre r. ab. — v. 17. fu per d. d. nommez — v. 18 Et sabastro fu apelez — v. 19. grex. — v. 20 Un autre en a lez la m. — v. 21, 22, 25 et 26 manquent.

A fol. 33 d, l. 27 du haut. V. 1. fut desconfiz. uencuz(·) — v. 2 Encor nest l. leu mainteuz(·) — v. 3. en a encor. nom(·) — v. 4 Alsabato l. nomme lon(·) — v. 5 Ce q. dit hon est en francois(·) — v. 6 Nomment salbato [J. Havet: sabbato] li grezois(·) — v. 7 Et sabbato dient encor(·) — v. 8 En l. lempereor(·) — v. 9 Cil q. empres li sont. (·) — v. 10 manque. — v. 11 Cil qui ei [ces trois mots effacés au trait rouge] Prozto dit. francois premier(·) — v. 12 Sabbato cest p. osteier(·) — v. 13 Proto sabbato f. nommer(·) — v. 14 Cil q. doluent lesguier(·) — v. 15 Et l. l. o. furent uaincu(·) — v. 16 Et li q. r. abatu(·) — v. 17 Ce fu per. nommez(·) — v. 18 Et sabbato fu apelez(·) — v. 19 Del. gent. (·) — v. 20 Un autre na en sa m. (·) — v. 21. romanie

G fol. 62 d, v. 6 du haut. V. 1 Quant fu desconfiz. uencus — v. 2 A. en e l. leu menteuz — v. 3 L. leu en a encor. — v. 4 Alsauasto lapelle hom — v. 5 Cil qui dient cont en françois — v. 6. sauasto. grezois — v. 7 Et sauasto anom encor — v. 8 En l. alenp. — v. 9 C. qui enpres lai sunt pause — v. 10 Protouasto sunt. — v. 11 Pr. dit. françois premier — v. 12 Sauasto ce est p. osteier — v. 13 Protosauasto. — v. 14 Ce est qui doluent s. ost gier — v. 15 Et. leu. — v. 16 L. quatre. — v. 17. fu par. — v. 18 Ou sauasto fu apellez — v. 19 = F — v. 20 Un autre en a. — v. 21. el plain. romanie

B fol. 40 d, v. 15 du haut. V. 1. fu desconfis. vainchus — v. 2 Encor. lius menteus — v. 3. lius. a encor. non — v. 4 Ausabato. noume lon — v. 5 Ce que estor dist en francois — v. 6 Le noument salbato grijois — v. 7. salbato. encor — v. 8 En l. alempereor — v. 9. qui. noume — v. 10 Prosto salbato sont noume — v. 11 Prosto d. enfrancois primiers — v. 12 Salbato sest. — v. 13 Prosto salbato font nouiner — v. 14 Celz qui. — v. 15. lius. vainchu — v. 16 Li (·) iiij (·) roj (·) et a. — v. 17. fu par. li lius noumez — v. 18. asalbato apellez — v. 19. grius (·). gent. — v. 20 Un autre en a sor la m. — v. 21 C. e. li pl. de honguerie

C les fol. manquent.

X fol. 168 b, l. 15 du haut. encores Iusques aujourduy se monstre la place la | quelle pour lors on mist a non asabasto Et | (fol. 169 a, l. 1 du haut) Encore se nomme ainsy le lieu ou fu celle bataille qui | moult fu grande et coueuse car toutte la champaigne | estoit couuerte des mors et des naures qui la gisoient | sans vie Alors quant le duc flourimont etc.

Y fol. 98 a, l. 21 du haut. Et sachez que le lieu ou ceste | bataille fut est encores reclame par son | droit nom des gens du pays auzabasto | qui est adire de grecoys en francoys ost | Quant ilz eurent tout acheue le duc flo | rimont

Z fol. 161 a, l. 19 du haut. Et sai | chez que le lieu ou ceste ba | taille fut faicte est encores | reclame par son droit nom | am [ou : ain, ou : aui] zabasto qui est adire en | francois ost Quant ilz eurent tout escheue le duc | florimont fist uenir le sen*l* | damian et luy dist

Les formes grecques contenues dans ces divers passages ont été soit mentionnées comme telles, soit partiellement expliquées ou commentées tour à tour par M. Paulin Paris, dans : Les manuscrits français de la Bibliothèque du Roi, t. III, Paris, 1840 (Passage I, ofemdam, p. 22, n. 1; Pass. II, Methazeo, Pass. VI, Potamens, p. 23; Pass. VII, Cacopedie, p. 33; Pass. IX, Asabato, p. 45-46); par E. du Méril, dans son édition de : Floire et Blanceflor, Paris, MDCCCLVI (Pass. II, Mathaceo, ruto, p. CXCIX, n. 2; Pass. III, Casimera, vasileo, p. CXCIX, n. 1; Pass. VI, Podament, p. CXCIX; Pass. IX, Sabbato, p. CXCIX); par M. Gidel, dans ses : Études sur la littérature grecque moderne, Paris, 1866 (Pass. IX, Asabato, p. 181); par M. Paul Meyer, dans la Bibl. de l'Éc. des Chartes, 1866, p. 331-334 (Pas. I, II, III, VII); par M. Risop., *op. cit.* (Pass. V, Philiposes, p. 60; Pass. VI, podomen, p. 59-60; Pass. IX, sabato, p. 60-63). La restitution la plus importante est celle de M. P. Meyer qui, à l'époque où il la faisait, s'était déjà occupé de grec d'une façon remarquable, notamment dans la Rev. crit., 1868, p. 238 (voyez Essais de gramm. hist. néo-gr., Paris, 1886, p. 236, n. 1), et qui ajoutait à ce travail l'autorité de sa critique et de sa science (Risop, *op. cit.*, p. 59, n. **). Je vous remets sous les yeux la lecture de de M. P. Meyer.

Passage I, d'après A B D E F :

$$\text{Ὦ θεὸς ἀφέντα καλὸ}$$
$$\text{Σάλβα τοῦτο βασιλεό.}$$

Passage II, d'après A B D E (F G, dont la leçon n'est pas

donnée ; d'ailleurs, F (fr. 1501) et G (fr. 24376) ne s'accordent ni avec B (fr. 792) ni avec A (fr. 353), *ibid.*, p. 333 ; ma collation vous montrera les divergences entre A B F G) :

........Μὰ τὸ θεὸ
Καλὸ τοῦτο βασιλεό.

Passage III, d'après A B D E G (F manque, p. 334). M. P. Meyer rétablit καλημέρα au v. 7 ; au v. 8, dit-il, « Dans *sertis* ou *sirtes calo*, on reconnaît d'abord ἔρτης ou ἦρτες καλῶς ; « soyez » ou « vous êtes le bienvenu » ; ἔρτης et ἦρτες sont des formes très vulgaires pour « ἔλθης, ἦλθες » etc.

Passage VII, d'après D, p. 331. M. P. Meyer ne transcrit pas en grec Cacopedie ; nous ne serons pas sûrs d'y reconnaître le moderne κακὸ παιδί.

Vous me permettrez sans doute, M. P. Meyer et vous-même, de vous présenter quelques réflexions au sujet du texte grec ainsi reconstitué. J'aurais, en effet, certaines réserves à faire : avant de porter sur le détail, elles porteront sur l'ensemble. Le tour m'en paraît suspect : *non redolet graecitatem*. Cela n'a jamais été du grec d'aucun temps. La place des mots, au premier vers, l'emploi, au second, du pronom démonstratif précédant le substantif sans article (Pass. I), la construction particulière du v. 2, Pass. II, ne se comprennent guère en grec ; il n'y a, à ma connaissance, ni grec ancien ni grec moderne où ces tournures soient possibles, et je crois qu'il serait difficile d'en trouver un seul exemple en néo-grec aussi bien qu'en grec classique. En un mot, s'il s'agit ici de remettre en grec écrit ou parlé le grec de nos mss., le but ne semble pas atteint. Le détail éveillera plus encore votre attention. Le vocatif ἀφέντα serait acceptable, à la rigueur, bien que je ne l'aie jamais rencontré dans mes textes ; resterait à savoir si le φ apparaît à la place du groupe régulier φθ de αὐθέντης déjà dès le XIIe siècle, et nous sommes à cet égard sans information positive (Essais de gr. hist. néo-gr., Paris, 1889, p. 116 ; Phonét. des patois, Paris, 1888, p. 12). Ce terme a, d'autre part, une application toute spéciale (Essais, *loc. cit.* ; Ἀθήναιον, t. X, p. 9) ; il me semble plutôt douteux, associé, comme il est là, au nom de Dieu. Nous pouvons sans hésitation rejeter le second vocatif καλό; Schinas, que cite M. P. Meyer, signale, en effet, dans sa Gramm. élém. du grec moderne, p. 16, n. 2, les voc. Πέτρο, etc., mais il a soin lui-même de les restreindre aux noms propres; les adjectifs n'ont jamais eu cette terminaison et ne l'ont toujours pas, même quand ils accompagnent immédiatement un subst. en -ο : l'analogie ne s'est pas encore exercée dans ce sens (Essais, *op. cit.*, p. CXXXII). La forme βασιλεό ne vous satisfera pas davantage; l'accus. βασιλιό se lit bien dans l'Erophile (Essais, *loc. cit.*, p. 55), c'est-à-dire aux environs du XVIIᵉ siècle (*ibid.*, p. 277); mais tout ce que nous savons de l'histoire du grec moyen nous interdit de reporter cette déclinaison et la phonétique qui l'a amenée, au XIIᵉ siècle; le nomin. βασιλεό du Pass. II achève de discréditer ce premier βασιλεό : un nominatif masculin sans -ς est en néo-grec un phénomène inouï (Questions d'histoire et de linguistique, 1888, p. 484, col. 2, n. 1); or, l'accus. et le nomin. sont mis sur le même pied par l'auteur de notre roman; mais du fait que cette irrégularité, constatée par M. Paul Meyer, p. 338, revient à deux reprises, il ne s'ensuit pas qu'il faille l'accepter dans les deux cas (p. 332) : il me semble plutôt qu'il faudra la repousser dans l'un et dans l'autre, ce texte n'ayant aucune autorité en ce qui concerne les formes grecques. Les deux nominatifs καλό et τούτο sont également inadmissibles; le second l'est d'autant plus qu'au XIIᵉ siècle nous attendrions encore ούτος. La transcription Μὰ τὸ Θεό ferait aussi supposer qu'à cette époque, le ν de τὸν Θεόν n'était plus perçu, que non seulement il s'était déjà assimilé (τοθΘεό), mais que la réduplication avait elle-même disparu, pour aboutir au moderne τὸ Θεό de la langue commune (non des dialectes, Ταξίδι, Athènes, 1888, p. 168 où il est rendu compte de ce processus). Rien ne serait moins sûr. Le traitement du ν en grec moyen est encore loin d'être bien connu. Ce qui est certain, c'est que ni Spaneas I (Mélanges Renier, Paris, 1886, p. 282), poème du XIIᵉ siècle, ni Prodr. I, II (surtout aux v. 30-42 où tous les termes sont vulgaires), Prodr. V (ces trois versions, d'après le grec 396 de la B. N., Essais, *op. cit.*, t. I, p. 19), ne nous laissent rien soupçonner de l'abandon du ν final ou de l'assimilation du ν médial. Cette dernière considération s'opposera à ce que nous écrivions, au Pass. VII, κακὸ παιδί : Spaneas I et Prodr. I, II, V disent toujours παιδίν (σπίτι, Prodr. II, 73, Legrand, Bibl. gr. vulg., Paris, 1880, t. I, p. 50, n'est pas explicite dans le ms., B. N., Gr. 396, p. 697, l. 5 du haut, où je lirais plutôt ὀσπήτ[ιν], conformément à tous ces neutres ; le ms. porte ὀσπή͞τ, le jambage prolongé du τ semble indiquer plutôt l'abréviation ην) ; l'absence du premier ν dans κακὸ serait d'autant moins explicable qu'il se trouve devant π et que, dans cette position, il aurait été maintenu à ce moment. Καλημέρα peut se défendre, si nous avons bien soin de ne pas faire reposer cette locution sur un accusatif καλὴν ἡμέραν, comme dans καλὰς ἡμέρας κατακέμψει Porph. Cerim. 217, 4 et ll. 5, 9, mais sur un nominatif καλὴ ἡμέρα *ibid.*, 216, 17 ; 599, 10. Il faudrait alors s'arrêter à la forme καλὴ ἡμέρα, la forme aujourd'hui courante καλημέρα ne nous étant pas attestée à cette époque ; certaines combinaisons telles que καλή σου ἡμέρα (vous les verrez plus loin) paraissent même, à cette date, exclure καλημέρα, qui, pour d'autres motifs, ne cadre pas avec la leçon des bons mss. Ce serait là un nouveau scrupule. Enfin, dans Sertis calo ou Sirtes kalo, M. P. Meyer voit avec raison la formule constamment usitée en Grèce pour saluer ceux qui entrent : Vous êtes le bienvenu ; toutefois, il n'y aurait pas ici le choix entre ἤρτες et ἔρτης, ce dernier étant un subjonctif, cité comme tel par Mullach, dans sa Gramm. d. gr. Vulg. spr., p. 287 (νά 'λθω, νά 'ρθω, νά 'ρτω ; M. P. Meyer, p. 334). Conformément au système suivi dans tout le reste par M. P. Meyer, j'aurais d'autre part préféré à cet endroit une transcription telle que σήρτες καλῶ.

En effet, M. P. Meyer ne dit pas expressément qu'il ait eu l'intention de remettre ces divers passages en grec authentique : il semble s'être plutôt proposé de nous montrer ce que le grec était devenu entre les mains de notre auteur. A ce compte, sa restitution pourrait séduire, sauf un ou deux points que je me permettrai de vous indiquer tout à l'heure. Mais, avant de me laisser aborder ce travail, vous me demanderez sans doute, mon cher Maître, s'il y a lieu de chercher à retrouver, sous chacun des mots grecs de nos mss, les mots grecs correspondants, sans rien retrancher, sans rien ajouter, et si, en calquant les mss. en quelque sorte, nous avons une chance sérieuse de reconstituer une phrase grecque qui ait jamais été je ne dis pas prononcée par un Grec, mais seulement entendue et recueillie oralement par qui que ce fût au monde.

Vous ne manquerez certainement pas de faire une double observation au sujet des vers grecs de Florimont, surtout aux Passages I et II, c'est que ce sont des octosyllabes et qu'ils riment ensemble. Or, il est certain que la rédaction française de notre roman remonte aux dernières années du xiie siècle, et il semble, d'après les mss., qu'il n'y ait guère à s'arrêter, en fait de date, qu'à 1188 ou 1189 (Risop, *op. cit.*, p. 57). Mais, à cette époque, la rime n'existe pas encore en grec; il faudrait, pour la rencontrer, descendre jusqu'au xive, plutôt même jusqu'au xve siècle; d'autre part, l'octosyllabe n'est octosyllabe qu'en français, grâce à l'accent qui tombe toujours sur la voyelle finale. Donc, ce mètre et cette rime ne sont pas là naturellement; la rime et le mètre ont été introduits par voie artificielle. Nous sommes en présence d'un simple arrangement, et c'est ce qui nous explique, en effet, pourquoi le grec de Florimont, tel que nous l'avons sous les yeux, ne peut être du grec d'aucun temps. Il s'agirait seulement de savoir d'après quel modèle ce remaniement a pu avoir lieu et s'il repose sur une transmission orale ou sur une tradition écrite. Vous écarterez sans doute la première hypothèse: il est difficile d'opérer sur la parole comme sur un texte, de façon à pouvoir, selon son gré, supprimer, ajouter ou modifier des sons et en faire une sorte de mosaïque d'un dessin spécial; on entend bien ou mal, mais il ne peut y avoir là une intention d'entendre suivant les besoins du mètre ou de la rime. Ce serait donc du grec *vu*, comme vous-même l'indiquiez. Où ce grec a-t-il pu être *vu*? Sur un manuscrit écrit en grec et contenant toute l'histoire de Florimont? Cela vous paraîtra à peine croyable. Pour l'admettre, il faudrait supposer que l'auteur, non seulement savait lire le grec, mais était encore en état de le comprendre. Les mots et les vers grecs, tels qu'ils se présentent à nous dans nos mss., nous empêchent de faire cette double supposition. Si notre trouvère avait du grec une pratique suffisante pour parcourir tout un livre en cette langue et pour le traduire ensuite, il vous semblera étrange qu'il ait eu l'idée d'un travestissement pareil. Vous ne serez pas moins étonné de ne lui voir citer du grec qu'à des endroits précis : on dirait qu'il n'a trouvé son grec qu'à certains moments caractéristiques du récit et peut-être vous fera-t-il maintenant l'effet d'avoir, comme il pouvait, recopié par ci par là quelques passages d'un original qu'il avait entre les mains.

Vous me reprocherez sans doute de ne pas avoir commencé par chercher à expliquer les altérations dont je viens de vous entretenir par l'ignorance ou l'incurie des scribes. Mais ici se pose une nouvelle question. Les mots grecs de l'archétype étaient-ils en caractères grecs ou en caractères latins ? Ils n'étaient certainement pas en caractères grecs. Aucun de nos mss., aucune de nos variantes ne nous met sur la trace d'une écriture grecque à l'origine. Nous devrons même supposer que les copistes, embarrassés, auraient sauté ces passages. Un seul a l'air de raffiner et commet une erreur précisément en sens inverse : dans le P latin il veut voir un P grec et met Rodomans (Pass. VI, v. 2, leçon de H², 'ap. Risop, *op. cit.*, p. 60, n. **; pour la même raison dans X, de ma collation). Ce serait donc l'auteur lui-même qui aurait le premier transcrit le grec en latin. Nous voici alors dans un dilemme : ou il parlait le grec ou il le lisait. D'une façon ou d'une autre, comment a-t-il pu noter par un *u* (Pass. II, v. 4, leçon de tous les mss.), dans un mot où nous reconnaîtrons sûrement tout à l'heure οὗτος, le son ou la graphie ου du grec ? Nulle part, dans les passages de F que je vous ai mis sous les yeux, *ou* n'est transcrit par *u*, et vous même admettez qu'au XII° siècle *u* avait déjà sa valeur actuelle. Cela semble, tout au moins, avoir été le cas en Lorraine (F). Les scribes seraient donc innocents de cette inexactitude. D'autre part, sur tant de mss., il est tout au moins singulier que pas un seul ne nous ait conservé un grec acceptable, qui serait celui de l'archétype français. Enfin, nous savons que nous devons attribuer à l'auteur seul les fautes résultant de la nécessité de rimer et de la disposition même des mots. C'est donc un grec déjà mutilé, ce n'est pas un vrai grec qu'il faut chercher à rétablir dans la source française. Les altérations que nous avons eu à constater se trouvaient bien dans l'original : il y en a de volontaires, il y en a aussi d'involontaires. C'est ce départ que je voudrais essayer de faire dans une restitution partielle des formes grecques.

Les formes grecques du Florimont, je m'empresse de le dire, n'ont aucun intérêt en elles-mêmes. Elles ne nous apprennent rien sur la grammaire historique du grec au moyen âge. Essayer de reconnaître, pour chaque mot, la forme primitive de ce grec défiguré à plaisir par un homme qui, de sa vie, n'a su déchiffrer un iota, serait perte de temps. Le seul avantage à retirer de cet examen sera donc de nous éclairer sur les origines de notre poème. Pour cela, une ou deux preuves suffisent amplement. Je voudrais les indiquer avec quelque rapidité.

Voici tout d'abord un exemple d'altération involontaire. Au Pass. II, v. 4, vous avez été frappé sans doute de la leçon rusco (E), ruto (D). Si vous voulez bien vous rappeler la confusion de *s* et de *r*, et revoir quelques spécimens d'onciale latine du vi° au x° siècle, dans le Cabinet des manuscrits de M. Léopold Delisle (t. III, volume des Planches, Paris, 1881, particulièrement les Pl. III, VIII, IX), vous attacherez quelque valeur à cet *r* : il nous donne l's qui manquait à καλός, rétablit la forme attendue οὗτος et nous permet de découvrir βασιλεύς dans le vasseleor de E, ce qui nous conduit à cette proposition très claire : καλὸς οὗτος [ὁ] βασιλεύς. Si, en outre, vous voulez prendre en considération les leçons macecaor (E), matorteo (G), matrofeo (I), matorteo (K), matater (Z), vous obtenez Μὰ τοὺς θεούς, et ces deux vers deviennent ainsi satisfaisants pour le sens, conformes à la traduction, et à la grammaire du grec moyen. Le *t* des autres mss (calatuto A, caletuco B, calotuto G, Calo tuto C K, Kalo tuto I) est dû à la ressemblance qu'il est aisé de constater entre *t* et *r* au xii° siècle (L. Delisle, *op. cit.*, Pl. XXXVI, 3, l. 1 decreto), et que vous retrouverez dans F même, fol. 13a, v. 3 du haut (entrelz), fol. 79a, v. 12 du haut (demonter), fol. 120b, v. 6 du haut (tergier) et presque à chaque colonne; la seconde main de F confond le *t* e l'*r* dans maracas (Début, v. 21, p. 54, ci-dessous).

Une fois que le *t* s'était substitué à *r*, le *c* de Qualocuto (F seconde main, et H) se substitue au *t;* ces deux lettres, vous le savez, se rapprochent beaucoup l'une de l'autre tant au xiie siècle (F, première main, fol. 13 a, l. 4 du bas : encontre, l. 5 du bas : ont, etc., etc.) qu'au xiiie (E fol. 6 b, citez v. 16 du bas et : trestoute v. 12 du bas, etc., etc.) et au xive (A passim). Mais ces diverses lectures ne s'expliquent que si nous avons calosutos dans la source, latine et non plus grecque, où puisait l'auteur. Les altérations involontaires seraient toutes ainsi résolues dans l'autographe du poète par la paléographie latine et celles que nous venons d'étudier rendent possible un premier essai de classification des mss. Le rédacteur, quel qu'il soit, de la composition française, écrit Caloruto (ou K ou Qu); de son manuscrit dérive F, dont M. Risop (*op. cit.*, 49-52) a démontré l'importance par des arguments qui semblent décisifs; la première main de F, que nous n'avons pas à ce vers, copie Qualotuto et cette graphie nous est attestée par le Qualocuto de la seconde main, l'intermédiaire *t* étant nécessaire entre *c* et *r*. Une autre famille, procédant également de l'archétype, transcrit Caloruto et nous est représentée par ED, par E surtout, dont la supériorité sur D, à divers endroits, serait facile à établir. Le texte du roman ne saurait guère être constitué sans F et E.

Un exemple non moins certain d'altération volontaire vous sera fourni au v. 8 du Pass. III. La locution καλῶς ἦλθες n'est pas méconnaissable dans certis calo *bien soies uenu* de F et de toutes les variantes. En grec, l'adverbe précède toujours le verbe dans cette formule de politesse (E Curtius, Die Volksgrüsse der Neugr. in ihrer Bez. z. Alterth., Sitzungsb. d. k. pr. Ak. d. Wiss., 1887, p. 157; Pseudo-Callisth., II, ζ, 29 καλῶς συνεβούλευσας, et les Lexiques). L'état moderne nous prouve qu'il en a été ainsi de tout temps : καλῶς a disparu de l'usage et ne s'est conservé que dans une salutation analogue (καλῶς ὥρισες); s'il a pu se maintenir, c'est précisément parce que le σ était médial et qu'on ne sentait plus ainsi dans καλῶς un équivalent, un succédané de la forme commune καλά. M. P. Meyer (p. 334) est surpris avec raison du c initial de certis (B) ou s (dans

A DEG) et cherche très ingénieusement à en motiver la présence par une préposition εἰς dont la voyelle (ει) se serait perdue. Nous voici devant de nouvelles difficultés : il faudrait pouvoir affirmer qu'au XIIe siècle, l'aphérèse était un fait accompli et jusqu'ici tout semble confirmer l'opinion contraire (Essais, II, *op. cit.*, p. LXIII, LXX); dans le poème à Spanéas (Mél. Renier, *op. cit.*, p. 283, n. 1), l'aphérèse n'atteint que la proclise disyllabique (Essais, II, *op. cit.*, p. LXX) et ne s'exerce précisément jamais sur εἰς. En outre, εἰσῆλθες intervertirait toujours l'ordre des mots et introduirait à la place d'une locution très connue une locution plus que douteuse (l'emploi de εἰς dans le καλαῖς ὥραις εἰσῆλθες du Pseudo-Callisth., II, α′, est motivé par le contexte, où εἰς marque une direction spéciale; il en serait de même des cas analogues). Enfin, cette interprétation ne rendrait pas compte de l'absence de l's dans calo, où l's est indispensable et où tous les mss. (ABCDEFGIKYZ) ont *o* à la finale, ce qui nous amène à attribuer cet *o* au poète, qui voulait rimer. Vous expliquerez du même coup l's qui manque et l's qui surabonde, si vous remettez les mots dans leur syntaxe grecque : calo-sirtes. C'est calosirtes que notre auteur avait vu dans le document dont il s'était inspiré. Il a fait dans son texte une coupe de fantaisie, égaré peut-être aussi par une séparation due au hasard et qui laissait un blanc entre l'*o* et l'*s* : calo sirtes, ou encore par une fin de ligne contenant calo. Je ne saurais vous dire si sur la ligne suivante il y avait sirtes, sirthes ou silthes. Ce dernier paraît plus probable, vu l'époque où nous sommes. Il est vrai qu'il s'agit ici d'un accident phonétique, et les accidents phonétiques peuvent se produire en grec de bonne heure, sans modifier en quelque sorte l'aspect général de la langue (Essais, I, *op. cit.*, 164 suiv., 168 suiv.); mais le témoignage dont nous disposons est trop peu solide, il nous offre trop peu de garanties, pour que nous puissions dans notre forme reconnaître avec sûreté un changement de λ en ρ devant θ (Observ. phonét., Paris, 1888 = Mém. de la Soc. de Ling., VI, p. 305) : cet *r* peut être aussi bien un vice de prononciation qu'une leçon défectueuse, émanant, l'un ou l'autre, du modèle dont s'était servi notre Florimont. Calosilthes, ainsi orthographié, se rencontre dans Fazio degli Uberti, Dittamondo, Venezia, 1820, t. II, p. 100. Cette citation m'est communiquée par M. Risop, qui, je suis heureux de vous le dire, m'écrivait, avant de connaître ma propre conjecture, qu'il ne pouvait voir dans certiscalo autre chose qu'une interversion arbitraire. La rime nous met sur la voie d'elle-même.

Les autres passages piqueront beaucoup moins votre curiosité; ils ne nous apprennent rien de nouveau ni sur Florimont, ni sur la langue grecque. Pour leur intelligence complète, il faudrait se livrer à une série d'opérations plus ingrates l'une que l'autre. Il s'agirait d'abord de retrouver, à l'aide de nos mss., la leçon de l'autographe, c'est-à-dire le grec mutilé par le poète, ensuite de rechercher l'origine de ces mutilations dans la transcription latine des mots grecs que nous n'avons plus et qui constituait toute la science du trouvère, enfin de deviner, sous cette transcription, peut-être elle-même imparfaite, quel pouvait être le grec originel. Le bon grec se dérobe donc sous trois couches différentes qu'il faudrait remuer une à une. Et, pour tomber juste, nous aurions, vous le voyez, plus de chances contre nous que pour nous. Nous ne pourrons jamais arriver qu'à des résultats approximatifs. Je négligerai les deux premières opérations; je tenterai seulement quelques restitutions immédiates. Je remets tout de suite les mots en grec, sans intermédiaire d'aucune sorte.

Pass. I, v. 5. theos (F G H H² K X Y, Oethes Z) représente bien Θεός (teos dans I). L'o qui précède dans tous les mss répond à l'interjection ὦ, et ὦ Θεός serait alors un vocatif (Essais, II, *op. cit.*, CXXX, n. 1); ce qui ne permet pas de l'affirmer avec certitude, c'est la variante calor E (galier X, zelos B), où l'on serait tenté de lire καλός (calos, comme au Pass. II, v. 4); le mouvement de la phrase peut, en effet, avoir été différent de celui que semble attester notre roman. Dans l'o de offenda, commun à F E D A G B C H H² Y, je verrais, suivant le cas, ὁ ou ὦ; l'a de αὐθέντης n'aurait subsisté que dans l'a de afenda I, affendy X (efodan K). Je n'hésiterais pas d'ailleurs à ramener les diverses graphies de ce mot à la forme αὐθέντης (ou αὐθέντα), en m'aidant des deux f de F E B H H² X Y, et du matrofeo de I

(Pass. II, v. 3) où nous avons pu reconnaître tout à l'heure θεούς (theus); ces deux f reposeraient sur une leçon telle que aftendis ou afthendis ou aphtendis ou encore authendis; la première serait la plus probable paléographiquement; si c'est bien αὐθέντης ou αὐθέντα qu'il faut voir ici, le groupe *nd* est attendu : *t* devient sonore après *n* (Doublets syntact. ὅταν, ὅνταν, Paris, 1885 = Mém. de la Soc. de Ling., VI, fasc. 1, p. 41, n. 1 = p. 6, n. 1 du tirage à part); *t* aboutit ainsi à *d*, qui est dans tous les mss. — La construction qui nous paraissait douteuse au v. 5 nous est rendue encore plus suspecte, au v. 6, du fait de basileor E, bassalar Z, qui peut cacher un nomin. basileus; salua (FEDAB CHH²IXYZ) ne contribue guère à élucider la question, car il peut tout aussi bien y avoir eu saluus sit; on serait même tout prêt à saisir un *s* final dans ce nouveau cuto (F). Cependant il est beaucoup plus simple d'attribuer cette fois-ci l'*r* de calor basileor (E) aux deux rimes suivantes : basileor empereor, v. 7-8 dans E, qui seul offre basileor au v. 7; le zelos de B (v. 6 : vassileo) serait dû alors au zeos du même vers 5. D'autre part, au v. 6, tous les mss. (EDAGBCHH²IKXYZ), sauf F, présentent le *t* initial dans tuto (ou toto); ce *t* devait donc exister dans l'autographe ou, tout au moins, dans la première main de F; la seconde main a copié *c*, comme au Pass. II, ce qui confirme notre hypothèse. En grec, il devait y avoir τοῦτον τὸν βασιλέα, mais probablement pas salua. Devant l'accord de tous les mss, G (filia) et K (filai) n'ont pas assez d'importance pour accréditer φύλαττε et encore moins φύλαγε ou φύλαε, qui sont tout récents. (S. Portius, éd. W. Meyer, Paris, 1889, p. 186 suiv.)

Au Pass. III, v. 7, tous nos scrupules sont levés si nous rétablissons καλή σοι ἡμέρα (Quest. d'hist. et de ling., *op. cit.*, p. 494, col. 2, Notes), bona tibi dies, au lieu de καλημέρα dont le principal garant est le Calimera de G, ms. écrit au XIV° siècle par un copiste italien (M. P. Meyer, *op. cit.*, p. 332); ce copiste entendait un peu le grec, puisqu'il a soin de mettre grego à la marge. Calimera est de son crû; le ms. lui-même n'est peut-être que du XV° siècle, et la locution, à cette époque, pouvait être connue des étrangers qui débutaient. Καλημέρα ne s'appuierait que sur les mss. secondaires (Et alimera A, Calimēta B, Galimera C, Kalimera I, Calimerara K). Au contraire, l's qui précède ou qui suit *i* dans les bons mss. (Calis meus F, avec un espace entre s et m; Garismera E, Cassimera D) et qui semble persister dans Y (calismena) et Z (calimesua) nous met sur la trace de καλή σου ἡμέρα, ou, καλή σου ἡμέρα comme dans Porph. Cerim. 314 καλή σου ἡμέρα γίνεται; 376 καλή σου ἡμέρα... καλή ἑορτή σου; Prodr. I, 227, καλή σου ἡμέρα.

M. D. Hesseling propose ἐλεεινός au Pass. IV et vous y consentirez d'autant plus volontiers que cet Eleneos se montre toujours à côté du povre perdu, surtout, Pass. IV, b, à un moment où Florimont ne s'est pas encore démasqué, mais va s'engager dans des aventures dont l'issue sera de révéler son vrai nom. Le récit touche ici à son point culminant et le souvenir précis de cet épisode se retrouve encore dans X. Aucun ms., sauf D, au v. 13 (heleneos) et Z (helenois), n'a d'*h* au commencement; seuls, G (v. 2 Elleneos) et K (Ellencos) présentent double *l*. Si Eleneos dissimulait quelque Ἕλενος ou une déformation quelconque de Ἕλλην, ἑλληνικός, la transcription latine que notre auteur calquait, aurait conservé l'*h* ou les deux *l*. W a peut-être pris là son helaine.

Au Pass. V, v. 6, il est difficile de voir dans philiposes autre chose qu'un latinisme étrange tel que Philippenses, que semblent indiquer D A B C X. Je n'ai pas de mot grec à mettre à la place.

M. Risop (*op. cit.*, p. 59-60) pense que podomeu (Pass. VI, v. 2) doit se résoudre en ποταμός. Pour le sens, cela paraît incontestable. Mais il est impossible de démêler, au milieu de tant de variantes, la forme grecque primitive: ποταμός, ποτάμιον, ποτάμιν? peut-être y avait-il dans le latin potamentum (podament D, perdamans E)? M. Risop remarque fort justement que le poète ne savait pas ce que ποταμός voulait dire en grec; cela se voit à la façon dont il en parle (v. 4; Risop, p. 59).

Cacopedie du Pass. VII est assez embarrassant. Il est question, à cet endroit, de deux personnages qui vont incognito et que réunit un même souci. Cacopedie, à l'origine, a donc pu s'appliquer aux deux compagnons d'infortune, aux deux κακὰ παιδία; l'α de παιδία justifierait seul l'e final de tous les mss. L'emploi de κακός n'en serait pas moins singulier; il signifierait ici malheureux, car Floquart ne mérite guère d'être appelé mauuais garsons. Y porte capapodie.

Calocastro, Pass. VIII, v. 8, serait un exemple de l'abandon du ν dans castro, κάστρο, mot encore très usité aujourd'hui (Παλιόκαστρο est le nom actuel de Tirynthe, Rev. crit., 1887, 409). Il vient au grec du latin et peut avoir subi un traitement particulier ou n'avoir été entendu que sous cette forme. Mais il est plus sage d'admettre que l'auteur français avait omis le ν de καλόκαστρον, comme il fait partout ailleurs, car il marque une prédilection pour la désinence -o pure et simple, au point de rejeter non seulement le ν des neutres, mais le ς des nomin. masculins, qui l'ont encore. Toujours est-il qu'au XIIe siècle, et même plus tard, le ν de la déclinaison δῶρον résistait si bien que, par analogie, il apparaissait dans la déclinaison πράγμαν (Futur composé du grec moderne, Paris, 1884, p. 11, n. 3; Essais, II, op. cit., p. 185).

Si réellement il y a à restituer du grec au Pass. IX, πρωτοσέβαστος est seul acceptable. Aucune phonétique ne s'accommode ni de σκβατό (Risop, op. cit., p. 61) ni de ἀσάβατο (asabato Risop, ibid., p. 60, n. +); un phénomène aussi délicat à étudier que la prothèse de l'α ne saurait guère recevoir d'illustration d'un texte aussi grossier (Essais, II, op. cit., p. LXIII; Revue critique, p. 329-333, 1888; les règles mêmes posées par Foy, Bezz. Beitr. XII, 49 suiv. seraient défavorables à l'hypothèse émise par M. Risop); M. Risop s'est ici trop fié à Mullach, dont la Grammaire gagne toujours à n'être jamais consultée, car l'usage en est à peine sans danger même pour les spécialistes. Disons aussi que c'est protos (πρῶτος), non proto (Risop, p. 61) qui est « en fransois premier ». Comment σεβαστός en est-il venu dans Florimont à prendre l'acception ost, armée (kont, G), c'est là le mystère impénétrable. M. Risop (p. 61) cherche à expliquer la façon dont la confusion a pu se produire dans l'esprit du poète, qui voyait dans πρωτοσέβαστος un équivalent de quievetains de lost et traduisait par le second terme français le second terme grec. Mais pourquoi, s'il est de cette force, ne traduit-il pas aussi protos par quievetains? Le mieux est de considérer le passage comme désespéré et surtout dépourvu d'intérêt. On pourrait d'ailleurs, avec tout aussi peu de succès, courir dans mille autres directions. Sans parler des possibilités d'erreurs paléographiques, un mot de provenance étrangère (Sabaoth??) peut fort bien se dérober sous ce bizarre asabato. Il serait, sans doute, assez curieux de le découvrir. Mais la vie est brève.

Aux Pass. I et II, je vous ai transcrit θεός par theos et βασιλεύς par basileus. Le th ou t de F G H H^a I K X Y Z (Pass. I), F G H K Y Z (Pass. II), le b de E H H^a X Y Z (Pass. I) pourraient peut-être nous faire croire que la tradition écrite dont témoignent ces mss. perd beaucoup de son importance en regard d'une transmission orale qui se serait conservée dans le c ou s de E D A (B zeos) C (Pass. I), E D A B C (Pass. II), et dans le v de F D A G B C I K (Pass. I), constant au Pass. II. En effet, θ et β peuvent bien être rendus sur le papier par *th* et *b*; mais, à l'oreille, la spirante θ sonne *s*, β reste *v* et nous savons que six à sept siècles avant Florimont θ avait cessé d'être aspirée et β cessé d'être explosive. Tout alors serait remis en question et nous voudrions encore voir, dans notre roman, du grec entendu et non lu.

Vous détruiriez ce dernier argument par un simple coup d'œil jeté sur les mss. Ainsi F G I K (Pass. I), F G H K Y Z (Pass. II) ont côte à côte le th ou t dans theos et le v dans vasileus; en revanche, E (Pass. I) donne seas basileor. Nous aurions donc, à ce compte, dans un même document, à la fois la tradition écrite et la transmission orale, ce qui ne peut pas être; il ne peut pas se faire davantage que θ ait encore été aspirée au moment où β était spirante, ni que, inversement, β ait été explosive lorsque θ ne s'aspirait plus. Il est vrai que le c de ceos et le v de vasseleo se correspondent dans D (Pass. I et II) et dans les variantes de A B C (Pass. I et II); mais ces mss, sauf D, ont une faible valeur et tous ils confondent précisément c et t; ceos est une mauvaise lecture pour teos; vous en serez convaincu par le macecaor de E (Pass. II), où le second c ne peut provenir que de l'écriture et non de la prononciation. Un accident paléographique analogue a sans doute substitué v à b; l'accord parfait est dans le theos bassilio de H (Pass. I) et les variantes de H¹ X Y Z (Pass. I). Le z de zeos (B) et l's de seas (E) sont peut-être des fautes de dictée.

Nous sommes ainsi ramenés à notre point de départ. Le grec de notre auteur a été *vu* par lui; il n'a été ni recueilli sur place ni même compris ou su. Mais, si cela est vrai, si jusqu'ici mes raisons ont pu vous persuader, il est une conclusion à laquelle nous devons forcément aboutir. Les passages grecs de Florimont ont un caractère bien marqué; ce ne sont pas des morceaux détachés, qui peuvent s'intercaler n'importe où; ils font partie d'un ensemble où ils ont bien l'air d'être en situation. Ils font corps avec le récit. Ce récit, qu'elle qu'en ait été d'ailleurs à l'origine la disposition et l'étendue, devait être écrit en grec. Une version latine en fut faite. Cette version servit de base à la composition française, qui n'en est peut-être à son tour qu'une traduction. Il n'est pas absolument nécessaire, je le sais, de partir d'une rédaction première en grec; mais il est indispensable de reconnaître que le premier rédacteur savait ne fût-ce qu'un peu de grec; ayant à faire parler des personnages grecs, il leur a mis à la bouche quelques mots en leur propre langue, langue dont le poète français ne possède même pas les rudiments. Il ne peut être, par conséquent, ni l'auteur ni le traducteur immédiat.

L'opinion que je vous exprime a déjà été émise par d'autres. Dans la Bibl. de Lac. de S. Palaye (*op. cit.*, Bibl. de l'Ars., ms. 5844), fol. 68 b, col. 2, fiche 5, je relève la notice suivante : « Roman en vers par Aimes ou Aimon, traduit si je ne me trompe du latin d'aualui ou Malmai. » La fiche 3 « trad. du grec en fr. par Amé de Varannes » contredit, il est vrai, cette assertion. E. du Méril (*op. cit.*, p. cxcvii) est beaucoup plus catégorique; l'auteur, suivant lui, « a travaillé sur une traduction latine qui ne s'est pas encore retrouvée. » Mais n'avons-nous pas des preuves directes et des plus certaines en faveur d'un original latin de notre roman? Les mss nous les offrent de toutes parts. Ils éveillent même en nous ce soupçon que le poète français et Aymon de Varennes, dont le nom se lit de manières si diverses (Risop. *op.*

cit., p. 58; Dinaux, Trouvères brabançons, p. 53, apud P. Meyer, op. cit., p. 331) ne sont plus un seul et même personnage. Je ne veux pas en dire plus; j'aime mieux vous remettre les mss. sous les yeux.

Voici, d'après F ou E alternativement, quelques extraits du commencement et de la fin du poème. J'y joins l'épisode du milieu, accompagnant l'entrevue charmante des deux amants, où le poète parle en son nom propre, et dont je me réserve le commentaire à une autre place. Un quatrième fragment cadrera bien avec ceux qui précèdent. Je ne vous signalerai les variantes des autres mss. que pour des mots ou des vers isolés, là où elles auront trait à la question; je les passerai sous silence, quand elles ne seront pas en contradiction avec F ou E pour le sens qui nous intéresse ici plus que la forme. Je suivrai la même règle pour E et F.

DÉBUT

F (Deuxième main) fol. 2 a, v. 1.

[C]il qui ait cuer de vaselaige
Et veult ameir de fin coraige
Cil doit oir et escouteir
Ceu que aymes veult raconteir
5 Asseiz i puet de bien aprandre
Qui de boin cuer i veult an-
                  [tandre
Or oies signour que ie di
Aymes por amour anulli
Fist le romant si saigemant
10 Que tei lorait qui ne lantant
Por coy il fut et fais et dis
Par cortoisie fut escris
Toz iors maix en iert remanbrance
Il ne fut mie fait en france
15 Maix en la langue de fransois
Le prist aymes en loenois
Aymes i mist sentension
Le romant fit a chastillon
De phelipon de masidone
20 Qui fut noris en babilone

Et del fil a roi maracas
Qui estoit sire de duras
Florimont ot nom en fransois
Eleneof dis en greyois
        fol. 2 b.
25 Rois fut et si conquist asseiz
Dirai vos en se vos volez
ors a seiour a chastillon
Estoit aimme une saison
Et porpansait soi de listoire
30 Qu'il auoit eu en memoire
Il lauoit en gresse veue
Mai nestoit pas par tot seue
A felipople la troua
A Chastillon len aporta
35 Ensi com il lauoit empris
Lait de latin en romant mis
Aymes de naratin retrait
Ceu que li ancyens on fait
Que ont cil qui ont lor cuers mis
40 Aient de lor proesce apris
Aient de lor proesce enuie

Por amandeir lor fauce vie
Por les anciens remanbreir
Vos veul issi dire *et* conteir
45 Ensi *com* iai escris troueis
Dune ystoire la ueriteis
A cels *qui* firent le bien fait
Per coy li conte sont retrait
fol. 2 c.

Deuommes nos tous iors an-
[tandre
fol. 2 d, v. 8 du bas.

50 De ce v*ou*s veul atant lassier
A mon conte veult repairier
Signors ie sai asseiz de fi
Que dalixandre aueiz oi
Mai ne sauez ancore pas
55 Dont fut sa meire olipias

Del roi phelipon ne sauez
Qui fut ses peire dont fut nez
fol. 3 a, v. 1 du haut.

Iel dirai q*ue* lai en memoire
Or escouteiz mlt riche istoire
60 Del roi des prince q*ui* i sont
Li pl*us* est del roi Florimont
Se dit aymes or escoutez
Vos qui lez biax mos entendez
fol. 3 a, v. 12 du haut.

Or escouteiz oeiz signour
ib. v. 19 du haut

65 Ne uos puet dire ne v*ous* poist
Com il fut mors q*ui*l ne me loist
d   euant le tens q*ue* ie v*ous* di
Ensi con vos auez oi
Ot en gresse un gentis roi

E fol. 1 a, v. 1 — fol. 1 d, v. 29 du haut; D fol. 1 a, v. 1 — fol. 2 a, v. 1; A fol. 1 a, l. 2 — fol. 1 b, l. 38 du haut; G fol. 1 a, v. 1 (où il faut lire, ll. 1-2 Cil qui a cuer de vasalage) — fol. 1 d, v. 10 du haut; B fol. 3 a, v. 1 — fol. 3 d, v. 7 du haut; C fol. 173 a, v. 1 — fol. 173 d, v. 4 du haut; H catal. *loc. cit.*; I P-L. Jacob, Bibliophile, Dissert. sur quelques points curieux de l'hist. de Fr., VII, Paris, 1839 (Bibl. Nat., Réserve L[46] 18), p. 179-180; Champollion-Figeac, Coll. de doc. inéd. sur l'hist. de Fr. Doc. histor. inéd. tirés des coll. man. de la Bibl. Roy., t. III, 1re Partie, Rapp. et notices. — 2e Partie, Texte des doc., p. 369-370, Paris, 1847; Lac. de Sainte Palaye, Not. des mss d'Italie, t. 9, 2001 à 2200, Moreau 1658 (à la Bibl. Nat.), N. 2078, fol. 79 a; K Stengel, *op. cit.*, p. 42; Pasini, Codices manuscripti bibl. reg. taur. Athenaei, Turin, MDCCXLIX, fol. (B. N., Inventaire Q 379), p. 468, col. 1, cod. XXVII. g. I (vers 1-9); M = Codice Monzese dans les Mem. stor. di Monza e sua corte raccolte ed esam. dal can. Anton-Francesco Frisi, t. III, Milan, MDCCXCIV (B. N., Inventaire K 3,141), p. 214 (vers 12-18).

Pour gagner quelque place, je suis ici le système incommode des variantes accumulées sur une même ligne et sous chaque vers.

V. 4 aymes D B C I Aymez H Ames K aimes E A G — V. 7-8 Seignor or oez que ce dit De haime q*ui* p*er* amours fit D — V. 8 Aymes B C I Aimes E A G K Aymez H por E G C H K pour A B amor de [ ]ailli E amer aualui ofi A anali G (A. p. a.) amour aualis B aliane v i C amor amilli H Porcilanui I (A. P.) — V. 12 Por E G B K Pour A P*er* C Par H M courtoisie H iuliane E C M aualina A analin G malina (·) le dis fu dis B Analui K fu E A G C H I K M en escris G K escris C escris E H I escuz A escrit M Ne fu pour uilente escriz D Porci naluina fu escris I — V. 16 leo*n*nois E loenois D lionois G C I K lionnois B M loenoiz H — V. 18 chasteillon E chastoillon D chastillon A B H M chastilen G chastellon C chastellun I Zastillon K — V. 21 Matascas E matacart D Mataquaz A G C mataquas B I (Jacob et Ste Pal.; Mal. chez Champ. Fig.) matacaz H Matachaz K — V. 27 Lors a seior B Sor aselgue A Por assiege G De sor saine B Sor asegle C Lors a siege H Por asage K Q'oit al segnor I a chasteillon E a chastoillon D a chastillon A G B C H a castillon K à Castellun I — V. 36 La E D A G B C L'a K I Lat H dou E de D A G C H I K latin E D G H I K lati*n* C letra A en E D A G C H I K romans E romanz D romans A I roman G romanz C H K mise E D A G I K mis H prise C dou roumans fait par deuise B — V. 37 Aymes D B I (A]ymes C Aimes E A G de E D A G B C I uarmes [uarines ou narines] E uarantine D uare*n*tines A uarienes G uare*n*nes B uarenes C varennes I le E (A. d. u. l. r.) retrait E A G B C I trait D — V. 39 E : Les fais conte des anciains Q*ue* tuit cil qu*i* ont les cuers vains Aient de lor proesce enuie Por amender lor sainte vie

H et K, dans mes sources, vont jusqu'au v. 36, I jusqu'au v. 38 inclusivement.

Aux v. 50 A G B C, 64 A B C, après le v. 66 D A G B C, offrent des variantes qui toutes se réduisent pour le sens à la leçon de E, v. 50 : De ce me vueil ata*n*t laissier, v. 64 : Or faites pais(·) oez seignor, v. 67-68 (manquants dans F) : Car de lestoire vueil traitier Loins est fa fins del comme*n*cier

E, au v. 26, donne Dirai vous *et* si mentendez, au v. 28 : Ert aimes en vne maison

Aux v. 23-24 (= Pass. IV a), vous lisez dans I et K : Floremont I Florimont K ot I K non I nom K en I K françois I (françois Ste Pal.) Franzois K — E Lecheos I Ellencos K dit I K in I en K greçois I Grezois K

X fol. 1 a, l. 1 En lan de lincarnacion de nostre | sauueur Jesuscrist mil iiije et VIII | ou mois de Septembre me partis | du pais de picardie ayans lea | ge de XVIIJ ans [pour Jérusalem, l. 8 suiv. ; mais il échoue dans son entreprise, l. 13 suiv., et vient prendre port à Sallenicque, fol. 1 b, l. 12 suiv. du haut, où, dit-il, l. 23 ib.] entre pluiseurs volumes de liures qui | me furent monstre choisy ung petit liure escript | translate du grec en latin lequel traittoit la | venue daulcuns rois de machedo*n*ne desquelx | dessendy le tr*es* hault Empereur Alixandre le | grant [etc. Alors, fol. 2 a, l. 2 du haut :] pour ce que je sauoye de certain que en pau | de lieux de pardecha estoit seu la venue ne | de quel gens tr*es* hault Empereur Alixandre | estoit dessendus pris la paine Et labeur de | translater de latin en franchoys le liure

Y fol. 1 a, l. 3 Celuy qui a cuer de grant valeur et | entent en amor de dame ou de damoiselle | Si entende de bon cuer le liure que aymez de | varennez fist de greioys en francoys dune ystoire | quil vit en grece et il estoit en amor dune | noble damoiselle de france qui auoit nom julliene — l. 14 Or oiez *seigneurs* aymez si estoit en amor de celle | noble damoyselle julienne ainsi come ie vous | ay dit et si estoit en louris — l. 24 En celuy temps estoit aymez a chastillon | soubz asselque et sapensa de celle hystoire | quil auoit en greco veue Si dit Aymez de va | rennez que tous ceulx (même développement que dans les mss. en vers jusqu'au fol. 2 a, l. 18 :) Mais ie me veuls retraire a la | matiere *et* dire hystoire ainsi comme lay trouue | Or dit le compte

2 fol. 1 a, l. 1 — fol. 2 b, l. 8 du haut, supérieur à Y par la qualité de l'écriture et par le texte même (la parenté des deux mss. saute aux yeux), concorde avec Y pour la disposition et pour le sens, ainsi que pour la forme, sauf quelques détails : Castillon fol. 1 a, l. 11 du bas (soubz absoque Y) et fol. 1 b, l. 2 du haut varannes

CLAUSULE.

B fol. 86 a, v. 20 du haut.

Si bo*n* seignor ne*n* oro*n*t puis
Ne iamais ne sera el mont
Oy aue*z* de Florimont
Dou roi Florimont vous ai dit
5 Ta*n*t co*m* len auole en escrit
Or pri a cels qu*i* oy lont
Et aus bons troueors qui *so*nt
Et aus francois pri *par* amor
Qu*e* il ne blasme*nt* mon labor
10 Q*ui* blasme ce qu*il* doit loer
Et loe ce qu*il* doit blasmer
Il ne se puet pas miex honnir
Aus fra*n*cois vueil de ta*n*t seruir
Car ma langue lor est sauuage
15 Qu*e* ie ai dit en mo*n* langage
Au miex que ie ai pev dire
Se ma langue la lor empire
Por ce ne men dient anui

fol. 86 b.

Miex aim ma langue que lautrui
20 Romans ne estoires ne plaist
Aus francois se il ne lont fait

Nest m*er*ueille car el boschage
Non a si lait oisel sauuage
Qu*e* ses nis ne li soit plus biaus
25 Que tous li mieudres des oisiaus
Et li estres de mon pays
Si est plus biaus ce mest auis
endroit de bon pris *et* donor
Et de seruise que li lor
30 Voirs est quil y a des francois
Et de vilains *et* de cortois
Ainsi est il de toutes gens
Et qui voudra de cest romans
Dire quil y a amender
35 Por ce nel doit il pas blasmer
Tant en ai dit selo*n*c lestoire
Co*m* ie en auoie en memoire
Tout ainsi *com* por iuliane
Mis de [gr]ieu lestoire romaine
40 Sen ya que *par* son plaisir
Le fis *et* por li plus seruir
Deleneos oy auez
Q*ui* Florimons fu apelez

(etc. Pass. IV c)

fol. 86 c, l. 5 du bas.	Auoit de lincarnacion
Quant aimes en fist le romans	Adont fu retrait par aimon
45 . .M. cent .iiij. vins et. viij [a]ns	Explicit li romans de florimont

F Seconde main fol. 119 a, v. 2 du haut — fol. 119 c, v. 21 du haut; D fol. 92 c, v. 15 du bas — fol. 93 a, v. 29 du haut; A fol. 41 d, l. 27 du haut — fol. 42 a, l. 24 du haut; G fol. 78 c, v. 1 du haut — fol. 78 d, v. 10 du bas; B fol. 50 a, v. 28 du haut — fol. 50 c, v. 10 du haut; H Catal. loc. cit., v. 13-14, 33-39, 44-47 avec un explicit de 8 vers dont les trois premiers se lisent dans le : Disc. sur qqs anc. poètes, par M. Galland, Mém. de littér. de l'Acad. roy. des Inscr. et Belles-Lettres, t. II, Paris, MDCCXVII, p. 737, où sont également reproduits les v. 44-47 ; H² Catal. loc. cit., v. 44-47 avec un explicit de 6 vers que donnent, sauf les deux derniers, les Mém. de l'Acad. des Inscr., op. cit., p. 737-738, d'où sont pris les v. 44-47 des Bibl. franç. de Lacroix du Maine, t. III, Paris, MDCC-LXXII, p. 176-177 ; I, Stengel, op. cit., p. 42, avec un explicit de 4 vers dans l'apparat, que connaît Pasini, op. cit., p. 468 ; la collation de Stengel répond aux v. 44-47 seulement de notre texte; Jacob, op. cit., d. 180, a les v. 44-47, une clausule de 6 vers et l'explicit de 4 vers ; cet explicit est aussi dans : Macaire, chans. de geste, publiée par F. Guessard, Paris, MDCCCLXVI (B. N., Y), p. CII, n. 1, avec cette observation, p. CII, sur le ms. « copie faite en Italie, mais très peu italianisé » ; v. 44-47, clausule et explicit dans Champ. Figeac, op. cit., p. 370 et dans Sainte Palaye, loc. cit., où il y a, en plus de notre extrait, les 6 vers qui, dans les mss, précèdent le v. 44 (S. Pal. fol. 79 b) ; K, Stengel, op. cit., p. 42, v. 44-47 avec une clausule de 6 vers et de 2 lignes d'explicit ; M, Mem. stor., loc. cit., v. 44-46.

V. 6 Or pri a cels que sont el mont F — V. 36 Tant F D A G B H en ai F D A H nai G en ay B selonc F D H segont A G lestoire F D A G listoire H dit ama mimoire B — V. 37 Con F comme D com A B Com G H ien F G ien D gen A iou en B ie en H auoie F D A G H trouai B en F D A G B H memore F memoire D A G H lestoire B — V. 38 Tout F A B Tot D G Et tot H ensi F A G ainsi D ainsi H ensis B com F D A B con G comme H per F por D A G por B uilonine (uilomme ou uilonnie) F iulisinne D uianlina A analina (plutôt que analma) G vialine B le deuine H — V. 39 Trait F Ai trait D Trais G B H del F H de D G des B greu F D H greçois G grius B lestoire F D B listoire H estoire G latine F B H latina G sainne D Sanna qui latine por son plaisir A — V. 44 Quant F A B Quant G H I K M aymes F D G B H² I K M aymez H annes (ou aimes ou amies) A en F D A B H H² I M len G (manque dans K) fit F fist D A G B H H² I K M le F D A G B H H² I M li K roment F romanz D romans A I M romains G roumans B H² rommans H romanz K — V. 45 M(·) et(·) C. iiij(·) xx(·) et(·) VIII ans F — (·) M(·) et (·) C(·) et quatre vinz ans D — Mil cenain (ou : cenam Risop, *op. cit.*, p. 57)(·) vlus (ou : vins)(·) viiij(·) ans(·) A — Mil(·) C(·) quatrouint et uiiii ans G — Mil et(·) C(·) et(·) iiiij(·) xx(·) ans B — Mil et(·) C(·) et iiii(·) ans H — (·) — M(·) C(·) et XXIIII(·) ans H² — Mil cent et quatre vint VIII ans (quatre-vint Champ Fig., vins S. P.) I — MCXL(·) et VIII(·) ans M — V. 46 Auoit FDAGBHH² Aueit K Avoit IM delincarnacion FAHH² delincarnation DB de l'incarnation KM del encharnacion G de l'Incarnacium I — V. 47 Adont FB Adonc DAGHH²IK fut FHI fu DAH²K furent B retrait FAGIK retraiz D retrais HH² (I, dans S. P.) trait B par FDBHH²I por AGK Ay*mm*on AMENF — aymon EXPLICIT·DOU ROJ·FLORIMONT D — aimon Cest li romanz de cort mantel A — aymon Cist romainz est de floriemont Qui fu flor de trastuit le mont De laquel flor si le sauit Que romadanaple conquit Dont alixandres fu engendrez Que toz iors sera renomez EXPLICIT G — aymon B (la clausule commence ici : quant florimont ot tout conquis La terre dentor clauegris, du fol. 50 c, v. 11 du haut au fol. 50 d, v. 6 du haut; puis vient, d'une encre plus récente, l'explicit : Explicit listoire de Florimont pere de philippe de macedoine pere du gra*n*t alexandre) — aymon H (suit un explicit de 8 vers, dont les trois premiers sont : Et quant cis rommans fu escris Corroit(·) M(·) CC(·) iiii Et quinze ens a mois aoust) — Aymon H² (suivent 14 lignes qui se terminent par : Lan mil CCC et XX et trois I(·) — mois deuant la sainte crois Fist thomas le huchier cest liure Moult fu lie que en fu deliure Le tiers iour de lassumption Acompli sa devotion) — Aimon K (suivent 6 vers de clausule analogues à la clausule de G, puis : Explicit liber Floriamontis deo gratias amen(·) | Finito libro referamus gratiam Christo(·) Amen, comme dans Pasini, *loc. cit.*) — Aymum I (suit une clausule de 6 vers, analogue à celle de G et K, puis : A la fin de nostre enscript [escript Champ Fig. et S. P.], Randuns gracie à Yesu Crist [graces Jesu S. P.] Che por son Pere [por scripre S. P.] soir et matin Nos a conduit [Nos c. Champ. Fig.] à laudable fin) — XYZ offrent des variantes dont ce n'est pas ici le lieu de vous parler.

MILIEU

F (Première main) fol. 81 a, v. 7 du haut.

Puels orent·ambedui maint ior
Riche soulas·de lor amor
Si com moreis·auant conter
Se uos·me uolez escouter
5   A cel tens ot·en amor foi
Mai or ne saige·ne ne uoi
Que fine amor·est deuenue
Mlt ait lonc tens·quele est perdue
Ayme en ait trouei une branche
10 Ou ses fins cuers·loiax estainche
Per queuoitisse·nest pas morte
La ioie de li·le comforte
Et ses cuers·i est toz enclos
Huimais oreis·de lencos
15 Que mlt fut saiges·et cortois
Florimont·ot nom emfransois

Aymes deuarañes uos dist
Que listore mist en escrit
Si com fine amor li consoille
20 Et ses cuers les mos apparoille
A siax qui seuent de clergie
Contet per ethymologie
Que por samie uialine
Traist de greu listoire latine
25 Et del latin fist le romans
Aymes que fut loials amans
Nest meruelle se il ama
Car amor le li comanda

B fol. 58 c, v. 20 du bas.

A icel tans que il fu nez
30 Si fu aimes damors nommez
Qui li apres la ostera
Amo tout droit i trouuera
Se li ostez la letre sonne
Amo la premiere personne
35 Et la seconde ensement
Amez se i ne le deffent
Et de la tierce ostez i
Amet trouuerez autressi
Et se aime le nomme lon
40 Li i a corrompu le non
De i est li nons corrompus
Nest mie de tous conneus
Et se aimes a non amor
Dont doit il seruir son seignor
45 De fin cuer et de son pooir
Et tous iors faire son voloir
Ne doit pas son non desmentir
Par son non doit amors seruir

fol. 58 d, v. 1 du haut.

Puis que il a non amiable

50 Bien doit auoir amor durable
Tele quen veillant ne en songe
Ni ait faussete ne menconge
Cil sires qui est rois de gloire
Li doinst en samor tel memoire
55 Quapres sa mort ne en sa vie
Ne soit fors de sa compaignie
Ne perde per charnel amor
Lamistie de son creator
De lestoire me couuient dire
60 Mais dou ditier et de lescrire
Ai mlt de paine et mlt de fais
De Florimont orrez huimais
Qui fu nommez pourez perdus
Encor nestoit il conneus
65 Si com li arbres de doucor
Moustre deuant le fruit la flor
Si moustroit il flor de proesce
Puis moustra fruit de grant hau-
[tesce
Ce dist aimes que a nuel fuer
70 Ne puet len celer riche cuer
Ne le mauuais ne puet couurir
Chascuns se monstre au departir
Salemons dist quau finement
Voit len le lieu de toute gent
75 Et qui veut oyr ceste estoire
Et retenir en sa memoire
Et sen bon pris se veut entendre
Assez puet oyr et aprendre
Dumilite et de proesce
80 Et de larguesce et de richece
Damors et de cheualeries
Dauentures de cortoisies
Et de conquerremens sans honte
Si com lestoire le raconte

F fol. 81 a, v. 7 du haut — fol. 81 c, v. 3 du bas; E fol. 58 b, v. 8 du bas — fol. 58 d, v. 2 du bas; D fol. 64 a, v. 7 du bas — fol. 64 c, v. 27 du haut; A fol. 28 d, l. 19 du bas — fol. 29 a, l. 19 du haut; B fol. 35 a, v. 7 du haut — fol. 35 b, l. 9 du bas; G fol. 53 b, v. 17 du haut — fol. 53 d, v. 10 du haut; H Catal. loc. cit. (v. 17-18), Risop (v. 30-44; les vers 31-40 manquent dans ce ms.); K Risop (v. 31-41), I Risop (v. 31-41); ces trois dernières collations ne seront pas utilisées ici.

V. 28 E Car amors si li *commanda*
V. 3 Si *com* orrez auant conter E Si *comme* orrez B manque dans AG
— V. 6 Même tour dans tous les mss; variantes pour la forme seulement;
— V. 8 Mlt a este lonc tens perdue E; tournure analogue dans DABG
— V. 17 Haimes deleneos nous dist E Aymes de uara*n*tines dit D Aimes de uarenas le dit A Aymes de uarennes nous dit B Aymes de uarienes uos dit G Aymes de uaranas noz dit H Aymez de narrancez nous dit H[1] —
V. 23 Que EDABG por EDBG samie EBG iuliane E uialine B aneline G iulliaи*n*ne samie D samie por uillaine (ou : uillanie) A — V. 24 Fist E Trait D Treis A Trast B Traist G dou E de DG dous A des B grieu E grey D greus A gruis B grece G lestoire EDABG latine EABG florie D — V. 25 Et EAG *Et* B dou EB de AG latin EAB latinz G fist EAG trast B le EAB li G ro*m*ans E romans A roumans B romanz G — V. 26 Aimes EA Aymes BG qui E qui ABG fu EABG loiaus EB leiaus A loiauz G amans EAB amanz G — V. 25-26 Aymes qui fut loiax amanz Mist sentendue a cest roma*n*z D — V. 57 De listore (·) F De lestoire DAG Ceste estoire B me FDABG couient F coule*n*t DA *con*uient B conuent G dire FDABG — V. 58 Mai F Mais DB Mels A Mes G del FA dou DB de G doner (·) F noter D diter AB detier G *et* FDABG deleserire FABG delescrire D — V. 59 Ayme alt F Ai D a AG All B mlt DAG *et* B mlt grant poengne et grant falx F grant poi*n*ne *et* grant fes D grant poine *et* grant fels A grant pai*n*ne *et* grant fais B grant peine *et* grant fais G — V. 84 Si FDABG com F *com* B com A con DG listore (·) F lestoire DAB lastorie G le FABG nos D reconte FAG raconte B *recon*te D

V. 14-16 H Hulmaiz orreis deleneos Qui moult fu sagez et cortois Florimont ot nom en fransois

XYZ ne sont pas ici à considérer : ils ne contiennent que l'épisode de l'entrevue des deux amis, sans qu'il y soit question d'Aymon : X fol. 143 a, l. 1 du haut — fol. 143 b, l. 7 du bas; Y fol. 86 bis a, l. 14 du bas — 87 b, l. 1 du haut, en termes concordants avec ceux de Z fol. 143 b, l. 1 du bas — fol. 145 b, l. 9 du bas.

FRAGMENT

F (Première main) fol. 89 d, v. 1 du haut.

[O]r furent tuit·tendu li treif
A·vj·lues de la cyte
La cytez fut·en un pendant
Deioste·une ewe corrant
5 Aymes le dist·quil ait veue
Et tote la terre·seue

E fol. 64 d, v. 23 du haut; D fol. 70 c, v. 19 du bas; A fol. 31 d, l. 1 du bas; B fol. 38 d, v. 20 du haut; G fol. 59 a, v. 5 du bas.
V. 1 Or furent EDABG tuit EDAG tout B tendu EAG te*n*du D tendut B litre EDABG — V. 2 A (·) vi (·) lieues E — (·) vj (·) DB —

— ui(·)A — Set G llues DABG de la RD pres de la ABG elte BDABG
— V. 3-4 Dedens(·)i(·) val en vn pendant Pardelez vne eau corant E
La cite fu en un pendant A pendanz G Deloste une aigue A eue G
corant A corant G manquent dans B — Mout lot trez(·) et pauoillons A
rois(·) a princes(·) a barons Et mout lot cheualerie Grant mal feront au roi
dongrie La cite fu en (·)i(·) pendant Laigue li cort per de deuant D —
V. 5 Haimes E Aymes DB Aimes AG lescrist E le dit D lidi A le dist B
lidist G qui BD qui AB que G la veve E la ueue DAG la veue B —
V. 6 Et toute EAB Et tote DG la BDABG terre EABG terre D
sevo E seue DABG — X fol 158 a, l. 6 du bas : alors choisirent une
belle | plaine par ou couroit une riuiere Ilz dessendirent au | plus pres pour
passer la chaleur du Jour tentes et pauillons tendirent | Ilz logerent sans
grant bruit faire car a vj lieuues furent logies pres de leurs anemis sy
firent bien viseter leurs cheuaux — Y Z donnent ici autre chose.

Au v. 36 du Debut, tous les mss., sauf une variante négligeable de B, sont d'accord pour vous dire que l'histoire de Florimont avait été mise du latin en roman. Ce témoignage n'aurait pas de quoi nous surprendre si, aux v. 24-26 du Milieu, nous n'apprenions tout d'un coup qu'Aymon est à la fois l'auteur d'une version latine du grec et d'une version romane du latin. Ce double travail qui, déjà par lui-même, paraît invraisemblable, vous paraîtra inadmissible, si vous voulez bien vous rappeler qu'Aymon ne comprenait pas le grec. Nous écartons sans peine l'hypothèse que le poète français ait jamais pu traduire quoi que ce fût du grec en latin ou en roman. Il est, au contraire, permis de croire que la version latine du grec et la version romane du latin ont existé indépendamment l'une de l'autre, dues à des mains différentes. Il y aurait donc deux personnages à l'origine du poème, le traducteur latin et le traducteur roman dont nous possédons l'œuvre. N'y aurait-il pas, dans cette œuvre même, à chercher la trace de ce double personnage ? Les v. 24-26 du Milieu nous fournissent déjà une indication dans ce sens, puisque nous y voyons l'unique Aymon s'attribuer l'honneur de deux rédactions distinctes qu'il n'a certainement pas faites à lui tout seul. Mais il y a peut-être d'autres renseignements à puiser dans les extraits que vous venez de lire.

Il n'est pas indispensable assurément que l'auteur parle de lui-même à la première personne. Je voudrais seulement vous demander si vous n'avez pas été frappé des passages où l'auteur intervient en son nom propre et de ceux où il fait intervenir Aymon. Le ton ne semble plus le même. Le personnage qui dit Je nous apparaît surtout comme rédacteur et comme récitateur ; c'est là son rôle : Début, v. 7, 26, 44, 50, 52, 58; Clausule, v. 4-5, 15 et tout ce qui suit sur le style; Milieu, v. 3, 6, 5-8 où il fait des réflexions personnelles sur l'amour et a l'air de s'opposer immédiatement à Aymon ou plutôt de faire l'éloge de son auteur, de son patron; Milieu, v. 59 où Ayme, de F, est une faute évidente et où la bonne leçon nous est fournie par E et les autres mss. Ailleurs, il nous laisse entendre qu'il a trouvé son conte quelque part et qu'il a même eu quelque peine à l'écrire : Début, v. 44, 58, 65; Claus., v. 5, 36; Milieu, v. 84. Vous pouvez comparer à ces citations, B, v. 8, Pass. V, p. 519 ci-dessus. En revanche, Aymon garde une attitude distincte : il est toujours question de lui comme de l'inventeur véritable, tout au moins comme de la source et de l'autorité, Début, v. 8-9 (après le *ie* du v. 7), v. 16, v. 27, 46-49 qui sont ici à rapprocher; Milieu, v. 9 suiv. (de Bure, Catal. la Vallière, 1re partie, t. II, Paris, MDCCLXXXIII, [Bibl. Nat., Inventaire Q 8,147] p. 165), v. 17 où vous remarquerez l'importance des leçons uos F G en regard des variantes noz H, nous E B H²; à d'autres endroits, il est simplement cité, Milieu, v. 69; dans le Fragment, v. 5, on s'appuie sur ses connaissances géographiques.

Néanmoins, à certains passages, on dirait qu'Aymon et le rédacteur Je se confondent en une seule personne, p. e., Début, v. 3-4, 62. D'autre part, Aymon est présenté comme l'auteur de la version romane, Début, v. 35-36, ou de la version latine, Milieu, v. 23-26; or, dans la Clausule, v. 38-39, le poète lui-même déclare, sans mentionner Aymon cette fois-ci, qu'il a tiré son roman du grec; le pronom Je se rapporterait donc à cet Aymon ici comme ailleurs. Mais nous savons que les v. 38-39 de la Claus. contiennent un mensonge, puisque celui qui dit Je à cette place n'a rien tiré du grec. Il n'y aurait ainsi chez lui que le désir de se substituer au véritable Aymon, et c'est peut-être par ce désir qu'il faut expliquer les v. 44-47 de la Clausule où, d'après tous les mss., Aymon est donné comme l'auteur de la composition française. Est-il sûr pourtant que ce fût là le nom même du trouvère ? Le problème est délicat. Aux v. 55-56 du Milieu, il est fait illusion à Aymon, comme s'il vivait encore. La complaisance avec laquelle le poète joue sur ce nom, Milieu, v. 29-52, porterait également à penser que c'est le sien. N'y aurait-il pas moyen de tout concilier ? Le rédacteur latin, le père de notre Florimont, se serait appelé Amo (Förstemann, Altd. Namenb., Nordhausen, 1856, t. I, p. 82, col. 1; Pertz, Monum. IX, 50, Chron. Novalic., 10 : Destructum deinde Coenobium, primo a ducibus Langobardorum Amone etc.; *ibid.*, p. 81, Chr. N., 11 : Amo quidem; cette chronique est du milieu du xie siècle, *ibid.*, p. 73); D fol. 64 a, v. 17 du bas porte : Si fu amo damors nommez; les autres mss., Milieu, v. 30, ont Aymes etc.; tout ce développement, obscur dans F, compréhensible dans E seulement, s'éclaire encore plus par la leçon de D, au v. 30. Un poète lorrain, nommé Aymes (de Varennes, Risop. *op. cit.*, p. 50), se serait plus facilement ainsi approprié le nom d'Amo.

La question ne sera résolue que lorsque nous aurons une bonne classification des mss. F a toujours le pas ; vous avez dû, par les extraits ci-dessus, reconnaître la valeur de H, proche parent de F; B et D, ainsi que H^2, mériteraient considération à bien des égards. Le témoignage des versions en prose n'est pas à rejeter (p. e., le Début dans X Y Z). Nous y retrouvons le vestige persistant des origines mêmes de notre beau roman.

Nul mieux que vous, mon cher Maître, ne saura lever les difficultés qui m'ont souvent arrêté. Vous me direz si les bizarreries du grec de Florimont, si les latinismes fréquents, si les descriptions des lieux d'outre-mer (Risop, *op. cit.*, p. 58-59) ne se laissent pas expliquer au mieux par l'imitation d'un modèle antérieur, d'un original fait en latin par un homme qui aurait su le grec ou un peu de grec et qui aurait voyagé. J'ai seulement essayé de montrer qu'il n'y avait pas dans Florimont une influence directe de l'Orient, que le poète ignorait le grec certainement, et que, peut-être, le nom même d'Aymon ne devait être prononcé qu'avec prudence dans l'histoire littéraire de la France.

En dehors du court article de Guinguené, Hist. litt., XV, 486, et de la notice très insuffisante d'Amaury Duval, Hist. litt., XIX, 678-681, voici la liste des ouvrages que j'ai pu voir par moi-même, sans compter ceux que j'ai eu occasion de vous citer dans ma lettre, au sujet de Florimont. De simples mentions du roman sont faites par : F. Guessard et L. Larchey, Parise la Duchesse, Paris, MDCCCLX (B. N., Y), p. xiii; Le Roux de Lincy, Les cent nouvelles nouvelles, Paris, 1841 (B. N. Inventaire Y² 21,615), p. lxx, p. lxxi, col. 1, l. 22 du haut; Haenel, Catalogi libr. manuscriptorum, Leipzig, MDCCCXXX (B. N. Inventaire Q 1,212), p. 351, col. 1, N. 179, col. 2, N. 217; A. Keller, Romvart, Paris-Mannheim, 1843 (B. N., Y), p. 97; Roquefort, Gloss., t. II, p. 755; Lacroix du Maine, *op. cit.*, p. 697; les éditions se trouvent indiquées dans : Brunet, Man. du libr., Suppl., t. I, p. 507; Grässe, Lehrbuch, II. B., III. Abth., I. Hälfte, Leipz., 1842 (B. N. Inventaire Z 11889), p. 446-448; des réflexions sur le nom de l'auteur se lisent dans : Fr. Michel, Roman de la Violette, Paris, 1834 (B. N. Réserve Y), p. lxiij, ou bien encore dans la : Chron. rimée de Philippe Mouskes, Bruxelles, 1838, t. II (B. N. Inventaire M 8081), p. ccxciv; P. Borel, Trésor de recherches et antiquitez gaul. et franc., Paris, 1655, mentionne, au Catalogue en tête du livre, un ms. de Florimont (= A), dont il donne des extraits p. 468, s. v. Cape, p. 469, s. v. Chambellage, p. 499-500, s. v. Drudus, p. 552-553, s. v. Seneschal, p. 565, s. v. Vassal, p. 601-602, s. v. Rain; Risop, Ztschr. f. rom. Phil., VII, 1 H, 1883, p. 63, rapporte, d'après F, la forme uinset = venerunt.

J'ai voulu vous offrir, en terminant, cette courte bibliographie. Je suis encore tout confus de la hardiesse que j'ai eue de vous contredire en suivant vos traces, et je tiens surtout à vous offrir ici l'hommage respectueusement affectueux de votre élève,

Jean PSICHARI.

Paris, 4 octobre 1890.

TABLE

	PAGES
Bédier (Joseph). — Le fabliau de Richeut.	23
Beljame (Alexandre). — La prononciation du nom de Jean Law le financier.	487
Bonnardot (François). — Trois textes en patois de Metz : *Charte des Chaiviers*, *la Grosse Enwaraye*, *une Fiausve récréative*.	331
Constans (Léopold). — Notes pour servir au classement des manuscrits du *Roman de Troie*.	195
Cornu (Jules). — Etudes sur le Poème du Cid.	419
Couraye du Parc (Joseph). — Chants populaires de la Basse-Normandie recueillis par l'auteur.	43
Flach (Jacques). — Le compagnonnage dans les chansons de geste.	141
Gilliéron (Jules). — Remarques sur la vitalité phonétique des patois.	459
Grand (Daniel). — Proclamation d'un héraut en dialecte montpelliérain (1336).	137
Havet (Louis). — L'*S* latin caduc.	303
Huet (Gédéon). — Remarques sur les rédactions diverses d'une chanson du XIIIe siècle.	15
Jeanroy (Alfred). — Une pièce artésienne du XIIIe siècle.	83
Joret (Charles). — La légende de la rose au moyen âge chez les nations romanes et germaniques.	279
Langlois (Ernest). — Quelques dissertations inédites de Claude Fauchet.	97

Monod (Gabriel). — Les *Annales laurissenses minores* et le monastère de Lorsch.. 33
Morel-Fatio (Alfred). — Duelos y quebrantos......... 407
Muret (Ernest). — Sur quelques formes analogiques du verbe français... 465
Omont (Henri). — Les manuscrits français des rois d'Angleterre, au château de Richemont................... 1
Pagès (Amédée). — La version catalane de l'*Enfant sage*.. 181
Piaget (Arthur). — Chronologie des *Epistres sur le roman de la Rose*.. 113
Psichari (Jean). — Le roman de *Florimont*, contribution à l'histoire littéraire, étude des mots grecs dans ce roman. 507
Raynaud (Gaston). — La *Mesnie Hellequin*; le poème perdu du *Comte Hernequin*, quelques mots sur Arlequin........ 51
Rousselot (Abbé Pierre). — L'*S* devant *T*, *P*, *C* dans les Alpes.. 475
Salmon (Amédée). — Remèdes populaires du moyen âge. 253
Sepet (Marius). — Observations sur le « Jeu de la feuillée » d'Adam de la Halle... 69
Taverney (Adrien). — Phonétique roumaine, le traitement de *TJ* et du suffixe *ULUM, ULAM* en roumain....... 267
Thomas (Antoine). — Vivien d'Aliscans et la légende de saint Vidian.. 121
Wilmotte (Maurice). — Gloses wallonnes du ms. 2640 de Darmstadt.. 239

ERRATUM

Page 280, ligne 16, au lieu de Sigurfrida, lisez Sigurdrifa.

MACON, PROTAT FRÈRES, IMPRIMEURS.

www.ingramcontent.com/pod-product-compliance
Lightning Source LLC
Chambersburg PA
CBHW070822230426
43667CB00011B/1670